中国计算机学会文集

China Computer
Federation Proceedings
CCFP 0036

CCF
2024中国计算机科学技术
发展报告 大模型篇

中国计算机学会　编

机械工业出版社
CHINA MACHINE PRESS

本书充分体现了对大模型技术发展中的新问题、前沿技术、交叉融合的思考，主要内容包括：大语言模型理论的研究进展与趋势、领域大模型的研究进展与趋势、大模型下的软件工程研究进展与趋势、数据准备与语言模型交叉技术的研究进展及发展趋势、大模型基础软件的研究进展与趋势、大模型时代智能音频信号处理的研究进展与趋势、大语言模型价值对齐的研究进展与趋势，以及基于大模型的智能体的理论、关键技术与展望。内容具有权威性、全面性和前沿性。

本书主要供中国计算机学会会员了解 2024 年计算机大模型技术发展的最新动态，也非常适合计算机学者和从业者阅读与收藏。

图书在版编目（CIP）数据

CCF 2024 中国计算机科学技术发展报告. 大模型篇 /
中国计算机学会编. -- 北京：机械工业出版社，2025.
7（2025. 10 重印）. --（中国计算机学会文集）.
ISBN 978-7-111-78691-7

Ⅰ. TP3
中国国家版本馆 CIP 数据核字第 2025R6K069 号

机械工业出版社（北京市百万庄大街 22 号　邮政编码 100037）
策划编辑：苏　洋　　　　　　　　责任编辑：苏　洋
责任校对：邓冰蓉　张雨霏　景　飞　责任印制：张　博
固安县铭成印刷有限公司印刷
2025 年 10 月第 1 版第 2 次印刷
184mm×260mm · 23. 25 印张 · 516 千字
标准书号：ISBN 978 - 7 - 111 - 78691 - 7
定价：169. 00 元

电话服务　　　　　　　　网络服务
客服电话：010-88361066　机 工 官 网：www.cmpbook.com
　　　　　010-88379833　机 工 官 博：weibo.com/cmp1952
　　　　　010-68326294　金 书 网：www.golden-book.com
封底无防伪标均为盗版　机工教育服务网：www.cmpedu.com

前　　言

计算机及其相关网络基础设施已经成为人类信息社会的重要基石，计算技术发展水平也成为衡量国家发展水平和竞争力的重要指标。《中国计算机科学技术发展报告》（简称《发展报告》）记录和见证了中国计算机领域的发展，所涉及的内容涵盖计算技术的诸多重要领域，展现了我国计算技术及相关领域的研究进展，可以帮助读者更完整地认识新时期面临的挑战和机遇，并指出新的开拓领域和方向。

这几年大模型的研究和应用蓬勃发展，大语言模型、视觉大模型、多模态大模型取得了性能上的突破，在各行各业产生了广泛的影响。2024 年的学科发展报告尤其体现了这一趋势：无论是在提出申请的报告还是在最终入选的报告中，大模型主题在数量上遥遥领先，主题覆盖了大模型理论、基础软件、智能体、安全、领域大模型和多模态大模型等。大模型的发展将推动上下游产业链如芯片、基础软件、高性能计算、计算机应用等方面的快速发展，给整个计算机行业带来新的变革和机遇。

本年度《发展报告》的组织和策划工作得到了中国计算机学会各专业委员会和广大会员的大力支持与积极响应，共收到 32 份反映不同方向进展的报告申请。中国计算机学会学术工作委员会组织了多轮评审，遴选出具有代表性的高水平报告共 22 篇，其中通用领域 14 篇，大模型相关的 8 篇。在此，特别向本年度所有发展报告的执笔人表示感谢，也衷心感谢各专业委员会的主任和秘书的辛勤付出。中国计算机学会孙凝晖理事长、梅宏前理事长、唐卫清秘书长等对本报告的整理和出版给予了指导和支持，中国计算机学会学术工作委员会的委员在选题、组织、评审等方面不辞辛劳，学会秘书处协助处理了繁杂的事务性工作，在此一并表示感谢。

陈文光

中国计算机学会学术工作委员会主任

2024 年 12 月

目　　录

前言

大语言模型理论的研究进展与趋势 ················· CCF 人工智能与模式识别专业委员会

  1　大语言模型理论概述：统计学习视角 ·············· 2
    1.1　大语言模型的理论框架 ·············· 2
    1.2　大语言模型的表达能力 ·············· 4
    1.3　大语言模型的泛化分析 ·············· 4
    1.4　大语言模型的优化算法 ·············· 6
  2　大语言模型的构建原则：理论指导实践 ·············· 8
    2.1　预训练理论及其启发 ·············· 8
    2.2　有监督微调理论及其启发 ·············· 10
    2.3　提示工程理论及其启发 ·············· 13
  3　大语言模型的涌现能力：数学机理分析 ·············· 14
    3.1　扩展法则机理分析 ·············· 15
    3.2　情境学习能力机理分析 ·············· 17
    3.3　思维链能力机理分析 ·············· 19
  4　结论 ·············· 20
  参考文献 ·············· 20
  作者简介 ·············· 26

领域大模型的研究进展与趋势 ················· CCF 人工智能与模式识别专业委员会

  1　引言 ·············· 28
  2　领域大模型的构建流程 ·············· 29
    2.1　大模型评测 ·············· 29
    2.2　数据准备与设计 ·············· 33
    2.3　持续性知识注入 ·············· 38
    2.4　提示工程 ·············· 42
  3　领域大模型驱动的应用框架 ·············· 47
    3.1　工作流 ·············· 47
    3.2　大模型智能体 ·············· 48
  4　国内外领域大模型的典型实例 ·············· 54

4.1　医疗领域 …………………………………………………………… 55

4.2　金融领域 …………………………………………………………… 55

4.3　法律领域 …………………………………………………………… 56

4.4　科研领域 …………………………………………………………… 56

4.5　商用领域 …………………………………………………………… 56

5　总结与展望 ……………………………………………………………… 57

参考文献 ……………………………………………………………………… 57

作者简介 ……………………………………………………………………… 66

大模型下的软件工程研究进展与趋势 ……………… CCF 软件工程专业委员会

1　引言 …………………………………………………………………… 70

2　软件工程领域大模型 …………………………………………………… 71

2.1　软件工程领域的基础大模型 ………………………………… 72

2.2　基于指令调优的软件工程领域大模型 ……………………… 74

2.3　软件工程领域大模型的评估 ………………………………… 75

3　大模型辅助软件工程 …………………………………………………… 77

3.1　大模型下的需求与设计 ……………………………………… 77

3.2　大模型下的代码辅助生成 …………………………………… 79

3.3　大模型下的软件测试 ………………………………………… 82

3.4　大模型下的代码分析与检视 ………………………………… 84

3.5　大模型下的软件运维 ………………………………………… 85

3.6　大模型下的漏洞工程 ………………………………………… 86

4　大模型下的开源生态 …………………………………………………… 88

4.1　大模型加速开源生态的演进与技术创新 …………………… 88

4.2　大模型使生态复杂性加剧 …………………………………… 88

4.3　大模型促进软件泛在化与生态扩展 ………………………… 89

5　大模型下的软件工程挑战 ……………………………………………… 91

5.1　整体层面的挑战 ……………………………………………… 91

5.2　具体层面的挑战 ……………………………………………… 92

5.3　软件工程大模型数据与评估的挑战 ………………………… 99

5.4　软件工程领域大模型在可信性方面的挑战 ……………… 100

6　总结 …………………………………………………………………… 100

参考文献 …………………………………………………………………… 101

作者简介 …………………………………………………………………… 110

数据准备与语言模型交叉技术的研究进展及发展趋势 ……… CCF 数据库专业委员会

1　引言 ………………………………………………………………… 114

　　1.1　初识基于语言模型的数据准备 ··· 115

　　1.2　初识面向语言模型的数据准备 ··· 117

　　1.3　报告结构 ·· 120

　2　基于语言模型的数据准备 ·· 120

　　2.1　国内外研究现状 ··· 120

　　2.2　基于传统方法的数据准备 ··· 121

　　2.3　基于语言模型的数据发现 ··· 126

　　2.4　基于语言模型的数据查询 ··· 129

　　2.5　基于语言模型的数据融合 ··· 133

　　2.6　基于语言模型的数据清洗 ··· 136

　3　面向语言模型的数据准备 ·· 139

　　3.1　国内外研究现状 ··· 140

　　3.2　面向预训练的数据准备 ··· 140

　　3.3　面向指令微调的数据准备 ··· 145

　　3.4　面向模型推理的数据准备 ··· 150

　4　发展趋势与展望 ·· 154

　　4.1　基于语言模型的数据准备发展趋势与展望 ·· 154

　　4.2　面向语言模型的数据准备发展趋势与展望 ·· 157

　5　结束语 ·· 160

　参考文献 ·· 161

　作者简介 ·· 170

大模型基础软件的研究进展与趋势 ····················· CCF 系统软件专业委员会

　1　引言 ·· 172

　2　国内外研究和产业现状 ·· 174

　　2.1　大模型训练微调软件 ··· 174

　　2.2　大模型推理基础软件 ··· 180

　　2.3　大模型开发工具链软件 ··· 187

　　2.4　面向 RAG 的大模型数据管理基础软件 ·· 195

　　2.5　大模型编排软件 ··· 203

　　2.6　大模型操作系统 ··· 208

　3　国内学术研究及产业进展 ·· 213

　　3.1　学术研究进展 ··· 213

　　3.2　产业结构演化 ··· 215

　4　我国大模型基础软件研究的优势和挑战 ·· 216

　　4.1　我国大模型基础软件研究优势 ·· 216

　　4.2　我国大模型基础软件研究面临的挑战 ……………………………… 217

5　发展趋势与展望 ………………………………………………………………… 218

　　5.1　大模型训练框架走向多模态和异构融合 …………………………… 218

　　5.2　加速大模型推理从"作诗"走向"作诗+做事"，赋能千行百业 …… 219

　　5.3　与平台特性、模型特征深入融合，大模型开发工具链软件向领域化

　　　　发展 ……………………………………………………………………… 219

　　5.4　数据管理向多模态和多层次发展，与传统数据存储系统进一步融合 …… 220

　　5.5　多智能体编排软件蓬勃发展，智能体与传统软件加速融合 ……… 220

6　结束语 …………………………………………………………………………… 221

参考文献 …………………………………………………………………………… 222

作者简介 …………………………………………………………………………… 233

大模型时代智能音频信号处理的研究进展与趋势…… CCF 语音对话与听觉专业委员会

1　引言 ……………………………………………………………………………… 237

2　音频表征学习 …………………………………………………………………… 239

　　2.1　传统声学特征 ………………………………………………………… 239

　　2.2　深度学习表征 ………………………………………………………… 240

　　2.3　自监督学习语音表征 ………………………………………………… 241

3　基于大模型的音频理解任务 …………………………………………………… 246

　　3.1　按标签类型分类 ……………………………………………………… 246

　　3.2　按任务类型分类 ……………………………………………………… 247

　　3.3　音频标签预测 ………………………………………………………… 248

　　3.4　序列事件检测 ………………………………………………………… 249

　　3.5　音频事件检测 ………………………………………………………… 249

　　3.6　音频描述 ……………………………………………………………… 250

　　3.7　大模型时代的音频理解 ……………………………………………… 250

　　3.8　大模型时代的音频理解评估指标 …………………………………… 251

4　基于大模型的音频生成任务 …………………………………………………… 252

　　4.1　语音生成大模型 ……………………………………………………… 252

　　4.2　音效生成 ……………………………………………………………… 254

　　4.3　音乐生成 ……………………………………………………………… 255

5　通用音频大模型进展 …………………………………………………………… 257

　　5.1　通用音频大模型的 3 种形式 ………………………………………… 257

　　5.2　基于编码器的通用音频大模型 ……………………………………… 258

　　5.3　基于编码器-解码器的通用音频大模型 …………………………… 261

　　5.4　基于解码器的通用音频大模型 ……………………………………… 262

    5.5 融合其他模态的通用音频大模型 ┈┈┈┈┈┈┈┈┈┈ 266

    5.6 通用音频大模型的数据集建设 ┈┈┈┈┈┈┈┈┈┈┈ 267

  6 未来研究趋势展望 ┈┈┈┈┈┈┈┈┈┈┈┈┈┈┈┈ 268

  7 结束语 ┈┈┈┈┈┈┈┈┈┈┈┈┈┈┈┈┈┈┈┈ 269

  参考文献 ┈┈┈┈┈┈┈┈┈┈┈┈┈┈┈┈┈┈┈┈ 269

  作者简介 ┈┈┈┈┈┈┈┈┈┈┈┈┈┈┈┈┈┈┈┈ 278

大语言模型价值对齐的研究进展与趋势 ┈┈┈┈┈ CCF 自然语言处理专业委员会

  1 引言 ┈┈┈┈┈┈┈┈┈┈┈┈┈┈┈┈┈┈┈┈┈ 280

    1.1 大语言模型概述 ┈┈┈┈┈┈┈┈┈┈┈┈┈┈┈ 280

    1.2 价值对齐的概念与意义 ┈┈┈┈┈┈┈┈┈┈┈┈ 281

    1.3 大语言模型的对齐方法与分类 ┈┈┈┈┈┈┈┈┈ 283

    1.4 本文的组织形式 ┈┈┈┈┈┈┈┈┈┈┈┈┈┈┈ 283

  2 国际研究现状 ┈┈┈┈┈┈┈┈┈┈┈┈┈┈┈┈┈ 284

    2.1 整体研究方向与趋势 ┈┈┈┈┈┈┈┈┈┈┈┈┈ 284

    2.2 价值对齐方法研究 ┈┈┈┈┈┈┈┈┈┈┈┈┈┈ 284

    2.3 价值对齐评估与可解释性 ┈┈┈┈┈┈┈┈┈┈┈ 289

  3 国内研究进展 ┈┈┈┈┈┈┈┈┈┈┈┈┈┈┈┈┈ 292

    3.1 整体研究方向与趋势 ┈┈┈┈┈┈┈┈┈┈┈┈┈ 292

    3.2 价值对齐方法研究 ┈┈┈┈┈┈┈┈┈┈┈┈┈┈ 293

    3.3 价值对齐评估与可解释性 ┈┈┈┈┈┈┈┈┈┈┈ 295

  4 国内外研究进展比较 ┈┈┈┈┈┈┈┈┈┈┈┈┈┈ 297

    4.1 技术路线的共性 ┈┈┈┈┈┈┈┈┈┈┈┈┈┈┈ 297

    4.2 技术路线的差异 ┈┈┈┈┈┈┈┈┈┈┈┈┈┈┈ 298

    4.3 研究焦点与方法的比较 ┈┈┈┈┈┈┈┈┈┈┈┈ 298

    4.4 应用领域与场景对比 ┈┈┈┈┈┈┈┈┈┈┈┈┈ 300

  5 发展趋势与展望 ┈┈┈┈┈┈┈┈┈┈┈┈┈┈┈┈ 301

    5.1 挑战与机遇 ┈┈┈┈┈┈┈┈┈┈┈┈┈┈┈┈┈ 301

    5.2 研究趋势与创新方向 ┈┈┈┈┈┈┈┈┈┈┈┈┈ 303

    5.3 对行业与社会的长远影响 ┈┈┈┈┈┈┈┈┈┈┈ 305

  6 结束语 ┈┈┈┈┈┈┈┈┈┈┈┈┈┈┈┈┈┈┈┈ 307

  参考文献 ┈┈┈┈┈┈┈┈┈┈┈┈┈┈┈┈┈┈┈┈ 307

  作者简介 ┈┈┈┈┈┈┈┈┈┈┈┈┈┈┈┈┈┈┈┈ 315

基于大模型的智能体：理论、关键技术与展望 ┈┈┈┈ CCF 自然语言处理专业委员会

  1 引言 ┈┈┈┈┈┈┈┈┈┈┈┈┈┈┈┈┈┈┈┈┈ 318

1.1　智能体的背景介绍 ················· 318
1.2　智能体的发展历程 ················· 318
1.3　基于大模型的智能体的意义 ············· 320
1.4　本文的组织安排 ·················· 320
2　基于大模型的智能体的框架结构 ············· 322
2.1　感知模块 ····················· 323
2.2　规划模块 ····················· 324
2.3　记忆模块 ····················· 325
2.4　工具使用模块 ··················· 327
3　基于大模型的智能体的能力演化路径 ··········· 329
3.1　基座模型能力拓展 ················· 329
3.2　智能体工作流编排 ················· 331
3.3　自主探索与进化 ·················· 333
3.4　多智能体协同演化 ················· 333
3.5　智能体标杆数据集 ················· 334
4　基于大模型的智能体的应用范式 ············· 335
4.1　单智能体范式 ··················· 335
4.2　多智能体协作范式 ················· 336
4.3　人机交互范式 ··················· 337
5　智能体社会的环境与行为机制 ·············· 338
5.1　智能体的社会行为与人格 ·············· 338
5.2　模拟社会的运行环境 ················ 340
5.3　使用智能体进行社会模拟 ·············· 342
6　总结和展望 ······················ 344
致谢 ··························· 345
参考文献 ························· 345
作者简介 ························· 359

大语言模型理论的研究进展与趋势

CCF 人工智能与模式识别专业委员会

刘　勇[1]　胡啸林[1]　唐鹏威[1]　龚子瑄[1]

[1]中国人民大学，北京

摘　　要

以 ChatGPT 为代表的大语言模型（Large Language Model，LLM）在人机交互和多任务处理上带来了全新的突破，展现出了与传统操作系统融合的趋势，正通过与手机、个人计算机等硬件的结合成为更懂用户的个人助理，在教育、法律、医疗和军事领域也有着巨大的应用前景。自从 2022 年 11 月 30 日 OpenAI 公司推出聊天机器人 ChatGPT 之后，相关的前沿技术突破层出不穷，逐渐深入到了千行百业，大算力和大数据驱动的大语言模型在助力人们工作生活的同时也成为各国科技竞争的一个重要方面。然而，当前大语言模型技术的发展还是以工程实践推动为主导，理论层面的指导和讨论比较有限，考虑到大语言模型的开发对算力等资源的消耗极大，如何在实践中融入相关理论指导原则以提高大语言模型开发和部署的效率成为亟待解决的问题。基于以上分析，本文以助力大语言模型的开发、部署和使用为指引，对大语言模型相关理论工作进行综述。具体来讲，本文将从统计学习视角下的大语言模型理论概述入手，首先分析大语言模型理论与传统深度学习理论的异同，然后以大语言模型的工程实践为依托，总结大语言模型相关理论对实践的指导原则与潜在启发，最后给出对大语言模型涌现能力的机理分析。

关键词：大语言模型；统计学习理论；涌现机理；泛化分析；优化算法

Abstract

Large language model（LLM）have transformed how we interact with computers, helping us accomplish a variety of tasks efficiently. As they integrate more with traditional operating systems and work on devices like smartphones and laptops, LLM are becoming personal assistants. These models show huge promise in fields like education, law, healthcare, and defense. Since OpenAI launched ChatGPT, progress in this area has been fast. Driven by powerful computing and large datasets, LLM are enhancing both work and everyday life, while also playing a role in global technology competition. However, LLM development has largely been guided by engineering practice rather than theory, with few theoretical insights driving progress. Given the resources needed to create LLM, especially in terms of computational cost, it is increasingly important to integrate theoretical principles to make model development and deployment more efficient. This paper reviews the theoretical work related to LLM to support their development, use, and application. We begin with an overview of LLM theory from a statistical learning perspective, examining both the similarities and differences between theories for LLM and traditional deep learning. Then, we summarize how theory can guide practical applications and suggest possible ways to improve LLM. Finally, we analyze the mechanisms behind the emergent abilities of LLM, identifying key factors that contribute to their effectiveness.

Keywords: large language model; statistic learning theory; emergence ability; generalization analysis; optimization algorithm

1 大语言模型理论概述：统计学习视角

大语言模型以端到端的方式实现了对自然语言处理任务的变革，同时带来了新的人机交互可能。从工程上讲，大语言模型的成功依赖于大模型、大算力与大数据，相应的理论分析也从这三个方面展开。模型结构的表达能力限制着大语言模型性能的上限，算力的充分利用依赖于算法与硬件系统的紧密结合，而训练数据的分布则影响着大语言模型在不同任务上的性能差异。虽然大语言模型场景下模型结构、优化算法与训练数据之间的耦合关系更为复杂，但是相关理论分析仍旧可以在统计学习框架下展开。统计学习理论涉及表达能力、泛化误差和优化误差三个方面，表达能力限定了模型所能拟合函数的范围，优化误差刻画了算法在训练数据上的收敛性，而泛化误差表征了训练得到的模型在测试数据上的最终性能[1-2]。机器学习的根本目标是得到泛化能力强的模型，而最终得到的模型性能同时受到优化算法、训练数据和模型结构的影响。本节从统计学习视角入手，首先概述经典的统计学习理论框架，如图 1 所示，进而综述大语言模型对应的统计学习理论结果，并结合实践展开讨论。

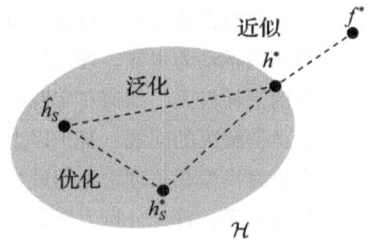

图 1　统计学习理论框架

1.1 大语言模型的理论框架

与传统机器学习相比，大语言模型在优化、泛化与模型架构上都体现了新的特点，同时给实践和理论带来了新的挑战[1]。传统的统计学习框架是针对单一任务而言的[2]，其假设数据 x 和标签 y 采样自联合分布 $(X,Y) \sim \mu$，该联合分布是未知的。学习的目标可以描述为寻找函数 $h \in \mathcal{H}$ 使得对于任意采样自未知分布的 x，h 都能够输出 y 的预测值，预测性能用损失函数 ℓ 进行衡量：

$$L(w,\mu) = \int \ell(h_w(X),Y)\,d\mu(X,Y)$$

式中，$w \in \mathcal{W}$ 表示函数 h 的参数，ℓ 表示损失函数。由于联合分布未知，即真实场景中只能够观测到有限的数据规模，由此优化目标可以写为

$$L(w,S) = \frac{1}{|S|} \sum_{(x,y) \in S} \ell(h_w(x),y)$$

式中，S 表示有限训练数据的集合，$|S|$ 表示训练样本数目。常用的损失函数包括平方损

失、交叉熵损失和自回归损失等，其中交叉熵损失主要被用于分类任务，自回归损失被广泛用于大语言模型预训练对应的生成任务，具体形式为

$$L_{\mathrm{PT}}(w,x) = -\sum_{t=1}^{T} \log P(x_t \mid x_{t-1}, \cdots, x_0; w)$$

式中，$P(x_t \mid x_{t-1}, \cdots, x_0; w)$ 表示模型 w 在给定输入序列前 $t-1$ 个词元时对第 t 个词元概率的预测。

记给定给 x 生成 y 的真实函数为 $f^*(\cdot): \mathcal{X} \to \mathcal{Y}$，考虑到假设空间 $\mathcal{H}$ 未必包含真实的数据生成函数 $f^*(\cdot)$，由此带来了近似误差（approximation error）

$$L(h^*, \mu) - L(f^*, \mu)$$

式中，$h^* = \arg\min_{h \in \mathcal{H}} L(h, \mu)$ 表示假设空间内使期望风险 $L(h, \mu)$ 最小的函数。由定义可知，近似误差本质上是由假设空间表达能力决定的，它只与模型架构有关，而与算法和数据无关。

记训练数据 S 和算法导出的函数及其参数分别为 $\hat{h}_S$ 和 $\hat{w}_S$，其对应的期望风险为

$$L(\hat{h}_S, \mu) = \int \ell(h_{\hat{w}_S}(X), Y) \, \mathrm{d}\mu(X, Y)$$

式中，$\hat{h}_S$ 与真实的数据生成函数 $f^*(\cdot)$ 之间的距离可以进行如下分解：

$$L(\hat{h}_S, \mu) - L(f^*, \mu) = L(\hat{h}_S, \mu) - L(h^*, \mu) + L(h^*, \mu) - L(f^*, \mu)$$

式中，等号右侧后两项构成近似误差 $L(h^*, \mu) - L(f^*, \mu)$，前两项可以进一步作如下分解：

$$L(\hat{h}_S, \mu) - L(h^*, \mu) = L(\hat{h}_S, \mu) - L(h_S^*, S) + L(h_S^*, S) - L(h^*, \mu)$$

式中，$h_S^* = \arg\min_{h \in \mathcal{H}} L(h, S)$ 表示假设空间内使训练误差 $L(h, S)$ 最小的函数。由于期望意义下 $L(h^*, S)$ 与 $L(h^*, \mu)$ 相同且 $L(h_S^*, S) \leq L(h^*, S)$，可以导出上式最后两项满足

$$E[L(h_S^*, S) - L(h^*, \mu)] = E[L(h_S^*, S) - L(h^*, S)] \leq 0$$

由此可得

$$L(\hat{h}_S, \mu) - L(h^*, \mu) \leq L(\hat{h}_S, \mu) - L(h_S^*, S)$$

进一步分解可得

$$L(\hat{h}_S, \mu) - L(h^*, \mu) \leq L(\hat{h}_S, \mu) - L(\hat{h}_S, S) + L(\hat{h}_S, S) - L(h_S^*, S)$$

式中，等号右侧前两项表示优化算法基于训练数据导出的模型 $\hat{h}_S$ 在分布 μ 和训练数据 S 上的性能差距，这两项通常被称为泛化误差；后两项表示 $\hat{h}_S$ 和 h_S^* 在训练数据 S 上的性能差异，这两项取决于优化算法的优劣。

综上可得，$L(\hat{h}_S, \mu) - L(f^*, \mu)$ 表征了数据 S 上训练得到的模型 $\hat{h}_S$ 的性能，其上界可以被分解为近似误差、泛化误差和优化误差三项，即

$$L(\hat{h}_S, \mu) - L(f^*, \mu) \leq L(\hat{h}_S, \mu) - L(\hat{h}_S, S) + L(\hat{h}_S, S) - L(h_S^*, S) + L(h^*, \mu) - L(f^*, \mu)$$

式中，近似误差 $L(h^*, \mu) - L(f^*, \mu)$ 取决于模型的表达能力，泛化误差 $L(\hat{h}_S, \mu) - L(\hat{h}_S, S)$ 刻画了测试与训练性能之间的差距，优化误差 $L(\hat{h}_S, S) - L(h_S^*, S)$ 取决于优化算法能力。接下来按照以上框架总结大语言模型场景下的相应理论并进行讨论。

1.2　大语言模型的表达能力

经典的神经网络表达能力分析可以追溯到 1989 年，相关结论表明无限宽的单隐藏层神经网络能够以任意精度逼近紧支撑集（Compact Support）上的任意函数[3-4]。近年来，相关研究集中在有限宽的神经网络上，例如 Lu 等人[5] 和 Hanin 等人[6] 表明当输入数据维度为 d 时，宽度为 $d+1$ 的无限深全连接 ReLU（Rectified Linear Unit）网络是连续标量函数的通用逼近器。与连续标量函数的逼近不同，大语言模型的表达能力研究关注的是模型在序列到序列函数上的逼近能力。下面从大语言模型架构与序列到序列函数两个角度展开论述，Yun 等人[7] 首次证明了 Transformer 模型能够逼近任意的序列到序列函数，之后 Kratsios 等人[8] 证明了 Transformer 对于受限的输出空间也有通用逼近能力，这里受限的输出空间包括分类问题中的输出为概率单纯形（Probability Simplex）的情况，即要求输出向量中的元素始终构成概率分布。Kim 等人[9] 分析了 Transformer 架构的记忆容量，这是理解模型表达力和泛化能力的关键。作者通过理论证明当输入维度为 d 时，Transformer 仅需 $O(d+n+\sqrt{nN})$ 个参数便能够将 N 个长度为 n 的序列记忆到序列映射中。

大语言模型的自回归推理方式成本较高，因此对更高效模型的探索长期受到关注[10]，尽管目前已经提出了许多高效的 Transformer 模型，但没有理论保证它们是标准 Transformer 的合适替代品，其中不同模型架构在表达能力上的差异成为研究人员关心的问题[11-12]。Yang 等人[13] 研究了稀疏 Transformer[11] 和线性 Transformer[12] 等高效模型在思维链（Chain of Thought，CoT）场景下的推理能力。通过将推理任务建模为动态规划问题，他们证明了这些高效模型在理论上能够解决一般的动态规划任务，但需要随问题规模的增长而增加模型参数量，因此从计算效率上无法直接体现其相对于原生 Transformer 模型的优越性。Wen 等人[14] 探索了 RNN 与 Transformer 的表达能力差距，特别关注了 RNN 在处理长序列时的内存效率优势，以及 Transformer 通过自注意力机制实现的密集信息路由能力。相关理论分析揭示了 RNN 在上下文检索（In-context Retrieval）方面的局限性，即使在采用思维链提示的情况下，RNN 仍然无法解决某些需要从上下文中检索信息的算法问题，这对于工程实践的启发是在 RNN 中适当加入 Transformer 模块能对其表达能力提升起到较大帮助作用。

综上可知，Transformer 模型的通用逼近能力保证了其能够实现对序列到序列函数的拟合，此时近似误差可以被忽略，实践中应当重点关注优化误差和泛化误差。依靠当前理论框架对思维链等任务表达能力的分析则揭示了稀疏 Transformer、线性 Transformer 和 RNN 等模型的局限性，相关结果可以为模型结构改进提供理论依据，但是随着理论框架的发展相关结论是否依旧成立尚无定论，有待进一步验证。

1.3　大语言模型的泛化分析

传统机器学习的泛化分析针对的是单一数据分布场景[15]，大语言模型的泛化分析涉及多任务对应的多个数据分布场景，其预训练阶段的核心指标是多任务的平均性能[16]，微调阶段的核心指标是下游目标任务的性能[17]。传统泛化分析的理论工具包括复杂度、稳定性和信息论等[18]，近年来涌现出了一些新的理论工具。相比于传统机器学习，大语言模型的泛化分析有其自身特点，本小节主要讨论大模型场景下相关理论结果的指导意义。

大语言模型的预训练使用了互联网上的海量数据，这些数据涉及多个主题/任务，不满足数据独立同分布的假设[16,19]。已有研究中与大模型预训练最相关的框架为多任务或者元学习设定[20]。除此之外，GPT-2 论文提出了大语言模型是多任务学习器的观点[21]。基于以上分析，可以在多任务学习理论框架下对预训练阶段的优化误差和泛化误差进行建模。多任务设定假设参与训练的数据是独立非同分布的，对于 m 个任务，每个任务采样 n 个样本的场景，其期望误差定义为

$$L_{\mathrm{PT}}(w) = \frac{1}{m} \sum_{i=1}^{m} E\big[\ell(w, X_i^j)\big]$$

训练（优化）误差定义为

$$\hat{L}_{\mathrm{PT}}(w) = \frac{1}{mn} \sum_{i=1}^{m} \sum_{j=1}^{n} \ell(w, X_i^j)$$

泛化误差定义为

$$L_{\mathrm{PT}}(w) - \hat{L}_{\mathrm{PT}}(w)$$

以复杂度为代表的方法用假设空间大小对泛化误差进行界定，其理论结果是算法无关的。以稳定性和信息论为基础的泛化分析在泛化界限中引入了优化算法的影响[22-23]。其中稳定性将泛化分析转化为数据扰动对优化轨迹影响的研究，通常需要梯度的模或者海森矩阵的谱范数有界，这两个条件刻画了优化目标的光滑性，但是对优化过程中的特征进行了粗糙化的统一处理，无法细粒度地体现数据与算法的影响，在大模型泛化分析中局限性较大[24]。

大语言模型第一个非空的泛化界限拓展了假设空间有限设定下的结论，这里先给出经典结论[25]。假设损失函数非负且存在上界 b，对于包含有限个函数的假设空间 $w \in \mathcal{W}$，记 w 对应的先验分布概率为 $P(w)$，则以下结论以 $1-\delta$ 的概率成立：

$$L_{\mathrm{PT}}(w) \leqslant \hat{L}_{\mathrm{PT}}(w) + b\sqrt{\frac{\log \frac{1}{P(w)} + \log \frac{1}{\delta}}{2mn}}$$

当学习到的 w 使 $P(w)$ 增加时，泛化误差会得到改善。由于先验分布 P 未知，文献中通过 Solomonoff 先验 $P(w) \leqslant 2^{-K(w|A)}$ 给出[26]，其中 K 是 w 的前缀 Kolmogorov 复杂度[27]，A 为模型架构。虽然 K 是不可计算的，但可以计算其上界：

$$\log \frac{1}{P(w)} \leqslant K(w \mid A) \log 2 \leqslant C(w) \log 2 + 2\log C(w)$$

式中，$C(w)$ 是 w 在给定任何特定压缩策略下的压缩大小。基于以上分析可知，如果能够找到使训练误差较小的 w 在压缩之后也较小，则可以得到较紧的泛化误差界。文章 [25] 中提出的 SubLoRA 方法可以在保持表达能力的同时找到压缩效果足够好的解决

方案来拟合训练数据，并且针对预训练函数可能无界的情况导出了新的泛化误差界。需要注意的是，以上结论成立的条件是所有句子之间是相互独立的，这些假设在大语言模型预训练中无法严格成立。同样，以复杂度为代表的泛化理论分析结果也刻画了模型规模与样本数量对泛化性能的影响，大语言模型训练过程中发现的扩展法则（Scaling Law）也体现了以上对应关系[28]。关于扩展法则的详细讨论在 3.1 节展开。

以信息论为基础的泛化分析同样将优化迭代 T 步之后的参数 W_T 视作随机变量[29]，其随机性的来源有两个，分别是算法的随机性和数据的随机性，这也决定了相关理论结果能够同时体现算法与数据的影响。需要注意的是，以 PAC-Bayes 为代表的传统信息论泛化分析均假设损失函数为有界的，然而大语言模型使用的自回归损失为无界的，无界损失是大语言模型泛化分析带来的挑战。最近研究人员将 PAC-Bayes 扩展到了损失函数无界的设定中[30]，以下大语言模型的泛化误差界可以在同样的框架下直接得到

$$L_{\mathrm{PT}}(w) \leqslant \hat{L}_{\mathrm{PT}}(w) + \mathcal{O}\left(\sqrt{\frac{D_{\mathrm{KL}}(Q \mid P)}{mn}}\right)$$

式中，mn 表示预训练阶段样本数量，$D_{\mathrm{KL}}(Q \mid P)$ 表示预训练后的模型的后验分布 Q 与任意先验分布 P 之间的距离。

以上结论显示后验分布与先验分布之间的距离决定了泛化性能的好坏，其中先验分布 P 理论上可以取不依赖训练数据的任意分布。当 P 取预训练任务对应的潜在模型分布 P^* 时，上式中的 KL 散度刻画了模型经过预训练之后的分布 Q 与该潜在未知分布 P^* 之间的距离。注意这里的 P^* 表示未知的模型分布，它与训练数据对应的数据分布有关，但是与采样得到的训练数据本身没有统计上的依赖关系。由此出发，预训练过后的模型参数分布与潜在分布之间的距离越近则泛化误差越小。以上分析将预训练理解为模型参数分布逐渐逼近潜在真实分布的过程，类似地，已有研究将大语言模型预训练过程理解为知识压缩的过程，并且观察到预训练过后的大语言模型可以作为压缩器[31]。除此之外，Allen-Zhu 等人[32] 使用合成数据集来评估语言模型存储知识的能力，并得出语言模型每个参数恰好能够存储 2 比特知识的结论。照此估算，一个 7B 的模型能够存储 14B 比特的知识，这个数量超过英文维基百科和教科书所存储知识的总量。

1.4　大语言模型的优化算法

大语言模型的优化相比传统机器学习和深度学习发生了深刻变化。从系统层面讲，模型规模扩大使训练过程必须引入数据并行、模型并行和流水线并行等工程上的解决方案。从算法层面讲，大模型训练带来的巨大资源消耗使得开发更高效的优化器越来越受到关注。以 GPT-3 的训练为例，其模型规模为 175B[33]，按照 FP32 格式加载模型参数需要占据 700GB 内存，梯度规模与模型规模相同，Adam 优化器需要内存空间为梯度的 2 倍，则模型、梯度和优化器状态总共需要的内存为模型所需内存的 4 倍。而实际优化过程中还存在激活值带来的内存消耗，如此大规模的内存消耗只有通过分布式方式才能满足。

本小节重点介绍数据并行相关的理论结果。目前，关于模型并行与流水线并行等方

法的理论研究还十分有限，相关理论有待进一步发展[34]。由于大语言模型预训练使用的数据来源广泛，因此使用数据并行方法时并不能简单地假设所有单机上的数据分布一致，而需要考虑不同单机之间的数据异质性。不失一般性，考虑 m 个单机组成的分布式系统，其中每个单机上的样本数量为 n，假设每个单机上的数据采样自不同的数据分布 $\{\mu_i\}_{i=1}^m$，第 i 个单机上的优化目标记为

$$\hat{L}_i(w) = \frac{1}{n} \sum_{j=1}^n \ell(w, X_i^j) \quad^{[35]}$$

式中，$\{X_i^j\}_{j=1}^n$ 为从分布 μ_i 上独立采样得到的 n 个样本，整个分布式系统的优化目标为

$$\hat{L}_{\mathrm{PT}}(w) = \frac{1}{m} \sum_{i=1}^m \hat{L}_i(w) = \frac{1}{mn} \sum_{i=1}^m \sum_{j=1}^n \ell(w, X_i^j)$$

首先给出随机梯度下降（SGD）算法在异质数据并行设定下的收敛性结论。与深度学习模型类似，大语言模型的优化是典型的非凸优化问题，其收敛性分析通常需要用到函数光滑条件，另外在数据异质设定下还需要梯度方差小于 σ^2 的假设。基于以上假设，其收敛性如下：

$$\frac{1}{T} \sum_{t=1}^T E[\|\nabla \hat{L}(w^t)\|^2] = \mathcal{O}\left(\frac{\sigma}{\sqrt{mT}}\right) \quad^{[35]}$$

根据以上理论结果可得，单机设定下需要 T^* 步才能达到的优化误差在数据并行设定下只需要 T^*/m 步即可达到，这从理论上确保了分布式扩展的有效性。

虽然有了理论保障，但实际运行中的系统依然面临着众多挑战，其中最核心的挑战来源于机器之间的通信瓶颈。缓解通信瓶颈的方法主要从通信方式和梯度压缩两个角度展开，其中对通信方式的改进包括去中心化、本地更新和异步等，对梯度压缩方法的改进包括量化和低秩近似等。在理论工作方面，Markov 等人[36] 提出了量化分布式数据并行（Quantized Distributed Data Parallel，QDDP）方法并且在大语言模型上进行了实验。QDDP 是全切片数据并行（Fully Sharded Data Parallel，FSDP）的一个变体，它支持梯度和权重的量化，并提供了理论上的收敛保证。Wang 等人[37] 提出了通信高效训练框架 CocktailSGD，以克服在带宽约为 500MB/s 的慢速网络上通过分布式方式训练大语言模型时遇到的通信挑战。CocktailSGD 结合了随机稀疏化、Top-k 稀疏化和量化等技术，实现了比单独使用任何一种技术都更大的压缩比，同时保持模型训练的收敛性，还通过理论分析证明了其在平滑非凸目标函数上的收敛性。基于梯度低秩假设，Vogels 等人[38] 提出了梯度压缩算法 PowerSGD 来降低通信量，该方法结合了动量方法和误差反馈（error feedback）技术，并且被用到了 DALL-E 的训练中[39]。Liu 等人[40] 通过系统实验对异步本地随机梯度下降（Asynchronous Local-SGD）大语言模型训练中的性能进行了详细测试，但该场景下的理论分析还比较有限，有待进一步探索。

除了分布式方式之外，高效优化器的开发也越来越受到研究人员的关注。针对大批量数据训练提出的 LAMB 使用了层自适应策略来加速深度神经网络的训练[41]，成功将 BERT 的训练时间从 3 天缩短到 76 分钟，并且提供了该算法在一般非凸设置中的收敛性分析。最近，LAMB 已经被应用于大模型分布式训练中[42]。为加速模型训练提出的 Adan

（ADAptive Nesterov momentum algorithm）优化器重新开发了一种新的 Nesterov 动量估计（NME）方法，避免了计算梯度的额外开销，并采用该方法估计梯度的一阶和二阶矩[43]。大量实验结果表明，Adan 在视觉、语言和强化学习任务上表现良好，相关理论分析也证明了 Adan 在非凸随机问题上的复杂度与最佳已知下界相匹配。针对大模型优化提出的 Sophia 是一个二阶优化器[44]，它使用轻量级的对角化海森矩阵估计作为预处理器，通过元素级裁剪来控制最差情况下的更新大小，从而减轻非凸性和不稳定的更新带来的负面影响。此外，论文[44] 还提供了理论分析，证明了 Sophia 的运行时间界限不依赖于损失的条件数。针对大模型设计的内存高效优化器 Galore 将梯度投影到低秩子空间中进行优化[45]，其理论分析了在训练过程中梯度矩阵会变得低秩，这一点与低秩适应方法（LoRA）假设参数空间低秩存在根本的不同。Galore 与 PowerSGD 都存在梯度投影步骤，两者的区别在于 PowerSGD 依旧是在原始参数空间执行优化步骤，而 Galore 则在投影子空间执行优化步骤，所以更省内存。

随着分布式训练规模的增大，去中心化和异步的更新方式将变得越来越重要，虽然传统非凸优化已有相关结论，但大模型场景下如何体现异质数据分布对收敛的影响是一个重要但尚未得到充分探索的方向。除数据并行相关的理论结果之外，关于模型并行与流水线并行等方法的理论研究还有待进一步发展。

本节在统计学习理论框架下对大语言模型的表达能力、泛化分析和优化算法等方面进行了概述。在表达能力方面，Transformer 架构已被证实能够逼近任意序列到序列的函数，这从理论上保证了大模型在序列建模方面的能力上限。在泛化分析方面，模型需要应对来自不同数据分布的挑战，理论工具如信息论等被用来深化我们对模型泛化行为的理解。在优化算法方面，随着模型规模的增大，传统的优化方法面临内存和计算的挑战，因此，优化策略如数据并行和模型并行成为必然选择，近期的研究不仅开发了多种高效的优化器，还探索了分布式训练中的通信瓶颈解决方案。本节不仅强调了理论在指导实践中的应用价值，也揭示了当前理论分析的局限性，并对未来的研究方向提出了建议。

2　大语言模型的构建原则：理论指导实践

大语言模型涉及海量数据与超大模型的相互作用。从工程开发的角度来讲，预训练和微调阶段均需要协调数据、模型和算法以提升模型的性能；从部署应用的角度来讲，以提示工程为依托的大模型推理方法关注如何能更好地激发模型的内在能力。本节综述以上问题对应的理论进展，同时讨论相关理论在实践指导中的潜在应用。

2.1　预训练理论及其启发

2.1.1　超参迁移理论及其启发

扩展法则（Scaling Laws）描述的是模型性能（如泛化误差）与模型架构（如模型参

数量）或者优化过程（如数据规模、训练计算量）随规模变化的关系。以往的研究表明，大模型的扩展法则在数学上呈现幂律关系。假设使用 L 表示模型的泛化误差，使用 B 表示影响模型性能的因素（如数据规模、训练计算量、模型参数量等），那么扩展法则可以表示为

$$L = k \cdot B^\alpha + c$$

式中，k, α, c 是该幂律公式的参数。近年来，由于模型规模不断扩大，大模型的预训练对计算资源要求非常高，例如 Llama 2 70B 模型的预训练时间高达 1 720 320GPU 小时[16]。因此，直接根据大模型训练的结果调试超参数变得极为困难。如果能够获得模型的泛化误差的扩展法则，那么就可以根据扩展法则预测出模型的泛化能力。通常可以在小数据集和小模型上进行快速训练以获得扩展法则，然后使用该法则预测大模型的泛化能力。

Kaplan 等人[46] 发现了神经语言模型的扩展法则。令 N 表示非嵌入参数量，D 表示数据集数量，$C_{\min}$ 表示最小分配计算预算。若固定其中一个，则扩展法则可以表示为

$$L(N) = (N_c/N)^{\alpha_N}; \alpha_N \sim 0.076, \quad N_c \sim 8.8 \times 10^{13}$$

$$L(D) = (D_c/D)^{\alpha_D}; \alpha_D \sim 0.095, \quad D_c \sim 5.4 \times 10^{13}$$

$$L(C_{\min}) = (C_c^{\min}/C_{\min})^{\alpha_c^{\min}}; \alpha_c^{\min} \sim 0.050, \quad C_c^{\min} \sim 3.1 \times 10^8 (\text{PF-days})$$

Kaplan 等人发现，这些关系在 N 跨越 6 个数量级、D 跨越 2 个数量级和 $C_{\min}$ 跨越 8 个数量级上都是成立的。有了扩展法则，大模型开发者就可以预测大量级的模型的泛化误差，从而有效降低训练成本。

2.1.2 数据配比理论及其启发

预训练大语言模型的训练数据是来自多个领域训练数据的混合，而这些不同领域数据的配比是影响预训练大语言模型最终性能的关键因素。但是，数据配比的比例目前依赖启发式方法或者定性策略。Ye 等人[47] 给出了数据配比的扩展法则，从而使得在数据配比上定量预测模型性能成为可能。Ye 等人发现，泛化误差在多个混合数据上呈现线性组合关系，即

$$L(r_1 \cdots M) = \sum_{i=1}^{K} s_i L_i(r_1 \cdots M)$$

式中，M 表示训练数据中子领域的个数，$L(r_1 \cdots M)$ 表示总的泛化误差，$L_i(r_1 \cdots M)$ 表示第 i 个领域的泛化误差，s_i 表示第 i 个领域泛化误差对总泛化误差的贡献度。Ye 等人发现，对于单独某个领域的数据，其泛化误差满足幂律：

$$L_i(r_i) = c_i + k_i \exp(t_{ij} r_i)$$

式中，L_i 和 r_i 是第 i 个领域的泛化误差和数据数量占比，c_i, k_i, t_{ij} 为特定系数。假设测试数据中有 K 个领域的数据，那么总的泛化误差可以写为

$$L(r_{1 \cdots M}) = \sum_{i=1}^{K} s_i L_i(r_{1 \cdots M}) = \sum_{i=1}^{K} s_i \left[c_i + k_i \exp\left(\sum_{j=1}^{M} t_{ij} r_j \right) \right]$$

和 Ye 等人同期，Ge 等人[48] 也提出了数据配比的扩展法则。假设训练步数为 s，某领域数据的占比为 r。针对训练步数和数据占比，Ge 等人提出了一种双变量的扩展法则：

$$L(s,r) = \left(\frac{A}{s^{\alpha}} + C \right) \frac{B}{r^{\beta}}$$

其中 A, B, C 是常数，α, β 是需要拟合的指数。

2.2　有监督微调理论及其启发

将大模型部署到专有的下游任务上是一种常见的大模型应用方式，其做法通常是将大模型在专有下游任务的数据上进行进一步微调。但是，这存在两个问题：一是在专有的下游任务上微调可能会造成大模型原有的通用能力减弱；二是大模型的超大参数量使得普通开发者无法有效对大模型进行微调。下面从理论角度分析如何选择大模型的微调数据以及参数来高效微调模块的表达能力。

2.2.1　数据选择理论及其启发

大模型的微调常常忽视了训练与微调之间的联系，导致无法充分利用在预训练中获取的知识。本小节总结了由泛化理论增强微调效果的工作成果，这些工作分析了预训练数据对微调效果的泛化误差影响，以及利用预训练知识增强微调的效果。

将大语言模型直接在目标数据上进行微调可能会导致大语言模型在微调后只对齐了目标数据而遗忘了原来的知识。Kang 等人[49] 提出了要将大语言模型的微调分为两个阶段：前微调阶段（Pre-Finetuning）和目标微调阶段（Targeted Finetuning）。前微调阶段使用候选集（大量开源的未标注数据）对预训练模型进行微调，目标微调阶段选择专门的目标数据对模型进行进一步精确微调。两阶段微调的目标是让大语言模型的分布从原始的分布慢慢迁移，最终使大语言模型的分布包含目标数据的分布，而不是只能够对齐目标数据的分布。为了实现这个目标，需要从无标签的大规模开源数据中选择合适的数据对大语言模型进行前微调。令 D_P 表示大规模开源数据集的分布，D_U 表示前微调阶段的数据集分布，D_T 表示目标分布，预训练大语言模型的初始参数为 M^0，经过前微调阶段后（微调数据集为 D_U）的模型参数为 $M^*(D_U)$。在以上的数据分布中，D_P 和 D_T 都是已知的，而 D_U 需要通过求解获得。在前微调阶段，使用 D_U 进行微调；在目标微调阶段，使用 D_T 进行微调。Kang 等人提出的前微调阶段的最优数据选择定理为

$$E_{x \sim D_T} \left[L\left(M^*(D_U), x \right) \right] \le E_{y \sim D_M^*} \left[L\left(M^*(D_U), y \right) \right] + k \cdot \mathrm{OT}(D_M^*, D_T) + O(\varepsilon)$$

式中，$D_M^* = \lambda \cdot D_{U^*} + (1-\lambda) \cdot D_P$，标量 λ 的取值为（0，1），表示最优传输距离 $\mathrm{OT}(\cdot)$，D_{U^*} 表示前微调阶段的最优数据选择。根据该定理，可以得到最优数据选择的具体表达为

$$D_{U^*} = \underset{D_U \subset D_P}{\mathrm{argmin}} D_U \cdot \frac{\partial \mathrm{OT}(D_P, D_T)}{\partial D_P}$$

Liu 等人[50] 从学习理论（Learning Theory）的角度分析了在微调数据中加入预训练数据能够缓解目标任务的超额风险界限（Excess Risk Bound）。由此，Liu 等人从理论出发，提出了一种能够增强目标任务泛化的策略，这个策略是从预训练数据中选择一小部

数据加入微调数据。假设原本的微调损失函数为

$$F_n(\theta) \stackrel{\text{def}}{=\!=} \frac{1}{n} \sum_{i=1}^{n} f(\theta; x_i, y_i)$$

式中，(x_i, y_i) 表示原本的微调数据。令 $\xi_i = (x'_i, y'_i)$ 表示从训练数据中选出的数据，这部分数据在微调时候的损失函数为

$$H_m(\theta) \stackrel{\text{def}}{=\!=} \frac{1}{m} \sum_{j=1}^{m} h(\theta; x'_j, y'_j)$$

式中，h 函数表示与目标任务相关的函数。Liu 等人给出了这种方法的超额风险界限：

$$F(\theta_{f^*}) - F(\theta^*) \leqslant O\left(\frac{\alpha \log(n\Delta^2/\alpha)}{n} + (1-\alpha)\delta^2 \right)$$

式中，$\delta^2 \stackrel{\text{def}}{=\!=} \max_{\theta_t, \xi_{i_t}} E\left[|\nabla F(\theta_t) - \nabla h(\theta_t; \xi_{i_t})|^2 \right]$，$\xi_{i_t} = (x'_{i_t}, y'_{i_t})$ 表示第 t 步从训练集中选择的数据。因此，根据该超额风险界限，应该选择让 δ^2 变小的数据，从而降低超额风险。

2.2.2 参数高效微调理论及其启发

由于大语言模型的巨大参数量，普通研究人员微调预训练大语言模型变得十分困难，Llama 2 70B[16] 的全量微调需要超过 780GB 的显存开销。参数高效微调能够以极低的参数变动对大语言模型进行微调，且能够达到与全量微调相当甚至更好的效果。主流的参数高效微调算法有 LoRA[51]、Prompt Tuning[52] 和 Adapter[53] 等。在过去的几年中，虽然参数高效微调在实验效果上取得了逼近全量微调的效果，但是如何深入理解参数高效微调模块的表达能力仍然是一个难题。研究人员理解参数高效微调的表达有助于更好地使用参数高效微调算法，也可以帮助他们设计出更好的参数高效微调算法。本小节总结了近年来理解参数高效微调表达能力的工作。

LoRA 适配器方法使用两个低秩矩阵的乘积来近似需要更新参数的增量矩阵，即 $\Delta W = BA$[4]，这种方法能够极大降低需要微调的参数量，从而大大降低对显存开销的要求。

Zeng 等人[54] 从理论上分析了 LoRA 适配器的表达能力，从理论上回答 LoRA 适配器需要的最小秩、最小秩与网络结构的关系（宽度、深度、结构）。对于全连接神经网络（Fully Connected Neural Network），Zeng 等人指出：假设存在一个网络 $\bar{f}$，一个目标全连接神经网络 f，存在 LoRA 适配器使得网络 $\bar{f}$ 精准表示目标网络 f，那么 LoRA 适配器的秩须满足

$$r \geqslant (f\text{网络的宽度}) \times \frac{f\text{网络的深度}}{\bar{f}\text{网络的深度}}$$

对于 Transformer 网络，Zeng 等人指出：假设存在一个网络 $\bar{f}$，一个目标 Transformer 网络 f，存在 LoRA 适配器使得网络 $\bar{f}$ 精准表示目标网络 f，那么 LoRA 适配器的秩须满足

$$r \geqslant (\text{嵌入维度}/2)$$

如果 LoRA 适配器的秩达不到上述最小要求，将会产生近似误差。

Zhu 等人[55] 指出了 LoRA 适配器中矩阵的不对称性。假设 x 为输入，那么有

$$(W+\Delta W)x = Wx+\Delta Wx = Wx+BAx$$

Zhu 等人认为，矩阵 B 比矩阵 A 更为关键，因为需要将 Ax 映射到最终需要的空间。假设 $W \in R^{d_{out} \times d_{in}}$，$A \in R^{r \times d_{in}}$，$B \in R^{d_{out} \times r}$。Zhu 等人从泛化误差的角度证明了只微调矩阵 B 比微调矩阵 B,A 要更好：

$$|\text{gen}(\mu, \mathcal{A}_{B,A})| \leqslant \sqrt{\frac{2rq\sigma^2\ln2}{n}\sum_{i \in \mathcal{J}}(d_{in}^{(i)}+d_{out}^{(i)})}$$

$$|\text{gen}(\mu, \mathcal{A}_{B})| \leqslant \sqrt{\frac{2rq\sigma^2\ln2}{n}\sum_{i \in \mathcal{J}}d_{out}^{(i)}}$$

式中，$|\text{gen}(\mu, \mathcal{A}_{B,A})|$ 表示微调矩阵 B,A 的泛化误差界限，$|\text{gen}(\mu, \mathcal{A}_{B})|$ 表示微调矩阵 B 的泛化误差界限。由此，可以看到仅微调矩阵 B 比同时微调矩阵 B,A 具有更好的泛化误差界限。Hayou 等人[56] 也发现 LoRA 适配器的不对称性，矩阵 B 的学习率应该比矩阵 A 的学习率更大。这也反映了矩阵 B 承担着将 Ax 映射到合适空间的重任，需要快速寻找到合适的矩阵 B。

Prompt Tuning 通过在模型输入前面增加一些可学习的嵌入，使模型能以极低可学习参数适配到下游任务。Petrov 等人[57] 指出 Prompt Tuning 存在的缺陷，它仅能对原本的注意力分数矩阵进行缩放而无法改变原本注意力分数的相对值，从而导致其无法学习预训练知识之外的新知识。它经过公式推导得出：

$$t_i = \sum_{j=1}^{p} A_{ij} W_V x_j$$

式中，W_V 表示 Query 矩阵，A 表示注意力分数矩阵，x 表示输入的 token，t_i 表示输入经过一层预训练模型中的自注意力层的中间表达。全量微调的公式可以表达为

$$t_i^{ft} = \sum_{j=1}^{p} A_{ij}^{ft}(W_V+\Delta W_V)x_j$$

式中，A^{ft} 表示全量微调后的注意力分数矩阵，ΔW_V 表示全量微调后的 Query 增量矩阵，t_i^{ft} 表示经过一层预训练模型中的自注意力层的中间表达的全量微调版本。Prompt Tuning 的公式可以表达为

$$t_i^{pt} = A_{i0}^{pt} W_V s_1 + \sum_{j=1}^{p} A_{ij}^{pt} W_V x_j = A_{i0}^{pt} W_V s_1 + \sum_{j=1}^{p} A_{ij}(1-A_{i0}^{pt}) W_V x_j$$

$$= A_{i0}^{pt} W_V s_1 + (1-A_{i0}^{pt}) t_i$$

式中，A^{pt} 表示经过 Prompt Tuning 后的注意力分数矩阵，t_i^{pt} 表示经过一层预训练模型中的自注意力层的中间表达的 Prompt Tuning 版本。相比于全量微调可以随意改变注意力分数矩阵，Prompt Tuning 仅能对该矩阵进行缩放；全量微调可以随意改变 Query 矩阵，但是 Prompt Tuning 仅能够对原本预训练模型的中间表达增加一个偏置。因此，Prompt Tuning 无法通过微调学习到新知识，仅可以激发组合大语言模型在预训练阶段学习到的知识。

2.3　提示工程理论及其启发

提示工程（Prompt Engineering）已成为引导大语言模型解决复杂任务的重要技术。其重要性在于能够显著提升人机交互的效率和效果。随着任务日益复杂，近期的先进提示工程方法已超越单轮交互的限制，发展到多轮交互，使得人类与大语言模型的互动更深入、更细致[33,58]。本小节总结了从信息论和控制论视角看待提示工程建模的论文，其中的方法可以加强人与大语言模型之间的交互。

2.3.1　信息论视角下的提示工程理论

从概念上讲，通信过程通常被建模为一个信息处理步骤的链条，涉及发射机（Sender）和接收机（Receiver）之间信息的编码、传输和解码。发射机首先将信息编码（Encode），然后通过信道传输由接收机接收，然后接收机解码（Decode）。接收机解码后会通过信道对发射机做出反馈。由于编码、传输和解码过程中均可能存在噪声，因此上述流程通常会进行多轮。

Song 等人[59] 提出可以从信息论的视角看待提示工程建模，将 Prompt（提示词）与大语言模型的交互当作一个通信系统。由此，Song 等人从信息论的视角给出提示工程的数学建模：

$$X \xrightarrow{g_{\omega_T}} P_T \xrightarrow{f_\theta} P_A \xrightarrow{h_{\omega_A}} Y$$

式中，X 表示模型的输入，g_{ω_T} 表示由输入到 Prompt 的映射，$P_T \xrightarrow{f_\theta} P_A$ 表示大语言模型依照 Prompt 做出回答的映射，$P_A \xrightarrow{h_{\omega_A}} Y$ 表示依照大模型回答得出最终输出 Y 的映射。提示工程的建模可以表达为最大化输入和输出之间的互信息，即

$$\max_{\omega_T,\omega_A} I(X,Y) = \max_{\omega_T,\omega_A} I(X,h_{\omega_A} \circ f_\theta \circ g_{\omega_T}(X))$$

式中，$f_\theta \circ g_{\omega_T}(X) = f_\theta(g_{\omega_T}(X))$，最大化输入和输出的互信息可以理解为最小化用户的 Prompt 和大模型之间的误解。

$X \xrightarrow{g_{\omega_T}} P_T$ 为提示模板建模（Prompt Template Engineering），即输入选择合适的提示，让大模型更容易理解用户的输入，可以理解为通信系统中的发射机编码过程，它可以表达为

$$\max_{\omega_T} I(X,P_A) = \max_{\omega_T} I(X,f_\theta \circ g_{\omega_T}(X))$$

提示模板建模充当了"编码器"的角色，通过以模型能够理解的方式对信息进行编码，弥合用户与大语言模型之间的差距，然后从大语言模型中引出知识。

$P_A \xrightarrow{h_{\omega_A}} Y$ 为提示应答工程（Prompt Answer Engineering），旨在寻找易于人类理解的 Prompt，可以理解为通信系统中的解码过程，它可以表达为

$$\max_{\omega_A} I(P_T, Y) = \max_{\omega_A} I(P_T, h_{\omega_A} \circ f_\theta(P_T))$$

提示应答工程充当了"解码器"的角色，使大语言模型输出的答案能够和人类期望高度对齐。在解码过程中，由于输出空间无限，大语言模型生成的输出除了预期答案外往往还携带冗余信息。提示应答工程旨在限制输出空间并提取目标答案，使最终输出（Y）与终端用户的期望高度一致。

为了尽量减少用户与大语言模型之间的误解，可以学习通信系统的多轮交互方法，为用户与大语言模型之间的提示工程建模也使用多轮交互的方法，即

$$\max_{\omega_{T_i}} \sum_{i=1}^{M} I(X, f_\theta \circ g_{\omega_{T_i}}(X))$$

2.3.2　控制论视角下的提示工程理论

控制论源自对自动控制系统的研究，它旨在探讨系统如何通过反馈和自我调节来实现目标。这一理论可以利用 Prompt 与大语言模型的反馈和自我调节为大语言模型寻找最优 Prompt。Bhargava 等人[60] 利用控制论的反馈机制，提出了一种逐步增加 Prompt 长度的方法。Luo 等人[61] 提出了一个针对与大语言模型多轮交互的最优控制框架。根据最优控制理论，提示工程可以建模为以下三个步骤：①确定合适的评估函数；②为 Prompt 候选集建立更新规则；③解决所得到的最优控制问题。

本节综述了大语言模型在预训练、微调及部署应用方面的理论进展和实际应用挑战。在预训练阶段，通过理论洞察如扩展法则和数据配比理论，开发者可以更有效地预测和优化模型的泛化能力，从而在有限的计算资源下实现最优的性能。在微调阶段，理论工作可以帮助理解如何选择微调数据和如何设计高效的微调策略，特别是在大语言模型参数庞大且训练成本高昂的情况下。在模型部署和应用阶段，提示工程提供了一种新的方法论，通过精细控制信息的编码和解码过程，提升了人机交互的效率和效果。整体来看，这些理论和方法为大语言模型的开发和应用提供了重要的指导和支持，使其在处理复杂任务时更为高效和精确。

3　大语言模型的涌现能力：数学机理分析

随着 GPT 系列模型的发展，大语言模型受到了业界和学界的高度关注，并推动了重大技术变革[62-63]。随着扩展法则[46,64] 的广泛探索，研究人员发现当扩大模型的参数规模时、数据规模以及计算资源时，语言模型的能力会显著提升，甚至会出现某些特定的涌现能力[65]。本节从探索大语言模型的基础问题出发，提供扩展法则的解析，研究大模型的涌现能力如情境学习（In-Context Learning，ICL）与思维链的数学机理，为更好地理解和设计大模型提供重要的理论支持。

3.1 扩展法则机理分析

为了有效刻画预训练的规模效应，研究人员提出使用扩展法则进行大语言模型能力的定量建模[46,64]。下面将分别从优化视角分析损失函数对扩展法则的影响；从泛化视角分析随数据规模变化的泛化误差与扩展法则的联系，从表达能力视角分析随模型规模变化的表达能力与扩展法则的联系。

3.1.1 优化视角：损失函数对扩展法则的影响

现有的扩展法则主要是针对语言建模的"下一个词元预测损失"构建的[46,64]，本小节将从优化视角分析损失函数对扩展法则的影响。在大语言模型预训练过程中，可以使用语言建模损失（即词元预测的平均交叉熵损失）建立可预测的模型能力演变趋势曲线，即扩展法则。基本思路是利用较小算力训练语言模型（对应小的数据规模或模型尺寸），根据这些较低成本获取到的模型效果表现去拟合模型性能函数，进而利用函数趋势去预测大尺寸模型（对应充分训练模型）的效果。扩展法则给出了一种模型性能可预测性的数学分析工具，可以用于监测模型效果的变化，及时发现与修正预训练过程中所出现的错误。

在许多情况下，规模对性能的影响通常可以通过扩展法则进行方法论上的预测。例如，常用的损失度量如"下一个词元预测"的交叉熵损失具有较好的平衡性，容易建立起函数拟合模式，其规模曲线已被证明能够根据经验跨度超过 7 个数量级。但现有的基于语言建模损失（即建立在词元级别的交叉熵损失[46]）的扩展法则仍存在一定的问题。在训练中，直接对基于词元级别的交叉熵损失进行优化使之尽可能地减少，然而在实践中我们更关心大模型在实际任务上的表现。这种有益的扩展法则仅产生对损失的预测，而没有完全扩展到实践中遇到的实际任务性能[65-68]。具体地，Henighan 等人[66] 将语言建模损失的减少与下游任务性能的提高建立起一定的对应关系，证明在具备自回归交叉熵损失的 Transformer 单一架构下，扩展法则适用于各种数据模态的生成建模，如生成语言、图像和视频建模等。然而，值得注意的是，语言建模损失的减少并不总是表明下游任务的模型性能有所提高。Mckenzie 等人[67] 发现在某些任务中会出现逆缩放现象，即随着语言建模损失的减少，任务性能会意外地变得更差。此外，Wei 等人[65] 和 Ganguli 等人[68] 的工作发现某些特定下游任务的性能似乎并没有随着规模的变化而不断提高，因此此类任务无法预测，如扩展法则无法刻画涌现能力所带来的性能跃升。这些工作表明词元级别的损失与任务性能之间存在不完全匹配的现象，即基于词元交叉熵损失的扩展法则在部分任务的性能预测中失效。

基于现有扩展法则在损失函数上的局限性，可进一步构建下游任务性能和各项能力涌现情况与多种指示性度量指标之间的关系，如探索训练损失的变种以刻画模型的多维度能力水平等。Srivastava 等人[69] 和 Schaeffer 等人[70] 提出在模型规模增大时所产生的性能跃升可能源于评测指标（损失函数）不够平滑、测试模型尺寸过于离散。Hu 等人[71]针对该问题提出对任务进行分类的启发式指标、新的评估策略和实例级扩展曲线拟合，并根据损失扩展法则推导了任务扩展法则，从而可以量化模型在任务上的表现以提高模型能力的可预测性。

3.1.2 泛化视角：随数据规模变化的泛化误差与扩展法则的联系

扩展法则刻画了大语言模型在下游任务的预测能力随着训练数据和模型参数规模的变化规律[46,64]。下面将从泛化视角分析随数据规模变化的泛化误差与扩展法则的联系。

GPT-2 论文明确提出了大语言模型是多任务学习器的观点[72]，基于此可以在多任务学习理论框架下对大语言模型的预训练优化过程以及泛化误差进行建模。大语言模型训练过程中所展现出的扩展法则（能力预测）可以与其跨任务的泛化性能建立联系，甚至对于仅基于交叉熵损失的扩展法则无法解释的涌现能力（如情境学习、思维链等能力），均与其跨任务的泛化性能有关[65]。因此，从受数据规模影响的泛化视角理解扩展法则，可以表述为：扩展法则刻画了多任务泛化误差随着训练数据的变化规律。

Michaud 等人[73]基于语言模型量子知识点的假设提出了针对扩展法则的理论解释，使用语言模型梯度自动将模型行为分解为一组不同的技能（量子），并假设对于每个量子，训练数据中需要使用量子的 τ 个示例阈值才能学习该量子，以此完成对数据扩展的研究。此外，Arora 等人[74]将大语言模型的交叉熵损失与语言任务的基本技能联系起来，结合了扩展法则和统计学习工具，建立了对于涌现能力的理论分析框架，提出扩展法则量化了预训练模型中强大的归纳偏差现象，以及数据扩展会影响大语言模型的泛化性能和涌现能力。进一步，Delétang 等人[75]将预训练看作知识压缩，从压缩视角建立了信息论与大语言模型预训练之间的关系，基于信息论的泛化研究将进一步建立与预训练相关的扩展法则（包括数据扩展）与模型泛化的联系，从而提供扩展法则更深的见解。

3.1.3 表达能力：随模型规模变化的表达能力与扩展法则的联系

扩展法则刻画了大语言模型在下游任务的预测能力随着训练数据和模型参数规模变化的规律[46,64]。下面将从表达能力视角分析随模型规模变化的表达能力与扩展法则的联系。

追溯 GPT 系列模型的发展：遵循 GPT-1[75]的生成式、仅解码器的 Transformer 架构，GPT-2[72]将参数规模增加到 1.5B，GPT-3[62]将模型参数增加到更大的尺寸——175B。尽管 GPT-3 的论文[62]没有明确讨论 LLM 的涌现能力，但我们可以观察到可能超越基本扩展法则的巨大性能飞跃[46]，例如较大的模型具有明显更强的情境学习能力。总体而言，GPT-3 可以被视为"大力出奇迹"的成功典范。GPT-4[63]进一步具备更强的解决复杂任务的能力，其中引入了可预测扩展法则，能在模型训练期间用少量计算准确预测最终性能。Sharma 等人[76]说明当数据充足时，由训练有素的神经网络实现的测试损失按照网络参数数量的幂律进行扩展，并从理论上将与模型大小相关的扩展指数与数据流形的内在维度建立联系，展示了模型大小对模型扩展能力的影响。此外，Zeng 等人[54]和Merrill 等人[77]分别从理论上提供了利用权重矩阵低秩自适应对预训练模型进行参数高效微调，以及使用思维链进行预训练模型能力激发的表达能力分析。然而，尽管经验证明，将模型扩展到相当大的参数规模可以导致模型表达能力的巨大提升[78]，但其理论基础仍未得到有效探索。在未来研究中，可以进一步从理论上探索模型的表达能力随模型参数量的变化，从表达能力角度为扩展法则提供新的理论支撑和理解。

3.2 情境学习能力机理分析

情境学习（ICL）是大语言模型预训练后涌现出的重要能力，对于训练过程中没有见过的新任务，只需要给定几个输入输出样例对和测试输入，大语言模型就能实现在新任务上的泛化。与传统的学习范式不同，ICL 并没有显示更新参数就能实现新任务的泛化，这使得其成为激活大模型能力的高效方式。本节将分别从优化视角，分析 ICL 的隐式更新机理；从泛化视角，提供 ICL 的泛化误差分析；从表达能力视角，分析 ICL 的函数逼近性质。

3.2.1 优化视角：ICL 隐式更新机理

大语言模型完成 ICL 推理的过程中不需要进行显式梯度更新，却能在新任务上取得良好的效果。大语言模型是否存在隐式的更新过程成为解释 ICL 推理的一个直观的想法，并引起了大家关注。Transformer 架构是当前大模型使用的主流架构，理解 Transformer 中注意力机制在大模型 ICL 推理过程中发挥的作用，是理解大模型隐式梯度更新的核心。下面将从优化视角提供 ICL 的隐式更新机理分析。

Aizerman 等人[79] 和 Irie 等人[80] 首先提出神经网络的梯度下降过程可以被看作线性注意力的对偶形式。在此基础上，Dai 等人[81] 在线性注意力的设定下，将 ICL 推理过程解释为对大模型的隐式微调。Akyürek 等人[82] 提出，通过构建特定的模型权重，Transformer 可以执行平移、乘法、除法、仿射等基本操作，这些操作可以进一步组合起来执行梯度下降算法。Oswald 等人[83] 采用了另一种构造方法，使在单个或多个线性注意力层上的推理过程可以等效地看作在进行一步或多步梯度下降算法以完成 ICL 线性回归任务。在该权重构造方法的基础上，随后的工作对 Transformer 在自回归设定下的 ICL 能力进行了更深入的探索，并指出该设定下的 ICL 推理类似于执行在线梯度下降[84-85]。Zhang 等人[86] 从优化角度进行了收敛性分析，具体提供了通过梯度流学习线性模型与 Transformer 上下文学习的优化收敛分析相一致的证据。Tarzanagh 等人[87] 提出了一种新颖的观点，将 Transformer 视为支持向量机（SVM），建立了自注意机制的优化几何与硬间隔 SVM 问题之间的关联。

这些研究从隐式梯度更新的角度，对大语言模型的 ICL 推理能力做出了一定的探索。但已有从隐式梯度更新角度对大语言模型 ICL 能力的研究，一般都基于线性注意力的设定，这与实际中大语言模型采用的 softmax 非线性注意力机制仍存在明显的差距。此外，现有研究给出的大语言模型的隐式梯度更新机理更多为形式上的类比，该隐式更新过程的具体细节，包括损失函数和训练数据的形式，还有待进一步的完善。现有部分研究在研究隐式更新机理时采用了特定的权重构造方法，即当模型权重满足理论上的某些形式时，大语言模型的 ICL 过程可以被看作隐式梯度更新，然而实际完成训练后的模型权重并不一定满足这些特定的形式，这就会导致理论分析的失效。因此，如何不依赖权重构造方法对隐式更新机理进行探究，同样是当前研究大语言模型 ICL 能力的一个重要问题。

3.2.2 泛化视角：ICL 泛化误差分析

3.2.1 节介绍了一些已有的研究工作对"将 ICL 视为梯度下降算法的隐式执行"进行的初步探讨，这些研究试图回答 ICL 是什么，但尚未解释大语言模型是如何涌现出 ICL 能力的。下面将从泛化视角提供 ICL 的泛化误差分析。

Xie 等人[88] 从贝叶斯视角对 ICL 泛化性提供了初步洞见，将 ICL 视为隐式的贝叶斯推理，而预训练大语言模型在预测推理过程中被视为直观的推断概念。Wang 等人[89] 和 Jiang 等人[90] 持有类似的贝叶斯观点。然而这些工作[88-90] 都假定大语言模型是预先固定的，并没有考虑优化过程对 ICL 能力的影响。针对该问题，后续研究工作[91-93] 考虑了优化对 ICL 泛化能力的影响，建立了预训练与 ICL 阶段之间的联系。进一步，Zhang 等人[93] 更研究了自回归预训练对 ICL 能力的影响，但值得注意的是，已有工作对先验和后验分布的假设是比较苛刻和受限的，对 ICL 的理解仍然有限，亟待发展。

为了进一步探索 ICL 表达能力的起源，部分学者试图从泛化性的角度提出新的见解。Wei 等人[65] 发现大语言模型训练过程中所展现出的 ICL 能力与其跨任务的泛化性能有关。具体来讲，ICL 能力表明大语言模型在新任务上具备少样本泛化能力[62]，GPT-2 论文[72] 明确提出了大语言模型是多任务学习器的观点，可以在多任务学习理论框架下对大语言模型的优化过程及泛化误差进行建模。基于上述观点，Arora 等人[74] 将大语言模型的交叉熵损失与语言任务的基本能力联系起来，并结合规模效应和统计学习工具，建立了对于涌现能力的理论分析框架。之后，Delétang 等人[75] 将预训练看作知识压缩过程，建立了信息论与大语言模型预训练之间的关系。相关研究表明，即便是语言模型也可以被用作图像的压缩器，提供了对预训练过程进行建模的全新视角。

虽然已有工作从贝叶斯、泛化性等角度分析了大模型 ICL 能力产生的可能原因，但现有工作仍然聚焦在简单的线性回归的函数学习任务上，如何在更符合真实场景的自回归语言建模下，在多任务学习理论下，使用信息论或 PAC-Bayesian 等工具对大语言模型的预训练优化过程及 ICL 推理阶段的泛化误差进行理论分析，仍然是个亟待解决的重点和难点问题。

3.2.3 表达能力：ICL 函数逼近性质

Zhang 等人[86] 研究了具有单个线性自注意力层的 Transformer 中 ICL 的动态，表明该线性自注意力层通过线性回归任务的梯度流进行训练，具有适当随机初始化的梯度流可以找到目标函数的全局最小值，从而具备拟合任何线性函数的 ICL 能力。Huang 等人[94] 在单个 softmax 自注意力层的设定下分析了 Transformer 的阶段式训练动态，同样表明通过梯度下降训练的 softmax 自注意力能够在上下文中逼近线性函数类。Chen 等人[95] 研究梯度流的动力学，以训练多头 softmax 自注意力模型，用于多任务线性回归的上下文学习。

进一步，Cheng 等人[96] 去除了关于线性的两个严格假设，在更符合实际的非线性条件下（包括基于 softmax 自注意力的 Transformer 学习非线性函数任务）提供了理论和经验证据，证明非线性 Transformer 确实通过训练学会了执行梯度下降算法以在上下文中学习非线性函数。该工作回答了使用 ICL 对 Transformer 进行能力激发，能够具备逼近非线性函数的能力。

此外，Bai 等人[97] 基于 ReLU 和的逼近定理完成 ReLU 自注意力的权重构造，使在单层 ReLU 自注意力上的推理过程可以等效地看作在预训练模型基础上执行一步隐式的梯度下降算法。Akyürek 等人[82] 和 Bai 等人[97] 的工作均表明 Transformer 可以在上下文中实现广泛的标准机器学习算法，如最小二乘法、岭回归、广义线性模型的凸风险最小化（逻辑回归），以及两层梯度下降神经网络，对各种上下文数据分布具有近乎最佳的预测能力。

已有工作在不同自注意力模型（线性自注意力、softmax 自注意力、ReLU 自注意力）设置下，分析 ICL 在线性或非线性的函数拟合任务上的表现。在考虑 Transformer 架构的其他模块（如位置编码）的设定下分析模型在更通用任务上的能力，仍是重要的研究问题。

3.3　思维链能力机理分析

思维链（CoT）是大语言模型预训练后涌现出的重要能力。之前的研究强调，精心设计的提示对大语言模型的表现非常重要[98-99]。特别地，Wei 等人[100] 发现思想链提示对于涉及算术或推理的任务至关重要，生成答案的正确性可以通过大语言模型输出中间结果的修改来显著提高。

Li 等人[101] 的研究表明，思维链的成功可以归因于将组合函数的情境学习分解为两个不同的阶段：专注于组合每一步相关的数据，以及在上下文中学习单步组合函数。这种分解揭示了思维链在处理复杂推理任务时的机制。但该工作主要关注基于 MLP 的任务，子问题本质上是简单线性回归的实例。进一步地，Feng 等人[102] 分析了自回归 Transformer 结合思维链提示方法的表达能力，证明了深度受限的 Transformer 模型在不增加模型大小的情况下，无法直接为基本算术/方程任务生成正确答案，除非模型大小相对于输入长度呈超多项式增长。Merrill 等人[77] 也从研究表达能力出发，揭示了中间生成的 Transformer 可以学习内容的局限性，进一步可能沿着 Malach[103] 的路线从学习理论的角度对带有思维链的 Transformer、使用不同类型的微调提供理论分析，为如何更好地允许模型使用思维链提供新的见解。

目前思维链背后的基本机制仍然有待进一步探索，如思维链成功提升大模型性能表现的根本原因，以及大模型在直接回答数学/推理问题方面是否有局限性等。在自回归语言建模任务上，探索思维链如何影响具有更复杂结构、更长组成链和更广泛子问题的任务的训练，从优化理论、泛化理论、表达能力理论分析大模型在生成思维链解的能力将是未来研究的重要方向。

本节深入探讨了大语言模型的核心理论与实践挑战,特别是扩展法则、ICL 与思维链的机理分析。我们从优化、泛化和表达能力三个维度解析了大语言模型能力的涌现,揭示了模型规模、数据规模和计算资源增加时模型性能的显著提升。扩展法则为理解和预测大语言模型性能提供了重要的定量工具,而 ICL 和思维链的分析则展示了模型在处理复杂任务时的适应性和高效性。通过这些理论洞察,我们能更好地设计和优化大语言模型,以应对更广泛的实际应用挑战,同时为未来大语言模型的研究找到理论基础和实践指南。

4   结论

本文从统计学习视角对大语言模型理论研究进展与趋势进行了综述。首先,在统计学习框架下阐述了大语言模型的理论分析框架,主要涉及模型表达能力、优化算法与泛化误差分析。不同于传统机器学习,大语言模型的理论分析需要考虑数据分布的异质性、模型结构的特殊性与优化算法的系统性。本文在综合考虑以上大语言模型特性的基础上总结了相关理论结果,并且进行了讨论展望。其次,本文从理论指导实践的原则出发总结了预训练和微调阶段的相关理论,分别涉及预训练阶段的超参数迁移和数据配比、微调阶段的数据选择和参数高效微调,以及信息论和控制论视角下的提示工程。最后,本文对大语言模型涌现出的扩展法则、ICL 能力和思维链能力相关的机理分析进行了汇总,以期能够对工程实践带来启发。大语言模型的工程和理论均处在快速发展阶段,除本文之外,前期已有部分涉及大语言模型理论的综述工作,包括大语言模型综述[78]、大语言模型微调综述[104]、大语言模型对齐综述[105] 与大语言模型高效训练综述[106] 等。

参考文献

[1]   BISHOP C M, BISHOP H. Deep learning-foundations and concepts[M]. Berlin: Springer, 2023: 357-403.

[2]   MOHRI M, ROSTAMIZADEH A, TALWALKAR A. Foundations of machine learning[M]. 2nd ed. Cambridge, Massachusetts: MIT press, 2018: 1-29.

[3]   CYBENKO G V. Approximation by superpositions of a sigmoidal function[J]. Mathematics of Control, Signals and Systems, 1989, 2: 303-314.

[4]   HORNIK K. Approximation capabilities of multilayer feedforward networks[J]. Neural Networks, 1991, 4: 251-257.

[5]   LU Z, PU H, WANG F, et al. The expressive power of neural networks: a view from the width[C]// Neural Information Processing Systems, 2017: 6232-6240.

[6]   HANIN B, SELLKE M. Approximating continuous functions by ReLU nets of minimal width[J]. arXiv preprint arXiv: 1710.11278, 2023.

[7] YUN C, BHOJANAPALLI S, RAWAT A S, et al. Are transformers universal approximators of sequence-to-sequence functions? [J]. arXiv preprint arXiv: 1912. 10077, 2019.

[8] KRATSIOS A, ZAMANLOOY B, LIU T, et al. Universal approximation under constraints is possible with transformers[J]. arXiv preprint arXiv: 2110. 03303. 2021.

[9] KIM J, KIM M Y, MOZAFARI B. Provable memorization capacity of transformers[C/OL]//International Conference on Learning Representations. 2023 [2024]. https: //api. semanticscholar. org/CorpusID: 259298704.

[10] TAY Y, DEHGHANI M, BAHRI D, et al. Efficient transformers: a survey[J]. ACM Computing Surveys, 2020, 55: 1-28.

[11] CHILD R, GRAY S, RADFORD A, et al. Generating long sequences with sparse transformers[J]. arXiv preprint arXiv: 1904. 10509, 2019.

[12] KATHAROPOULOS A, VYAS A, PAPPAS N, et al. Transformers are RNNs: fast autoregressive transformers with linear attention[C/OL]//International Conference on Machine Learning. 2020[2024]. https://api. semanticscholar. org/CorpusID: 220250819.

[13] YANG K, ACKERMANN J, HE Z, et al. Do efficient transformers really save computation? [J]. arXiv preprint arXiv: 2402. 13934, 2024.

[14] WEN K, DANG X, LYU K. RNNs are not transformers (yet): the key bottleneck on in-context retrieval[J]. arXiv preprint arXiv: 2402. 18510, 2024.

[15] ZHANG C, BENGIO S, HARDT M, et al. Understanding deep learning (still) requires rethinking generalization[J]. Communications of the ACM, 2021, 64: 107-115.

[16] TOUVRON H, MARTIN L, STONE K R, et al. Llama 2: open foundation and fine-tuned chat models[J]. arXiv preprint arXiv: 2307. 09288, 2023.

[17] BOMMASANI R, HUDSON D A, ADELI E, et al. On the opportunities and risks of foundation models[J]. arXiv preprint arXiv: 2108. 07258, 2021.

[18] SHALEV-SHWARTZ S, BEN-DAVID S. Understanding machine learning: from theory to algorithms[M]. Cambridge: Cambridge University press, 2014: 19-50.

[19] TOUVRON H, LAVRIL T, IZACARD G, et al. Llama: open and efficient foundation language models[J]. arXiv preprint arXiv: 2302. 13971, 2023.

[20] WANG H, ZHAO H, LI B. Bridging multi-task learning and meta-learning: towards efficient training and effective adaptation[J]. arXiv preprint arXiv: 2106. 09017, 2021.

[21] RADFORD A, WU J, CHILD R, et al. Language models are unsupervised multitask learners [J]. OpenAI blog, 2019, 1(8): 1-9.

[22] HELLSTRÖM F, DURISI G, GUEDJ B, et al. Generalization bounds: perspectives from information theory and pac-bayes[J]. arXiv preprint arXiv: 2309. 04381, 2023.

[23] LEI Y, YING Y. Fine-grained analysis of stability and generalization for stochastic gradient descent[J]. arXiv preprint arXiv: 2006. 08157, 2020.

[24] LI Y, ILDIZ M E, PAPAILIOPOULOS D, et al. Transformers as algorithms: generalization and stability in context learning[C]//International Conference on Machine Learning. [S. l.]: PMLR, 2023: 19565-19594.

[25] LOTFI S, FINZI M, KUANG Y, et al. Non-vacuous generalization bounds for large language models[J]. arXiv preprint arXiv: 2312. 17173, 2023.

[26] SOLOMONOFF R J. A formal theory of inductive inference. part I[J]. Information and Control, 1964, 7

（1）：1-22［2024-06-20］．https：//www. sciencedirect. com/science/article/pii/S0019995864902232. DOI：https：//doi. org/10. 1016/S0019-9958（64）90223-2.

［27］　LI M, VITÁNYI P, et al. An introduction to kolmogorov complexity and its applications：volume 3［M］. Berlin：Springer, 2008：47-86.

［28］　KAPLAN J, MCCANDLISH S, HENIGHAN T, et al. Scaling laws for neural language models［J］. arXiv preprint arXiv：2001. 08361, 2020.

［29］　ALQUIER P. User-friendly introduction to PAC-bayes bounds［J］. Found. Trends Mach. Learn., 2021, 17：174-303.

［30］　CASADO I, ORTEGA L A, MASEGOSA A R, et al. PAC-bayes-chernoff bounds for unbounded losses［J］. arXiv preprint arXiv：2401. 01148, 2024.

［31］　DEL' ETANG G, RUOSS A, DUQUENNE PA, et al. Language modeling is compression［J］. arXiv preprint arXiv：2309. 10668, 2023.

［32］　ALLEN-ZHU Z, LI Y. Physics of language models：part 3. 3, knowledge capacity scaling laws［J］. arXiv preprint arXiv：2404. 05405, 2024.

［33］　BROWN TB, MANN B, RYDER N, et al. Language models are few-shot learners［J］. arXiv preprint arXiv：2005. 14165, 2020.

［34］　ZHUANG B, LIU J, PAN Z, et al. A survey on efficient training of transformers［J］. arXiv preprint arXiv：2302. 01107, 2023.

［35］　YUAN K. Lecture 6：stochastic gradient descent［EB/OL］. （2023101-11）［2024-06-20］. https：// kunyuan827. github. io/dlopt2023/.

［36］　MARKOV I, VLADU A, GUO Q, et al. Quantized distributed training of large models with convergence guarantees［J］. arXiv preprint arXiv：2302. 02390, 2023.

［37］　WANG J, LU Y, YUAN B, et al. CocktailSGD：fine-tuning foundation models over 500mbps networks［C］// ICML' 23：Proceedings of the 40th International Conference on Machine Learning. Honolulu, Hawaii, USA：JMLR. org, 2023：19.

［38］　VOGELS T, KARIMIREDDY S P, JAGGI M. PowerSGD：practical low-rank gradient compression for distributed optimization［J］. arXiv preprint arXiv：1905. 13727, 2019.

［39］　SANGHI A, CHU H, LAMBOURNE J G, et al. Clip-forge：towards zero-shot text-to-shape generation ［C］// Proceedings of the IEEE/CVF Conference on Computer Vision and Pattern Recognition. New York：IEEE, 2022：18603-18613.

［40］　LIU B, CHHAPARIA R, DOUILLARD A, et al. Asynchronous Local-SGD training for language modeling［J］. arXiv preprint arXiv：2401. 09135, 2024.

［41］　YOU Y, LI J, REDDI SJ, et al. Large batch optimization for deep learning：training bert in 76 minutes［J］. arXiv preprint arXiv：1904. 00962, 2019.

［42］　JIANG Z, LIN H, ZHONG Y, et al. Megascale：scaling large language model training to more than 10, 000 gpus［J］. arXiv preprint arXiv：2402. 15627, 2024.

［43］　XIE X, ZHOU P, LI H, et al. Adan：adaptive nesterov momentum algorithm for faster optimizing deep models［J］. arXiv preprint arXiv：2208. 06677, 2022.

［44］　LIU H, LI Z, HALL DLW, et al. Sophia：a scalable stochastic second-order optimizer for language model pre-training［J］. arXiv preprint arXiv：2305. 14342. 2023.

［45］　ZHAO J, ZHANG Z A, CHEN B, et al. Galore：memory-efficient llm training by gradient low-rank projection[J]. arXiv preprint arXiv: 2403. 03507, 2024.

[46] KAPLAN J, MCCANDLISH S, HENIGHAN T, et al. Scaling laws for neural language models[J]. arXiv preprint arXiv: 2001. 08361, 2020.

[47] YE J, LIU P, SUN T, et al. Data mixing laws: optimizing data mixtures by predicting language modeling performance[J]. arXiv preprint arXiv: 2403. 16952, 2024.

[48] GE C, MA Z, CHEN D, et al. Data mixing made efficient: a bivariate scaling law for language model pretraining[J]. arXiv preprint arXiv: 2405. 14908, 2024.

[49] KANG F, JUST HA, SUN Y, et al. Get more for less: principled data selection for warming up fine-tuning in llms[J]. arXiv preprint arXiv: 2405. 02774, 2024.

[50] LIU Z, XU Y, XU Y, et al. Improved fine-tuning by better leveraging pre-training data[J]. Advances in Neural Information Processing Systems, 2022, 35: 32568-32581.

[51] HU EJ, SHEN Y, WALLIS P, et al. LoRA: low-rank adaptation of large language models[J]. arXiv preprint arXiv: 2106. 09685, 2021.

[52] LI XL, LIANG P. Prefix-tuning: optimizing continuous prompts for generation[J]. arXiv preprint arXiv: 2101. 00190, 2021.

[53] HOULSBY N, GIURGIU A, JASTRZEBSKI S, et al. Parameter-efficient transfer learning forNLP[C]// International conference on machine learning. PMLR, 2019: 2790-2799.

[54] ZENG Y, LEE K. The expressive power of low-rank adaptation [J]. arXiv preprint arXiv: 2310. 17513, 2023.

[55] ZHU J, GREENEWALD K, NADJAHI K, et al. Asymmetry in low-rank adapters of foundation models[J]. arXiv preprint arXiv: 2402. 16842, 2024.

[56] HAYOU S, GHOSH N, YU B. Lora+: efficient low-rank adaptation of large models[J]. arXiv preprint arXiv: 2402. 12354, 2024.

[57] PETROV A, TORR PH, BIBI A. When do prompting and prefix-tuning work? A theory of capabilities and limitations[J]. arXiv preprint arXiv: 2310. 19698, 2023.

[58] Muktadir GM. A brief history of prompt: leveraging language models[J]. arXiv preprint arXiv: 2310. 04438, 2023.

[59] SONG Y, HE Y, ZHAO X, et al. A communication theory perspective on prompting engineering methods for large language models[J]. arXiv preprint arXiv: 2310. 18358, 2023.

[60] BHARGAVA A, WITKOWSKI C, SHAH M, et al. What's the magic word? A control theory of llm prompting[J]. arXiv preprint arXiv: 2310. 04444, 2023.

[61] LUO Y, TANG Y, SHEN C, et al. Prompt engineering through the lens of optimal control[J]. arXiv preprint arXiv: 2310. 14201, 2023.

[62] BROWN T, MANN B, RYDER N, et al. Language models are few-shot learners[J]. Advances in Neural Information Processing Systems, 2020, 33: 1877-1901.

[63] ACHIAM J, ADLER S, AGARWAL S, et al. GPT-4 technical report[J]. arXiv preprint arXiv: 2303. 08774, 2023.

[64] HOFFMANN J, BORGEAUD S, MENSCH A, et al. Training compute-optimal large language models[J]. arXiv preprint arXiv: 2203. 15556, 2022.

[65] WEI J, TAY Y, BOMMASANI R, et al. Emergent abilities of large language models[J]. arXiv preprint arXiv: 2206. 07682, 2022.

［66］ HENIGHAN T, KAPLAN J, KATZ M, et al. Scaling laws for autoregressive generative modeling［J］. arXiv preprint arXiv: 2010. 14701, 2020.

［67］ MCKENZIE I, LYZHOV A, PARRISH A, et al. The inverse scaling prize［EB/OL］. ［2024-06-20］. https://github. com/inverse-scaling/prize.

［68］ GANGULI D, HERNANDEZ D, LOVITT L, et al. Predictability and surprise in large generative models［C］//Proceedings of the 2022 ACM Conference on Fairness, Accountability, and Transparency. New York: ACM, 2022: 1747-1764.

［69］ SRIVASTAVA A, RASTOGI A, RAO A, et al. Beyond the imitation game: quantifying and extrapolating the capabilities of language models［J］. arXiv preprint arXiv: 2206. 04615, 2022.

［70］ SCHAEFFER R, MIRANDA B, KOYEJO S. Are emergent abilities of large language models a mirage? ［J］. Advances in Neural Information Processing Systems, 2024, 36: 1-12.

［71］ HU S, LIU X, HAN X, et al. Unlock predictable scaling from emergent abilities［J］. arXiv preprint arXiv: 2310. 03262, 2023.

［72］ RADFORD A, WU J, CHILD R, et al. Language models are unsupervised multitask learners［J］. OpenAI blog, 2019, 1(8): 1-9.

［73］ MICHAUD E, LIU Z, GIRIT U, et al. The quantization model of neural scaling［J］. Advances in Neural Information Processing Systems, 2024, 36: 1-12.

［74］ ARORA S, GOYAL A. A theory for emergence of complex skills in language models［J］. arXiv preprint arXiv: 2307. 15936, 2023.

［75］ DELÉTANG G, RUOSS A, DUQUENNE P A, et al. Language modeling is compression［J］. arXiv preprint arXiv: 2309. 10668, 2023.

［76］ SHARMA U, KAPLAN J. Scaling laws from the data manifold dimension［J］. Journal of Machine Learning Research, 2022, 23(9): 1-34.

［77］ MERRILL W, SABHARWAL A. The expresssive power of transformers with chain of thought［J］. arXiv preprint arXiv: 2310. 07923, 2023.

［78］ ZHAO WX, ZHOU K, LI J, et al. A survey of large language models［J］. arXiv preprint arXiv: 2303. 18223, 2023.

［79］ AIZERMAN MA, BRAVERMAN EM, ROZONOER LI. Theoretical foundation of potential functions method in pattern recognition［J］. Avtomatika i Telemekhanika, 1964, 25(6): 917-936.

［80］ IRIE K, CSORDÁS R, SCHMIDHUBER J. The dual form of neural networks revisited: connecting test time predictions to training patterns via spotlights of attention［C］//International Conference on Machine Learning. Baltimore, Maryland: PMLR, 2022: 9639-9659.

［81］ DAI D, SUN Y, DONG L, et al. Why can gpt learn in-context? Language models implicitly perform gradient descent as meta-optimizers［J］. arXiv preprint arXiv: 2212. 10559, 2022.

［82］ AKYÜREK E, SCHUURMANS D, ANDREAS J, et al. What learning algorithm is in-context learning? Investigations with linear models［J］. arXiv preprint arXiv: 2211. 15661, 2022.

［83］ OSWALD J v., NIKLASSON E, RANDAZZO E, et al. Transformers learn in-context by gradient descent［C］//International Conference on Machine Learning. Seattle, Washington: PMLR, 2023: 35151-35174.

［84］ OSWALD J v., NIKLASSON E, SCHLEGEL M, et al. Uncovering mesa-optimization algorithms in transformers［J］. arXiv preprint arXiv: 2309. 05858, 2023.

[85] DING N, LEVINBOIM T, WU J, et al. Causallm is not optimal for in-context learning[J]. arXiv preprint arXiv: 2308. 06912, 2023.

[86] ZHANG R, FREI S, BARTLETT PL. Trained transformers learn linear models in-context[J]. arXiv preprint arXiv: 2306. 09927, 2023.

[87] TARZANAGH DA, LI Y, THRAMPOULIDIS C, et al. Transformers as support vector machines[J]. arXiv preprint arXiv: 2308. 16898, 2023.

[88] XIE SM, RAGHUNATHAN A, LIANG P, et al. An explanation of in-context learning as implicit Bayesian inference[J]. arXiv preprint arXiv: 2111. 02080, 2021.

[89] WANG X, ZHU W, SAXON M, et al. Large language models are latent variable models: explaining and finding good demonstrations for in-context learning [J]. Advances in Neural Information Processing Systems, 2024, 36: 1-9.

[90] JIANG H. A latent space theory for emergent abilities in large language models[J]. arXiv preprint arXiv: 2304. 09960, 2023.

[91] LI Y, ILDIZ ME, PAPAILIOPOULOS D, et al. Transformers as algorithms: generalization and stability in in-context learning[C]//International Conference on Machine Learning. Seattle, Washington: PMLR, 2023: 19565-19594.

[92] WIES N, LEVINE Y, SHASHUA A. The learnability of in-context learning[J]. Advances in Neural Information Processing Systems, 2024, 36: 1-9.

[93] ZHANG Y, ZHANG F, YANG Z, et al. What and how does in-context learning learn? Bayesian model averaging, parameterization, and generalization[J]. arXiv preprint arXiv: 2305. 19420, 2023.

[94] HUANG Y, CHENG Y, LIANG Y. In-context convergence of transformers[J]. arXiv preprint arXiv: 2310. 05249, 2023.

[95] CHEN S, SHEEN H, WANG T, et al. Training dynamics of multi-head softmax attention for in-context learning: emergence, convergence, and optimality[J]. arXiv preprint arXiv: 2402. 19442, 2024.

[96] CHENG X, CHEN Y, SRA S. Transformers implement functional gradient descent to learn nonlinear functions in context[J]. arXiv preprint arXiv: 2312. 06528, 2023.

[97] BAI Y, CHEN F, WANG H, et al. Transformers as statisticians: provable in-context learning with in-context algorithm selection[J]. Advances in Neural Information Processing Systems, 2024(36): 1-9.

[98] JIANG Z, XU FF, ARAKI J, et al. How can we know what language models know? [J]. Transactions of the Association for Computational Linguistics, 2020(8): 423-438.

[99] GU J, HAN Z, CHEN S, et al. A systematic survey of prompt engineering on vision-language foundation models[J]. arXiv preprint arXiv: 2307. 12980, 2023.

[100] WEI J, WANG X, SCHUURMANS D, et al. Chain-of-thought prompting elicits reasoning in large language models[J]. Advances in Neural Information Processing Systems, 2022(35): 24824-24837.

[101] LI Y, SREENIVASAN K, GIANNOU A, et al. Dissecting chain-of-thought: compositionality through in-context filtering and learning[J]. Advances in Neural Information Processing Systems, 2024(36): 1-9.

[102] FENG G, ZHANG B, GU Y, et al. Towards revealing the mystery behind chain of thought: a theoretical perspective[J]. Advances in Neural Information Processing Systems, 2024(36): 1-9.

[103] MALACH E. Auto-regressive next-token predictors are universal learners[J]. arXiv preprint arXiv: 2309. 06979, 2023.

[104] DING N, QIN Y, YANG G, et al. Delta tuning: a comprehensive study of parameter efficient methods

for pre-trained language models［J］. arXiv preprint arXiv：2203.06904, 2022.

［105］ CASPER S, DAVIES X, SHI C, et al. Open problems and fundamental limitations of reinforcement learning from human feedback［J］. arXiv preprint arXiv：2307.15217, 2023.

［106］ DUAN J, ZHANG S, WANG Z, et al. Efficient training of large language models on distributed infrastructures：a survey［J］. arXiv preprint arXiv：2307.15217, 2023.

作者简介

刘　勇　中国人民大学长聘副教授、博士生导师，国家级高层次青年人才。长期从事机器学习基础理论研究，共发表论文100余篇，其中以第一作者或通讯作者在国际顶级期刊和会议上发表的论文近50篇，涵盖机器学习领域的顶级期刊 JMLR、IEEE TPAMI、Artificial Intelligence 和顶级会议 ICML、NeurIPS 等。主持国家自然科学面上项目/青年项目、北京市自然科学基金面上项目、中国科学院基础前沿科学研究计划、腾讯犀牛鸟基金、CCF-华为胡杨林基金等项目。

胡啸林　中国人民大学高瓴人工智能学院在读博士生，研究方向为联邦学习、大语言模型高效微调，CCF 学生会员。在 ICLR、NeurIPS 与 KDD 等顶级会议上发表多篇论文，参与"小米揭榜挂帅——端侧大语言模型个性化高效微调项目"。

唐鹏威　中国人民大学高瓴人工智能学院在读博士生，研究方向为模型压缩、不平衡学习、大语言模型高效微调，CCF 学生会员。在 CVPR、ACML 等顶级会议上发表多篇论文。

龚子瑄　中国人民大学高瓴人工智能学院在读直博生，研究方向为大模型优化和泛化基础理论，CCF 学生会员。参与国家自然科学基金面上项目"大语言模型上下文学习的数学机理分析和设计"。

领域大模型的研究进展与趋势

CCF 人工智能与模式识别专业委员会

谢思韬[1]　严骏驰[1]　魏龙轩[1]　廖　宁[2]　王芝虎[3]　赵石顽[1]　张宇博[1]　夏纫秋[1]　陈奕廷[1]
周展鹏[1]　陈梓俊[1]　韩天昊[1]　黄鹤远[3]　任麒冰[1]　王志星[3]　王少博[1]　周　凡[1]

[1]上海交通大学，上海
[2]上海算法创新研究院，上海
[3]华为技术有限公司，深圳

摘　要

近年来，大规模语言模型技术迅速发展，成为当前的研究热点。这类模型通过海量数据的自监督预训练，学习并具备了卓越的文本理解和生成能力，尤其自 GPT-3 发布以来，随着参数规模的剧增，大规模语言模型涌现出强大的指令遵循和上下文学习能力，从而在医疗问答、金融情报分析等垂直应用场景中取得卓越的性能表现，对诸多领域都具有重要的研究意义和应用价值。本文以领域大模型为研究重点，对其展开了详细的研究进展调研和趋势分析。首先介绍了大规模语言模型的背景，然后，从领域大模型的构建流程和应用框架两个维度展开全面调研。在构建流程部分，梳理了一套从选取基座模型、制作领域数据集到将通用大模型适配于特定领域的标准化构建范式；在应用框架部分，对基于工作流和智能体的应用模式进行了详细分析。此外，本文全面梳理了国内外关于领域大模型的典型研究成果和应用实例。最后，基于当前大规模语言模型的研究现状，本文提出了对未来领域大模型技术的展望。

关键词：领域大模型；指令微调；持续预训练；智能体

Abstract

In recent years, large language model technology has rapidly advanced, becoming a focal point of current research. These models, through self-supervised pre-training on massive datasets, have acquired exceptional text comprehension and generation capabilities. Particularly since the release of GPT-3, with the dramatic increase in parameter scale, large language models have exhibited powerful instruction-following and in-context learning abilities. Consequently, they have achieved outstanding performance in domain-specific applications such as medical question-answering and financial intelligence analysis, demonstrating significant research value and practical utility across numerous fields. This report focuses on domain-specific large language models, presenting a detailed survey of research progress and trend analysis. It begins by introducing the background of large language models. Subsequently, the report conducts a comprehensive investigation from two perspectives: the construction process of domain-specific large language models and the application frameworks driven by these models. The construction process of domain-specific large language models has sorted out a set of construction paradigms ranging from selecting the base model, creating the domain data set to adapting the large model to the vertical domain. The application frameworks driven by domain-specific large language models has conducted a detailed analysis of the application paradigms of workflows and agents. Furthermore, the report thoroughly examines typical research achievements and application examples of domain-specific large language models both domestically and internationally. Finally, based on the current state of research in large language models, this report proposes future prospects for domain-specific large language model technology.

Keywords：domain LLM；instruction Fine-tuning；continued pre-training；agent

1 引言

近年来，大规模语言模型在技术创新和工业应用方面发展迅速，对于多个领域具有十分重要的意义。这类模型在海量无标注数据上进行自监督预训练[1]，学习并具备了文本理解和生成的综合能力，以及强大的迁移学习能力。基于此，大规模语言模型在下游任务中能够快速适配领域数据并进行准确预测，从而在金融、医疗、法律和教育等领域展现出巨大的潜力[2-4]。

相比于国际上如 GPT-4[5]、Claude-3[6] 等先进模型，我国在大规模语言模型（包括领域大模型）的研究和开发方面起步较晚，且缺少系统化的领域大模型开发框架[7]。基于对国内外相关工作的调研进行领域大模型开发框架的设计和构建，将有助于在工业场景下实现大模型的高效开发和部署，并充分发挥其优势，从而推动大模型技术在各行业的深度应用。因此，本文旨在对领域大模型的相关技术研究进行综合调研，以期为大模型的领域应用奠定理论基础及技术参考。

本文从领域大模型构建流程和领域大模型驱动的应用框架两个角度对相关技术进行了整理与调研，其中，领域大模型构建流程部分包括大模型评测、数据准备与处理、持续性知识注入、提示工程，领域大模型驱动的应用框架部分包括工作流和大模型智能体。

领域大模型构建流程：在模型评测部分，本文结合大模型研究现状，调研了准确性、鲁棒性、校准性、公平性、偏见、毒性和运算效率共 7 个评价指标，以及适用于不同场景的 17 个评测数据集。在数据准备部分，本报告对比分析了提示（prompt）数据和指令（instruction）数据间的区别与联系[8-9]，详述了当前指令数据的优点及挑战并详细调研了具有代表性的相关数据集，包括泛化到未见任务数据、遵循单轮用户指令数据、遵循多轮用户指令数据三个类别。在知识注入部分，本文详细探究了知识注入的意义：该技术可促使大模型有效地、持续地融合新信息和数据，以适应新的任务场景，并分别探究了技术实现中常用的数据混合策略以及训练/非训练策略。此外，本文全面调研了基于模型参数扩展的知识注入方法研究。在提示工程部分，本文对上下文学习（In-Context-Learning）[10] 的原理和作用进行了详细的探究，并在对上下文学习本质理解的基础上，对提示词构建和检索增强生成（Retrieval-Augmented Generation）[11] 展开了详细的分析。

领域大模型驱动的应用框架：在工作流部分，本文选取 LangChain 框架为代表[12]，对其各个组成模块和工作流程进行了详细分析和介绍。在智能体部分，本文介绍了智能体（Agent）的概念，并详细介绍了智能体的核心组件及各自发挥的作用。此外，还从单智能体、多智能体、人机协作智能体[13]三种当下的主流应用框架入手，分别对工作机制和应用场景展开了探讨。

在领域大模型国内外典型实例部分，本文进一步探讨了医疗、金融、法律等关键领域的国内外大模型典型实例，涉及医疗问答、金融情感判别、法律卷宗分析等不同场景。这些实例体现了领域大模型在实际场景的应用和创新潜力，揭示了其对不同行业的重要性和影响力。

本文后续部分组织逻辑如下：第 2 节设计了包含基座大模型评测、数据准备与设计、持续性知识注入和提示工程等环节的领域大模型构建流程；第 3 节介绍了基于工作流和智能体的领域大模型驱动应用框架；第 4 节介绍了领域大模型在医疗、金融、法律领域中的应用；第 5 节总结全文并提出了对未来领域大模型的展望。

2　领域大模型的构建流程

本节将深入探讨领域大模型的构建流程，涵盖大模型评测、数据准备与设计、持续性知识注入、提示工程 4 个阶段，对应选取基座模型、制作领域数据集到将大模型适配于垂域的领域大模型构建流程。

2.1　大模型评测

近年来，大规模语言模型迅猛发展，已成为人工智能应用于领域的一项重要趋势。这些复杂而强大的模型在解决各种任务和问题上都展现了惊人的性能。尽管这些模型潜力巨大，但想要充分利用它们在特定领域的优势，进行全面且系统的评估就显得至关重要了。这不仅可以为研究者和开发者提供宝贵的反馈和指导，也可以确保这些先进技术在实际应用中能可靠和高效地执行。本小节从以下两个方面介绍大规模语言模型评测的相关内容。

评测角度：评测角度是大模型评测的基石，直接反映了模型在各个任务和场景中的表现。本文综述了从准确性到鲁棒性、运算效率等多个维度的指标，通过定义明确的指标来客观量化模型的性能，有助于为模型的不同侧面提供清晰的度量标准，使研究者和从业者能够更好地理解不同模型的强项和局限性。

评测数据：评测数据的选择对于评测的真实性和适用性至关重要。本文汇总了最具代表性和多样性的数据集，综合评估以应对模型在各种场景下可能遇到的挑战。

2.1.1　评测角度

在评估大模型时，不同的场景和目标往往需要采用对应的评测角度。常用的评测角度包括准确性、鲁棒性、公平性、运算效率等[4,14-19]，如图 1 所示。7 个典型的评测角度如下。

准确性：通过 F1 分数来衡量语言模型在特定任务上的表现与正确结果的一致性。

鲁棒性：评估语言模型对不同类型输入（包括噪声、错误、变形等）的处理能力。

校准性：评估模型输出的置信度与其实际准确率之间的一致性，常使用校准曲线等方法。

公平性：检验语言模型对不同性别、种族、年龄等群体的表现是否公平一致。

偏见：评估模型输出中是否存在对特定群体的偏见，并采用偏见分析和消除方法进行评估。

毒性：判断模型输出中是否含有攻击性、仇恨性、歧视性等不良内容，评估其社会影响。

运算效率：衡量模型在训练和推理过程中的时间及资源消耗，包括模型规模、训练与推理时间等，是评估可用性和可扩展性的关键指标。

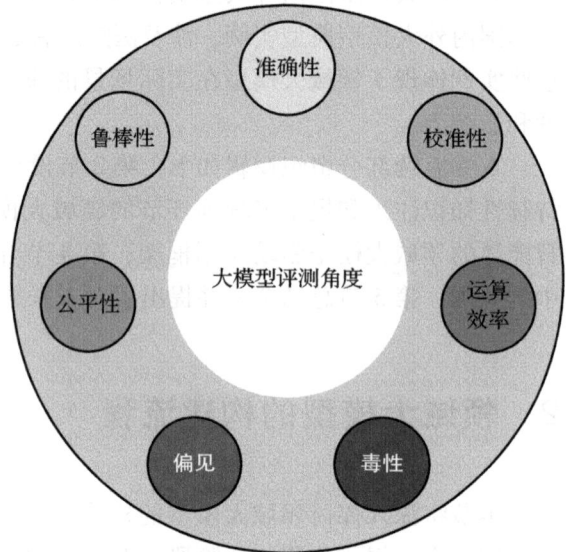

图 1　大模型及生成内容的 7 个典型的评测角度

除了对模型的典型场景进行全面评估外，在特定场景下，还要求针对大模型的特定技能和潜在风险进行评估，例如语言理解能力、常识、推理能力等。这些有针对性的评估有助于深入了解模型的能力和局限。

2.1.2　评测数据

评测数据是衡量大型语言模型性能的关键要素。本文根据多样化的应用场景，详细介绍了相应的评估数据集，涵盖了问题回答（QA）、文本摘要（Text Summarization）、情感分析（Sentiment Analysis）、毒性与攻击性，以及多个场景或无特定场景数据集等多个领域。

1. 问题回答

Natural Questions[20]：是一个用于问答研究的数据集，其中包含了真实的谷歌搜索引擎查询和相应的答案。这个数据集提供了大量的数据，以推动自然语言理解领域的研究。同时，该数据集还提供了用于评估问答性能的稳健度量标准。文献［20］中展示了这些度量标准的高人类上限。数据集由问题、维基百科页面和相应的长答案、短答案以及对答案的注释组成。

TruthfulQA[21]：是一个用于评估自然语言处理模型真实性（truthfulness）的数据集。该数据集由谷歌研究团队创建，旨在帮助研究人员和开发人员更好地了解模型在处理真实世界文本时的表现，并推动开发更加安全和负责任的自然语言处理技术。TruthfulQA

数据集包含了一系列问题,这些问题涉及常见的人类误解,如医学、法律、金融和政治等领域。这些问题是通过对 Davinci(175B) 模型进行对抗性生成而得到的,以确保问题的真实性和挑战性。

WikiFact[22]:是一个专注于事实核查任务的数据集,包含维基百科文章中的声明及其真实性标签,旨在提升模型在现实世界中事实核查任务的准确度。

HellaSwag[23]:是一个用于评估语言模型常识推理能力的数据集。该数据集由斯坦福大学的研究人员创建,旨在挑战语言模型在常识推理方面的表现。HellaSwag 数据集包含了一系列具有挑战性的常识推理问题,这些问题需要模型具有对话上下文的理解和推理能力。HellaSwag 数据集的特点包括:①对话上下文,每个问题都包含一个对话上下文,模型需要理解对话中的信息并进行推理来回答问题。②常识推理,问题设计旨在挑战模型的常识推理能力,需要模型具有对真实世界情境的理解和推理能力。③多样性,数据集中的问题涵盖多个领域和情境,包括日常生活、社交互动和事件推理等。

OpenBookQA[24]:是一个用于评估自然语言处理模型的数据集,旨在测试模型对开放性问题的理解和推理能力。该数据集由斯坦福大学的研究人员创建,包含一系列与开放性书籍知识相关的问题,需要模型从给定的 4 个选项中选择正确的答案。OpenBookQA 数据集的特点包括:①开放性问题,数据集中的问题涉及开放性数据知识,需要模型进行推理和理解,而不仅仅是简单的信息检索。②多选题,每个问题都包含了四个选项,模型需要从中选择最合适的答案,这使得评估更具挑战性。③知识推理,问题设计旨在测试模型对开放性书籍知识的推理能力,需要模型具有对知识的理解和应用能力。

CoQA(Conversational Question Answering)[25]:是一个用于构建对话式问答系统的数据集。该数据集包含来自 7 个不同领域的文本段落的 8000 个对话中的 127 000 个问题及其答案。这些问题是对话式的,答案是自由文本,并且包含了支持答案的证据。CoQA 数据集中的对话式问题呈现了一些在阅读理解数据集中并不存在的挑战性现象。

Stanford Question Answering Dataset(SQuAD)[26]:是一个阅读理解数据集,包含了超过 100 000 个在维基百科文章上由众包工作者提出的问题。数据集中的每个问题都与相应阅读段落中的一段文本(或片段)相关联。SQuAD 数据集并不为每个问题提供答案选择列表;相反,系统必须从段落中的所有可能片段中选择答案。该数据集涵盖了多种类型的问题和答案,对于自然语言理解研究具有重要意义。

2. 文本摘要

CNN/DailyMail[27]:用于评估语言模型在文本摘要方面的表现。CNN/DailyMail 数据集是一个用于文本摘要(text summarization)任务的常用数据集。该数据集由 CNN(Cable News Network) 和 Daily Mail 两家新闻机构的文章组成,每篇文章都配有人工生成的摘要。这个数据集通常用于评估模型在生成文本摘要方面的性能,包含大量真实世界的新闻文章和相应的人工生成摘要,使它成为评估自动文本摘要系统性能的重要资源。数据集中的文章和摘要通常涵盖了多个主题和领域,从政治、经济到娱乐等各种新闻报道。

XSUM[28]:用于评估语言模型在文本摘要方面的表现。XSUM 数据集是一个用于文本摘要任务的数据集,由爱丁堡大学的研究人员创建。该数据集由 BBC News 网站上的文章组成，每篇文章都配有人工生成的摘要。这个数据集通常用于评估模型在生成文本摘要方面的性能。XSUM 数据集包含大量真实世界的新闻文章和相应的人工生成摘要，这使得它成为评估自动文本摘要系统性能的重要资源。数据集中的文章和摘要通常涵盖多个主题和领域，如政治、经济和娱乐等各种新闻报道。与其他文本摘要数据集相比，XSUM 数据集的摘要更加抽象，即与原始文章的重叠度较小，使它成为评估模型在生成抽象文本摘要方面性能的重要资源。

3. 情感分析

IMDB[29]：用于评估语言模型在情感分析方面的表现。IMDB 数据集包含了从互联网电影数据库（Internet Movie Database，IMDB）中收集的 50 000 条影评。该数据集包含了相同数量的正面和负面影评数据，其中，负面影评的评分为 10 分制中 4 分或更低，而正面影评的评分为 10 分制中 7 分或更高，中性影评未包含在数据集中，从而确保了一个平衡双分类问题。

4. 毒性与攻击性

RealToxicityPrompts[30]：用于评估语言模型在检测文本中的毒性和攻击性方面的表现。RealToxicityPrompts 数据集是一个用于评估语言模型生成文本中毒性（toxicity）的数据集。该数据集由 OpenAI 创建，旨在帮助研究人员和开发人员更好地了解语言模型生成文本中毒性的问题，并推动开发更加安全和负责任的自然语言处理技术。RealToxicityPrompts 数据集包含了一系列输入提示（prompts），这些提示被设计为激发模型生成具有不同程度的中毒性的文本。这些提示来自 OpenWebText 数据集，该数据集是一个包含大量互联网文本的数据集，用于训练语言模型。

CivilComments[31]：是一个用于毒性检测的数据集，旨在帮助评估语言模型对评论文本中毒性内容的识别能力。该数据集包含了来自全球 50 个英语新闻网站 2015~2017 年的评论。CivilComments 数据集相较于其他可比较的毒性检测数据集，包括了对评论中提到的数据主体的元数据注释，这使得我们能够衡量几个人口统计群体和类别之间的性能差异，尤其是考虑到毒性的主观性质。

5. 多个场景或无特定场景数据集

RAFT（Real-world Annotated Few-Shot Text Classification）[32]：是一个包含 11 个真实世界文本分类任务的元基准。这些任务包括情感分析、毒性检测、意图分类等。RAFT 数据集的目的是评估模型在真实世界文本分类任务上的性能，特别是在少样本学习（few-shot learning）情况下的表现。根据研究结果，大多数模型在检测提及黑人和白人的评论中的毒性方面具有类似的准确性，但在对抗攻击时表现出明显的差异。例如，OPT（175B）在黑人评论中的准确性从 51.3% 下降到 8.8%，而在白人评论中的下降较少，从 50.8% 下降到 24.3%。此外，对于文本分类任务，不同模型在不同子集/任务上的表现存在显著的异质性。例如，相对于其他模型，text-davinci-002 在各个子集上的准确性一致，但在系统性审查包含子集上的表现非常糟糕，准确性仅为 40.8%，而其他模型（如 GLM（130B））的准确性为 97.5%。对于真实世界的文本分类任务，模型的鲁棒性和性能差异是非常重要的。因此，RAFT 数据集为研究人员提供了一个全面的评估工具。

The Pile[8]：是一个由 OpenAI 创建的大规模文本数据集，旨在用于评估和训练语言模型。该数据集是一个包含多个子语料库的综合性数据集，其中包括不同领域和来源的文本内容。The Pile 数据集的子语料库包括以下内容：①包含来自 arXiv 预印本服务器的学术论文和研究文章。②包含来自 BookCorpus2 的各种书籍和文学作品的文本内容。③包含来自 Enron Emails 数据集的电子邮件文本。④包含来自 PubMed Central 的生物医学文献和研究文章。⑤包含来自维基百科的文章和内容。除了上述子语料库之外，The Pile 数据集还包括 TwitterAAE 和 ICE，用于评估语言模型对不同英语变体的理解能力。这些子语料库的综合使用旨在确保对不同领域和语言风格的覆盖，以评估语言模型的性能和差异。

SuperGLUE(The Super General Language Understanding Evaluation)[33]：是一个评估语言理解模型的数据集和基准，用于评估语言模型在多个自然语言理解任务上的表现。它由一系列具有挑战性的自然语言理解任务组成，目的是测试模型在多种语言理解任务上的性能。SuperGLUE 数据集旨在提供比 GLUE（General Language Understanding Evaluation）数据集更具挑战性的任务，以便更全面地评估语言理解模型的性能。SuperGLUE 数据集包括多个任务，每个任务都有其自己的特定数据集和评估指标。这些任务涵盖了自然语言推理、文本蕴涵、情感分析等多个领域，旨在测试模型在各种语言理解任务上的泛化能力和性能。

BLiMP(Behavioral Testing at the Lexical and Sentential Predictive Processing)[34]：是一个用于评估自然语言处理模型的语言理解能力的数据集。该数据集由约翰斯·霍普金斯大学的研究人员创建，旨在提供一种广泛而全面的测试套件，以评估模型在不同语言现象下的表现。BLiMP 数据集包含了一系列语言现象，包括语法、语义和词汇等方面，涉及诸如主谓一致、动词形态、语义角色等语言现象，旨在评估模型在不同语言现象下的表现。BLiMP 数据集的设计可以提供一种全面而广泛的测试套件，以帮助研究人员和开发人员评估和改进自然语言处理模型的语言理解能力。

GSM8K[35]：是一个用于评估语言模型在自然语言中提出的合成推理场景中的表现的基准。它包含 12 个推理场景，旨在评估模型推理和理解复杂的语言和数学概念的能力。该数据集揭示了模型之间的显著性能差异。例如，code-davinci-002 在数学推理中的准确率达到 52.1%，超过其他模型。此外，相对于其他文本模型，text-davinci-002 在自然语言中的合成推理中表现出更高的准确率，达到了 65.1%。GSM8K 数据集为评估语言模型在理解和推理复杂的语言和数学概念方面的能力提供了宝贵的见解，使其成为评估和推进语言模型在这些领域表现的重要资源。

2.2 数据准备与设计

在大模型适配于特定领域的过程中，大模型高度依赖于相应的领域数据集如图 2 所示。因此，进行完善的数据准备与设计至关重要。

图 2　领域大模型适配的典型流程

2.2.1　提示数据与指令数据

提示（prompt）数据通常由简短的文本字符串构成，用于引导语言模型产生相应的响应。通过提供必要的上下文和任务相关信息来帮助模型准确把握任务要求，并生成恰当的输出。例如，在问题回答任务中，提示可能包含问题的描述或相关话题信息，以辅助模型生成准确的答案。提示通常由人工设计，以让模型更有效地理解特定任务或集中关注某一专业领域的知识。

与提示相对的是指令（instruction）数据，它是一种更为详尽的文本指导，用于规范模型的具体操作或任务完成过程。指令的形式多样，可以是计算机程序、脚本，也可以是人类编写的详细指导文本。其核心目的在于指导模型如何操作数据或执行特定任务，不是仅提供上下文或任务信息。指令数据的概念最早由谷歌在 2021 年的论文[36] 中提出。提示与指令之间的主要区别在于，指令着重于将任务分解并引导模型学习遵循用户的详细指令。选择哪种技术取决于具体的应用场景和任务需求：若任务侧重于模型对特定任务和上下文的理解，从而产生准确且有价值的输出，则提示微调（Prompt Tuning）可能更为适宜。相反，若任务需要模型执行明确的操作或完成特定任务，则指令微调（Instruction Tuning）可能更为有效。在各自的应用场景中，这两种技术均能为语言模型的性能提供优化和改进。

当前，大规模语言模型面临的一个重要挑战是训练目标与用户目标不一致：大规模语言模型的训练目标在于最大程度地降低大型语料库中上下文单词预测的误差，而用户则期望模型能够"有效且安全地遵循他们的指示"[1,37-38]。为了解决目标不匹配问题，出现了一种基于遵循人类指令的数据对模型进行进一步调优的指令微调方法[39]。该方法通过使用包含"指令"和"输出"的数据对模型进行额外训练，其中"指令"指给予模型的人类指令，"输出"则是基于这些指令的预期结果。这种方法可以增强大规模语言模型的能力和可控性，从而更好地满足用户的实际需求。

1. 指令微调技术的优势

目标对齐：通过对大规模语言模型进行指令数据集上的微调，可以有效缩小模型的"下一个词元"预测目标与用户"指令遵循"目标之间的差距。这种对齐使模型在执行任务时更加符合用户的预期，提高了任务完成的准确性。

行为可控性：指令技术通过明确限制模型输出范围，使其符合所期望的反应特征或知识，从而在某一特定的领域中得到控制。这种限制为人类干预模型行为提供了可能，并增强了模型行为的可控性和可预测性。

计算效率：指令微调技术能够高效地协助大规模语言模型适应特定的应用领域。与传统的再训练或架构调整相比，指令微调无需烦琐地重新训练，就能够迅速优化和调整模型。

2. 指令微调技术的挑战

数据集质量：构建能够全面涵盖预期目标行为的高质量指令数据集是一项挑战。现有的指令数据集在数量、多样性和创造性等方面存在局限，可能影响模型学习行为的广泛性和适应性。

泛化能力：指令数据微调技术的泛化性尚未得到充分验证。相关研究表明微调环节将带来灾难性遗忘的潜在风险[40-41]，需要记忆重放[42-44]、参数正则化[45] 和元学习[46-47]等干预措施。另一个关键的问题是，该技术是否只能改善模型在指令数据集中已经大量涵盖的任务上的表现[48-50]。作为有监督微调的一种特殊形式，指令微调专注于通过理解和遵循人类指令来提升模型的能力和可控性。尽管它与有监督微调在目标和方法上具有相似之处，但指令微调的特殊数据结构和任务关注点使其成为一个独特的子集，其泛化能力和适用范围仍需深入考察。

2.2.2 代表性数据集

1. FLAN[36]

FLAN 是通过将 SST-2、SNLI、AGNews、MultiRC 等 62 个被广泛使用的自然语言处理评价基准转换成自然语言输入输出对而构建的英语教学资料集。每个例子在 FLAN 中都有"输入"和"输出"两个部分。"输入"是通过自然语言指令描述任务的文本序列（如"判断句子'他喜欢这只猫'的情感是积极的还是消极的？"）。"输出"是正确执行"输入"指令的文本结果。FLAN 通过以下步骤将传统的自然语言处理数据集转化为（输入，输出）对：①指令与目标模板的人工合成。②将数据集中的数据示例中填入模板。

2. Self-Instruct[51]

Self-Instruct 是一个英语指令数据集，包含 52 000 条训练指令和 252 条评估指令，使用 InstructGPT 构建。每个数据实例由"指令""输入""输出"三部分组成。"指令"是自然语言的任务定义（如"请回答下列问题"）。"输入"是可选项，用作指令的补充内容（如"北京是哪个国家的首都?"）。"输出"是正确地遵循指令得出的文本结果（如"中国"）。数据集的生成有以下步骤：①从 175 个种子任务中随机抽取 8 个自然语言指令作为例题，并提示 InstructGPT 可以生成更多的任务指令。②确定在步骤①中生成的指令是否属于分类任务。如果是，则需要 InstructGPT 按照给定的指令，随机选择输出类别，生成所有可能的输出选项，提示 InstructGPT 生成相应的"输入"内容。"对于非分类任务的指令，"输出"没有数量限制。③利用 InstructGPT，采用输出优先或输入优先的策略，根据步骤②的结果生成相应的指令任务"输入"和"输出"。

3. Evol-Instruct[52]

Evol-Instruct 是由包含 52 000 条指令的训练集和包含 218 条指令的考核集组成的英语指令数据集。该方法使用 ChatGPT 改写指令，首先使用 52 000 个（"指令""响应"）对作为初始集。接着，随机抽取一个演化策略，并要求 ChatGPT 将初始指令按照选定的演化策略重新编写。该方法利用 ChatGPT 和规则对未进化的指令对进行过滤，对更新的数据集使用新产生的进化指令。上述流程重复 4 次后，共收集到 250 000 个指令配对。除训练集外，Evol-Instruct 还收集了来自真实场景（如开源项目、平台和论坛）的人类生成的 218 条指令，又被称为"进化指令测试集"。

4. LIMA[53]

LIMA 是一个英语指令数据集，由一个包含 1000 个数据实例的训练集和一个包含 300 个实例的测试集组成。训练集包含 1000 个（"指令""回应"）数据对。在训练数据中，75% 的数据取自三个社区问答网站（Stack Exchange、wikiHow 和 Pushshift Reddit Dataset），20% 的数据由一组人员根据自己的兴趣手动编写，5% 的数据取自超级自然指令数据集。

5. Super-Natural Instructions[54]

Super-Natural Instructions 涵盖了 76 种不同的任务类型（如文字分类、信息提取、文字改写、文字合成等）和 55 种语言，是由 1616 个自然语言处理任务和 500 万个任务实例组成的多语言指令集。数据集中的每个任务都由"指令"和"任务实例"组成。具体来说，"指令"由三部分组成：①用自然语言描述任务的"定义"。②输入样本和正确输出的"正面示例"，以及对每个示例的简短解释。③输入样本和不期望输出的"反面示例"，以及对每个示例的简短解释。Super-Natural Instructions 中的原始数据有三个来源：已有的公共自然语言处理数据集（如 CommonsenseQA）、通过众包过程生成的中间标记（如给定问题的结果在众包质量保证资料中集中分析）和用几句话（如数字比较等代数运算）重新表述由符号任务转化而来的合成任务。

6. COIG-CQIA[55]

COIG-CQIA 弥补了中文指令微调数据集的质量短板。研究通过 COIG（Chinese Open Instruction Generalist）项目，创建了一个高质量的中文指令数据集——CQIA（Chinese

Quality Instruction Archive)。该数据集旨在提高大规模语言模型的指令理解和执行能力。特别值得注意的是，数据集中包含了来自百度贴吧"弱智吧"的内容，这些内容包含大量双关语、多义词和逻辑陷阱，对模型的逻辑推理能力提出了较高的挑战。这类数据增强了模型处理复杂指令的能力，实验结果显示，高质量的数据在提升模型性能方面显著优于大量低质量的数据。文献［55］中强调通过严格筛选和优化数据质量，可以在中文指令微调中获得更好的效果，验证了"质量胜于数量"的理念。

2.2.3 数据集分类

根据数据创建目的，现有的大模型指令微调数据集可以分为三大类[56]，如图3所示。

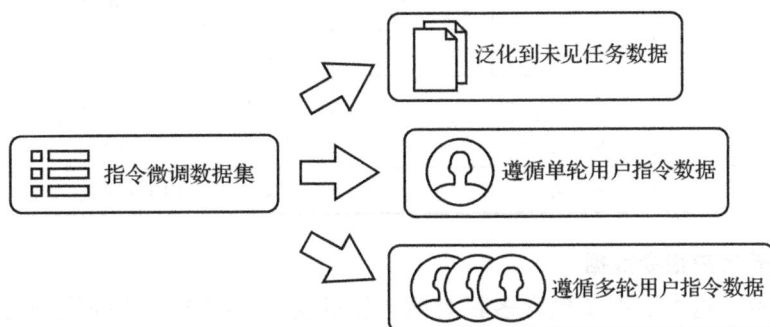

图 3　指令微调数据集的分类

1. 泛化到未见任务数据

如表1所示，这类数据集通常包含多样化的任务，每个任务都对应不同指令和数据样例。经过这类数据集训练的模型，能够适配并泛化到未见的新任务上。

表 1　泛化到未见任务数据

数据集名称	实例数量	任务数量	语言	构建方式	是否泛化到未见任务
UnifiedQA[57]	75 万	46	英语	人工构建	是
UnifiedSKG[58]	80 万		英语	人工构建	是
Natural Instructions[59]	19 万	61	英语	人工构建	是
Super-Natural Instructions[54]	500 万	76	55 种语言	人工构建	是
P3[60]	1200 万	62	英语	人工构建	是
xP3[61]	8100 万	53	46 种语言	人工构建	是
FLAN[36]	440 万	62	英语	人工构建	是
COIG-CQIA[55]	4.8 万		中文	人工构建	是

2. 遵循单轮用户指令数据

如表2所示，这类数据集包含指令及其相对应的响应，可训练大模型遵循单轮指令并给予用户针对指令的响应。

表 2　遵循单轮用户指令数据

数据集名称	实例数量	任务数量	语言	构建方式	是否泛化到未见任务
InstructGPT[39]	1.3 万		多语言	人工构建	否
Unnatural Instructions[62]	24 万		英语	InstructGPT 生成	是
Self-Instruct[51]	5.2 万		英语	InstructGPT 生成	是
InstructWild[63]	10 万	429		模型生成	是
Evol-Instruct[52]	5.2 万		英语	ChatGPT 生成	是
Alpaca[64]	5.2 万		英语	InstructGPT 生成	是
LogiCoT[65]		2	英语	GPT-4 生成	是
Dolly[66]	1.5 万	7	英语	人工构建	是
GPT-4-LLM[67]	5.2 万		中英文	GPT-4 生成	是
LIMA[53]	0.1 万		英文	人工构建	是
MUFFIN[68]	6.8 万		英文	GPT-4 生成	是

3. 遵循多轮用户指令数据

如表 3 所示,这类数据集包含多轮对话。经过这类数据集训练的模型可以进行多轮交互。

表 3　遵循多轮用户指令数据

数据集名称	实例数量	任务数量	语言	构建方式	是否泛化到未见任务
Vicuna[69]	7 万		英语	用户共享	否
Guanaco[70]	534 万		多语言	模型生成	是
OpenAssistant[71]	16 万		多语言	人工构建	是
Baize v1[72]	111 万		英语	ChatGPT 生成	是
UltraChat[73]	67 万		中英文	模型生成	是

整体而言,第 1 类数据集以任务泛化能力为主,第 2 类数据集以单轮指令理解能力为主,第 3 类数据集则以多轮持续对话能力为主。研究人员可根据需要的模型能力选择不同类型的数据集,并进行指令微调。

2.3　持续性知识注入

知识注入使大模型能够不断地适应新的知识和信息,从而提高大模型的性能和应用能力。本节我们探索了持续性预训练对大模型的意义,数据混合策略、训练/非训练策略以及模型参数扩展的研究,并列出持续性知识注入的相关文章。我们总结了这些文章的出发点、目标、方法、结果,以及应用于大模型上的借鉴和参考意义,如图 4 所示。

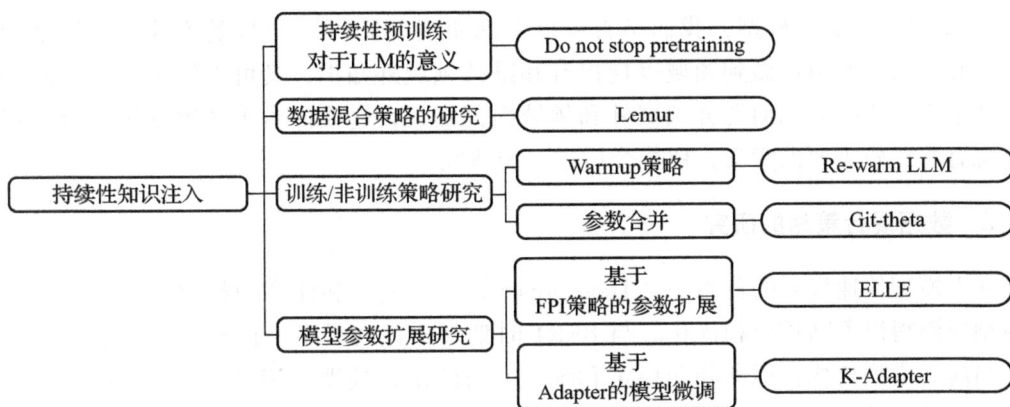

图 4　持续性知识注入相关的方法调研

2.3.1　持续性预训练的意义

持续性预训练技术为大型语言模型提供了一种动态更新和迭代的机制，使得模型能够逐步吸收新信息和数据，以适应不断变化的任务和环境。这种方法的优势在于允许模型在其整个生命周期内不断提升性能，并在低资源消耗的情况下持续学习新知识。本文以文献［74］的研究为基础进行分析，该研究是早期以 BERT[1]/RoBERTa[75] 模型为基础，探索持续预训练方法的先驱性工作。

该研究的主要观点是，为了使模型更好地适应新场景和任务，采用持续预训练的方法通常能够带来性能上的提升。迁移学习的粒度分为两种：领域迁移（Domain Adaptation）和任务迁移（Task Adaptation），其中任务迁移提供了更为精细的迁移粒度。为了验证这一假设，文章设计了不同的实验设置，包括针对领域迁移的预训练（DAPT）、针对任务迁移的预训练（TAPT），以及两者结合的预训练方法（DAPT+TAPT）。此外，文章还提出了对 TAPT 进行数据增强的多种方法。

对于 DAPT，通过使用大规模无标注语料进行无监督预训练，然后对下游任务进行微调，已成为当前的主流范式。对于 TAPT，该方法在预训练阶段就考虑使用与下游任务最相关的训练数据，是一种有效且高效的预训练策略。在 Gururangan 等人[74] 的研究中，研究者直接使用下游任务的有标注数据集作为无标注语料进行预训练。实验结果显示：①经过 DAPT 的模型在下游任务上总能获得更好的表现。②TAPT 作为一种数据高效的预训练方法，在资源有限的情况下，可以考虑使用 TAPT 进行数据收集和高效预训练，以实现良好的下游任务表现。

尽管上述研究集中在早期的 BERT 为主的 Transformer 模型上，但它对于大型语言模型在持续学习方面的借鉴意义不容忽视：①对于大模型的训练目标而言，预训练和监督学习阶段的总体目标（Next token prediction）基本一致。此外，大模型能够通过少量样本提示（Few-shot Prompt）完成下游任务的执行，因此我们无需过于担心数据带来的对齐成本（Alignment Tax）[76]。换言之，预训练数据的作用将被直观地反映到下游的表现中，而无需通过传统的"训练集+测试集"的监督学习模式。因此，选择高质量数据非常重要[77]。②对于生成式模型，我们是否可以考虑使用 LIMA[53] 这样的方式，来做精细化的训练和学习，既可以做到领域表现提升和维持领域外知识，又可以做到节省资源和开销。③本文尚未探索如何混合领域外和领域内部知识，这或许对于缓解继续学习的灾难性遗忘有着比较重要的意义，留待今后进一步研究。

2.3.2 数据混合策略的研究

在大模型快速发展的背景下，Transformer 架构的成熟和注意力机制的广泛应用，使得模型规模得以不断扩展和优化。与 BERT 时期多样化的模型结构和特殊注意力机制相比，当前的模型架构正逐渐趋向稳定和统一。自然语言处理（NLP）社区正逐步从以模型为中心的驱动方式转向以数据为中心的驱动方式，这意味着预训练目标和监督微调目标也在一定程度上趋向一致。

数据混合和数据收集策略对于持续性知识注入至关重要。Lemur[77] 是近期一个研究"文本-代码"的工作，其主要出发点是改善 Llama-2 在文本和代码上不均衡的表现，以获得一个均衡的模型。因此针对 Llama-2 模型代码上能力的欠缺，工作着重从 The Stack[78]（一个开源 3T token 的代码原始数据仓库）收集和清理了大量的代码数据，同时，继续预训练的另一个重点是使得模型不要在文本能力上有明显下降，因此作者还添加了约 10% 的文本数据。另一些工作，如 TULU[170] 则研究了开源社区中不同监督微调（Supervised Fine-Tuning，SFT）数据对于模型能力的影响，并尝试用这些数据集组合，逼近一个最优的模型表现。

混合数据比例、行数据的去重和筛选对于学术界、工业界均有着重要意义。我们认为可以从下述方向进一步探究：①数据混合策略：目前缺乏系统性的研究来探讨在大模型背景下的数据混合策略。大多数研究都是围绕特定任务设计的实验，未来需要更全面的研究来探索不同数据类型和比例对模型性能的影响。②测试数据的设置：持续学习的一个重要方面是建立合理的测试数据集。传统的困惑度（perplexity）可能不足以全面反映模型的性能，因此需要开发更好的测试数据集来实时监测和评估模型的表现。③数据规模和质量：Scaling Law[79] 揭示了数据量对模型性能有重要的影响，此外近期消息指出 OpenAI 的新模型 Orion 因高质量数据集受限而进步放缓[80]，揭示了依赖 LLM 扩展数据规模的局限性。未来的研究需要确定更高质量的数据扩展方法，弥补数据不足带来的局限。

2.3.3 训练/非训练策略研究

1. Warmup 策略

在大模型的训练和持续预训练过程中，Warmup 策略是优化模型性能的重要环节。本文以 Re-warming[81] 研究为切入点，该工作主要探讨了在新数据训练时，如何调整学习率以实现更高效的持续预训练。该研究采用了 Pile 数据集作为上游已学习数据，以及 SlimPajama 作为下游更新数据，这种设置更贴近实际的持续预训练场景。

Re-warming 的核心在于检验持续预训练阶段的 Warmup 策略，特别是从几个关键方面进行测试。①Warmup 阶段的持续时间，通常以 token 数量来衡量。②Warmup 阶段的学习率设置。③数据分布对 Warmup 效果的影响。④模型拟合程度对 Warmup 效果的影响。Re-warming 选择了 Pythia(0.5B) 模型[82] 作为实验对象，该模型因其公开了不同训练阶段的参数快照和数据集细节，为相关研究提供了理想的实验平台。然而，研究结论出乎意料且较为明确：在 Pythia(0.5B) 模型这样的规模和数据量下，Warmup 策略对于持续预训练并非必要。一个更优的策略是直接选择之前表现最佳的模型参数（或在数据上拟合较好的参数），并以较小的学习率开始训练。

2. 参数合并

除了训练策略的探索，还有研究关注于非训练策略的优化，如参数合并技术。这些研究旨在探索如何有效地合并不同模型的参数，以便保留各自的优势能力[83-84]。其中，参数平均（Checkpoint Averaging）是一种简单却意外有效的策略。通过对不同模型的参数进行平均，尤其是对于大规模模型如 Llama-2，在经过有监督微调后进行参数平均，可以显著提升模型的性能表现。

2.3.4 模型参数扩展研究

1. 基于函数一致性初始化策略的参数扩展

在自然语言处理领域，知识的持续注入对于提升模型性能和适应性至关重要。除了传统的数据收集和训练策略之外，一些研究工作提出了通过扩大模型规模来进行知识注入的方法。BERT、BERT2BERT[85] 和 ELLE[86] 等研究就是基于 BERT 结构，通过模型扩展来进行持续性学习的典型例子。

在现有基于 Transformer 的模型中，参数扩展的形式通常有两种：横向扩展模型的宽度（即增加隐变量维度）和纵向扩展模型的深度（即增加模型层数）。BERT2BERT 和 ELLE 采用了函数一致性初始化（Function Preserving Initialization，FPI）的策略来进行参数扩展。FPI 通过调整 Transformer block 中的注意力映射矩阵维度，并使用特定的缩放因子来保证输出的一致性。ELLE 则通过在模型中插入新的 block，并直接复制相邻 block 的参数来实现纵向扩展。这两种方法都旨在通过引入随机噪声或融合上层信息来打破扩展后的对称性，从而加速模型的收敛速度。

MSG[87] 提出了一种模型增长策略，包括模型增长算子和模型增长调度两个部分。模型增长算子通过为不同位置的参数设计 mask 来保持模型扩大前后的函数一致性，而模型增长调度则基于启发式规则设计了多阶段模型增长策略。

然而，参数扩展并非总是最优的选择。首先，参数扩展可能会导致模型输出的显著变化，这可能会影响模型的性能，甚至导致模型不可用。因此，类似于多模态模型训练，参数扩展需要一个过渡阶段或对齐阶段来使模型的输出恢复到扩展前的水平。其次，随着大模型的发展，模型的层维度和设计是经过系统性调优的结果。如何选择扩展的规模、确定 block 的数量、层数，以及设计优化策略等，有待进一步的深入研究。

2. 基于 Adapter 的模型微调

在探索大型语言模型的微调方法时，除了前文提到的模型参数扩展技术，另一种值得关注的方法是参数高效微调（PEFT）。PEFT 的核心思想在于减少需要更新的参数量，从而降低计算资源和存储的需求。这种方法能在不显著增加模型复杂度的前提下，对模型进行有针对性的调整以适应新的训练任务。主要的 PEFT 方法有：LoRA[88] 通过引入低秩矩阵分解来减少训练参数量；Prefix-Tuning[89] 和 Prompt Tuning[90] 在输入序列前添加可学习的连续提示；P-Tuning v2[91] 将提示调优扩展到更大规模的任务；AdaLoRA[92] 引入了自适应预算分配机制，以优化参数使用效率；QLoRA[93] 结合了量化技术，进一步降低了内存需求；LLaMA-Adapter[94] 引入了零初始化注意力机制；IA3[95] 则通过自适应注意力激活来实现指令诱导。

K-Adapter 方法[96] 提出了一种创新的分支连接策略，该策略不改变原始模型的输出，而是通过提取 Transformer 层的中间特征表示，并将它们作为知识增强适配器（KIA）模块的输入。这种设计允许我们将不同的子模块独立训练，并通过组合这些子模块来适应多样化的下游任务，从而提高了模型的灵活性和适应性。

除了这种特殊设计之外，还有人将 Lora 或 Adapter 直接用于大模型（如 Llama）[97]，这些研究的成功证明了 Adapter 这种参数高效方法同样适用于生成式语言模型，并且在不少传统 NLP 任务上可以达到同直接微调整个模型相近的表现。同时，LLaMA-Factory[98] 等微调框架的推出也在不断降低大模型微调的门槛。

2.4　提示工程

2.4.1　上下文学习（ICL）本质探索

在人工智能和自然语言处理领域，大规模语言模型如 GPT 系列已成为最前沿的研究课题。这些模型在大规模数据集上进行深度学习，展现了在理解和生成自然语言方面的显著能力。尤其引人注意的是，自 GPT-3 发布以来[10]，随着大规模语言模型的参数量进一步飞跃，大模型的上下文学习（In-Context Learning，ICL）能力开始涌现。随后发布的 LLaMA[70,99]、Claude[6,100]、GPT-4[5]、Qwen[101] 等参数规模庞大的模型同样具备 ICL 能力。这些模型在上下文学习方面表现出的灵活性和适应性，引领出一个全新的范式——不针对特定任务进行显式微调，直接通过 ICL 范例使模型适应垂域下游任务，为各类下游语言处理任务提供了新的可能性。尽管 ICL 为研究者与应用者带来了诸多便利，其本质原理仍然有待深入探索和理解。

在 GPT-3 的技术报告中，将 ICL 的作用原理归结为大规模语言模型具备强大的记忆能力以及模式匹配能力[10]。通过给模型提供相关垂域的示例，模型可以识别和学习隐含在这些示例中的模式，并将所学的模式应用于新的输入。此外，已有研究对 ICL 的相关原理展开了广泛的讨论，主流观点是 Transformer 充当通用 ICL 元学习器。在文献［102］中，作者观察到在涉及大模型和众多任务的环境中，模型表现出"学习如何学习"的元学习能力，这种能力受到内存或模型状态大小的显著影响。为了改善元学习效果，作者提出了一些实用的干预措施，如采用有偏差的数据分布：通过调整训练数据的分布，促进模型从单纯的记忆向更高级的学习和概括转变。元学习作为一种自动发现新学习算法的方法，其目的不在于手工设计，而是通过算法自我进化来实现[46-47]。这种方法的目标是开发出能适应广泛任务或环境的算法，这些算法在性质上类似于人类的学习方式，但具有更广泛的应用范围和更高的适应性。该研究强调，像 Transformers 和 LSTM 这样的基座模型可作为元学习者，它们能在不需要明确定义推理模型、训练损失或优化算法的前提下，吸收训练数据并对各种问题作出预测。文献［103］也提出了相似观点，阐释了ICL 与微调的对偶性，将大规模语言模型解释为元学习器并将 ICL 视为一种隐式微调：它带来的验证集表现改善覆盖了显式微调改善的绝大部分，并且相较于原模型，使用 ICL 后模型的注意力权重与经过一轮微调后模型的注意力权重更为相似。

ICL 明确了任务目标：在文献［104］中，作者通过实验论证了 ICL 并没有学习输入与标注的对应关系，而是通过范例数据，激活模型在预训练过程中获得的能力。并根据这一结论提出了两个推论：一是在元学习的环境下，ICL 的能力激活的特点展现得更为明显（进一步佐证了文献［102-103］的观点）；二是标注质量的影响很小，可以通过无标注的数据集来做无范例 ICL。文献［105］也提出了相似结论：prompt 分布与预训练分布不匹配是造成模型推理效果不佳的重要原因，通过 ICL 注入的样本可以有效增加任务的明确程度，消弭 prompt 分布与预训练分布间的不匹配，进而取得改善。

ICL 学习了任务技巧：在文献［106］中，作者研究了 ICL 究竟是学习了一个新的任务还是仅从训练数据中定位了已知任务。文中的实验表明，Transformer 架构的模型不仅能够从给定的训练数据中识别已知任务，还能够在上下文中学习并执行新的任务。通过训练这些模型来学习特定的函数类，如线性函数、稀疏线性函数、两层神经网络和决策树，研究展示了 Transformers 在学习新任务时的能力。同时研究指出，这种能力随着模型规模的提升而提高，并且在更高维度的问题上表现得更为有效。

ICL 激发了基座模型：在文献［107］中，作者指出 SFT 或 RLHF 对模型的调整只能对模型的生成产生浅显的影响。经过调整的模型与基座模型生成的 tokens 的差异往往发生在"however""and"不含具体语义的词，这些 tokens 对后续内容的"激发"有显著帮助，文献［107］将它们定义为"Triggering Token"。并且指出通过合理方式结合 ICL 和system prompt（文中设计了一种 URIAL 方法），令未经调整的基础模型也能发挥出比肩经过调整的模型的能力，当参数量较大时（如 70B），使用这种方式激发的基础模型性能甚至能超越经过 SFT 或 RLHF 调整的模型。

尽管上述观点仍存在一些分歧，但现有研究对 ICL 达成了以下共识：①ICL 能力与模型规模有较为明显的正相关。②大模型在 ICL 流程中充当学习者，受到了能力激发，从而更善于应对领域任务。

2.4.2 提示词构建

提示词的形式对于性能表现至关重要，现有方法主要采用三种范式来构建不同形式的提示集。

扩展输入（Scaling Inputs）：该范式首先收集大量的训练任务，并保证每个任务都有一个指令提示，然后放大每个任务的<输入，输出>对（如 Natural Instructions[108]、

P3[15]、FLAN[36] 和 Super-Natural Instructions[109] 等数据集)。该模型经过训练,可在相同指令下为不同输入产生不同输出。然而,这种方法往往会使模型对输入过于敏感,易导致误解或不遵守明确的指令提示要求。

扩展无输入任务(Scaling Input-Free Tasks):该范式收集无需额外输入即可回答的任务指令提示,如"说出世界上最高的山的名字",并扩展<输入,输出>训练对(如 Self-Instruct[51] 和 WizardLM[52] 等数据集)。尽管"无输入扩展任务"范式直观地符合人类辅助目标,涵盖了各种不同的任务并有助于日常查询,但其无输入的性质会使产生的大规模语言模型在处理传统自然语言处理任务时效果不佳,因为在传统自然语言处理任务中,指令提示通常伴随着补充输入。

按输入扩展任务(Scaling Tasks per Input):在"扩展输入"中,任务的输入输出集被放大;在"扩展无输入任务"中,无输入任务集被扩大。按输入扩展任务这一范式既为同一输入设计不同的任务,又在生成的数据集中平衡了分类和生成类别。因此,模型经过训练后,可以根据与输入相关的特定指令提示调整输出,从而提高大规模语言模型的指令遵循能力。

数据集中的每个实例都由三个元素组成:①指令提示,即指定任务的自然语言文本序列(如"给 XX 写一封感谢信""以 XX 为主题写一篇博客"等)。②可选输入,提供上下文的补充信息以及基于指令。③输入的预期输出。通常有两种方法来构建指令提示集:

● 已有自然语言数据集的数据整合。在这种方法中,通过使用模板将文本标签对转换为(指令提示、输出)对,从现有的自然语言数据集中收集(指令提示、输出)对。Flan[110] 和 P3[15,111] 等数据集就是根据数据整合策略构建的。

● 使用大模型生成输出。快速收集给定指令提示所需输出的另一种方法是使用 GPT-3.5-Turbo 或 GPT-4 等大规模语言模型。指令提示有两种来源:人工收集或使用大规模语言模型扩展基于手写种子指令的小指令,再将收集到的指令输入大规模语言模型获得输出。Instruct-GPT[39] 和 Self-Instruct[51] 等数据集就是采用这种方法生成的。对于多轮会话信息技术数据集,可以让大规模语言模型自我扮演不同角色(用户和人工智能助手),以会话形式生成信息。如 Baize[72] 和 Ultrachat[73] 等数据集就是利用这种方法生成的。

尽管大规模语言模型在零样本场景下已显示出显著能力,但仅依赖零样本设置处理复杂任务时,这种能力仍显不足。少量样本提示可通过在提示中提供示例来促进上下文学习,从而引导模型达到更优性能。这些示例作为后续示例的条件,指导模型在此基础上生成响应。根据 Touvron 等人在 2023 年的研究[112],当模型扩展到足够的大小时,少量样本的特性首次涌现。在此通过 Brown 等人 2020 年[10] 提出的一个示例来展示少量样本提示。在该示例中,任务是在句子中正确使用一个新词。

● [提示] A "whatpu" is a small, furry animal native to Tanzania. An example of a sentence that usesthe word whatpu is: We were traveling in Africa and we saw these very cute whatpus. To do a "farduddle" means to jump up and down really fast. An example of a sentence that uses the word farduddle is:

● ［回答］ When we won the game, we all started to farduddle in celebration.

这种方式的提示使得模型能够根据提供的示例学习正确的应用方式。此外，此技术也显示出其在多种任务类型上的适用性，包括但不限于语言理解、生成任务和问题回答等。这表明，提供适当的样本能显著提高模型的性能，特别是在面对更复杂或特定领域的任务时。

根据 Min 等人[104] 在 2022 年的研究，在进行少样本学习（few-shot learning）的场景下，上下文示例的选择呈现出以下特性：①示例所指定的标签空间和输入文本的分布都很重要（无论个别输入的标签是否正确）。②示例所使用的格式在性能上也起着关键作用，即使只使用随机标注（可能包含错误），也比不使用标注的效果要好。③从真实标注的分布中选择随机标注（而不是均匀分布）也对性能有所帮助。

思维链（Chain of Thought，CoT）提示技术基于一种假设，即模型能够通过模拟人类的思维过程来更好地处理复杂问题。这种方法要求模型在给出最终答案之前，首先生成一个或多个中间步骤或推理过程。例如，Wei 等人[113] 在 2022 年展示了一种方法，该方法将一个问答对和其中间推理步骤作为示例，在提示词中给出，要求模型在回答之前除了生成答案之外，还要生成推理的中间过程来提高问题解答的准确性。这种方法的一个关键优点是它能够提高模型处理复杂推理任务的能力，特别是那些涉及多步骤计算或逻辑推理的任务。2024 年 9 月，OpenAI 推出其全新架构大模型 OpenAI o1[114]。通过思维链，o1 模型实现了有效的"慢思考"，在国际数学奥林匹克竞赛（IMO）的资格考试中，o1 模型正确解答了 83%的问题，表现出非凡的推理能力，远超 GPT-4o 的正确率。在化学、生物和物理学的基准测试中，o1 也得到了近似博士生的成绩。上海交通大学的研究者对 o1 进行复现[115]，强调了"旅程学习"的概念：以往大模型的学习方式致力于寻找"捷径"——即抵达最优答案的最短路径。该方式依赖大量数据，且泛化能力和自我纠错能力较弱。"旅程学习"则奖励过程，鼓励通过试错、反思、回溯的树形搜索方式寻找最优解，具有更好的泛化性和鲁棒性。

零样本思维链提示（Zero shot Chain of Thought Prompting）[116] 是思维链提示的一种变体，它不需要任何特定的示例或先前的训练。在这种方法中，模型被要求直接从给定的任务中推断出中间步骤，而不是依赖于事先提供的示例。这种方法的优势在于它提高了模型在没有特定训练数据时处理未知问题的能力。例如，一个任务可能是解决复杂的数学问题。在零样本思维链提示的设置下，模型不仅给出答案，还要展示出达到该答案的逻辑过程，即使在此之前它从未遇到过类似的问题。

思维树技术[117] 基于扩展思维链提示的概念，它涉及创建多个并行的思维链，以构建更为复杂的推理结构。在这种方法中，模型不仅生成单一的思维链，而是创建一个包含多个分支的思维树，每个分支代表不同的推理路径或解决方案。这种方法的优点在于它能够同时探索多种可能的答案和推理路径，从而提高处理复杂问题的准确性和效率。通过这种多维度的思维方式，模型可以更全面地理解和解答问题。在使用思维树（ToT）时，不同的任务需要定义候选数量和思维/步骤数量。例如，如文献［117］所示，使用 24 点游戏作为数学推理任务，需要将思维分解为 3 个步骤，每个步骤涉及一个中间方程式。在每一步，保留最佳的 $b=5$ 个候选者。为了在 ToT 中对 24 点游戏任务进行 BFS，语言模型被引导评估每个思维候选者为"确定/可能/不可能"，以达到 24 点。正如作者所述，这样做的目的是促进在几次前瞻试验中判断的正确的部分解决方案，消除基于"太大/太小"的常识不可能的解决方案，并保留其余的"可能"。每个思维值被采样 3 次。

从 Yao 等人[117] 的实验结果来看，使用 ToT 显著优于其他提示方法：从高层次上看，Yao 等人和 Long[118] 的主要思想相似。两者都通过多轮对话的树搜索增强了大规模语言模型解决复杂问题的能力。主要区别之一是，Yao 等人利用了深度优先搜索（DFS）/广度优先搜索（BFS）/波束搜索（Beam Search），而 Long 提出的树搜索策略（即何时回溯以及回溯多少层等）是通过强化学习训练的 ToT 控制器驱动的。DFS/BFS/波束搜索是通用的解决方案搜索策略，没有针对特定问题的调整。相比之下，通过强化学习训练的 ToT 控制器能够从新的数据集或通过自我对弈（如 AlphaGo 与蛮力搜索）中学习，因此基于 RL 的 ToT 系统即使在固定大模型的情况下也能持续进化和学习新知识。

此外，Wang 等人[119] 在 2022 年提出了自我一致性的技术，旨在通过多次重复的推理过程，提高模型的准确性和可靠性。这种方法基于一个核心原则，即通过多次独立的推理尝试，模型可以逐渐收敛于最可能的正确答案。在自我一致性的框架下，模型被要求针对同一问题进行多次推理，并生成多个可能的答案。然后，这些答案被综合考虑，以确定最终答案。这种方法特别适用于解决那些答案不明显或可能有多个合理答案的问题。

文献［120］提出了一种名为"通过提示进行优化"（OPRO）的新方法，该方法利用大规模语言模型作为各种任务的优化器。OPRO 包括用自然语言描述优化任务，并使用大模型迭代生成新解决方案。该方法主要关注两个方面：元提示设计和解决方案生成。该方法相比传统方法在任务准确性上改进显著，突显了利用大模型优化提示以提升性能的巨大潜力。运行 OPRO 需要遵循以下关键步骤：①定义优化任务，用自然语言清晰地描述任务。②设计元提示，创建引导大模型生成解决方案的元提示。③迭代解决方案生成，使用大模型迭代地生成和完善解决方案。④评估解决方案：评估生成的解决方案的准确性和有效性。

2.4.3　检索增强生成

通用语言模型可以进行微调，以完成多个常见任务，如情感分析和命名实体识别。这些任务通常不需要额外的背景知识，只侧重于评估模型在基础语言处理能力上的表现。对于更复杂和知识密集的任务，可以构建一个基于语言模型的系统，访问外部知识源以完成任务。这使得生成的回应更具事实一致性，提高了可靠性，并有助于缓解"幻觉"问题。检索增强生成（Retrieval Augmented Generation，RAG）技术结合了检索与生成功能，模型从广泛的预构建知识库中检索信息，进而利用这些信息来辅助生成答案。该方法特别适用于那些需要外部知识或领域性知识的任务。RAG 结合了信息检索组件和文本生成模型。RAG 可以进行微调，其内部知识可以高效修改，无须重新训练整个模型。RAG 能够接受查询输入并主动从一个信息丰富的源（如维基百科）检索一组相关支持性文档，以便辅助答案的生成。文档与原始输入提示合并为上下文，然后输入到文本生成器，产生最终输出。这使得 RAG 适应随时间演变的事实情况，有效改善了大模型知识难以动态变化的弊端。RAG 允许语言模型避免重新训练，通过基于检索的生成访问最新信息，从而生成可靠的输出。2021 年，Lewis 等人[9] 提出了一个通用的 RAG 微调方法。使用一个预训练的 seq2seq 模型作为参数记忆，使用维基百科的密集向量索引作为非参数记忆（通过一个神经预训练检索器访问）。此外，鉴于基于向量的索引方式存在依赖语义关联的局限，Edge 等人[121] 针对涉及多跳推理的场景提出了 GraphRAG，该方法通过图结构来存储和表示知识，不仅能更好理解实体之间的复杂结构化知识，且能通过层次化检索有效概括全局信息。

3 领域大模型驱动的应用框架

在领域大模型的推动下，各类应用框架正逐步展现出前所未有的智能和效率。本节将深入探讨领域大模型驱动的应用框架，分为工作流和大模型智能体两部分，系统解析其构建和应用过程。在工作流部分，我们将以 LangChain[12] 为代表介绍基于工作流框架的大模型开发和部署方法。在大模型智能体部分，我们将介绍智能体的核心组件以及不同类型智能体的表现形式。

3.1 工作流

大模型领域的工作流框架，如 LangChain、Coze[122] 和 Dify[123]，旨在简化和增强与大模型进行交互的流程。这些框架通过提供一系列预构建的模块和工具，使开发者能够更方便地集成和部署大模型应用。

3.1.1 LangChain

LangChain 是一个由大规模语言模型驱动的应用程序开发框架，它提供了一套完备的工具、组件和接口，可简化创建由大规模语言模型提供支持的应用程序的过程。LangChain 可以轻松管理与模型的交互，将多个组件连接在一起，并集成额外的资源，如 API 和数据库。具体而言，LangChain 可以实现上下文感知和推理。在上下文感知中，LangChain 负责将语言模型与上下文来源（提示指令、少量示例、可作为其响应基础的内容等）相连接。在推理任务中，LangChain 依靠语言模型进行推理（如何根据提供的上下文进行回答、采取什么行动等）。

LangChain 包含一系列核心的代码库，主要包括 LangChain 库和 LangChain 模板、LangServer 库和 LangSmith 开发者平台等核心组件，这些组件共同简化了整个应用生命周期。在开发使用阶段，用户可以用 LangChain 库编写应用程序，使用模板作为参考快速上手。在生产阶段，用户使用 LangSmith 开发者平台检查、测试和监控链，不断改进并放心部署。在部署阶段，用户可以使用 LangServe 库将任何链转化为 API。

基于各个组件，LangChain 在一个流程的整个生命周期中管理和优化提示词，并根据提示词使用不同的 Agent 进行不同的动作，在这期间使用内存管理中间的一些状态，然后使用链将不同 Agent 连接起来，简化了应用程序的软件工程生命周期。

3.1.2　LangChain Expression Language(LCEL)[124]

LCEL 是一种声明式方法、一种专为 LangChain 框架量身定制的声明式编程语言，它为用户提供了一种高效且直观的方式来组合和操作 LangChain 的各种功能。LCEL 的核心优势在于其能够简化从简单到复杂的语言处理任务的原型设计和部署过程，LCEL 的特点在于其能够轻松地组合多样的 LangChain 功能。

LCEL 提供了一系列功能特性，包括流式支持以获得最佳的首个 token 耗时，异步支持以便在不同环境中使用相同代码，优化的并行执行以减少延迟，以及为链中任何部分配置的重试和备选方案以增加可靠性而不带来延迟成本。此外，LCEL 还支持访问中间结果，这在更复杂的链中尤其有用，既可用于调试也可用于向最终用户显示进展。输入和输出架构为每个 LCEL 链提供了从链结构推断出的 Pydantic 和 JSONSchema 架构，这对于验证输入输出在 LangServe 库中不可或缺。为了实现最大化的可观察性和可调试性，LCEL 提供了无缝 LangSmith 开发者平台追踪集成。最后，使用 LCEL 创建的任何链都可以通过 LangServe 库轻松部署。

3.1.3　LangChain 模块

LangChain 为以下主要模块提供标准、可扩展的接口和集成。

模型 I/O：LangChain 提供与各种语言模型交互的接口，支持大型语言模型和聊天模型，开发者需根据模型类型调整提示方式。消息类型包括用户输入、模型响应、系统指令及函数或工具调用结果。提示模板将用户输入转换为模型可处理的格式，输出解析器将模型输出转换为便于使用的格式。

检索：LangChain 提供模块支持 RAG，通过文档加载器、文本拆分、文本嵌入模型、向量存储和检索器，将外部数据集成到生成流程中。不同的检索器和索引 API 提供高效数据存储和搜索功能，确保数据同步和避免重复计算。

链：链是指调用大模型、工具和数据预处理步骤，LCEL 提供构建和调整链的灵活性，支持流式、异步和批量处理。LangChain 支持 LCEL 链和遗留链，前者允许用户修改链的内部结构，后者则是独立于 LCEL 的替代方案，可结合 OpenAI 函数调用和工具使用，更好地适应特定应用场景。

3.2　大模型智能体

3.2.1　Agent 的概念

LLM-based Agent，即基于大型语言模型的智能体。该系统结合了大型语言模型在自然语言处理（NLP）方面的卓越能力和 Agent 的自主决策与行动能力。这种结合不仅提升了智能体处理复杂任务的能力，且极大地扩展了大型语言模型的应用范围和实用性。

在传统的大型语言模型中，用户通常需要通过一系列的指令逐步引导模型完成任务，这种方式在一定程度上限制了模型的灵活性和应用场景。用户只需提供一个目标或任务给 LLM-based Agent，智能体就能够自主地生成一个行动计划，并通过推理和自我反思来调整自己的行为，以适应环境的变化并达成目标。这种智能体不仅能够处理文本输入和输出，还能够利用各种工具来处理多模态任务，如图像识别、语音处理等。这一点显著超越了传统大模型的局限，使其能够更好地适应多样化的应用场景。

此外，与传统大模型相比，LLM-based Agent 在知识库的构建和更新方面也展现出更大的灵活性和时效性。传统大模型的知识库可能存在过时的问题，而 LLM-based Agent 可以通过记忆机制和外部知识库的结合，不断地更新和扩展自己的知识，以适应特定领域的任务需求。

3.2.2　Agent 的架构

LLM-based Agent 将 LLM 作为 Agent 的大脑，驱动整个系统的运行，并辅以记忆、计划、工具几个重要组件，如图 5 所示。

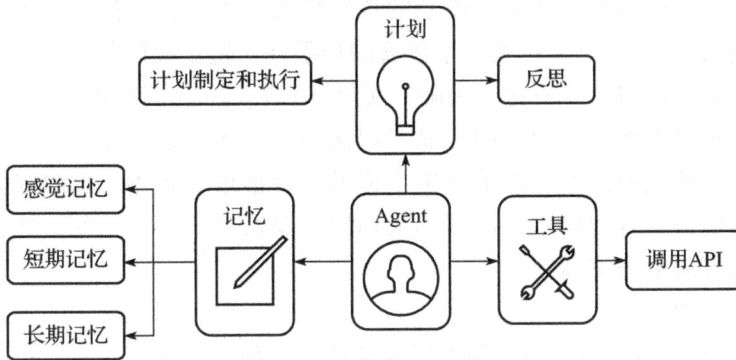

图 5　Agent 的架构

1. 组件一：记忆

记忆的分类： 记忆是 Agent 获取、存储信息，并在使用时检索对应信息的过程。记忆分为感觉记忆、短期记忆和长期记忆三类。①感觉记忆通常指的是个体对感官输入的记忆，即通过五感（视觉、听觉、嗅觉、味觉、触觉）获得的记忆，持续时间比较短，通常只有几秒。②短期记忆主要负责临时存储和处理较短时间内获取的信息，容量相对有限，一般只能保持较少数量的信息，持续时间相对较短，但略长于感觉记忆，在几秒到一分钟不等。短期记忆在认知过程中扮演着重要的角色，它允许个体在短时间内处理和操作信息，为任务的顺利完成提供支持。③长期记忆是指信息在相对较长时间内保持和存储的记忆系统，能够持久保存大量信息，并且这些信息的存储能够持续很久，从几天到数年不等。长期记忆是个体存储和获取知识、经验以及各种技能的主要手段。

记忆的使用： LLM-based Agent 虽然不像人类那样具备意识或情感，但仍可以借鉴上述记忆类型的概念。感觉记忆在 Agent 中体现为模型接收的原始输入，如文本和图像等数据。短期记忆则类似于 Agent 中大型模型的上下文（context），它包含了模型对话的历史信息。由于受到 Transformer 架构中上下文窗口长度的限制，这部分记忆是短暂且有限的。然而，在实际应用中，可以通过在提示（prompt）中提供必要的上下文信息来辅助模型理解用户意图或执行特定任务。例如，Qin 等人[125] 的研究探讨了大型模型与工具结合使用的情况，在该研究中，通过提示的形式向模型提供了关于工具的详细信息，包括工具名称、功能、输入输出格式以及使用示例等，以指导模型更有效地利用工具。

长期记忆在模型架构中扮演着至关重要的角色，它为大型语言模型提供了一个外部的知识库，使得模型能够存储和访问超出其内部知识范围的专业领域知识。这种记忆机制不受模型上下文长度限制的约束，能够存储更为丰富和广泛的信息。为了实现长期记忆的有效管理和快速检索，一个通行的做法是将信息转换成嵌入向量（embeddings）的形式，并将其保存在一个向量数据库中。这样的数据库支持多种检索算法，以便模型能够迅速地找到所需的数据。RAG 是一个典型的例子，它通过在推理过程中动态地从外部知识源检索信息，显著提升了大型语言模型生成回答的准确性，并在一定程度上缓解了模型生成虚假信息的问题。Ren 等人[126] 的研究进一步证实了 RAG 在知识补充方面的重要价值。通过 RAG，大型语言模型不仅能够获得更准确的信息，还能够更好地认识到自己知识的边界。这种机制不仅增强了模型的认知能力，也为模型提供更深层次的理解和更高质量的输出。但 RAG 也存在一个显著的局限性：检索到的信息需要作为额外的上下文占用模型的输入窗口。针对这一局限，文献［127］探索了外部化知识的长期记忆实现方式，这种方式将大部分知识存储在显式记忆中，显式记忆是在训练前通过将知识库或文本数据转换为稀疏的注意力键值对来生成的。在推理过程中，这些显式记忆会被检索并集成到模型的自注意力层中，而不必依赖模型参数或上下文记忆，比传统的模型参数和基于检索的方式更经济高效。

2. 组件二：计划

LLM-based Agent 的计划分为两种不同的模式，一种是 Plan and Solve，即先产生完整计划再执行；另一种是以 ReAct[128] 为代表的计划一步执行一步的模式。

Plan and Solve 过程在 LLM-based Agent 中包含两个关键阶段：计划制定和执行。在计划制定阶段，Agent 将复杂的总体任务拆解为多个子任务，并为每个子任务寻找相应的解决方案。这一过程依赖于大型语言模型出色的推理能力。在执行阶段，Agent 按照先前制定的计划执行任务。

ReAct 采取了每次计划一步执行一步的策略，在每次迭代中 Agent 都需要根据对环境的观察思考下一步要采取的行动并执行，通过多次迭代完成整个任务。

要激发 LLM 的推理能力，可以使用 CoT 等技术。与传统直接生成答案的方法不同，CoT 通过分步提示引导模型逐步推导出问题的解决过程，从而将复杂问题分解并得出最终结果。在 CoT 的引导下，模型不仅能够展现出更强的逻辑推理能力，同时也提高了其输出的可解释性。除了 CoT 之外，还有 CoT Self Consistency、ToT[117] 和 GoT（Graph of Thought）[129] 等技术，它们都能引导大型语言模型进行更为深入的推理。

Agent 执行完成后，可以对已制定的计划以及执行结果进行评估，分析其优势与不足，并据此调整和完善规划策略，这个过程称为 Agent 的自我反思。

Shinn 等人[130] 提出的 Reflexion 框架通过一个评估器（evaluator）对大型语言模型生成的结果进行评分，并利用这些评分结果引导模型生成详细的语言反馈。这一过程使得模型能够从过去的失败中学习，并据此优化 Agent 的表现。Asai 等人[131] 则将自我反思机制与 RAG 相结合，提出了 Self-RAG。与标准 RAG 不同，Self-RAG 会基于之前的生成结果来决定是否继续检索文段，如果有益，则生成新的检索文档。此外，Self-RAG 在每次输出后都会自我评估，并选择整体质量最高的输出作为最终结果。

3. 组件三：工具

通过使用工具，大型语言模型能够扩展其能力，通过调用外部 API 来执行自身无法完成的任务或获取所需的信息。这包括处理跨模态信息、访问专有数据源等复杂功能。

为了提高大模型与不同工具的兼容性，可以采用前文提及的提示技术，提前向模型介绍工具的相关信息，或者在现有模型的基础上进行针对特定工具的微调。Qin 等人[125] 区分了两种针对工具的微调训练方法：从示例（demonstrations）中学习和从反馈（feedback）中学习。前者类似于监督学习中的模仿学习（Behavior Cloning），而后者则涉及如 RLHF[132] 等强化学习技术进行微调。此外，为了增强大模型结合工具处理复杂任务的能力，可以利用 CoT 等技术辅助 LLM-based Agent 进行计划制定。

Visual ChatGPT[133] 通过结合 ChatGPT 和视觉基础模型（Visual Foundation Models，VFMs），创建了一个能够处理视觉图像输入输出、执行图像变换并回答图像相关问题的 Agent。该系统将 VFMs 作为大模型的工具，并将系统运行规则和 VFMs 的使用文档作为提示输入，利用大模型的推理功能来完成一系列复杂的视觉任务。

WebGPT[134] 开发了一个文本基础的网页浏览环境可以与大模型进行交互。通过模仿学习、强化学习、拒绝采样等训练策略的微调，大模型能够在这个环境中检索相关文本，并在生成回答时提供准确的文献来源。这种环境使得大模型不仅能够生成信息丰富的回答，还能够提供可靠的参考出处，增强了其输出的可信度和实用性。

3.2.3 Agent 的效率

此外，许多研究着眼于在不影响效果的前提下提高 Agent 的服务效率，主要聚焦于减少响应延迟（latency）与提高模型吞吐量（throughput）两方面。

减少延迟可以通过优化执行流程来实现，例如 Chen 等人[135] 提出的投机采样（Speculative Sampling）方法，通过一个推理速度较快的小型模型生成多个 token，然后由大型模型对这些 token 进行评分，一旦达到预定的分数阈值，便采用小模型生成的结果，从而减少等待大型模型生成的时间。还可以通过节约大模型运行时的存储空间来实现，例如 vLLM[136] 中使用的 PagedAttention 方法，将运行时的 KV 缓存进行分页管理，类似于操作系统中的分页机制，有效减少了内存碎片，提高了内存使用效率。量化技术也是一种减少存储需求的方法，它通过将模型权重和激活值转换为占用更少字节的数据类型，从而节省存储空间，例如 SmoothQuant[137]、QLoRA[138] 等方法。要提高模型的吞吐量，可以考虑 Orca[139] 这样的分布式系统以及 Alpa[140] 这样的并行框架等。

3.2.4 Agent 的分类

1. 单 Agent

单 Agent 指单一独立的智能实体，是一个能够感知环境、做出决策和执行动作的单个智能系统。单 Agent 的结构上文已介绍，本小节我们聚焦于其应用方面，文献 [13] 将单 Agent 的应用分为以下三种不同的场景。

任务导向的部署：Agent 在解决日常任务中协助人类用户，这种部署要求 Agent 能够理解用户的需求，执行诸如目标分解、子目标的序列规划、环境的交互式探索等任务，直至最终实现整体目标。文献 [13] 将任务导向 Agent 的具体部署场景又分为了网络场景和生活场景。在网络场景中，Agent 可以利用模仿人类行为甚至是尝试阅读网页 HTML 代码的方法（如 Mind2Web[141] 和 WebGum[142]）与计算机进行交互，并完成一系列的网络任务。在生活场景中，Agent 需要在感知环境情况的基础上分析真实场景中隐含的任务，并运用常识知识来完成目标，例如 PET 框架[143] 可以屏蔽环境信息中的无关对象和容器，鼓励 Agent 更有效地探索场景并规划行动，重点放在当前子任务上。

WebAgent 是一种用于网络自动化的语言模型 Agent，具备多步规划、长上下文理解和程序合成能力。它能分解指令、摘要 HTML 文档，并生成 Python 程序来执行任务，显著提高了在实际网站上的成功率，并在 HTML 理解任务中表现出色。

创新导向的部署：Agent 展示在科学领域进行自主探索的潜力，在这种部署中，Agent 被设计用于创新性的任务，能够独立思考、提出新颖的解决方案，以推动科学领域的进步。该领域的 Agent 前景广阔，但目前其潜力并未完全发挥，这主要源于两个挑战：科学的固有复杂性以及训练数据的缺乏。此外，还需要考虑其探索能力被用于可能威胁或伤害人类的应用的问题。目前，各个领域为了激发 Agent 在创新方面的能力，也进行了大量努力。在计算机领域，Agent 展现出了强大的代码理解和调试能力；在化学材料领域，研究人员为 Agent 提供了大量通用或任务特定的工具，以更好地理解领域知识。

生命周期导向的部署：Agent 具有持续探索、学习和利用新技能的能力，以确保在开放的环境中能够长期生存。这种部署强调 Agent 的适应性和灵活性，使其能够不断适应变化的条件，学习新知识并应用于不同的情境中。该方面的部署是一个巨大的挑战，目前仍在探索阶段。

Minecraft 作为一个典型且被广泛探索的模拟生存环境，已经成为开发和测试 Agent 全面能力的独特场景，它基本反映了现实世界，使得研究人员能够调查 Agent 在真实世界中生存的潜力。在其中 Agent 的生存算法通常可以分为两类：低级控制和高级规划。前者指通过强化学习或模仿学习来使 Agent 制作一些低级物品，后者指 Agent 用作指导模拟生存任务的高级规划。Voyager[144] 已成为 Minecraft 中第一个基于大模型的具象化的终身学习 Agent。

2. 多 Agent

多 Agent 指系统中包含两个或多个相互独立的智能实体，这些 Agent 之间可能存在协作或对抗的关系。由于单 Agent 本质上是孤立的实体，缺乏与其他 Agent 合作并从社交互动中获取知识的能力，因此出现了多 Agent 系统，其设计旨在通过 Agent 之间的互动与分工合作来实现更复杂、更灵活的任务解决和决策过程。文献 [13] 重点探讨了多 Agent 彼此交互的方式，并将其分为两类：合作互动以实现互补、对抗互动以实现进步。

合作互动：合作式多 Agent 系统是实际应用中最广泛部署的模式。在这样的系统中，各个 Agent 评估其他 Agent 的需求和能力，并积极寻求与它们的协作行动和信息共享，最终实现协同互补的目标。现有的合作模式又分为两种：无序合作和有序合作。

无序合作系统中的每个 Agent 都可以自由地公开表达他们的观点和意见，整个讨论过程是不受控制的，没有任何特定的顺序，并且没有引入标准化的协作工作流程。ChatLLM 网络[145] 是这个概念的一个典型代表，它模拟了神经网络内的前向和后向传播过程，将每个 Agent 视为一个独立的节点，后续层中的 Agent 需要处理来自所有前面 Agent 的输入并进行前向传播。

有序合作系统中的 Agent 遵循特定的规则，如按顺序逐个表达意见，下游 Agent 只需关注上游的输出，这样可以显著提升任务完成的效率，保证整个讨论过程高度有组织和有序。CAMEL[146] 是一个成功实现的双 Agent 协作系统。在一个角色扮演的通信框架中，Agent 扮演 AI 用户（提出指令）和 AI 助手（通过提供具体解决方案来履行请求）的角色，通过多轮对话，Agent 自主合作以履行用户的指令。MetaGPT[147] 将各个 Agent 间的协作变得结构化，Agent 的输入和输出变为标准化的工程文档，严格按照软件开发中的瀑布模型顺序执行。AgentVerse[148] 为多 Agent 的合作创建了一个四阶段的框架，包括了 Agent 的招募、计划、执行、评估等，且可以根据评估结果进一步优化迭代。AutoGen[149] 提供了灵活的 Agent 定义以及交互接口，并支持多种不同的 Agent 间对话模式，让用户可以根据需求场景灵活地自定义交互流程。

对抗互动：传统上，在多 Agent 系统中已经广泛探索了合作方法。然而，将博弈论的概念引入系统中可以导致更强大和高效的行为。在竞争环境中，Agent 可以通过动态互动迅速调整策略，努力选择对其他 Agent 引起的变化最有利或最理性的行动。

研究结果表明，当多个 Agent 以"以牙还牙"的状态表达它们的论点时，一个 Agent 可以从其他 Agent 那里获得大量的外部反馈，从而纠正其扭曲的思想[14]。因此，多 Agent 对抗系统在需要高质量响应和准确决策的场景中具有广泛的适用性。ChatEval[150] 建立了一个基于角色扮演的多 Agent 裁判团队。通过自发辩论，Agent 评估大模型生成的文本的质量，达到了与人类评估者相媲美的水平。

3. 人机协作 Agent

人机协作 Agent 是一类能够与人类合作完成任务的人工智能系统，这类系统结合了人类的创造力和判断力与机器的计算能力和数据处理速度，达成人机互补性合作，能够在各种复杂环境中实现更高效的协同工作。在文献 [13] 中，作者把人机交互协同的范式分为两种：不平等交互和平等交互。

不平等交互即指导者-执行者范式，由人类提供具体清晰的指令，Agent 理解指令并根据人类命令采取相应的动作，从而满足人类需求。这一范式虽然实现了人机交互的目标，但在某些场景下对于人类的专业知识水平有很大的考验。为了缓解这个问题，可以授权 Agent 自主完成任务，而人类只需要在某些情况下提供反馈。这种反馈包括只评价好坏的定性反馈和给出具体分数的定量反馈。

平等交互致力于研究如何使机器具有人类的情感和同理心，从而和人类产生情感共鸣的对话。这需要进一步填补人机之间的鸿沟，使机器成为人类级别的参与者。

同样基于人机之间地位的不同，文献［151］根据 AI 自主性从低到高排序，将人机之间的交互方式分成四种模式，AI 在这四种模式中分别扮演工具、助手、伙伴和 Agent 的角色。当 AI 作为工具或助手时，人类是协作的主导者，AI 负责完成人类分配的工作。而当 AI 作为伙伴时，人类和 AI 平等合作，共同完成给定的任务。当 AI 作为 Agent 时，人类只需提供一些特定的指导或评价，从而将完成任务的主导权交给 AI。

此外，除了人机协作的范式，人机之间交互的具体方式也同样值得关注。文献［152］将人机协作的过程分为四个阶段，包括人机协作的整体规划、完成用户的交互提议、不断迭代改进增强以及测试最终的交互结果。同时文献［152］也提出了人机交互的四种主要方式，包括基于提示词的交互、基于图形界面（UI）的交互、基于上下文的交互以及组队情况下的交互。

通过不断地改进和应用，基于大模型的 Agent 在实践中展现了协助人类、解决问题和提高生活质量的巨大潜力。无论是在医疗、教育、金融还是日常生活中，它们都能以其独特的能力为善服务于人类，显示了领域大模型技术的广阔前景。随着技术的发展和应用范围的扩大，我们可以期待这些 Agent 将带来更多创新和积极的变化。

4　国内外领域大模型的典型实例

本节将聚焦领域大模型在医疗、金融、法律、科研、商用等关键领域的国内外典型实例。通过详细分析这些实例，展示了大模型在医疗诊断、金融分析和法律服务等场景中的创新应用和显著成效。国内外领域大模型如表 4 所示。

表 4　国内外领域大模型

领域	国外典型实例	国内典型实例	领域特点
医疗	Med-PaLM 1[3] Med-PaLM 2[153]	MedGPT[154]	医疗问答、病情分析和病历汇总
金融	FinBERT[4] BloombergGPT[155]	《面向行业的大规模预训练模型技术和应用评估方法　第 1 部分：金融大模型》[156]、DISC-FinLLM[157]	信息总结、情感分析、市场洞察和投资决策支持
法律	Legal BERT[2]	ChatLaw[158]	文本阅读、关键信息提取、法律预测和决策支持
科研	BertSum[159] SciBert[160] AIScientist[161]	AutoSurvey[162]	论文总结、编写实验代码和文章自动化撰写

（续）

领域	国外典型实例	国内典型实例	领域特点
商用	Copilot[163] Microsoft 365 Copilot[164] Gemini for Google Workspace[165]	通义灵码[166] 百度智能云客悦[167]	辅助开发、智能润色、辅助排版和智能客服等

4.1　医疗领域

在医疗领域的应用场景中，一个典型需求是实现医疗问答，这既有助于快速准确地分析患者病情，为医生提供一份值得参考的初步诊断，也有助于在专业医生回复前得到患者较为详细的病情描述，减少医生的问诊时间。在该需求方向上，Google 公司的研究工作处于国际前沿。其发布的 Med-PaLM 1[3] 研究表明，通过对 Flan-PaLM 进行指令微调，可以显著提高模型在医疗问答方面的表现。后续推出的 Med-PaLM 2[153] 在 Med-PaLM 1 的基础上，采用了更先进的 PaLM 2 作为基础大型语言模型，并通过更精细的指令提示微调和集成细化提示策略，进一步提升了模型的性能。

国内方面，2023 年医联宣布推出首个中国医疗领域大模型 MedGPT[154]，该模型使用针对中文的医疗数据和任务进行训练，并通过真实医生的反馈进行强化学习，突破了患者与医疗领域大模型连续自由对话的技术难点，实现了疾病预防、诊断、治疗、康复 4个重要场景的应用。

4.2　金融领域

金融领域大模型具有高效准确的关键信息总结和情感分析能力，能有效帮助人们从繁杂的数据中解脱出来。FinBERT[4] 是 2020 年提出的一个专门为金融文本挖掘任务而设计金融领域大模型。通过使用大量的金融相关文本在 BERT（Bidirectional Encoder Representations from Transformers）的基础上进行训预训练，FinBERT 能够理解和处理复杂的金融术语和概念。例如，通过分析公司财报的文本，FinBERT 可以帮助确定市场对这些报告的可能反应，从而为投资决策提供支持。BloombergGPT[155] 是由 Bloomberg 在 2023 年推出的领域大模型，专为金融领域设计。其结合了广泛的金融数据和市场信息，通过大量数据训练，获得了深入的市场洞察力和分析能力。BloombergGPT 能够理解复杂的金融术语和概念，为用户提供精准的市场分析、投资策略和风险评估。

国内方面，2023 年 9 月，中国信息通信研究院联合华为、百度、讯飞等 40 余家企业发布《面向行业的大规模预训练模型技术和应用评估方法　第 1 部分：金融大模型》团体标准[156]，该标准涵盖投研、风控、银行、证券等多个应用场景，是国内首个金融领域大模型标准，为中国金融领域大模型高质量发展提供支持与保障。复旦大学开发并开源了中文金融领域大模型 DISC-FinLLM[157]，面向金融咨询服务。华为金融大模型[168]面向文案生成、数据分析、智能审核多个场景，为企业用户提供智能化转型的支持。

4.3 法律领域

法律领域存在大量的法规、案宗等材料,阅读这些材料需占用相关人员大量的时间。大模型对文本的高效阅读和查找能力能良好适配于法律领域,显著提高了相关人员处理复杂文档的效率。法律领域大模型可以自动识别和提取关键信息,如案件的事实、相关法规和判决结果,从而减少人工阅读的需求。此外,在法律预测、风险评估和合规性检查等方面,法律领域大模型能通过深入分析和比较法律文件,帮助法律专业人士做出更加精准和迅速的决策。Legal BERT[2] 是一个于 2020 年提出的针对法律领域的大模型,通过在大量法律材料上预训练,它能深入理解法律术语和概念,从而能有效支持法律文档分析、案例研究以及合同审查等任务。

国内方面,ChatLaw[158] 是北京大学在 2023 年推出的中文法律领域大模型,通过三个模型的协同和大量判决案例、法律条文等数据的支撑,ChatLaw 具备了解决自动匹配案例、法律问题咨询等场景任务的能力。

4.4 科研领域

在科研领域中,传统的科研方式需要广泛的调研,会占用研究人员大量的时间与精力来处理冗杂的信息。利用大模型高效处理文本信息的能力,科研领域大模型能显著提高科研人员的科研效率。BertSum[159] 实现了基于 Bert 的抽取式摘要系统,SciBert[160] 通过大量科学出版物的语料进行预训练,提升了科学领域的 NLP 任务性能。AIScientist[161] 使用大模型可以实现产生 idea、自动编写代码进行实验和文章撰写,完成了对整个科研过程的自动化。

国内方面,西湖大学、北京大学等高校和机构联合推出了 AutoSurvey[162],可以实现通过大模型检索、生成提纲,再由专业化的大模型分章节起草和完善内容,并最终由大模型评估和控制迭代,实现了综述的自动化撰写。

4.5 商用领域

大模型已良好地满足了部分商用领域客户的需求。在辅助开发场景中,Copilot[163] 是由 GitHub 和 OpenAI 合作开发的 AI 编程助手,它能通过分析上下文和注释自动生成代码建议,帮助开发者提高编码效率和质量。通义灵码[166] 基于通义大模型实现了代码生成、代码优化、单元测试等功能,并对个人用户免费。在办公场景中,Microsoft 365 Copilot[164] 和 Gemini for Google Workspace[165] 将大模型与文档、表格等编辑过程相结合,通过大模型辅助润色、优化格式,显著提升了工作效率。在客服场景中,百度智能云客悦智能客服[167] 借助大模型实现了 7 * 24 小时的高拟人智能客服。

5 总结与展望

回顾全文,本文首先探索了大模型的能力和知识的定义。在对大模型本质原理深入理解的基础上,结合当前大模型研究的现状,本文从领域大模型构建流程和领域大模型驱动的应用框架两个方面对相关工作进行了全面的调研与梳理。此外,为了全面探究领域大模型在各领域的应用现状,本文对金融、医疗、法律等领域大模型的国内外典型应用实例分别进行了详细调研。

总体而言,我国在领域大模型上的研究与运用仍面临着诸多挑战,包括数据的获取与处理、模型的安全性和可解释性,以及伦理法律等问题。在数据方面,高质量的大规模数据集建设仍是推进领域大模型能力的关键方向。在模型安全性和可解释性方面,大模型越狱攻击成为了新兴的研究重点[169],暴露了当前大模型在安全约束和隐私方面的不足,亟需对模型的对齐策略和评测流程进一步完善,提高模型决策的透明度和可解释性。在伦理法律方面,不仅需要模型评测和数据构建过程中发现和消除偏见与隐私泄漏等潜在隐患,也有待相关法规的健全。因此,未来的研究需要聚焦于这些关键问题,通过跨学科合作、技术创新和政策制定等方式,促进领域大模型技术的健康发展和应用。

参考文献

[1] KENTON J D M W C, TOUTANOVA L K. Bert: pre-training of deep bidirectional transformers for language understanding[J]. arXiv preprint arXiv: 1810. 04805, 2018.

[2] CHALKIDIS I, FERGADIOTIS M, MALAKASIOTIS P, et al. LEGAL-BERT: the muppets straight out of law school[J]. arXiv preprint arXiv: 2010. 02559, 2020.

[3] SINGHAL K, AZIZI S, TU T, et al. Large language models encode clinical knowledge[J]. Nature, 2023, 620(7972): 172-180.

[4] LIU Z, HUANG D, HUANG K, et al. Finbert: a pre-trained financial language representation model for financial text mining[C]//Proceedings of the twenty-ninth international conference on international joint conferences on artificial intelligence. Montreal: IJCAI, 2021: 4513-4519.

[5] ACHIAM J, ADLER S, AGARWAL S, et al. GPT-4 technical report[J]. arXiv preprint arXiv: 2303. 08774, 2023.

[6] ANTHROPIC A I. The claude 3 model family: opus, sonnet, haiku[J]. Claude-3 Model Card, 2024, 1.

[7] 清华大学互联网产业研究院. 邬贺铨院士:中国大模型发展的优势、挑战及创新路径[EB/OL]. (2023-06-27)[2024-06-20]. https://www.iii.tsinghua.edu.cn/info/1131/3473.htm.

[8] GAO L, BIDERMAN S, BLACK S, et al. The pile: An 800gb dataset of diverse text for language modeling[J]. arXiv preprint arXiv: 2101. 00027, 2020.

[9] LEWIS P, PEREZ E, PIKTUS A, et al. Retrieval-augmented generation for knowledge-intensive NLP

tasks[J]. Advances in Neural Information Processing Systems, 2020, 33: 9459-9474.

[10] BROWN T B. Language models are few-shot learners[J]. arXiv preprint arXiv: 2005. 14165, 2020.

[11] GAO Y, XIONG Y, GAO X, et al. Retrieval-Augmented Generation for large language models: a survey[J]. arXiv preprint arXiv: 2312. 10997, 2023.

[12] HARRISON CHASE. LangChain[EB/OL]. (2022-07-15)[2024-06-20]. https://www. langchain. com/.

[13] XI Z, CHEN W, GUO X, et al. The rise and potential of large language model based agents: a survey[J]. arXiv preprint arXiv: 2309. 07864, 2023.

[14] LIANG T, HE Z, JIAO W, et al. Encouraging divergent thinking in large language models through multi-agent debate[J]. arXiv preprint arXiv: 2305. 19118, 2023.

[15] SANH V, WEBSON A, RAFFEL C, et al. Multitask prompted training enables zero-shot task generalization[J]. arXiv preprint arXiv: 2110. 08207, 2021.

[16] DESAI S, DURRETT G. Calibration of pre-trained transformers[J]. arXiv preprint arXiv: 2003. 07892, 2020.

[17] JIANG Z, XU F F, ARAKI J, et al. How can we know what language models know? [J]. Transactions of the Association for Computational Linguistics, 2020, 8: 423-438.

[18] LIANG P, WU C, MORENCY L, et al Towards reducing social biases in language models[C/OL]// Proceedings of the 58th Annual Meeting of the Association for Computational Linguistics, ACL, 2020: 2935-2946.

[19] NARANG S, CHUNG H W, TAY Y, et al. Do transformer modifications transfer across implementations and applications? [J]. arXiv preprint arXiv: 2102. 11972, 2021.

[20] KWIATKOWSKI T, PALOMAKI J, REDFIELD O, et al. Natural questions: a benchmark for question answering research[J]. Transactions of the Association for Computational Linguistics, 2019, 7: 453-466.

[21] LIN S, HILTON J, EVANS O. Truthfulqa: measuring how models mimic human falsehoods[J]. arXiv preprint arXiv: 2109. 07958, 2021.

[22] PETRONI F, ROCKTÄSCHEL T, LEWIS P, et al. Language models as knowledge bases? [J]. arXiv preprint arXiv: 1909. 01066, 2019.

[23] ZELLERS R, HOLTZMAN A, BISK Y, et al. HellaSwag: can a machine really finish your sentence? [J]. arXiv preprint arXiv: 1905. 07830, 2019.

[24] MIHAYLOV T, CLARK P, KHOT T, et al. Can a suit of armor conduct electricity? a new dataset for open book question answering[J]. arXiv preprint arXiv: 1809. 02789, 2018.

[25] YATSKAR M. A qualitative comparison of CoQA, SQuAD 2.0 and QuAC[J]. arXiv preprint arXiv: 1809. 10735, 2018.

[26] RAJPURKAR P. SQuAD: 100 000+ questions for machine comprehension of text[J]. arXiv preprint arXiv: 1606. 05250, 2016.

[27] HERMANN K M, KOCISKY T, GREFENSTETTE E, et al. Teaching machines to read and comprehend[J]. arXiv preprint arXiv: 1506. 03340, 2015.

[28] NARAYAN S, COHEN S B, LAPATA M. Don't give me the details, just the summary! topic-aware convolutional neural networks for extreme summarization[J]. arXiv preprint arXiv: 1808. 08745, 2018.

[29] MAAS A, DALY R E, PHAM P T, et al. Learning word vectors for sentiment analysis[C]//Proceedings of the 49th annual meeting of the association for computational linguistics: Human language technologies. New York: ACM, 2011: 142-150.

[30] GEHMAN S, GURURANGAN S, SAP M, et al. RealToxicityPrompts: evaluating neural toxic degeneration in language models[J]. arXiv preprint arXiv: 2009. 11462, 2020.

[31] BORKAN D, DIXON L, SORENSEN J, et al. Nuanced metrics for measuring unintended bias with real data for text classification[C]//Companion proceedings of the 2019 world wide web conference. New York: ACM, 2019: 491-500.

[32] ALEX N, LIFLAND E, TUNSTALL L, et al. RAFT: a real-world few-shot text classification benchmark[J]. arXiv preprint arXiv: 2109. 14076, 2021.

[33] WANG A, PRUKSACHATKUN Y, NANGIA N, et al. Superglue: a stickier benchmark for general-purpose language understanding systems[J]. arXiv preprint arXiv: 1905. 00537, 2019.

[34] WARSTADT A, PARRISH A, LIU H, et al. BLiMP: the benchmark of linguistic minimal pairs for English[J]. Transactions of the Association for Computational Linguistics, 2020, 8: 377-392.

[35] COBBE K, HESSE C, HILTON J, et al. Leveraging procedural generation to benchmark reinforcement learning[C]//International conference on machine learning. [S.l.]: PMLR, 2020: 2048-2056.

[36] WEI J, BOSMA M, ZHAO V Y, et al. Finetuned language models are zero-shot learners[J]. arXiv preprint arXiv: 2109. 01652, 2021.

[37] CHEN M, TWOREK J, JUN H, et al. Evaluating large language models trained on code[J]. arXiv preprint arXiv: 2107. 03374, 2021.

[38] RADFORD A, WU J, CHILD R, et al. Language models are unsupervised multitask learners[J]. OpenAI blog, 2019, 1(8): 9.

[39] OUYANG L, WU J, JIANG X, et al. Training language models to follow instructions with human feedback[J]. Advances in neural information processing systems, 2022, 35: 27730-27744.

[40] KIRKPATRICK J, PASCANU R, RABINOWITZ N, et al. Overcoming catastrophic forgetting in neural networks[J]. arXiv preprint arXiv: 1612. 00796, 2016.

[41] GOODFELLOW I J, MIRZA M, XIAO D, et al. An empirical investigation of catastrophic forgetting in gradient-based neural networks[J]. arXiv preprint arXiv: 1312. 6211, 2013.

[42] CHEN S, HOU Y, CUI Y, et al. Recall and learn: fine-tuning deep pretrained language models with less forgetting[J]. arXiv preprint arXiv: 2004. 12651, 2020.

[43] SHIN H, LEE J K, KIM J, et al. Continual learning with deep generative replay[J]. arXiv preprint arXiv: 1705. 08690, 2017.

[44] ROLNICK D, AHUJA A, SCHWARZ J, et al. Experience replay for continual learning[J]. arXiv preprint arXiv: 1811. 11682, 2019.

[45] ZENKE F, POOLE B, GANGULI S. Continual learning through synaptic intelligence[C]//International conference on machine learning. [S.l.]: PMLR, 2017: 3987-3995.

[46] FINN C, ABBEEL P, LEVINE S. Model-agnostic meta-learning for fast adaptation of deep networks[C]//International conference on machine learning. [S.l.]: PMLR, 2017: 1126-1135.

[47] RIEMER M, CASES I, AJEMIAN R, et al. Learning to learn without forgetting by maximizing transfer and minimizing interference[J]. arXiv preprint arXiv: 1810. 11910, 2018.

[48] HOWARD J, RUDER S. Universal language model fine-tuning for text classification[J]. arXiv preprint arXiv: 1801. 06146, 2018.

[49] RADFORD A. Improving language understanding by generative pre-training[EB/OL]. [2024-06-20]. https://cdn. openai. com/research-covers/language-unsupervised/language_understanding_paper. pdf.

［50］ RAFFEL C, SHAZEER N, ROBERTS A, et al. Exploring the limits of transfer learning with a unified text-to-text transformer［J］. Journal of machine learning research, 2020, 21(140)：1-67.

［51］ WANG Y, KORDI Y, MISHRA S, et al. Self-instruct: aligning language models with self-generated instructions［J］. arXiv preprint arXiv：2212. 10560, 2022.

［52］ XU C, SUN Q, ZHENG K, et al. Wizardlm: empowering large language models to follow complex instructions［J］. arXiv preprint arXiv：2304. 12244, 2023.

［53］ ZHOU C, LIU P, XU P, et al. Lima: less is more for alignment［J］. arXiv preprint arXiv：2305. 11206, 2024.

［54］ WANG Y, MISHRA S, ALIPOORMOLABASHI P, et al. Super-natural instructions: generalization via declarative instructions on 1600+ nlp tasks［J］. arXiv preprint arXiv：2204. 07705, 2022.

［55］ BAI Y, DU X, LIANG Y, et al. COIG-CQIA: quality is All You Need for Chinese Instruction Fine-tuning［J］. arXiv preprint arXiv：2403. 18058, 2024.

［56］ ZHANG S, DONG L, LI X, et al. Instruction tuning for large language models: a survey［J］. arXiv preprint arXiv：2308. 10792, 2023.

［57］ KHASHABI D, MIN S, KHOT T, et al. Unifiedqa: crossing format boundaries with a single qa system［J］. arXiv preprint arXiv：2005. 00700, 2020.

［58］ XIE T, WU C H, SHI P, et al. Unifiedskg: unifying and multi-tasking structured knowledge grounding with text-to-text language models［J］. arXiv preprint arXiv：2201. 05966, 2022.

［59］ MISHRA S, KHASHABI D, BARAL C, et al. Natural instructions: benchmarking generalization to new tasks from natural language instructions［J］. arXiv preprint arXiv：2104. 08773, 2021：839-849.

［60］ SANH V, WEBSON A, RAFFEL C, et al. Multitask prompted training enables zero-shot task generalization［J］. arXiv preprint arXiv：2110. 08207, 2021.

［61］ MUENNIGHOFF N, WANG T, SUTAWIKA L, et al. Crosslingual generalization through multitask finetuning［J］. arXiv preprint arXiv：2211. 01786, 2022.

［62］ HONOVICH O, SCIALOM T, LEVY O, et al. Unnatural instructions: tuning language models with (almost) no human labor［J］. arXiv preprint arXiv：2212. 09689, 2022.

［63］ NI J, XUE F, DENG Y, et al. Instruction in the wild: a user-based instruction dataset［EB/OL］. ［2024-06-20］. https://github. com/XueFuzhao/InstructionWild.

［64］ TAORI R, GULRAJANI I, ZHANG T, et al. Stanford alpaca: an instruction-following llama model［EB/OL］. (2023-5-30)［2024-06-20］. https://crfm. stanford. edu/2023/03/13/alpaca. html.

［65］ LIU H, TENG Z, CUI L, et al. Logicot: logical chain-of-thought instruction-tuning data collection with gpt-4［J］. arXiv preprint arXiv arXiv：2305. 12147, 2023.

［66］ CONOVER M, HAYES M, MATHUR A, et al. Free dolly: introducing the world's first truly open instruction-tuned LLM［J］. ［2024-06-20］. https://www. databricks. com/blog/2023/04/12/dolly-first-open-commercially-viable-instruction-tuned-llm.

［67］ PENG B, LI C, HE P, et al. Instruction tuning with GPT-4［J］. arXiv preprint arXiv：2304. 03277, 2023.

［68］ LOU R, ZHANG K, XIE J, et al. Muffin: curating multi-faceted instructions for improving instruction following［J］arXiv preprint arXiv：2312. 02436, 2023.

［69］ CHIANG W L, LI Z, LIN Z, et al. Vicuna: an open-source chatbot impressing GPT-4 with 90% * chatgpt quality［EB/OL］. (2023-03-30)［2024-06-20］. https://lmsys. org/blog/2023-03-30-vicuna/.

［70］ TOUVRON H, LAVRIL T, IZACARD G, et al. LLaMa: open and efficient foundation language models［J］. arXiv preprint arXiv: 2302. 13971, 2023.

［71］ KÖPF A, KILCHER Y, VON RÜTTE D, et al. Openassistant conversations-democratizing large language model alignment［J］. Advances in Neural Information Processing Systems, 2024(36): 47669-47681.

［72］ XU C, GUO D, DUAN N, et al. Baize: an open-source chat model with parameter-efficient tuning on self-chat data［J］. arXiv preprint arXiv: 2304. 01196, 2023.

［73］ DING N, CHEN Y, XU B, et al. Enhancing chat language models by scaling high-quality instructional conversations［J］. arXiv preprint arXiv: 2305. 14233, 2023.

［74］ GURURANGAN S, MARASOVIĆ A, SWAYAMDIPTA S, et al. Don't stop pretraining: adapt language models to domains and tasks［J］. arXiv preprint arXiv: 2004. 10964, 2020.

［75］ LIU Y. Roberta: a robustly optimized bert pretraining approach［J］. arXiv preprint arXiv: 1907. 11692, 2019, 364.

［76］ CHRISTIANO P. Techniques for optimizing worst-case performance［EB/OL］. (2019-01-29)［2024-06-20］. https://www. lesswrong. com/posts/E2aZ9Xwdz3i2ghPtn/techniques-for-optimizing-worst-case-performance.

［77］ XU Y, SU H, XING C, et al. Lemur: harmonizing natural language and code for language agents［J］. arXiv preprint arXiv: 2310. 06830, 2023.

［78］ KOCETKOV D, LI R, ALLAL L B, et al. The stack: 3 tb of permissively licensed source code［J］. arXiv preprint arXiv: 2211. 15533, 2022.

［79］ HOFFMANN J, BORGEAUD S, MENSCH A, et al. Training compute-optimal large language models［J］. arXiv preprint arXiv: 2203. 15556, 2022.

［80］ 量子位. GPT-5 被曝不及预期, OpenAI 员工: 没什么科学突破了, 只需要工程［EB/OL］. (2024-11-12)［2024-11-15］. https://news. qq. com/rain/a/20241111A04L8300.

［81］ GUPTA K, THÉRIEN B, IBRAHIM A, et al. Continual Pre-Training of Large Language Models: how to (re) warm your model?［J］. arXiv preprint arXiv: 2308. 04014, 2023.

［82］ BIDERMAN S, SCHOELKOPF H, ANTHONY Q G, et al. Pythia: a suite for analyzing large language models across training and scaling［C］//International Conference on Machine Learning. ［S. l.］: PMLR, 2023: 2397-2430.

［83］ KANDPAL N, LESTER B, MUQEETH M, et al. Git-theta: a git extension for collaborative development of machine learning models［C］//International Conference on Machine Learning. ［S. l.］: PMLR, 2023: 15708-15719.

［84］ YU L, YU B, YU H, et al. Language models are super mario: absorbing abilities from homologous models as a free lunch［C］//Forty-first International Conference on Machine Learning. New York: ACM, 2024 (2382): 57755-57775.

［85］ CHEN C, YIN Y, SHANG L, et al. Bert2bert: towards reusable pretrained language models［J］. arXiv preprint arXiv: 2110. 07143, 2021.

［86］ QIN Y, ZHANG J, LIN Y, et al. ELLE: efficient lifelong pre-training for emerging data［J］. arXiv preprint arXiv: 2203. 06311, 2022.

［87］ YAO Y, ZHANG Z, LI J, et al. 2x faster language model pre-training via masked structural growth［J］. arXiv preprint arXiv: 2305. 02869, 2023.

［88］ HU E J, SHEN Y, WALLIS P, et al. Lora: low-rank adaptation of large language models［J］. arXiv preprint arXiv: 2106. 09685, 2021.

［89］ LI X L, LIANG P. Prefix-tuning: Optimizing continuous prompts for generation［J］. arXiv preprint arXiv: 2101. 00190, 2021.

［90］ LESTER B, AL-RFOU R, CONSTANT N. The power of scale for parameter-efficient prompt tuning［J］. arXiv preprint arXiv: 2104. 08691, 2021.

［91］ LIU X, JI K, FU Y, et al. P-tuning v2: prompt tuning can be comparable to fine-tuning universally across scales and tasks［J］. arXiv preprint arXiv: 2110. 07602, 2021.

［92］ ZHANG Q, CHEN M, BUKHARIN A, et al. adaLoRA: adaptive budget allocation for parameter-efficient fine-tuning［J］. arXiv preprint arXiv: 2303. 10512, 2023.

［93］ DETTMERS T, PAGNONI A, HOLTZMAN A, et al. Qlora: efficient finetuning of quantized llms［C］// NIPS' 23: Proceedings of the 37th International Conference on Neural Information Processing Systems. New York: ACM, 2023, 441: 10088-10115.

［94］ ZHANG R, HAN J, LIU C, et al. LLaMA-Adapter: efficient fine-tuning of language models with zero-init attention［J］. arXiv preprint arXiv: 2303. 16199, 2023.

［95］ LIU H, TAM D, MUQEETH M, et al. Few-shot parameter-efficient fine-tuning is better and cheaper than in-context learning［J］. Advances in Neural Information Processing Systems, 2022, 35: 1950-1965.

［96］ WANG R, TANG D, DUAN N, et al. K-adapter: infusing knowledge into pre-trained models with adapters［J］. arXiv preprint arXiv: 2002. 01808, 2020.

［97］ HU Z, WANG L, LAN Y, et al. LLM-Adapters: an adapter family for parameter-efficient fine-tuning of large language models［J］. arXiv preprint arXiv: 2304. 01933, 2023.

［98］ Hiyouga. LLaMA-Factory［EB/OL］. (2024-08-12)［2024-09-10］. https://github. com/hiyouga/ LLaMA-Factory.

［99］ TOUVRON H, MARTIN L, STONE K, et al. Llama 2: open foundation and fine-tuned chat models［J］. arXiv preprint arXiv: 2307. 09288, 2023.

［100］ BAI Y, KADAVATH S, KUNDU S, et al. Constitutional AI: harmlessness from ai feedback［J］. arXiv preprint arXiv: 2212. 08073, 2022.

［101］ BAI J, BAI S, CHU Y, et al. Qwen technical report［J］. arXiv preprint arXiv: 2309. 16609, 2023.

［102］ KIRSCH L, HARRISON J, SOHL-DICKSTEIN J, et al. General-purpose in-context learning by meta-learning transformers［J］. arXiv preprint arXiv: 2212. 04458, 2022.

［103］ DAI D, SUN Y, DONG L, et al. Why can GPT learn in-context? language models implicitly perform gradient descent as meta-optimizers［J］. arXiv preprint arXiv: 2212. 10559, 2022.

［104］ MIN S, LYU X, HOLTZMAN A, et al. Rethinking the role of demonstrations: what makes in-context learning work? ［J］. arXiv preprint arXiv: 2202. 12837, 2022.

［105］ XIE S M, RAGHUNATHAN A, LIANG P, et al. An explanation of in-context learning as implicit bayesian inference［J］. arXiv preprint arXiv: 2111. 02080, 2021.

［106］ GARG S, TSIPRAS D, LIANG P S, et al. What can transformers learn in-context? a case study of simple function classes［J］. Advances in Neural Information Processing Systems, 2022, 35: 30583-30598.

［107］ LIN B Y, RAVICHANDER A, Lu X, et al. The unlocking spell on base llms: rethinking alignment via in-context learning［J］. arXiv preprintarXiv: 2312. 01552.

［108］ MISHRA S, KHASHABI D, BARAL C, et al. Reframing instructional prompts to GPTk' s language［J］. arXiv preprint arXiv: 2109. 07830, 2021.

［109］ WANG Y, MISHRA S, ALIPOORMOLABASHI P, et al. Benchmarking generalization via in-context instructions on 1, 600+ language tasks[J]. arXiv preprint arXiv: 2204. 07705, 2022.

[110] LONGPRE S, HOU L, VU T, et al. The flan collection: designing data and methods for effective instruction tuning [C]//International Conference on Machine Learning. [S. l.]: PMLR, 2023: 22631-22648.

[111] WU Y, ZHAO Y, LI Z, et al. Improving cross-task generalization with step-by-step instructions[J]. arXiv preprint arXiv: 2305. 04429, 2023.

[112] TOUVRON H, LAVRIL T, IZACARD G, et al. LLaMA: open and efficient foundation language models[J]. arXiv preprint arXiv: 2302. 13971, 2023.

[113] WEI J, WANG X, SCHUURMANS D, et al. Chain-of-thought prompting elicits reasoning in large language models[J]. Advances in neural information processing systems, 2022, 35: 24824-24837.

[114] OpenAI. Introducing OpenAI o1[EB/OL]. (2024-9-12)[2024-10-10]. https://openai. com/o1/

[115] QIN Y, LI X, ZOU H, et al. o1 replication journey: a strategic progress report——part 1[J]. arXiv preprint arXiv: 2410. 18982, 2024.

[116] KOJIMA T, GU S S, REID M, et al. Large language models are zero-shot reasoners[J] Advances in neural information processing systems, 2022, 35: 22199-22213.

[117] YAO S, YU D, ZHAO J, et al. Tree of thoughts: deliberate problem solving with large language models[J]. Advances in Neural Information Processing Systems, 2024, 36.

[118] LONG J. Large language model guided tree-of-thought[J]. arXiv preprint arXiv: 2305. 08291, 2023.

[119] WANG X, WEI J, SCHUURMANS D, et al. Self-consistency improves chain of thought reasoning in language models[J]. arXiv preprint arXiv: 2203. 11171, 2022.

[120] YANG C, WANG X, LU Y, et al. Large language models as optimizers[J]. arXiv preprint arXiv: 2023, 2023.

[121] EDGE D, TRINH H, CHENG N, et al. From local to global: a graph rag approach to query-focused summarization[J]. arXiv preprint arXiv: 2404. 16130, 2024.

[122] Coze. Coze-AI agent development platform [EB/OL]. (2023-12-12) [2024-06-20]. https://www. coze. com

[123] Dify. Dify-LLM application development platform[EB/OL]. (2023-12-12)[2024-06-20]. https://dify. ai

[124] Harrison Chase. Langchain expression language [EB/OL]. (2022-07-15) [2024-06-20]. https:// python. langchain. com/docs/expression_language/

[125] QIN Y, HU S, LIN Y, et al. Tool learning with foundation models[J]. ACM Computing Surveys, 2024, 57(4): 1-40.

[126] REN R, WANG Y, QU Y, et al. Investigating the factual knowledge boundary of large language models with retrieval augmentation[J]. arXiv preprint arXiv: 2307. 11019, 2023.

[127] YANG H, LIN Z, WANG W, et al. Memory3: language modeling with explicit memory[J]. arXiv preprint arXiv: 2407. 01178, 2024.

[128] YAO S, ZHAO J, YU D, et al. React: synergizing reasoning and acting in language models[J]. arXiv preprint arXiv: 2210. 03629, 2022.

[129] BESTA M, BLACH N, KUBICEK A, et al. Graph of thoughts: solving elaborate problems with large language models[C]//Proceedings of the AAAI Conference on Artificial Intelligence. New York: ACM, 2024, 38(16): 17682-17690.

[130] SHINN N, CASSANO F, GOPINATH A, et al. Reflexion: language agents with verbal reinforcement

learning[J]. Advances in Neural Information Processing Systems, 2024, 36.

[131] ASAI A, WU Z, WANG Y, et al. Self-rag: learning to retrieve, generate, and critique through self-reflection[J]. arXiv preprint arXiv: 2310. 11511, 2023.

[132] CHRISTIANO P F, LEIKE J, BROWN T, et al. Deep reinforcement learning from human preferences[J]. Advances in neural information processing systems, 2017, 30.

[133] WU C, YIN S, QI W, et al. Visual chatgpt: talking, drawing and editing with visual foundation models[J]. arXiv preprint arXiv: 2303. 04671, 2023.

[134] NAKANO R, HILTON J, BALAJI S, et al. WebGPT: browser-assisted question-answering with human feedback[J]. arXiv preprint arXiv: 2112. 09332, 2021.

[135] CHEN C, BORGEAUD S, IRVING G, et al. Accelerating large language model decoding with speculative sampling[J]. arXiv preprint arXiv: 2302. 01318, 2023.

[136] KWON W, LI Z, ZHUANG S, et al. Efficient memory management for large language model serving with pagedattention[C]//Proceedings of the 29th Symposium on Operating Systems Principles. 2023: 611-626.

[137] XIAO G, LIN J, SEZNEC M, et al. Smoothquant: accurate and efficient post-training quantization for large language models[C]//International Conference on Machine Learning. [S. l.]: PMLR, 2023: 38087-38099.

[138] DETTMERS T, PAGNONI A, HOLTZMAN A, et al. Qlora: efficient finetuning of quantized llms[J]. Advances in Neural Information Processing Systems, 2024, 36.

[139] YU G I, JEONG J S, KIM G W, et al. Orca: a distributed serving system for {Transformer-Based} generative models[C]//16th USENIX Symposium on Operating Systems Design and Implementation (OSDI 22). [S. l.]: OSDI, 2022: 521-538.

[140] ZHENG L, LI Z, ZHANG H, et al. Alpa: automating inter-and {Intra-Operator} parallelism for distributed deep learning[C]//16th USENIX Symposium on Operating Systems Design and Implementation (OSDI 22). [S. l.]: OSDI, 2022: 559-578.

[141] DENG X, GU Y, ZHENG B, et al. Mind2web: towards a generalist agent for the web[J]. Advances in Neural Information Processing Systems, 2024, 36.

[142] FURUTA H, LEE K H, NACHUM O, et al. Multimodal web navigation with instruction-finetuned foundation models[J]. arXiv preprint arXiv: 2305. 11854, 2023.

[143] WU Y, MIN S Y, BISK Y, et al. Plan, eliminate, and track——language models are good teachers for embodied agents[J]. arXiv preprint arXiv: 2305. 02412, 2023.

[144] WANG G, XIE Y, JIANG Y, et al. Voyager: an open-ended embodied agent with large language models[J]. arXiv preprint arXiv: 2305. 16291, 2023.

[145] HAO R, HU L, QI W, et al. Chatllm network: more brains, more intelligence[J]. arXiv preprint arXiv: 2304. 12998, 2023.

[146] LI G, HAMMOUD H, ITANI H, et al. Camel: communicative agents for "mind" exploration of large language model society[J]. Advances in Neural Information Processing Systems, 2023, 36: 51991-52008.

[147] HONG S, ZHENG X, CHEN J, et al. Metagpt: meta programming for multi-agent collaborative framework[J]. arXiv preprint arXiv: 2308. 00352, 2023.

[148] CHEN W, SU Y, ZUO J, et al. Agentverse: facilitating multi-agent collaboration and exploring emergent behaviors in agents[J]. arXiv preprint arXiv: 2308. 10848, 2023.

［149］ WU Q, BANSAL G, ZHANG J, et al. Autogen：enabling next-gen llm applications via multi-agent conversation framework［J］. arXiv preprint arXiv：2308. 08155, 2023.

［150］ CHAN C M, CHEN W, SU Y, et al. Chateval：towards better LLM-based evaluators through multi-agent debate［J］. arXiv preprint arXiv：2308. 07201, 2023.

［151］ LI J, LI J, SU Y. A map of exploring human interaction patterns with LLM：insights into collaboration and creativity［C］//International Conference on Human-Computer Interaction. Cham：Springer Nature Switzerland, 2024：60-85.

［152］ GAO J, GEBREEGZIABHER S A, CHOO K T W, et al. A Taxonomy for human-LLM interaction modes：an Initial Exploration［J］. arXiv preprint arXiv：2404. 00405, 2024.

［153］ SINGHAL K, TU T, GOTTWEIS J, et al. Towards expert-level medical question answering with large language models［J］. arXiv preprint arXiv：2305. 09617, 2023.

［154］ 医联. 医联推出国内首款 AI 医生 medGPT［EB/OL］.（2023-04-28）［2024-06-20］. https：//www. medlinker. com/news/198.

［155］ WU S, IRSOY O, LU S, et al. Bloomberggpt：a large language model for finance［J］. arXiv preprint arXiv：2303. 17564, 2023.

［156］ 中国经济新闻网. 国内首个！马上消费联合信通院、华为、百度等四十余家企业正式发布国内首个金融行业大模型标准［EB/OL］.（2023-09-21）［2024-06-20］. https：//www. cet. com. cn/wzsy/cyzx/3448895. shtml

［157］ CHEN W, WANG Q, LONG Z, et al. DISC-FinLLM：a chinese financial large language model based on multiple experts fine-tuning［J］. arXiv preprint arXiv：2310. 15205, 2023.

［158］ CUI J, LI Z, YAN Y, et al. Chatlaw：open-source legal large language model with integrated external knowledge bases［J］. arXiv preprint arXiv：2306. 16092, 2023.

［159］ LIU Y. Fine-tune BERT for extractive summarization［J］. arXiv preprint arXiv：1903. 10318, 2019.

［160］ BELTAGY I, LO K, COHAN A. SciBERT：a pretrained language model for scientific text［J］. arXiv preprint arXiv：1903. 10676, 2019.

［161］ LU C, LU C, LANGE R T, et al. The AI scientist：towards fully automated open-ended scientific discovery［J］. arXiv preprint arXiv：2408. 06292, 2024.

［162］ WANG Y, GUO Q, YAO W, et al. AutoSurvey：large language models can automatically write surveys［J］. arXiv preprint arXiv：2406. 10252, 2024.

［163］ GitHub. Copilot-the world's most widely adopted AI developer tool［EB/OL］.（2024-09-10）［2024-09-20］. https：//github. com/features/copilot.

［164］ Microsoft. Microsoft 365 copilot［EB/OL］.［2024-09-12］. https：//adoption. microsoft. com/en-us/copilot/.

［165］ Google. Gemini for Google workspace［EB/OL］.［2024-09-12］. https：//workspace. google. com/solutions/ai/.

［166］ 通义灵码. 通义灵码-灵动指间，快码加编，你的智能编码助手［EB/OL］.［2024-09-10］. https：//tongyi. aliyun. com/lingma/.

［167］ 百度智能云客悦. 客悦·引领 AI 营销与客服新纪元［EB/OL］.［2024-09-12］ https：//keyue. cloud. baidu. com/.

［168］ 华为技术有限公司. 华为金融大模型［EB/OL］.［2024-08-13］. https：//e. huawei. com/cn/topic/finance/finance-foundation-model

[169] HUANG X, RUAN W, HUANG W, et al. A survey of safety and trustworthiness of large language models through the lens of verification and validation[J]. Artificial Intelligence Review, 2024, 57(7): 175.

作者简介

谢思韬 上海交通大学电子信息与电气工程学院计算机科学与工程系在读硕士生。研究方向为大型语言模型、多智能体系统。

严骏驰 上海交通大学人工智能学院教授，CCF 杰出会员、上海交通大学博士，曾任 IBM 中国研究院首席专家。科技创新 2030 "新一代人工智能" 项目负责人。主要研究方向为机器学习，特别是图机器学习及量子机器学习。任 IEEE TPAMI 等期刊编委、ICML、NeurIPS 等顶级会议领域主席。获 CCF 优博论文和优博论文导师等荣誉。

魏龙轩 上海交通大学电子信息与电气工程学院计算机科学与工程系在读硕士生。主要研究方向为人工智能与大模型。

廖　宁 上海算法创新研究院人工智能中心研究员，2024 年博士毕业于上海交通大学，研究方向为多模态大模型、指令和提示学习。

王芝虎 硕士毕业于北京航空航天大学计算机系，2005 年入职 IBM 中国研究院，从事云计算、大数据、车联网、AI 及区块链相关技术的研究，荣获 "IBM 发明大师" 称号。2021 年加入华为后，先后负责华为云新型工业互联网参考架构、大模型 AI 工程的建设。

赵石顽 于 1998 年和 2000 年分别获得清华大学计算机系学士和硕士学位。在 2000 年至 2020 年担任 IBM 中国研究院研究员，荣获"IBM 发明大师"称号，现任 ACL 领域主席。研究方向为推荐系统、认知健康、计算机视觉、语音信号处理和自然语言处理。目前专注于大模型研究，探索大模型多种能力及在行业中的应用潜力。

张宇博 博士毕业于清华大学软件工程专业，2024 年加入华为可信系统工程实验室，参与大模型 AI 工程的建设。

夏纫秋 上海交通大学电子信息与电气工程学院在读博士生，上海人工智能实验室见习研究员，师从严骏驰教授。主要研究方向为神经网络架构搜索、多模态大模型等，发表人工智能国际顶级会议论文 3 篇，并担任 KDD、NeurIPS、TKDE 等会议期刊审稿人。

陈奕廷 上海交通大学电子信息与电气工程学院计算机科学与技术专业在读博士生，主要研究方向为深度学习可解释性。

周展鹏 上海交通大学计算机系在读博士生。主要研究方向为深度学习理论、深度学习可解释性等。

陈梓俊 上海交通大学电子信息与电气工程学院计算机系在读硕士生，主要研究方向为大语言模型以及其辅助定理证明。

韩天昊　上海交通大学电子信息与电气工程学院在读博士生。主要研究方向为计算机视觉、三维重建，以及多视角手势姿态估计。

黄鹤远　博士毕业于上海交通大学计算机系，曾就职于 IBM 中国研究院，负责云计算、安全、AI 等技术的研究。2017 年加入华为后，负责华为安全工程体系以及 AI 工程体系的建设。

任麒冰　上海交通大学计算机科学与工程系在读博士生。主要研究方向为大语言模型的安全与价值对齐，对抗鲁棒性。

王志星　硕士毕业于南京大学，华为可信系统工程实验室研究员，主要研究方向为大模型 AI 领域的可信、大模型 prompt 范式研究、领域大模型指令设计、大模型多智能体的协同、图神经网络的应用落地等。曾参与国家自然科学基金项目，发表论文及专利。当前主要的研究兴趣是机器学习于安全工程领域的智能辅助。

王少博　上海交通大学人工智能学院在读博士生，主要研究方向为计算机视觉、深度学习理论、以数据核心的人工智能。

周　凡　硕士毕业于上海交通大学电子信息与电气工程学院计算机科学与技术专业。主要研究方向为深度学习，数据科学，自然语言处理。

大模型下的软件工程研究进展与趋势

CCF 软件工程专业委员会

金 芝[1] 夏 鑫[2] 高翠芸[3] 胡 星[4] 彭 鑫[5]
周明辉[1] 刘 辉[6] 谢晓园[7] 李 戈[1] 吕荣聪[8]

[1]北京大学，北京

[2]华为技术有限公司，杭州

[3]哈尔滨工业大学（深圳），深圳

[4]浙江大学，杭州

[5]复旦大学，上海

[6]北京理工大学，北京

[7]武汉大学，武汉

[8]香港中文大学，香港

摘　要

20 世纪 60 年代以来，软件工程从程序结构研究发展到广泛应用程序设计语言和编译系统。早期，学者主要关注结构化编程和数据结构。随着结构化编程、面向对象编程和云计算的快速发展，人工智能和机器学习技术逐渐成熟，智能化软件工程（AI4SE）兴起。AI4SE 通过智能化需求分析、代码生成与修复等技术，显著提高软件开发效率和质量。AIGC 技术的迅猛发展，特别是大模型的应用，进一步拓展了 AI4SE 的应用前景。然而，大模型的可信性保障问题等仍需解决，以实现可持续发展的软件工程。本报告探讨了大模型在软件工程领域的应用及其面临的机遇与挑战，包括软件工程领域大模型、大模型辅助软件工程、大模型下的开源生态等。

关键词：大模型；需求工程；软件测试；代码分析与检视；软件运维；漏洞工程

Abstract

Since the 1960s, software engineering has evolved from the study of program structures to the widespread use of programming languages and compilation systems. Early efforts primarily focused on structured programming and data structures. With the rapid development of structured programming, object-oriented programming, and cloud computing, artificial intelligence and machine learning technologies have gradually matured, leading to the rise of intelligent software engineering (AI4SE). AI4SE significantly enhances software development efficiency and quality through techniques such as intelligent requirements analysis, code generation, and code repair. The rapid advancement of AIGC (Artificial Intelligence Generated Content) technology, particularly the application of large models, has further expanded the prospects of AI4SE. However, issues such as the trustworthiness of large models still need to be addressed to achieve sustainable software engineering. This report explores the application of large models in the field of software engineering and the opportunities and challenges they present, including large models in software engineering, large model-based software engineering, and the open-source ecosystem under large models.

Keywords: large models; requirements engineering; software testing; code analysis and review; software operations and maintenance; vulnerability engineering

1　引言

20 世纪 60 年代软件工程被正式提出，软件工程各领域学者注重程序结构的研究，使得程序设计语言和编译系统得到广泛应用；在软件工程领域的早期阶段，人工智能和机器学习技术尚未得到广泛应用，学者主要关注结构化编程和数据结构；随着结构化编程、面向对象编程、云计算的快速发展，人工智能和机器学习技术的不断成熟，智能化软件工程逐渐兴起。一些智能化技术被引入到软件开发、测试和维护等过程，以提高软件开发的效率和质量。智能化需求分析与设计、智能化代码生成与修复、智能化项目管理等，AI 赋能软件工程在越来越多的领域发挥重要作用。

随着 AIGC 技术的迅猛发展，大模型为软件生产方式的转变带来了新机遇，基于大模型的软件工程体系引起学术界及工业界的广泛关注。GitLab Duo、GitHub Copilot X 等工具应用落地，使得 AI4SE 应用前景变得更加广泛。Gartner 公司 2023 年发布的软件工程领域顶级战略技术趋势分析报告涵盖了开发者赋能、人工智能增强的软件工程团队、平台工程和数字免疫系统等多个 AI4SE 前沿技术方向。其中，开发者赋能强调通过内部开源和优化开发者体验，释放开发团队的潜能；人工智能增强的软件工程团队则依托 AI 技术提升团队效率，加速工件开发和应用创新；平台工程致力于构建自助式内部开发者平台，提高 IT 解决方案质量和一致性；数字免疫系统结合各种技术手段，确保应用质量和韧性，以应对日益复杂的数字环境挑战。

在大模型颠覆技术的现状下，业界在积极思考软件生产方式的变化，探索可能实现从需求直接生成代码的自动化方式，并在任务驱动、数据驱动、模型驱动的大背景下，持续结合实际遇到的难题与挑战推动学术界对软件工程前沿技术的探索。大模型的成功之处带来了鲇鱼效应，同时打开了解决问题的新空间，但因为大模型缺失可信性判断，也带来了可信性保障难题与挑战。如何应对大模型带来的可信性保障，构建可持续演化的软件理论、构建高可信软件技术成为当前的热门话题。

能用 AI，用好 AI，用对 AI，发展驾驭 AI 的能力，大模型下的软件工程引发了新一轮的技术热潮。建立共建、共享、与代码协同演化的软件开发知识平台，可以让大模型理解复杂软件系统的全局实现信息及其业务和技术上下文，以一种自然的形式实现高效的软件开发知识共享和利用；利用大模型强大的知识利用能力，可以强化研发数字化和各类文档知识的价值，解决软件开发中知识的浪费、重复思考的问题；通过数据治理、数字化项目解决数据基座问题，在软件开发的数字化和知识化积累的基础上，利用大模型强大的记忆、理解和关联能力加强智能化开发能力，实现效率提升和可信性保障等。各方学者积极探索与实践为软件工程领域带来新的发展机遇。

本报告主要围绕软件工程领域大模型、大模型辅助软件工程、大模型下的开源生态，以及机遇与挑战进行研究。详细来说，软件工程领域大模型主要总结在软件工程领域中基础大模型和基于指令调优的大模型相关工作的研究进展。大模型辅助软件工程专注于在软件工程流程中使用大模型的具体应用实践。大模型下的开源生态则是从开源角度探讨大模型对于开源社区和软件开发过程的深远影响。最后，本报告总结了大模型下的软件工程所面临的机遇与挑战，希望促进广大学者积极思考如何扬长避短地应用大模型到软件工程领域中，实现大模型的持续健康发展。

2 软件工程领域大模型

随着大模型的不断发展，大模型所具备的解决各种自然语言相关问题的能力得以验证，引起了广泛关注和讨论。通过构建软件工程领域的大模型来解决软件开发相关问题也成为研究的热点。考虑到软件工程领域问题的特殊性和专业性，如何充分挖掘软件工程领域大模型的能力来更好地适应不同的开发场景也备受关注。本文将分基础大模型和基于指令调优的大模型两个部分介绍软件工程领域大模型的研究现状和相关情况。表 1 汇总了从 2021 年 7 月到 2024 年初的软件工程领域大模型的相关信息。此外，本文还介绍了软件工程领域大模型的评估方式和代表数据集。

表 1 软件工程领域大模型

模型名称	发布机构	发布时间	规模（B）	预训练数据	架构
CodeX	OpenAI	2021.07	2.5/12	100B tokens	de
AlphaCode	deepMind	2022.02	41	967B tokens	en-de
CodeGen	Salesforce	2022.03	2.7/6.1/16	577B tokens	de
aiXcoder L	AiXcoder	2022.04	1.3	–	de
aiXcoder XL	AiXcoder	2022.06	13	–	de
PanGu-Coder	HUAWEI	2022.07	2.6	147GB	de
CodeGeeX	Zhipu. AI	2022.09	13	850B tokens	de
BLOOM	BigSicence	2022.09	176	1.61TB	de
PaLM-Coder	Google	2022.10	8/62/540	780B tokens	de
SantaCoder	Hugging Face	2023.01	1.1	118B tokens	de
InCoder	Facebook	2023.04	1.3/6.7	216GB	de
StarCoder	Huggingface	2023.05	15.5	1T tokens	de
CodeGen2	Salesforce	2023.05	3.7/7/16	400B tokens	de
CodeT5+	Salesforce	2023.05	2/6/16	51.1B tokens	en-de

（续）

模型名称	发布机构	发布时间	规模（B）	预训练数据	架构
WizardCoder	Microsoft	2023.06	15	–	de
Phi-1	Microsoft	2023.06	13	7B tokens	de
PanGu-Coder2	HUAWEI	2023.07	15	–	de
Code Llama	Meta	2023.08	7/13/34	116K tokens	de
Phi-1.5	Microsoft	2023.09	1.3	27B tokens	de
DeepSeek-Coder	DeepSeek AI	2023.11	1/5.7/6.7/33	2T tokens	de
Phi-2	Microsoft	2023.12	2.7	1.4T tokens	de
AlphaCode2	DeepMind	2023.12	–	–	de
Magicoder	UIUC&THU	2023.12	7	–	de
WaveCoder	Microsoft	2024.01	15	–	de

注：架构可分为解码器-编码器（en-de）和仅解码器（de）架构。

2.1 软件工程领域的基础大模型

软件工程领域中的基础大模型是指需要使用大规模代码进行预训练，并能够直接用于诸多软件工程下游任务的大型语言模型。由于预训练过程消耗资源代价较大，软件工程领域中的基础大模型的研究主要集中在业界。

2021 年末，OpenAI 发布了首个软件工程领域大模型 CodeX[1] 用于代码生成。CodeX 与 GPT-3[2] 的架构类似，使用从 GitHub 上收集的 159GB 公开代码进行预训练。目前，基于 CodeX 的 Copolit 插件已成为代码生成辅助工具的标杆，同时，CodeX 论文中提出的 HumanEval 数据集也成为后续代码生成的常用评估数据集之一。2022 年，DeepMind 推出了 AlphaCode[3]。该模型使用了编码器-解码器架构，在包含 12 种编程语言的 715.1GB 代码上进行了预训练，最终在包含 5000 名参赛者的 CodeForce 比赛中超越了 54% 的人类程序员。aiXcoder[4] 团队推出的 1.3B 参数量的 aiXcoder L 和 13B 参数量的 aiXcoder XL 用于 Java 代码的自动补全。aiXcoder L 基于 GPT-2[5] 架构，在开源 Java 代码上训练得到。aiXcoder XL 基于团队自研的掩码语言模型（Masked Language Model）框架，能做到单行、多行以及函数级代码补全和生成。Google 分两阶段对 PaLM[6] 进行微调，第一阶段使用 Python 代码、其他代码和自然语言（三者比例为 6∶3∶1）共 6.5B tokens 对模型进行微调；第二阶段使用额外的 1.9B tokens 的 Python 代码数据集进行微调，从而构建 PaLM-Coder(在代码修复和代码生成多项任务上表现出色)。华为基于 PANGU-α 架构[7] 在 147GB 的代码上进行预训练，然后再使用自然语言和其对应的代码进行微调得到 PanGu-Coder[8]。为了让模型能够更精准地预测函数级代码，PanGu-Coder 对每个 Python 文件中的代码语料均按照函数级的方式进行了重新组织。清华大学联合鹏城实验室共同推出的大规模代码生成预训练模型 CodeGeeX[9]。该模型采用了仅解码器架构，在公开代码仓库中使用超过 20 多种编程语言进行预训练，能够支持多种编程语言高精度的代码生成，同时支持代码片段在不同编程语言间进行自动翻译转换。不同于之前以英语为中心的软件工程领域中的大模型，BigScience 提出一个能够支持 46 种自然语言和 13 种编程语言的 176B 参数语言模型 BLOOM[10]。同时期，百度基于 T5[11] 使用 span-corruption 和 pivot-based translation 两个目标进行通用跨语料预训练，前者可以学习多语料的自然语言或编程语言模式，后者可以构建自然语言和编程语言之间的并行关系。最终训练得到的 ERNIE-Coder[12] 能够支持 116 种自然语言和 6 种编程语言，同时能够完成多项编码辅助任务。Salesforce 开源了参数量为 1.61B 的模型 CodeGEN[13]，其预训练数据量超过 800GB。与其他一步式生成代码的模型不同，CodeGEN 支持对话式程序生成。程序员借助模型进行代码生成的过程可以被视为用户和模型之间的多轮对话，用户分多次为代码生成模型提供需求并接收模型的多段输出。分步提供需求的方式可以将较长且复杂的需求分解为多个简单的小需求，降低每一轮对话中模型生成答案的难度。除此之外，Salesforce 还提供了一个多轮编程基准来衡量模型的多轮编程能力。

Meta AI 团队开发了具有强大性能的 Llama(Large Language Model Meta AI)[14-15] 系列模型。该系列模型综合采用了多种训练技术，包括人类偏好评估、迁移学习、奖励机制。随后，Meta AI 发布了代码生成大模型 Code Llama[16]。该模型基于 Llama-2，在代码数据集上进行了进一步微调。为了加快挖掘大模型能力，Meta AI 开源了最新的 Llama-2 和 Code Llama 系列模型，以供个人、创作者、研究人员和各种规模的企业使用。开源的 Llama-2 系列模型吸引了广大开发者，极大地加快了模型迭代的速度。这一系列开源大模型已成为大模型领域的重要力量，相当一部分开源大模型是基于 Llama-2 系列模型微调得到的。最近，Meta AI 发布了 Llama-3 系列模型[17]，强调了数据质量和多样性有助于提升基础大模型的性能。实验结果证明，Llama-3 系列模型在包括代码生成的多个下游任务上都取得了接近甚至超越 GPT-4 的效果，再次成为开源社区内的最优基础大模型。

Microsoft 推出 Phi-1[18]，通过在高质量数据上进行训练，以 13B 的参数量得到了与更大规模软件工程领域大模型相当的性能。具体来说，高质量训练数据通过对 The Stack 和 StackOverflow 的过滤（约 6B tokens）、使用 GPT-3.5 生成（约 1B tokens）以及人工标注三部分构成。Phi-1.5[19] 基于 Phi-1 的数据源，增加专门用于常识推理和通用知识的新数据。Phi-2 增加了对于模型安全性方面的考量，并进一步地提升了模型处理复杂任务的能力。Phi 系列模型充分说明了使用高质量数据也可创建性能优异但参数量较少的大模型。

除了采用自回归模型的训练目标，一些其他软件工程领域大模型还采用了其他的训练目标，以增强对代码的理解能力和适配更多的开发场景。Meta AI 提出 InCoder[20] 通过将自回归模型从左到右更换为完形填空的训练方式实现了例如代码修复、变量名更改等代码编辑任务。OpenAI 则通过对训练数据进行变更，在不损失自回归模型天然自左到右生成能力的同时，赋予其在特定位置进行填充的能力（Fill-In-Middle, FIM）[21]。具体来说，FIM 将原有的连续训练语料随机切分为三部分，并将中间的部分移至样本末尾，然后使用特殊的 token 作为标识将三部分拼接在一起。CodeGen2[22] 后来也使用了类似的训练目标来增强原来模型的性能。BigCode 推出的 SantaCoder[23] 同样使用了 FIM 的训练目标，在 The Stack v1.1 语料库的 Python、Java、JavaScript 子集上进行训练。同时，SantaCoder 使用了多查询注意力（Multi Query Attention，MQA）[24] 以减少参数量和计算量，后续的多数软件工程领域大模型沿用了 MQA 的设定。Hugging Face 构建了一个包含 80 多种编程语言的源代码数据集 The Stack v1.2，并用此数据集训练得到了支持输入 8k 上下文长度的 StarCoder[25] 模型。DeepSeek-Coder[26] 基于 DeepSeek-LLM[27] 使用过滤后的 798GB 公开代码进行预训练，包括 Next Token Prediction 和 FIM 两个目标函数。在预训练过程中，DeepSeek-Coder 扩展了上下长度，使得其能够处理长达 64k 个标记的上下文，同时尝试在仓库级别组织预训练数据，以增强预训练模型在仓库中的跨文件上下文内的理解能力。

2.2　基于指令调优的软件工程领域大模型

虽然软件工程领域基础大模型能够很好地完成诸多代码智能相关的下游任务，但是这些模型在实际的开发场景中往往面临着不能够正确理解用户意图的情况。如何进一步提升大模型在特定软件工程任务上的表现成为一个挑战。受到 InstructGPT[28] 能够很好地理解自然语言的启发，指令调优也被广泛用于软件工程领域大模型，以进一步提升其理解能力，实现代码和自然语言的对齐。基于指令调优的软件工程领域大模型是指基于软件工程领域基础大模型使用指令调优技术来充分挖掘基础大模型在特定领域的能力，提升执行下游任务的能力，从而提升生产环境的开发效率。

CodeT5+[29] 将 Span Denoising、Decoder-only Causal LM 和 Seq2Seq Causal LM 三个训练目标进行混合后对模型进行训练，学习到代码块、部分代码以及完整代码三个层面的代码表征。随后，通过指令调优模型对任务的理解能力进一步提升，效果也更加优异。不同于 CodeGeeX，CodeGeeX2 基于 ChatGLM2[30-31] 架构加入代码预训练获得。得益于 ChatGLM2 的出色性能，CodeGeeX2 能够更好地完成中英文输入的代码相关任务。PanGu-Coder2[32] 采用 RRTF（Rank Responses to align Test & Teacher Feedback）框架，成功地在软件工程领域大模型上应用自然语言的大模型对齐技术，其核心思想是使用测试信号和人类偏好作为反馈来对响应进行排名，从而引导模型生成更高质量的代码。AlphaCode2[3] 基于 Gemini[33] 设计了一系列"策略模型"，为每个问题生成多份代码样本，将不符合问题描述的代码样本过滤掉，然后通过聚类算法将语义相似的代码样本分组，以避免冗余。通过 AlphaCode2 内的评分模型来确定每个最大代码样本簇中的最佳候选答案作为最终答案。

除了直接使用指令调优外，一些方法尝试对指令调优的数据进行优化，以提升模型性能。WizardCoder[34] 在 StarCoder[25] 的基础上使用 Evol-Instruct 以使代码指令更加复杂，从而增强微调效果。Magicoder[35] 使用 OSS-Instruct 以增强用来指令调优的数据，其从开源社区代码中选取一些种子代码，然后通过大模型根据种子代码生成新的代码，并通过过滤形成新的指令微调数据。这个方法可以和 WizardCoder 中 Evol-Instruct 同时使用。WaveCoder[36] 注重训练数据的多样性，它从 CodeXGLUE 中抽取出 4 个具有代表性的代码相关任务，并利用 Generator-Discriminator 框架从开源代码中生成多样的高质量数据集 Code Ocean。

2.3 软件工程领域大模型的评估

软件工程领域大模型参数量巨大,预训练所需的数据集也十分庞大[37]。为了更加有效地评估软件工程领域大模型的性能[38],许多新的数据集和评估指标被提出。当前,业界主要以代码生成能力评估软件工程领域大模型的各项指标。代码生成是智能化软件工程中一项非常重要的研究课题,伴随着软件工程领域大模型的发展而发展。由于其可以被视作连接自然语言和代码的一个任务,因此常常被视作评估模型表现的一个代表性下游任务。

2.3.1 评估集

为了测试模型所生成代码的可执行性,目前的主流指标是利用测试用例评估生成代码的通过率。评估数据集多含有参考代码及测试用例,其中最具代表性的有 HumanEval[1]、MBPP[39] 和 APPS[40]。HumanEval 是用于评估软件工程领域大模型在代码生成任务表现的常用数据集。HumanEval 一共由 164 个人工编写的 Python 编程问题组成,每个问题都包括一个函数签名、文档字符串、函数体,以及几个单元测试用例。这些问题覆盖语言理解、推理、算法和简单数学等方面。MBPP 包含了 974 个短小的 Python 编程问题,针对每个问题有对应的文本描述和检查功能正确性的测试用例。APPS 从 Codewars、AtCoder、Kattis 和 Codeforces 等程序员常用的网站上收集题目,最终得到了 10 000 个编码问题、131 777 个测试样例和 232 421 个由人类编写的解决方案,其中 5000 个样例用于模型的训练,5000 个样例用于模型的测试。

为了更好地评测代码生成模型的多语言生成能力,HumanEval-X[9] 被提出,其在 HumanEval 数据集的基础上构造了包含 Python、C++、Java、JavaScript、和 Go 等语言的评估数据集,以衡量模型使用不同编程语言解决问题的能力。后续的 MultiPL-E[41] 更是将编程语言种类扩展到了 18 种,以更加全面地评估模型的多语言生成性能。

除了直接根据自然语言进行代码生成,NumpyEval 和 PandasEval[42] 考虑到真实开发场景中调用第三方库的代码生成场景,提供了 101 个编程题目和对应的测试用例。DS-1000[43] 包含了 1000 个问题和答案,数据主要来自 StackOverflow。考虑到测试过程中模型记忆训练数据可能会带来的性能虚高,超过一半的 DS-1000 问题是由已有的 StackOverflow 问题修改而来。同时,DS-1000 更多关注日常数据科学应用等相关问题,共涵盖了 7 个 Python 库(如 NumPy、Pandas 等)的相关问题和答案。针对 HumanEval 数据集领域单一,任务本身过于简单和测试不够完备的问题,CoderEval 被提出[38]。该数据集源于真实的开源项目,数据类型复杂多样,更加完备。CodeStepsEval[44] 不仅可用于评估生成代码在测试用例中的表现,还可用于评估代码的运行步骤。具体来说,CodeStepsEval 包括了不同难度的 C++编程问题,并支持根据模型解决问题的步骤来评估模型应对复杂问题的能力。TestEval[45] 可用于评估大模型生成测试用例的能力,包含 210 道来自 LeetCode 的 Python 编程问题,支持总覆盖率、目标分支或行覆盖率、目标路径覆盖率 3 项覆盖率任务。结果证明，目前的大模型仍然缺乏对程序逻辑和执行路径的理解能力，生成的测试用例难以覆盖要求的行、分支或路径。

为了适应软件工程领域大模型日渐增长的能力，更高难度、更大范围的评估数据集被提出。NaturalCodeBench[46] 包含从真实用户的查询中抽取出的 402 道 Python 或 Java 编程问题，相较于 HumanEval 等数据集难度更大。CodeUltraFeedback[47] 为大模型提供编程任务和对应代码，考虑到相关工作通常只检验代码的功能正确性，该数据集要求模型基于指令跟随、代码解释、代码复杂度、代码可读性、代码风格 5 个与功能无关的角度评价代码，即按照五分制进行打分并给出理由。不同于之前工作中语句级或函数级的代码生成，ClassEval[48] 包含 100 个 Python 类，旨在评估大模型在类级别的代码生成能力。RepoBench[49] 支持以仓库为单位来评估大模型在代码补全任务上的性能表现，要求补全模型具有阅读仓库内相关文件并进行处理的能力。

除了代码生成相关的数据集，还存在一些其他任务数据集用以评估模型在其他维度上的表现。SecurityEval[50] 是一个用来评估软件工程领域大模型生成内容安全性的数据集，共包含 75 种漏洞类型的 130 个样本。CodeComplex[51] 是一个用来预测代码复杂度的数据集，其中包含由人类程序员编写的共 4900 个 Java 程序和相同数量的 Python 程序，以及与之对应的由算法专家标记的复杂度标签。在 CodeComplex 上进行训练就可以得到一个评估生成代码复杂度的评估器。LiveCodeBench[52] 不仅从 AtCoder、CodeForces、LeetCode 这三个算法竞赛平台上不断收集新题目，还可用于自我修复、代码执行、输出预测等非代码生成任务，共包含 400 种编程问题。

2.3.2　评估指标

目前的软件工程领域大模型以生成式模型为主，因此评估主要通过比较生成内容和真实内容实现。

- EM（Exact Match）最为严格的评估指标，用来衡量模型生成的内容是否与数据集中的参考答案完全一致，公式表示如下：

$$\text{EM} = \frac{\sum_{i=1}^{|D|} (y_i == \hat{y}_i)}{|D|} \tag{1}$$

这里的 D 表示总的评估数据量，y_i 表示模型生成结果，$\hat{y}_i$ 表示参考结果。

- BLEU（Bilingual Evaluation Understudy）[53] 最初是用于评估机器翻译质量的指标，后常用于软件工程领域生成式任务。它通过比较模型生成内容与真实内容的相似程度进行评估。一般来说，BLEU 将模型生成内容中的 n-gram（通常是 1~4 个连续 token）与真实内容中的 n-gram 进行比较，并计算出一个分数，表示模型生成与真实内容的匹配程度。BLEU 的计算公式如下：

$$\text{BLEU} = \text{BP} \cdot \exp\left(\sum_{n=1}^{N} \omega_n \log p_n\right) \tag{2}$$

$$\text{BP} = \begin{cases} 1, & c \geq r \\ e^{\left\{1 - \frac{r}{c}\right\}}, & c < r \end{cases} \tag{3}$$

这里 p_n 表示 n-gram 值，ω_n 表示 n-gram 的权重。BP 是一个惩罚因子，其计算方式如公式（3）所示。其中，c 表示模型生成内容的长度，r 则表示真实内容的长度。

- CodeBLEU[54] 是 BLEU 指标的扩展，被广泛用于评估模型生成代码的质量。CodeBLEU 的计算公式如下：

$$\text{CodeBLEU} = \alpha \cdot \text{BLEU} + \beta \cdot \text{BLEU}_{\text{weight}} + \gamma \cdot \text{Match}_{\text{ast}} + \delta \cdot \text{Match}_{\text{df}} \tag{4}$$

这里 $\alpha, \beta, \gamma, \delta$ 用来控制不同参考指标在 CodeBLEU 计算过程中所占的权重。与 BLEU 计算过程中平等地看待每一个 token 不同，$\text{BLEU}_{\text{weight}}$ 会给不同的 token 分配独一无二的权重来得到其 n-gram 值。$\text{Match}_{\text{ast}}$ 表示语法树匹配程度，Match_{df} 表示语义数据流匹配得分。

- pass@k[1] 是一种用于评估自然语言处理模型在生成任务中的表现的指标，通常用于问答系统或对话系统的评估，现在也常常用于模型生成代码质量的评估。具体来说，给定一个问题，模型会生成多个回答候选项，然后通过人工评估或者其他的评估方法（例如单元测试）来判断其中是否至少有一个回答是正确的。pass@k 为在前 k 个回答中至少有一个被认为是正确的概率。通常，pass@1 表示模型返回的置信度最高的单个答案的准确率，pass@$k(k>1)$ 则表示在模型返回的置信度最高的 k 个答案中至少有一个正确的概率。

3 大模型辅助软件工程

在软件工程领域，大模型正成为提升软件开发效率和质量的核心驱动力。图 1 所示为大模型下的软件工程体系，覆盖了从智能化需求与设计、智能化代码辅助生成、智能化软件测试、智能化代码分析与检视、智能软件运维，到智能化软件资产管理的整个软件生命周期。大模型以其强大的代码语义理解能力和丰富的软件工程知识，为软件开发的各个阶段提供了强有力的支持和创新的可能性。

本文系统剖析了大模型在软件工程中的关键应用，并深入探讨了它们在需求与设计、代码辅助生成、软件测试、代码分析与检视，以及软件运维等方面的实际效能。章节中详细阐述了大模型如何转化用户需求、解决开发初期的不确定性和沟通难题，并探讨了其在提升编码效率和质量方面的具体贡献，特别是通过生成单元测试代码、测试预言和测试数据来实现自动化测试的目标。此外，本节还分析了大模型在软件供应链安全中的关键作用，如漏洞感知。通过这些分析，读者能够深刻理解大模型在软件工程领域的应用潜力和未来的发展方向。

3.1 大模型下的需求与设计

近期工作中，大模型在需求与设计方面被用于处理指代解释、歧义检测、需求分类、需求术语识别、指代辨别、追踪自动化等子任务。

智能化软件工程体系

智能化需求与设计
- 代码化软件设计
- 智能辅助建模设计
- 软件设计知识库

智能化代码辅助生成
- 代码搜索与推荐
- 变更日志生成
- 代码重构
- 智能问答
- 软件知识图谱
- 告警智能提示
- 智能降误报研究
- 缺陷检测与修复
- 开发者行为分析
- 代码模式挖掘
- 代码补全与生成
- 代码文档生成
- 源代码表征
- 代码环境道检测
- 优秀代码示范

智能化软件测试
- 测试迁移技术
- 变异测试
- 蜕变测试
- 测试质量检测
- 可测试生成设计
- AI增强的Fuzzing
- 组合测试
- 精准测试
- 测试覆盖率分析

智能化代码分析与检视
- 程序代码分析
- 变更历史分析
- 架构逆向分析
- 代码度量
- 问题呈现
- 告警可解释性
- 告警自动重构
- 结构一致性分析
- 演化性分析
- 根因分析

智能化软件运维
- 日志自动分析
- 异常检测
- 故障根因定位
- 日志生成
- 评论自动分析

通用大语言模型

基于软件工程大数据的微调

应用于软件工程的大模型

GitHub　代码仓、代码语义、语料知识库

提示词工程微调/RLHF

1. 编程规范、程序理论、模型规则
2. 具体软件工程任务提示词数据

- 智能化软件设计
- 智能化软件编码辅助
- 智能化软件开发者审测试
- 代码审查、度量与可视化
- 软件资产管理
- ……

智能化软件资产管理
- 漏洞感知与追溯
- 漏洞扫描与挖掘
- 漏洞检测与修复
- 漏洞知识库
- 软件成分分析
- 二进制分析
- 供应链分析

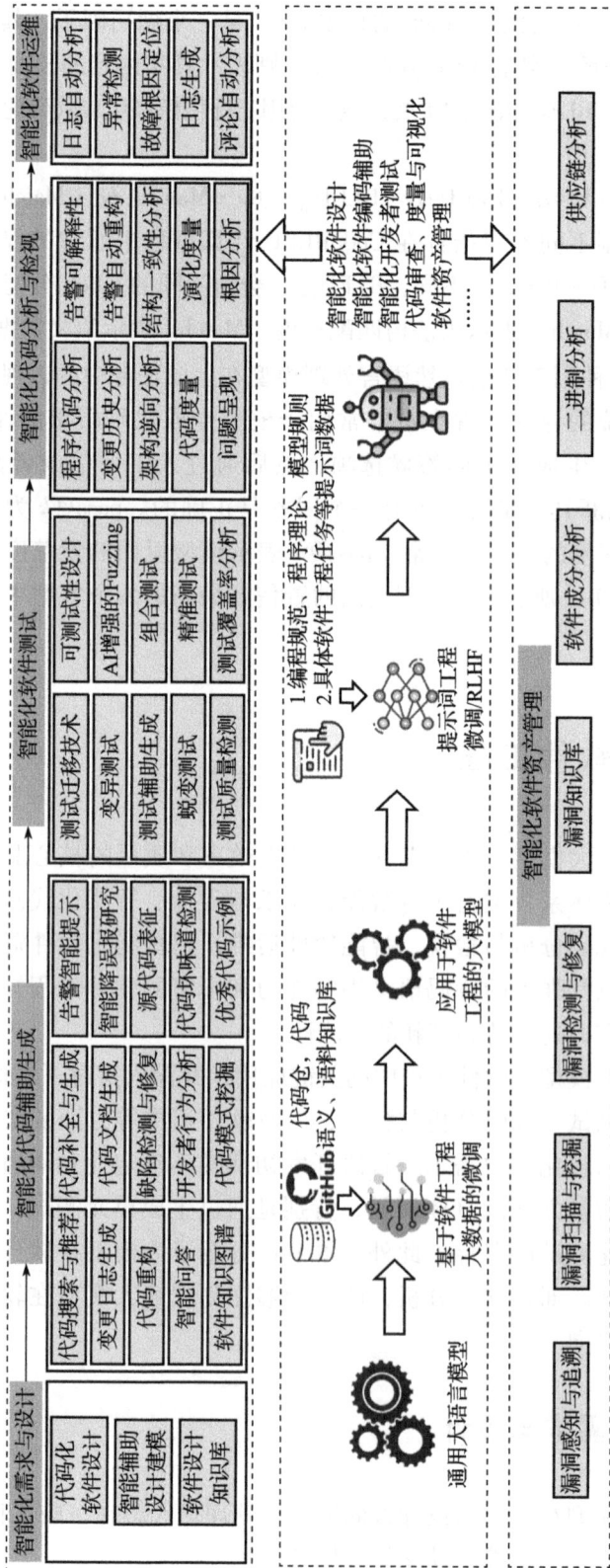

图 1　大模型下的软件工程体系

在指代歧义处理方面，Ezzini[55] 的分析经验验证了 SpanBERT 模型在指代解释方面的高性能，但在歧义检测任务上表现不佳。Moharil[56] 发表了名为 TABASCO 的工具集，该工具集检测并识别了跨域或域内歧义，利用 BERT 计算表示并利用聚类算法完成分析，证明了 BERT 在歧义检测方面的有效性。Sridhara[57] 将 ChatGPT 用于包括需求工程在内的多个软件工程任务，其中在指代辨别上，ChatGPT 成功识别出了需求中的所有先行词。这初步验证了 ChatGPT 可用于改进需求表述的清晰度，并能在一定程度上消除歧义。

工程立项阶段往往需要对需求进行分类，例如识别安全相关的需求，或者将需求划分为功能性和非功能性两类等。此外，需求中包含特定术语和实体，在不同语境下具有不同含义。NoRBERT[58] 是一个在 BERT 基础上微调的模型，利用了 BERT 擅长迁移学习的特性，在识别功能性和非功能性需求方面，相对于传统方法都取得了大幅提升。PRCBERT[59] 利用提示学习增强了 BERT 需求分类的能力，相较于 NoRBERT 性能更强。在 PROMISE 数据集上微调后的 PRCBERT 模型（称为 Trans PRCBERT）在其他未标记的数据集上也展现出了一定的零样本推理能力。Moharil 等人[60] 利用 BERT 和聚类法提取需求中的术语和近义词，并展示语料库中的例句以表现特定语境下术语的含义。DeepCoref[61] 利用微调后的 BERT 及基于 Word2Vec 的模型表示实体，并预测两个实体是否具有关联性。

此外，大模型在其他需求工程任务上也有大量应用，例如大模型在需求工程的多个领域都有广泛应用，其中追踪自动化是一个重要方向。追踪自动化是指在软件系统中建立的维护需求、代码、测试用例等对象之间的相互关系。例如，T-BERT[62] 是一个用于生成源代码和自然语言描述间追踪链接的框架。它通过迁移学习和预训练语言模型解决了数据稀疏问题，在追踪链接生成任务上实现了显著高于传统深度学习方法的准确性。Poudel[63] 提出 Sat-BERT、DSat-BERT 两种框架用于需求满意度评估，相较于信息检索方法能提供更精确的结果。Ronanki 等人[64] 利用 ChatGPT 评估用户故事的质量，结果显示 ChatGPT 的判断和人工评估高度一直。SpecGen[65] 利用大模型完成形式化程序规约验证，首先生成指定程序的规约，如果生成失败，则利用多次突变修正大模型生成的规约。Xie 等人[66] 利用少样本学习开展大模型生成软件规约的经验分析，评估了15 个大模型生成软件规约的性能和开销，展示了提示设计和领域知识的重要性。Endres 等人[67] 利用大模型将非正式自然语言描述转化为形式的方法后置条件（即断言），分析结果表明生成的后置条件基本正确，并可用于辨别缺陷代码。Zhang 等人[68] 提出一种新开发实践 AISD，可接收用户需求，生成具体的使用场景、原型系统设计，并进一步生成系统。

3.2　大模型下的代码辅助生成

大模型在软件开发中被用于代码生成、代码补全、API 推荐等任务。通过在大规模文本数据上进行预训练，大模型学习了丰富的语言知识和语义表示，从而理解代码和自然语言的意义和结构，辅助开发者完成任务。按照研究内容划分，相关工作可分为修改大模型的内部逻辑、将大模型视为黑盒并搭建框架、评估现有方法及大模型的性能这三类。

3.2.1　大模型在代码生成方面的应用

理想情况下，大模型从分词器到解码策略的每个推理步骤都可针对代码生成任务进行优化。然而实际情况中，许多商业大模型处于未公开状态，是只有少数超参数可调整的黑盒模型。本文所述研究将大模型当作整体处理，不修改大模型的内部结构或推理步骤，而是研究这种黑盒模型的实际应用。考虑到现实中大模型的公开状况，此类研究最为常见。近期研究的重点主要为语境学习（In-Context Learning，ICL）、多智能体（Multi-Agent）、结合传统工具、大模型和用户交互等。

语境学习（或"上下文学习"）指的是在提示中用自然语言描述任务，可能附带若干示例以便大模型理解任务。Jiang 等人[69] 将代码生成任务分为规划和实现两个阶段，利用语境学习，先让大模型由用户意图规划求解步骤，再由求解步骤生成代码。Li 等人[70] 提出新框架 AceCoder，首先提取相似代码作为案例，以便大模型学习其中的算法、API 知识；接着鼓励大模型先生成测试用例、API 等相关信息以充分理解需求，最终生成代码。LAIL[71] 训练了一个辅助检索器，用于检索语境学习所需的示例：首先利用大模型估计在给定需求和输入时生成示例程序的概率，按照概率将样本标记为正负样本，并对检索器进行对比学习，以便检索器掌握大模型的偏好，从而为语境学习选择恰当的样本。Hu 等人[72] 利用输出调试法（即插入 print 语句来输出调试信息）的思想，利用语境学习引导大模型插入 print 语句，待本地执行后让大模型利用输出信息自行完善代码。

多智能体指的是采用多个大模型实例扮演不同角色进行互动，共同完成任务。这些方法通常面向实际开发流程设计每个大模型实例扮演的角色。Dong 等人[73] 认为代码生成的研究不应局限于编程阶段，而是采用多个大模型扮演开发团队的不同角色，如分解用户需求的分析师、生成或更新代码的程序员、多维度测试代码的测试员。AgentCoder[74] 采用 3 个智能体（包括程序员、测试设计员、测试员），程序员生成代码，并利用测试员的反馈改进代码；测试设计员为给定代码生成测试用例；测试员执行测试并编写反馈意见。LCG[75] 采用多智能体模仿实际的软件开发流程，让大模型分别扮演需求工程师、架构师、开发员、测试员等角色，结合思维链、提示工程等技术提升了GPT-3.5 的开发能力。MapCoder[76] 同样模仿人类开发者的工作流程设立 4 个智能体，分别负责收集相关案例、制订计划、生成代码、进行调试。

由于大模型在仓库级代码生成等方面存在局限性，部分工作尝试使用传统工具弥补大模型的不足之处。CodePlan[77] 研究仓库级代码生成问题，综合依赖分析、自适应规划等方法，将仓库中需要编辑的位置作为节点，编辑顺序作为边，构建规划图并生成提示，将大模型生成的代码合并进仓库后更新规划图，以完成迭代式代码生成。ToolGen[78] 整合自动补全工具，解决仓库级代码生成中产生的依赖问题：首先对语料库中的代码利用特殊的标记增强，并结合文档进行大模型的微调；然后逐步生成标记序列，遇到标记时执行代码自动补全，并选择合适的补全项。Zhang 等人[79] 发表 ToolCoder，利用 ChatGPT 增强数据集，加入工具用法信息，并微调代码生成模型；推理时整合 API 搜索工具，大模型可以在选择 API 时利用该工具的建议。为了解决大模型不擅长仓库级代码生成的问题，Zhang 等人[89] 提出 CodeAgent，整合 5 种包含信息提取、代码符号导引等功能的工具和 4 种智能体策略（如利用 OpenAI 的函数调用功能），辅助大模型完成代码生成任务。然而，大模型并非在所有研究中都能表现出优势，例如 Bochenek[80] 尝试用 ChatGPT 完善 Java 代码模板，结论中作者认为 ChatGPT 的结果不可预测或复现，传统方法填充模板的效果反而更好。

部分工作是研究大模型和用户交互。Fakhoury 等人[81] 为了确保生成代码的正确性，提出 TiCoder 框架：先由大模型生成代码和测试用例，在本地测试代码，然后大模型按照测试结果选择排名较高的测试用例，要求用户评价代码、测试用例和测试结果的正确性，并利用用户反馈删减不合需求的测试用例，如此迭代式更新代码和测试用例。Yan 等人[82] 为了弥补用户专业知识的缺乏，提出 IntelliExplain，要求大模型用自然语言详细解释用户的意图，直到用户赞同大模型的解释，大模型才会实际生成代码。

其他工作包括思维链（Chain of Thought，CoT）和知识蒸馏等方法的研究。Tian 等人[83] 为避免传统思维链方法导致生成代码和技术规范的不匹配，设计了测试用例驱动的思维链方法 TCoT，让大模型从用例角度理解技术规范，在正式生成代码前就确保大模型能正确理解问题。Sun 等人[84] 提出名称同样为 CodePlan 的框架，采用多任务学习方法，将大模型在代码生成和规划任务上的能力蒸馏到小模型中。

还有一部分工作则不局限于研究生成代码的正确性，而是研究这些代码的其他方面。Nguyen[85] 利用 CodeBERT 构建 GPTSniffer 框架，该框架可判断代码是否由 ChatGPT 等 AI 工具编写。Huang[86] 研究了大模型生成的代码是否在年龄、性别、种族等方面存在偏见，使用 GPT-4 判断代码有无偏见，并利用少样本学习的思想设计提示，以降低代码的偏见。Niu[87] 在现有数据集上评估了生成代码的执行效率，并探究了不同提示对生成代码效率的影响。

3.2.2　大模型在代码生成方面的实证研究

部分研究通过构建新的微调和评估数据集，实证性探索大模型在代码生成方面的能力上限。InstructCoder[88] 是一个用于代码编辑的数据集，包含超过 11 万个指令-输入-输出三元组，来自 GitHub Commits，由 ChatGPT 增强。在该数据集上微调过的开源大模型在代码编辑任务上有更好的表现，展现了指令微调的威力。CodeAgentBench[89] 是一个包含 5 个 Python 项目共 101 个样本的仓库级代码生成数据集，大模型在该数据集上的表现证明了其不擅长仓库级编程任务。Lee 等人[90] 提出 HumanExtension 数据集，其包含成对的函数，其中一个函数对另一函数起到辅助作用。作者利用该数据集分析了辅助函数在代码生成任务中的作用，表明大模型具有逐步实现和利用两个函数的能力，但是该能力受到函数位置、名称、文档等因素的影响，导致大模型表现并不稳定。Liu 等人[91] 研究了大模型在代码生成任务上的幻觉，包含目的冲突、知识冲突、语境不一致等。作者发表 HalluCode 数据集，以评估大模型意识到幻觉的能力。

此外，部分工作利用现有数据集研究大模型的代码生成性能（即生成代码的正确性）。Buscemi[92] 研究了 GPT-3.5 在 10 种编程语言和 40 个编程任务上的性能。这些任务来自数据科学、游戏开发、安全、简单算法这 4 个领域。Hou[93] 研究了 GPT-4、Gemini Ultra 等 7 个大模型利用不同提示策略时在编程竞赛题目上的表现，结果表明 GPT-4 的性能最好，在这些问题上的表现超过了 85% 的人类选手。Siddiq[94] 认为提示词质量对大模型生成的代码质量存在很大影响。他研究了 9 个数据集中 3566 个提示词的质量问题，这些问题解决后大模型的性能得到提升。

3.3   大模型下的软件测试

软件测试是保障软件产品质量和可靠性不可或缺的一环，它是整个软件开发过程的重要安全网。近两年，大模型的出现为智能化软件测试的发展带来了新的机遇。本文探讨大模型时代下软件测试领域的研究进展。

3.3.1   大模型辅助单元测试代码生成

为了提高生成单元测试代码的能力，研究者们采取了对大模型进行预训练或微调的方法。例如，Alagarsamy 等人[95] 提出的 A3Test 借鉴了领域自适应的理念，将断言生成领域的知识迁移到测试代码生成上。他们用待测方法和断言语句对大模型进行了预训练，使大模型具有更强的断言基础知识。接着，将预训练模型针对测试代码生成任务进行了微调，目标是让模型能够理解待测方法与其相应测试代码之间的关系。与 A3Test 类似，Hashtroudi 等人[96] 利用已有的开发者编写的测试代码预训练模型，使模型能够适应新项目的特定任务，并生成人类可读的单元测试代码。Rao 等人[97] 提出的 CAT-LM 采用了一种创新的预训练信号，专门考虑了代码与测试文件之间的映射，训练出一种拥有 2.7 亿参数的 GPT 风格语言模型。Steenhoek 等人[98] 提出的 RLSQM 通过静态分析对程序进行打分，将公认的质量属性嵌入到大模型中。这些质量属性包括是否有断言语句、是否调用待测方法和是否有方法签名等。

大模型的发展让它们在没有经过预训练或微调的前提下，也能在特定任务上表现出色。因此，很多后续的研究主要集中于如何构造提示词，以便让大模型更准确地把握任务的上下文。Xie 等人[99] 提出 ChatUniTest，其采用了生成-验证-修复框架来解析项目信息、提取关键数据来创建包含待测方法及其依赖的适应性上下文环境；将这些上下文融入提示词后，提交给大模型进行处理；收到大模型反馈后，ChatUniTest 从中提取测试代码，并进行验证，使用基于规则的修复方法修复语法和编译错误，对于更复杂的错误，则采用基于大模型的修复方法。除了通过预训练或微调大模型、构造提示词来生成单元测试代码，还有一些工作利用附加文档来生成单元测试代码。Plein 等人[100] 建议生成能够真实反映复杂用户操作场景的测试代码，这些场景能揭露程序中的错误行为。由于这样的场景通常在缺陷报告中非正式描述，因此，与以往主要关注随机单元测试输入的工作不同，他们认为这些报告应当被视为生成能触发缺陷的测试代码的自然输入源。

3.3.2　大模型辅助测试生成输入数据和预言

在当前软件测试输入数据生成领域的研究中，大模型以其强大的能力在移动应用程序测试输入数据生成、Web 测试输入数据生成、深度学习框架测试生成输入数据等方面发挥关键作用。

在自动化测试移动应用程序方面，研究者们基于大模型提出了不同的测试生成输入数据的方法。Yoon 等人[101] 提出 DroidAgent，在给定 Android 应用的情况下，基于大模型设定相关的任务目标，并通过与应用的交互实现这些目标。评估表明，DroidAgent 能够更深入地与应用进行交互，从而覆盖更多功能。Liu 等人[102] 提出的 QTypist 利用大模型生成移动应用程序 GUI 的输入文本，解决了难以生成多样且符合语义要求的 GUI 有效输入问题。评估表明，QTypist 生成的文本输入提高了测试通过率，覆盖了更多应用程序活动和页面。同年，Liu 等人[103] 提出的 InputBlaster 利用大模型生成移动应用程序异常文本输入。它利用大模型生成一组测试生成器，其中每个生成器可以根据大模型生成的突变规则生成一批异常文本输入数据。

在基于 Web 的测试自动化领域，针对 Rest API 测试工具，Kim 等人[104] 提出了 RestGPT，利用大模型的能力为 Rest API 生成测试输入数据，解决之前的技术从非结构化自然语言中提取规则类型方面存在一定限制，并容易产生不准确结果的问题。在深度学习框架测试领域，通常大模型生成的程序与模糊测试覆盖边缘情况的目标不符。为解决这一问题，Deng 等人[105] 提出 FuzzGPT。FuzzGPT 是一种通过对大模型进行预处理，以合成用于模糊测试的异常触发输入数据的技术。FuzzGPT 利用大模型的能力，自动提取历史上触发错误程序的知识，有效地进行模糊测试。评估表明，FuzzGPT 能成功检测到更多的错误。

除此之外，研究者们还在其他领域提出了利用大模型创新性测试生成输入数据的方法。例如在伪造测试数据生成领域，Baudry 等人[106] 强调了大模型是生成伪造测试数据的强大工具。通过充分利用大模型，他们成功地生成了符合语言文化且适用于测试的数据，并生成了与测试数据生成工具兼容的可执行代码。Xia 等人[107] 提出的 Fuzz4All，将大模型作为输入生成和变异的引擎，能够针对多种不同的输入语言进行操作，是一个具有通用性的模糊测试工具。例如，Fuzz4All 可以为 C 或者 C++编译器、求解器、使用 Go 编写的工具、Java 编译器和量子计算平台生成输入数据。

在软件测试领域，测试预言用于验证测试执行结果是否正确。在传统方法中，测试预言通常是从形式化规范中导出的。语言生成需要大量人力，并且自动生成语言具有极大的挑战性。近年来，随着大模型的发展，人们开始探索利用大模型辅助测试预言。蜕变测试（MT）已被证明是解决自动化测试预言问题的成功方案。MT 依赖于蜕变关系（MR），MR 描述了输入与输出之间期望遵循的关系。Shin 等人[108] 提出一种利用大模型从需求中自动推导可执行蜕变关系（EMR）的方法。通过引导大模型理解被测试软件的规范和用于 EMR 的领域特定语言，生成相关的测试预言。Zhang 等人[109] 报告了一项使用 ChatGPT 进行自动生成 MR 的试点研究。他们调查了使用 ChatGPT 自动为自动驾驶系统生成 MR 的效果。研究结果表明，他们提出的方法在生成高质量 MR 方面是有效的，并且可以显著减少手工生成 MR 所需的工作量。Tsigkanos 等人[110] 设计了一个围绕大模型从科学软件的用户手册中提取变量的工作流程，达到了 0.87 的准确率，推导出的 61.8%变量达到部分匹配、34.7%变量达到完全匹配。Hyun 等人[111] 提出的 METAL 通过采用蜕变测试技术，促进对大模型质量的系统性检测。METAL 框架能够从涵盖各种质量属性和任务的模板中自动生成数百条 MR。此外，他们还引入了新的评估指标，这些指标将攻击成功率方法与文本的语义质量相结合，以更准确地评估 MR 的效果。

3.4　大模型下的代码分析与检视

代码分析任务的主要目标是检测代码是否存在缺陷。鉴于大模型具有良好的代码理解能力，其近期被广泛应用于代码分析任务（例如漏洞检测、缺陷检测等）。目前主流的基于大模型的代码分析方法主要通过提示工程、模型微调，以及和静态分析结合的方法对给定代码进行不同角度的分析。代码检视是软件开发生命周期中的重要环节，通常需要开发人员等相关团队人员对代码修改进行质量评审、在查看和理解代码修改的基础上评估待检视代码的逻辑、功能、风格等因素。在实际开发中，人工检视代码通常花费很多时间。因此，近年来，将代码检视工作自动化一直是软件工程领域的研究热点。代码评审通常涉及不同的任务和场景，包括自动评估代码修改的质量、自动生成代码评审的评论，以及自动改进低质量的代码等。

相关工作中，Li 等人[112] 利用开源项目，收集了含 9 种语言的代码修改和检视数据集，并设计了 4 种代码检视相关的预训练任务，在 CodeT5 基础上训练得到 CodeReviewer 模型，最后从代码修改质量评估、检视评论生成、代码改进这 3 个角度分析模型的性能。Tufano 等人[113-114] 从开发者和审查员两个角度出发，训练 T5 模型用于代码检视流程中的两个子任务。第一个子任务是提供待审核代码作为输入，模型产生可能的修改版本。第二个子任务是同时提供待审核代码和审核意见，模型按照意见修改代码。AUGER[115] 是一个利用预训练模型 CodeTrans（一个 T5 的变种模型）生成审核意见的框架，支持标注出数据集代码中与审核意见相关的行，进行函数和评论的交叉预训练，最后在评论生成任务上微调。AutoTransform[116] 使用字节对编码处理新 token，采用 Transformer 和类似机器翻译的方式解决代码检视后的编辑问题。Zhou[117] 研究了以往的生成式代码检视相关工作，认为它们存在一定局限性：不同现有方法基于不同数据集，无法直接比较；缺乏 CodeT5 等模型的相关研究；以精确匹配作为指标，忽视了其他结果的价值。Zhou 采用 CodeT5 模型，引入新指标编辑进度，并将 CodeT5 和以往方法的性能做了比较。

部分工作采用更大规模的语言模型。例如 Llama-Reviewer[118] 将 Llama 模型用于代码检视，利用 PEFT 在保持高性能的同时减少了参数利用，即使是最小的 Llama-6.7B 也能达到与以往方法相近的性能。Wen 等人[119] 利用 GPT-3.5 开展代码分析和检视任务，首先使用静态分析工具结合漏洞报告和程序依赖关系提取相关代码，然后利用领域知识和代表性样例构造形式化提示，要求大模型判断静态工具提出警告的准确性，大大减少了错误警告的数量。Pornprasit 等人[120] 同样使用 GPT-3.5 开展代码检视任务，从少样本学习、角色指定、模型微调等多个角度研究 GPT-3.5 在该任务上的性能，并和传统方法进行对比。Tufano[121] 研究了现有方法能否完成代码检视中评论代码修改和按评论修改代码这两个子任务，以及这些方法面对何种样例会成功或失败，还将这些方法的性能与 ChatGPT 进行对比。

3.5 大模型下的软件运维

随着软件系统规模的不断扩大，运维工作变得更加复杂和关键。同时，大模型的引入也给软件运维带来了新的可能性，例如自动化运维、智能化监控等。大模型（如 ChatGPT）在大量的通用任务（如阅读理解，日常问答等）中已经被证明具有显著超越以往语言模型的许多优势。研究表明，大模型可以用于辅助故障发现、故障根因定位、事后分析，为传统运维模式带来了全新的可能性。

3.5.1 大模型辅助故障发现

故障发现指感知到系统中出现的问题或异常。这包括进行持续的系统监控，从而发现潜在问题、检测性能下降或不一致性等。常见的监控系统一般通过采集系统产生的监控数据，即日志、指标和链路来实时监测系统的健康程度[122-123]。日志本身是一种在代码运行时产生的自然语言，与大模型的结合相对紧密。当前，日志方面的研究主要集中在日志解析领域，即从日志数据中提取日志的模板。这一方向通常认为是从日志中进行故障发现的首要步骤[124-125]。Huo 等人[126] 首次提出了在日志解析中同时考虑日志的语义信息，并且在系统软件变化的情况下进行故障发现。在此基础上，Le 等人[127] 首先探索了使用语言模型进行日志分析，其主要采用较为小型的语言模型（RoBERTa[128]）作为基座模型，结合微调和小样本学习手段进行日志解析。Le 等人[129] 后续也尝试使用 ChatGPT 作为基座进行日志解析，初步探索了通用大模型在日志解析这一特定领域的能力。由于大模型参数量巨大，在处理大量真实场景中的日志时存在响应时延长，消耗计算量大的问题。为了解决这一问题，Jiang 等人[130] 提出了一个自适应的缓存机制来对日志模板进行缓存，避免对重复的模板进行多次冗余的请求。这一方法在 Zhu 等人开源的 LogHub[131] 以及 Jiang 等开源的 loghub-2.0[132] 数据上进行了验证。该方法既保证了准确性，又能达到较优的解析效率。Ma 等人[133] 则探索了结合外部知识进行日志分析。Liu 等人[134] 则将大模型结合传统方法进行日志的异常检测，从而达到高效和准确检测的目的。对于指标数据的分析，也有部分的研究在探索大模型的应用上。Gruver[135] 和 Shi[136] 等人探索了使用大模型进行时序数据预测。TimeGPT[137] 则探索了从海量时序数据中进行模型预训练，从而提高通用的时序数据表征能力。

3.5.2 大模型辅助故障根因分析

故障根因定位是指在软件或系统出现故障或异常时，通过分析系统的观测数据，确定导致故障的关键因素（例如具体组件、代码，或者配置）。微软的 Ahmed 等人[138] 首先尝试使用语言模型理解云系统内部的事件信息，通过微调的方式，自动地让语言模型输出故障的根因，并且推荐可能的缓解步骤。Zhou 等人[139] 则在数据库管理领域使用大模型进行自动的故障诊断。阿里云团队的 Wang 等人[140] 提出使用工具学习的方式，结合云系统中的代码和日志数据使得大模型可以进行自动的根因分析。微软的 Zhang 等人[141] 则提出了一个置信度评估框架，在一定程度上缓解了大模型幻觉问题所导致的输出不可信的问题。Jin 等人[142] 提出了使用大模型进行对涉及多服务的故障进行理解，进行故障影响范围评估，故障摘要生成，从而辅助工程师对故障进行快速地定位和处理。Chen 等人[143] 则提出了 RCACopilot，将故障处理所需的数据收集、数据分析、决策的整个流水线端到端建立起来，用大模型直接地提升系统对故障的响应速度。与上述端到端方法不一样的是，Jiang 等人[144] 提出了一个名为 Xpert 的自动化推荐框架，为微软的 Kusto 查询语言进行推荐，以辅助工程师进行云系统中的事件管理。

总的来说，大模型辅助的根因定位方法的优势在于能够充分利用大型软件平台中所积累的历史故障的知识，并且提供了一个能够使用自然语言交互的接口，提供更加友好地用户交互，简化复杂的运维任务，最终加速故障处理，减少平均故障处理时间。

3.5.3　大模型辅助事后分析

事后分析是指对系统或服务中出现的故障、事故或其他问题进行详细的分析和总结。这种分析通常是找出导致问题的各种因素，并提出改进和预防措施，以避免类似问题再次发生。事后分析的对象一般是故障工单。在故障处理完成后，工程师一般会在故障工单中记录故障的详细信息（例如故障描述、处理过程、故障根因等）。这些自然语言隐含大量运维知识，因此很多研究也在探索使用大模型的方式进行事后分析。微软在这一领域有一系列的探索。在大模型被广泛应用前，Chen[145] 和 Ghosh 等人[146] 主要采用人工分析的方式对故障工单进行人工梳理和总结。Dogga 等人[147] 开源了在微软的故障层次分级规则，并且尝试使用语言模型对故障工单进行自动分类和梳理。微软的 Ganatra 等人[148] 将大模型应用于故障分析的流水线当中，用于提高数据标注的效率和准确性，最终能够辅助理解云服务监控中的常见问题，为特定服务推荐监控策略。国内的华为云团队也提出一种层次化表征的方法，使用语言模型自动化分类故障工单，从而节省人工分类成本[149]。

3.6　大模型下的漏洞工程

大模型拥有一定的检测能力、生成能力和理解能力，为开源漏洞感知、挖掘、追溯和修复等带来新的研究思路，并提升了智能化漏洞管理能力。目前，大模型在漏洞检测[156]、漏洞感知[153] 方面取得了突破性进展。漏洞感知旨在漏洞被公开数据库正式披露前，用户提前感知到开源软件中潜在的漏洞风险。近年来，许多学者和从业人员提出多种技术，从代码和开源社区中感知开源软件中潜在的漏洞和风险，以尽早发现开源软件中的漏洞，从而降低漏洞所带来的损失。詹奇等人[150] 首次提出基于开源软件漏洞生命周期的感知技术分类，系统总结和梳理了基于开源社区讨论的漏洞感知技术和基于代码补丁的漏洞感知技术。

3.6.1 基于开源社区的漏洞感知技术

基于开源社区的漏洞感知技术是指根据开发者提交的公开的缺陷报告或者邮件等公开讨论中识别出与安全漏洞相关的内容并感知其中潜在的漏洞技术。Pan 等人[151] 首次指出在漏洞报告的生命周期早期对其进行检测，能够帮助开源软件托管平台（如GitHub）缓解由于不规范的安全实践而产生的漏洞信息泄露，此外还可以帮助开源软件用户及时感知潜在漏洞以采取消减措施。Pan 等人以被 CVE 关联的、真实的漏洞报告作为研究对象，并构建了大规模的数据集。他们提出了一个名为 MemVul 的大模型。MemVul 中包含一个外部存储模块，其用于引入来自 CWE 的外部漏洞知识。跨项目场景下的评估表明，MemVul 相较于已有方法能取得更好的分辨能力。

3.6.2 基于代码补丁的漏洞感知技术

基于代码补丁的漏洞感知也就是基于开源软件仓库的代码变更提交记录识别潜在的安全补丁。Zhou 等人[152] 认为在隐秘修复的场景下提交日志不应该提及任何安全相关的信息，所以仅基于代码变更构建分类模型。他们基于 Transformer 提出了一个可跨语言和跨项目的安全补丁识别工具（名为 VulFixMiner），使用预训练语言模型 CodeBERT 对提交的代码变更提取高阶语义信息，以用于识别潜在的隐秘漏洞修复补丁。Zhou 等人[153] 进一步提出 CoLeFunDa———一个由对比学习器和一种创新的函数变更级别的数据增强方法组成的框架。首先通过无监督和有监督的策略，在函数级别增加了漏洞修复数据。接着，对比学习器有效地从不同漏洞修复数据中训练一个函数变化编码器 FCBERT。最后，再利用 FCBERT 进一步微调下游 3 个任务———漏洞的隐秘修复与识别、CWE 分类和可利用性评级分类，结果都取得了很好的效果。类似的，Pan 等人[154] 将安全漏洞的分类问题表述为分层多标签分类问题，即推断出一条从根到节点的路径（CWE 节点序列），从而完成对于漏洞类型的逐级分类。他们提出一种名为 TREEVUL 的方法———基于 CodeBERT 具有分层和链式结构架构，设法利用结构信息和 CWE 树作为分类任务的先验知识，基于推理算法检索最佳路径和最高的合并概率。

在漏洞检测方面，Zhou 等人[155] 利用 CodeBERT 在实时缺陷检测任务上进行了实验，发现效果相较于基于深度学习的算法有着较大幅度的提升。实时缺陷检测任务是同时将提交代码与提交的自然语言信息作为输入来判断该提交是否引入了缺陷。Zhang 等人[156] 设计了基于贪心算法的路径抽取技术，将代码的控制流图分解为多条控制流路径，利用 CodeBERT 模型学习每条路径的特征表示并采用卷积神经网络融合多条路径的特征表示作为代码的最终表示，最后通过多层感知机网络判断代码中是否包含漏洞。Omar[157] 通过对大模型在多个易受攻击代码基准数据集上进行微调，提出 VulDetect，以识别潜在的漏洞代码。

4　大模型下的开源生态

开源生态不仅汇聚了企业、开发者、开源基金会、产业联盟和政府等多元参与方，而且随着 GitHub、GitLab 等平台的普及和完善，软件项目以空前的速度增长，形成了一种全球范围内的分布式协同创新模式。在这样的背景下，人工智能，尤其是大模型，以其强大的数据处理和分析能力，正在改变我们与计算机的交互方式，提高软件开发的效率，甚至在某些领域替代人类完成复杂的任务，成为推动软件生态系统变革的重要力量。大模型对开源生态的影响主要有以下 3 个方面。

4.1　大模型加速开源生态的演进与技术创新

大模型开源极大地降低了开发者进入复杂技术领域的门槛，使得更多参与者能够基于已有的高质量模型进行二次开发和创新应用。例如，开源的大模型训练代码和预训练模型资源，让开发者无需从零开始构建复杂的模型架构，可以直接在顶尖模型基础上进行微调、定制化开发，从而快速实现对各领域的智能化赋能。

大模型技术的广泛应用不仅在自然语言处理领域产生了深远影响，还激发了跨学科、跨行业的深度创新，推动了开源生态中上下游产业链的紧密结合，催生了众多依托大模型技术的新型项目和创业公司。这些企业在商业模式、产品形态和服务内容上进行了大胆探索和革新。大模型技术的开源让更多企业有机会共享先进的科技成果，促进了全球范围内的技术扩散和知识共享，进一步丰富了开源生态的内涵和外延。

开源大模型因其迭代速度快、成本相对较低、功能强大且易于定制等优点，逐渐缩小了开源模型与闭源模型之间的性能差距，甚至在某些方面展现出更为优越的性能和灵活性。这导致越来越多的企业和个人开发者选择投入到开源大模型的研发和应用中，形成了良性循环，加快了整个开源生态系统的演进速度，推动了全球范围内开源软件和 AI 技术的协同发展和持续创新。

4.2　大模型使生态复杂性加剧

大模型技术在开源生态中的广泛应用，带来了前所未有的生态复杂性与互连性。由于大模型依赖海量的开源数据进行训练，同时产出的数据又反哺于生态系统，形成了一个数据输入和输出的闭环。在这一过程中，数据和软件制品之间的依赖关系变得错综复杂且难以追溯。大模型不仅在其内部构造了多层嵌套的依赖网络，还在外部拓展了跨越不同软件项目和领域的联动效应，使得软件制品的生命周期管理和维护达到了一个新的复杂等级。

4.3 大模型促进软件泛在化与生态扩展

通过将复杂的自然语言处理、计算机视觉、智能决策等高级功能嵌入各类软件应用，大模型不仅简化了开发流程、提高了开发效率，而且催生了大量智能应用。这些应用跨越传统边界，迅速渗透到各行各业和人们的日常生活中。大模型的广泛应用使得软件具备更强的通用性和自适应性，能够根据用户需求提供个性化体验，同时，通过自动生成代码、优化算法等功能，降低了开发者门槛，促进了软件生态系统的多元化发展和深度融合，从而使软件真正意义上实现了无所不在，全面影响着社会信息化进程，带动了开源生态的边界不断拓宽。随着人机物深度融合的新型社会形态发展，软件生态的参与者日益多元化，涵盖了传统开发者、新兴的 AI 工程师、普通用户，甚至各种智能设备制造商。这使得开源生态的构建和维护变得更具挑战性，同时也为软件生态的持续演化和创新创造了广阔的舞台。

随着大模型技术的不断演进，其对未来开源生态也提出了新的挑战问题，主要包括以下几方面。

4.3.1 个体开发者参与复杂项目与开源生态

在大模型技术的推动下，个体开发者参与开源生态的方式正在发生一场深刻的变革。传统的开源贡献手段，如代码提交、问题报告和文档编写，正在被大模型技术的创新所颠覆。大模型为开源项目带来了更高层次的智能化，使得自动生成代码、智能响应社区问题和自动化文档创作成为可能。高层次的智能化不仅极大地提高了开发效率，也使得开源生态对非专业开发者更加开放，拓宽了参与开源项目的途径。

同时，大模型技术为开发者提供了新的学习和成长途径。通过与大模型的互动，开发者能够吸收先进的编程理念和技术。大模型也成为评估开发者技能水平和规划职业发展的强大工具。这种学习模式不仅促进了个人技术能力的提升，也为开源社区的整体技术水平和创新能力注入了新的活力。

随着大模型技术的深入渗透，开源生态体系及复杂项目对个体开发者的参与模式和路径提出了新的要求。生态体系需要重构，以适应大模型技术带来的新协作方式和价值创造机制。项目管理者和维护者面临着在项目架构、代码审核、知识管理等方面进行创新改革的挑战，以整合大模型的智能化贡献。此外，大模型降低了技术门槛，吸引了更多非专业开发者的参与，但这也对项目质量管控提出了挑战。因此，开源生态体系必须建立有效的筛选和认证机制，确保所有级别的开发者都能提供符合项目标准和社区规范的知识内容，从而维护开源项目的质量和可持续发展。

4.3.2 供应链安全与可信性

大模型技术的广泛应用增加了开源生态的复杂性和关联性，特别是给软件供应链带来了严峻的挑战。首先，大模型本身的可信性难以保障，其训练依赖规模庞大而来源广的开源数据资源，这种依赖关系不仅体现在数据层面，还延伸到了软件组件和框架层面，一旦某个节点出现问题，比如数据污染或代码漏洞，便有可能通过大模型的集成和传播在整个生态中迅速蔓延，导致供应链安全风险的放大和连锁反应。

同时，大模型的输出结果广泛嵌入到了各类软件项目中，增加了供应链的隐蔽性和脆弱性，使得传统的安全审查和风险管理手段难以完全覆盖这种新型的复杂依赖结构。因此，确保供应链安全与可信性要求全新的监控和防护措施，包括但不限于引入更加精细的软件成分分析工具，实现供应链的透明化追踪；开发先进的风险评估和预警机制，及时发现并预防潜在的威胁；推动开源社区共享安全责任，通过集体协作强化供应链的韧性和稳健性。

为了应对这些挑战，业界需要发展更加精细的度量、分析和管理工具，以便深入理解并有效控制复杂供应链中的潜在风险；运用大数据和人工智能技术进行深度分析，实时监测并量化供应链中的风险点和依赖关系变动；提倡开放透明的开源文化，鼓励开发者积极维护供应链健康，实施严格的安全合规政策，并借助开源社区的力量进行知识共享和安全技能培训，共同构建一个既能充分发挥大模型技术潜力，又能有效保障供应链安全与可信性的开源生态体系。

4.3.3　大模型加速软件泛在化

大模型技术通过集成诸如自然语言处理、计算机视觉和智能决策等先进特性于各类软件应用之中，有力地推动了软件的广泛普及和深入渗透，即所谓的"泛在化"。这一过程不仅极大地简化了软件开发流程，提升了开发效能，还促使无数智能应用的诞生。这些应用不仅打破了原有的行业壁垒，更是快速渗透至日常生活中的各个角落，实现了全方位的数字化升级。

然而，伴随着软件泛在化的深入发展，一系列挑战逐渐凸显，需要适时采取相应策略加以应对。

- 数据安全与隐私保护：随着软件应用的无所不在，对个人信息的采集与处理愈发普遍，增加了数据泄露和非法使用的风险。因此，强化数据保护法规的建设和执行力度，同步发展安全可靠的数据处理与加密技术，成为应对这一挑战的核心举措。

- 模型透明度与可解释性：大模型内在的决策过程往往不够透明，尤其在医疗保健、金融等行业应用中，可能导致严重的信任难题。提高模型的可解释性，通过可视化技术和解析算法揭示模型决策背后的逻辑，是解决这一问题的关键所在。

- 技术依赖与供应链韧性：软件泛在化进程加重了对特定技术栈和供应商的依赖，供应链中任何环节的脆弱性都可能波及整个生态系统。构建弹性多元的技术供应链，并强化供应链风险管理机制，是有效缓解过度依赖与降低潜在风险的战略路径。

- 技能与教育资源的适应性调整：大模型技术的飞速发展呼唤开发者和用户更新自身技能储备。教育系统亟须与时俱进，整合有关大模型技术的相关课程和培训资源，以充分满足市场需求的新技能教育需求。

- 伦理与法律议题应对：智能应用的普及引发了算法偏见、责任归属等一系列伦理与法律争议。建立健全、明确的伦理指导原则和相应的法律法规框架，以确保技术应用的公正性和合理性，是妥善解决此类问题的根本。

总而言之，大模型技术在催化软件泛在化进程中发挥了关键作用，同时暴露了许多亟待解决的问题。克服这些问题需要跨学科、跨领域的广泛合作，以及政策制定者、技术研发者、教育工作者和全社会的共同努力。唯有如此，才能确保软件泛在化的稳步推进既安全又可持续，最大限度地释放其对整个开源生态的积极变革效应。

5 大模型下的软件工程挑战

在利用大模型加速和优化软件开发过程中，我们面临一系列独特的挑战。这些挑战主要源于软件工程的固有复杂性以及模型本身的局限性。大模型虽然在处理大规模数据和复杂计算方面显现出卓越的能力，但在软件工程的多个关键方面，仍需克服重大障碍以发挥其潜力。本文先对使用大模型进行软件开发面临的系统层面的挑战进行汇总，接着对软件开发各个环节的挑战分别展开介绍，最后讨论软件大模型在数据、评估以及可信性方面的挑战。

5.1 整体层面的挑战

总体而言，大模型下的软件工程在系统、开发活动、隐性抽象知识、特定领域知识、质量和可维护性这几方面的挑战如下。

5.1.1 软件系统的复杂性

软件系统本身的复杂性对基于大模型的软件开发方法构成了重大挑战。模型在处理长文本时，由于输入长度的限制，其理解能力会受到影响，这在处理庞大的软件文档和代码时尤为明显。目前的研究往往局限于生成简单的代码片段，如单一功能的实现，而在处理整个类或完整文件的代码生成时则显得力不从心。因此，我们需要进一步增强模型处理这些复杂任务的能力。

5.1.2 软件开发活动的复杂性

软件开发中也涉及众多团队成员在不同地点和时间的协作。要有效地应用大模型，必须将复杂的软件开发活动转化为模型可以理解的格式，并且提高模型在整体记忆、代码一致性维护和复杂项目规划方面的能力。这样，大模型才能更好地支持跨团队和跨地域的软件开发项目。

5.1.3 软件开发中的隐性抽象知识

软件开发过程中存在大量非显式的隐性抽象知识，例如关于软件架构风格和设计决策的理解。这类知识往往未被完整地记录在任何文档或代码中，使得大模型难以准确捕捉和理解这些元素。这类知识的缺失限制了大模型在处理含有复杂抽象概念的软件开发任务时的能力。

5.1.4 软件开发中的特定领域知识

大模型主要通过分析广泛的公共数据集进行预训练，但许多企业的软件开发项目涉及特定领域的知识，这些信息通常不对外公开，仅存在于私有代码库和文档中。因此，大模型在特定领域的软件开发支持中的表现可能有限。此外，由于模型训练成本高昂，它们不经常更新，这限制了大模型对最新领域知识的学习能力。缺乏对最新和特定领域知识的更新，进一步影响了大模型在新兴技术领域中的应用效果。

5.1.5 软件质量的高要求

在软件开发领域，对软件的可靠性和质量有着极高的要求，不同于传统的自然语言处理任务。即使是细微的编程错误也可能导致程序运行异常，有时甚至引发严重的后果。在这种背景下，利用大模型进行智能化软件开发时，必须确保生成的软件具备高可靠性。尽管这些大模型在代码自动生成和质量控制方面表现优异，但它们的生成式本质——基于概率的输出，仍可能导致结果的不准确。例如，已有研究显示，在自动生成代码时，大模型可能产生包含语法错误或逻辑错误的代码，如引用了不存在的变量或函数。这些问题表明，基于大模型的软件开发方法在直接应用于生产环境前，还需要在可靠性上进行大幅度提升。

5.1.6 软件的可维护性

在软件开发的生命周期中，维护占据了重要的一环，涉及对现有系统的功能添加、移除或修改。随着敏捷开发模式的广泛采用，软件系统的迭代更新变得尤为频繁，对软件的可维护性提出了更高的要求。使用大模型来进行软件维护时，这些大模型需要能够在复杂的软件环境中准确识别并实施必要的代码修改。这不仅要求大模型具备对软件全局结构深入理解的能力，还要能处理和修改大规模的代码库。

5.2 具体层面的挑战

大模型下的软件工程在软件开发过程中也有着具体的技术和实践挑战，下面主要介绍大模型在软件开发过程中的挑战。

5.2.1 大模型在需求与设计中的挑战

需求与设计是软件开发的关键阶段，目前仍然是软件开发过程中的一个极具挑战的过程。最大的困难和挑战来自两个方面：第一个是现实世界问题本身的复杂性，第二个是领域专家和软件开发人员的沟通障碍。这两个方面进一步导致早期需求定义的不确定。

为了应对这些挑战，需求与设计阶段将需求任务分解为需求获取（领域问题理解和需求抽取）、需求规约（需求信息文档化和形成需求定义）、需求分析（根据需求进行软件需求建模和评估，并和领域专家进行需求协商）、需求验证（保证需求文档和规范的质量）等子任务。这些子任务组成迭代式需求工程过程。该过程根据捕获到的需求解决现实世界问题，并推断出能支撑问题解决方案中的软件解决方案。

针对现实问题的复杂性，软件开发人员需要和领域专家一起，从理解现实世界问题开始，根据领域问题的特征去决策软件架构，进一步确定软件能力需求以及软件设计约束，不断细化迭代，最后产出能用于解决现实世界问题的可行的软件解决方案。这个过程中常常出现类似"鸡和蛋"的问题，即软件规约（包括架构）的细化，需要需求的细化，但只有在已知软件架构的情况下才能有目标的去定义需求。需求工程"双峰模型"就是在刻画"需求-架构"的这个迭代过程，即架构和需求需要用迭代的方法在相互影响中精化。

有效地进行沟通是需求工程中的关键问题，沟通的目的是理解领域用户意图并获取有用信息。需求过程中的沟通一般都基于自然语言，表达上的模糊性和含义理解上的不确定性，常常是沟通过程中的障碍。大模型在自然语言理解和应对表达不确定性方面具有天然的优势，为解决需求工程的沟通困难带来了希望。第一，需求获取涉及大量行业应用领域文档的理解，大模型可以提供高效的数据和信息处理能力；需求信息获取的多源性带来语言和文化多样性的挑战，大模型能有效应对该挑战并辅助信息提取。第二，如果大模型学习了领域行业知识文档和软件设计文档，它就成了巨大规模的知识库，在沟通过程中可以进行缺失知识补充或补全。第三，大模型在指令引导下有可能完成需求描述从自然语言表示到结构化或形式化表示，包括从自然语言文本到结构化或形式化表示的转换，以及辅助进行需求信息的交叉检查。

要让大模型能聚焦复杂软件开发的需求工程目标，即通过迭代和精化系统地获取有用信息，并按软件设计的要求产出结构化地描述，存在很多挑战，包括如何控制沟通的迭代过程中信息抽取逐步收敛；如何加强沟通的针对性，以防语言模型的幻觉；如何提高沟通内容的结构化可描述性等等。这些挑战的原因是，第一，大模型很大程度上依赖全面的提示和可用的上下文信息来生成有意义的输出，稍微不同的提示可能会产生非常不同的输出，若采用大模型作为需求代理，有必要对提示工程进行彻底的实证评估。第二，有经验的需求工程师在制定提示、解释和获得高质量输出方面更成功，凸显经验和培训在 RE 团队中的重要性。第三，虽然普遍认为大模型具有需求解释和补全能力，它可以为不同的利益相关者辅助解释和生成文本，这可能是减少不同项目团队固有沟通障碍的关键。然而，管理很多"误报"的候选需求时需要小心，以确保工程师不会因许多不相关或不准确的需求而增加工作负担（大模型的"幻觉"问题）。第四，大模型存在一些固有问题，比如，输出中的系统性不准确或刻板印象（受训练数据的影响），以及有限的上下文长度，使处理大型文档或在会话中维护任务上下文变得困难。再如，需求工程师需要对应用领域有很好的理解，以抽取和说明正确、完整的需求，而大模型对特定领域知识的训练可能有限，需要通过专家、其他来源或微调来整合领域知识。

总之，要充分利用大模型辅助软件需求分析与设计，还需要重点突破以下挑战。第一，虽然解决沟通困难和知识不足（包括领域知识、软件需求与设计知识）的问题属于大模型擅长的领域，但如何充分挖掘大模型掌握的知识，需要系统化地设计有针对性的提示；第二，需要解决用户需求和需求场景、软件需求与设计描述方面的对齐问题，需要有有效的方法能系统化规约需求理解、问题解耦、架构设计、需求细化这个迭代过程，并制定以此为基础的、结合需求制品当前状态的大模型自主提示机制；第三，需求演化是软件演化的起源，但如何将大模型引入到演化式需求感知和需求演化增长过程中，目前还没有得到关注；第四，复杂问题场景常常需要所设计的软件系统满足特定的非功能需求，对非功能需求如何感知，特别是安全相关的系统安全和质量保障，这些对于大模型来说都还属于开放问题。

5.2.2　软件工程领域大模型在代码生成应用中的挑战

基于大模型的代码生成技术的出现，极大地提高了代码开发效率和质量。通过自动化生成代码，开发人员可以将精力集中在解决业务问题上，而不是烦琐的编码任务上。然而，大模型给代码生成领域带来新机遇的同时也带来了新的挑战和问题。目前，大模型在代码生成应用中的挑战主要有以下四个方面。

1. 大模型自身容易对事实产生幻觉

现有的最先进的大模型仍然会生成违背事实的结果，也就是说大模型在代码生成场景下可能生成的结果不可靠，特别是在高风险的上下文场景中，如果生成结果不可靠，容易带来巨大的风险。

2. 大模型在生成的代码中容易引入安全漏洞

大模型的预训练语料来自开源代码仓，开源代码仓的贡献者背景不同，水平不同，使得开源代码仓存在着各种各样的安全漏洞。开源代码仓中的安全漏洞被模型学习，使得大模型在使用中将这些安全漏洞随机引入实际开发中，造成不可估量的影响。

3. 大模型代码生成在新兴编程语言上受限

面对新兴编程语言，如 ArkTS，可获得的训练语料相当匮乏。而新兴编程语言急需可用的编程助手，降低编程门槛，对其进行推广。匮乏的训练语料和急迫的推广需求之间的矛盾，使得在新兴编程语言上造出好用的大模型代码生成助手面临巨大的挑战。

4. 现有的评估不足以确认机器生成代码的质量和正确性

现在主流的代码生成评估使用 HumanEval、MBPP 等数据集，这些数据集中的测试用例是简单的、直接的。然而在实际开发场景中，模型接收真实世界的代码并生成代码，其中许多代码方法与其他方法交互使用，才能完成给定的任务。因此，要确认机器生成代码的质量和正确性需要更为复杂的切合实际场景的评估方法。

5.2.3　软件工程领域大模型在测试用例生成应用中的挑战

在海量数据上训练得到的生成式软件工程领域大模型具有丰富的代码语法格式和语义功能知识，在合适的提示词的引导下，它在生成常见的通用代码和推理出全新的特定任务代码上均有出色的表现。这种强大的生成能力给测试代码生成技术的研究带来了新的发展机遇。当前，业界应用大模型进行测试用例生成的主流模式分为两个阶段：首先，提取被测方法及相关的代码上下文以特定的方式拼装成提示词询问大模型；然后，对大模型输出的测试代码采用合适的文本后处理方法，以使其能够被成功编译和执行。

在软件测试领域，从业者对高质量的测试用例一般有语法和语义两个递进层面的要求。在语法层面，要求生成的测试代码可以被正确编译和没有错误地被执行。在语义层面，语义可以全面覆盖被测代码，并且在软件开发和迭代过程中测试用例能够发现缺陷，从而保障代码质量。当前的大模型应用方案虽然可以生成部分测试代码，但是在生成完全符合上述层次要求的高质量测试用例方面仍然存在很大的挑战。

1. 语法层面

大模型本质上是一个会生成随机单词文本序列的概率模型。在单元测试场景下，这些随机单词组成的测试代码片段经常会由于存在无法被编译器成功解析的代码元素（如缺少声明的变量类型，不存在的标识符等）和非代码文本（如用例解释性的自然语言文本）而无法通过编译。这种生成结果无法直接被开发者使用，限制了大模型的应用。如何让大模型尽可能少地生成编译出错的文本，提升测试用例的语法编译通过率是一个挑战。借助大模型的强学习能力，应对该挑战的解决方案有两个：一个是进行模型微调，人工收集并标注有特定格式的测试代码，用这些数据微调大模型的输出代码格式使其输出符合语法要求，但该方案可能会影响非调优数据包含的能力；另一个是研究提示词工程，在提示词中添加指令数据，要求模型不要输出无关代码和其他文本内容，但难以保障该方案能与大模型一起迭代更新。

2. 语义层面

测试用例编译通过之后，需要考虑该测试用例在执行过程中是否能够覆盖被测代码的全部可执行路径。为了实现路径全覆盖的目标，测试用例需要具有多样性。具体来说，需要指定被测方法的输入、外部依赖、环境状态等预置条件。预置条件的分析会涉及边界值测试、等价类测试、随机测试等多种类型的测试分析技术。如何准确提取或分析出这些预置条件是一个挑战。应对该挑战的思路可以是通过程序分析技术（控制流和数据流等）获取预置条件的约束集合。同时，如何将预置条件以合适的方式组装成提示词引导模型输出高覆盖率的用例也是一个挑战。该挑战可以通过尝试应用不同的提示词工程技术验证预置条件的组装方法来解决。

高质量代码体现在代码使用正确的实现逻辑进行实现。该实现包括返回正确的运行结果、对相关变量进行正确的修改，以及对异常情况进行捕获处理等符合代码设计预期的行为。单元测试用例通过断言语句来验证被测代码预期的正确性，从而保障代码质量。向大模型提供哪些信息可以使其生成的测试用例中包含有效的断言语句来验证代码质量是一个挑战。一个值得探索的思路是挖掘（或根据历史测试数据推断）被测代码的需求设计来获取被测代码正确的测试预言。

5.2.4 大模型在代码检视应用中的挑战

当前，大模型已经可以为代码检视流程的自动化提供辅助，即在一定的人工干预和指导下实现部分的代码检视自动化。由于当前大模型对代码检视场景下的高质量数据知识储备不足，代码检视常常依赖具体的需求与目的等因素，目前我们尚不能实现代码检视的完全自动化与智能化。目前，大模型在代码检视应用中的挑战主要体现在以下四个方面。

1. 高质量代码检视意见的评估与调优数据的构建

相对于代码生成等任务，现有大模型在代码检视任务上的优化相对比较缺乏，原生大模型比较难以直接有效地应用于代码检视任务上。因此，我们需要使用代码检视数据对大模型进行监督调优或指令调优，从而使大模型具备更好的完成代码检视任务的能力。然而，现有大模型的效果高度依赖数据的质量，而真实场景下的代码检视意见数据质量参差不齐，因而如何评估高质量代码检视意见，并据此构建高质量调优数据集是大模型在代码检视应用中的一项重要挑战。

无论是开源软件社区还是商业软件，均存在大量不适合构建基于大模型的代码检视应用的代码检视意见数据，比如高度依赖其他检视意见（例如：同上、参考上面）、目的不明确（没有明确说明需要相关人员采取何种行动）、表达不清楚等等。如果使用此类低质量的数据来调优大模型，将导致大模型在代码检视应用过程中生成低质量的检视意见，影响其可用性。批量且准确地评估高质量的代码意见，并构建相应高质量的调优数据集对于构建基于大模型的代码检视应用而言至关重要。

2. 针对不同类型的代码检视应用构建

在真实场景下，提交入库申请的代码变更常常引发不同类型的问题，包括可导致程序崩溃和被恶意利用的安全问题、编码规范问题，以及普遍来说优先级相对较低的代码格式类问题等等。现有基于大模型的代码检视应用往往将所有问题类型的数据合并在一起，构建成通用的代码检视应用。而实际开发过程中数量最多的问题往往是编码规范问题以及格式类问题，这会导致大模型倾向于去寻找代码中的规范与格式问题，而严重程度更高的问题不容易被检测出来。另外，由于监督调优的特性，一组代码变更往往对应一条代码检视意见，这使得常规的大模型监督调优不适用于一个代码变更对应多个不同类型问题的情况。因此，构建针对不同类型的代码检视应用是基于大模型的代码检视应用的一个重要挑战。

3. 开源社区与工业界的代码检视实践存在差距

现有的代码检视相关研究主要基于开源社区的软件项目展开，然而实际上开源社区与工业界的代码检视实践存在一定的差距。比如工业界的开发者往往最关心关乎到开发者与产品命脉的安全问题，同时各个企业可能都有各自的编码规范与要求。而开源社区项目比较少涉及安全问题，比较多的是各式各样的格式、文档类问题，这使得可用于解决工业界代码检视关键需求（比如安全问题的检视）的可用研究技术与数据比较少。因此，如何基于工业界的关键需求，获取解决关键需求的大模型训练、调优、推理数据，以及利用提示工程组件有效地训练、调优、推理是工业界基于大模型的代码检视应用的一个重要挑战。

4. 代码检视的全流程自动化

当前的代码检视自动化技术主要为针对代码检视流程中的部分活动进行自动化，如代码变更的检视必要性判断、代码检视意见的生成等。这些现有技术主要是基于以往的深度学习和预训练模型构建的。而在大模型时代，代码检视的全流程自动化变成了一个重要挑战。

5.2.5　大模型在软件运维应用中的挑战

在现代软件运维领域，大模型驱动的软件运维已逐渐成为新的运维范式，可以通过提升模块化管理和数据驱动的决策能力来提高运维效率和响应速度。尽管大模型在处理复杂系统和大规模数据时展现出巨大的潜力，其在实际的运维场景中仍然面临诸多限制，尚未实现完全的自动化和智能化运维。目前，大模型在软件运维应用中面临的挑战主要体现在以下三个方面。

1. 微服务架构中的服务依赖复杂性

在微服务架构的背景下，系统被划分为多个独立运作的服务单元，这种设计策略显著提升了系统的模块化和横向扩展能力。然而，这种架构也带来了上下文信息的碎片化，以及服务单元间依赖关系的复杂性增加。信息的分散性对依赖连续且上下文信息一致进行精确决策和预测的大型运维模型构成了挑战。微服务间的依赖关系复杂且动态变化，这进一步限制了单一模型在捕捉跨服务操作或事务全貌的能力。此外，由于上下文信息的分散，大型运维模型在理解和处理服务间的相互影响和依赖时面临巨大困难，难以有效应对这些依赖关系的动态性和多变性。因此，为了在微服务架构中实现有效的运维管理，我们迫切需要开发创新的策略和技术手段，以增强大模型对于分散上下文信息的整合能力，并提升对服务间复杂依赖关系的理解和响应速度。

2. 高质量的私有运维语料库的匮乏

在大规模系统的运维中，性能优化至关重要，尤其是在海量数据处理和高用户量的环境下。然而，大模型在这一领域的应用面临运维语料质量低和数量不足的挑战。运维大模型的训练通常依赖于大量高质量的数据集，但当前可用于训练的运维语料库相对稀缺，这直接影响了大模型在不同运维场景中的表现，使其难以有效地进行性能优化和准确预测系统的潜在瓶颈。这一问题在工业生产环境中尤为突出，因为工业界的运维场景涉及高度专有的数据和特定的系统需求。这些私有运维语料由于其敏感性和保密要求，通常无法公开使用，进一步限制了大模型的训练数据来源。这种保密性不仅减少了可用运维语料的数量，也导致了数据质量的参差不齐，进而加大了大模型在工业环境中进行实时性能监控和优化的难度。

3. 缺乏可解释性和高可靠性运维信息

在软件运维领域，系统的高可靠性和可解释性至关重要，因而对错误的容忍度极低。在这一环境中，大模型的应用面临着特殊的挑战。首先，大模型在处理复杂运维任务时，必须尽量避免产生幻觉，即避免生成不准确或虚假的信息，因为这在运维过程中可能导致严重的后果。此外，由于运维决策直接影响系统的运行，任何结果都必须具备高度的可解释性。运维团队需要能够理解并验证大模型的输出，以确保其建议的正确性和可靠性。当前，大多数大模型的决策过程难以透明呈现，导致其应用在高可靠性要求的环境中受到限制，这加大了大模型在运维领域的应用难度。

5.2.6 大模型在漏洞管理应用中的挑战

大模型的快速发展给漏洞管理能力的构建与提升带来新的可能。针对漏洞管理相关的感知、验证、解释、分析和修复五大场景，大模型可以利用其强大的涌现与泛化机制赋能这些场景。例如针对漏洞的感知，可以基于大模型的少样本学习策略和相似漏洞扫描技术为传统基于判别式模型的检测提供能力的增强；对于漏洞的解释，可以基于大模型为漏洞提供详细的问题定位、可能相关联的漏洞类型、可能的修复方案等解释信息。

目前，大模型在漏洞管理应用中尚处于初步验证和探索阶段，距离其大规模高效、可靠的应用尚存在一定差距，具体体现在以下四个方面。

1. 大模型自身缺少对漏洞信息的理解

大模型的训练数据通常是互联网中各种来源的开源数据，而承载漏洞信息的开源数据来源和数量均十分有限，这使得大模型自身对漏洞信息的理解并不充分。在基于大模型的漏洞管理过程中，大模型需要对漏洞信息进行分析和处理，进而在应用层面进行漏洞的检测、解释，以及漏洞修复的提前感知等。然而，大模型本身缺乏对漏洞信息的理解，这会导致基于大模型的漏洞管理应用的准确性和可靠性受到影响。因此，仅仅使用原生大模型的能力通常不足以直接构建基于大模型的漏洞管理应用，需要通过足够的漏洞信息数据来让大模型进一步学习、理解漏洞的模式与特征，进而基于大模型构建相应的应用。

2. 高质量的漏洞分析与解释数据较少

当前，生成式模型的优势在于对问题提供详细的分析和解释，而完成这一任务的前提是在训练或调优阶段能够为大模型提供足够的高质量解释数据。相应地，基于大模型构建漏洞管理应用也需要大量高质量的漏洞解释与分析数据来训练和调优大模型。然而，目前开源漏洞数据集主要提供的信息仅包括漏洞补丁的代码、CVE ID、CWE 类型等，很少有开发者可阅读的漏洞分析与解释信息。因此，如何基于现有漏洞信息，获取对应的高质量漏洞分析与解释数据，进而构建可解释的漏洞管理应用是一个重要的挑战。

3. 漏洞类型多样复杂，是构建多个专业模型还是构建统一的模型

漏洞的类型多样且其机制从简单到复杂各异。一方面，如果针对不同类型的漏洞各自构建多个专业模型，理论上可以在各类漏洞上实现更好的效果，但多个模型的多次调用会带来额外的时间和资源开销；另一方面，如果将不同类型的漏洞合并在一起，构建一个统一的漏洞模型，可以大幅减少模型的推理成本，但不同类型漏洞数据的混合学习可能造成互相干扰，影响其效能。因此，对于构建基于大模型的漏洞管理应用而言，构建多个专业模型还是构建统一的模型是一个重要的挑战。

4. 漏洞上下文信息较复杂，导致超过大模型窗口大小以及推理耗时过长

基于大模型构建漏洞管理应用时，需要在输入的提示词中提供足够的漏洞上下文信

息。输入的漏洞上下文信息可能包括漏洞位置、漏洞类型、漏洞等级，以及漏洞补丁等详细信息。然而，这些信息可能会非常长，这可能导致输入超出现有大模型的窗口大小，引发重要信息丢失。且大模型可能无法同时考虑漏洞的所有上下文信息，从而无法准确评估漏洞的严重性和影响范围。另外，对于复杂而较长的漏洞上下文信息，大模型可能需要更长的时间来进行处理和分析，从而影响漏洞管理应用的实用性和效率。

5.3 软件工程大模型数据与评估的挑战

1. 高质量代码的挑战

随着大模型在代码生成领域的成功应用，如何训练一个软件工程领域大模型来解决代码生成等下游任务受到越来越多的关注。尽管大模型以很快的速度在更新迭代，但模型的架构仍是以 Transformer 为基础，高价值的数据源及高质量预训练数据成为影响大模型效果的核心因素，也成为各大模型的核心商业机密，因此引出了高质量代码数据建设的多方挑战。

在软件工程领域大模型的预训练阶段，数据规模与数据多样化是对模型影响关键的两个因素；国内外开源代码社区成为数据的主要来源，然而开源社区数据来源混杂，质量参差不齐；已知公开的软件工程领域数据集又缺乏严格质量保证；同时，对源代码的清洗基本采纳启发式的文本清洗规则，仅清洗数据格式问题，无法保证数据的一致性、多样性、准确性及完整性等高阶清洗要求，也未有效利用代码自身的结构语义等特征；在预训练阶段如何构建多样的、庞大规模的高质量代码数据集，如何定义高质量代码数据集标准仍是"未解之谜"。

针对软件工程领域大模型在不同下游任务微调阶段，带标签的高质量数据是影响模型的核心因素。如何对从大量代码数据中提取关键用于微调的代码片段及上下文，如何对已有数据在减少人工成本的同时进行精准标注，如何优化已有的下游任务数据集以保证质量，如何覆盖尽可能多的软件工程下游任务等是当前面临的几大挑战。尽管有 GPT-4 等效果突出的大模型辅助标注，模型自身在代码生成领域的鲁棒性和一致性也受到了多方挑战。

2. 软件工程领域大模型评估的挑战

针对软件工程领域大模型的评估，我们应该分两阶段考虑，即模型选型阶段及选型后开发者在实际使用中研发效能提升阶段。每个阶段都有不同难度的挑战需要应对。

在模型选型阶段，我们主要采用基于 Benchmark 评估数据集的评估方式。有研究表明，随着大模型的不断迭代，各模型在 HumanEval、MBPP 等公认的评估数据集上的表现已接近极限，很难再做到客观全面的评估。近年来，基于实际开发项目的评估数据集不断发布。数据集的构建普遍需要大量人工标注及确认。如何制定评估标准，如何高效地、高质量地构建基准评估数据集，如何保障数据集覆盖范围全面等是模型选型阶段的几个重要挑战。

在实际使用场景中，如何对大模型进行评估又是另外一个问题。基于 Benchmark 的评分无法客观反应对开发者实际帮助有多大。常用的评估指标包括命中率、覆盖率、编辑距离等。如何面向开发者定义更有针对性的评估指标；如何构建与实际开发场景接近的评估场景；如何通过对生成内容的评估反馈到模型训练阶段，从而能够识别模型训练问题或者数据问题，是对模型评估更高阶的要求，也是更大的挑战。

5.4 软件工程领域大模型在可信性方面的挑战

不同于传统的代码模型，软件工程领域大模型由于其自身特性面临新的可信性方面的挑战。目前，软件工程领域大模型在可信性方面的挑战主要集中在以下三个方面。

1. 软件工程领域大模型在软件开发过程中的作用尚未明确

软件工程领域大模型已经被证明能够通过提示词工程和相关的增强技术完成软件开发过程中多个步骤的工作。然而，伴随着软件工程领域大模型出色生成能力的是其输出的复杂性和不可预测性。直接将软件工程领域大模型引入实际开发场景可能会给软件系统带来潜在的风险，因此，应当明确软件工程领域大模型在软件开发过程中发挥的作用。软件工程领域大模型拥有较为全面的知识库，并能够针对特定场景做出意见生成，其充当的是建议者和协作者的角色，而非独立开发者。相关开发人员主观上使用软件工程领域大模型的主要目的是提升效率，不能形成依赖；客观上可以通过代码检视等环节确保软件工程领域大模型使用的规范。

2. 大模型生成内容的正确性无法保证

与通用的大模型类似，软件工程领域大模型也存在幻觉现象，导致其生成内容的正确性和可靠性无法得到保证。如何最大限度减轻软件工程领域大模型的幻觉现象成为一项亟待解决的问题。同时，在将软件工程领域大模型应用于具体的开发场景之前确保与实际场景对齐成为一项关键任务，即让模型的行为与人类的意图一致，生成符合需求的建议。因此，如何利用对齐技术提升模型在特定场景的理解能力，以及研究减轻模型幻觉现象（即确保大模型生成内容的正确性）是提升软件工程领域大模型可信性的一项重要挑战。

3. 衡量软件工程领域大模型可信性的维度未被统一

软件工程领域大模型的可信性需要从多个维度出发完成全面评估。现在虽然有一些研究关注到了具体下游任务生成结果的正确性和可用性，但是没有对可信性的评估进行系统全面的总结。统一评估标准的缺失阻碍了提升软件工程领域大模型可信性的提升，同时不够全面的可信性研究可能会使得软件工程领域大模型在实际场景中的使用过于乐观，造成潜在的风险和损失。

6 总结

随着 AIGC 技术的飞速发展，基于大模型的软件工程体系正在逐步改变软件生产的方式，为实际生产中的各种问题提供了新的解决思路。本年度报告主要关注在 AI 赋能软件工程（AI4SE）领域，聚焦于大模型下的软件工程研究进展及趋势，围绕软件工程领域大模型、大模型辅助软件工程、大模型下的开源生态等方面展开，并结合当前的研究进展提出所面临的机遇与挑战。报告首先概述了软件工程领域中基础大模型及大模型基于指令调优的发展状况，为读者提供了必要的背景信息。接着，详细分析了大模型如何融入软件生产流程，探讨了其实际应用的效果与潜力。最后，从开源的角度出发，审视了大模型给开源社区及开源软件带来的深远变革。

基于上述研究与讨论，本年度报告总结了大模型背景下软件工程所面临的机遇与挑战。我们希望通过这份报告，帮助学术界同人更好地理解大模型在软件工程中的应用现状，并激发更多结合实际问题的研究与实践，共同推动基于大模型的软件工程体系向着更加健康、可持续的方向发展。

参考文献

[1] CHEN M, TWOREK J, JUN H, et al. Evaluating large language models trained on code[J]. arXiv preprint arXiv：2107.03374, 2021.

[2] BROWN T, MANN B, RYDER N, et al. Language models are few-shot learners[J]. Advances in neural information processing systems, 2020(33)：1877-1901.

[3] LI Y, CHOI D H, CHUNG J, et al. Competition-level code generation with AlphaCode[J]. Science, 378 (6624)：1092-1097.

[4] HAO Y, LI G, LIU Y, et al. AixBench：a code generation benchmark dataset[J]. arXiv preprint arXiv：2206.13179, 2022.

[5] RADFORD A, WU J, CHILD R, et al. Language models are unsupervised multitask learners[J]. OpenAI blog, 2019, 1(8)：9.

[6] CHOWDHERY A, NARANG S, DEVLIN J, et al. PaLM：scaling language modeling with pathways[J]. Journal of Machine Learning Research, 2023, 24(240)：1-13.

[7] ZENG W, REN X, SU T, et al. PanGu-α：large-scale autoregressive pretrained chinese language models with auto-parallel computation[J]. arXiv preprint arXiv：2104.12369, 2021.

[8] CHRISTOPOULOU F, LAMPOURAS G, GRITTA M, et al. PanGu-Coder：Program synthesis with function-level language modeling[J]. arXiv preprint arXiv：2207.11280, 2022.

[9] ZHENG Q, XIA X, ZOU X, et al. CodeGeeX：a pre-trained model for code generation with multilingual evaluations on HumanEval-X[J]. arXiv preprint arXiv：2303.17568, 2023.

[10] WORKSHOP B, SCAO T L, FAN A, et al. Bloom：a 176B-parameter open-access multi-lingual language model[J]. arXiv preprint arXiv：2211.05100, 2022.

[11] RAFFEL C, SHAZEER N, ROBERTS A, et al. Exploring the limits of transfer learning with a unified text-to-text transformer[J]. Journal of machine learning research, 2020, 21(140)：1-67.

[12] CHAI Y, WANG S, PANG C, et al. ERNIE-Code：beyond english-centric cross-lingual pretraining for programming languages[J]. arXiv preprint arXiv：2212.06742, 2022.

[13] NIJKAMP E, PANG B, HAYASHI H, et al. CodeGen：an open large language model for code with

multi-turn program synthesis[C]//The Eleventh International Conference on Learning Representations, ICLR 2023, Kigali, Rwanda, May 1-5, 2023. [S. l.]: OpenReview. net, 2023.

[14] TOUVRON H, LAVRIL T, IZACARD G, et al. Llama: open and efficient foundation language models[J]. arXiv preprint arXiv: 2302. 13971, 2023.

[15] TOUVRON H, MARTIN L, STONE K, et al. Llama 2: open foundation and fine-tuned chat models[J]. arXiv preprint arXiv: 2307. 09288, 2023.

[16] ROZIERE B, GEHRING J, GLOECKLE F, et al. Code Llama: open foundation models for code[J]. arXiv preprint arXiv: 2308. 12950, 2023.

[17] DUBEY A, JAUHRI A, PANDEY A, et al. The Llama 3 herd of models[J]. arXiv preprint arXiv: 2407. 21783, 2024.

[18] GUNASEKAR S, ZHANG Y, ANEJA J, et al. Textbooks are all you need[J]. arXiv preprint arXiv: 2306. 11644, 2023.

[19] LI Y, BUBECK S, ELDAN R, et al. Textbooks are all you need II: phi-1. 5 technical report[J]. arXiv preprint arXiv: 2309. 05463, 2023.

[20] FRIED D, AGHAJANYAN A, LIN J, et al. InCoder: a generative model for code infilling and synthesis[C]//The Eleventh International Conference on Learning Representations, ICLR 2023, Kigali, Rwanda, May 1-5, 2023. [S. l.]: OpenReview. net, 2023.

[21] BAVARIAN M, JUN H, TEZAK N, et al. Efficient training of language models to fill in the middle[J]. arXiv preprint arXiv: 2207. 14255, 2022.

[22] NIJKAMP E, HAYASHI H, XIONG C, et al. CodeGen2: lessons for training LLMs on programming and natural languages[J]. arXiv preprint arXiv: 2305. 02309, 2023.

[23] ALLAL L B, LI R, KOCETKOV D, et al. SantaCoder: don't reach for the stars! [J]. arXiv preprint arXiv: 2301. 03988, 2023.

[24] SHAZEER N. Fast transformer decoding: one write-head is all you need[J]. arXiv preprint arXiv: 1911. 02150, 2019.

[25] LI R, ALLAL L B, ZI Y, et al. StarCoder: may the source be with you! [J]. arXiv preprint arXiv: 2305. 06161, 2023.

[26] GUO D, ZHU Q, YANG D, et al. DeepSeek-Coder: when the large language model meets programming-the rise of code intelligence[J]. arXiv preprint arXiv: 2401. 14196, 2024.

[27] BI X, CHEN D, CHEN G, et al. DeepSeek LLM: scaling open-source language models with longtermism[J]. arXiv preprint arXiv: 2401. 02954, 2024.

[28] OUYANG L, WU J, JIANG X, et al. Training language models to follow instructions with human feedback[J]. Advances in neural information processing systems, 2022(35): 27730-27744.

[29] WANG Y, LE H, GOTMARE A D, et al. CodeT5+: open code large language models for code understanding and generation[J]. arXiv preprint arXiv: 2305. 07922, 2023.

[30] DU Z, QIAN Y, LIU X, et al. GLM: general language model pretraining with autoregressive blank infilling[C]//Proceedings of the 60th Annual Meeting of the Association for Computational Linguistics (Volume 1: Long Papers). Dublin: ACL 2022: 320-335.

[31] ZENG A, LIU X, DU Z, et al. Glm-130b: an open bilingual pre-trained model[J]. arXiv preprint arXiv: 2210. 02414, 2022.

[32] SHEN B, ZHANG J, CHEN T, et al. PanGu-Coder2: boosting large language models for code with

ranking feedback[J]. arXiv preprint arXiv: 2307.14936, 2023.

[33] ANIL R, BORGEAUD S, Wu Y, et al. Gemini: a family of highly capable multimodal models[J]. arXiv preprint arXiv: 2312.11805, 2023.

[34] LUO Z, XU C, ZHAO P, et al. WizardCoder: empowering code large language models with evol-instruct[J]. arXiv preprint arXiv: 2306.08568, 2023.

[35] WEI Y, WANG Z, LIU J, et al. Magicoder: source code is all you need[J]. arXiv preprint arXiv: 2312.02120, 2023.

[36] YU Z, ZHANG X, SHANG N, et al. WaveCoder: widespread and versatile enhanced instruction tuning with refined data generation[J]. arXiv preprint arXiv: 2312.14187, 2023.

[37] ZHANG Z, CHEN C, LIU B, et al. A survey on language models for code[J]. arXiv preprint arXiv: 2311.07989, 2023.

[38] YU H, SHEN B, RAN D, et al. CoderEval: a benchmark of pragmatic code generation with generative pre-trained models[C]//Proceedings of the 46th IEEE/ACM International Conference on Software Engineering, ICSE 2024, Lisbon, Portugal, April 14-20, 2024. [S.l.]: ACM, 2024(37): 1-12.

[39] AUSTIN J, ODENA A, NYE M I, et al. Program synthesis with large language models[J]. arXiv preprint arXiv: 2108.07732, 2021.

[40] HENDRYCKS D, BASART S, KADAVATH S, et al. Measuring coding challenge competence with APPS[C]//Vanschoren J, Yeung S. Proceedings of the Neural Information Processing Systems Track on Datasets and Benchmarks 1. [S.l.]: NeurIPS, 2021.

[41] CASSANO F, GOUWAR J, NGUYEN D, et al. MultiPL-E: a scalable and polyglot approach to benchmarking neural code generation[J]. IEEE Trans. Software Eng., 2023, 49(7): 3675-3691.

[42] ZAN D, CHEN B, YANG D, et al. CERT: continual pre-training on sketches for library-oriented code generation[C]//Raedt L D. Proceedings of the Thirty-First International Joint Conference on Artificial Intelligence, IJCAI 2022, Vienna, Austria, 23-29 July 2022. [S.l.]: IJCAI, 2022: 2369-2375.

[43] LAI Y, LI C, WANG Y, et al. DS-1000: a natural and reliable benchmark for data science code generation[C]//Krause A, Brunskill E, Cho K, et al. Proceedings of Machine Learning Research, Vol 202: International Conference on Machine Learning, ICML 2023, 23-29 July 2023, Honolulu, Hawaii, USA. [S.l.]: PMLR, 2023: 18319-18345.

[44] CAO L, CAI Y, WANG J, et al. Beyond code: evaluate thought steps for complex code generation[C]//Proceedings of the 2024 Joint International Conference on Computational Linguistics, Language Resources and Evaluation (LREC-COLING 2024). [S.l.]: ACL, 2024: 2296-2306.

[45] WANG W, YANG C, WANG Z, et al. TESTEVAL: benchmarking large language models for test case generation[J]. arXiv preprint arXiv: 2406.04531, 2024.

[46] ZHANG S, ZHAO H, LIU X, et al. NaturalCodeBench: examining coding performance mismatch on humaneval and natural user prompts[J]. arXiv preprint arXiv: 2405.04520, 2024.

[47] WEYSSOW M, KAMANDA A, SAHRAOUI H. CodeUltraFeedback: an LLM-as-a-Judge dataset for aligning large language models to coding preferences[J]. arXiv preprint arXiv: 2403.09032, 2024.

[48] DU X, LIU M, WANG K, et al. Classeval: a manually-crafted benchmark for evaluating llms on class-level code generation[J]. arXiv preprint arXiv: 2308.01861, 2023.

[49] LIU T, XU C, MCAULEY J. Repobench: benchmarking repository-level code auto-completion systems[J]. arXiv preprint arXiv: 2306.03091, 2023.

[50] SIDDIQ M L, SANTOS J C S. SecurityEval dataset: mining vulnerability examples to evaluate machine learning-based code generation techniques[C]//Proceedings of the 1st International Workshop on Mining Software Repositories Applications for Privacy and Security (MSR4PS22). New York: ACM, 2022: 29-33.

[51] BAIK S, JEON M, HAHN J, et al. CodeComplex: a time-complexity dataset for bilingual source codes[J]. CoRR, 2024, abs/2401.08719.

[52] JAIN N, HAN K, GU A, et al. Livecodebench: holistic and contamination free evaluation of large language models for code[J]. arXiv preprint arXiv: 2403.07974, 2024.

[53] PAPINENI K, ROUKOS S, WARD T, et al. Bleu: a method for automatic evaluation of machine translation[C]//Proceedings of the 40th Annual Meeting of the Association for Computational Linguistics, July 6-12, 2002, Philadelphia, PA, USA. [S.l.]: ACL, 2002: 311-318.

[54] REN S, GUO D, LU S, et al. Codebleu: a method for automatic evaluation of code synthesis[J]. arXiv preprint arXiv: 2009.10297, 2020.

[55] EZZINI S, ABUALHAIJA S, ARORA C, et al. Automated handling of anaphoric ambiguity in requirements: a multi-solution study[C]//Proceedings of the 44th International Conference on Software Engineering. New York: ACM, 2022: 187-199.

[56] MOHARIL A, SHARMA A. Tabasco: a transformer based contextualization toolkit[J]. Science of Computer Programming, 2023, 230: 102994.

[57] SRIDHARA G, MAZUMDAR S. Chatgpt: a study on its utility for ubiquitous software engineering tasks[J]. arXiv preprint arXiv: 2305.16837, 2023.

[58] HEY T, KEIM J, KOZIOLEK A, et al. Norbert: transfer learning for requirements classification[C]//2020 IEEE 28th international requirements engineering conference (RE). New York: IEEE, 2020: 169-179.

[59] LUO X, XUE Y, XING Z, et al. Prcbert: prompt learning for requirement classification using bert-based pretrained language models[C]//Proceedings of the 37th IEEE/ACM International Conference on Automated Software Engineering. New York: ACM, 2023.

[60] MOHARIL A, SHARMA A. Identification of intradomain ambiguity using transformer-based machine learning[C]//Proceedings of the 1st International Workshop on Natural Language-Based Software Engineering. New York: ACM, 2023: 51-58.

[61] WANG Y, SHI L, LI M, et al. A deep context-wise method for coreference detection in natural language requirements[C]//2020 IEEE 28th International Requirements Engineering Conference (RE). New York: IEEE, 2020: 180-191.

[62] LIN J, LIU Y, ZENG Q, et al. Traceability transformed: generating more accurate links with pre-trained bert models[C]//2021 IEEE/ACM 43rd International Conference on Software Engineering (ICSE). Madrid, ES IEEE, 2021: 324-335.

[63] POUDEL A, LIN J, Cleland-Huang J. Leveraging transformer-based language models to automate requirements satisfaction assessment[J]. arXiv preprint arXiv: 2312.04463, 2023.

[64] RONANKI K, CABRERO-DANIEL B, Berger C. ChatGPT as a tool for user story quality evaluation: trustworthy out of the box? [C]//International Conference on Agile Software Development. Cham: Springer Nature Switzerland, 2022: 173-181.

[65] MA L, LIU S, LI Y, et al. SpecGen: automated generation of formal program specifications via large

language models[J]. arXiv preprint arXiv: 2401.08807, 2024.

[66] XIE D, YOO B, JIANG N, et al. Impact of large language models on generating software specifications[J]. arXiv preprint arXiv: 2306.03324, 2023.

[67] ENDRES M, FAKHOURY S, CHAKRABORTY S, et al. Formalizing natural language intent into program specifications via large language models[J]. arXiv preprint arXiv: 2310.01831, 2023.

[68] ZHANG S, WANG J, DONG G, et al. Experimenting a new programming practice with LLMs[J]. arXiv preprint arXiv: 2401.01062, 2024.

[69] JIANG X, DONG Y, WANG L, et al. Self-planning code generation with large language model[J]. arXiv preprint arXiv: 2303.06689, 2023.

[70] LI J, ZHAO Y, LI Y, et al. Towards enhancing in-context learning for code generation[J]. arXiv preprint arXiv: 2303.17780, 2023.

[71] LI J, LI G, TAO C, et al. Large language model-aware in-context learning for code generation[J]. arXiv preprint arXiv: 2310.09748, 2023.

[72] HU X, KUANG K, SUN J, et al. Leveraging print debugging to improve code generation in large language models[J]. arXiv preprint arXiv: 2401.05319, 2024.

[73] DONG Y, JIANG X, JIN Z, et al. Self-collaboration code generation via chatgpt[J]. arXiv preprint arXiv: 2304.07590, 2023.

[74] HUANG D, BU Q, ZHANG J M, et al. AgentCoder: multi-agent-based code generation with iterative testing and optimisation[J]. arXiv preprint arXiv: 2312.13010, 2023.

[75] LIN F, KIM D J. When LLM-based code generation meets the software development process[J]. arXiv preprint arXiv: 2403.15852, 2024.

[76] ISLAM M A, ALI M E, PARVEZ M R. MapCoder: multi-agent code generation for competitive problem solving[J]. arXiv preprint arXiv: 2405.11403, 2024.

[77] BAIRI R, SONWANE A, KANADE A, et al. Codeplan: repository-level coding using LLMs and planning[J]. arXiv preprint arXiv: 2309.12499, 2023.

[78] WANG C, ZHANG J, FENG Y, et al. Teaching code llms to use autocompletion tools in repository-level code generation[J]. arXiv preprint arXiv: 2401.06391, 2024.

[79] ZHANG K, LI G, LI J, et al. Toolcoder: teach code generation models to use APIs with search tools[J]. arXiv preprint arXiv: 2305.04032, 2023.

[80] BOCHENEK A. Can ChatGPT replace a template-based code generator? [J]. Annals of Computer Science and Information Systems, 2023(37): 43-50.

[81] FAKHOURY S, NAIK A, SAKKAS G, et al. LLM-based test-driven interactive code generation: user study and empirical evaluation[J]. arXiv preprint arXiv: 2404.10100, 2024.

[82] YAN H, LATOZA T D, YAO Z. IntelliExplain: enhancing interactive code generation through natural language explanations for non-professional programmers[J]. arXiv preprint arXiv: 2405.10250, 2024.

[83] TIAN Z, CHEN J. Test-case-driven programming understanding in large language models for better code generation[J]. arXiv preprint arXiv: 2309.16120, 2023.

[84] SUN Z, LYU C, LI B, et al. Enhancing code generation performance of smaller models by distilling the reasoning ability of LLMs[J]. arXiv preprint arXiv: 2403.13271, 2024.

[85] NGUYEN P T, DI ROCCO J, DI SIPIO C, et al. GPTSniffer: a CodeBERT-based classifier to detect source code written by ChatGPT[J]. Journal of Systems and Software, 2024(214): 112059.

[86] HUANG D, BU Q, ZHANG J, et al. Bias assessment and mitigation in LLM-based code generation[J]. arXiv preprint arXiv: 2309. 14345, 2023.

[87] NIU C, ZHANG T, LI C, et al. On evaluating the efficiency of source code generated by LLMs[J]. arXiv preprint arXiv: 2404. 06041, 2024.

[88] HU Q, LI K, ZHAO X, et al. InstructCoder: empowering language models for code editing[J]. arXiv preprint arXiv: 2310. 20329, 2023.

[89] ZHANG K, LI J, LI G, et al. CodeAgent: enhancing code generation with tool-integrated agent systems for real-world repo-level coding challenges[J]. arXiv preprint arXiv: 2401. 07339, 2024.

[90] LEE S, JANG S, JANG S, et al. Exploring language model's code generation ability with auxiliary functions[J]. arXiv preprint arXiv: 2403. 10575, 2024.

[91] LIU F, LIU Y, SHI L, et al. Exploring and evaluating hallucinations in LLM-powered code generation[J]. arXiv preprint arXiv: 2404. 00971, 2024.

[92] BUSCEMI A. A comparative study of code generation using ChatGPT 3. 5 across 10 programming languages[J]. arXiv preprint arXiv: 2308. 04477, 2023.

[93] HOU W, JI Z. A systematic evaluation of large language models for generating programming code[J]. arXiv preprint arXiv: 2403. 00894, 2024.

[94] SIDDIQ M L, DRISTI S, SAHA J, et al. Quality assessment of prompts used in code generation[J]. arXiv preprint arXiv: 2404. 10155, 2024.

[95] ALAGARSAMY S, TANTITHAMTHAVORN C, ALETI A. A3Test: assertion-augmented automated test case generation[J]. arXiv preprint arXiv: 2302. 10352, 2023.

[96] HASHTROUDI S, SHIN J, HEMMATI H, et al. Automated test case generation using code models and domain adaptation[J]. arXiv preprint arXiv: 2308. 08033, 2023.

[97] RAO N, JAIN K, ALON U, et al. CAT-LM training language models on aligned code and tests[C]// 2023 38th IEEE/ACM International Conference on Automated Software Engineering (ASE). Luxembourg: IEEE, 2023: 409-420.

[98] STEENHOEK B, TUFANO M, SUNDARESAN N, et al. Reinforcement learning from automatic feedback for high-quality unit test generation[J]. arXiv preprint arXiv: 2310. 02368, 2023.

[99] XIE Z, CHEN Y, ZHI C, et al. ChatUniTest: a ChatGPT-based automated unit test generation tool[J]. arXiv preprint arXiv: 2305. 04764, 2023.

[100] PLEIN L, OUÉDRAOGO W C, KLEIN J, et al. Automatic generation of test cases based on bug reports: a feasibility study with large language models[J]. arXiv preprint arXiv: 2310. 06320, 2023.

[101] YOON J, FELDT R, YOO S. Autonomous large language model agents enabling intent-driven mobile gui testing[J]. arXiv preprint arXiv: 2311. 08649, 2023.

[102] LIU Z, CHEN C, WANG J, et al. Fill in the blank: context-aware automated text input generation for mobile gui testing[C]//2023 IEEE/ACM 45th International Conference on Software Engineering (ICSE). IEEE, 2023: 1355-1367.

[103] LIU Z, CHEN C, WANG J, et al. Testing the limits: unusual text inputs generation for mobile app crash detection with large language model[J]. arXiv preprint arXiv: 2310. 15657, 2023.

[104] KIM M, STENNETT T, SHAH D, et al. Leveraging large language models to improve REST API testing[J]. arXiv preprint arXiv: 2312. 00894, 2023.

[105] DENG Y, XIA C S, YANG C, et al. Large language models are edge-case fuzzers: Testing deep

learning libraries via fuzzgpt[J]. arXiv preprint arXiv: 2304.02014, 2023.

[106] BAUDRY B, ETEMADI K, FANG S, et al. Generative AI to generate test data generators[J]. arXiv preprint arXiv: 2401.17626, 2024.

[107] XIA C S, PALTENGHI M, LE TIAN J, et al. Fuzz4all: universal fuzzing with large language models[J]. arXiv preprint arXiv: 2308.04748, 2024.

[108] SHIN S Y, PASTORE F, BIANCULLI D, et al. Towards generating executable metamorphic relations using large language models[J]. arXiv preprint arXiv: 2401.17019, 2024.

[109] ZHANG Y, TOWEY D, PIKE M. Automated metamorphic-relation generation with chatgpt: An experience report[C]//2023 IEEE 47th Annual Computers, Software, and Applications Conference (COMPSAC). Torino: IEEE, 2023: 1780-1785.

[110] TSIGKANOS C, RANI P, MÜLLER S, et al. Large language models: the next frontier for variable discovery within metamorphic testing? [C]//2023 IEEE International Conference on Software Analysis, Evolution and Reengineering (SANER). Taipa, Macao: IEEE, 2023: 678-682.

[111] HYUN S, GUO M, BABAR M A. METAL: metamorphic testing framework for analyzing large-language model qualities[J]. arXiv preprint arXiv: 2312.06056, 2023.

[112] LI Z, LU S, GUO D, et al. Codereviewer: Pre-training for automating code review activities[J]. arXiv preprint arXiv: 2203.09095, 2022.

[113] TUFANO R, PASCARELLA L, TUFANO M, et al. Towards automating code review activities[C]// Proceedings of the 43rd International Conference on Software Engineering. Madrid, Spain: IEEE Press, 2021: 163-174.

[114] TUFANO R, MASIERO S, MASTROPAOLO A, et al. Using pre-trained models to boost code review automation[C]//Proceedings of the 44th International Conference on Software Engineering. New York: ACM, 2022: 2291-2302.

[115] LI L, YANG L, JIANG H, et al. Auger: automatically generating review comments with pre-training models[C]//Proceedings of the 30th ACM Joint European Software Engineering Conference and Symposium on the Foundations of Software Engineering. New York: ACM, 2022: 1009-1021.

[116] THONGTANUNAM P, PORNPRASIT C, TANTITHAMTHAVORN C. Autotransform: automated code transformation to support modern code review process[C]//Proceedings of the 44th International Conference on Software Engineering. New York: ACM, 2022: 237-248.

[117] ZHOU X, KIM K, XU B, et al. Generation-based code review automation: How far are we? [C]//2023 IEEE/ACM 31st International Conference on Program Comprehension (ICPC). Los Alamitos, CA, USA: IEEE Computer Society, 2023: 215-226.

[118] LU J, YU L, LI X, et al. LLaMA-Reviewer: Advancing code review automation with large language models through parameter-efficient fine-tuning[C]//2023 IEEE 34th International Symposium on Software Reliability Engineering (ISSRE). Los Alamitos, CA, USA: IEEE Computer Society, 2023: 647-658.

[119] WEN C, CAI Y, ZHANG B, et al. Automatically inspecting thousands of static bug warnings with large language model: How far are we? [J]. ACM Transactions on Knowledge Discovery from Data, 2024, 18 (7): 1-34.

[120] PORNPRASIT C, TANTITHAMTHAVORN C. GPT-3.5 for code review automation: How do few-shot learning, prompt design, and model fine-tuning impact their performance? [J]. arXiv preprint arXiv:

2402. 00905, 2024.

[121] TUFANO R, DABIĆ O, MASTROPAOLO A, et al. Code review automation: strengths and weaknesses of the state of the art[J]. IEEE Transactions on Software Engineering, 2024, 50(02): 338-353.

[122] HUANG J, YANG Y, YU H, et al. Twin graph-based anomaly detection via attentive multi-modal learning for microservice system[C]//2023 38th IEEE/ACM International Conference on Automated Software Engineering (ASE). Los Alamitos, CA, USA: IEEE Computer Society, 2023: 66-78.

[123] LEE C, YANG T, CHEN Z, et al. Heterogeneous anomaly detection for software systems via semi-supervised cross-modal attention[C]//2023 IEEE/ACM 45th International Conference on Software Engineering (ICSE). Los Alamitos, CA, USA: IEEE Computer Society, 2023: 1724-1736.

[124] ZHU J, HE S, LIU J, et al. Tools and benchmarks for automated log parsing[C]//Proceedings of the 41st International Conference on Software Engineering: Software Engineering in Practice. Montreal, Quebec, Canada: IEEE Press, 2019: 121-130.

[125] ZHANG T, QIU H, CASTELLANO G, et al. System log parsing: a survey[J]. IEEE Transactions on Knowledge & Data Engineering, 2023, 35(08): 8596-8614.

[126] HUO Y, LEE C, SU Y, et al. EvLog: identifying Anomalous Logs over Software Evolution[C]//2023 IEEE 34th International Symposium on Software Reliability Engineering (ISSRE). Los Alamitos, CA, USA: IEEE Computer Society, 2023: 391-402.

[127] LE V H, ZHANG H. Log parsing with prompt-based few-shot learning[C]//Proceedings of the 45th International Conference on Software Engineering. Melbourne, Victoria, Australia: IEEE Press, 2023: 2438-2449.

[128] LIU Y, OTT M, GOYAL N, et al. Roberta: a robustly optimized bert pretraining approach[J]. arXiv preprint arXiv: 1907. 11692, 2019.

[129] LE V H, ZHANG H. Log Parsing: how far can ChatGPT go? [C]//2023 38th IEEE/ACM International Conference on Automated Software Engineering (ASE). Luxembourg: IEEE, 2023: 1699-1704.

[130] JIANG Z, LIU J, CHEN Z, et al. LLM parser: a LLM-based log parsing framework[J]. arXiv preprint arXiv: 2310. 01796, 2023.

[131] ZHU J, HE S, HE P, et al. Loghub: a large collection of system log datasets for AI-driven log analytics[C]//2023 IEEE 34th International Symposium on Software Reliability Engineering (ISSRE). Los Alamitos, CA, USA: IEEE Computer Society, 2023: 355-366.

[132] JIANG Z, LIU J, HUANG J, et al. A large-scale benchmark for log parsing[J]. arXiv preprint arXiv: 2308. 10828, 2023.

[133] MA L, YANG W, XU B, et al. KnowLog: knowledge enhanced pre-trained language model for log understanding[C]//Proceedings of the IEEE/ACM 46th International Conference on Software Engineering. New York: ACM, 2024.

[134] LIU J, HUANG J, HUO Y, et al. Scalable and adaptive log-based anomaly detection with expert in the loop[J]. arXiv preprint arXiv: 2306. 05032, 2023.

[135] GRUVER N, FINZI M, QIU S, et al. Large language models are zero-shot time series forecasters[C]//Proceedings of the 37th International Conference on Neural Information Processing Systems. Red Hook, NY, USA: Curran Associates Inc., 2024: 19622-19635.

[136] SHI X, XUE S, WANG K, et al. Language models can improve event prediction by few-shot abductive

reasoning[C]//Proceedings of the 37th International Conference on Neural Information Processing Systems. Red Hook, NY, USA: Curran Associates Inc., 2024: 29532-29557.

[137] GARZA A, CHALLU C, MERGENTHALER-CANSECO M. TimeGPT-1[J]. arXiv preprint arXiv: 2310. 03589, 2023.

[138] AHMED T, GHOSH S, BANSAL C, et al. Recommending root-cause and mitigation steps for cloud incidents using large language models[C]//Proceedings of the 45th International Conference on Software Engineering. Melbourne, Victoria, Australia: IEEE Press, 2023: 1737-1749.

[139] ZHOU X, LI G, SUN Z, et al. D-bot: database diagnosis system using large language models[J]. arXiv preprint arXiv: 2312. 01454, 2023.

[140] WANG Z, LIU Z, ZHANG Y, et al. RCAgent: cloud root cause analysis by autonomous agents with tool-augmented large language models[J]. arXiv preprint arXiv: 2310. 16340, 2023.

[141] ZHANG D, ZHANG X, BANSAL C, et al. PACE: prompting and augmentation for calibrated confidence estimation with GPT-4 in cloud incident root cause analysis[J]. arXiv preprint arXiv: 2309. 05833, 2023.

[142] JIN P, ZHANG S, MA M, et al. Assess and summarize: improve outage understanding with large language models[C]//Proceedings of the 31st ACM Joint European Software Engineering Conference and Symposium on the Foundations of Software Engineering. New York: ACM, 2023: 1657-1668.

[143] CHEN Y, XIE H, MA M, et al. Automatic root cause analysis via large language models for cloud incidents[C]//Proceedings of the Nineteenth European Conference on Computer Systems. New York: ACM, 2024: 674-688.

[144] JIANG Y, ZHANG C, HE S, et al. Xpert: empowering incident management with query recommendations via large language models[J]. arXiv preprint arXiv: 2312. 11988, 2023.

[145] CHEN Z, KANG Y, LI L, et al. Towards intelligent incident management: why we need it and how we make it[C]//Proceedings of the 28th ACM Joint Meeting on European Software Engineering Conference and Symposium on the Foundations of Software Engineering. New York: ACM, 2020: 1487-1497.

[146] GHOSH S, SHETTY M, BANSAL C, et al. How to fight production incidents? an empirical study on a large-scale cloud service[C]//Proceedings of the 13th Symposium on Cloud Computing. New York: ACM, 2022: 126-141.

[147] DOGGA P, BANSAL C, COSTLEIGH R, et al. AutoARTS: taxonomy, insights and tools for root cause labelling of incidents in Microsoft Azure[C]//2023 USENIX Annual Technical Conference (USENIX ATC 23). Boston, MA: USENIX Association, 2023: 359-372.

[148] GANATRA V, PARAYIL A, GHOSH S, et al. Detection is better than cure: a cloud incidents perspective[C]//Proceedings of the 31st ACM Joint European Software Engineering Conference and Symposium on the Foundations of Software Engineering. New York: ACM, 2023: 1891-1902.

[149] HUANG J, LIU J, CHEN Z, et al. FaultProfIT: hierarchical fault profiling of incident tickets in large-scale cloud systems[J]. arXiv preprint arXiv: 2402. 17583, 2024.

[150] 詹奇, 潘圣益, 胡星, 等. 开源软件漏洞感知技术综述[J]. 软件学报, 2024, 35(01): 19-37.

[151] PAN S, ZHOU J, COGO F R, et al. Automated unearthing of dangerous issue reports[C]//Proceedings of the 30th ACM Joint European Software Engineering Conference and Symposium on the Foundations of Software Engineering. New York: ACM, 2022: 834-846.

［152］ ZHOU J, PACHECO M, WAN Z, et al. Finding a needle in a haystack: automated mining of silent vulnerability fixes［C］//2021 36th IEEE/ACM International Conference on Automated Software Engineering（ASE）. Melbourne, Australia: IEEE, 2021: 705-716.

［153］ ZHOU J, PACHECO M, CHEN J, et al. Colefunda: explainable silent vulnerability fix identification ［C］//2023 IEEE/ACM 45th International Conference on Software Engineering（ICSE）. Melbourne, Australia: IEEE, 2023: 2565-2577.

［154］ PAN S, BAO L, XIA X, et al. Fine-grained commit-level vulnerability type prediction by CWE tree structure. In 2023 IEEE/ACM 45th International Conference on Software Engineering（ICSE）. Melbourne, Australia: IEEE, 2023: 957-969.

［155］ ZHOU X, HAN D G, LO D. Assessing generalizability of codebert［C］//2021 IEEE International Conference on Software Maintenance and Evolution（ICSME）. Luxembourg: IEEE, 2021: 425-436.

［156］ ZHANG J, LIU Z, HU X, et al. Vulnerability detection by learning from syntax-based execution paths of code［J］. IEEE Transactions on Software Engineering, 2023, 49（8）: 4196-4212.

［157］ OMAR M. Detecting software vulnerabilities using language models［J］. arXiv preprint arXiv: 2302. 11773, 2023.

作者简介

金 芝 CCF 会士，CCF 监事长，CCF 软件工程和系统软件专委执委，北京大学教授，973 项目首席科学家。兼任国务院学位委员会学科评议组成员（软件工程），IEEE TSE 副主编，IEEE TR 副主编，《软件学报》执行主编，《计算机学报》副主编。主要研究领域包括软件需求工程、知识工程和知识服务等，出版英文专著 3 部、中文编著 1 部，发表论文 180 余篇。2006 年获得"国家杰出青年科学基金"资助。

夏 鑫 CCF 杰出会员，CCF 软件工程专业委员会常委，华为软件工程应用技术首席专家，主要研究方向为智能化软件工程和经验软件工程。

高翠芸 CCF 软件工程专委执委，哈尔滨工业大学（深圳）副教授。主要研究领域包括智能化软件数据分析和软件可靠性。

胡 星 浙江大学软件学院副教授，CCF 高级会员。主要研究方向包括智能化软件工程、程序理解、软件仓库挖掘。在 *TOSEM*、*TSE*、ICSE、ASE 和 FSE 等期刊和高水平会议上发表论文 50 余篇。担任 *TOSEM*、*JSEP* 期刊编委。主持国家自然科学基金专项培育项目，参与国家重点研发计划等多个科研项目。获得 ICSE 2024 ACM SIGSOFT Distinguished Paper Award、MSR 2024 ACM SIGSOFT Distinguished Paper Award、ICPC 2018 ACM SIGSOFT Distinguished Paper Award。担任 FORGE 2024 和 Internetware 2023 程序委员会主席，担任国际级顶级期刊（*TSE*、*TOSEM*）审稿人，受邀担任国际会议 ASE、ICSE、FSE、ISSTA 的程序委员会成员。

彭 鑫 复旦大学计算机科学技术学院副院长、教授。CCF 杰出会员、软件工程专委会副主任、开源发展委员会常务委员，中国汽车工程学会汽车基础软件分会副主任，*Journal of Software*：*Evolution and Process* 联合主编（Co-Editor）、*ACM Transactions on Software Engineering and Methodology* 等期刊编委。主要研究方向包括软件智能化开发、云原生与智能化运维、泛在计算软件系统、智能网联汽车基础软件等。研究成果多次获得 IEEE Transactions on Software Engineering 年度最佳论文奖、ICSM 最佳论文奖、ACM SIGSOFT 杰出论文奖、IEEE TCSE 杰出论文奖等奖项。

周明辉 北京大学博雅特聘教授，国家杰出青年科学基金项目获得者。在国际顶级期刊和会议等发表 100 多篇论文，多次获 ACM 杰出论文奖，两次获国家技术发明二等奖。软件工程国际顶级会议 ASE 2024 的 PC Co-Chair 等。*TSE*、*EMSE* 和 *ASE Journal* 等著名国际期刊的编委。主要研究方向包括开源软件开发、软件数据分析和智能推荐。相关技术成果在产业中得到大规模推广应用，主持开发的木兰宽松许可证 MulanPSL2 被 33 万+开源代码仓采纳。现任北京大学计算机学院副院长，CCF 开源发展委员会副主任。

刘 辉 北京理工大学教授，研究方向包括软件重构、软件演化与软件质量保障。

谢晓园　武汉大学计算机学院教授，博士生导师，CCF 高级会员，主要研究方向包括软件测试、程序分析与调试、智能软件工程等。

李　戈　教育部长江学者，CCF 杰出会员，北京大学博雅特聘教授、计算机学院长聘教授、软件与微电子学院软件工程与数据技术系主任，CCF 软件工程专委会副主任，CCF 系统软件专业委员会常委，CCF 大模型论坛常委。研究方向包括软件工程、人工智能、智能化软件开发。国际上"基于深度学习的程序理解与生成"的先驱者，多项成果被国际学者认为是"首创性成果"并被广泛引用。所带领的研究团队在多项研究任务中一直保持着国际领先地位。

吕荣聪　香港中文大学计算机科学与工程系讲座教授，ACM Fellow，IEEE Fellow，AAAS Fellow，HKIE Fellow。主要研究方向包括软件工程、软件可靠性、机器学习、人工智能。在知名期刊和会议已发表 600 余篇学术论文。谷歌学术引用超过 59 000 次，H 指数为 119。获国家教育部自然科学二等奖、中国计算机学会（CCF）海外杰出贡献奖、第 13 届光华工程科技奖。

数据准备与语言模型交叉技术的研究进展及发展趋势

CCF 数据库专业委员会

范　举[1]　柴成亮[2]　杜小勇[1]

[1]中国人民大学，北京
[2]北京理工大学，北京

摘　　要

　　数据准备是数据库领域长期研究的基础性问题，包括数据发现、数据融合、数据清洗、数据标注等一系列挑战性难题，在大数据分析、知识图谱构建、人工智能模型训练等方面有着广泛应用。然而，在绝大多数真实场景中，数据准备过程需要反复迭代进行，不仅耗费大量的人力物力，也极易出错，因此数据准备已成为大数据价值释放的主要瓶颈。日前，人工智能技术，特别是语言模型的迅猛发展给数据准备带来了新的机遇与挑战，也促使数据准备与语言模型的交叉技术逐渐成为数据库领域重要的研究方向之一。首先，本文分析基于语言模型的数据准备（LM4DP）技术的发展现状。在大数据时代，面对急剧膨胀的数据规模、复杂多样的数据类型、不断变化的应用场景，传统的数据准备技术存在以下三点局限性：一是缺乏通用的框架以解决多样化的任务场景，二是难以支持跨领域的知识理解与推理，三是需要耗费大量人工成本。语言模型因其良好的语义理解、数据生成与多任务求解能力，在数据准备任务上展现出巨大的潜力和应用前景。本文将具体讨论语言模型如何有效赋能数据发现、数据查询、数据融合、数据清洗等数据准备任务。其次，本文分析面向语言模型的数据准备（DP4LM）技术的发展现状。尽管以 GPT 为代表的大语言模型具有强大的语义理解和对话能力，但就像几乎所有的人工智能模型一样，大语言模型也需要高质量的数据才能发挥出良好效果。如果数据质量不高，甚至包含过多的错误，也很难使大语言模型产生准确且高质量的生成结果。因此，本文探讨如何针对大语言模型的关键环节，如预训练、指令微调、模型推理等，进行高质量的数据准备，研究如何以尽可能少的高质量数据达到最优的大语言模型训练和推理效果。最后，本文对数据准备与语言模型交叉技术的发展趋势和挑战进行探讨。

　　关键词： 数据准备；大语言模型；数据管理

Abstract

　　Data preparation has long been a fundamental research problem in the field of databases, encompassing a series of challenging problems such as data discovery, data integration, data cleaning, and data annotation, and finds wide applications in big data analysis, knowledge graph construction, and AI model training. However, in the vast majority of real-world scenarios, the data preparation process requires repeated iterations, which not only consumes a significant amount of manpower and resources but is also highly prone to errors. Consequently, the time-consuming and labor-intensive nature of data preparation has become a major bottleneck in unlocking the value of big data. Recently, the rapid development of artificial intelligence technology, particularly language models, has brought new opportunities and challenges to data preparation and has prompted the intersection of data preparation and language model technology to gradually become one of the important research directions. This report first analyzes the current state of development of language model-based data preparation technology (LM4DP). In the era of big data, facing the dramatic expansion of data scale, complex and diverse data types, and constantly changing application scenarios, traditional data preparation technology has the following three limitations: the first is the lack of a universal framework to address diverse task scenarios, the second is the difficulty in supporting cross-domain knowledge understanding and reasoning, and the third is the need for a significant amount of manual cost. Language models, due to their strong semantic understanding, data generation capabilities, and multi-task solving abilities, are gradually demonstrating potential and application prospects in data preparation tasks. This report will discuss specifically how language models can effectively empower data discovery, data querying, data integration, data cleaning, and other data preparation tasks. Secondly, this report analyzes the current state of development of data preparation technology for language models (DP4LM). Although large language models represented by GPT have powerful semantic understanding and dialogue capabilities, like all artificial intelligence models, they also require high-quality data to achieve the best results. If the overall data quality is not high, or even contains many errors, it is difficult for large models to produce accurate and high-quality results. Therefore, this report explores how to enable high-quality data preparation for key phases for the construction of large language models, such as pre-training, instruction tuning, and model inference, and studies how to achieve effective model training and inference effects with as little high-quality data as possible. Finally, this report discusses the development trends and challenges of the intersection technology between data preparation and language models.

Keywords：data preparation；large language models；data management

1　引言

数据准备（Data Preparation）有时也被称为数据治理（Data Curation）[⊖]，其目标是将原始数据转换为可供数据分析、模型构建等下游应用使用的高质量数据，包括数据发现、数据融合、数据清洗、数据查询等一系列挑战性难题。由于大数据在规模（Volume）与多样性（Variety）等方面的挑战，数据准备费时费力已成为大数据由价值到赋能转化的主要瓶颈。这一点同时得到了数据库领域、人工智能领域的学术界和工业界的广泛认同。图灵奖获得者 Michael Stonebraker 指出："一个典型的数据科学家至少耗费 90% 的时间准备自己要分析的数据，将数据融合成一个连贯的整体，并进行数据清洗。"[1] 美国

⊖　此处的数据治理是指针对数据质量的狭义数据治理（Data Curation），而非针对数据全生命周期的广义数据治理（Data Governance）。

《纽约时报》的一项调查表明：数据科学家 80% 以上的时间花在数据准备上，而具体分析的时间占比不足 20%[2]。著名人工智能学者吴恩达（Andrew Ng）提出"以数据为中心的人工智能"（Data-centric AI)[3]，强调系统性地提高数据质量，构建人工智能产业化实践新范式。这一瓶颈性难题促进了数据准备平台与工具的迅猛发展。在国内，阿里巴巴、华为等企业推出了数据准备平台。据统计，截止到 2019 年，全球数据准备软件的市场规模已达到 32.9 亿美元，并且正在快速增长：预计到 2027 年将增长到 181.1 亿美元，年复合增长率高达 25.64%[4]。

近年来，语言模型，特别是大语言模型（Large Language Model）得到了迅猛的发展。语言模型利用庞大的参数数量和复杂的模型结构，从大规模的数据集中学习了广泛的通用知识，强大的自然语言理解和生成能力是其核心优势。语言模型解决了很多复杂的问题，体现了巨大的价值，也促使数据准备与语言模型的交叉技术逐渐成为数据库领域的重要方向之一。一方面，面对急剧膨胀的数据规模、复杂多样的数据类型、不断变化的应用场景，现有基于规则、知识图谱或者传统机器学习的数据准备技术难以取得良好的效果。以语言模型为代表的人工智能技术因其强大的语义理解能力、数据生成能力与多任务求解能力，为数据准备提供了一条新的路径，即"基于语言模型的数据准备"（LM4DP）。例如，可以通过上下文学习（In-Context Learning）或微调（Fine-tuning）技术使大语言模型支持多种数据准备任务，理解不同领域的知识，显著减少人工参与（如数据标注）的成本。另一方面，数据准备对于语言模型的训练和推理效果也至关重要，因此"面向语言模型的数据准备"（DP4LM）最近得到了学术界和工业界的广泛关注，也取得了一些研究进展。例如，现有工作通过在预训练和指令微调阶段进行有效的数据选择，在提升大语言模型预测精度的同时，将模型的训练时间缩短了 70%[5]。

1.1 初识基于语言模型的数据准备

面对急剧膨胀的数据规模、复杂多样的数据类型、不断变化的应用场景，现有的数据准备技术存在以下三方面的挑战性难题：第一，数据准备包含种类繁多的任务（如模式匹配、实体对齐、缺失值填充、异常值处理等），每类任务根据数据特点、具体标准等会对数据准备提出不同的要求，现有技术尚未提出通用的框架解决如此多样化的任务场景；第二，数据的类型繁杂性、语义异质性带来了领域知识理解与推理方面的挑战，而现有基于规则或知识图谱的方法难以支持跨领域的知识理解与推理；第三，尽管现有基于深度学习的方法提升了数据准备的效果，但深度学习模型训练通常建立在大量标注数据的基础上，需要耗费大量的人工成本，因此亟须建立同时兼顾数据准备效果与人工成本等多目标的优化方法，做到"提质降本"，这已成为决定数据准备技术能否真实落地应用的关键问题。

语言模型，尤其是大语言模型已经解决了很多复杂的自然语言问题，体现了巨大的价值，也为解决上述挑战性难题，构建跨任务、跨领域、低成本的数据准备系统提供了可能的途径。这主要体现在以下 3 个方面。

1）语言模型（特别是大语言模型）的通用语言理解和生成能力使其可以同时解决多种常见的自然语言处理任务，呈现出强大的通用解决问题能力。此外，随着模型参数量的提升，语言模型更是呈现出强大的"涌现"能力，即从给定训练数据集中自动学习并发现新的知识的能力，从而具有完成更加多样任务的潜力[6]。这凸显出语言模型已经具备将种类繁多的数据准备任务纳入一个统一框架进行学习的潜能，为通用数据准备系统的构建提供了基础。

2）大语言模型的提示学习与自适应微调机制可以使其通过不同的提示词或特定数据来更好地适应不同领域的任务需求，表现出了优异的知识理解与推理能力[7]。因此，针对大数据的领域繁杂性、语义异质性等挑战，可以利用提示学习、自适应微调等方法来调整模型，赋予模型新的知识，这为解决数据准备的跨领域知识理解与推理提供了新的机会。

3）基于从海量数据中学习到的广泛通用知识，语言模型针对特定领域的任务不需要或仅需少量标注数据，就能实现比传统机器学习或深度学习模型更优异的性能[8]。因此，语言模型，特别是大语言模型这种高泛化能力使设计兼顾质量、成本等多目标优化方法成为可能，这为显著节约人工成本带来了机会。

然而，现有的大模型难以直接应用于上述任务并取得良好的效果，需要进一步探讨如何更好地将语言模型适配到不同类型的数据准备任务中。为此，本节将从以下4个层面介绍基于语言模型的数据准备技术。

1. 基于语言模型的数据发现技术

数据发现（Data Discovery）旨在从大规模的数据仓库（Data Warehouse）或数据湖（Data Lake）中发现用户感兴趣的数据[9-12]，其难点在于如何度量用户需求与数据集之间的相关性。现有的数据发现技术可以分为以下3类。①基于传统方法的数据发现：这类方法采用匹配规则、文本相似性、构建知识图谱的方式来度量用户需求与数据集之间的相关性。然而，这些方法难以准确度量数据之间的语义相关性。②基于预训练语言模型的数据发现：预训练语言模型（如 BERT、T5 等）能够准确建模数据的上下文和语义，从而生成数据集的语义表示，从而提供更全面和精准的数据发现结果。③基于大语言模型的数据发现：大语言模型因其从互联网海量预料中学习到了丰富的知识，具备更好的领域知识理解与推理能力，因此能够在提示工程或微调的情况下，进一步判断用户需求与候选数据集之间的相关性，从而显著减少人工干预，提高数据发现的效果。

2. 基于语言模型的数据查询技术

给定数据发现返回的数据集，用户需要从数据集中查询出相关的数据。针对这一问题，现有研究围绕将自然语言转换为 SQL 查询（简称为 Text2SQL）语句进行了深入的研究。本文将现有的工作同样分为3类。①基于传统方法的 Text2SQL：这类方法基于手工编写的规则与模板，或是构建深度学习模型将自然语言转换为 SQL 查询语句。然而，基于规则的方法往往需要人工编写大量的规则或模板，基于深度学习的方法通常需要大量的标注数据，因此需要耗费大量的人工成本。同时，这类方法对语义的理解比较有限且对特定领域的依赖性较强。②基于预训练语言模型的 Text2SQL：这类方法将 Text2SQL 建模为一类特殊的翻译问题，并利用预训练语言模型来同时理解自然语言问题和结构化查询（SQL），取得了远超于传统方法的效果。然而，这类方法同样存在数据标注成本过高以及跨领域难以泛化的问题。③基于大语言模型的 Text2SQL：这类方法利用大语言模型强大的语义理解和生成能力来实现少样本甚至零样本条件下的 Text2SQL，在准确性方面显著超过了基于预训练语言模型的方法，目前已成为 Text2SQL 领域的主流方法。

3. 基于语言模型的数据融合技术

数据融合（Data Integration）旨在将来自不同数据源的数据融合为一个统一的数据视图[13-15]，其难点在于如何解决多源数据的语义异构性。针对这一问题，现有的数据融合技术可以分为以下 3 类。①基于传统方法的数据融合：传统数据融合方法主要基于规则、机器学习或众包三种范式。基于规则和机器学习的方法依靠数据相似性或统计特征进行融合，缺乏对语义信息的挖掘，导致融合结果的准确性不佳。基于众包的方法借助人工处理任务，虽然数据融合效果较好，但由于时效性低、成本高等限制，难以广泛应用。②基于预训练语言模型的数据融合：这类方法利用预训练语言模型为来自不同数据源的数据生成反映其语义的向量表征。相较于基于字符串相似度或基于单词统计信息的传统表征方法，这类向量表征能够更好地反映数据的语义，因而能够提升数据融合的准确性。③基于大语言模型的数据融合：这类方法进一步扩展了基于预训练语言模型的数据融合方法，其基本思想是通过提示工程和指令微调等方法构建跨任务、跨领域、少成本的统一数据融合方法。

4. 基于语言模型的数据清洗技术

数据清洗（Data Cleaning）一方面旨在修复数据中的错误或填充缺失数据[16-19]，另一方面需要将数据从原始格式转换为统一的格式[20-22]，其难点体现在如何融入真实世界的领域知识，如何自适应到新的数据集或任务，以及如何高效地探索可能的搜索空间。现有的数据清洗技术主要分为以下 3 类。①基于传统方法的数据清洗：传统方法通常对数据做出一定的假设，进而采取一些简单且高效的方法进行数据清洗，如基于完整性约束、基于数据统计信息、基于机器学习或深度学习方法等。这些方法往往受限于特定的领域，难以实现跨领域自适应。②基于预训练语言模型的数据清洗：预训练语言模型如 ELMo、BERT 和 RoBERTa，经由在大规模的公开文本语料库上进行预训练，学习到丰富的自然语言语义信息。这类模型能够通过结合特定预测层的微调步骤，实现对下游数据清洗任务的灵活适配，从而提升数据清洗的效果。③基于大语言模型的数据清洗：与预训练语言模型相比，大语言模型由于其任务无关架构（Task-agnostic architecture），能够适用于多种数据清洗任务，而无须为每个特定任务定制架构。此外，大语言模型展示了在少量或无标注数据的情况下进行有效学习的能力，显著减少了数据清洗任务中对大量手工标注数据的依赖。

1.2 初识面向语言模型的数据准备

语言模型技术目前已经发展到大语言模型阶段，大语言模型已经成为很多关键领域的"游戏改变者"。然而，尽管以 GPT 为代表的大语言模型具有强大的语义理解和对话能力，但就像所有的人工智能模型一样，大语言模型也需要高质量的数据才能发挥出最好的效果。如果数据的整体质量不高，甚至包含过多的错误，也很难使大语言模型产生准确且高质量的生成结果。一个典型的例子是 GPT 模型的发展历程，其预训练数据从 GPT-1 使用的 4.8GB 的原始数据，发展到 GPT-2 使用的 40GB 人工准备的数据，再到 GPT-3 使用的从 45TB 原始数据中准备出的 570GB 数据，最后发展到 ChatGPT 和 GPT-4 使用的人工标注的大规模数据[23]。可以看出，不管是数据的规模还是质量都得到了显著的提升。

目前国内外涌现出很多不同的大语言模型，但这些模型很少披露或探讨它们如何准备供模型训练与推理的数据。具体来说，GPT 模型介绍了其从 Common Crawl 数据库进行数据准备的框架，但没有介绍数据准备的细节与具体的工作流。一些开源大语言模型（如 Llama）尽管公开了模型参数，也介绍了所有训练数据都来自公开的数据集，但不仅没有公布其准备好的数据，也没有介绍具体的数据准备工作流。

然而，数据准备对于大语言模型来说至关重要，主要体现在两个方面：

● 在大规模数据上训练（预训练或微调）大语言模型的代价巨大，无论是在计算资源还是在成本的层面。举例来说，参数规模为 70B 的 GPT 在 Token 规模为 1400B 的数据集上进行预训练，总共耗费 3 125 000 美元的成本，而参数规模为 175B 的 GPT-3 在 Token 规模为 3500B 的数据集上进行预训练，需要耗费 10 937 500 美元的成本。而一些研究表明：通过进行有效的数据选择，在提升大语言模型预测精度的同时，可以将模型的训练时间缩短 70%[5]。

● 大语言模型的推理准确率和成本与上下文学习中提示词的内容和长度是高度相关的。最近，越来越多的工作开始研究基于检索增强生成（Retrieval-Augmented Generation，RAG）的模型推理方式，因此如何有效地准备提示词以兼顾准确率与成本，已成为面向语言模型数据准备的另一个挑战性难题。

基于上述原因，本文也将着重探讨面向语言模型的数据准备技术。具体而言，我们根据训练和使用语言模型的 3 个关键阶段，即预训练、指令微调和模型推理，将现有面向语言模型数据准备的技术分为以下 3 类。

1. 面向预训练的数据准备

预训练是语言模型，尤其是大语言模型开发过程中最为消耗资源的部分，其数据准备过程也最为费时费力。以开源的 Dolma 为例，数据准备需要经历语言筛选、去重、质量筛选、内容筛选等一系列过程，将数据从原始的 200TB 减少到 12TB[24]。本文将面向预训练的数据准备技术分为以下几类。①基于启发式规则的数据准备：基于启发式规则的数据准备通过为不同维度定义相关的阈值（如文本的长度、复杂度或指定领域的术语密度等），不仅可以确保选出的数据在形式上多样，还能保证在内容上的丰富性和深度。基于启发式规则的数据准备的优势在于简单、高效，缺点在于难以保证数据准备的有效性。②基于深度学习模型的数据准备：基于深度学习模型的数据准备指的是训练深度神经网络来识别和筛选出高质量数据。这类方法具有自动特征提取、泛化能力强和可扩展性好等优势，但也存在训练成本高、难以解释和过拟合等局限性。③基于大语言模型的数据准备：基于大语言模型的数据准备是指利用大语言模型从海量数据中提取出高质量、相关性强的数据，提高模型的训练效果和实际应用表现。这类方法的优点在于大语言模型有很好的判别能力，能够有效识别出对预训练有帮助的数据，但缺点在于大语言模型的调用需要耗费大量计算资源或资金成本，因此需要研究如何实现"提质增效"。

2. 面向指令微调的数据准备

指令微调是让大语言模型获得针对具体任务指令跟随能力的关键步骤，而指令数据的质量高低往往决定了大语言模型在微调后指令跟随能力的强弱。因此，指令数据集的准备显得尤为重要。为了应对上述挑战，现有工作深入研究了数据选择和数据标注技术，通过选择最为有效的核心指令问题并构建正确且高质量的指令回复，构建高质量的指令数据，从而一方面减少大语言模型在指令微调阶段的训练成本，另一方面确保大语言模型在指令微调后能获得较强的指令跟随能力。具体而言，本文将现有的研究工作分为以下几类。①基于表征相似性的指令选择：表征相似性指的是通过将指令转换成高维语义嵌入向量，计算这些向量之间的距离或相似度，从而量化指令之间的语义相似程度。基于表征相似性的指令选择方法利用模型生成的语义嵌入来评估指令之间的相似度，从而筛选出更具多样性和代表性的指令数据。这类方法的优点是计算代价和标注成本都比较低，不足之处在于过于启发式，可能会影响数据选择的效果。②基于模型的指令选择：利用模型生成某些指标的度量，以此为代理变量，进而通过这些代理变量来衡量指令数据集的质量，并以此进行数据选择。例如，困惑度（Perplexity）是常用的指标之一，它衡量模型在预测文本序列时的确定性，困惑度越低，表示指令数据的质量越高。基于模型的指令选择有着高灵活性，可以灵活利用不同指标评估质量。但指标的选取需要丰富的专家经验，如果指标选择不当，数据准备的效果就会大打折扣。③基于梯度的指令选择：基于梯度的指令选择方法从模型训练的底层逻辑出发，通过分析模型在训练过程中的梯度变化，选取那些能够导致训练损失（Loss）最大幅度下降的指令数据作为高质量的训练数据。这类方法的优势在于有一定的理论保证，不足之处在于选择性能过低，亟须研发高效的指令选择算法。④基于大语言模型的指令选择：基于大语言模型的指令选择方法通过将大语言模型训练成一个指令选择器，从而更有效地给数据集中的指令打分，以此筛选出更加有效的指令进行微调。与预训练的情况类似，这类方法的优势在于大语言模型对于指令选择的有效性较高，不足之处在于调用大语言模型需要耗费大量的计算资源或资金成本。

3. 面向模型推理的数据准备

经过预训练和指令微调两个阶段后，大语言模型具备了较强的上下文学习能力，可以在不进行任务训练的情况下，通过输入的提示词推理出给定问题的答案。在此阶段，可以利用数据发现、数据融合等数据准备技术，在多源数据（如不同来源、不同模态的语料库）中发现与问题相关的数据，将其转化为文本形式并整合到提示词中，供大语言模型在推理问题答案时参考，以保证推理结果实时且正确。具体而言，本文将从以下几个方面对现有的工作进行调研。①面向参考文档的数据准备：这类研究的基本思路与检索增强生成（RAG）相同，即通过引入参考文档中的知识有效弥补模型自身的知识局限性，解决模型可能存在的"幻觉"问题，从而提高推理过程的准确性。②面向示例的数据准备：大语言模型与其他预训练语言模型的区别在于小样本学习能力。通过在大语言模型的输入中引入少量示例（Demonstration），可以显著提升模型的表现。然而，人们也发现示例数据准备的优劣应影响了大语言模型推理的效果。因此，需要研究如何针对高效的模型推理准备高质量的示例数据。③面向问题实例的数据准备：在大语言模型的推理过程中，处理高效性和准确性是关键的挑战之一。问题实例是指需要模型处理的具体查询或数据片段。面向问题实例的数据准备旨在对这些问题实例进行处理或将多个问题实例组合在一起以提升资源利用率和推理效率。一个典型的例子是批量提示（Batch Prompting），现有工作已经将问题进行妥善的批量打包，能够提升大语言模型推理的准确性并降低成本。

1.3 报告结构

为了帮助研究人员和开发者更好地把握当前数据准备与语言模型交叉技术的研究现状和发展情况，我们分别针对 LM4DP 和 DP4LM 中受到广泛关注与研究的问题进行讨论，并给出数据准备与语言模型交叉技术的前景和挑战：
- 第 2 节概要介绍基于语言模型的数据准备技术的研究现状和问题。
- 第 3 节概要介绍面向语言模型的数据准备技术的研究现状和问题。
- 第 4 节概要介绍数据准备与语言模型交叉技术的发展趋势和展望。

2 基于语言模型的数据准备

本节将从数据发现、数据查询、数据融合和数据清洗 4 个层面介绍基于语言模型的数据准备技术。

2.1 国内外研究现状

从图 1 可以看出，在近五年数据库研究领域，国外学者围绕数据发现、数据查询、数据融合和数据清洗相关主题总共发表顶级会议论文 51 篇，国内学者总共发表顶级会议论文 38 篇。这说明，在论文体量上，我国在 LM4DP 研究实力较强。此外，我国在数据查询方面研究成果数量处于领先地位，但是论文本身的学术影响力仍然弱于一些国外学者的论文。以基于大语言模型的数据查询为例，国外 Din-sql[25] 论文在一年内引用量达 139，国内两篇基于大语言模型的数据查询论文引用量总计为 22。这说明我国在论文成果的创新性、成果推广和落地等方面仍需要加强。

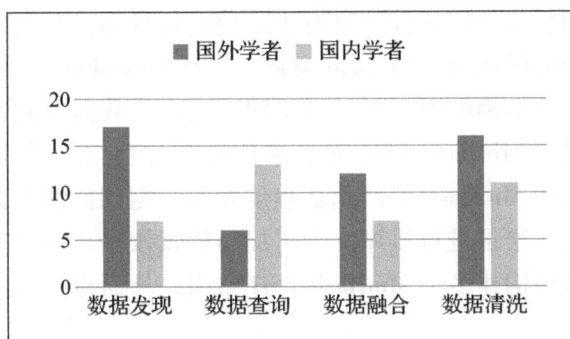

图 1　LM4DP 领域国内外顶级论文数目对比

2.2　基于传统方法的数据准备

为了便于区分，本文将语言模型之前的方法称为"传统方法"。传统方法在应对大数据的规模与多样性挑战方面展现出了其独特的价值。

2.2.1　基于传统方法的数据发现

随着数据量的爆炸式增长和数据类型多样化挑战不断突破，数据发现在近些年一直是数据管理领域的热门话题。下面将按照数据发现的不同目标，介绍几种代表性的传统数据发现方法。

1. 基于关键字检索的数据发现

Octopus[26] 依靠关键字检索来识别表格中的重要信息。具体来说，Octopus 先将所有表格进行聚类，通过聚类形成的表格簇里的各个表格往往具有相似的模式或主题。接着，用户输入待查询的关键字，Octopus 通过统计关键字在表格中的出现频率先对表格簇进行相关性排序，从而找到最相关的表格簇以进一步筛选表格数据。Pimplikar 等人[27] 将基于关键字的数据发现任务分为离线处理和在线查询两个步骤。对于离线处理部分，先使用启发式方法识别表格数据中的主题信息，并为每个表格添加额外的关联信息（如标题、模式等）。接着使用 Lucene 对这些表格数据进行索引，存储在磁盘上。对于在线查询部分，用户输入关键字，识别与标题、模式等关联信息匹配的候选表格，并基于内容重叠程度对候选表格进行排序。在此基础上，还额外利用了列映射器和基于二部图匹配的高效推理算法来加速检索速度，以快速回应用户查询。

2. 基于可连接表的数据发现

为了支持检索可连接的表格数据，传统的方法充分利用了字符串相似检索[28-30]。Josie[31] 旨在通过列相似性检索找到可连接的表。由于两个可连接的列通常会包含大量重复值，给定一个查询表 Tq 和查询列 Cq，Josie 从包含大量表格数据的数据湖中检索出与 Cq 具有重复值的集合，并按照重复值的数量进行相关性排序。此外，Josie 构建了一个倒排索引来优化检索速度，即将不同的单元值映射到包含相应值的列。然后，给定一个查询列，使用倒排索引检索与该查询列具有重复值的候选列，并引入一个成本估计模型以快速淘汰不符合要求的候选列。与 Josie 类似，LSH Ensemble[32] 也考虑了列之间的重复性。然而，与直接计算精确的列重复程度不同，它先将数据表的每一列都转换成一个 MinHash 编码，从而利用 MinHash LSH 索引来估计列与列之间的重复程度。在检索到 MinHash 编码与查询列的 MinHash 编码相似程度超过一定阈值的列集合之后，进一步根据与查询列的重复程度对结果进行排序。为了提高检索效率，首先根据列的长度对列进行分区，并在每个分区里构建多个 MinHash LSH 索引，从而避免查询时与所有数据湖的列进行比较。

3. 基于可合并表的数据发现

许多研究[33-34] 阐述了检索可合并表格数据的重要性。传统的方法通常考虑查询表与候选表之间列与列的语义相关性。具体来说，TUS[35] 认为如果两个表之间有多个列（即属性）具有相似的含义，那么它们是可以合并的。为了找到可合并的列，TUS 考虑了 3 个因素，即列值之间的重复性、本体相似性和列之间的语义相似性。它首先生成多个 LSH 索引，以便在数据湖中高效地检索可合并的表格数据。接着遍历通过 LSH 检索到的所有候选表，并根据这 3 个因素为每个候选表和查询表之间计算一个合并分数，通过分数排序即可得到可与查询表合并的所有候选表。类似地，D3L[36] 从 5 个方面来衡量两个列之间的相似性：列名、列值的取值范围、列的词嵌入向量、列值的格式表示和列值的主题分布。同时，基于 LSH 索引，D3L 也得以在数据湖中高效地检索相似的列。此外，Santos[37] 使用知识库（Konwledge Base）以及数据湖中的二元关系为数据湖中所有列构建了一个语义图，语义图的每个节点对应一个列，边表示从知识库中推导出的关系。当用户输入一个查询表时，Santos 将其转换成一个语义图并将其与数据湖中的图进行比较，从而考虑列的语义。

2.2.2　基于传统方法的数据查询

传统 Text2SQL 方法提供了简单且直观的解决方案，适合处理常见或重复的查询。传统 Text2SQL 方法主要分为基于规则的 Text2SQL 方法和基于深度学习的 Text2SQL 方法。

1. 基于规则的 Text2SQL 方法

基于规则的 Text2SQL 方法曾是该领域的主要方法。这种方法依赖于手工编写的规则或模板，将自然语言查询转换为相应的 SQL 语句。例如，NaLIR[38] 使用句法分析器理解自然语言查询，将其与数据库元素关联，并依靠预先制定的规则生成 SQL 语句。尽管这种方法简单、直观且易于实现，但是它仅能在预先编写的规则范围内执行查询，因此在处理复杂查询时存在局限性，影响用户的交互体验。并且这种方法需要人工编写大量的规则或模板，因此工作量较大。

2. 基于深度学习的 Text2SQL 方法

随着深度学习和自然语言处理技术的发展，基于深度学习的 Text2SQL 方法逐渐崭露头角。这些方法利用深度学习模型（如 IRNet[39]、ValueNet[40]），能够自动学习自然语言和 SQL 查询之间的映射关系，生成 SQL 语句。与基于规则的方法相比，基于深度学习的方法对用户输入的自然语言限制更少，因而能够更好地处理复杂查询，并且具备更强的泛化能力。例如，基于 Transformer[41] 和图神经网络（GNN）[42] 的 Text2SQL 方法展示了显著的性能提升。尽管相较于基于规则的方法具有显著优势，但基于深度学习的Text2SQL 方法仍面临一些挑战，如语义理解能力有限以及对特定领域的依赖性较强等。

2.2.3 基于传统方法的数据融合

传统的数据融合方法可以分为 3 类：基于规则的数据融合、基于机器学习的数据融合和基于众包的数据融合。

1. 基于规则的数据融合

基于规则的数据融合是一种经典的数据融合方法，其核心思想是利用人工制定的规则直接比较样本对中特定属性的值，从而判断样本对是否匹配。该方法的优点在于易于理解和实现，并且能够根据数据的特点灵活地设计规则。专家在设计规则时，需要充分考虑数据特征和融合目标，并根据实际情况选择合适的匹配规则。例如，如果一对样本所属的两个关系表存在相同的候选键（能唯一确定一个样本的属性），则可直接比较它们在该共有属性上的值是否相同，若相同则判断为匹配，反之亦然。然而，若不存在这种共有属性，则需借助外部信息扩展样本属性。Wang 和 Madnick[43] 提出推导规则可由领域专家设计，以根据样本对的现有属性创建新的共有属性，例如根据属性-值对"省市-上海"推导出新的属性-值对"省市简称-沪"。Lim 等人[44] 提出的方法在不违反完整性约束的前提下，根据样本所在数据库的其他关系表扩展样本对的属性，以创建新的共有属性。此外，即使存在共有属性，一对可以匹配的样本的属性值也可能存在差异，例如同一个地址可能有多种不同记录方式。在这种情况下，仅仅比较属性值是否相同已无法判断样本是否匹配。因此，部分研究从属性值的相似度角度切入，并以此设计规则。此类规则需要明确相似度的计算方法和匹配阈值，当一对样本在属性值上计算的相似度达到阈值时，二者才可以被认定为匹配。Monge 和 Elkan[45] 将样本的各属性值拼接为一个字符串，并采用能够处理字符串中间隔的匹配算法进行判断。Dey 等人[46] 提出，用合适的算法对每个属性上的值单独计算相似度，再加权求和，根据加权相似度判断样本是否匹配。一方面，基于规则的数据融合针对每种具体任务和数据集都需要重新设计规则；另一方面，人工设计的规则难以处理复杂的匹配情况，导致数据融合的效果不佳。对此，学界借助机器学习方法解决数据融合问题。

2. 基于机器学习的数据融合

机器学习方法可以自动从标签数据集中提取匹配规则，并应用于新数据上。与人工设计规则相比，机器学习方法有鲁棒性强、可扩展性好等优点，因而被广泛应用于数据融合任务。一个常用的解决框架是，先通过相似度函数将一对样本的各属性转化成数值表征，再通过机器学习模型根据表征判断匹配结果。例如，Cochinwala[47] 等人在得到样本对的属性表征后，分别采用 CART、线性判别分析和矢量量化方法判别样本对是否匹配，并通过剪枝算法提高推理速度。Bilenko 和 Mooney 提出的 MARLIN[48] 为了更好地判断属性之间的相似度，采用了带有可训练参数的相似度函数。待匹配样本通过相似度函数生成相似度表征后，MARLIN 以此训练支持向量机模型进行匹配判断。此外，Fellegi 和 Sunter 将数据融合问题建模为概率模型[49]。该方法结合样本对之间各属性字段匹配与样本对整体匹配的条件关系以及样本对匹配的先验概率，利用贝叶斯定理计算样本对匹配的后验概率，最后根据设定的后验概率阈值判断是否匹配。Single 和 Domingos[50] 在 Fellegi-Sunter 模型的基础上，结合马尔可夫网和一阶逻辑对数据融合问题进行建模，通过监督学习调整网络权重，并通过高效的推理算法判断样本是否表示同一实体。还有一些研究通过有监督启发式算法解决数据融合问题。Isele 和 Bizer 提出的 GenLink[51] 采用遗传算法优化匹配规则。GenLink 定义了 4 种规则算子，这些规则算子以树的形式组合成不同的匹配规则。通过遗传算法的迭代，规则间不断进行算子的交换，以形成新的规则。GenLink 以规则在训练集上推理的准确率作为适应度函数，筛选出最优的匹配规则。上述传统方法仅依靠相似度函数或单词的统计信息解决数据融合问题。然而，待匹配的样本往往包含丰富的语义信息。因此，对于形式相似但需要依据语义判断的数据，这些方法难以准确判断是否进行融合。为了保证融合的准确率，这类数据往往需要依赖人类的判断力和知识进行处理。

3. 基于众包的数据融合

众包通过整合计算机和互联网上未知的大众来完成机器单独难以处理的任务。任务准备是众包的第一个阶段。由于众包更适合解决微观任务，因此在进行任务准备时需要将复杂的任务分解为微观任务。以实体匹配（entitymatching）任务为例，常用的分解的方法为：将数据集中每一对样本作为一个微观任务，要求判断二者是否匹配。尽管人工方法具有较高的准确率，但成本也较高。因此，基于众包的数据融合方法旨在设计合适的样本选择和任务组织策略，以提高准确率并减少任务数量，从而降低成本。Wang 等人提出了一套人机结合的数据融合框架 CrowdER[52]。该框架首先根据相似度筛选出可能匹配的样本对，然后将其中包含的所有样本划分成组，每组对应一个众包任务，通过人工识别其中所有匹配的样本对。各组中判断为匹配的样本对为任务的最终结果。CrowdER 提出了一种基于图的样本划分算法，在保证众包结果准确率的前提下，将样本划分为尽量少的组，以降低成本。Chai 等人提出的数据融合框架 Power[53] 基于一对样本中各属性的相似度，定义了一种样本对间匹配性的偏序关系。Power 采用迭代的方式解决数据融合问题：在每步迭代时选择一个无匹配结果的样本对作为众包任务，然后根据匹配结果和偏序关系推导其他样本对的匹配性，直到所有样本对都有匹配结果。Power 设计了一种基于图的样本对选择算法，旨在最小化众包任务数量，进而降低成本。基于众包的数据融合通过结合机器学习算法与人工方法，在复杂语义的数据融合任务中达到了较高的融合准确率。但是这种方法存在成本高和延迟高的问题。

2.2.4　基于传统方法的数据清洗

传统数据清洗技术依赖简易但高效的算法处理数据，确保数据的准确性、一致性和完整性。具体而言，传统数据清洗技术主要分为基于完整性约束、基于统计、基于机器学习和基于深度学习的数据清洗。

1. 基于完整性约束的数据清洗技术

在给定包含脏数据的数据集 I 及其对应的一组完整性约束 Σ 的前提下，基于完整性约束的数据清洗技术通过适当修改数据集 I 或约束，得到一个新的干净数据集 I'，使之满足修改后的完整性约束集 Σ' 中的所有条件[54]。其完整性约束 Σ 涵盖实体完整性约束、域完整性约束和参照完整性约束等，通常映射了数据属性或属性组之间的依存和制约关系。例如，函数依赖 $X \rightarrow Y$，其中 X 与 Y 为属性集 $\mathbb{R}$ 的子集，在给定数据实例 I 中，若两元组 t_1 与 t_2 满足 $t_1[X] = t_1[X]$，则必有 $t_1[Y] = t_1[Y]$。满足这些约束条件是确保数据集干净性的前提。除了以上基本的完整性约束，数据清洗技术采纳一系列高级完整性约束，如条件函数依赖[55-56]、包含依赖[57]、度量依赖[58] 以及差别依赖[59] 等。在数据清洗的过程中，这些高级约束进一步精确地描述数据之间的复杂关系，促进对数据质量的更精细化的管理。基于完整性约束的数据清洗技术大致分为局部清洗方法和全局清洗方法。局部清洗仅关注单一完整性约束下的数据错误，而全局清洗综合多个相关完整性约束。一项经典的局部清洗方法由 Bohannon 等在 2005 年提出[60]，该算法通过创建等价类来统一冲突元组的值，从而解决函数依赖和包含依赖冲突。也就是说，在处理函数依赖 $X \rightarrow Y$ 导致的元组冲突时，算法无法判定错误值，故会调整这些元组使得 X 上值相同的元组在 Y 上亦相同，这一过程通过构造等价类并优化 Y 值来最小化清洗成本。而 Chu 等人在 2013 年提出一种全局清洗算法[56]，该算法首先识别出数据集中违反完整性约束的脏数据，然后通过构建数据冲突图来标识出错误的属性值。随后，算法为冲突元组属性确定正确取值，确保数据的一致性和准确性。

2. 基于统计的数据清洗技术[61-63]

基于统计的数据清洗技术将数据清洗任务化为一个统计学习与推理的数学问题。具体而言，该技术首先将数据集中的各个属性值表征为随机变量，进而应用统计模型分析这些随机变量的概率特性，以此区分脏数据与干净数据。此外，该技术还能将数据集的完整性约束及参照数据转化为一组逻辑推理规则，并将其整合到统计模型中。通过概率推理，模型分析属性值的联合分布与条件分布，定量地揭示数据的不一致性。例如，通过分析属性值对的共现频率，可以识别那些违反数据完整性约束的异常值。进一步地，可通过计算最大后验概率（MAP）修复异常值。HoloClean[61] 是由 Theodoros 等人提出的数据清理框架。HoloClean 接受脏数据、完整性约束和外部数据源等多种输入，从而增强对数据的理解。它将数据属性值视作随机变量，并将完整性约束及外部数据转换为逻辑推理规则，进而构建因子图模型。在此模型中，每个因子节点映射随机变量之间的概率函数，综合反映数据内在的统计相关性及外加的完整性约束。通过模型的学习推理，HoloClean 计算各个随机变量的最大后验概率分布，从而确定数据修复策略。进一步地，HoloClean 支持在置信度较低的情况下进行人工引导的数据清洗，它通过分析数据的边际分布，识别出低置信度的数据修复候选项，并允许用户进行反馈和修正。

3. 基于机器学习的数据清洗技术

机器学习在数据清洗技术中的应用日益广泛，它通过分析用户操作记录和数据特征，学习清洗数据的策略，显著减少了人工标注的需求。其中，k 近邻（k-NN）算法是一种简单而有效的机器学习技术，它利用给定实例周围最近的 k 个邻居的信息来进行决策，常应用于识别异常值、估计缺失值等场景。Tomek 链接算法[64] 作为 k-NN 的一个变体，使用 1-NN 分类器来识别并清除噪声数据点，进而增强数据的准确性。Pujianto[65] 进一步扩展了 k-NN 的应用，通过寻找缺失数据点的 k 个最近邻居来预测并填充缺失值，从而提高数据的完整性。另外，主成分分析（PCA）[66] 作为机器学习中的特征提取工具，通过构建特征的协方差矩阵并执行特征分解，能够识别并选取数据中的关键主成分。利用这些主成分，PCA 将数据投影到低维空间，有效地剔除了冗余和噪声，从而为数据清洗提供有效支撑。结合统计方法，如 Z-score 和四分位数范围（IQR）检测，PCA 能够精准地定位和处理数据中的异常值。支持向量机（SVM）是一种监督学习的机器学习模型，广泛应用于分类及回归分析。该模型的核心在于构建一个最优的超平面，使得决策边界的间隔最大化，从而区分不同类别。在数据清洗中，可以训练 SVM 模型以识别出数据集的正常模式，进而识别和移除异常数据点。

4. 基于深度学习的数据清洗技术

深度学习采用多隐层网络，以逐层学习的方式从输入数据中提取信息，其中深度架构设计使其能够通过多层次的抽象过程，形成数据的高级表示[67]。深度学习模型通过学习数据的深层特征，能够有效识别和处理异常值，从而显著提升数据清洗的质量，并减少对手动特征工程的依赖。其中，变分自动编码器（VAE）[68] 是一种较为先进的深度学习架构，融合自动编码器的非监督学习特性和变分推断的统计建模优势，常被用于异常检测和缺失数据插补。Yao 等人提出一种利用 VAE 进行特征提取的无监督异常检测方法[69]，其核心在于利用 VAE 模型的编码器部分来捕捉数据的低维表示。具体而言，该方法通过最小化重构误差和潜在空间分布与先验分布之间的 Kullback-Leibler 散度来更新 VAE 模型参数，并将编码器产生的潜在变量的高斯分布期望值作为数据的低维特征。进而，该方法将这些低维特征应用于无监督的异常检测算法，高效地识别数据中的异常点。此外，Goodfellow 等人提出的生成对抗网络（GAN）[70] 是一种由生成器和判别器组成的对抗式深度学习架构。在这一架构中，生成器致力于生成难以与真实数据区分的合成样本，而判别器则旨在区分合成样本和真实样本。该过程可被视为一种零和博弈，通过对抗训练，生成器和判别器互相促进，最终达成纳什均衡。在异常检测任务中，Zenati 等人提出一种基于 GAN 的异常评分函数[71]，该函数通过重构损失 L_G 和基于判别器的损失 L_D 的凸组合来衡量样本 x 的异常程度，定义为 $A(x)=\alpha L_G(x)+(1-\alpha)L_D(x)$。Ngo 等人进一步提出 Fence GAN 架构[72]，通过调整 GAN 的目标函数，引导生成器在数据分布的低密度区域生成样本，而非仅仅模仿高密度区域的数据分布。这一改进使判别器能够更精确地刻画出数据边界，进而将判别器转化为一种高效的异常检测工具，用于识别与正常数据分布显著偏离的异常样本。

2.3　基于语言模型的数据发现

在大数据背景下，有效的数据往往被埋没在海量信息中，导致数据的价值密度低。

针对这一问题，数据发现作为一种关键的技术手段应运而生，旨在从大规模数据湖中高效地发现用户感兴趣的表格数据。数据发现分为基于关键字检索的数据发现和基于表检索的数据发现，具体界定如下：

- 基于关键字检索的数据发现使用特定关键字或短语在数据湖中检索相关性较高的数据表。具体而言，用户输入与其正在查找的信息相关的关键字，数据发现系统从包含相关数据的数据湖中检索表格数据。然后将检索结果呈现给用户，并根据检索结果与所提供的关键字的相关性进行排序。

- 基于表检索的数据发现可以进一步分为可连接表（joinable table）的数据发现和可合并表（unionable table）的数据发现，即从数据湖中检索出可以与查询表连接或者合并的表格数据。其中，可连接表的数据发现通常通过判断数据湖中的每个表与查询表之间对应的连接列的重复程度来对表格数据之间的相关性进行排序，可合并表的数据发现通常通过判断数据湖中的每个表与查询表之间的主题相似度来对表格数据之间的相关性进行排序。

本节将首先探讨传统方法在数据发现中的应用，接着介绍基于预训练语言模型的数据发现方法，最后展望基于大语言模型的数据发现技术的发展前景。

2.3.1 基于预训练语言模型的数据发现

对于基于关键字检索的数据发现，传统方法仅仅通过数据的元信息进行检索，而没有考虑语义层面的信息；对于基于可连接表的数据发现，传统方法往往仅考虑不同字符串的相似性，忽略了列之间的语义关系；对于基于可合并表的数据发现，传统方法仅独立地评估查询表中的列与候选表中的列之间是否可以合并，忽略了表之间的语义关系。这导致传统方法在处理复杂数据集时的准确性存在瓶颈。因此，预训练语言模型因其不仅能够识别数据的重复性，还能理解数据的上下文和语义的能力，常被用于与数据发现相融合，从而提供更全面和精准的数据发现结果。这种结合能够显著减少人工干预的需求，提高数据发现的效果，为下游的数据分析和决策提供更有力的支持。

1. 基于关键字检索的数据发现

Aurum[73] 是一个基于图的数据发现系统，能够根据用户的请求提供灵活的查询以搜索相关的数据。该系统由三个部分组成：第一部分是图构建，Aurum 利用企业知识图谱（Enterprise Knowledge Graph）来捕捉表格数据之间的关系。EKG 是一个关系图，其中每个节点表示一个数据表的一个列，每条边表示两个节点之间的关系，有边连接的节点表示在同一表中相关的列。第二部分是图维护，Aurum 提出了一种基于采样的方法来有效地确定哪些表格数据发生了变化，并快速对 EKG 进行更新，保持其最新状态。第三部分是图查询，Aurum[74] 允许用户使用关键字查询表格并对查询结果进行排序，为了让 EKG 的边能准确捕捉表格数据之间的关系，Fernandez 等人[10] 提出使用词嵌入向量来捕捉关系表之间的语义关系。具体地，他们将表名、模式等信息进行编码，并将它们映射到现有的节点上，从而在识别语义信息以提高检索准确率。

2. 基于可连接表的数据发现

早期基于预训练语言模型的可连接表的数据发现方法主要通过生成词嵌入向量来检索可连接表。例如，Pexeso[75] 使用 fast-Text[76] 将表格数据中的每个单元值都编码为一个高维向量，然后用倒排索引和一个层次网格对这些向量进行索引。当用户输入查询表时，可以高效地计算这些向量之间的余弦相似度。但这类方法只针对单元值生成词嵌入向量，没有考虑整列的语义信息。因此，为了能更好地表示出整列数据的语义信息，DeepJoin[77] 先通过预训练模型将数据湖中的数据列转换成向量，进而通过向量相似性来检索可连接的数据。具体地，DeepJoin 对预训练语言模型 DistilBERT[78] 和 MPNet[79] 进行了微调，分别用于在不同场景下将列数据编码成向量。用户将两个列输入模型，模型分别对这两个列输出两个向量，并计算它们之间的余弦相似度，并将该相似度与其实际的相似度的差异作为训练模型的损失。接着，在通过模型推理将表格数据的列转换成向量之后，DeepJoin 在列向量上建立 HNSW 索引。当用户输入一个待查询的查询表和查询列时，DeepJoin 先将其通过预训练语言模型转换为向量，进而通过 HNSW 索引检索可能与查询列连接的数据。

3. 基于可合并表的数据发现

Starmie[80] 旨在基于预训练语言模型来寻找可合并的表格数据。它使用轻量级的对比学习方法以无监督方式训练一个列编码器。该编码器在对每个列编码的同时还额外考虑了表内的其他列与该列的关系，从而捕捉到该表格数据的整体语义。同样地，Starmie 将数据湖中的列编码为向量，并构建 HNSW 索引以加速检索。当用户输入一个查询表时，Starmie 首先通过预训练语言模型将其转换为向量，然后通过 HNSW 索引检索可能合并的数据。此外，预训练模型已经被广泛应用于不同的表格相关任务。例如，Sato[81] 使用基于有监督的方法来学习表格数据和列的向量表示。TABERT[82] 是一个可以同时表示结构化表格数据以及自然语言的预训练语言模型。TABBIE[83] 则在训练过程中引入了一种简单的预训练目标，即从表格数据中识别出损坏的单元格。这些预训练语言模型都可以被用于生成表格数据的向量表示，进而在数据发现任务中取得较好的表现。

2.3.2　基于大语言模型的数据发现

与前文提到的预训练语言模型相比，大语言模型的优势在于其通过从互联网上海量的语料库中学习丰富的知识，能够在提示工程或简单微调的情况下，在多种任务中表现良好。相较于基于预训练语言模型的数据发现，大语言模型可以泛化到尚未经过明确训练的各种数据发现任务。因此，为了提高数据发现任务的准确率，大语言模型可以被用于进一步判断通过预训练语言模型筛选出来的候选表与用户查询之间的相关性。为了进一步聚焦，本小节主要围绕表格数据发现对现有工作进行调研。

1. 基于关键字检索的数据发现

首先，大语言模型可以用于分析每个候选表格数据的内容，以给每个表标记上最能代表其主题的关键词。接着，用户输入关键字查询，通过关键字对相关主题的候选表格进行筛选。然后将基于关键字检索的数据发现任务转换成自然语言描述，与筛选出来的候选表格一起提供给大语言模型进行处理[84]。例如，可以将基于关键字检索的数据发现任务转换成"对于以下给定数据集,选择一个与教育有关的数据表",作为提示词输入给大语言模型。并且采用序列化的方式将各个候选表格输入给大语言模型,用逗号作为单元值之间的分隔符。同时,可以使用额外的信息来指导大语言模型生成答案。例如,可以将候选表格数据已知的模式或者列类型作为提示词输入给大语言模型,从而帮助大语言模型更好地判断表格数据的主题,并在生成答案时考虑这些信息。

2. 基于可连接表的数据发现

对于基于可连接表的数据发现任务,通常先通过预训练语言模型将候选表格筛选出来。再进一步地将其视为完成一个执行连接操作的 Python Pandas 代码补全问题[84]。例如,对于基于可连接表的数据发现任务,将提示词"给定两个 Pandas 表格数据,建议使用什么'pd. merge'的参数来连接这两个表格数据。"与候选表格数据的序列化表示一起输入给大语言模型。此外,由于大语言模型的提示词输入量大小有限,通常无法输入完整的表格信息。因此,只需要表格数据的前五行即可确定表格每个列的类型。同时,元数据(包括模式、标题等信息)也可以作为提示词以帮助大语言模型推断答案。大语言模型可以自适应地推断输入的第一列是模式还是数据行,无须修改输入格式。

3. 基于可合并表的数据发现

对于基于可合并表的数据发现任务,通常先通过预训练语言模型将候选表格筛选出来。再进一步地将其视为完成一个执行连接操作的 Python Pandas 代码补全问题[84]。例如,对于基于可连接表的数据发现任务,将提示词"给定两个 Pandas 表格数据,建议使用什么'pd. concat'的参数来连接这两个表格数据。"与候选表格数据的序列化表示一起输入给大语言模型。同时,可以采用少样本提示的方法,给一些被准确回答的任务实例作为额外输入来帮助大语言模型生成答案。

2.4　基于语言模型的数据查询

Text2SQL(Text-to-SQL)是一种将自然语言查询转换为 SQL 语句的方法。具体来说,该方法能够理解自然语言描述的用户查询需求,并将其自动转化为结构化查询语句,从而降低书写数据库查询的专业壁垒。这一转换方法涉及自然语言理解、语义解析、SQL 生成和优化等多个复杂环节。目前,Text2SQL 方法的主要思路可以概括为以下三类:基于传统方法的 Text2SQL、基于预训练语言模型(PLM)的 Text2SQL 方法和基于大语言模型(LLM)的 Text2SQL 方法。

2.4.1　基于预训练语言模型的数据查询

基于预训练语言模型(PLM)的 Text2SQL 方法是该领域中的一个重要研究方向。该方法利用预训练语言模型(如 BERT[85-87]、T5[88-91] 等)来理解自然语言查询,并生成相应的 SQL 语句,从而实现将自然语言查询转换为 SQL 语句的功能。预训练模型能够捕捉丰富的语义和上下文信息,因此在处理自然语言查询与 SQL 语句的映射任务中相较于传统方法表现更加出色。

1. 基于 BERT 的 Text2SQL 方法

BERT 模型的双向编码器特性使其能够同时考虑上下文信息，从而更深入地理解自然语言的语义和复杂的查询意图，提升生成 SQL 查询的准确性和上下文一致性。Lin[85] 提出了一个名为 BRIDGE 的模型，该模型采用主流的 Seq2Seq 架构，将 Text2SQL 任务视为翻译问题，即通过使用编码器（BERT）和解码器（基于 LSTM）进行文本转换。具体来说，BRIDGE 首先将多个表中的表名和模式与自然语言查询拼接为一个文本序列，生成的格式为：$X = [CLS], Q, [SEP], [T], t1, [C], c11, \ldots, c1 | T1 |, [T], t2, [C], c21, \ldots, c2 | T2 |, \ldots, [T], tN, [C], c1N, \ldots, cN | TN |, [SEP]$，其中，Q 是自然语言查询，t 和 c 分别表示表名和列名，[CLS]、[SEP]、[T] 和 [C] 分别表示对应的分隔标识。然而自然语言查询中的表达方式和词语可能不规范，使得编码器难以捕获查询中的词元（token）与模式之间的依赖关系。为了更好地对齐模式和自然语言查询，BRIDGE 将查询中的词元与数据库中单元值进行匹配，并利用所有匹配到的单元值构造一个锚文本（anchor text）。锚文本作为增强信息，与自然语言查询和模式内容拼接成混合序列，一起输入 BERT 编码器，生成用于输入解码器的表示向量。在解码器部分，BRIDGE 引入了一个包含生成 SQL 语句时可能使用到的所有词汇的词表，例如 SQL 关键字、数据库表名、列名以及数值等。编码后的信息输入解码器后，在每一步生成 SQL 语句的过程中，解码器从词表中选择适当的词汇，从而生成完整且正确的 SQL 语句。Chang[86] 基于 BERT 模型提出 SV2-SQL 机制，该机制主要包括三个有序的深度学习模型，即 Select-Where Slot Filling model（SWSF-model）、Value Extraction model（VE-model）和 Verification（V-model）。其中，SWSF-model 通过捕获自然语言查询中与字段名和操作符相关的词元，来填充 "Select" 和 "Where" 子句中的字段和操作符；VE-model 从自然语言查询的词元中提取 SQL 中 "Select" 和 "Where" 子句对应属性的值；V-model 起到评估的作用，该模型能够计算输入自然语言查询与所生成 "Where" 子句的语义相似性，从而验证上述模块生成的 "Where" 子句的正确性。最终整合三个模型的输出来生成 SQL 语句。Guo[87] 提出了一种利用表格内容来增强 BERT 模型在 Text2SQL 问题上表现的方法。该方法将自然语言查询中的词元匹配表格内容和模式，生成特征向量。特征向量帮助模型区分查询中的不同部分，从而减少歧义，提高对复杂查询的处理能力。将特征向量作为增强的输入信息，结合自然语言查询和模式内容一起输入 BERT 编码器。编码器生成的表示向量输入 LSTM 解码器后，解码器会输出各部分（Select 列、Select 聚合函数、Where 条件数量、Where 列、Where 操作符、Where 值）的预测概率。然后，整合各部分的预测结果，生成完整的 SQL 语句。

2. 基于 T5 的 Text2SQL 方法

在 Text2SQL 任务中，BERT 通常用作编码器，将输入的自然语言查询和数据库模式进行编码，生成涵盖上下文信息的表示向量，再将其输入到其他模型（如 LSTM 解码器）中进行 SQL 语句生成。而 T5（Text-To-Text Transfer Transformer）作为一个完整的 Seq2Seq 模型，包含编码器和解码器两个部分。因此 T5 模型能够直接将自然语言查询和数据库模式作为输入，生成对应的 SQL 语句。

Arcadinho S[90] 提出的 T5QL 模型由生成器和重新排序器组成，将 Text2SQL 任务分解为两个子任务：生成候选 SQL 和重新排序。首先，该方法使用 T5 模型将自然语言查询和数据库模式作为输入，通过束搜索（beam search）生成多个候选 SQL 语句。接着，在生成每个候选 SQL 语句的过程中，模型通过引入解析器（parser）确定下一个有效的 SQL token，以确保解码器生成的每个候选 SQL 语句都不存在语法问题。最后，使用 CodeBERT 模型计算 SQL 候选查询与自然语言查询的匹配度，对生成的候选 SQL 语句进行重新排序，按照匹配度最高的原则选择最优的 SQL 语句。

　　Fu[91] 提出的 MIGA（MultI-taskGeneration framework）将 Text2SQL 任务分为多任务预训练和单任务微调两个阶段。在预训练阶段，模型通过引入多样化的任务来学习更多的语义和上下文信息。具体来说，MIGA 将 SQL 语句生成任务分解为三个子任务。①相关模式预测（Related Schema Prediction）：该任务的目标是为了避免生成错误的表和列，从而减少生成 SQL 时的错误。因此这个子任务只需要考虑待出现的列和表，而不考虑生成的 SQL 语句结构。②轮次切换预测（Turn Switch Prediction）：该任务通过捕捉对话中 SQL 语句的变化，从而提升对多轮对话的处理能力。③最终话语预测（Final Utterance Prediction）：该任务通过从历史对话中提取特征，包括每一轮对话的文本内容、对话轮次、对话的上下文信息等，然后将所有特征与当前查询结合起来形成一个完整的对话序列输入 T5 模型，为对话式查询生成一个总结性的最终话语（Final Utterance）。在微调阶段，模型将先前生成的 SQL 查询作为生成当前回合 SQL 语句的上下文信息，通过在每个训练迭代中以概率 α 对前一轮生成的 SQL 语句进行扰动，构建扰动后的 SQL 查询样本，用于减轻错误传播问题（error propagation problem），提高模型的稳定性。

　　Li[89] 提出的 GRAPHIX-T5 模型使用关系图注意力网络（Relational Graph Attention Network，RGAT）来增强 T5 模型的编码能力。首先，模型将用户的自然语言查询和数据库模式（Schema）作为输入。其中，用户的自然语言查询通过 Transformer 模块进行编码，生成语义表示；数据库模式通过 RGAT 模块进行编码，生成结构表示。然后，将这两个模块整合为 GRAPHIX 层使每一个 GRAPHIX 层都结合了来自两种表示的信息。接着，堆叠多个 GRAPHIX 层替换原始的 T5 编码器，从而构建一个改进后的编码器。改进后的编码器能够同时捕获输入序列中的语义和结构信息，提升对复杂 SQL 查询的生成能力。最后，使用预训练的 T5 解码器利用编码器输出的隐藏状态生成 SQL 语句。通过此方法，GRAPHIX-T5 能够同时编码语义和结构信息，提供关键的语义和关系线索，从而更准确地理解和生成复杂的 SQL 语句，增强模型对复杂关系的处理能力。

　　总的来说，基于预训练语言模型的 Text2SQL 方法相比传统方法在语言理解和文本生成能力方面都具有显著优势，因此能够更有效地处理复杂查询，并且生成 SQL 语句的效率和准确性通常都高于传统方法。尽管该方法在语言理解和生成方面取得了显著进展，但仍面临上下文保持能力弱、自适应能力差和自我纠正能力不足等挑战。

2.4.2　基于大语言模型的数据查询

　　基于大语言模型的 Text2SQL 方法通常利用有效的提示词（Prompt）设计和上下文学习来提升 LLM 的 Text2SQL 能力，以适应特定的任务和数据集。

1. 基于提示词工程的方法

在 Text2SQL 任务中，提示词工程对于发掘大语言模型的 Text2SQL 能力至关重要。提示词工程通常包括 4 个元素：指令（Instruction）、上下文信息（Context）、需要处理的数据（Input Data）和要输出的类型或格式（Output Indicator）。典型的 Text2SQL 提示词可能包括指导模型根据提供的数据库模式信息和用户需求生成 SQL 语句的指令。此外，还可能包括一些示例 SQL 语句，以展示如何完成类似的查询。提示词工程可以分为零样本（zero-shot）[92-93] 和少样本（few-shot）[25,94] 场景，前者是指模型在没有见过特定任务的训练示例的情况下进行推理和预测；后者则是通过给模型提供少量高质量的示例来处理新的任务。其中，示例指的是用于指导和训练语言模型执行特定任务的一组输入-输出对。这些示例通过提供明确的任务上下文和期望的输出格式，帮助模型理解并生成正确的响应。而在 Text2SQL 任务中，示例通常为一个包含自然语言查询、数据库模式和 SQL 语句的三元组。正确选择和组织示例，是实现高效准确的 Text2SQL 转换的重要步骤。Gao[95] 提出的 DAIL-SQL 方法从问题表示（Question Representation）、示例选择（Example Selection）、示例组织（Example Organization）三个步骤出发，旨在通过这些步骤提高 Text2SQL 任务的性能。首先，在问题表示方面，DAIL-SQL 采用代码表示提示（Code Representation Prompt，CRP）的方法，将自然语言查询与数据库模式信息转化为能够令 LLM 理解并生成 SQL 语句的格式化提示词。CRP 包括完整的数据库模式信息，如主键和外键，确保模型在生成 SQL 语句时能充分感知到上下文信息。其次，在示例选择方面，DAIL-SQL 使用 DAIL 选择（DAIL Selection）方法，从候选示例集中选择与目标问题最相关的 k 个示例。最后，在示例组织方面，DAIL-SQL 提出了一种新的示例组织策略，称为 DAIL 组织（DAIL Organization），旨在保证将自然语言查询转化为 SQL 语句的同时减少输入大语言模型的词元数量。具体来说，首先，将目标问题和对应的数据库模式作为输入，构建提示词的基本结构，包括目标问题、目标数据库模式和任务说明。然后，将经过 DAIL 选择得到的 k 个示例插入提示词中。在此过程中，为了优化词元长度，可以去除示例中不必要的数据库模式信息，只使用示例中的自然语言查询和 SQL 语句。最后，按照 CRP 格式生成最终的提示词。将该提示词输入到 LLM 中，以生成目标问题的 SQL 语句。

2. 基于多轮对话的方法

在实际的 LLM 使用场景中，由于用户对数据库结构和 SQL 语句的语法不熟悉，通常会以相对简单的问题开始对话，然后进行多轮交互[92,96]，最终生成完整的复杂 SQL 语句。该方法的基本思想是将复杂的数据库查询任务拆解为多个简单的子查询任务，通过逐个完成这些子任务并将它们的回答整合，最终得到复杂查询任务的解。相比于单次生成完整的 SQL 语句，基于多轮对话的 Text2SQL 方法能够充分利用 LLM 的上下文推理能力。然而，随着对话的进行，用户会逐步细化和扩展他们的查询需求，从而导致查询本身变得更加复杂。因此，通过逐步修改之前生成的 SQL 语句来生成当前 SQL 语句是一个很好的思路。基于这个思路，Zhang[97] 提出了一种名为 CoE-SQL 的方法。该方法的关键在于理解和追踪对话中语义的依赖关系，并有效利用历史对话信息生成 SQL 语句。为了更好地表达如何将前一轮输出的 SQL 语句修改为当前 SQL 语句的编辑过程，该方法引入了 SQL 编辑链（Edition Chain）机制。具体来说，首先，CoE-SQL 定义了 14 种基本编辑规则，这些规则包括对 SQL 查询的 SELECT、FROM、WHERE 等子句进行添加、删除和替换操作。然后，CoE-SQL 获取前一轮生成的 SQL 语句及其对应的抽象语法树（AST）。通过解析当前轮对话中的自然语言查询，CoE-SQL 可以构建一个临时的结构化表示，即当前轮初步的 AST。然后，通过比较前一轮 SQL 语句的 AST 和当前轮初步的 AST，识别出需要进行的编辑操作。最后，将编辑操作序列化为编辑链。编辑链描述了如何在前一轮的 SQL 语句的基础上结合当前 SQL 语句进行修改，从而得到当前轮最终的完整 SQL 语句。以此类推，经过多轮迭代，最终可以得到复杂查询任务的完整 SQL 语句。

基于 LLM 的 Text2SQL 技术因其卓越的语言理解和文本生成能力，以及多任务和对话处理能力，为自然语言查询到 SQL 语句的转换提供了新的方法和思路，并在实际应用中展示了巨大的潜力，显著降低了用户在进行数据库查询时的使用门槛。相比于基于预训练模型的方法，LLM 在 Text2SQL 任务中展现了优异的上下文保持、语言处理和泛化能力，并能够生成更加自然和流畅的语言，从而提供更好的用户体验。然而，该方法仍存在一些问题需要注意：

1）处理特定领域或非常规语言表达时可能存在局限性，需要进一步的数据增强或领域适应训练。

2）虽然可以通过少量示例进行零样本或少样本学习，但仍需获取高质量标注数据对模型进行微调，且微调 LLM 需要大量的计算资源和时间。

3）模型的选择、配置和优化需要专业知识，且随着模型规模的增加，对计算资源的需求也在增加。

2.5　基于语言模型的数据融合

数据融合的主要任务是整合多源数据，以形成高质量的数据视图。一对数据样本能够融合的前提是它们描述相同的实体或概念，而数据融合的核心任务即是判断这一点。多源数据通常具有不同的数据形式和丰富的语义，因此，判断方法捕获数据关键特征的能力决定了融合结果的准确性。

传统数据融合方法主要基于规则、机器学习或众包三种范式。基于规则和机器学习的方法依靠数据相似性或统计特征进行融合，缺乏对语义信息的挖掘，导致融合结果的准确性不佳。基于众包的方法借助人工处理任务，虽然数据融合效果较好，但由于时效性低、成本高昂等限制，难以广泛应用。因此，传统数据融合方法难以高质量、低成本的完成任务。近年来，预训练语言模型技术凭借其强大的自然语言理解能力，为数据融合领域研究开辟了新的研究方向。本节将分别介绍基于预训练语言模型技术和基于大语言模型技术的两类数据融合方法。

2.5.1　基于预训练语言模型的数据融合

预训练语言模型能够为文本序列生成反映其语义的向量表征。相较于基于字符串相似度或基于单词统计信息的传统表征方法，包含语义的特征向量能更好地反映样本特征，因此预训练语言模型被广泛应用在数据融合领域。预训练语言模型在数据融合中的应用按照发展顺序可以分为三类，分别是基于上下文无关词嵌入模型的数据融合、基于上下文相关词嵌入模型的数据融合和基于领域自适应的数据融合。

1. 基于上下文无关词嵌入模型的数据融合

上下文无关的词嵌入模型（如 Skip-Gram 和 GloVe）能为词典中每个单词生成包含语义信息的固定向量嵌入，即词嵌入。词嵌入可直接应用于神经网络模型。与传统基于单词统计的机器学习方法相比，词嵌入能更好地从训练数据中捕捉文本语义，进而达到相较于传统数据融合方法更好的表现。Ebraheem 等人提出了实体匹配系统 DeepER[98]。DeepER 首先采用基于 LSH 的方法将数据集分成几块，将待匹配的数据样本范围限制在块内，以减少计算量。在处理每一个数据样本时，DeepER 将其中的每个词通过预训练模型转化为词嵌入，然后通过长短期记忆（LSTM）隐藏层单元的循环神经网络（RNN）将各个单词的嵌入整合为一个反映整个样本语义的表征向量。对于要判断是否匹配的样本对，DeepER 首先计算二者表征向量的差或基本积，然后通过全连接网络得到匹配结果。在训练时，模型根据训练集更新包括词嵌入在内的整个网络参数。Mudgal 等人[99]在 DeepER 的基础上提出了基于词嵌入模型的通用实体匹配框架，其包含三个模块，分别是：①属性嵌入模块，将输入的样本对中每个属性值的单词序列转化为向量嵌入；②属性相似度表征模块，根据词嵌入分别计算一对样本在每个属性上的相似度，再合并为一个总相似度表征；③分类器模块，根据得到的相似度表征判断输入样本是否可以进行融合。尽管上下文无关的词嵌入模型在语义表征方面取得了显著进展，但由于其词嵌入向量是固定的，无法处理在不同上下文中一词多义的情况。例如，"bank" 在金融和河岸两个不同语境中的含义不同。因此，这类模型难以精准捕捉具有复杂语义数据的整体信息。

2. 基于上下文相关词嵌入模型的数据融合

这类模型通过一个预训练深度神经网络，同时获得输入文本序列的整体向量表征和其中每个单词的向量表征。模型在生成表征时会充分考虑上下文的内容，使用整个序列的单词进行计算，从而增强特征向量的语义表征能力。此外，在训练过程中，整个模型的参数都会更新，这种方式能使模型在训练过程中适配不同的数据融合任务，从而增强预训练语言模型对数据融合任务的泛化性。Li 等人提出的 Ditto[100] 首次将 Transformer 预训练语言模型引入数据融合领域，以专门解决实体匹配任务。在推理过程中，Ditto 首先将待匹配的样本对分别序列化为文本，然后拼接成一个长文本序列。接着，通过预训练语言模型生成反映样本对语义相似度的表征向量中，最终通过二分类网络根据表征向量计算匹配结果。Ditto 在训练时会根据训练集更新包括预训练语言模型在内的整个网络的参数。此外，还提出了领域知识注入、长文本总结和训练数据增强三种优化技术，来进一步提高实体匹配的准确性。Tu 等人提出了面向多种数据融合任务的 Unicorn 模型[101]。Unicorn 能处理元组、属性、模式等多种不同形式数据的匹配。为此，Unicorn 为每种数据类型设计了不同的序列化方法，从而将要匹配的一对样本转化成一个文本序列。在推理时，文本序列首先由一个基于 Transformer 的预训练语言模型转化为表征向量。向量接下来被输入到一个混合专家（MoE）模块中，模块由一组神经网络和门函数组成，将不同任务类型和数据形式的表征映射到一个统一的表征空间中。混合专家模块输出的表征最后被输入到匹配器网络中，最终生成匹配结果。基于上下文相关词嵌入模型的数据融合方法能适配不同的数据类型，且对语义的表征能力强，有着良好的适用性和准确性。但是模型需要在任务数据集上进行大量的有标签数据训练，耗时耗力。对此，有研究尝试将迁移学习的思想应用于数据融合任务。

3. 基于领域自适应的数据融合

领域自适应（Domain Adaptation）是一种迁移学习方法，旨在通过缩小源领域（已知环境下的训练数据）与目标领域（新环境下相关但不同的数据）之间的数据分布差异，使模型能够有效泛化到未见过的目标领域中。Tu 等人提出的 DADER 框架[102]，使用领域自适应方法解决数据融合中的实体匹配任务。DADER 框架包括特征提取器、特征对齐器和匹配器三个部分。特征提取器通过预训练语言模型将样本对的属性值转化为表征向量；特征对齐器在训练过程中作用于特征提取器，以缩小特征提取器对源数据集和目标数据集表征的分布差异，同时保证表征具有判别性；匹配器根据表征向量判断样本对是否匹配。框架使用带标签的源数据集和无标签的目标数据集进行训练，同时优化源数据集和目标数据集表征的分布差异以及源数据集匹配准确率两个目标。推理时，框架输入目标数据集，并依次通过特征提取器和匹配器，最终得到匹配结果。

2.5.2　基于大语言模型技术的数据融合

大语言模型作为预训练语言模型的扩展，它拥有更加丰富的现实世界知识。同时，大语言模型也具备更好的上下文学习、指令遵循等能力。以上这些优势使得大语言模型被广泛应用于近期的数据融合研究中。根据大语言模型的特点，基于大语言模型的数据融合研究，主要从提示词工程和指令微调两方面开展。

1. 基于提示词工程的数据融合

提示词工程通过设计和调整提示词，从而引导大语言模型生成符合预期的文本输出。以实体匹配任务为例，提示词通常包含匹配任务描述、少量已经标注好的作为示例的样本对，以及待匹配的问题样本对。然而，大语言模型的输出对提示词高度敏感，因此提示词的设计一直是该领域的主要研究方向。然而，大语言模型的输出准确率对提示词的内容高度敏感，同时其推理成本也远高于原有方法，且与提示词长度正相关。因此，如何在设计提示词时兼顾准确率与成本是该领域研究的主要挑战。Narayan 等人[103] 通过人工设计提示词的方法解决实体匹配问题。研究者首先从训练集中选择样本和对应标签作为示例。然后，通过枚举不同示例的排列组合，在验证集上评估实体匹配的准确性。其中 10 组准确率最高的示例将被用于构造最终的提示词，以用于实体匹配任务。然而，上述方法需要额外的人力与算力来选择示例。对此，Fan 等人提出了自动化的提示词构建框架 BatchER[104]，该框架能够自动地将待匹配的样本根据其特征进行分组，并从训练集中选择样本对应的示例。每组待匹配的样本和对应的示例构成一个提示词，有效降低了每个待匹配的样本对应的平均提示词长度。

2. 基于指令微调的数据融合

指令微调是一种在（指令，输出）对组成的数据集上进一步训练大语言模型的技术。其中，指令代表人类的指令，输出代表遵循指令的期望输出。通过指令微调，大语言模型能够在没有使用显式示例的情况下遵循新的任务指令，因此它具有更好的泛化能力。Zhang 等人[105] 将基于 Llama2 的 LongLoRA 7B 大模型，在包含数据融合领域实体匹配和列类型标注等多个表格任务数据集上进行了指令微调，并将其命名为 TableLlama。实验结果表明，TableLlama 在微调数据集中数据融合任务的测试集上取得了与原有最优方法相近甚至更高的准确率。

大语言模型凭借强大的上下文学习能力和知识储备，不但在解决数据融合任务的准确率上超过了先前方法，还具有少样本、零样本学习等先前方法所不具备的特性，这些都为数据融合任务提供了准确且便捷的解决方案。

2.6　基于语言模型的数据清洗

在互联网和信息技术快速发展的背景下，数据清洗技术作为信息时代处理数据的关键环节，其重要性日益凸显。随着大数据时代的到来，数据量的不断膨胀、数据类型的复杂多样以及数据更新的持续高频，对传统的数据清洗技术提出了新的挑战，现有方法已难以满足数据处理的高精度与高效率的双重要求。考虑到大语言模型的飞速发展与广泛部署，结合先进大语言模型的数据清洗新策略逐渐成为数据清洗领域的一大重要方向，旨在借助大语言模型强大的自然语言处理能力，智能识别并纠正数据错误，从而提高数据的整体质量。

传统数据清洗技术主要分为 4 类，具体包括：完整性约束技术通过强制执行所定的数据检验规则，为数据质量的基础保障提供了坚实的框架；统计方法则利用数据分布有效地识别出数据中的异常情况；机器学习技术依靠历史经验进行学习，逐渐在数据清洗领域展现出巨大潜力；深度学习技术通过复杂的神经网络结构处理大规模和高维度数据，显示出卓越的泛化能力。本节将概述基于预训练语言模型的数据清洗技术，并分析其发展现状。预训练语言模型借助其在自然语言处理领域内的先进能力，在识别和纠正文本错误、理解上下文含义方面具有独特优势，为数据清洗带来了革命性的进步。此外，还给出基于大语言模型的数据清洗技术的发展现状与应用前景，聚焦大语言模型如何解决大数据时代下的三大挑战。

2.6.1　基于预训练语言模型的数据清洗

随着预训练语言模型的兴起，数据清洗技术迎来了新的发展阶段。预训练语言模型（如 ELMo、BERT 和 RoBERTa）经由在大规模的公开文本语料库上进行预训练，学习到丰富的自然语言语义信息。这类模型能够通过结合特定预测层的微调步骤，实现对下游任务的灵活适配[106]。相比传统技术，在面对复杂多样的文本数据清洗需求时，预训练语言模型通过利用其强大的语义理解能力和灵活的微调机制，可以显著提高数据清洗的效率。

尽管预训练语言模型在众多下游任务中通过微调步骤展现了其适配性和有效性，但在数据清洗领域，直接采用这些模型的实例并不多见。这一现象可以归因于数据清洗任务的特殊性质，它要求对结构化数据进行深入理解和精确处理，而非简单地进行自然语言文本的分类或标注。数据清洗任务的复杂性在于它需要识别和纠正数据集中的噪声和不一致性，这通常涉及对数据的结构、语义和上下文信息的综合分析。然而，这些模型的预训练目标主要是捕获自然语言的广泛语义信息，而非专门针对结构化数据的清洗问题。因此，尽管预训练语言模型在自然语言理解方面表现卓越，但要直接将其应用于数据清洗任务，仍需进行特定的适配，以适应结构化数据处理的特殊要求。

在这一背景下，RPT 方法通过在表格数据上进行预训练，能够比传统的预训练语言模型（如 BART）更好地学习和理解结构化数据的值。RPT 是由 Tang 等人提出的一种基于 Transformer 架构的去噪自动编码器[107]，由双向编码器（类似于 BERT）和自回归解码器（类似于 GPT）组成。该模型通过在输入元组中引入部分掩码并学习重构原始元组来进行预训练，进而支持包括数据清洗在内的多种数据准备任务。在预处理阶段，RPT 将每个元组表示为其属性名称与值的串联，并通过引入特殊标记［A］及［V］来区分属性名称与属性值，以此增强元组的语义表达。例如，包含属性名称"name"及其值"Michael Jordan"、属性名称"expertise"及其值"Machine Learning"的元组，会被标记化为"［A］name［V］Michael Jordan［A］expertise［V］Machine Learning"。此外，RPT 借鉴了 TAPAS[108] 在表格解析方面的技术，通过融入位置嵌入和列嵌入，进一步增强了模型对元组语义的感知能力。在掩码阶段，RPT 采用三种随机掩码策略：①属性名称掩码，即随机选择属性名称进行掩码，如"name"；②整个属性值掩码，即随机选择整个属性值进行掩码，并使用标记［M］替代，如"Machine Learning"；③单一属性值掩码，即随机选取单个属性值进行掩码，如"Jordan"。为了优化掩码标记的关注焦点，RPT 还引入了 TURL 方法[109] 中的可见性矩阵。在这种机制下，属性名称的学习重点是其对应的属性值以及所有属性名称，而不包括其他属性值；而属性值的学习则集中在其对应的属性名称以及所有属性值上，忽略其他属性名称。最后，在 RPT 模型的预训练阶段，双向编码器分析掩码标记的相关信息并生成中间向量，进而自回归解码器以中间向量为输入，将掩码标记还原为其原始值。该过程采用无监督学习方法，通过定义模型输出与初始数据元组之间的重建损失函数来更新模型参数。在此基础上，RPT 能够针对具体的数据清洗任务进行细致的微调，有效识别并纠正简写、拼写错误和不规范表达等问题。例如，它可以将地址信息中的缩写"ST"准确地更正为完整形式的"Street"。因此，RPT 作为一种预训练语言模型，在优化数据清洗处理流程的同时，还展现出在应对复杂多样数据场景下的有效处理能力，成为数据清洗领域中的关键技术。

在数据清洗领域，除了 RPT，还有如 TABBIE[83] 和 IPM[110] 等方法利用预训练语言模型去解决数据清洗中的挑战。然而，随着大语言模型的发展，预训练语言模型在数据清洗任务上没有明显的优势。它通常需要为数据清洗的不同子任务如实体匹配和错误检测进行特定的架构调整，从而增加了系统的复杂性并限制了其可维护性和扩展性。此外，这些模型往往依赖于硬编码的领域专有知识，这限制了它们适应数据环境变化的能力。同时，它们对手工标注的数据高度依赖，而在实际应用中，获取大规模的标注数据集既是一项困难的挑战又伴随着高昂的成本。这些限制说明，在数据清洗领域，亟须开发出更为灵活且成本效益高的新方法。

2.6.2　基于大语言模型的数据清洗

大语言模型（如 GPT 和 LLaMa）是在大规模文本语料上训练的，且具有百亿级别（或更多）参数。这些模型主要基于 Transformer 架构，通过扩大模型规模、增加训练数据和计算资源，以学习自然语言的复杂语义并提高性能。具体而言，大语言模型的表现往往遵循扩展法则，即随着模型规模的增长，其整体性能也会相应地提高。特别地，某些复杂的认知能力仅在模型达到一定规模后才开始显现[111]，包括上下文学习、指令遵循、逐步推理等。

与预训练语言模型相比，大语言模型由于其任务不可知的架构（Task-agnostic Architecture），能够适用于多种数据清洗任务，而不需要为每个特定任务定制架构。这些模型通过在广泛的文本数据上进行预训练，内嵌了丰富的世界知识和常见实体信息，使它们能够在几乎不需要任何领域特定知识的情况下，有效执行数据清洗任务。此外，大语言模型展示了在少量或无标注数据的情况下进行有效学习的能力，显著减少了数据清洗任务中对大量手工标注数据的依赖。

随着大语言模型技术的不断进步，它在数据清洗等领域的应用已经日益普及。然而，不同下游任务与大语言模型预训练时采用的策略之间可能存在巨大差异，从而导致模型性能下降。在特定任务场景下，通用模型可能无法达到专为该任务设计并训练的模型的表现水平。为了提升大语言模型进行特定领域的数据清洗任务的能力，目前主要采用以下两种方法。

1. 基于上下文学习的数据清洗技术

上下文学习是大语言模型通过分析提供的自然语言文本描述和任务示例来泛化下游任务的一种技术。这种技术侧重于设计有效的任务示例优化模型的上下文学习能力，包括示例的选择、格式以及顺序。Narayan 等人提出了一种针对表格数据的上下文学习技术[103]，该技术通过将表格数据作为任务示例纳入 GPT-3 等大语言模型中，以加强模型的上下文理解能力。实验证明，大语言模型能够通过该方法在数据清洗等下游任务上获得泛化能力，从而实现较好的性能。首先，该技术将结构化数据转换为文本表示。给定一个结构化数据集 D，对于实体 $e \in D$，将属性名称与属性值进行序列化得到 $serialize(e) = attr_1 : val_1 \cdots attr_m : val_m$，其中属性值若为 NULL，则将其序列化为空字符串。其次，该技术把数据处理任务转化为以自然语言描述的文本生成任务。例如，对于数据缺失值的插补任务，给定实体 $e \in D$，推断 e 中第 j 个属性值的任务可定义为 $attr_1 : val_1 \cdots attr_j$？；相对地，对于错误数据的识别任务，给定实体 $e \in D$，判断 e 中第 j 个属性值的正确性，该任务可表述为 Is there an error in $attr_j : val_j$？。最后，该技术通过随机添加或人工挑选的方式，将任务相关的示例整合入问题提示，以辅助模型学习新任务。这些示例指导模型识别任务完成的适当方式（例如，决定是生成肯定/否定回答还是补全缺失值），并促进模型理解数据集 D 中更细致的语义。

2. 基于适配微调的数据清洗技术

适配微调是大语言模型通过在特定任务上进行额外训练，以适应特定任务或者领域的一种技术。其中，指令微调作为一种经典的调优策略，以有监督的方式在一个由（instruction，completion）指令对组成的数据集上进一步训练大语言模型，从而缩小大语言模型在预测下一个词汇时的目标与用户对大语言模型执行特定指令的期望之间的差异[112]。在面对多样且复杂的数据清洗需求时，大语言模型与指令微调技术的结合使用，能够在特定领域发挥出更优的效果。例如，由 Li 等人提出的 Table-GPT[113] 采用了一种类似指令微调的表格微调范式，以增强大语言模型执行表格任务的能力。具体而言，该技术利用大量真实世界的表格数据合成了不同的表格任务，并将其构建成一个由（instruction，table，completion）三元组组成的数据集，从而对大语言模型进行进一步训练。首先，Table-GPT 专注于在真实世界的表格数据集上合成复杂的多类表格处理任务及其相应的测试任务。给定一个表格任务数据集 D，对于任意实例 $t \in D$，可将其定义为 $t = (\mathrm{Ins}, T, C)$，其中 Ins 是指定表任务的自然语言指令，T 是要执行任务的输入表，而 C 是遵循指令 Ins 并在表 T 上执行任务的预期结果。举例来说，在数据插补任务中，通过在输入表格 T 中随机移除一个属性值 $v \in T$ 来合成一个新的输入表格 $T-v$，随后利用大语言模型预测被移除的属性值 v，此时该任务可以表述为 $\mathrm{DI}(T) = (\mathrm{Ins}\ \mathrm{DI}, T-v, v)$。然后，Table-GPT 对三元组实例进行额外的增强，涵盖指令增强、表格增强及结果增强等方面。以指令增强为例，在训练过程中，重复使用相同的指令可能会引发过拟合现象。为了应对这一挑战，Table-GPT 借助 GPT 等生成模型对规范指令进行增强，将原始的、由人工编写的规范指令转换成多种不同变体。举例来说，对于以上数据插补任务，规范的人工编写的指令 Ins 是"Please examine the table below and predict the missing value for the indicated cell"。Table-GPT 可以使用大语言模型为该任务生成替代指令，生成诸如"Please review the table providedand deduce the missing information from the specified location"之类的变体，从而以这些变体指令为基础，扩充表格任务的实例。最后，大语言模型在生成表格任务上进行微调。实验证明，在表格数据清洗等应用场景中，无论是零样本还是少样本设置，Table-GPT 均展现出了良好的性能。此外，Table-GPT 亦能作为"表格基础模型"，为下游任务的优化提供坚实基础。

3　面向语言模型的数据准备

语言模型技术目前已经发展到大语言模型阶段，大语言模型已经成为很多关键领域的"游戏改变者"。尽管以 GPT 为代表的大语言模型具有强大的语义理解和对话能力，但就像所有的人工智能模型一样，大语言模型也需要高质量的数据才能发挥出最好的效果。如果数据的整体质量不高，甚至包含过多的错误，也很难使大模型产生准确且高质量的生成结果。然而，尽管目前国内外涌现出很多不同的大语言模型（甚至被人们戏称为"百模大战"），但这些模型却很少披露或探讨它们如何准备供模型训练与推理的数据。具体来说，GPT 模型介绍了其从 Common Crawl 数据库进行数据准备的框架，但却没介绍数据准备的细节与具体的工作流。一些开源大语言模型（如 Llama）尽管公开了模型参数，也介绍了所有训练数据都来自公开的数据集，但不仅没有公布其准备好的数据，也没有介绍具体的数据准备工作流。基于上述原因，本文也将着重探讨面向语言模型的数据准备技术（DP4LM）。具体而言，本节将根据训练和使用语言模型的三个关键阶段，即预训练、指令微调和模型推理，对现有面向语言模型数据准备技术进行系统地调研。

3.1　国内外研究现状

由图 2 可以看出，在近五年 DP4LM 的研究领域，国外学者总共发表顶级会议论文 20 篇，国内学者（含海外留学）总共发表顶级会议论文 22 篇，说明我国 DP4LM 研究成果在国际上处于领先地位。此外，在较为基础的领域，如面向预训练的数据准备，我国的研究成果较其他国家有较为明显的差距。尽管我国在面向指令微调和面向模型推理的数据准备两个领域的研究成果数目处于领先地位，但是论文本身的学术影响力仍然弱于一些国外学者的论文。以面向指令微调的数据准备为例，国外一篇论文[114] 的引用量高达 307，国内两篇面向指令微调的论文的引用量总计 96，说明我国在论文成果的创新性、成果推广和落地等方面仍需要加强。

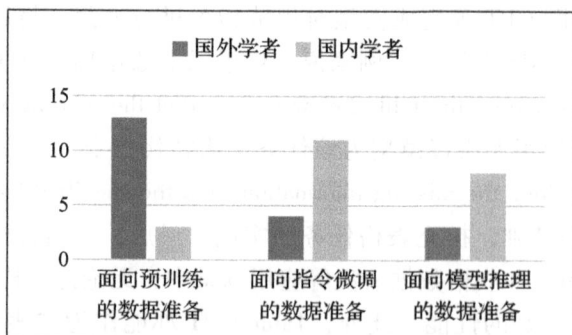

图 2　DP4LM 领域国内外顶级论文数目对比

3.2　面向预训练的数据准备

面向预训练的数据准备旨在为预训练语言模型的预训练阶段准备高质量的语料数据，可以根据使用方法将其分为基于启发式规则的数据筛选、基于深度学习模型的数据筛选和基于大模型的数据筛选。

面向大模型预训练的数据准备是确保模型训练效果的关键环节，涉及数据的采集、处理、标注及优化等多个步骤，现有的大模型预训练主要依赖于多样化、高质量的数据集。数据的质量和多样性在很大程度上决定了模型的泛化能力和性能。然而，为了得到高质量的预训练数据，当前数据准备过程中存在的挑战包括数据的收集和融合等。此外，现有的大模型需要在大规模的语料库上进行预训练，带来巨大的训练成本。为了应对以上挑战，需要研究如何利用数据准备中的数据发现和数据融合技术，高效地完成大模型预训练阶段的数据准备工作。同时，利用数据清洗等技术筛除脏数据和冗余数据，可以提高大模型的预训练效率。

3.2.1　基于启发式规则的数据筛选

启发式规则通常利用数据的统计特性来细化标准。基于启发式规则的数据筛选通过为不同维度定义相关的阈值（如文本的长度、复杂度或指定领域的术语密度等）进行筛选，不仅可以确保选出的数据在形式上多样，还能保证内容上的丰富性和深度。我们根据筛选规则所面向的数据对象，从细到粗地分为文档片段、文档和数据集三个维度，并介绍其数据筛选方法。

1. 面向文档片段的数据筛选

由于网络上文档质量良莠不齐，源码格式非常多样，导致该数据源的文档的某些段落存在重复、乱码等现象，这样的数据往往会让预训练后的语言模型生成单一、低质量的文本，严重影响模型表现[115]。目前研究者往往根据文档表面的特征对包含重复内容的段落进行筛除，例如词维度或短语维度（n-gram）。Laurençon 等人[116] 首先对数据集中的所有文档的所有行进行了切分，并对每一行文本构建索引，来判断一个文档内是否含有多行重复文本。重复的行文本将被识别成网页内的广告信息，从而认为该文档存在脏数据，将整个文档剔除。Rae 等人[117] 则提出了更为精细的数据处理流程，面对不同的维度的文档片段，设定了不同的阈值。首先，他们基于数据分析经验，针对行、段落内部和不同行和段落彼此之间的重复比例设定的不同的阈值。其次，在对 n-gram 算法进行建模分析后，通过对得到的结果计算短语重复率，为其设定相应的阈值。那些超过预定阈值的文档属于包含重复片段的低质量文档，对其进行筛除。这种方法被实验论证为有效的方法，并被后续其他研究者沿用[118-119]。

2. 面向文档的数据筛选

面向文档的数据筛选通常关注整个文档的质量和相关性。这类筛选方法针对整个文档进行分析，而不仅仅是文档的某个部分或片段。一部分研究者根据文档的统计信息来判断文档内容的丰富程度，从而来筛选出高价值的数据。Raffel 等人[120] 提出将网络上包含少于 3 句话的文档定义为信息量少的低价值文档，并将其筛除。Rae 等人[117] 则根据文档所包含词的个数来判断其内容的丰富程度，并认为过长或过短的文档都是异常文档。在实际操作中，他们将少于 50 个词或大于 100 000 个词的文档进行筛除。Xue 等人[121] 将这两种方法结合，留下那些大于或等于 3 行并平均词数在 50 和 100 000 之间的文档。此外，研究证明，在预训练阶段，一些毒性文档会明显损害模型下游任务的表现[122]。因此，部分研究者对文档在词维度进行了毒性分析，尝试筛除毒性文档数据。Raffel 等人[120] 根据网络上的毒性词库对文档进行毒性分析，如果文档包含词库内任何一个肮脏、淫秽或其他不良的词，则对文档进行筛除。然而，Penedo 等人[118] 则认为这种方法会带来大量误报，对一些特定领域，如医疗、法律领域的数据进行过度过滤。因此，他们采用一种基于 URL 链接过滤的方法。他们首先收集了 460 万个欺诈或成人网站的域名组合成一个列表，随后根据列表中的单词定义 URL 得分，以此来权衡网络文档的毒性程度，从而筛除毒性数据。

3. 面向数据集的数据筛选

面向数据集的数据筛选则是在更宏观的层面上对整个数据集进行质量控制和优化。有研究表明，在具有重复数据的数据集上对模型预训练往往会严重损害模型表现[123]，因此，许多研究者尝试在数据集层面对文档进行去重，确保清洗后的数据集的质量。根据 URL 进行去重是一种常见的方式，这种方式由于只需要进行简单的字符串匹配操作，具有很高的效率[124-125]。但是，在实际场景中，数据往往存在来自不同的网站，它们的内容高度相似，但是不完全匹配，这些高度相似的样本的剔除往往更具难度。这种情况下，研究者往往采用基于 MinHash[126] 和 MinHashLSH[127] 的方法进行模糊匹配。它首先将每个文档的小片段进行分组，然后使用大量的哈希函数将每个片段编码为特征，并聚合特征，最后将文档与某些特征之间的相似度计算方法进行比较，删除低于某些阈值的文档。这种基于哈希的方法在对大语言模型预训练文档去重时被广泛采用[117,128]。

基于启发式规则的数据筛选方法能够高效地处理并优化用于大语言模型预训练的语料库。这些方法包括对文档片段、文档以及数据集进行细致的筛选，从而确保数据的高质量和适用性。这种方法由于其简单、高效的特性，在构建预训练语料库时被广泛使用。

3.2.2　基于深度学习模型的数据筛选

深度学习是一种利用深层神经网络进行特征提取和转换的机器学习方法。它模仿人脑的神经网络结构，通过多层的处理单元（神经元）对数据进行逐层抽象，从而实现对复杂数据的识别、理解和生成。基于深度学习模型的数据筛选，指的是使用深度神经网络来识别和分离出质量高的数据。这种方法的关键在于训练一个模型应用于数据筛选任务中。深度学习模型在数据筛选方面的优势在于其自动提取特征的能力，这些特征对于区分数据质量至关重要。它主要分为基于鉴别式模型（Discriminative Model）和基于生成式模型（Generative Model）两类。鉴别式模型的原理是直接学习数据到标签的映射函数。在训练过程中，它试图找到能够最好地区分不同类别数据的决策边界。生成式模型的原理是学习数据本身的分布，即学习如何生成数据。它不直接学习数据到标签的映射，而是尝试理解数据内部的统计特性。

1. 基于鉴别式模型

在训练参数量较大的模型时，数据污染是一个日益严重的问题，尤其是在 Common Crawl 这类爬虫获取的数据集上，这些数据集可能包含来自测试集的内容，因为这些内容通常存在于网络上，可能重复出现在多个数据集中。为了提高数据集的质量，文献

［127］采用了一种自动过滤方法，该方法包括两个主要步骤：分类器筛选和模糊去重。在分类器筛选步骤，他们使用原始的网页文本作为高质量文档的代理，训练了一个分类器来区分这些文档和原始的数据文档。这个分类器基于逻辑回归算法，使用的特征来自Spark 的标准分词器和 HashingTF 10。具体地，他们使用了如 WebText、Wikipedia 和网页书籍语料库等经过精心策划的数据集作为正例，而将未过滤的数据集作为负例。通过这个分类器，可以对数据文档进行重新采样，优先选择分类器预测为高质量的文档。当一个文档满足 np. random. pareto(α)>1-document_score 时，就会被保留。在他们的工作中，取 $\alpha=9$，这样可以主要获取分类器打分较高的文档，不过此时仍然包括一些分布外的文档。α 的选择是为了匹配分类器在 WebTex 上的分数分布，这种重新加权的方法增加了数据质量。此外，为了进一步提高模型质量并防止过拟合，他们还使用 Spark 的 MinHashLSH 实现进行模糊去重。具体来说，他们在每个数据集中移除了与其他文档高度重叠的文档，并从数据中模糊地去除了 WebText。这些操作使得数据集大小平均减少了 10%。在完成上述过滤操作之后，还部分移除了出现在基准数据集中的文本。这一步骤的目的是避免模型在训练时过度依赖于这些基准数据集，从而提高模型在真实场景下的泛化能力。总的来说，这种自动过滤方法显著提高了 Common Crawl 数据集的质量。高质量的数据集为后续的模型训练和评估奠定了良好的基础，从而有助于提升模型的性能。

2. 基于生成式模型

传统的预训练数据集过滤主要依赖于手工制定的启发式规则，如删除重复文档、非英语文本等。然而，这些规则缺乏对单个训练样本质量的直接度量。为此，文献［129］提出利用三种自动数据过滤指标：困惑度、误差 L2 范数和记忆化因子。首先，该方法对所有文档进行分词，并分割成固定长度的序列。困惑度是一个重要的指标，可以帮助我们评估生成式模型的性能，并指导数据筛选过程，其具体计算方式为 $\mathrm{PPL}(z_i)=\exp\left(\dfrac{1}{|z_i|}\sum_{t_j\in z_i}\mathrm{NLL}(t_j)\right)\mathrm{Pt},\mathrm{NLL}(t_j)$，表示字符 t_j 的负对数似然：$\mathrm{NLL}(t_j)=-\log P(t_j\mid t_{<j};\theta)$。其中，$P(t_j\mid t_{<j};\theta)$ 是生成式模型对数据集中的每个样本进行预测，得到对应的概率分布。误差 L2 范数（EL2N）指标计算参考模型预测概率分布与真实分布之间的误差向量的平均 L2 范数，其具体计算方式如下：$\mathrm{EL2N}(z_i)=\dfrac{1}{t}\sum_{i=1}^{t}\left\|\hat{y}_t-y_t\right\|_2$。记忆化因子指标统计由参考模型生成的 N 个词与真实序列匹配的比例，其具体计算方式如下：$\mathrm{score}(M,N)=\dfrac{1}{N}\sum_{i=1}^{N}1(z_{M+i}=\tilde{z}_{M+i})$。这些指标可以用来评估每个序列的质量，并据此对数据进行过滤。论文比较了不同策略的效果：分别在三种计算指标下保留得分最高、中间和最低的子集进行过滤的效果。实验结果显示，保留困惑度指标得分最高的子集进行裁剪效果最佳，相较于保留 70% 的数据，保留困惑度分布中间 50% 的数据能获得更好的性能。该论文的方法能够实现自动评估预训练数据质量并过滤数据。通过使用简单的指标能够有效地对训练数据进行过滤，不需要复杂的计算。论文主要关注静态筛选，即训练前进行一次筛选。动态筛选可能在训练过程中根据模型学习情况动态调整数据集，可能进一步提升性

能。未来研究可以探索更多数据过滤指标的计算方法，进一步提高数据筛选的效果和效率。

基于深度学习模型的数据筛选方法具有自动特征提取、泛化能力强和可扩展性等优势，但也存在训练成本高、难以解释和过拟合风险等缺点。鉴别式模型能高效处理大规模数据并实现精确的分类和过滤。然而，它们通常需要大量标注数据进行训练，且对数据分布的变化较敏感。生成式模型能识别数据中的复杂模式，适用于数据增强和异常检测，但可能出现模式崩溃等问题，且生成的数据质量难以保证。总体而言，选择何种模型需根据具体应用场景并权衡其优缺点而定。

3.2.3 基于大模型的数据筛选

大模型是指拥有大量参数的神经网络模型，通过在大规模数据集上训练，能够处理复杂的任务。大模型的数据筛选过程旨在从海量数据中提取出高质量、相关性强的数据，提高模型的训练效果和实际应用表现。选择合适的训练数据对于生成表现优异的大模型至关重要，需要深入理解影响大模型性能的数据属性，探索有效的筛选策略，如基于数据属性、模型反馈或数据增强等方法。而理想的训练数据的属性却是难以描述的，为了实现这一目标，需要探索数据质量、多样性和代表性等关键因素，以及它们如何影响模型性能。

捕捉文本的特征是一项具有挑战性的任务，因为它们通常是隐晦的、多元的，并且难以用简单的指标来衡量。文献［130］设定了 4 个特定的文本特质作为数据选择的标准：文本的写作风格、包含的事实与琐事数量、其教育价值以及理解它所需的专业知识。这些特质必然是主观的，他们验证了最先进的 LLM 能够在明确的情况下识别它们的存在。特别是当 LLM 被提示在成对设置中比较文档时，它们会产生更稳定和准确的判断。首先，他们将文本组织为成对的形式，让 GPT-3.5 对不同文本在 4 种特质下进行比较和判断，选择质量更高的文本。然后利用 Bradley-Terry 模型将 LLM 的二元判断转化为标准质量评分。该模型将文本视为参与比赛的选手，根据 LLM 判断的胜负概率评估每个文本的质量评分，类似于将 LLM 的判断转化为奖励模型。接着，根据质量评分从语料库中筛选出一个子集用于训练语言模型。具体来说，评分会被用作文本的采样概率，论文提出的采样策略能在质量和多样性之间进行权衡。论文在包含 2600 亿个 token 的语料库上应用该方法，生成了一个带质量评分的子集。然后，在该子集上训练了不同规模的语言模型，并与均匀采样等基准进行比较。结果显示，根据教育价值等标准选择数据可以提升模型的性能。该方法有效地捕获了人类对数据质量的直观感受，并将其转化为可扩展的数据选择策略。除了选择数据外，质量评分还可以用于构建训练课程，改进模型训练。同时，论文对质量评分进行了详尽的分析，探讨了其特征、偏差以及对模型的社会影响等更广泛的影响。该研究提供了一种利用 LLM 判断来量化文本质量，并据此有效选择训练数据的方法，为训练高质量的语言模型提供了新的思路。捕获人类对文本质量的直觉，避免了规则或代理领域的局限性。该方法可以用于处理大规模语料库，并通过并行化实现高效标注。且与二元规则相比，QuRating 提供了更细粒度的质量判别标准。不过，质量评估本质上具有主观性，需要谨慎处理潜在偏差，依赖于 LLM 的性能和偏见的方法也有可能影响评估结果的可靠性，因此需要在筛选后通过严谨的实验验证其是否适合当前场景。未来研究可以进一步探索数据增强和筛选策略，提高模型在有限资源下的性能，推动大型语言模型的发展，为各种应用场景提供更强大的语言理解和生成能力。

3.3　面向指令微调的数据准备

指令微调是让大模型获得针对具体任务指令跟随能力的关键步骤，而指令数据的质量往往决定了大模型在微调后指令跟随能力的强弱。因此，指令数据集的准备显得尤为重要。为了应对上述挑战，可以利用数据选择和数据标注技术，通过选择最为有效的核心指令问题并构建正确且高质量的指令回复，以构建高质量的指令数据，从而既减少了大模型在指令微调阶段的训练成本，又确保了大模型在指令微调后能获得较强的指令跟随能力。

指令微调旨在提升预训练模型理解和执行人类指令方面的能力，然而该过程通常需要大量的数据，这给模型训练带来了巨大的计算负担和标注成本。面向指令微调的数据准备旨在为预训练语言模型的指令微调阶段准备高质量的指令数据，可以根据使用方法将其分为基于表征相似性的指令选择、基于模型的指令选择、基于梯度的指令选择和基于大模型的指令选择。

3.3.1　基于表征相似性的指令选择

表征相似性指的是通过将指令转换成高维语义嵌入向量，计算这些向量之间的距离或相似度，从而量化指令之间的语义相似程度。基于表征相似性的指令选择方法利用模型生成的语义嵌入来评估指令之间的相似度，从而筛选出更具多样性和代表性的指令数据。通常基于不同的操作机制和优化目标分为自我迭代选择和计算质量分数两种方法。

1. 自我迭代选择

自我迭代选择的思路是通过反复多次迭代来优化指令集的选择过程。在每一轮迭代中，方法会根据当前选择的指令数据集，评估其在语义空间中的覆盖范围和多样性，然后根据这些评估结果进行调整，筛选出新的指令集。这种自我迭代的过程持续进行，直到选择出的指令集在语义空间中达到最优的代表性和多样性。文献［131］提出的 DIVERSEEVOL 采用了一种迭代策略，模型依靠其当前的嵌入空间来增强自身的训练数据采样，从而在下一步中提高模型性能。因此，DIVERSEEVOL 不需要外部监督，而是通过迭代的主动选择数据来完善自身的性能，从而促进模型的自我演化。其核心思想是，模型在迭代过程中选择与现有数据点差异最大的指令，并将其添加到训练数据集中。这种方法可以确保训练数据集覆盖各种不同的指令类型，从而提高模型对指令的理解和执行能力。DIVERSEEVOL 的具体实现过程如下：首先，从原始数据集中随机选择少量数据作为初始训练集；然后，使用初始训练集训练一个 LLM，并将其投影到嵌入空间中；接着，在嵌入空间中使用 K-Center 算法选择与现有数据点距离最远的指令，并将其添加到训练集中；随后，使用更新后的训练集再次训练 LLM，并将其投影到嵌入空间中；最后，重复前面两步，直到达到预设的迭代次数或模型性能不再提升为止。DIVERSEEVOL 的关键在于维护训练数据集的高多样性。K-Center 算法是一种经典的聚类算法，它旨在找到 k 个中心点，使得每个数据点到其最近中心点的距离之和最小。在 DIVERSEEVOL 中，K-Center 算法被用来选择与现有训练数据差异最大的数据点。具体来说，DIVERSEEVOL 计算每个候选数据点到现有训练数据集中最近点的距离，并选择距离最大的 k 个数据点作为新的训练数据。选择与现有训练数据差异最大的数据点可以确保训练数据集的多样性，从而提高模型对指令的理解和执行能力。此外，K-Center 算法选择的 k 个数据点可以作为原始数据集的代表，从而在减少数据量的同时保持模型的性能。实验结果表明，DIVERSEEVOL 在多个数据集和基准测试中取得了优异的性能，证明了其在 LLM 指令微调中的有效性。与传统的数据采样方法相比，DIVERSEEVOL 具有不需要人工干预、提高模型性能及降低计算成本等优势。

2. 计算质量分数

计算质量分数的核心在于定义一系列与指令数据质量相关的指标，并利用这些指标对每个指令进行评分，从而筛选出高质量的指令数据。文献［132］提出了一个基于 Shapley 值的自动化数据精炼框架 SHED，旨在为指令微调构建小型而高效的数据集。SHED 的核心思想是利用 Shapley 值评估数据集中每个样本对模型性能的贡献，即将 Shapley 值作为质量分数，筛选出高质量的样本。Shapley 值是博弈论中的一个概念，用于衡量每个参与者对于合作形成的整体价值的贡献程度。直接计算所有样本的 Shapley 值非常耗时，为了解决这个问题，SHED 采用了一种近似方法，仅对少量代表性样本进行 Shapley 值评估，从而显著降低计算复杂度。SHED 框架包含三个关键组件：模型无关聚类、基于代理的 Shapley 值计算器和优化感知采样。模型无关聚类的目的是将原始数据集中的样本进行分组，以便后续的 Shapley 值计算更加高效。在这个组件中，SHED 使用了 K-means 聚类算法来将样本分组到不同的簇中。K-means 聚类算法是一种基于距离的聚类算法，它将样本划分到离其最近的簇中心点所在的簇中。K-means 算法简单易行，并且能够有效地将数据划分为具有相似特征的簇。在 SHED 框架中，K-means 算法用于将原始数据集中的样本嵌入到语义空间中，并基于嵌入向量之间的距离进行聚类。每个簇的中心点代表了该簇中样本的典型特征，而每个簇中最靠近中心点的样本则被选为该簇的代理样本。通过模型无关聚类，SHED 能够将原始数据集划分为具有相似特征的簇，并为每个簇选择一个代理样本。这样，SHED 就无须对原始数据集中的每个样本都进行 Shapley 值计算，而只需要对每个簇的代理样本进行计算即可。基于代理的 Shapley 值计算器的目的是对代理样本进行 Shapley 值近似计算。由于代理样本数量远小于原始数据集，因此这种方法能够显著降低计算复杂度。优化感知采样的目的是根据代理样本的 Shapley 值对簇进行评分，并采用两种采样策略（质量排序簇采样和质量加权簇采样）从簇中选取样本，构建最终的高质量数据集。实验结果表明，SHED 在多个任务和 LLM 上均优于现有方法。例如，在 MMLU 和 WizardLLM 数据集上，SHED 筛选出的包含原始数据集 10% 样本的数据集，其性能与完整数据集相当甚至更优。此外，SHED 筛选出的数据集展现出良好的迁移性，能够在不同 LLM 上保持稳定的高性能。通过将指令样本进行语义相似度聚类，SHED 能够有效地识别出不同类型的指令，并选择每个簇中最具代表性的指令作为代理，从而降低计算复杂度并提高数据集质量。这种基于表征相似性的方法对于构建高效且通用的指令数据集具有重要意义。

基于表征相似性的指令选择方法通过迭代选择或计算质量分数的方法实现了高效的数据采样，提高了模型理解和执行指令的能力。这些方法的优势在于减少计算负担和标注成本，提高模型性能。未来研究可进一步优化这些方法，探索其在不同领域的应用潜力。

3.3.2 基于模型的指令选择

基于模型的指令选择方法在指令筛选中表现出较高的灵活性。这类方法利用模型生成某些指标的度量，以此为代理变量，通过这些指标的变化来判断指令数据质量的高低。例如，困惑度是常用的指标之一，它衡量模型在预测文本序列时的确定性，困惑度越低，表示指令数据的质量越高。此外，还可以使用模型生成的文本流畅性、自然性评分等指标，这些评分可以通过训练模型来预测文本的语法正确性、上下文连贯性和语义合理性。除了使用单一指标外，还可以使用多指标联合的方法，对指令数据质量进行综合评价。

1. 基于单一指标的方法

在基于单一指标的方法中，困惑度是最常用的指标。困惑度是自然语言处理和机器学习中常用的一种度量标准，主要用于评估语言模型的性能。它通过测量一个模型预测某个序列的能力来反映模型的有效性和准确性。具体来说，困惑度可以被看作一个模型对数据的不确定程度的度量。困惑度越低，表示模型对数据的预测越准确，反之亦然。困惑度的计算通常基于给定语言模型下某个句子的概率。假设有一个序列 $w_1, w_2, w_3 \cdots w_N$ 和一个语言模型 LM，困惑度 PPL 定义为

$$\mathrm{PPL} = \exp\left(-\frac{1}{N} \sum_{i=1}^{N} \log P(w_i \mid w_1, w_2, \cdots, w_{i-1}) \right)$$

在这个公式中，$P(w_i \mid w_1, w_2, \cdots, w_{i-1})$ 是模型 LM 给定之前的词 $w_1, w_2, \cdots, w_{i-1}$ 预测词 w_i 的概率。通过求取所有词概率的对数平均值的负数，再取指数，可以得到困惑度值。在衡量指令数据质量方面，困惑度可以作为一个有效的指标。一个高质量的指令数据集应当使得训练出的语言模型具有较低的困惑度，这表示模型能够更好地理解和预测指令内容。Yue Wang[133] 等将输出与指令反转，根据输出生成候选指令，根据 $\mathrm{argmin}_I \mathrm{ppl}(O \mid I)$ 选取困惑度最低的候选指令与输出组成指令数据。Li[134] 等在 PPL 分数的基础上拓展出遵循指令困难度（Instruction Following Difficulty, IFD），IFD 比较了当模型在有指令 x_i 和没有指令 x_i 的情况下生成响应 y_i 时的困惑度，以衡量指令对生成相应响应的帮助程度。较高的 IFD 分数表明帮助较少，而较低的 IFD 分数表明指令是清晰的、容易理解的，对训练有很大帮助。

2. 基于多指标联合的方法

Cao[135] 等提出了一种名为 Instruction Mining 的自动数据选择器，用于在没有人工专

家干预的情况下评估指令数据质量。论文首先假设微调模型在评估集上的推理损失可以作为数据质量的代理指标。然后,使用一组自然语言指标来预测推理损失,以节省实际微调大模型的努力,包括分词后的输入和输出的 token 数量、奖励分数[136]、困惑度、文本词汇多样性度量[137]、在 SentenceBERT 嵌入空间中与第 i 个最近邻的距离[138],以及由 UniEval 对话模型[139] 提供的自然性、一致性和可理解性评分指标。

基于模型的指令选择方法通过生成指标的度量衡量指令质量,这类方法具有高灵活性,可以灵活利用不同指标评估质量。但也存在选择依赖的缺点,例如指标的选取需要丰富的经验和实验验证,指标受基础模型的性能影响较大,如果基础模型表现不佳,评估结果也会受到影响。

3.3.3　基于梯度的指令选择

基于梯度的指令选择方法从模型训练的底层逻辑出发,通过分析模型在训练过程中的梯度变化,选取那些能够导致 loss 最大幅度下降的指令数据作为高质量的训练数据。

基于梯度的影响函数(Influence Function)是一种在机器学习中用于理解模型预测对训练数据中特定样本的敏感性的技术。它提供了一种量化单个训练样本对模型参数更新的影响的方法。影响函数可以帮助我们识别那些对模型性能有显著影响的"重要"样本,从而提高模型的可解释性和鲁棒性。影响函数的概念源自统计学中的稳健性理论,由 Hampel[140] 等人于 1976 年提出。在机器学习中,它被重新引入并用于分析深度学习模型,其核心思想是通过计算模型损失函数对单个训练样本的梯度,来评估该样本对模型参数的影响。Garima[114] 基于影响力函数,提出 TracIn 方法来评估训练数据对模型预测的影响。TracIn 通过追踪训练过程中损失函数的变化来计算单个训练样本对测试样本预测的影响,使用一阶梯度近似来计算影响,并利用检查点来减少计算量,比传统方法要计算模型的逆海森矩阵更容易实现、效率更高。LESS[141] 沿用了 TracIn 方法,利用训练动态的一阶近似来估计训练数据点对验证数据的影响。通过计算训练数据点梯度与验证数据点梯度的内积,评价待选的指令数据对验证数据损失的影响。选择那些对验证数据损失影响最大的指令数据作为高质量指令数据进行训练。在 TracIn 方法的基础上,LESS 做出了以下调整:①Adam 优化器:论文将传统方法中基于 SGD 的梯度影响力公式扩展到 Adam 优化器。②序列长度归一化:LESS 发现,由于指令微调数据中序列长度不同,直接使用序列梯度进行影响力估计会导致选择更短序列,从而影响性能,因而进行归一化。③低秩近似:为了降低计算成本,论文使用 LoRA 和随机投影技术将高维梯度特征降维,并构建一个低维梯度特征数据存储库。实验证明,LESS 选择的数据往往只有原始数据集的 5%,却能达到与使用全部数据集相当甚至更好的性能。

基于梯度的指令选择方法通过分析模型在训练过程中的梯度变化,选取对 loss 下降贡献最大的指令数据,是直接而有效的方法。在模型的训练过程中,loss 函数用于衡量模型预测结果与真实结果之间的差异,梯度则指示了各参数在减小 loss 方面的贡献大小。通过优先选择那些对 loss 下降贡献最大的指令数据,可以更有效地引导模型参数的更新,从而更快速地提升模型的性能。与传统的全量数据集训练方法相比,基于梯度的选择方

法具有以下优势：首先，能显著减少训练数据的数量，降低训练时间和资源消耗；其次，通过专注于高质量数据，模型可以更快地收敛到较优的参数配置，提升训练效率和最终性能；最后，实验证明，在有些情况下，使用筛选过的数据微调能达到比全量数据更好的效果。但训练成本是我们需要考虑的一个问题，LESS 使用 LoRA 与梯度投影加快速度，但 $O(|D| \cdot N)$ 的复杂度使计算梯度的时间仍然相对较长。

3.3.4 基于大模型的指令选择

基于大模型的指令选择方法通过将 LLM 训练成一个指令选择器，来更加高效地给数据集中的指令打分，从而筛选出更加有效的指令进行微调。具体有基于大模型的一次学习的方法和基于大模型直接打分的方法。

1. 基于大模型的一次学习的指令选择

Yunshui Li[142] 等人提出了一种名为 NUGGETS 的数据选择模型，这是一种旨在通过使用 LLM 本身动态评估示例质量的方法。NUGGETS 有望从大量指令数据中提取最有价值的数据，以便进行微调。首先，他们使用一组预定义的任务来评估 NUGGETS 在不同任务范围内的熟练程度，这些任务的评价指标被称为零样本分数，其计算方式如下。

$$s_{zsl}^{j} = \frac{1}{L} \sum_{i=1}^{L} \log p(w_i^{A_j} \mid C; LLM)$$

$$C = [T_j, w_1^{A_j}, w_2^{A_j}, \cdots, w_{i-1}^{A_j}]$$

随后，他们将指令数据集中的每条指令指定单独的一次学习的提示词，并将其连接到预定义的任务前面。接着，他们为这些任务重新校准模型的完成级别，其评价标准为一次学习分数，定义如下：

$$s_{iit}^{j}(z_k) = \frac{1}{L} \sum_{i=1}^{1} \log p(w_i^{A_j} \mid \underbrace{IQ_k, IA_k}_{\text{One-ShotPrompt}}, C; LLM)$$

$$C = [T_j, w_1^{A_j}, w_2^{A_j}, \cdots, w_{i-1}^{A_j}]$$

通过利用一次学习得分和零样本分数之间的差异，他们计算出每条指令的黄金得分。一旦计算出所有指令的黄金分数 $GS(z_k) = \frac{1}{m} \sum_{i=1}^{m} \mathbb{I}[s_{iit}^{j}(z_k) > s_{zsl}^{j}] \in [0,1]$，他们就可以确定得分最高的子集，将其视为黄金子集，随后将其直接提供给模型进行微调过程。受益于 NUGGETS，即使在较小的训练子集下，他们也观察到改进的指令跟随能力。

2. 基于大模型直接打分的指令选择

LLM 通过在监督指令/响应数据上通过指令微调（IFT）来增强指令跟踪能力。然而，广泛使用的 IFT 数据集（例如，ALPACA 的 52k 数据）令人惊讶地包含许多具有不正确或不相关响应的低质量实例，这对 IFT 具有误导性和有害。在文献［143］中，研究人员提出了一种简单而有效的数据选择策略，该策略使用强大的 LLM（例如 ChatGPT）自动识别和过滤掉低质量的数据。为此，他们引入了 ALPAGASUS，它只对来自 52k ALPACA 数据过滤的 9k 高质量数据进行微调。ALPAGASUS 显著优于原始的 ALPACA 数据集。其 13B 变体在测试任务上匹配其教师 LLM 的 90% 性能（即 Text-Davinci-003 生成 52k 数据）。

它还提供了 5.7 倍的训练，将 7B 变体的训练时间从 80 分钟（对于 ALPACA）减少到 14 分钟。此外，实验证明了他们的方法在不同的数据集、基础模型和 LLM 过滤器上的有效性。总体而言，ALPGASUS 提出了一种新颖的以数据为中心的 IFT 范式，通常应用于指令调整数据，从而实现更快的训练和更好的指令跟踪模型。

越来越多的证据表明，选择正确的训练数据对于生成最先进的 LLM 至关重要。目前大量的努力集中在收集更大、更多样化和复杂的数据集应用于指令微调方面，尽管这些数据集不断增长，但一些研究表明[144]，更小但有价值的数据集往往能更有效地利用 LLM 的能力。盲目扩展指令数据量而不确保质量可能会引入噪声并导致幻觉问题。然而现有的做法仍然依赖于数据选择的经验方法，这在确定数据组合和根据结果进行调整时引入了偏差，而在这种反复试验的方法中也提高了模型的校准成本。基于大模型的一次学习或直接打分的方法，充分体现了大模型对文本指令的理解能力，从而做到高效地完成对指令集的选择，降低了人工筛选的成本。

3.4　面向模型推理的数据准备

经过预训练和指令微调两个阶段后，大模型具备了较强的上下文学习能力，可以在不进行任务训练的情况下，通过输入的提示推理出给定问题的答案。然而，模型推理时往往基于历史的静态数据，无法确保推理结果的准确性和实时性。因此，利用数据发现技术，可以在多源的实时语料库中发现与问题相关的文本信息，并将其转化为文本形式并整合到提示中，供大模型在推理问题答案时参考，以保证推理结果实时且正确。

模型推理指的是通过提示来让大语言模型回答特定问题的过程，提示通常由任务描述、参考文档、示例和问题实例组成。面向模型推理的数据准备旨在通过准备提示的不同组成部分来提高模型的表现。面向模型推理的数据准备技术可分为面向参考文档的数据准备、面向示例的数据准备和面向问题实例的数据准备。

3.4.1　面向参考文档的数据准备

LLM 的性能受到训练数据集覆盖范围的限制，这可能导致在回答特定事实或详细信息时无法准确应对。此外，这些模型在推理过程中可能会产生"幻觉"，即生成不准确或虚假的信息，并且由于训练数据的时效性问题，模型无法及时反映最新的信息。通过引入参考文档中的知识，可以有效弥补模型自身的知识局限性，从而提高推理过程的准确性。为了提升 LLM 的准确性，面向参考文档的数据准备旨在有效地对参考文档进行组织与处理。面向参考文档的数据准备具体包括知识文本分块、参考文档向量化、建立检索索引等方法。

1. 知识文本分块

对知识文本进行分块是将大段文本分解为更小段的过程。这是一项基本技术，涉及将大段参考文档内容切分成更小的、便于处理和检索的信息单元。最常见的分块方法是固定大小分块，即将文本按照固定数量的令牌进行分割（如 100、256、512），而不考虑内容的结构。该方法计算效率高，且易于实现，但会导致句子被截断，从而破坏语义。递归分块方法[145] 使用一组分隔符以分层和迭代方式将输入文本划分为更小的块。如果初始拆分未生成所需大小或结构的块，则该方法将使用不同的分隔符或条件递归调用生成的块，直到达到所需的块大小或结构。此外，文献［145］还实现了一种语义分块方法。该方法首先将文本分割成独立的句子，并将每个句子与其前后相邻的句子合并，形成带有上下文信息的句子块。利用 LangChain 库中的 OpenAI 嵌入类，将这些组合句子转化为嵌入向量。最后，使用余弦距离计算相邻句子块之间的相似度，提取这些距离值，距离超过设定阈值的位置被确定为分块点。此类方法通过有效的分块和相似度计算，确保了文本处理过程中的语义完整性。

2. 参考文档向量化

该方法将参考文档的文本数据转换为向量表示，可以方便模型进行相似度计算和检索，其中嵌入模型的语义表示能力起到关键性作用。Li 等[146] 提出了一种角度优化文本嵌入模型 AnglE，旨在解决传统文本嵌入模型在优化目标中过度依赖余弦函数而导致的某些区域梯度消失的问题。具体来说，AnglE 首先将输入句子进行填充，使其长度一致，然后将每个单词映射到一个连续的 D 维空间中，形成词嵌入。这些词嵌入通过 BERT、RoBERTa 和 LLaMA 等预训练语言模型进行编码，生成包含丰富上下文信息的表示。为了提高相似度计算的精确性，优化目标仍然采用余弦相似度，但引入了温度超参数 τ 来控制余弦相似度的平滑度，使得相似度高的对之间的余弦相似度更大，而相似度低的对之间的余弦相似度更小。为了进一步提升模型的泛化能力，该方法引入了批内负样本目标函数，并通过检测批内的重复句子来标记正样本，从而减少潜在的噪音，使得模型在处理有监督和无监督数据时表现更加稳健。此外，该方法引入了角度优化目标，在复数空间中进行角度优化，通过计算两个文本嵌入之间的角度差异，并进行归一化处理以优化角度差异，进一步提高了模型在捕捉文本细微差异方面的能力。

3. 建立检索索引

建立先进的索引结构可以直接访问预处理过的数据，从而显著提高文档检索的速度和准确度。这一过程不仅简化了信息的获取，还增强了系统的响应能力，特别是在处理大量文档时显得尤为重要。Wang 等[147] 提出了一种使用知识图谱（Knowledge Graph，KG）在多个文档之间建立索引的方法——知识图谱提示（Knowledge Graph Prompting，KGP），旨在捕捉文档内容和结构之间的复杂逻辑关系。这种方法不仅考虑了文档的内容，还将文档的结构信息（如页面、段落、表格等）纳入索引范围，形成一个全面的知识表示。KGP 首先将文档分割成若干段落，每个段落作为知识图中的一个节点，节点的特征可以是段落的文本嵌入（通过预训练的编码器如 BERT、RoBERTa 等获取）或关键词特征（如 TF-IDF）。然后，根据节点之间的词汇相似性、语义相似性或文档结构关系连接节点，形成边。此外，文档的结构信息（如页面包含段落、段落所在页面等）也会被用来构建边。通过这种方式，知识图谱能够全面捕捉文档中的内容和结构信息。KGP 还实现了图遍历代理（Graph Traversal Agent）模块，用于在知识图中导航和检索相关上下文。该模块基于 LLM，通过设计提示、计算节点间相似性、迭代遍历等方法生成和选择最有可能的下一步证据段落,从而逐步接近问题的答案。

面向参考文档的数据准备在提升 LLM 的准确性和可靠性方面具有显著优势。通过知识文本分块,参考文档向量化以及建立检索索引等方法,能够有效组织和处理大量的参考文档,为模型提供丰富的上下文信息,帮助其更准确地进行推理和回答问题。当然,此类方法也有不足之处,如分块技术和向量化效果面临技术挑战,建立和维护复杂的检索索引结构需要大量计算资源和时间。但总体而言,它在实际应用中的效果和潜力不可忽视。

3.4.2　面向示例的数据准备

当前语言模型是根据大量数据进行预训练,并针对特定任务和数据集进行微调的,与其他预训练语言模型的区别在于其令人印象深刻的小样本学习能力。通过在大语言模型的输入中引入少量示例,可以显著提升模型的表现。

大语言模型小样本学习的主要优势在于无须对模型进行微调,仅通过选择和排列不同的示例,就可以有效调整模型的输出。这种方法不仅减少了对训练资源的需求,还大大提高了模型在处理多样化任务时的适应性。例如,通过精心设计的示例,大语言模型可以解决数学推理问题以及完成自然语言理解和生成等复杂任务。这种灵活选择和调整示例的方法,是一种高效且经济的模型增强手段。然而,优化示例的选择和组织是实现该技术成功的关键,这涉及示例的选取标准和方式等。通过对现有研究的总结,我们归纳了先前研究中的各种示例选择策略,包括随机示例选择、基于问题相似度选择、基于回答相似度选择。

1. 随机示例选择

该方法为最简单的方法,直接从训练数据中随机挑选示例。之前的工作,例如文献 [148] 已采用它作为示例选择的基线方法。这种方法的优点是实现简单且计算成本低,缺点是可能选中的示例不具有足够的代表性或相关性,导致模型的推理效果不佳。

2. 基于问题相似度选择

文献 [148] 选择具有问题最相似的示例。根据文献 [148] 所述,与测试示例在语义上相似的演示会有更好的表现。此方法意在选出与输入问题更为相关的示例,从而提升模型的推理准确性。具体来说,相似度的匹配算法可以分为无监督和有监督两类。无监督相似度算法主要通过分析输入数据的内在特征来执行任务,不依赖于外部的标签数据。这类方法通常包括 TF-IDF、余弦相似度和 Jaccard 相似度等,通过计算文本向量化表示之间的距离或角度来确定相似度。例如,文献 [148] 提出通过选择最接近的邻居作为演示来实现这一点。文献 [149] 的工作则表明选择多样化的演示可以改进上下文中的组合泛化能力。此外,最近的研究还探讨了利用预训练语言模型的输出分布来选择少数示例演示,例如文献 [150] 使用预训练的 Sentence Transformer 模型来计算示例和测试示例之间的余弦相似度。有监督的相似度算法则需要利用标签数据来训练模型,以便在相似度计算中加入更多上下文信息和任务相关知识。这类方法包括对 BERT 等预训练语言模型进行微调,不仅能够更精确地捕捉文本之间的语义关系,还能提高算法的鲁棒性。例如，文献［151］提出学习检索演示示例的方法，并且对检索器 GTR 进行微调，使其能够检索到更有效的示例。文献［152］则利用 LLM 的反馈以及知识蒸馏训练了一个双编码器架构的检索器。

3. 基于回答相似度选择

相较于基于问题相似度的匹配方法，此方法[153] 不直接使用目标问题，而旨在选择与目标查询最匹配的查询结果。具体来说，它首先采用初步模型，利用目标问题生成一个查询，该查询可以被视为目标查询的近似值。然后，该方法将示例中的查询编码为离散向量。最后，通过考虑近似查询的相似性和所选示例之间的多样性，来选择若干个示例。该方法不仅考虑输入问题与示例问题之间的相似度，还考虑示例回答与潜在回答之间的相似度。

综上所述，小样本学习能力在大语言模型的任务推断中发挥着至关重要的作用。通过在输入提示中引入少量示例的方式，显著提升了模型的灵活性和准确性，还减少了对训练资源的需求。各种示例选择策略的运用，例如随机示例选择、基于问题相似度选择和基于回答相似度选择，进一步优化了模型的表现。研究结果表明，无论是无监督相似度算法还是有监督相似度算法，在选择和组织示例时都能有效增强模型的推理能力和鲁棒性。

3.4.3　面向问题实例的数据准备

在 LLM 的推理过程中，处理高效性和准确性是关键的挑战之一。问题实例是指需要模型处理的具体查询或数据片段。面向问题实例的数据准备旨在对这些问题实例进行处理或将多个问题实例组合在一起以提升资源利用率和推理效率，即批量提示（Batch Prompting，BP）。现有研究[154,104] 等已经证明了在部分任务中批量提示的效果与标准提示（单问题实例单独推理）的效果持平甚至更好。批量提示的基本想法是通过减少推理次数和优化提示结构来提高模型的处理效率和计算成本，同时确保输出的准确性。由于标准提示方法在问题实例上无须进行复杂的数据准备工作，因此面向问题实例的数据准备技术将着重探讨了同任务批量提示和多任务批量提示。

1. 同任务批量提示

同任务批量提示是指将多个相同任务的查询组合在一个提示中进行处理。这种方法适用于需要处理大量相似任务的场景，如实体解析、文本分类等。其主要目标是通过复用同任务的任务描述、参考文档、示例等上下文信息，来减少推理问题所需的 token 总数和 LLM 调用成本，并提高任务的精度和处理效率。同任务批量提示的通用框架一般可以拆解为三个步骤：首先，特征提取器将需要进行批量打包的问题实例映射到向量空间，对于不同的任务可能会选取不同的特征提取器，如自然语言处理任务中常使用 Sbert 作为特征提取器，而实体匹配任务中 Fan 等人[104] 设计了一个基于结构的特征提取器，该方法采用字符串相似性函数，将问题中两个实体的属性匹配信号映射到低维空间，从而使生成的特征向量能够捕捉结构信息和任务相关知识。然后，使用 DBSCAN 或 K-means 等无监督聚类方法对特征向量进行聚类。最后，根据聚类结果对问题实例进行批次划分。相似问题实例的批量提示需要确保同一批次中的问题具有相似的特征向量。多样问题实例的批量提示则分为两步来处理：第一步，通过从批量大小个不同的聚类中各选择一个问题来确保生成批次的多样性，从而确保不同批次中的问题在特征向量上有明显的差异；第二步，当批处理过程接近完成时，可能会遇到可用聚类数量少于批量大小的情况，在这种情况下，通过轮循方式从剩余聚类中选择问题来确保生成批次的多样性。

2. 多任务批量提示

多任务批量提示是指在一个提示中同时处理多种不同类型的任务。这种方法通过在单次推理过程中处理多个任务，提高了模型的并行处理能力和资源利用效率。然而，多任务批量提示面临的主要挑战在于任务之间的互相干扰和上下文信息的管理。由于不同任务的上下文需求可能各不相同，在同一提示中混合处理这些任务可能导致模型的困惑和性能下降。此外，不同任务对模型的需求不同，如何在一个提示中平衡这些需求也是一个亟待解决的问题。Son 等人[155] 将多任务分为了多步骤和多部分两类。多步骤子集中的任务顺序固定，每个步骤的准确性对于后续步骤至关重要，该子集用于评估 LLM 在管理相互依赖的任务方面的能力。而多部分子集由上下文相关但独立的子任务组成，旨在评估 LLM 同时处理多个不同任务的能力。实验结果表明，与单任务推理相比，多任务推理尽管推理步骤减少，速度提高了 1.46 倍，但在能力较强的 LLM 上其性能仍然非常出色。这表明，LLM 不仅具备并行处理多任务的能力，而且在处理多任务时能够有意识地先规划其解决方案，以确保任务的高效和准确完成。

面向问题实例的数据准备通过将多个查询或数据实例组合在一个提示中，显著提高了 LLM 的处理效率和资源利用率。无论是同任务批量提示还是多任务批量提示，每种方法都在不同的应用场景中展现了其独特的优势。通过优化提示结构和处理策略，面向问题实例的数据准备在降低成本、提高效率和保证输出质量方面具有重要意义。未来的研究应继续探索和优化这些方法，以进一步提升 LLM 的性能和应用效果。

4　发展趋势与展望

4.1　基于语言模型的数据准备发展趋势与展望

4.1.1　基于检索增强的结构化数据理解与推理

检索增强是指通过检索与任务语义相关的外部信息，并将其与任务一同输入大模型的技术，旨在提升大模型对任务的理解能力。具体来说，检索增强技术能够通过索引从海量的结构化数据中自适应地召回与任务密切相关的信息，从而提供给大模型更为精确和可靠的输入。通过检索增强技术，不仅有助于大模型克服其在处理特定领域知识时的局限性，提升其在跨领域知识理解与推理任务中的性能，还能减少大模型的计算，降低训练和推理的成本。结构化数据的复杂性和语义异质性对基于大模型的结构化数据理解与推理提出了挑战。

1）异构数据难以统一检索：异构数据往往有不同的表示形式，如何在保持信息完整性的同时，对异构数据进行统一召回访问，以支持高效的相似性检索和对比分析，是当前研究的热点。

2）召回内容质量参差不齐：召回的数据往往是粗粒度的，如果将这些数据直接送入大模型，其中很大一部分的噪声内容会对模型的理解与推理产生负面作用。

剔除无关或低质量内容，确保推送至模型的信息高度相关且高质量，是提升推理准确性的关键。因此如何正确组织召回的信息，也是一个挑战。针对上述挑战，未来可能的研究方向包括但不限于：①异构数据表征对齐：将不同表征空间的异构数据映射到一个高维空间中，从而对异构数据建立统一的表征，进而实现统一检索访问；②召回内容细粒度筛选：对召回的数据按照任务语义进行精细排序，以更细粒度的方法进行筛选，最终选取最相关的 Top K 条数据作为大语言模型的输入。

4.1.2　基于大语言模型的可控数据生成

基于大语言模型的可控数据生成是指通过精确控制大语言模型的生成过程，产生符合特定格式、主题或结构的数据，从而满足特定研究及应用需求。在数据生成实践中，研究者面临着同时维护数据隐私和提升数据质量的双重挑战。一方面，在隐私敏感的应用领域中，需在不泄露个人信息的条件下，尽可能地保留原始数据集中的样本级别信息。另一方面，传统的手动数据收集与标注方法因其效率低和成本高，难以满足生成数据的质量要求。基于大语言模型的可控数据生成技术提供了一种解决路径。该技术能够在确保隐私保护的同时，迅速生成高质量且多样化的数据集，有效降低了数据准备的时间与成本，并促进了模型开发和测试的加速。目前，基于大语言模型的可控数据生成有以下三个挑战。①隐私保护与数据实用性的平衡：需要采用高级隐私保护技术确保隐私安全，同时保持数据质量和实用性，寻找二者之间的平衡点。②模型生成能力的限制：大模型在特定领域或结构化数据生成时可能受限，需创新或调整以提升精准度和适应性。③效率与可扩展性：面对大数据量，提升生成速度和处理能力成为一大挑战，需优化模型、算法及利用并行处理技术。

针对上述挑战，未来可能的研究方向包括并不限于：①大语言模型结合差分隐私与数据脱敏技术，定期评估数据处理流程，确保隐私保护措施不牺牲数据的分析价值；②针对特定领域或结构化数据，开发专用的微调技术或引入领域专家知识，以提高模型的生成精度和适应性；③设计多种数据的生成框架，并利用分布式计算和云服务，自动生成多样化数据，提升数据处理的效率和系统的扩展能力。

4.1.3　面向多任务的统一数据清洗融合

面向多任务的统一数据清洗融合是一种综合解决方案，旨在处理数据清洗和融合过程中的各种任务，如错误检测、缺失值填充、模式匹配和实体匹配等。该方法通过大语言模型统一解决不同任务，克服传统方法只能针对特定任务的局限性，实现高效的数据清洗和融合。数据清洗融合是数据挖掘和分析过程中的关键步骤，其质量直接影响后续分析的准确性和有效性。传统方法由于只能处理一到两个特定任务，难以应对数据清洗融合任务的多样性和复杂性。大语言模型具备强大的多任务处理能力，有望提供一种统一的解决方案，提升数据清洗融合的整体效率和效果。然而，将大语言模型应用于这一领域仍存在挑战，主要表现在以下几个方面。

1）数据组织形式的复杂性：大量数据以二维表的形式组织，而大语言模型的结构和预训练过程主要针对自然语言文本序列，对二维表的理解和推理能力有限，从而影响解决问题的准确率。

2）任务的灵活性和专业性：数据清洗融合任务的要求和数据内容具有高度的灵活性和专业性，即使用户能够提供自然语言指令，大语言模型也可能无法准确地按照要求执行任务。

针对上述挑战，未来可能的研究方向包括并不限于：①指令微调：通过构建包含多种二维表数据清洗融合任务的数据集，对大模型进行训练，增强其对二维表的理解推理能力和执行相关任务指令的准确性；②提示词工程：在推理时构造提示词，为大语言模型提供示例和任务相关的专业信息，进一步提高任务完成的准确性。通过这些解决方案，面向多任务的统一数据清洗融合将有望克服当前面临的挑战，实现更加高效、精准的数据处理，为数据挖掘和分析提供坚实的基础。

4.1.4　成本高效的大语言模型驱动数据准备

成本高效的大语言模型驱动数据准备是指针对数据准备任务，利用大模型来提升任务完成的质量并降低成本。它旨在结合大语言模型强大的语义推理理解能力与预训练模型的低成本特性，以实现高质量、低成本的数据准备。对于现有的数据准备任务，如关系数据数据融合，传统的方法通常会对数据库中的关系表进行预训练，存在对关系数据语义理解不完善、需要大量训练数据标注成本等问题。同时，近年来大模型技术的蓬勃发展也为数据准备带来了新机遇。它通常仅需要少量的额外已标注数据或提示信息即可在多个任务上表现出良好的泛化能力，显著减少了训练模型的精力与成本。因此，针对数据准备任务，利用大模型来提质降本成为一个具有重要研究意义的课题。数据准备任务的多样性和大模型高昂的推理成本为高效的大语言模型驱动数据准备带来了一些挑战。

1）如何对不同解决数据准备任务的方法进行推理质量建模？对于同一任务，不同的方法有不同的推理质量。例如代码生成方法适合较简单的、有明确规则的任务，大模型凭借其强大的推理能力和上下文学习能力适合需要语义理解的较难任务。如何精准地判断哪些任务适合用什么样的方法来解决是一个重大挑战。

2）如何在大模型场景下实现数据准备任务质量与成本的多目标优化？利用大模型处理全部数据准备任务会带来质量上的较大提升，但是成本较高。而如果完全使用轻量级的预训练模型代替大模型，虽然降低了成本，但是很可能导致质量下降。因此，如何对基于大模型的数据准备任务的质量和成本进行有效的折中优化是一个具有挑战性的问题。

针对上述挑战，未来可能的研究方向包括并不限于：①研究基于期望最大化算法的推理质量建模方法。其核心思想是在对任务答案和不同方法的质量都未知的前提下，先初始化所有方法的质量，通过该质量推理出一份答案，再根据该答案更新质量，如此迭代直到收敛，最终推理出准确的答案和不同方法的质量；②研究基于大模型推理成本受限下的质量优化方法。由于一个数据准备任务很有可能被拆分成大量微任务，无论是对于整个数据准备任务还是拆解之后的微任务，都存在不同成本、不同的质量的解决方法。通常情况下，质量与成本这两个目标维度之间存在"此消彼长"的关系，因此需要研究面向质量成本多目标的优化方法，以更好地兼顾这两方面的需求。

4.1.5 基于大模型的数据准备工作流生成

数据准备工作流是将原始数据转化为适合数据分析、机器学习或其他数据处理任务所需形式的一系列步骤和过程，包括数据收集、清洗、转换和特征工程，旨在确保数据的质量和一致性，以便于后续分析和建模。而基于大模型的数据准备工作流生成方法的核心思想是让大语言模型模拟人类数据分析师的思维过程，根据数据特点和分析目标，自动生成数据准备工作流。传统方法依赖手工编写代码和规则，往往烦琐且耗时。基于LLM 的数据准备工作流生成方法，利用 LLM 理解和处理表格数据，实现数据准备过程的自动化和智能化，从而简化了数据准备过程。结构化数据的复杂性和大模型的幻觉现象为基于大模型的数据准备工作流生成带来了一些挑战。

1) 复杂表格数据处理。复杂表格数据具有多维度、高度交互的特点，因此数据准备工作需要复杂的推理过程。而 LLM 在实际运用中受限于其推理能力，所以在处理复杂表格数据时需要能够提高推理能力的策略作为支撑。

2) 幻觉现象。LLM（如 GPT）在生成文本时可能产生不准确或虚构的信息，导致错误的决策或数据处理结果。

针对上述挑战，未来可能的研究方向包括但不限于：①多轮迭代处理。将数据准备过程分解为多个迭代步骤，每一步基于上一个迭代步骤执行一个或多个操作，包括数据清洗、转换、特征工程等。每一步操作生成新的数据状态，并将其用于下一步操作。将多轮迭代的操作序列化为操作链，在每轮迭代中使用大模型根据当前数据状态、目标任务和历史操作链动态生成数据处理操作。经过多轮迭代，最终生成数据准备工作流的最终结果；②依赖可靠的 API 进行推理。API 是指一些由领域专家开发和测试的可靠函数，这些函数能够以结构化、并行和确定的方式处理大量数据。通过调用 API，模型的输出基于经过验证的函数，而非自由生成的文本，从而减少幻觉现象。

4.2 面向语言模型的数据准备发展趋势与展望

4.2.1 面向大语言模型训练的数据准备系统

面向大语言模型训练的数据准备系统旨在为大语言模型训练的各个阶段（如预训练阶段和指令微调阶段）准备高质量数据，以提高训练后模型的表现。该系统通过定义不同的数据准备算子，如清洗、融合、去重等，并为其配置相应的参数，来一步步地处理原始数据，并最终得到用于模型训练的高质量数据。有研究表明，训练数据的质量往往决定了大语言模型训练后的表现[156]。但是，目前许多关于开源大语言模型训练框架和训练数据准备的研究只公开了模型参数[157-159]，对于训练数据准备时的数据处理流程，只是简单地在论文中记录，并未开源代码。此外，由于大语言模型训练时的数据需求量极大，并对数据多样性的要求很高，导致研究者在面向大模型训练的数据准备阶段遇到诸多困难和挑战。因此，一个统一有效的面向大语言模型训练的数据准备系统的研发迫在眉睫。数据的异质性和计算复杂性为面向大语言模型训练的数据准备系统带来了一些挑战。

1）数据准备操作影响的及时反馈。一个数据准备算子的执行会影响最终生成的训练数据，但是，它对语言模型表现的影响往往是隐性的。如何在搜索空间中探索尽可能多的数据配方，并及时反馈，以发现语言模型的潜力并提高其性能是一个具有价值和挑战性的问题。

2）数据来源的异质性。在数据准备阶段，往往需要整合来自多种来源、多种格式的数据，且不同来源的数据类型、格式和质量有一定差异，这为后续生成数据准备算子和配置参数带来了多样的要求。

3）海量数据带来计算的复杂性。目前大语言模型训练的数据需求量扩展到了前所未有的数十亿甚至数万亿 token，因此，高效地处理海量的训练数据是至关重要且极具挑战的研究问题。

针对挑战 1），直接得到语言模型性能的反馈代价较大，但是数据准备后数据集的统计信息却是容易获取的，可以训练一个模型以模拟该数据准备操作对模型性能的影响，从而实现对数据准备操作影响的及时反馈；针对挑战 2），可以根据模型的及时反馈，定义一个参数搜索空间搜索最优的参数配置，从而针对不同来源的数据准备算子配置不同的参数；针对挑战 3），可以借助分布式系统构建分布式计算平台，从而提升海量数据处理的效率。

4.2.2　基于训练梯度的指令选择算法

基于训练梯度的指令选择算法旨在根据大语言模型的梯度特征来选择一部分最有价值的数据进行训练，提高模型训练的高效性。有研究表明，用少量指令数据微调大模型便能让模型在具体下游任务上具有较强的指令跟随能力和任务完成能力[160-161]。但是，如何从大量指令数据集中选择有价值的指令数据，仍是一个具有挑战性的问题。模型训练的梯度代表数据对模型表现的影响，可能是指令数据价值的一种有效衡量指标。梯度计算的高成本为基于训练梯度的指令选择算法带来了一些挑战。

1）目前大模型大多使用 Adam 对参数进行调优，但是，传统的基于梯度的数据选择算法都是在 SGD 调优器的基础上进行调优。如何有效地提取使用 Adam 调优时的参数来模拟指令数据对模型表现的影响，是一个具有挑战性的问题。

2）由于大模型的参数量巨大，因此在计算模型梯度时带来了巨大的计算复杂性。

针对上述挑战，未来可能的研究方向包括但不限于：①根据 Adam 数学公式，将传统的基于 SGD 的数据选择算法进行扩展；②使用有效的降维算法对梯度进行降维，提高后续计算的速度。

4.2.3　面向预训练的数据清洗工作流

面向预训练的数据清洗工作流是一系列自动化和半自动化的数据处理步骤，旨在去除预训练数据中的噪声、错误和不一致之处，以确保高质量的数据输入大语言模型的预训练阶段。该工作流通常包括数据的收集、清洗、格式化和验证等多个步骤，并可以根据特定的预训练目标进行定制。预训练数据的质量直接影响大语言模型的表现。高质量的数据能够提高模型的泛化能力和理解能力，从而在各种下游任务中表现出色。然而，预训练数据通常来源广泛且量大，包含大量的噪声和无关信息。因此，构建一个高效的数据清洗工作流至关重要，以确保预训练数据的高质量。数据异质性、海量数据处理的复杂性和数据隐私等问题为面向预训练的数据清洗工作流带来了一些挑战。

1）数据源的多样性和异质性。预训练数据通常来自不同的领域和格式，如文本、图片、音频等，如何统一处理这些异构数据是一大挑战。

2）数据量巨大。预训练数据往往包含数十亿甚至数万亿 token，处理如此海量的数据需要高效的算法和强大的计算资源。

3）噪声和错误数据的识别和去除。如何自动化地识别并去除数据中的噪声和错误信息，同时保留有用的信息，是一个复杂的问题。

4）数据隐私和合规性。在处理大量数据时，需要确保符合相关的隐私和数据保护法规，避免侵犯用户隐私。

针对上述挑战，未来可能的研究方向包括但不限于：①设计模块化的数据清洗架构。通过定义一系列独立的数据清洗模块，如去重、格式化、噪声过滤等，每个模块专注于处理特定类型的问题，从而提高整体的处理效率和效果。②利用分布式计算。借助分布式计算平台，如 Hadoop 和 Spark，可以并行处理大规模数据，提高数据清洗的效率。③利用机器学习算法，自动识别数据中的噪声和错误信息，并进行分类和过滤。此外，可以通过有监督学习的方法，利用标注数据训练模型，提高噪音识别的准确性。④制定严格的数据隐私和合规性策略。在数据清洗的过程中，引入特定的筛选和清洗规则，严格遵循数据隐私保护法规，确保处理的数据符合相关的法律要求。

4.2.4　面向微调的指令数据生成

面向微调的指令数据生成旨在自动生成多样化且高质量的指令数据，以支持大语言模型在微调阶段的训练。该过程利用现有的预训练模型，通过设计合理的生成策略和评价机制，生成符合多种任务需求的指令数据。当前的大语言模型在微调阶段需要大量的指令数据以提高其在特定任务上的表现。然而，手动编写这些指令数据不仅耗时费力，而且容易受限于人类创作的局限性，无法涵盖足够广泛的任务类型和表达方式。因此，自动化生成指令数据成为解决这一问题的关键手段。自动生成的指令数据可以显著增加数据集的多样性和覆盖面，从而提升模型的指令跟随能力和任务完成能力。指令数据质量评估标准的不确定性和任务的多样性为面向微调的指令数据生成带来了一些挑战。

1）生成指令数据的质量控制。自动生成的指令数据可能存在质量参差不齐的情况，如何确保生成数据的质量是一个重要的挑战。

2）任务多样性和指令表达的多样性。我们需要生成覆盖广泛任务类型的指令数据，并且这些指令的表达方式应尽可能多样化，以提高模型的泛化能力。

针对上述挑战，未来可能的研究方向包括但不限于：①引入多阶段质量控制机制。通过预训练模型生成初步的指令数据，然后利用评估模型和人工审查相结合的方法筛选高质量的指令数据；②设计多样化的任务模板和生成策略。通过分析现有的任务数据，创建多种任务模板，并结合预训练模型生成不同表达方式的指令。

4.2.5　面向预训练的合成数据生成

面向预训练的合成数据生成是指使用人工智能技术和现有语言模型生成大量模拟真实世界数据的合成数据。这些数据用于大语言模型的预训练阶段，目的是提高模型的语言理解和生成能力。合成数据可以涵盖多种语言、领域和任务类型，从而扩展模型的知识库和应用范围。预训练大语言模型需要海量的数据，这些数据的质量和多样性直接影响模型的最终表现。传统的手动数据收集和标注过程既昂贵又耗时，无法满足大规模预训练的需求。此外，面向语言模型训练的数据准备还面临着价格昂贵、隐私泄露和版权限制等问题。合成数据生成提供了一种高效、低成本的替代方案，能够快速生成大量高质量的数据，并避免了隐私泄露和版权限制等问题。此外，通过合成数据生成，可以精确控制数据的内容和形式，确保数据的多样性和代表性，从而提高模型的泛化能力。合成技术的局限性和数据生成需求的复杂性为面向预训练的合成数据生成带来了一些挑战。

1）生成数据的真实性和质量控制。合成数据需要尽可能逼真，以有效模拟真实数据，并确保其质量符合预训练的要求。

2）数据的多样性和平衡性。合成数据应覆盖广泛的语言和任务类型，同时避免数据偏差和不平衡，以防止模型过拟合。

3）生成过程的效率和可扩展性。在保证数据质量和多样性的前提下，高效生成大量合成数据也是一个重要挑战。

针对上述挑战，未来可能的研究方向包括但不限于：①采用先进的生成模型和技术，如 GPT-4，通过精细设计的提示和生成策略，生成高质量、逼真的合成数据；②建立多阶段的质量控制和评价体系，结合自动化评估和人工审查，确保数据的真实性和质量；③设计多样化的数据生成模板和策略，通过分析现有数据集创建多种任务和领域的模板，并利用生成模型生成多样化的数据。

5　结束语

本文较为系统地调研了基于语言模型的数据准备（LM4DP）和面向语言模型的数据

准备（DP4LM）的研究进展。前者专注于利用语言模型来解决急剧膨胀的数据规模、复杂多样的数据类型、不断变化的应用场景给数据准备带来的严峻挑战，本报告具体讨论了语言模型如何有效赋能数据发现、数据查询、数据融合、数据清洗等数据准备任务。后者侧重于探讨如何针对大语言模型的关键环节，如预训练、指令微调、模型推理等，进行高质量的数据准备，研究如何以尽可能少的高质量数据达到最优的大模型训练和推理效果。最后，本报告还指出了一些开放性问题，对数据准备与语言模型交叉技术的发展趋势和挑战进行了探讨。

参考文献

[1] STONEBRAKER M. 如何从数据资产中获得最大价值 [Z]. 计算机学会通讯，2022（10）：42-45.

[2] New York Times. For big-data scientists, 'Janitor Work' is key hurdle to insights[EB/OL]. [2024-02-10]. http：//www. nytimes. com/2014/08/18/technology/for-bigdata-scientists-hurdle-to-insights-is-janitor-work. html.

[3] MAZUMDER M, BANBURY C R, YAO X, et al. DataPerf：benchmarks for data-centric AI development [C/OL]//Advances in Neural Information Processing Systems 36：Annual Conference on Neural Information Processing Systems 2023, NeurIPS 2023, New Orleans, LA, USA, December 10-16, 2023. [2024-05-30]. http：//papers. nips. cc/paper% 5C _ files/paper/2023/hash/112db88215e25b3ae2750e9eefcded94-Abstract-Datasets%5C_and%5C_Benchmarks. html.

[4] Verified Market Research. Data Prep Market Size And Forecast[EB/OL]. [2024-06-10]. https：//www. verifiedmarketresearch. com/product/data-prep-market/.

[5] SACHDEVA N, COLEMAN B, KANG W, et al. How to train data-efficient LLMs[J/OL]. CoRR, 2024, abs/2402. 09668. arXiv：2402. 096686[2024-06-10]. https：//doi. org/10. 48550/arXiv. 2402. 09668. DOI：10. 48550/ARXIV. 2402. 09668.

[6] XIE T, WU C H, SHI P, et al. UnifiedSKG：unifying and multi-tasking structured knowledge grounding with text-to-text language models[C/OL]//Proceedings of the 2022 Conference on Empirical Methods in Natural Language Processing, EMNLP 2022. Abu Dhabi：ACL, 2022：602-631[2024-06-10]. https：//doi. org/10. 18653/v1/2022. emnlp-main. 39. DOI：10. 18653/V1/2022. EMNLP-MAIN. 39

[7] WANG Y, MISHRA S, ALIPOORMOLABASHI P, et al. Super-Natural instructions：generalization via declarative instructions on 1600+ NLP tasks[C/OL]//Proceedings of the 2022 Conference on Empirical Methods in Natural Language Processing, EMNLP 2022, Abu Dhabi, United Arab Emirates, December 7-11, 2022. Abu Dhabi：ACL, 2022：5085-5109[2024-06-10]. https：//doi. org/10. 18653/v1/2022. emnlp-main. 340. DOI：10. 18653/V1/2022. EMNLP-MAIN. 340.

[8] TU J, FAN J, TANG N, et al. Unicorn：a unified multi-tasking model for supporting matching tasks in data integration[J/OL]. Proc. ACM Manag. Data, 2023, 1(1)：84：1-84：26[2024-06-10]. https：//doi. org/10. 1145/3588938. DOI：10. 1145/3588938.

[9] FERNANDEZ R C, ABEDJAN Z, KOKO F, et al. Aurum：a data discovery system[C]//34th IEEE International Conference on Data Engineering, ICDE2018, Paris, France, April 16-19, 2018. Los Alamitos, CA, USA：IEEE Computer Society, 2018：1001-1012.

[10] FERNANDEZ R C, MANSOUR E, QAHTAN A A, et al. Seeping semantics: linking datasets using word embeddings for data discovery[C]//34th IEEE International Conference on Data Engineering, ICDE 2018, Paris, France, April16-19, 2018. Los Alamitos, CA, USA: IEEE Computer Society, 2018: 989-1000.

[11] NARGESIAN F, ZHU E, MILLER R J, et al. Data lake management: challenges and opportunities[J/OL]. Proc. VLDB Endow., 2019, 12(12): 1986-1989[2024-06-10]. http://www. vldb. org/pvldb/vol12/p1986-nargesian. pdf. DOI: 10. 14778/3352063. 3352116.

[12] OUELLETTE P, SCIORTINO A, NARGESIAN F, et al. RONIN: data lake exploration[J/OL]. Proc. VLDB Endow., 2021, 14(12): 2863-2866[2024-06-10]. http://www. vldb. org/pvldb/vol14/p2863-nargesian. pdf. DOI: 10. 14778/3476311. 3476364.

[13] DOAN A, HALEVY A Y, IVES Z G. Principles of data integration[M/OL]. Burlington, Massachusetts: Morgan Kaufmann, 2012[2024-06-10]. http://research. cs. wisc. edu/dibook/.

[14] DONG X L, GABRILOVICH E, HEITZ G, et al. From data fusion to knowledge fusion[J/OL]. Proc. VLDB Endow., 2014, 7(10): 881-892[2024-06-10]. http://www. vldb. org/pvldb/vol7/p881-dong. pdf. DOI: 10. 14778/2732951. 2732962.

[15] MILLER R J. Open data integration[J/OL]. Proc. VLDB Endow., 2018, 11(12): 2130-2139[2024-06-10]. http://www. vldb. org/pvldb/vol11/p2130-miller. pdf. DOI: 10. 14778/3229863. 3240491.

[16] ABEDJAN Z, CHU X, DENG D, et al. Detecting data errors: where are we and what needs to be done? [J/OL]. Proc. VLDB Endow., 2016, 9(12): 993-1004[2024-06-10]. http://www. vldb. org/pvldb/vol9/p993-abedjan. pdf. DOI: 10. 14778/2994509. 2994518.

[17] CHAI C, CAO L, LI G, et al. Human-in-the-loop outlier detection[C/OL]//Proceedings of the 2020 International Conference on Management of Data, SIGMOD Conference 2020. Portland: ACM, 2020: 19-33[2024-06-10]. https://doi. org/10. 1145/3318464. 3389772. DOI: 10. 1145/3318464. 3389772.

[18] CHAI C, LI G, LI J, et al. Cost-effective crowd sourced entity resolution: a partial-order approach[C]//Proceedings of the 2016 International Conference on Management of Data, SIGMOD Conference 2016. San Francisco: ACM, 2016: 969-984.

[19] DALLACHIESA M, EBAID A, ELDAWY A, et al. NADEEF: a commodity data cleaning system[C/OL]//Proceedings of the ACM SIGMOD International Conference on Management of Data, SIGMOD2013, New York, NY, USA, June 22-27, 2013. New York: ACM, 2013: 541-552[2024-06-10]. https://doi. org/10. 1145/2463676. 2465327. DOI: 10. 1145/2463676. 2465327.

[20] DENG D, TAO W, ABEDJAN Z, et al. Unsupervised string transformation learn-ing for entity consolidation[C]//35th IEEE International Conference on Data Engineering, ICDE 2019. Macao, China: IEEE, 2019: 196-207.

[21] HEER J, HELLERSTEIN J M, KANDEL S. Predictive interaction for data transformation[C/OL]//Seventh Biennial Conference on Innovative Data SystemsResearch, CIDR 2015, Asilomar, CA, USA. [2024-06-10]. http://cidrdb. org/cidr2015/Papers/CIDR15%5C_Paper27. pdf.

[22] HEFFETZ Y, VAINSHTEIN R, KATZ G, et al. DeepLine: autoML tool for pipelinesgeneration using deep reinforcement learning and hierarchical actions filtering[C/OL]//KDD'20: The 26th ACMSIGKDD Conference on Knowledge Discovery and Data Mining, VirtualEvent, CA, USA, August 23-27, 2020. ACM, 2020: 2103-2113[2024-06-10]. https://doi. org/10. 1145/3394486. 3403261. DOI: 10. 1145/3394486. 3403261.

[23] ZHA D, LAI K, YANG F, et al. Data-centric AI: techniques and future perspectives[C]//Proceedings of the 29th ACM SIGKDD Conference on Knowledge Discovery and Data Mining, KDD2023. Long Beach: ACM, 2023: 5839-5840.

[24] SOLDAINI L, KINNEY R, BHAGIA A, et al. Dolma: an open corpus of three trillion tokens for language model pretraining research[J]. arXiv preprint arXiv: 2402. 00159, 2024.

[25] POURREZA M, RAFIEI D. Din-sql: decomposed in-context learning of text-to-sql with self-correction[J]. arXiv preprint arXiv: 2304. 11015, 2023.

[26] CAFARELLA M J, HALEVY A, KHOUSSAINOVA N. Data integration for the relational web[C]// Proceedings of the VLDB Endowment. Lyon, France: ACM: 2009, 2(1): 1090-1101.

[27] PIMPLIKAR R, SARAWAGI S. Answering table queries on the web using column keywords[J]. arXiv preprint arXiv: 1207. 0132, 2012.

[28] HARMOUCH H, PAPENBROCK T, NAUMANN F. Relational header discovery using similarity search in a table corpus[C]//2021 IEEE 37th International Conference on Data Engineering (ICDE). New York: IEEE, 2021: 444-455.

[29] LI C, LU J, LU Y. Efficient merging and filtering algorithms for approximate string searches[C]//2008 IEEE 24th International Conference on Data Engineering. New York: IEEE, 2008: 257-266.

[30] WU J, ZHANG Y, WANG J, et al. Scalable metric similarity join using MapReduce[C]//2019 IEEE 35th International Conference on Data Engineering (ICDE). New York: IEEE, 2019: 1662-1665.

[31] ZHU E, DENG D, NARGESIAN F, et al. Josie: overlap set similarity search for finding joinable tables in data lakes[C]//Proceedings of the 2019 International Conference on Management of Data. New York: ACM, 2019: 847-864.

[32] ZHU E, NARGESIAN F, PU K Q, et al. LSH ensemble: internet-scale domain search[J]. arXiv preprint arXiv: 1603. 07410, 2016.

[33] LEHMBERG O, BIZER C. Stitching web tables for improving matching quality[C]//Proceedings of the VLDB Endowment. New York: ACM, 2017, 10(11): 1502-1513.

[34] LING X, HALEVY A Y, WU F, et al. Synthesizing union tables from the web[C]//Twenty-Third International Joint Conference on Artificial Intelligence. New York: ACM, 2013.

[35] NARGESIAN F, ZHU E, PU K Q, et al. Table union search on open data[C]//Proceedings of the VLDB Endowment. New York: ACM, 2018, 11(7): 813-825.

[36] BOGATU A, FERNANDES A A, PATON N W, et al. Dataset discovery in data lakes[C]//2020 IEEE 36th international conference on data engineering (ICED). New York: IEEE, 2020: 709-720.

[37] KHATIWADA A, FAN G, SHRAGA R, et al. Santos: relationship-based semantic table union search [C]//Proceedings of the ACM on Management of Data. New York: ACM, 2023, 1(1): 1-25.

[38] LI F, JAGADISH H V. NaLIR: an interactive natural language interface for querying relational databases[C]//Proceedings of the 2014 ACM SIGMOD international conference on Management of data. New York: ACM, 2014: 709-712.

[39] GUO J, ZHAN Z, GAO Y, et al. Towards complex text-to-SQL in cross-domain database with intermediate representation[J]. arXiv preprint arXiv: 1905. 08205, 2019.

[40] BRUNNER U, STOCKINGER K. ValueNet: a natural language-to-sql system that learns from database information[C]//2021 IEEE 37th International Conference on Data Engineering (ICDE). New York:

IEEE, 2021：2177-2182.

[41] DENG N, CHEN Y, ZHANG Y. Recent advances in text-to-SQL：a survey of what we have and what we expect[J]. arXiv preprint arXiv：2208. 10099, 2022.

[42] CHEN Z, CHEN L, ZHAO Y, et al. Shadow GNN：graph projection neural network for text-to-SQL parser[J]. arXiv preprint arXiv：2104. 04689, 2021.

[43] WANG Y R, MADNICK S E. The inter-database instance identification problem in integrating autonomous systems. [C]//1989 IEEE 5th international conference on data engineering. New York：IEEE, 1989：46-55.

[44] LIM E P, SRIVASTAVA J, PRABHAKAR S, et al. Entity identification in database integration[J]. Information Sciences, 1996, 89(1-2)：1-38.

[45] MONGE A E, ELKAN C, et al. The field matching problem：algorithms and applications. [C]//KDD' 96：Proceedings of the Second International Conference on Knowledge Discovery and Data Mining：vol. 2. New York：ACM, 1996：267-270.

[46] DEY D, SARKAR S, DEP. Entity matching in heterogeneous databases：a distance-based decision model[C]//Proceedings of the Thirty-First Hawaii International Conference on System Sciences：vol. 7. New York：IEEE, 1998：305-313.

[47] COCHINWALA M, KURIEN V, LALK G, et al. Efficient data reconciliation[J]. Information Sciences, 2001, 137(1-4)：1-15.

[48] BILENKO M, MOONEY R J. Adaptive duplicate detection using learnable string similarity measures[C]// Proceedings of the ninth ACM SIGKDD international conference on Knowledge discovery and data mining. New York：ACM, 2003：39-48.

[49] FELLEGI I P, SUNTER A B. A theory for record linkage[J]. Journal of the American Statistical Association, 1969, 64(328)：1183-1210.

[50] SINGLA P, DOMINGOS P. Entity resolution with markov logic[C]//Sixth International Conference on Data Mining (ICDM' 06). New York：IEEE, 2006：572-582.

[51] ISELE R, BIZER C. Learning expressive linkage rules using genetic programming[J]. arXiv preprint arXiv：1208. 0291, 2012.

[52] WANG J, KRASKA T, FRANKLIN M J, et al. Crowder：crowdsourcing entity resolu-tion[J]. arXiv preprint arXiv：1208. 1927, 2012.

[53] CHAI C, LI G, LI J, et al. Cost-effective crowdsourced entity resolution：apartial-order approach[C]// Proceedings of the 2016 International Conference on Management of Data. New York：ACM, 2016：969-984.

[54] 郝爽,李国良,冯建华, 等. 结构化数据清洗技术综述 [J]. 清华大学学报（自然科学版）, 2018, 58 (12)：1037-1050.

[55] FAN W, GEERTS F, JIA X, et al. Conditional functional dependencies for capturing data inconsistencies[J]. ACM Transactions on DatabaseSystems (TODS), 2008, 33(2)：1-48.

[56] CHU X, ILYAS I F, PAPOTTI P. Holistic data cleaning：putting violations into context[C]//2013 IEEE 29th International Conference on Data Engineering(ICDE). New York：IEEE, 2013：458-469.

[57] ABITEBOUL S, HULL R, VIANU V. Foundations of databases：vol. 8[M]. Boston：Addison-Wesley Reading, 1995.

[58] KOUDAS N, SAHA A, SRIVASTAVA D, et al. Metric functional dependencies[C]//2009 IEEE 25th International Conference on Data Engineering. New York: IEEE, 2009: 1275-1278.

[59] SONG S, CHEN L. Differential dependencies: Reasoning and discovery[J]. ACM Transactions on Database Systems (TODS), 2011, 36(3): 1-41.

[60] BOHANNON P, FAN W, FLASTER M, et al. A cost-based model and effective heuristic for repairing constraints by value modification[C]//Proceedings of the 2005 ACM SIGMOD international conference on Management of data. New York: ACM, 2005: 143-154.

[61] REKATSINAS T, CHU X, ILYAS I F, et al. HoloClean: holistic data repairs with probabilistic inference[J]. arXiv preprint arXiv: 1702. 00820, 2017.

[62] MAYFIELD C, NEVILLE J, PRABHAKAR S. ERACER: a database approach for statistical inference and data cleaning[C]//Proceedings of the 2010 ACM SIGMOD International Conference on Management of data. New York: ACM, 2010: 75-86.

[63] YAKOUT M, BERTI-ÉQUILLE L, ELMAGARMID A K. Don't be scared: use scalable automatic repairing with maximal likelihood and bounded changes[C]//Proceedings of the 2013 ACM SIGMOD International Conference on Management of Data. New York: ACM, 2013: 553-564.

[64] TOMEK I. Two modifications of CNN[J]. IEEE Transactions on Systems, Man, and Cybernetics, vol. SMC-6, 1976(11): 769-772.

[65] PUJIANTO U, WIBAWA A P, AKBAR M I, et al. K-nearest neighbor (k-NN) based missing data imputation[C]//2019 5th International Conference on Science in Information Technology (ICSITech). New York: IEEE, 2019: 83-88.

[66] HU Y, CHEN H, LI G, et al. A statistical training data cleaning strategy for the PCA-based chiller sensor fault detection, diagnosis and data reconstruction method[J]. Energy and Buildings, 2016(112): 270-278.

[67] BENGIO Y, COURVILLE A, VINCENT P. Representation learning: a review and new perspectives[J]. IEEE transactions on pattern analysis and machine intelligence, 2013, 35(8): 1798-1828.

[68] KINGMA D P, WELLING M. Auto-encoding variational bayes[J]. arXiv preprint arXiv: 1312. 6114, 2013.

[69] YAO R, LIU C, ZHANG L, et al. Unsupervised anomaly detection using variational auto-encoder based feature extraction[C]//2019 IEEE International Conference on Prognostics and Health Management (ICPHM). New York: IEEE, 2019: 1-7.

[70] GOODFELLOW I, POUGET-ABADIE J, MIRZA M, et al. Generative adversarial nets[J]. Advances in neural information processing systems, 2014, 27.

[71] ZENATI H, FOO C S, LECOUAT B, et al. EfficientGAN-based anomaly detection[J]. arXiv preprint arXiv: 1802. 06222, 2018.

[72] NGO P C, WINARTO A A, KOU C K L, et al. Fence GAN: towards better anomaly detection[C]//2019 IEEE 31St International Conference on tools with artificial intelligence (ICTAI). New York: IEEE, 2019: 141-148.

[73] FERNANDEZ R C, ABEDJAN Z, KOKO F, et al. Aurum: a data discovery system[C]//2018 IEEE 34th International Conference on Data Engineering (ICDE). New York: IEEE, 2018: 1001-1012.

[74] EKELHART A, FENZ S, NEUBAUER T. Aurum: a framework for information security risk management

［C］//2009 42nd Hawaii International Conference on System Sciences. New York：IEEE, 2009：1-10.

［75］ DONG Y, TAKEOKA K, XIAO C, et al. Efficient joinable table discovery in data lakes：a high-dimensional similarity-based approach［C］//2021 IEEE 37th International Conference on Data Engineering（ICDE）. New York：IEEE, 2021：456-467.

［76］ JOULIN A, GRAVE E, BOJANOWSKI P, et al. Bag of tricks for efficient text classifi-cation［J］. arXiv preprint arXiv：1607. 01759, 2016.

［77］ DONG Y, XIAO C, NOZAWA T, et al. DeepJoin：joinable table discovery with pre-trained language models［J］. arXiv preprint arXiv：2212. 07588, 2022.

［78］ SANH V, DEBUT L, CHAUMOND J, et al. DistilBERT, a distilled version of BERT：smaller, faster, cheaper and lighter［J］. arXiv preprint arXiv：1910. 01108, 2019.

［79］ SONG K, TAN X, QIN T, et al. Mpnet：masked and permuted pre-training for language understanding［J］. Advances in neural information processing systems, 2020, 33：16857-16867.

［80］ FAN G, WANG J, LI Y, et al. Semantics-aware dataset discovery from data lakes with contextualized column-based representation learning［J］. arXiv preprint arXiv：2210. 01922, 2022.

［81］ ZHANG D, SUHARA Y, LI J, et al. Sato：contextual semantic type detection in tables［J］. arXiv preprint arXiv：1911. 06311, 2019.

［82］ YIN P, NEUBIG G, YIH W, et al. TABERT：pretraining for joint understanding of textual and tabular data［J］. arXiv preprint arXiv：2005. 08314, 2020.

［83］ IIDA H, THAI D, MANJUNATHA V, et al. Tabbie：pretrained representations of tabular data［J］. arXiv preprint arXiv：2105. 02584, 2021.

［84］ KAYALI M, LYKOV A, FOUNTALIS I, et al. CHORUS：foundation models for unified data discovery and exploration［J］. arXiv preprint arXiv：2306. 09610, 2023.

［85］ LIN X V, SOCHER R, XIONG C. Bridging textual and tabular data for cross-domain text-to-SQL semantic parsing［J］. arXiv preprint arXiv：2012. 12627, 2020.

［86］ CHANG C Y, LIANG Y L, WU S J, et al. SV2-SQL：a text-to-SQL transformation mechanism based on BERT models for slot filling, value extraction, and verification［J］. Multimedia Systems, 2024, 30(1)：1-17.

［87］ GUO T, GAO H. Content enhanced bert-based text-to-sql generation［J］. arXiv preprint arXiv：1910. 07179, 2019.

［88］ WONG A, PHAM L, LEE Y, et al. Translating natural language queries to SQL using the T5 model［J］. arXiv preprint arXiv：2312. 12414, 2023.

［89］ LI J, HUI B, CHENG R, et al. Graphix-T5：mixing pre-trained transformers with graph-aware layers for text-to-sql parsing［C］//Proceedings of the AAAI Conference on Artificial Intelligence：vol. 37：11. New York：ACM, 2023：13076-13084.

［90］ ARCADINHO S, APARíCIO D, VEIGA H, et al. T5QL：taming language models for SQL generation［J］. arXiv preprint arXiv：2209. 10254, 2022.

［91］ FU Y, OU W, YU Z, et al. MIGA：a unified multi-task generation framework for conversational text-to-SQL［C］//Proceedings of the AAAI Conference on Artificial Intelligence：vol. 37：11. New York：ACM, 2023：12790-12798.

［92］ PARTHASARATHI S H K, ZENG L, HAKKANI-TÜR D. Conversational Text-to-SQL：an odyssey into state-of-the-art and challenges ahead[C]//ICASSP 2023-2023 IEEE International Conference on Acoustics, Speech and Signal Processing (ICASSP). New York: IEEE, 2023: 1-5.

[93] LIU A, HU X, WEN L, et al. A comprehensive evaluation of ChatGPT's zero-shot Text-to-SQL capability[J]. arXiv preprint arXiv: 2303. 13547, 2023.

[94] SUN R, ARIK S O, NAKHOST H, et al. SQL-palm: improved large language model adaptation for text-to-sql[J]. arXiv preprint arXiv: 2306. 00739, 2023.

[95] GAO D, WANG H, LI Y, et al. Text-to-SQL empowered by large language models: A benchmark evaluation[J]. arXiv preprint arXiv: 2308. 15363, 2023.

[96] CHEN Z, CHEN L, LI H, et al. Decoupled dialogue modeling and semantic parsing for multi-turn text-to-SQL[J]. arXiv preprint arXiv: 2106. 02282, 2021.

[97] ZHANG H, CAO R, XU H, et al. CoE-SQL: in-context learning for multi-turn text-to-SQL with chain-of-editions[J]. arXiv preprint arXiv: 2405. 02712, 2024.

[98] EBRAHEEM M, THIRUMURUGANATHAN S, JOTY S, et al. DeepER: deep entity resolution[J]. arXiv preprint arXiv: 1710. 00597, 2017.

[99] MUDGAL S, LI H, REKATSINAS T, et al. Deep learning for entity matching: a design space exploration[C]//Proceedings of the 2018 International Conference on Management of Data. New York: ACM, 2018: 19-34.

[100] LI Y, LI J, SUHARA Y, et al. Deep entity matching with pre-trained language models[J]. arXiv preprint arXiv: 2004. 00584, 2020.

[101] TU J, FAN J, TANG N, et al. Unicorn: a unified multi-tasking model for supporting matching tasks in data integration[J]. Proceedings of the ACM on Management of Data, 2023, 1(1): 1-26.

[102] TU J, FAN J, TANG N, et al. Domain adaptation for deep entity resolution[C]//Proceedings of the 2022 International Conference on Management of Data. New York: ACM, 2022: 443-457.

[103] NARAYAN A, CHAMI I, ORR L, et al. Can foundation models wrangle your data? [J]. arXiv preprint arXiv: 2205. 09911, 2022.

[104] FAN M, HAN X, FAN J, et al. Cost-effective in-context learning for entity resolution: a design space exploration[J]. arXiv preprint arXiv: 2312. 03987, 2023.

[105] ZHANG T, YUE X, LI Y, et al. TableLlama: towards open large generalist models for tables[J]. arXiv preprint arXiv: 2311. 09206, 2023.

[106] GURURANGAN S, MARASOVIĆ A, SWAYAMDIPTA S, et al. Don't stop pre-training: adapt language models to domains and tasks[J]. arXiv preprint arXiv: 2004. 10964, 2020.

[107] TANG N, FAN J, LI F, et al. RPT: relational pre-trained transformer is almost all you need towards democratizing data preparation[J]. arXiv preprint arXiv: 2012. 02469, 2020.

[108] HERZIG J, NOWAK P K, MÜLLER T, et al. TaPas: weakly supervised table parsing via pre-training[J]. arXiv preprint arXiv: 2004. 02349, 2020.

[109] DENG X, SUN H, LEES A, et al. Turl: table understanding through representation learning[J]. ACM SIGMOD Record, 2022, 51(1): 33-40.

[110] MEI Y, SONG S, FANG C, et al. Capturing semantics for imputation with pre-trained language models[C]//2021 IEEE 37th International Conference on Data Engineering (ICDE). New York: IEEE, 2021: 61-72.

[111] ZHAO W X, ZHOU K, LI J, et al. A survey of large language models[J]. arXiv preprint arXiv: 2303. 18223, 2023.

[112] ZHANG S, DONG L, LI X, et al. Instruction tuning for large language models: a survey[J]. arXiv preprint arXiv: 2308. 10792, 2023.

[113] LI P, HE Y, YASHAR D, et al. Table-GPT: table-tuned gpt for diverse table tasks[J]. arXiv preprint arXiv: 2310. 09263, 2023.

[114] PRUTHI G, LIU F, KALE S, et al. Estimating training data influence by tracing gradient descent[C]// Advances in Neural Information Processing Systems: vol. 33. New York: Curran Associates, 2020: 19920-19930.

[115] HOLTZMAN A, BUYS J, DU L, et al. The curious case of neural text degeneration[J]. arXiv preprint arXiv: 1904. 09751, 2019.

[116] LAURENÇON H, SAULNIER L, WANG T, et al. The big science roots corpus: a 1. 6 TB composite multilingual dataset[J]. Advances in Neural Information Processing Systems, 2022, 35: 31809-31826.

[117] RAE J W, BORGEAUD S, CAI T, et al. Scaling language models: methods, analysis& insights from training gopher[J]. arXiv preprint arXiv: 2112. 11446, 2021.

[118] PENEDO G, MALARTIC Q, HESSLOW D, et al. The refined web dataset for falcon LLM: outperforming curated corpora with web data, and web data only[J]. arXiv preprint arXiv: 2306. 01116, 2023.

[119] ZENG A, LIU X, DU Z, et al. Glm-130b: an open bilingual pre-trained model[J]. arXiv preprint arXiv: 2210. 02414, 2022.

[120] RAFFEL C, SHAZEER N, ROBERTS A, et al. Exploring the limits of transfer learning with a unified text-to-text transformer[J]. Journal of machine learning research, 2020, 21(140): 1-67.

[121] XUE L, CONSTANT N, ROBERTS A, et al. MT5: a massively multilingual pre-trained text-to-text transformer[J]. arXiv preprint arXiv: 2010. 11934, 2020.

[122] LONGPRE S, YAUNEY G, REIF E, et al. A pretrainer's guide to training Data: Measuring the Effects of data age, domain coverage, quality, & toxicity[J]. arXiv preprint arXiv: 2305. 13169, 2023.

[123] HERNANDEZ D, BROWN T, CONERLY T, et al. Scaling laws and interpretability of learning from repeated data[J]. arXiv preprint arXiv: 2205. 10487, 2022.

[124] AGARWAL A, KOPPULA H S, LEELA K P, et al. URL normalization for de-duplication of web pages[C]//Proceedings of the 18th ACM conference on information and knowledge management. New York: ACM, 2009: 1987-1990.

[125] SOLDAINI L, KINNEY R, BHAGIA A, et al. Dolma: an open corpus of three trillion tokens for language model pretraining research[J]. arXiv preprint arXiv: 2402. 00159, 2024.

[126] BRODER A Z. On the resemblance and containment of documents[C]//Proceedings. Compression and Complexity of SEQUENCES 1997 (Cat. No. 97TB100171). New York: IEEE, 1997: 21-29.

[127] BROWN T, MANN B, RYDER N, et al. Language models are few-shot learners[J]. Advances in neural information processing systems, 2020, 33: 1877-1901.

[128] GAO L, BIDERMAN S, BLACK S, et al. The pile: an 800GB dataset of diverse text for language modeling[J]. arXiv preprint arXiv: 2101. 00027, 2020.

[129] MARION M, ÜSTÜN A, POZZOBON L, et al. When less is more: investigating data pruning for pretraining LLMs at scale[J]. arXiv preprint arXiv: 2309. 04564, 2023.

[130] WETTIG A, GUPTA A, MALIK S, et al. QuRating: selecting high-quality data for training language models[J]. arXiv preprint arXiv: 2402.09739, 2024.

[131] WU S, LUK, XU B, et al. Self-evolved diverse data sampling for efficient instruction tuning[J]. arXiv preprint arXiv: 2311.08182, 2023.

[132] HE Y, WANG Z, SHEN Z, et al. SHED: Shapley-based automated dataset refinement for instruction fine-tuning[J]. arXiv preprint arXiv: 2405.00705, 2024.

[133] WANG Y, WANG X, LI J, et al. Harnessing the power of david against Goliath: exploring Instruction data generation without using closed-source models[J]. arXiv preprint arXiv: 2308.12711, 2023.

[134] LI M, ZHANG Y, LI Z, et al. From quantity to quality: boosting LLM performance with self-guided data selection for instruction tuning[J]. arXiv preprint arXiv: 2308.12032, 2023.

[135] CAO Y, KANG Y, WANG C, et al. Instruction mining: when data mining meets large language model fine tuning[J]. arXiv preprint arXiv: 2311.15653, 2023.

[136] KÖPF A, KILCHER Y, VON RÜTTE D, et al. OpenAssistant conversations-democratizing large language model alignment[C]//Advances in Neural Information Processing Systems. New York: Curran Associates, 2023, 36: 47669-47681.

[137] MCCARTHY P M, JARVIS S. MTLD, vocd-D, and HD-D: a validation study of sophisticated approaches to lexical diversity assessment[J]. Behavior Re-search Methods, 2010, 42: 381-392.

[138] DONG W, CHARIKAR M, LI K. Efficient k-nearest neighbor graph construction for generic similarity measures[C]//WWW '11: Proceedings of the 20th international conference on World wide web. New York: ACM, 577-586.

[139] ZHONG M, LIU Y, YIN D, et al. Towards a unified multi-dimensional evaluator for text generation[C]//Proceedings of the 2022 Conference on Empirical Methods in Natural Language Processing. Abu Dhabi: ACL, 2022: 2023-2038.

[140] HAMPEL F. The influence curve and its role in robust estimation[J]. Journal of the American Statistical Association, 1974, 69: 383-393.

[141] XIA M, MALLADI S, GURURANGAN S, et al. LESS: selecting influential data for targeted instruction tuning[J]. arXiv preprint arXiv: 2402.04333, 2024.

[142] LI Y, HUI B, XIA X, et al. One shot learning as instruction data prospector for large language models[J]. arXiv preprint arXiv: 2312.10302, 2023.

[143] CHEN L, LI S, YAN J, et al. Alpagasus: training a better alpaca with fewer data[J]. arXiv preprint arXiv: 2307.08701, 2023.

[144] CAO Y, KANG Y, SUN L. Instruction mining: high-quality instruction data selection for large language models[EB/OL]. (2023-07-13)[2024-06-20]. https://huggingface.co/papers/2307.06290.

[145] KAMRADT G. Recursive text splitter documentation[EB/OL]. [2024-06-20]. https://python.langchain.com/v0.1/docs/modules/data_connection/document_transformers/recursive_text_splitter/.

[146] LI X, LI J. Angle-optimized text embeddings[J]. arXiv preprint arXiv: 2309.12871, 2023.

[147] WANG Y, LIPKA N, ROSSI R A, et al. Knowledge graph prompting for multi-document question answering[C]//Proceedings of the AAAI Conference on Artificial Intelligence: vol. 38: 17. New York: ACM, 2024: 19206-19214.

[148] LIU J, SHEN D, ZHANG Y, et al. What makes good in-context examples for GPT-3? [J]. arXiv preprint

arXiv：2101. 06804, 2021.

[149] LEVY I, BOGIN B, BERANT J. Diverse demonstrations improve in-context compositional generalization[J]. arXiv preprint arXiv：2212. 06800, 2022.

[150] WANG X, ZHU W, SAXON M, et al. Large language models are implicitly topic models：Explaining and finding good demonstrations for in-context learning[J]. arXiv preprint arXiv：2301. 11916, 2023.

[151] LI X, QIU X. Finding support examples for in-context learning[J]. arXiv preprint arXiv：2302. 13539, 2023.

[152] WANG L, YANG N, WEI F. Learning toretrieve in-context examples for large language models[J]. arXiv preprint arXiv：2307. 07164, 2023.

[153] NAN L, ZHAO Y, ZOU W, et al. Enhancing few-shot text-to-SQL capabilities of large language models：A study on prompt design strategies[J]. arXiv preprint arXiv：2305. 12586, 2023.

[154] CHENG Z, KASAI J, YU T. Batch prompting：efficient inference with large language model APIs[J]. arXiv preprint arXiv：2301. 08721, 2023.

[155] SON G, BAEK S, NAM S, et al. Multi-task inference：can large language models follow multiple instructions at once？[J]. arXiv preprint arXiv：2402. 11597, 2024.

[156] JAIN A, PATEL H, NAGALAPATTI L, et al. Overview and importance of data quality for machine learning tasks[C]//Proceedings of the 26th ACM SIGKDD international conference on knowledge discovery & data mining. New York：ACM, 2020：3561-3562.

[157] TOUVRON H, MARTIN L, STONE K, et al. Llama 2：open foundation and fine-tuned chat models[J]. arXiv preprint arXiv：2307. 09288, 2023.

[158] BAI J, BAI S, CHU Y, et al. Qwen technical report[J]. arXiv preprint arXiv：2309. 16609, 2023.

[159] NI J, ABREGO G H, CONSTANT N, et al. Sentence-T5：scalable sentence encoders from pre-trained text-to-text models[J]. arXiv preprint arXiv：2108. 08877, 2021.

[160] ZHOU C, LIU P, XU P, et al. Lima：less is more for alignment[C]//NIPS' 23：Proceedings of the 37th International Conference on Neural Information Processing Systems. New York：ACM, 2023（2400）：55006-55021.

[161] TAORI R, GULRAJANI I, ZHANG T, et al. Stanford alpaca：an instruction-following LLaMA model（2023）[EB/OL].[2024-06-20]. https：//github. com/tatsu-lab/stanford_alpaca.

作者简介

    范 举　中国人民大学教授、博士生导师，国家级青年人才。主要研究领域是数据治理技术、智能数据库系统等，相关成果在 CCF-A 类期刊和会议上发表论文 60 余篇，先后主持国家自然科学基金优青项目、重点项目、面上项目，以及 CCF-华为胡杨林基金、CCF-腾讯犀牛鸟基金等多项产学研合作项目。获得 ACM SIGMOD Research Highlight Award、ACM China Rising Star Award、宝钢优秀教师、高校计算机专业优秀教师奖励计划等奖励。

柴成亮 北京理工大学计算机系副教授。主要研究领域是数据准备系统、大模型等，相关成果在数据挖掘、数据库领域国际顶级会议发表论文40余篇，获得CCF优博、ACM中国优博，入选福布斯中国30位30岁以下精英榜单，主持博新计划、国家自然科学基金面上项目、青年项目等。

杜小勇 中国人民大学吴玉章讲席教授、中国人民大学明理书院院长、数据工程与知识工程教育部重点实验室主任、中国计算机学会会士，研究领域是数据治理技术与数据库系统，先后获得国家科学技术进步二等奖、教育部科技进步一等奖、中国计算机学会科技进步一等奖、北京市科技进步二等奖、北京市科技进步一等奖等。先后担任CCF大数据专家委员会主任，工信部国家大数据标准工作组副组长兼大数据治理研究组组长等职务。

大模型基础软件的研究进展与趋势

CCF 系统软件专业委员会

糜泽羽[1]　董明凯[1]　魏星达[1]　华志超[1]　吴明瑜[1]　吕昱峰[2]
赖勇强[2]　李明煜[3]　陈　榕[1]　夏虞斌[1]　陈海波[1]

[1]上海交通大学
[2]华为技术有限公司
[3]中国科学院软件研究所

摘　　要

以 ChatGPT 为代表的大模型智能应用正深刻改变人们的工作和生活方式。大模型基础软件向下管理底层异构硬件（GPU/NPU/CPU 等），向上支撑智能应用的高效运行，发挥着不可替代的关键作用。本文系统性介绍国内外大模型基础软件的研究进展和产业现状，探讨相关系统的架构和优化方法，对比国内外研究成果与产业进展的优劣势，并展望大模型基础软件的发展趋势。

关键字：大模型，基础软件，人工智能，产业趋势

Abstract

The intelligent applications (e. g., ChatGPT) based on large models are transforming human work and lifestyles. System software for large models plays an indispensable and crucial role by managing underlying heterogeneous hardware (e. g., GPU/NPU/CPU) and empowering the effi-cient operation of intelligent applications. This report focuses on the research progress and in-dustry status of system software for large models both domestically and internationally, exploring the architecture and optimization techniques of such software. Furthermore, it compares the ad-vantages and disadvantages of research achievements and industry structures of system software for large models between domestic and international contexts and discusses and foresees its future development trends.

Keywords：large models；system software；artificial intelligence；industrial trends

1　引言

自 2017 年 Google 提出基于自注意力机制的 Transformer 神经网络模型[1] 以来，大模型在自然语言处理、计算机视觉等领域取得了突破性进展[2-3]。不同于过去面向特定领域的小规模神经网络，大模型展现出涌现性和通用性，即不仅可以产生训练数据之外的新能力，而且其用途不局限于特定问题或领域。例如，OpenAI 的 GPT-4 模型[4] 在多个自

然语言处理任务中表现优异,可以生成高质量的文章、回答问题、翻译语言等。大模型在一些复杂任务中已经表现出接近人类的自然语言理解、逻辑推理、意图识别等能力。基于这些能力,大模型在人工智能领域开辟了全新的应用场景,催生了诸多基于大模型的新型产品形态。例如,微软基于 GPT-4 开发了 Microsoft Copilot[5],在操作系统中深度集成大模型的能力;GitHub Copilot[6] 作为编程助手,利用大模型自动生成代码,显著提升部分开发者的生产力。因此,大模型凭借其技术上的独特优势,成为驱动未来人工智能产业发展的核心力量,被视为走向通用人工智能的一条可能的途径。

大模型的广泛部署离不开支撑其高效运行的大模型基础软件。如图 1 所示,在大模型的预训练、微调、推理的生命周期中,大模型基础软件在各个环节发挥着重要作用,如 DeepSpeed[7] 和 Megatron-LM[8] 等预训练系统、LLaMA-Factory[9] 等微调系统、TensorRT-LLM[10] 和 llama. cpp[11] 等推理框架、PyTorch[12] 和 MindSpore[13] 等开发工具链软件、LangChain[14] 和 AutoGPT[15] 等大模型编排软件。而大模型操作系统则是上述训练、微调、推理、编译、编排等基础软件的底层支撑,为它们提供异构硬件的管理,并支撑大模型智能应用的高效运行。

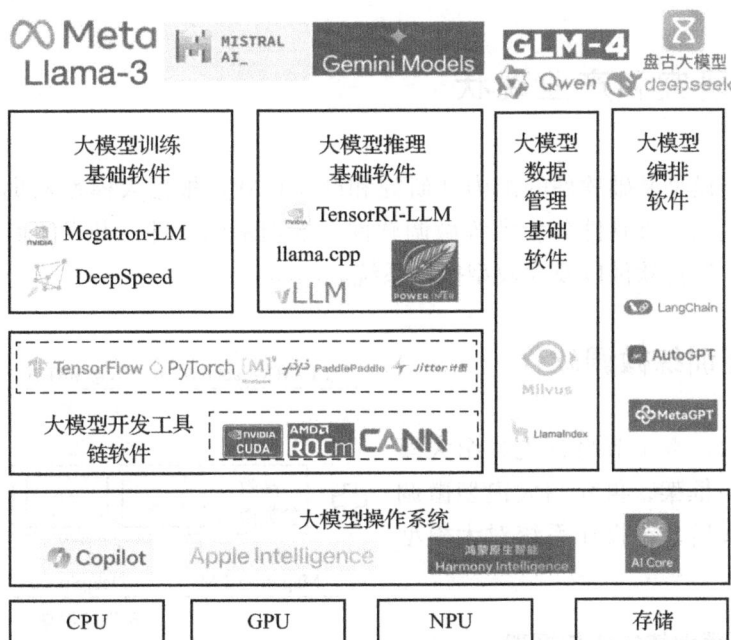

图 1 本文涉及的大模型基础软件分类

然而,与传统深度学习不同,大模型所表现出的涌现性、通用性以及参数量庞大等特征,不仅为底层基础软件带来了全新的发展机遇,也对其提出了独特的设计挑战。在预训练阶段,由于模型参数量巨大,基础软件需要高效管理和调度大量计算资源,以满足处理海量数据和调整大量参数的需求,并提高加速器的算力利用率。在微调阶段,基础软件需要在单机甚至单卡环境下灵活调整模型参数,以适应不同应用场景。在推理阶段,基础软件需要在确保推理准确度的同时,优化资源使用,提高推理吞吐量并降低时延。而作为基础支撑，操作系统不仅需要为训练、微调、推理、编排等基础软件提供更加高效的资源调度和抽象接口，其自身的设计也在逐渐与大模型相结合，为用户和智能应用带来新的智能体验。

当前，大模型基础软件已经成为支持大规模人工智能模型训练和推理的重要基础设施，但是其发展趋势也存在一定的不确定性。例如，随着人们对模型训练过程中硬件加速器利用率和能效的关注，基础软件在资源管理和调度方面的重要性受到了业界的广泛重视。在我国，大模型基础软件的发展处于一个关键的时间节点。如何推动基础软件技术的科学研究、如何提升国产硬件与软件的协同能力、如何在大力发展自主技术的同时兼顾国际的技术趋势、如何打造高效稳定的大模型基础软件等问题，已经成为学术界和产业界亟待解决的重要问题。

针对大模型基础软件的这些热点问题，本文围绕国内外大模型基础软件的发展现状展开讨论，并对国内相关的学术研究进展与产业发展进行了总结。此外，本文对国内大模型基础软件发展的优势和劣势进行了深入探讨，并分别对相关系统在训练、推理、开发工具链、编排、操作系统等方面的发展趋势进行了展望。

2　国内外研究和产业现状

本节介绍大模型基础软件的国内外研究和产业现状。根据大模型从训练到部署的生命周期，将大模型基础软件分为训练微调软件、推理基础软件、开发工具链软件、数据管理基础软件、编排软件以及大模型操作系统。

2.1　大模型训练微调软件

如图 2 所示，本小节将首先介绍大模型预训练方法与框架，再介绍大模型微调方法与框架，最后介绍操作系统对大模型训练软件的支撑。

2.1.1　大模型预训练方法与框架

基于 Transformer 架构的大模型通过预训练和微调的方式从训练数据中得到模型参数。预训练采用无监督学习，无须人工标注数据，因此能够低成本地从网络中获取大量预训练数据。大模型预训练一般采用随机梯度下降算法，通常包括如下几步：首先，选择一组训练数据；然后，根

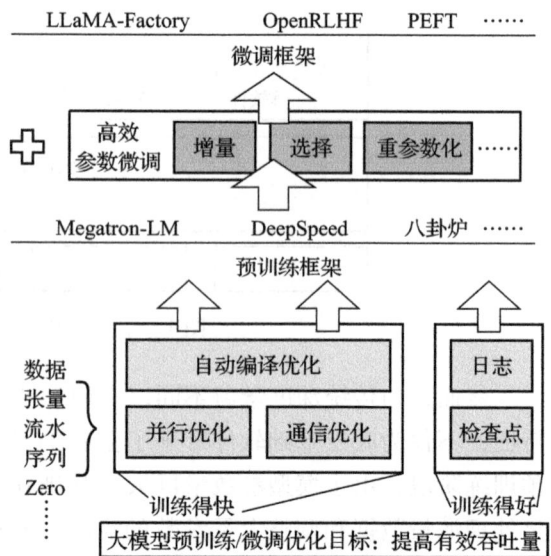

图 2　大模型训练微调软件的研究目标、分类、优化技术

据当前模型的参数，计算数据的输出（即前向传播）；最后，根据损失函数计算出的梯度，更新当前模型的参数（即反向传播）。其中，前向传播和反向传播都需要大量算力，算力规模与模型的参数和数据集规模呈正相关。

目前，大模型在经验上遵循缩放法则（Scaling law[16]），即越大的模型（越多的参数）、越大的训练数据集和越长的训练时间通常能带来越好的模型性能。这推动了人们开始在越来越大的数据集上训练越来越大的模型，进一步导致了训练模型所需算力的激增。为此，人们广泛采用异构硬件加速器（如 GPU、NPU、TPU）和大规模分布式节点来构建超大算力的可扩展训练集群。AlexNet[17] 是最早采用 GPU 训练深度学习模型的工作之一，其设计考虑了模型参数超过单张 GPU 内存的场景，已有张量并行的雏形。

考虑到大规模集群训练的成本，大模型训练框架的核心指标为有效吞吐量（Goodput）。有效吞吐量受两大因素影响：卡之间的通信效率和训练的容错效率。为了达到最优有效吞吐量，大模型框架需要训练得快——通过分布式并行优化减少卡之间的通信开销，同时要训练得好——最小化容错给训练带来的开销。

分布式并行训练。训练的一大特征是高度可并行，前人的工作探索了训练并行的各个维度，主要包括数据并行（Data Parallelism）、流水线并行（Pipeline Par-allelism）、张量并行（Tensor Parallelism），并设计了一系列分布式并行训练框架。由于面向的均是模型参数量较大的场景，因此流水线并行和张量并行被统称为模型并行，可与数据并行组合使用。

数据并行是提升训练并行度的最直接方案，该模式中所有节点保存相同的模型参数。同批次的训练样本被划分到多个节点，不同节点能够独立地对本地数据进行前向传播和反向传播，该过程称为一轮迭代。所有节点需要在每轮迭代末同步梯度，随后进行参数更新。大规模分布式训练通常需要考虑网络通信、容错性、扩展性等维度。为了简化训练问题的编程模型，最早提出的高效编程抽象是参数服务器（Parameter Server[18]）。将迭代过程和参数更新解耦后，专用的参数服务器负责管理模型参数，承担计算任务的节点仅需通过参数服务器拉取和推送参数更新，彼此之间无须通信。然而，参数服务器的中心化设计决定了该方案对服务器带宽有极高的需求，随着训练规模变大，网络带宽会成为系统的主要瓶颈。为了降低单台机器的带宽压力，现有方案通常采用集合通信原语将数据传输任务均摊至各个计算节点[19]。标准数据并行要求每个节点均存储完整的模型状态，包括梯度、优化器状态、参数。随着模型规模的增长，模型状态会超出单加速器的内存容量，此时可用 ZeRO 技术[20] 在数据并行的基础上划分模型状态。

为了支持训练更大规模的模型，一种优化思路是将模型的不同层部署在不同加速器上，即流水线并行。在朴素的流水线设计中，同一时刻仅有一个加速器在计算，存在严重的流水线空泡问题。GPipe[21] 进一步提出基于拆分训练样本的小批量训练方案，确保同一时刻每个加速器均有计算任务，所有小批量样本完成前向传播后统一开始反向传播，提高了加速器的资源利用率。PipeDream[22] 观察到小批量样本间的中间状态可在反向传播后立刻释放，所以在 GPipe 基础上提前调度小批量样本进行反向传播，以降低加速器内存使用量的峰值。现有大模型的主要算子是全连接层和注意力模块，均可表达为矩阵乘法。以 Megatron-LM[8] 为代表的另一套技术路线——张量并行，其核心思想是拆分矩阵乘法，同时达到计算并行和降低单加速器内存占用的目标。相比流水线并行，张量并行能将计算任务均分，因此不存在空泡问题。但其代价是引入了额外的同步通信操作，对带宽有更高需求，因此张量并行适用于支持高速互联（例如 NvLink[23]）的多加速器环境。近年来，不仅模型参数有增长的趋势，训练样本的上下文长度同样出现扩张。长上下文会在前向传播过程中产生更大的中间状态，包括前向传播中的模型激活状态和反向传播中的梯度，增加了单加速器的内存压力。为更好地支持长上下文，现有训练框架[24]中的张量并行开始演化为序列并行（Sequence Parallelism），后者沿序列维度将中间状态划分至多个加速器，以进一步降低单加速器的内存压力。

上述并行策略在主流的训练框架（例如 Megatron-LM[25]、DeepSpeed[7]）中通常是人工组合使用，即在分布式训练 Transformer 模型阶段，同时使用前文所述的分布式并行训练所提到的数据、流水线和张量并行，业界一般用 3D 并行（3D Parallelism）来指代。然而，由于组合策略的搜索空间巨大，自动化选择最优策略是该领域长期以来的研究热点。FlexFlow[26] 设计了一个高效的模拟器，用于预测不同并行方案的性能，并从中择取最优策略。然而，FlexFlow 的搜索空间并不包括流水线并行，但后者对大模型训练来说是必要的技术。Alpa[27] 则通过分层搜索，全面考虑所有并行策略：算子间并行考虑将训练计算图划分为子计算图，并将集群中的设备划分给各子计算图；算子内并行考虑求解在给定设备下子计算图的最优并行策略。与此同时，通信开销在分布式训练中不可忽视，Centauri[28] 通过优化计算与通信任务的调度，最大限度地减少了通信导致的计算资源闲置。八卦炉系统[29] 综合考虑了训练计算负载和硬件特性，在我国超算平台上实现了高效通信。MindSpore[30] 提出双递归算法，通过构建符号代价模型来规避烦琐的性能剖析（Profiling）过程，并通过抽象硬件架构建立抽象机，以及根据神经网络计算的特点对符号代价模型进行简化，将并行化策略的生成时间从小时级缩短到秒级。

大规模训练容错。由于训练涉及的节点众多，大模型训练面临严峻的容错挑战。Meta 在训练 OPT-175B 模型的两个月时间内遭遇了 110 次故障[31]，其他大模型的训练也发现了相似问题[32]。主流的容错技术通过记录检查点或数据冗余实现。容错技术与训练速度强相关，这是因为在分布式训练场景中，加速器内存中通常保留了部分中间状态，为避免节点故障后不同节点的中间状态不一致，所有节点需要将中间状态同步到一个一致的版本。该故障恢复过程易导致计算资源浪费，最多可将训练时间延长 43%[33]。

基于检查点的容错方法可通过提高检查点记录的频率减少计算资源浪费。一种方案是将检查点保存至远端存储系统中[34-35]。Gemini[36] 提出了一种新方法，使用 CPU 内存保存检查点，从而支持更高频率的检查点记录。为了减少 CPU 内存的使用，Gemini 将检查点分布在多台机器上，并采用冗余技术来防止检查点分片的丢失。在极端情况下，如果有太多机器故障导致无法从 CPU 内存中恢复检查点，Gemini 会重新使用远端存储进行恢复。

基于数据冗余的容错方法的依据是，数据并行策略本身会将模型的中间状态复制多份，因此故障节点不需要检查点也可以通过其他节点恢复。然而，在每轮训练的梯度同步之前，数据并行的不同节点的中间状态是不一致的，此时如果出现故障，使用该方法恢复时仍然需要重新训练当前批次的样本。Oobleck[37] 是这类工作的代表。为支持大模型训练场景，Oobleck 在数据并行基础上进一步采用流水线并行划分模型参数。在训练中，Oobleck 利用数据并行冗余恢复部分节点出故障的流水线。

2.1.2　大模型微调方法与框架

大模型微调（Fine-tuning）是指在已经预训练好的大型语言模型（如 GPT、Llama、Qwen 等）的基础上，使用特定的数据集进行进一步的训练，使模型适应特定任务或领域。这些提前训练好的模型被称为基座模型（Foundation Model）或预训练模型（Pre-trained Model），其训练技术含量高、工程风险大、经济成本高，因而通常只有少数企业有能力从零开始进行大模型预训练。根据 Meta 公布的训练细节[11] 推算，Llama2 的训练成本可能超过 2000 万美元。另一方面，在面对特定任务时，例如代码补全、智能客服、法律文书生成等，基座模型的表现可能并不理想。这时就需要通过微调，使模型可以更好地理解和处理特定任务的数据，从而显著提升其在该任务上的性能。相比从零开始训练一个模型，微调可以使新模型继承基座模型学习到的知识，所需的计算资源和时间要少得多。因此，对于中小型企业甚至个人用户来说，微调是一种更为可行和经济的选择。

大模型微调有不同分类方法。如果根据目的来区分，微调一般可以分为指令微调和对齐微调。**指令微调**是指使用指令-响应对进行微调，使大模型能够更好地理解和执行人类给出的指令，增强模型的可用性和用户体验。同时也能通过使用针对特定行业或专业领域的数据的指令-响应对，注入其他领域的新知识，使大模型能够更好地理解和处理该领域的任务，提高其在特定领域中的准确性和专业性。**对齐微调**的目的是让大模型可以更好地服务于人类社会，减少虚假和有害信息的生成与传播、避免有误导性和偏见性的表达，确保模型输出符合人类的期望和价值观。为了满足人类价值观，对齐微调需要考虑有用性、诚实性和无害性等标准。

如果根据参数范围来区分，微调可以分为全量微调（Full Param-eter Fine-tuning）和参数高效微调（Parameter-Efficient Fine-tuning）。

全量微调：对预训练模型的所有参数进行重新训练，也就是说，模型的所有权重（Weight）和偏置（Bias）都会在新的任务或数据集上进行更新。这种方法可以使模型最大限度地适应新任务的数据，但也需要消耗大量的计算资源和存储空间。当微调超参数与训练一致时，其资源消耗也与训练一致。针对全量微调的研究，主要集中在降低计算资源或者存储资源的消耗上，大部分针对预训练的研究可以直接运用于全量微调中。针对微调这一过程，LOMO[38] 通过融合梯度计算和更新，避免全量存储完整梯度，减少了微调过程中对梯度内存的占用。MeZO[39] 利用零阶（Zeroth-Order）优化器，使用两次正向传播过程估计参数梯度，减少了微调过程中对显存的消耗。HiFT[40] 将参数进行分组，在每个训练步骤中只更新一个组的参数，同时冻结其他组的参数。

参数高效微调：对预训练模型的部分参数进行重新训练，剩余未参与训练的参数将会被冻结。这种方法显著减少了需要调整的参数数量，降低了对计算资源和存储资源的需求，同时减少了过拟合的风险。参数高效微调在某些任务上，可能无法达到全量微调的性能，但通常在实际应用中表现良好，尤其是在资源受限的情况下。参数高效微调可以根据其选择训练的参数分为以下三类：

- 增量（Addition）：通过引入额外的可训练神经网络模块或参数，并冻结原有参数进行训练。Adapter Tuning[41] 通过微调 Transformer 架构中新增的 Adapter，实现对 BERT 模型的微调，该方法标志着对参数高效微调的研究拉开了序幕。Prefix Tuning[42] 是在输入 token 之前构造一段任务相关的虚拟 token 作为 Prefix，然后在训练的时候只更新 Prefix 部分的参数，而固定 Transformer 模型中其他部分的参数。P-Tuning[43]、P-Tuning V2[44] 也通过在神经网络模块中加入可微调的参数，实现下游任务的适配。

- 选择（Selection）：训练时指定原始模型中的某些参数为可训练参数，而其他参数保持冻结状态。Diff-Pruning[45] 通过学习和使用一个特定于任务的 diff 向量，对原始预训练模型的部分参数进行适应性调整。BitFit[46] 只更新偏置参数或者部分偏置参数，就能达到和全量微调近似的效果。LT-FST[47] 在一轮训练后，按一定的比例对更新较小的参数进行剪枝，将它们恢复为原来的预训练权重，而保留其他更新较大的参数。最后经过多轮训练，模型只有一小部分参数真正得到了更新。Selective Fine-Tuning[48] 仅对一小部分输入位置传播梯度，而冻结其他位置，使得内存消耗仅为全量微调的三分之一。LISA[49] 允许在内存和随机解冻的层数之间进行权衡，在内存允许的条件下选择尽可能多的参数进行训练。

- 重参数化（Reparameterization）：在不改变原参数的情况下，通过对现有参数进行一定变换，以实现训练中模拟参数的改变。最常用的变换方法是利用权重和对应梯度的低秩性，用一种低秩的方式来调整这些参数矩阵。该类微调的代表为 LoRA[50]，它为需要参与调整的参数创建两个较小的矩阵，并将权重矩阵的参数更新分解为这两个低秩矩阵的乘。类似的方法还包括 DyLoRA[51]、AdaLoRA[52] 和 SoRA[53]，这些方法通过动态选择 LoRA 的秩来构建原始模型参数的低秩表示，并添加额外的低秩矩阵来进行微调。QLoRA[54] 在 LoRA 的基础上引入了量化与统一内存分页，实现了显存消耗的进一步降低。KronA[55] 通过 Kronecker 乘积的矩阵因子分解代替了 LoRa 中的矩阵因子分解，引入了可学习的参数。

大模型微调框架：常见的微调框架基于对 PyTorch 等训练框架的进一步适配与调整，便于用户快速进行大模型微调。根据技术特性，可以将微调框架分为通用微调框架、单卡优化微调框架、多卡优化微调框架。

- 通用微调框架：进行大模型微调的常用基本框架，这些框架提供了便捷的接口、灵活的配置和高效的训练流程，能帮助研究人员和开发者更好地利用大模型的潜力。指令微调方面，PEFT[56] 是 Hugging Face 提供的参数高效微调库，支持大量的基座模型以及各种参数高效微调算法。LLM-Adapters[57] 提供了一个集成多种适配器（Adapter）的易用框架，能够在不同任务中实现与全量微调相当甚至更好的性能。对齐微调方面，

TRL[58] 是 Hugging Face 提供的基于强化学习的对齐微调库。OpenRLHF[59] 框架原生支持多奖励模型，支持 MoE，是一个内存高效的对齐微调工具。综合微调框架既可以支持指令微调，又能支持对齐微调。LLaMA-Factory[9] 是一个功能全面且易于使用的训练微调框架，支持多种模型、多种精度、各类指令微调和偏好微调算法。Axolotl[60] 微调框架以配置文件驱动，支持以 LoRA 为主的指令微调以及部分偏好微调。SWIFT[61] 是魔塔社区提供的支持大模型与多模态大模型训练、推理、评测和部署的一体化框架，支持各类指令微调和偏好微调算法，且提供 Web 界面便于新手使用。

- 单卡优化微调框架：主要以降低显存开销为核心进行优化，探究如何在一张显卡上高效微调大模型。ASPEN[62] 利用 LoRA 冻结大部分参数进行微调的特性共享基座模型参数，结合微调任务的自适应调度，在单个 GPU 上高效地进行多个作业微调。Fuyou[63] 采用 offload 和检查点机制，加入模型感知的调度策略，实现了单卡对 175B 模型的高效全量微调。

- 多卡优化微调框架：综合考虑卡内存储与计算资源和卡间通信资源，为使用多卡集群进行大模型微调提供优化。Petals[64] 针对硬件不均匀、设备随时加入和离开的场景提出了特殊的容错推理算法与负载均衡协议，自动分配设备以最大化微调系统的总吞吐量。Mobius[65] 利用 GPU 拓扑结构以及优化的流水线模式减少卡间的通信与等待时间，降低消费级 GPU 的低带宽对微调的负面影响。LLMem[66] 提出了一种算法用于估计大模型微调的显存使用，可根据显存使用量估算确定最有效的分布式微调方法。

2.1.3 操作系统对大模型训练软件的支撑

在训练中，由于任务较为单一（独占运行），除了为有效支持每个节点的训练任务而使用节点的加速卡（如 GPU 或 NPU）外，通常不需要操作系统对训练进行进一步干预。然而，当异常情况（如故障）发生时，训练基础软件仍需操作系统，包括集群的管理操作系统（如 K8S）或者单节点操作系统辅助进行恢复。例如，MegaScale[67] 使用 K8S 的服务对训练进行自检。

因此，一系列工作探索了如何在操作系统层提供训练无感的容错，其优势在于简化框架的开发和部署，即对任何训练框架及任意硬件，系统均能为其提供高效的容错。微软提出了 Singularity[68] 系统，直接在操作系统层实现了基于 GPU 或者 NPU 进程的检查点保存和恢复机制。基于此机制，操作系统可以通过定期对 GPU 进程进行检查，实现高可靠的计算，即当机器故障后，操作系统可以从之前的检查点恢复。和用户态检查点相比，由于目前的主流 GPU 为闭源实现，因此操作系统很难实现对 GPU 状态的追踪，从而完成检查点的保存。Singularity 通过截获所有 CPU 对 GPU 的调用，实现了对 GPU 状态的记录，从而支持通过保存和恢复检查点的方式为应用提供无缝高可靠支持。然而，相比框架层实现的容错机制，操作系统缺乏应用的语义，因此在容错时需要停机，进而显著影响计算性能。ParallelGPUOS[69] 项目通过程序分析实现了对应用语义的预测，从而实现了不停机的操作系统级别的训练容错。

2.2 大模型推理基础软件

在大模型推理阶段,训练好的模型被部署到实际应用中,开始接收用户的输入并给出相应的输出结果。相比于训练阶段以吞吐量为主要衡量指标不同,模型的推理部署需要同时兼顾低时延和高吞吐。低时延保证了用户请求能够得到及时响应,提升用户的交互体验;而高吞吐则意味着系统能够同时处理大量请求,提高模型的服务能力,这对于控制推理部署成本至关重要。

在系统层面,推理系统需要管理海量并发请求,高效调度和路由以满足低时延和高吞吐的要求,其中涉及请求的解析、调度等一系列管理开销。同时,推理系统还要管理底层异构算力资源,根据负载情况动态分配 CPU、GPU 等设备,并优化对内存、显存等资源的利用,尤其是大模型的 Key-Value 缓存(KV 缓存)在异构内存和算力上的管理也会引入额外开销。在算子层面,推理开销主要来自基础算子的计算。大模型包含了大量的矩阵乘、激活、归一化等操作,执行效率很大程度上取决于算子库的优化程度。一些通用的深度学习框架(如 PyTorch、TensorFlow)提供了预定义的算子,但它们面向通用场景,难以充分适配大模型的特定数据和计算流程,导致算子效率不够理想。因此,针对大模型特点进行定制化的算子库优化,对于提升推理性能至关重要。

综上所述,大模型推理基础软件需要结合硬件、系统、模型进行深度优化,在请求管理、异构资源调度、算子计算等关键环节平衡低时延、高吞吐和高资源利用率的需求,才能以高性价比满足实际应用的苛刻要求,推动大模型推理基础软件的规模化落地。图 3 展示了大模型推理基础软件的主要内容,涵盖优化目标、云侧和端侧的软硬件现状,以及多种层面的优化技术。

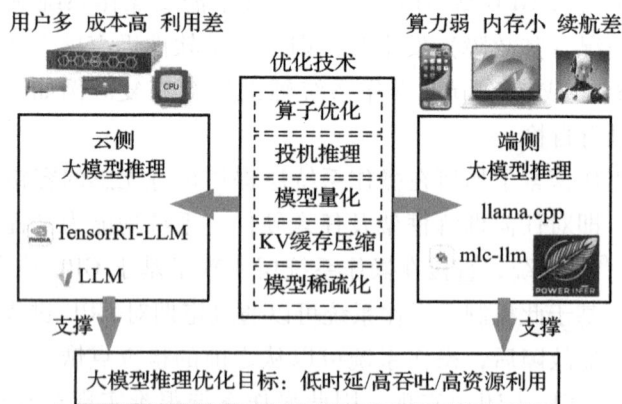

图 3　大模型推理基础软件的优化目标、分类、优化技术

2.2.1 云侧推理框架

基于数据中心的云侧通常管理着大规模的异构计算集群,包括 CPU、GPU、NPU 等硬件,使用高速互联(如 NVLink),能够服务大规模的用户请求,支持分布式推理等多

种推理场景。单一请求独占计算资源模式的服务，会导致总体吞吐率低、计算资源严重浪费的问题。批处理是解决这一低效问题的有效方法，但也引入了许多新的挑战。大模型推理的请求服务具有高度动态的特征：请求长度和请求速率都在不断变化。首先，推理系统需要高效支持高度动态的请求服务，如何针对动态请求充分利用算力是一个重要挑战。其次，动态性的请求也导致了显存、内存资源的动态变化，如何充分利用显存、内存，避免存力浪费也是一个重要挑战。另外，批处理可能导致不同请求之间抢占计算资源，相互干扰，导致推理系统的延迟增加。相关工作在推理框架层进行了创新，以应对这些挑战。

传统深度学习神经网络的部署通常以推理请求为粒度进行批处理，这种模式在大模型推理部署中存在严重的算力浪费。具体来说，在大模型推理过程中，各推理请求的输入长度与输出长度不一定相同，计算量和推理时间可能相差数倍。如果将以请求为粒度的批处理应用在大模型中，同一批推理中输入/输出长度较短的请求先完成，但这一批请求中还有输入/输出长度较长的请求未完成。在接下来的推理中，已完成的请求只能用空占位符来进行空转计算，使算力的真实利用率下降。为了解决此问题，Orca[70] 提出了连续批处理技术，其系统的推理性能相比当时的最佳系统 FasterTransformer 提升了 36.9 倍。在 Orca 系统中，对于同一批次的不同推理请求，先完成的请求会提前退出，并将新的请求加入批次中进行推理，以避免传统批处理中算力的浪费。为了实现这一目标，Orca 创新性地提出了以 token 为粒度的批处理方法。在这种方法中，每个批次的请求只执行一次迭代。当一个请求完成其最后一次迭代时，就会离开调度器，且不会被调度到下一批次。这样既解决了已完成推理的请求占用算力的问题，也保持了批处理中充分利用计算资源的优点。以 token 为粒度的批处理也带来了新的挑战：大模型中的自注意力算子使用以请求的当前总长度（即输入长度与当前已输出内容长度之和）为长和宽的矩阵，Orca 使用以 token 为粒度的批处理，同一批次中的请求可能有不同的当前总长度，自注意力算子难以进行批处理。为应对这一挑战，Orca 对同一批次的自注意力算子进行单独计算。

尽管 Orca 在批处理调度方面显著解决了计算资源浪费的问题，但其推理过程仍然存在大量的显存碎片。这些显存碎片会导致显存容量管理出现瓶颈，从而限制批处理的规模，造成资源浪费。为了提高显存利用率，vLLM[71] 从算法、系统协同设计的角度出发，创造性地提出了以 PagedAttention 为核心的页式管理大模型 KV 缓存的技术，吞吐量相比当时的最佳系统 Orca 有 2~4 倍的提升。其灵感借鉴于操作系统中页式虚拟内存的抽象，vLLM 以若干个 token 为粒度给请求分配显存，不需要预留大量连续的显存，使推理系统在面对大量动态长度的请求时也能保持很高的显存利用率；同时，vLLM 添加了一层 KV 缓存的地址映射，使模型代码可以透明地使用 vLLM 的页式管理方案。vLLM 也实现了换页和重计算，以应对显存不足的情况。目前，Huggingface TGI[72]、TensorRT-LLM[10] 等主流框架也实现了 vLLM 提出的页式管理大模型 KV 缓存的设计。

虽然 vLLM 大幅提高了显存利用率，但它将 KV 缓存从连续形式改为离散形式，需要重写自注意力算子，相比原本的自注意力算子有高达 26% 的性能下降；另外，CPU 端管

理 KV 缓存页表的代码会带来高达 30%的开销。为解决离散 KV 缓存带来的性能问题,
vAttention[73] 提出了连续虚拟地址的 KV 缓存管理,利用 CUDA 的 cuMemCreate 等虚拟地
址管理的相关接口,兼顾了连续虚拟地址和离散物理地址,维持了 KV 缓存页式管理,
并且性能相比 vLLM 提升了 1.97 倍。进一步地,通过对大模型服务的应用特征进行分析,
可以发现在多轮对话的请求服务中,存在大量的 KV 缓存重计算,导致了大量冗余的计算。
AttentionStore[74] 高效地利用多轮对话场景中的 KV 缓存,构建了一个结构化存储系统以
管理历史对话的 KV 缓存。为减少从低速介质中读写 KV 缓存带来的开销,AttentionStore
设计了逐层读取和异步写入的机制。相比现有系统,AttentionStore 使首个 token 的延迟降
低了 95%,预填充阶段最高加速 22 倍。

　　数据中心通常配置大量的 GPU 硬件资源,用于分布式推理。分布式推理除了用于解
决显存不足的问题外,还能提高总体服务质量。AlpaServe[75] 指出,即使模型能容纳在
单 GPU 上,模型并行也能减少推理服务的延迟。AlpaServe 权衡了模型并行带来的开销与
延迟降低的优势,提出了用于集群的高效推理调度算法,相比传统推理框架能服务 10 倍
数量的请求。DistServe[76] 发现 vLLM 等推理框架中的预填充阶段与生成阶段存在性能干
扰,因此将它们分离到不同的 GPU 上,并对不同阶段设计不同的资源分配和模型并行方
案。当 90%以上的请求满足延迟要求时,相比 vLLM,DistServe 能提供高达 4.48 倍的请
求率提升。目前的大模型推理系统将不同请求的预填充阶段和生成阶段调度在同一批次
中,因为预填充和生成使用的是相同的模型参数。然而,预填充阶段与生成阶段会有性
能干扰:预填充的延迟通常比生成更长,将两个阶段调度在同一批次中会增加生成阶段
的延迟;根据实测,生成阶段也增加了预填充的延迟。另外,预填充阶段的核心指标是
首个 token 的延迟,生成阶段的核心指标是每个新 token 的延迟,不同任务会偏好不同的
延迟指标(比如聊天任务偏好更低的首个 token 的延迟,而生成速度不需要比人阅读的
速度快),将这两个阶段的请求调度在同一批次中,会导致无法为它们设计不同的优化方
式以满足不同的延迟需求。DistServe 解耦了大模型推理的预填充阶段和生成阶段,将调
度到不同的 GPU 上,解决了两阶段互相干扰的问题;并且给两阶段设计了不同的并行策
略,以满足不同的延迟需求。虽然将两阶段解耦引入了新的 KV 缓存通信的开销,但这
些开销在 GPU 数据中心场景里非常小。

　　长上下文请求的处理也是云侧推理需要面对的一大挑战,因为长上下文请求的 KV
缓存需占用大量的显存,甚至比模型所需显存高出多个数量级。Loongserve[77] 采用序列
并行将 KV 缓存分布在不同的 GPU 上。为了解决请求的动态性,Loongserve 提出弹性序
列并行,可动态地调度 GPU 资源处理的预填充或生成阶段,将最大吞吐量提高了 3.85
倍。除了利用多 GPU,DistKV-LLM[78] 利用整个集群的 GPU 和 CPU 存储 KV 缓存。当某
个节点不足以存储某个请求的 KV 缓存时,DistKV-LLM 会寻找低负载的节点以协助它。
相比现有系统,DistKV-LLM 的吞吐量提升了 2.4 倍,支持的上下文长度提高了 19 倍。

2.2.2　端侧推理框架

　　除了通过数据中心进行大模型推理外,当前出现了一种在端侧(例如智能手机与个

人计算机）部署大模型的趋势。该趋势的出现主要由于端侧大模型推理能够增强数据隐私保护，并减少对云侧计算资源的依赖，从而有效降低运营成本。此外，端侧计算提高了系统的可靠性，在带宽有限甚至断网的情况下，端侧大模型推理也能为用户提供服务，进一步优化性能和用户体验。然而，与数据中心不同，端侧的算力资源有限，例如个人计算机的消费级 GPU 以及智能手机的 NPU，它们的显存和算力都远小于数据中心的高端 A100、H100 计算卡。这导致端侧大模型的推理速度通常难以达到人类的阅读速度。为了解决这个问题，近期相关工作致力于在端侧资源受限的环境下，使能本地部署大模型，提高端侧推理性能。

为解决端侧大模型推理中 GPU 显存严重不足的问题，llama.cpp[79] 实现了 CPU 和 GPU 的混合推理，将参数按层切分并放置在 GPU、CPU 上，利用各自的计算单元计算对应层的计算负载。为了充分释放异构硬件的计算能力，llama.cpp 针对各架构设计了高度优化的算子，例如，llama.cpp 利用 x86、ARM 的向量计算扩展，同时利用多线程计算，充分加速计算。除了异构算力混合计算、算子的高度优化，为了进一步降低大模型的内存需求，llama.cpp 还实现了 1bit 至 8bit 的模型量化方法，从而显著降低内存需求和算力需求。与此同时，llama.cpp 良好的可扩展性得到了社区的广泛关注与支持，为了提高大模型部署的易用性，开源社区涌现了一批更简单易用的交互框架，例如 Ollama[80]、llamafile[81] 等，大大降低了大模型的使用门槛。

虽然 llama.cpp 已经在一定程度上降低了端侧部署的门槛，但在部署更大参数量的模型（例如 70B 模型）时，llama.cpp 的推理速度较慢。为了进一步优化推理速度，PowerInfer[82] 基于大模型推理中的稀疏激活现象，发现了其中固有的高局部性特征。该特征表明，一小部分神经元（称为热神经元）在不同输入下会持续激活，而大多数神经元（称为冷神经元）则根据特定输入而变化。PowerInfer 利用这一特征，设计了一种异构算力亲和的 GPU-CPU 混合推理引擎：热神经元预先加载到 GPU 中以实现快速访问，而冷神经元则放置在 CPU 上并由 CPU 负责计算，从而显著降低 GPU 的内存需求，优化 CPU-GPU 数据传输。PowerInfer 进一步集成了自适应预测器和神经元感知的稀疏算子，极大地优化了推理效率，在保证模型准确率的同时，实现了最高 11.69 倍的性能加速。

不同的端侧设备通常配置不同的计算后端和软件栈，例如消费级 NVIDIA 显卡以 CUDA 软件栈为核心，而移动设备（例如智能手机）中不同厂商的 GPU 则存在 Vulkan、QNN 等更加复杂多元的软件栈。兼容不同的端侧设备需要大量的移植和针对性的性能优化，工作量巨大。MLC-LLM[85] 基于 TVM[86]，通过机器学习编译器，将模型编译成中间表示（TVM IRModule），并使用 TensorIR 自动优化算子，从而在大量不同的端侧设备上实现高效的快速推理。

除了偏好低延迟的对话场景，端侧推理还可支持批量文本处理等离线场景。离线场景偏好吞吐率，通常使用较大的批处理大小。在离线场景中，llama.cpp 与 PowerInfer 的 CPU 和 GPU 混合推理方案中的 CPU 侧计算会成为瓶颈，影响吞吐率。FlexGen[87] 针对端侧离线推理场景，设计了新的批处理推理框架。FlexGen 基于参数 offload 模式，将所有计算均放在 GPU 上执行，当某一层的参数需要计算时再将它加载到 GPU 显存中。传统推理框架将同一批请求逐层计算，而 FlexGen 将若干批请求的同一层参数调度在一起进行计算，大幅减少了模型加载次数与开销，相比传统框架有更高的吞吐率。

除了以上学术界的工作，在工业界，一些厂商针对智能手机上的大模型推理进行了性能优化。华为 MindSpore Lite[88] 是一款全场景 AI 推理引擎，通过统一 API 支持在端、边、云的不同环境中快速部署，可运行在 HarmonyOS、Android、iOS、Windows 等多种操作系统上，支持 Ascend NPU、GPU、ARM CPU 等多种异构硬件设备。除支持 MindSpore 训练出的模型格式，MindSpore Lite 还支持 TensorFlow[89]、TensorFlow Lite[90]、Caffe[91] 等第三方模型格式的转换及推理。MindSpore Lite 为 AI 模型推理提供了高性能的轻量级解决方案：通过高效的内核算法和汇编级优化，以及 CPU、GPU、NPU 的异构调度，充分发挥硬件算力，实现最小化推理时延和功耗；提供模型量化压缩技术，采用训练后量化（Post-Training Quantization，PTQ），不需要数据集即可直接将权重数据从浮点型映射到低比特的定点数据，从而有效降低模型大小，助力 AI 模型在资源受限环境下的部署执行。高通则采用软硬件协同设计对大模型推理进行加速：在硬件方面提供浮点计算能力高达 40TOPS 的 NPU，在软件方面提供 AI Engine Direct（又称 QNN），从而在为用户降低大模型部署门槛的同时，对大模型的推理计算进行高度优化。为了进一步加快大模型的推理速度，高通结合其智能手机上的 CPU、NPU 异构硬件的特征，采用了异构资源感知的投机式推理方案：较小的草稿模型调度使用 CPU 快速计算，原模型的验证阶段由适合较大计算量的 NPU 进行运算，从而在 7B 模型上实现了高达每秒 20 个 token 的推理速度。谷歌在 Pixel 系列手机上提供了 AICore 系统服务[92]，给应用提供了调用 Gemini Nano 大模型的接口。为了保护端侧的数据隐私，谷歌在 AICore 中使用了安卓的 Private Compute Core 以保护大模型安全，且保留了用户透明的性质。

2.2.3　大模型推理优化技术

除了上述大模型推理基础软件，学术界还提出了多种不同的大模型推理优化技术，主要的优化方法包括算子优化、投机推理、模型量化、KV 缓存压缩和稀疏模型等。这些方法在不同层面上对大模型推理进行加速，通过算法创新和硬件协同设计，充分挖掘大模型推理的性能潜力。

算子优化：算子是构建深度学习模型的基础，如矩阵乘、卷积、激活函数等。通用框架提供的算子往往针对较小的模型和通用硬件，无法充分发挥大模型的性能潜力。因此，对大模型的特定数据格式、访存模式和计算流程进行算子级别的深度优化至关重要。常见的优化手段包括指令集特化、SIMD 向量化、内存布局调整、循环展开和多线程并行、算子融合等。同时，还需要针对不同的硬件后端（如 CPU、GPU、NPU）提供特定的算子实现，充分利用硬件的加速特性。例如 Fastertransformer[93]、LM Deploy[94] 利用算子融合、通信优化等方式，提供了一系列针对 NVIDIA GPU 的高度定制优化的算子，实现了相比常用算子库（例如 PyTorch）2 倍的计算加速。FlashAttention-2[95] 等算子优化了大模型中的 SelfAttention 算子，利用算子融合等技术以更高效地使用 GPU 的多级缓存，通过减少缓存缺失和增加计算密度来加速算子的计算。未来会出现越来越多的针对大模型的高性能算子库，成为推理加速的重要支撑。

投机推理：大模型推理采用自回归的解码方式。在解码过程中，每一步都依赖之前生成的 token，难以通过简单的并行化提升推理速度。同时，解码阶段的性能瓶颈主要来自内存带宽。投机推理通过引入一个小的"草稿"模型来加速解码这一过程。其具体原理是让小模型快速解码生成多个候选 token，然后用大模型一次性并行地对这些候选 token 进行评估和筛选。这种方法的优势在于小模型串行解码速度快，负责探索搜索空间，并生成多样化的候选；而大模型只需要进行少量的并行推理做验证和选择即可，从而规避大模型连续解码的迭代依赖问题，提升解码的并行度。以 Medusa、EAGLE[96-98] 为代表的投机推理算法实现了 2~3 倍的加速比。

模型量化：模型量化是一种常用的模型压缩方法，通过减少参数和中间结果的数值精度，来降低计算和存储开销。目前 GPU 等加速硬件已对低精度的计算进行了支持和优化，低精度浮点计算能力相比高精度算力有数倍的提升。将原本 32 位浮点型（FP32）的权重和激活值量化为 8 位（INT8）、4 位（INT4）甚至更低位的整数，可以在大大减小模型尺寸的同时，借助加速器进一步加快针对低精度设计的高性能硬件的计算速度，并提高吞吐率。但量化也会带来一定的精度损失，因此需要在推理性能和模型效果之间进行权衡。随着模型量化算法的不断发展，以 GPTQ[99] 和 AWQ[100] 等为代表的量化方法实现了在使用 INT4 表示权重的同时，保持模型 99% 以上的精度。这使得量化技术在大模型推理加速中的优势进一步凸显，实现了推理速度和模型能力的双赢。目前，越来越多的研究致力于将量化进一步降低至更低的比特数，以尽可能地减少模型量化所带来的损失。未来，量化方法有望在更低比特数的（如 2-bit[101]、1-bit[102]）量化中减少对模型精度的影响，进一步压缩模型体积，提升模型的推理性能。

KV 缓存压缩：KV 缓存是大模型推理的常用优化方法之一，可以有效减少推理过程中的重复计算。但随着模型的上下文长度越来越长，KV 缓存所占用的显存、内存也越来越多，KV 缓存的压缩成为优化大模型部署的一个关键方法。目前主流 KV 缓存的压缩有三大方向：KV 缓存的量化、KV 缓存的剪枝以及从模型架构上优化 KV 缓存的需求。KV 缓存的量化是指将生成过程中生成的上下文 K 和中间结果 V 进行 8 比特以及更低比特数的量化，以降低生成过程中的显存占用。目前主流推理框架如 vLLM 等都已兼容 8 比特的量化方式。除了量化，H_2O[103] 基于 KV 缓存中由 Softmax 激活函数引入的稀疏性，永久性地丢弃一些不重要 token 的 KV 缓存，从而在尽可能保证精度的前提下压缩 KV 缓存。除了对模型部署时的 KV 缓存进行压缩，研究人员也倾向于主动减少模型架构中对于 KV 缓存的生成。Multi Query Attention[104] 和 Group Query Attention[11] 是通过减少自注意力机制中 Key、Value 的头的数量从而显著降低 KV 缓存需求的经典方法。DeepSeek MoE 提出了 Multi-head Latent Attention[105] 机制，利用自注意力机制头中存在的低秩现象，将 Key、Value 进一步压缩，用一个更低维度的向量来表示，在保证模型能力的同时，降低了 4 倍的 KV 缓存占用量。

稀疏模型：稀疏模型分为两大类：权重稀疏和激活稀疏。权重稀疏通过将部分权重置为 0 来压缩模型体积，降低计算复杂度。大模型中存在大量冗余参数，剪枝可以在保持模型性能的同时显著提升推理速度。剪枝可以分为非结构化剪枝和结构化剪枝。非结构化剪枝是对任意权重进行剪枝，可能导致权重矩阵稀疏，给硬件加速带来困难。例如，SparseGPT[106] 在不降低模型精度的前提下在 OPT 模型中引入了 50% 的稀疏性。结构化剪枝则是按照某种规则（如基于整个神经元或通道进行评估剔除）对整个神经元或通道进行剪枝，生成规整的块状稀疏结构，更有利于实现加速，但这往往对模型精度造成了更大的影响。例如，Wanda[107] 以 2∶4 稀疏格式取得了比 SparseGPT 更优的精度。因此，不同的场景需要权衡非结构化剪枝和结构化剪枝的优劣，并选择合适的方案。

神经元激活的稀疏性是指在推理过程中，并非所有神经元都会被激活，大量神经元的输出为 0 或接近 0。这种现象在大模型中尤为明显。研究表明，Transformer 神经网络在处理视觉类、自然语言类等类型的任务时，每一个前馈层中只有 1%~20% 的神经元处于激活状态，其余神经元的输出可以为 0，存在大量的冗余计算。利用激活稀疏跳过这些冗余计算存在显著加速大模型推理的机会。具体做法是在推理时通过预测或检测神经元的激活状态，直接跳过后续输出接近 0 的神经元的计算，避免无效操作。比如，Deja Vu[108] 以这种方式实现了 2 倍的推理加速。进一步地，PowerInfer[82] 在 offloading 场景下实现了高达 11 倍的加速。因此，充分发掘激活稀疏的潜力，是未来大模型推理优化的一个重要突破口。可以预见，随着动态稀疏感知架构、自适应计算跳过等技术的发展，激活稀疏将在大模型推理加速中发挥越来越重要的作用。

2.2.4　操作系统对大模型推理软件的支撑

在大模型基础软件生态中，作为基础软件的操作系统为上层大模型推理框架提供了一系列底层能力（包括系统抽象和底层硬件管理），从而支撑推理框架为推理过程提供更高的资源利用率和性能。

首先，大模型推理软件通过利用操作系统提供的系统接口和抽象对推理性能进行优化。如 llama.cpp[79] 使用操作系统提供的 mmap 系统调用进行模型数据的加载。mmap 系统调用使用虚拟内存对模型文件进行内存映射，将磁盘块映射到物理内存中，从而通过访问内存直接操作文件，去除了 read、write 等系统调用的额外开销。使用 mmap 进行大模型数据访问使得 llama.cpp 提升了 10~100 倍的权重加载性能，并且减少了将近一半的内存使用。同样地，操作系统提供的多线程等技术也被 Tensorflow、PyTorch 等开发工具链软件用来提升大模型的加载性能。

其次，推理框架可以结合操作系统进行设计，从而降低推理过程的资源占用并提升推理速度。例如，为了提升大模型在智能手机中的推理速度，PowerInfer-2[83] 提出了"模型-计算抽象-操作系统"协同设计的理念。首先，PowerInfer-2 提出 TurboSparse 方法[84]，提高模型本身的稀疏性。其次，提出神经元簇的计算抽象，将传统的矩阵计算分解为细粒度的神经元簇计算。最后，结合模型的稀疏性以及细粒度抽象，PowerInfer-2 在操作系统层面实现了异构 XPU 调度、神经元缓存以及神经元簇流水线技术，降低了大模型推理过程对内存的需求，并显著提高了手机场景下的资源利用率，从而提升了大模型推理速度。实验评估表明，与 llama.cpp 相比，PowerInfer-2 实现了最高 29.2 倍的速度提升，并首次在智能手机上以每秒 11.68 个 token 的速率成功运行 47B 规模的大模型。

2.3　大模型开发工具链软件

大模型的预训练、微调、推理过程依赖于开发框架、编译与运行时等底层开发工具链软件，如 PyTorch 与 CUDA 等。这类开发工具链软件将高级语言描述的模型架构转换为能够在 CPU、GPU 上运行的二进制代码。简单来说，大模型的编译过程可以分为两个阶段，首先将模型结构转换为由不同算子构成的计算图，之后编译生成每个算子的具体实现，从而生成大模型应用的二进制程序，如图 4 所示。在上述过程中，编译与运行时软件能够根据大模型的算法特征，构建高性能算子、优化计算图，从而使能更为高效的大模型推理与训练应用。本节将先分别从算子层、计算图层介绍针对大语言模型的编译优化技术，之后介绍现有的常用大模型开发工具链软件采用了哪些针对大模型的优化支持。

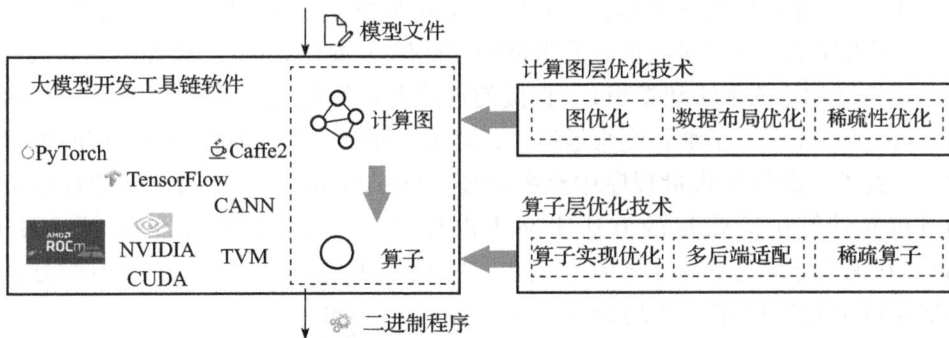

图 4　大模型开发工具链软件的工作逻辑与优化技术

2.3.1　算子层的大模型编译优化

大模型的高效运算通常依赖特定的硬件加速平台。为了充分利用硬件特性，发掘硬件性能，编译器需要生成高效的算子，使模型可以运行在特定的硬件平台上。然而，不同模型通常拥有各异的运算模式与资源需求，而底层硬件在具体架构上也不尽相同。下面将介绍对于大模型的算子性能优化、多后端算子适配，以及稀疏算子生成。

算子性能优化：大模型最终会被拆分为大量运行在不同硬件平台上的算子（如矩阵相乘算子）。算子性能对于大模型推理和训练的性能至关重要。为了保证算子的高效实现，厂商通常会为特定的硬件平台提供由专家编写的高度优化的算子库，从而允许普通开发者将具体的模型映射到已有的算子库中，以充分发挥硬件平台的算子性能。然而，在特定场景下已有的算子实现并不一定是最优的，依然可能存在没有被发掘的优化机会。因此，研究者们尝试针对大模型的算法特征，进一步挖掘算子的性能优化机会。

Korch[109] 是一个张量程序优化器，用于发现张量程序的最优 kernel 编排策略，从而优化 Transformer 等 DNN 网络的计算性能。与先前工作相比，Korch 没有直接融合算子，而是先应用算子裂变将张量算子分解为一组基本张量代数操作,这种分解使得细粒度的算子优化成为可能。此后,Korch 通过将 kernel 编排形式化为约束优化问题来优化 kernel 编排,利用现成的二进制线性规划求解器来发现最佳编排策略,并生成可直接部署在现代 GPU 平台上的可执行文件。对各种 DNN 的评估表明,Korch 在 V100 GPU 上的性能比现有的张量程序优化器高出 1.7 倍,在 A100 GPU 上的性能比现有的高出 1.6 倍。

EINNET[110] 也是一个张量程序优化器,传统优化 DNN 张量计算的方法只考虑可由一组固定的预定义张量算子表示的变换,导致优化空间受到高度限制。而 EINNET 通过利用一般张量代数表达式之间的转换和自动创建转换所需的新运算符来优化张量程序。相较于之前的工作,EINNET 可以在更大的搜索空间中搜索潜在的优化机会。研究者们使用 Transformer 等 DNN 模型进行了性能测试,结果表明,EINNET 在 NVIDIA A100 GPU 上的性能优于现有的张量程序优化器,性能提升最高可达 2.72 倍(平均为 1.52 倍),在 NVIDIA V100 GPU 上的性能提升最高可达 2.68 倍(平均为 1.55 倍)。

FreeTensor[111] 是一种用于避免张量程序冗余的领域特定语言(DSL)。随着模型的规模越来越大,最近的模型倾向于仅在一部分张量上进行计算以节省计算量,如 Longformer 等大模型。而大多数现有的张量编程框架(如 PyTorch)都将典型的张量计算封装为运算符(如矩阵乘法和卷积),直接使用这些运算符会引入大量的冗余计算或内存复制。FreeTensor 引入了细粒度张量运算,以减少冗余计算和内存访问,同时保持编程的简单性。此外,微分在张量程序中至关重要,FreeTensor 也支持细粒度的自动微分优化,通过重新计算中间张量的方法来减少内存冗余。与现有的张量规划框架相比,FreeTensor 在无微分情况下的计算加速可达 5.10 倍(平均为 2.08 倍),在有微分情况下的计算加速可达 127.74 倍(平均为 36.26 倍)。

TLM[112] 提出了一个用于深度学习的张量程序生成框架。其核心思想是保留较大的搜索空间以确保高性能,同时借助语言模型提高搜索效率,因此需要将张量程序的探索任务转化为语言模型的生成任务,为了实现这一点,该工作设计了语言模型友好的张量语言。在编译目标工作负载的过程中,Tensor Language Model(TLM)结合了离线学习和先前做出的决策知识,以概率方式采样当前决策空间中的最佳决策。与先前提出的方法中常用的随机采样相比,这种方法允许更优的空间探索。与现有工作相比,TLM 将编译速度提高了 61 倍。在相同的编译时间下,TLM 将性能提高了 2.25 倍。

Hidet[113] 将调度过程嵌入张量程序中,并使用被称为任务映射的专用映射,直接在张量程序中定义计算分配和排序。这种新方法允许开发人员以更细的粒度操作张量程序(例如允许程序语句级优化),从而极大地丰富了可表达的优化。Hidet 提出了一种新的调度后融合优化,使开发人员能够专注于调度每个算子,并在调度后自动执行融合,大大减少了算子融合的工作量。Hidet 优于最先进的 DNN 推理框架、ONNX 运行时和编译器、采用 AutoTVM 和 Ansor 辅助的 TVM,最高可将性能提升 1.48 倍(平均为 1.22 倍)。与 AutoTVM 和 Ansor 相比,它还分别缩短了 95% 和 90% 的调优时间。

多后端算子适配:随着人工智能技术的快速发展,各类异构加速器不断涌现。针对大模型等特定架构设计的加速器通常在其目标任务上会有更好的性能与能效表现。然而,不同硬件平台通常提供差异化的硬件特性与软硬件接口，使得不同硬件平台上的算子实现和优化机制需要相应调整。因此，大模型需要高效的算子-硬件适配机制，以使模型能够在不同硬件平台上充分发挥性能。

ROLLER[114] 通过一种新的抽象 rTile 来生成 kernel 代码。该抽象封装了与底层加速器的关键特性对应的张量形状，从而通过限制形状选择来实现高效的编译过程。同时，ROLLER 采用基于 tile 的递归构造算法生成基于 tile 的程序（rProgram），并且无须在真实设备中进行评估，即可通过性能模型高效预估程序的性能，极大地简化了不同配置下的性能评估。因此，ROLLER 可以在几秒钟内生成高效的 kernel 代码，在 GPU 等主流加速器上，其生成的代码性能与现有的最优方案接近。同时，ROLLER 在 Graphcore IPU 等发展时间较短的加速器上可以提供性能更好的 kernel 代码。

Ansor[115] 是一个用于深度学习应用的张量程序生成框架，且支持不同的硬件平台。目前，深度学习系统依赖厂商提供的 kernel 库或各种搜索策略来获得高性能的张量程序，这些方法要么需要大量的工程工作来开发特定于平台的优化代码，要么由于有限的搜索空间和无效的探索策略而无法找到高性能的程序。在不同的硬件平台上，与现有的搜索策略相比，Ansor 可以通过从搜索空间的分层表示中采样程序来探索更多的优化组合。相比于最新的 Intel CPU、ARM CPU 和 NVIDIA GPU，Ansor 在深度神经网络中的执行性能分别提高了 3.8 倍、2.6 倍和 1.7 倍。

Ladder[116] 弥合了不断出现的自定义数据类型与当前硬件支持的固定精度格式之间的差距，其利用抽象 tType 和扩展张量表达式，在优先考虑自定义数据类型的情况下，为有效处理数据存储、访问和类型转换提供优化空间。Ladder 采用一组新的张量调度原语和硬件感知优化策略来搜索复杂的转换空间，以确保跨不同内存层级时 DNN 算子的最佳性能。Ladder 在自定义数据类型上的表现优于最先进的 DNN 编译器，同时能有效地支持 GPU 不支持的自定义数据类型，并提供高达 14.6 倍的加速。

张量程序调优是一个非凸目标优化问题，基于搜索的方法的核心是成本模型的设计。尽管基于深度学习的成本模型的表现明显优于其他方法，但它们的特征提取严重依赖硬件架构中的专家级领域知识，同时，在一个硬件平台上表现良好的成本模型通常在另一个硬件平台上表现不佳。TLP[117] 是一种基于深度学习的成本模型，便于张量程序调优，其从调度原语中提取特征，将成本模型预测张量程序延迟的任务转化为自然语言处理（NLP）回归任务。同时，MTL-TLP 结合了多任务学习和 TLP 来解决跨硬件不可用问题。与最先进的实现方式相比，TLP 可以在 CPU 和 GPU 工作负载上将平均搜索时间分别缩短89% 和 67%。

稀疏算子生成：随着大模型的参数数量快速增长，研究者们尝试通过稀疏化减少模型中的参数数量，优化大模型的计算性能、内存使用和能耗。非结构化稀疏能够在保持模型精度的情况下，有效减少参数数量，但是其对 GPU 等通用 AI 加速器并无优化作用，无法节约实际计算量。而结构化稀疏虽然能够高效复用现有硬件，但是会产生更大的精度损失，限制了使用场景。因此，研究者们尝试针对大模型中的非结构化稀疏，研究高性能稀疏算子。

SparseRT[118] 针对非结构化稀疏特征中经常出现的稀疏矩阵-稠密矩阵乘法（SpMM），设计了一种新的代码生成器。其能够针对 SpMM 和稀疏卷积 kernel 两类算子，生成适合深度学习推理的算子实现。SparseRT 从密集矩阵乘法开始优化，从中移除由稀疏性导致的不必要计算。SparseRT 对于 90% 稀疏性的矩阵能够实现 3.4 倍的性能提升，对于 95% 稀疏性的矩阵能够实现 5.4 倍的性能提升。

Sparse Register Tiling[119] 主要针对非结构化稀疏神经网络。在稀疏神经网络的计算过程中，寄存器重用是较为困难的，该工作提出了稀疏寄存器平铺（Sparse Register Tiling），专门针对矩阵中的稀疏模式定制循环展开和稀疏分块变换，在编译时充分利用权重中的稀疏性，同时提高寄存器的重用率。通过在 Transformer 模型和卷积模型的 2396 个权重矩阵上进行评估，在稀疏度范围为 60%~95% 的情况下，在多核 CPU 处理器上，该工作相比 MKL SpMM 和稠密矩阵乘法，分别提供了 1.72 倍和 2.65 倍的平均加速。在边缘设备 ARM 处理器上，该工作可以为具有 70% 稀疏度的 MobileNetV1 提供 2.12 倍的端到端加速。

开发高性能的稀疏运算符可能是困难和烦琐的，并且厂商无法满足新运算符不断增长的需求。虽然稀疏张量编译器简化了运算符的开发，但深度学习的高效稀疏编译仍然具有挑战性，因为单一的稀疏格式无法最大限度地提高硬件效率，而且单次编译无法跟上最新的硬件和系统发展。SparseTIR[120] 利用可组合格式和可组合转换来应对这个挑战。SparseTIR 是一个稀疏张量编译抽象，为深度学习任务提供了可组合格式和可组合转换，并基于格式和转换构造搜索空间用于性能调优。在测试中，SparseTIR 在单个运算符上获得了与 GPU 厂商提供的库一致的性能加速，它还可以将端到端 GNN 的 GraphSAGE 的训练速度提高 1.08~1.52 倍，将 RGCN 的推理速度提高 4.20~40.18 倍。

2.3.2　计算图层的大模型编译优化

大模型编译过程将高级语言描述的模型架构转换为一系列由具体算子组成的算子网络。在转换过程中，编译器技术能够调整模型的执行方式、优化访存模式、匹配最优算子，从而减少大模型应用的资源消耗，提升应用性能。

基于图优化的模型编译优化：编译与运行时工具会将大模型转换为由算子构成的计算图，之后通过对计算图或子图进行替换调优，以获得最优的子图并匹配高性能算子实现。计算图替换是优化大模型计算性能的有效途径之一。Taso[121] 针对传统图替换需要手动替换的问题，设计实现了首个自动生成图替换的 DNN 计算图优化器。Taso 只需要开发者提供操作符定义，即可自动完成图替换，减少开发者的手动工作量。同时，Taso 利用形式化验证技术保证图替换的正确性，以防止错误的图替换导致模型结果出错。最后，Taso 通过图替换和数据布局的联合优化提升模型计算性能。实验表明，Taso 能够自动完成不同模型的图替换，并且其图替换与数据布局的联合优化能够提升 1.2 倍的计算性能。

MetaFlow[122] 通过放宽图替换过程中的搜索约束，实现更高效的图替换策略。传统图替换策略仅考虑性能提升替换，即每个替换子图都需要具备比原子图更高的性能。而一些复杂替换子图则由于其中间状态不总是严格提升性能，因此无法被替换策略搜索发现。MetaFlow 通过放开替换搜索过程中的性能约束，允许替换任何功能等同的子图，从而有效扩展了子图搜索空间，能够发现更为复杂且高效的替换子图。实验表明，MetaFlow 能够提升多达 1.6 倍的模型计算性能。

PET[123] 提出了一种基于部分等效变换的编译优化方法。传统图变换优化主要采用完全等效变换，即替换子图与原有子图具备完全一致的输出。然而，完全等效子图的搜索空间有限，导致图替换优化的效果不佳。PET 引入了部分等效变换进行图替换优化，并且通过自动生成修正内核保证部分等效子图的输出在统计学上与被替换子图一致。PET 能够提升高达 2.5 倍的模型计算性能。

TENSAT[124] 将等式饱和技术应用到计算图优化中，以缓解传统图优化的"重写排序问题"。传统方法会在计算图上按顺序进行图变换，变换顺序将会显著影响最终的优化效果。TENSAT 采用等式饱和技术，在探索阶段使用高效数据结果生成存储计算图的所有可能重写，之后在提取阶段在所有重写中找到最优的计算图。相较先前的工作，TENSAT 能够提升 16% 的模型计算性能，并且缩短 99.6% 的计算图优化时延。

MAGIS[125] 通过协调图变换与图调度进行模型计算过程的内存优化。图变换和图调度是优化深度神经网络模型内存使用的常用技术，其先将模型转换为图，之后通过图的等价变换、各操作间的交换与重排等进行内存使用优化。MAGIS 首先提出了裂变层次树（F-Tree），以优化由裂变变换（F-Trans）造成的图复杂性爆炸问题，缩小 F-Trans 的搜索空间。之后，MAGIS 进一步提出了图变换与图调度之间的协同优化算法，简化图变换后的调度任务，优化调度时间。MAGIS 能够在较低时延开销的前提下，将内存使用峰值优化至 15%~50%。

清华大学设计的计图[126] 系统提出了元操作符的概念，为深度学习模型中的复杂操作符（也称为算子）提供基本且统一的元操作。利用元操作，结合计图提出的操作符融合机制，能够将由多个操作符构成的子图融合为一个操作，从而减少因算子间参数传递造成的内存与性能开销。与此同时，计图还提出了一种统一图执行方法，通过将静态图执行与动态图执行进行有机结合，提供兼具高性能与灵活性的深度神经网络计算图执行方法。相较 PyTorch 提供的图执行优化，对于常用神经网络模型的推理任务，计图能够提升平均 26% 的吞吐性能。

动态神经网络可以在推理过程中使稀疏激活的子网络适应输入，在准确性、计算效率和自适应性方面具有一定的优势。这种动态通常发生在子张量级别，但由于表达式粒度不一致，现有的以张量为中心的框架很难跟踪。Brainstorm[127] 是一个用于优化动态神经网络的深度学习框架，它提出 Cell 的数据抽象，允许模型开发人员表达动态的数据粒度，并提供 Router 的接口，让模型开发人员表达应该如何动态分配 Cell。Brainstorm 可以高效处理动态模型中的 routing 操作，从而以正确的粒度获取数据流信息。测试表明，相比现有的框架，Brainstorm 最高可以带来 11.7 倍的加速（平均为 3.29 倍）或降低流行的动态神经网络 42% 的内存需求。

随着深度神经网络日益复杂，开发具有复杂控制流逻辑（如循环、分支和递归）的深度神经网络程序变得越来越重要。然而，当前的 DNN 框架通常在 CPU 上处理控制流，而将剩余的计算卸载给 GPU 等加速器。这通常会在 CPU 和加速器之间引入显著的同步开销，并妨碍跨控制流的全局优化。Cocktailer[128] 可以在硬件加速器上共同优化控制流和数据流的执行，其提供了 uTask 抽象用于构建一个统一的调度空间，并使用启发式策略来查找有效的调度并实现跨控制流的优化。测试表明，与最先进的 DNN 框架和编译器相比，Cocktailer 可以将具有控制流的 DNN 模型加速 8.2 倍。

尽管在推理工作负载中已经实现了出色的加速，但现有的编译器在训练方面面临着很大的限制。训练计算图包含复杂的难以融合的操作，如归一化、损失函数等，同时，训练图连接前向算子和后向算子的附加边给算子融合寻找最优方案带来了挑战。EVT[129]使用新颖的图级别编译流程来解锁隐藏的算子融合和优化机会，它还结合一种新颖的基于整数线性规划的分区方法，有效地解决了前向-向后图的最优可行分区问题。EVT 在不同领域的训练工作上进行了测试，结果表明其提供的加速最高可达 3.1 倍。

MonoNN[130] 提出现有机器学习编译器中逐内核的执行方案不再能有效地利用现代GPU 架构所提供的硬件资源。先前的方案严重受到非计算开销和片外内存带宽的影响，使得最先进的编译器的优化效果在新一代 GPU 上大大减弱。MonoNN 可以将整个神经网络容纳到单个 GPU 内核中，大大减少了非计算开销，并在新的优化空间中提供了进一步的细粒度优化机会，通过编译器自动生成高效的内核代码。在测试中，在端到端推理的性能方面，MonoNN 分别比 TVM、TensorRT、XLA 和 AStich 高出 7.3 倍、5.9 倍、1.7 倍和 2.9 倍。

基于数据布局的模型编译优化：对于大模型，合适的数据布局能够有效减少内存搬运，从而提升模型的计算性能。北卡罗莱纳州立大学的研究者们分析了数据布局对深度神经网络模型的计算性能影响[131]。一方面，片内数据的布局会影响 GPU 等加速器，并通过测试发现，选择合适的数据布局可以提升高达 6.9 倍的层级性能，即使对于计算密集型的层，也能够提升 2.3 倍的性能。另一方面，文献作者发现冗余片外内存的访问也会显著影响模型的计算性能。针对上述发现，文献作者提出了一种多维数据布局转化方法，能够允许一个模型使用多种数据布局，从而提升模型的计算性能。

Substation[132] 通过数据布局优化 Transformer 模型的计算性能。Substation 发现数据移动是训练 Transformer 模型的关键瓶颈之一。为此，Substation 通过构建数据流图识别操作依赖与对应数据量，从而识别可能的数据布局优化。相较通用框架，Substation 能够实现1.3 倍的大模型训练性能提升。

NeoCPU[133] 通过调整数据部署在计算图级别优化模型性能。NeoCPU 是一个在 CPU上运行深度神经网络模型的编译架构，通过在全局层面操纵整个模型的数据布局，协调优化每个算子操作的性能，从而实现最优的模型计算性能。相比已有架构，NeoCPU 基于数据布局优化实现了 1.1~1.5 倍的性能提升。

面向稀疏特征的模型编译优化：研究者们通过将大模型稀疏化，减少大模型的有效参数数量，从而优化模型的计算时间与内存占用。针对具备稀疏特征的大模型，研究者们可以进行针对性编译优化，从而充分利用稀疏性提升大模型的性能。SparTA[134] 针对大模型中广泛存在的稀疏性特征设计实现了以稀疏性优化为主的深度神经网络编译器。

它首先提出了一个新的具有稀疏属性的张量抽象（TeSA），并对张量的稀疏属性进行细粒度描述。之后，它设计了一组稀疏属性传播规则，允许稀疏属性在张量的计算过程中传递，从而高效描述模型在计算过程中的稀疏性变化。基于上述稀疏属性，SparTA 能够生成高效的模型执行计划，将复杂的稀疏属性转换为已被有效优化过的简单稀疏属性组合。SparTA 能够实现 8.4 倍的推理时延优化，并且在稀疏 DNN 模型的训练上实现了超过 2 倍的性能提升。

PIT[135] 系统针对大模型所表现出的动态稀疏性构建了高效的深度学习编译器。大模型等深度神经网络具备动态稀疏性，即其张量的稀疏性依赖输入，并且只有在运行时才能确定。传统稀疏感知的编译器利用编译时已知的稀疏模式寻找合适的内核配置，并实现模型优化。然而传统方法无法针对运行时的稀疏性进行优化。PIT 设计了一种面向动态稀疏模型的深度神经网络编译器，通过将张量拆分为更细粒度的微块（Microtile），并通过"置换不变变换"将不同微块在运行时重新拼接为适合加速器执行的密集块，从而高效执行动态稀疏矩阵。对于大模型等具备动态稀疏性的深度神经网络，PIT 能够提供 5.9 倍的推理性能提升以及 2.4 倍的训练性能提升。

2.3.3　开发工具链软件中的大模型编译优化

大模型等人工智能应用的运行离不开 PyTorch、TensorFlow、CUDA 等相关开源或商用开发工具链软件的支撑。这些常用的开发工具在算子级别、计算图级别面向大模型实现了诸多优化。下面将介绍常用开发工具中面向大模型的编译优化技术。

TVM[86] 提供了一种能够兼容不同 CPU 与 GPU 的模型编译器。该编译器能够将深度学习模型编译、优化为可以适应不同类型硬件后端的运行版本。基于 TVM，开发者能够轻易地将大模型部署运行在低功耗 CPU、移动端 GPU、服务器 GPU 等不同硬件后端之上。同时，TVM 提供了块稀疏优化，能够针对具备稀疏特征的大模型进行计算加速。

PyTorch[12] 是开源的深度学习框架，提供灵活的编程接口，能够帮助 AI 应用开发者与研究人员快速构建、运行深度学习模型。针对大模型，PyTorch 利用编译器技术提供了一系列优化机制。PyTorch 在 2.0 版本中提供了 SDPA（Scaled Dot Product Attention）内核，对 Transformer 模型中的 Attention 层进行针对优化。SDPA 算子可通过结合 FlashAttention 等机制进行高效实现。PyTorch 将 SDPA 算子整合进已有的 PyTorch Transformer API 中，能够直接加速现有的基于其实现的大模型应用。针对移动平台，PyTorch 提供了 ExecuTorch alpha，用于支撑大模型在端侧的高效运行。ExecuTorch alpha 支持 4 比特量化，通过编译技术减少内容开销，并提升推理性能。它能够在 iPhone15 等手机设备上运行 Llama 2 7B 等大语言模型。

PyTorch 2[136] 引入了机器学习框架的两个扩展——TorchDynamo 和 TorchInductor，它们实现了 PyTorch 2 中发布的 torch. compile 功能。TorchDynamo 是一个 Python 级别的即时（JIT）编译器，可以在 PyTorch 程序中进行图编译，而不会牺牲 Python 的灵活性。它首先在执行前动态修改 Python 字节码，并将 PyTorch 操作序列提取到 FX 图中；然后选择一个可扩展的后端进行 JIT 编译，保证计算性能。TorchInductor 是 TorchDynamo 的默认编译器后端，它将 PyTorch 程序转换为 OpenAI 的 Triton（用于 GPU）和 C++（用于 CPU）。实验结果表明，TorchInductor 能够在 NVIDIA A100 GPU 上最高提供 2.27 倍的推理性能提升（平均为 1.41 倍）。

PaddleFleetX[137] 是百度推出的基于飞桨深度学习框架的开源大模型套件，旨在提供高性能、灵活易用的大模型全流程应用能力，在开发、训练、精调、压缩、推理、部署六大环节提供端到端的全流程优化。在大模型开发训练中，PaddleFleetX 采用动静统一的开发模式，对用户提供易用易调试的动态图逻辑，并在计算过程中通过编译手段自动完成算子融合等编译优化，因此具备更优的算子计算性能。PaddleFleetX 自研的 Shift-SmoothQuant 等量化方案，有效提升了量化后模型的精确度和生成结果的稳定性。针对访存受限场景，PaddleFleetX 提供了混合量化的推理方案，相比于传统的静态 INT8 量化方案，实现了更优的量化算子计算速度。除了大语言模型外，PaddleFleetX 还提供了对跨模态大模型、生物计算大模型等模型的开发与高效训练的支持。

CUDA[138] 作为 NVIDIA 提供的 AI 运行时框架，同样为大模型提供了对应的高性能算子。稀疏性是大模型常见的特征，为加速稀疏矩阵运算，CUDA 工具包提供了 cuSPARSE 库。该库能够提供与稀疏矩阵相关的各类高性能算子，包括向量点击、矩阵乘积等。cuSPARSE 库通过提供高性能稀疏算子加速大模型的计算。针对 Transformer 网络架构，CUDA 在 cuDNN 中实现了高性能的 SDPA 内核，用于加速注意力计算。

CANN[139] 是华为提供的异构计算框架。针对大模型大量的内存需求，CANN 框架提供了一系列内存优化技术，针对大模型的算法特征，对其运行时的内存开销进行优化。进一步结合华为昇腾加速器的硬件特性，CANN 实现了一系列高性能算子。针对大模型常用的矩阵乘算子（MatMUl），CANN 通过合理切分数据、算子流水优化等，允许算法充分利用硬件算力，实现高性能矩阵乘算子，从而支撑大模型的高效运行。此外，CANN 还通过 MOE 融合算子优化内存，提升模型性能。

2.3.4 操作系统对大模型开发工具链软件的支撑

操作系统作为计算机系统的核心基础软件，为上层软件栈提供了底层能力支撑。在大模型基础软件生态中，大模型操作系统同样为开发工具链软件提供了一系列底层能力，从而支撑开发工具链软件为大模型应用提供更好的资源利用率、性能与隔离性。

操作系统在异构平台上提供了统一内存（Unified Memory）机制，允许在 CPU 和多个 GPU 之间创建统一的内存池。当主机或设备侧发生内存池区域的缺页时，操作系统会进行页面的迁移和地址映射的配置，内存池中的内存页会根据 CPU 和 GPU 的内存访问情况在主机与设备之间迁移，无须进行显式的内存复制。开发工具链软件 CUDA 为统一内存提供了专门的内存管理与分配接口，简化了大模型应用开发者的使用流程。Tensorflow 等运行时软件也提供了统一内存支持，允许开发者将大模型数据放置于统一内存中，以使能更大、更灵活的内存使用。基于统一内存，开发工具链软件能够提供更加便利的异构内存管理，使能更大的大模型运行内存。

操作系统还提供了 MPS（Multi-Process Service）等加速器隔离机制，允许在 GPU 上创建多个隔离运行环境，使能多个 AI 任务的安全并发执行。CUDA 等开发工具链软件利用 MPS 机制，能够为不同 AI 任务创建隔离运行环境，并使它们同时运行在异构加速器之上。一方面，开发工具链软件能够保证多个 AI 任务在并发执行过程中的隔离性，防止跨任务隐私泄露。另一方面，它能够利用 MPS 限制不同 AI 任务的资源使用，从而通过协同运行资源需求互补的 AI 任务，提升硬件资源的整体利用率，加速全系统 AI 任务的整体性能。

2.4 面向 RAG 的大模型数据管理基础软件

传统的大模型推理系统通常仅依赖单个大模型来直接生成回答。要想提升这些系统的性能或使其掌握新知识，往往需要投入大量的算力进行模型微调，同时用户很难验证这些大模型给出的答案是否可靠。为了提升大模型推理服务的质量，RAG（Retrieval-Augmented Generation，检索增强生成）技术被开发出来。这项技术使得大模型能够从外部知识库中检索额外信息，有效提升了回答的质量，帮助模型快速适应新的领域，同时提高大模型回答的可解释性。RAG 的运行过程如图 5 所示。

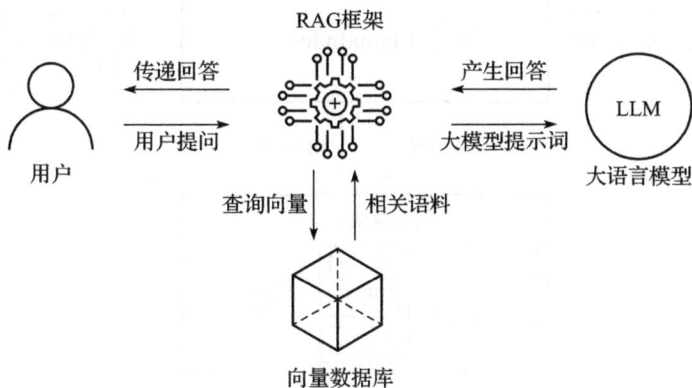

图 5 RAG 的运行过程

现今主流的 RAG 系统主要将向量数据库作为知识库，用来存放语料形式的外部知识。RAG 技术的核心在于其检索与生成相结合的策略。具体来说，典型 RAG 系统的工作流程如下：

1）查询向量化：当用户提出查询时，系统首先将该查询转化为向量表示。这一步通常通过预训练的语言模型或特定的向量化工具来实现。

2）向量查询：系统将上一步生成的查询向量输入向量数据库中进行检索。向量数据库存储了大量经过向量化处理的知识文本片段。通过高效的向量检索算法，向量数据库能够快速找到与查询向量最相似的知识片段。

3）知识片段提取：当向量数据库检索到相关知识后，它会提取对应的语料，并经过额外的过滤步骤，生成传递给 LLM 的知识提示。

4）知识增强的大模型推理：知识片段提取完毕后，RAG 系统将片段与用户查询一同输入 LLM 中。LLM 在生成回答时，不仅依赖自身的预训练知识，还结合了检索到的相关知识片段，从而生成更加准确和详尽的回答。

RAG 的优势在于，它能够在不显著增加计算成本的情况下显著提升 LLM 的回答质量，同时提高 LLM 回答的可解释性。通过结合检索与生成，RAG 技术有效地拓展了 LLM 的知识边界，使其能够在更广泛的知识领域内提供准确的回答。与此同时，向量数据库的高效索引和检索能力也是 RAG 技术成功的关键之一。向量数据库能够处理大规模的向量数据，并在极短的时间内完成高效的相似度查询。这不仅保证了 RAG 系统的响应速度，还使得系统能够在实时应用场景中表现出色。

RAG 技术通过结合检索与生成，充分利用向量数据库的索引能力，使 LLM 的性能显著提升。随着向量数据库和 LLM 技术的不断发展，RAG 有望在更多的应用场景中展现其强大的潜力和广泛的应用前景。不过，RAG 也给数据管理系统带来了新的需求和挑战。下面将主要从 RAG 框架、向量索引技术以及向量数据库技术三个方面出发进行介绍（如图 6 所示）。

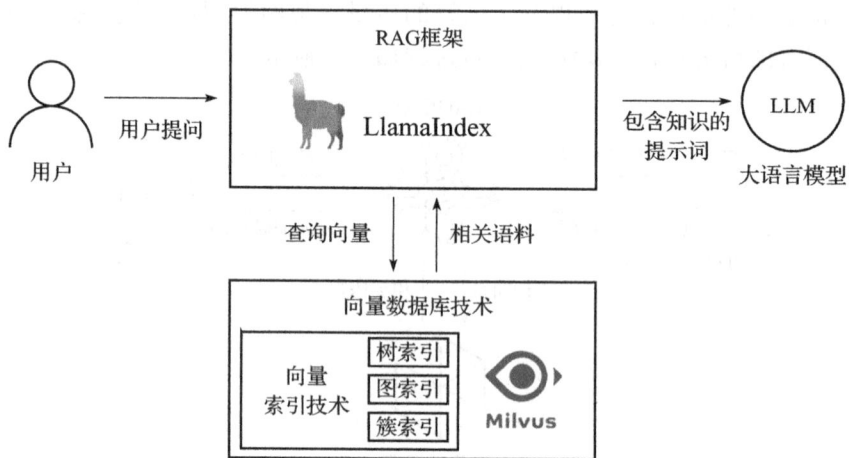

图 6 RAG 及向量数据管理技术

2.4.1 RAG 框架

尽管在 Transformer 架构被提出之前的 RNN 时代就已经有利用知识图谱等外部知识存储系统来提高 RNN 性能的尝试[140]，但基于 Transformer 架构的 LLM 实现的 RAG 技术标志着存储与利用外部知识的新高度。RAG[141] 最早在 2020 年由 Patrick Lewis 等人提出，成为这一领域的开创性工作。在这一突破性研究中，研究人员将维基百科作为外部知识库，将其划分为多个语料片段，并利用 BERT 模型[142] 对每个片段进行编码，生成蕴含片段语义信息的向量。这些向量被存储在一个高效的向量数据库中，作为知识片段的索引。为了处理用户的提问，研究团队微调了另一个 BERT 模型，用于将用户的提问文本转化为查询向量。这个查询向量随后在向量数据库中被用于检索，并找出与其最接近的 k 个语料片段。之后，这些语料片段与用户的原始提问作为输入被送入一个经过微调的

BART[143] 模型中。这种方法不仅能够有效地结合外部知识库与生成模型，还在实际测试中展现出显著的性能提升。测试结果表明，RAG 模型在所有四个开放领域问答任务中，均超过了当时的最先进水平。更为重要的是，RAG 生成的回答内容更加丰富，减少了幻觉现象的出现。这种利用向量数据库进行高效知识检索与生成的技术，展现了 RAG 在提升 LLM 性能方面的巨大潜力。通过这种创新的方法，RAG 不仅拓展了 LLM 的知识边界，还为未来更多应用场景中的知识管理和利用提供了新的思路与方向。

在 RAG 被提出之后，众多研究者基于这一技术展开了多种探索，进一步推动了这一领域的发展。2022 年，Sebastian Borgeaud 等人提出了 RETRO[144]。RETRO 同样利用 BERT 对知识库进行向量索引，但在生成器方面，他们设计并训练了自己的大语言模型。通过这种架构，RETRO 仅使用了 GPT-3 二十五分之一的参数量，就达到了与 GPT-3 相当的模型性能。这一成果充分体现了 RAG 架构的优越性，它不仅在性能上取得了突破，还在资源利用效率上表现出色。Michihiro Yasunaga 等人则进一步扩展了 RAG 的应用，提出了 RA-CM3[145]，这是一个基于 RAG 思想优化的多模态大模型。RA-CM3 利用 CLIP 模型对多模态数据进行编码，并通过密集检索技术实现高效的索引。尽管在参数量和训练计算量上相对较少，但 RA-CM3 在多模态任务中的表现达到了学术界的领先水平。这一研究不仅展示了 RAG 在多模态领域的潜力，还为未来的多模态大模型开发提供了新的思路。

现今也存在一些开源 RAG 框架，LlamaIndex[146] 是其中一个较为流行的开源项目，其提供了丰富的工具集来为 RAG 应用提供支持。在数据源方面，LlamaIndex 提供了一个数据连接器，可以将 PDF、SQL 或其他高级 API 作为数据来源。在构建向量索引的阶段中，LlamaIndex 支持用户调用本地模型或使用云厂商提供的远程模型服务来构造向量索引。同时，LlamaIndex 还通过引擎这一抽象来提供基于自然语言的数据访问服务，例如使用查询引擎提供类似搜索引擎的服务，通过无状态的单一问答模式调用 RAG 系统，完成数据内容的查询；而聊天引擎则可以提供类似 ChatGPT 的聊天接口，在聊天过程中利用 RAG 知识库提高对话质量。LlamaIndex 还可以对 RAG 过程进行个性化，实现所谓的"高级 RAG"。例如，LlamaIndex 允许自定义知识库语料的预处理和后处理，可以在载入知识时自动添加日期、章节等元数据信息辅助索引，而在检索知识时可以自定义调用部分传统工具或者模型工具，实现对检索结果的筛选和去重。这样的高级 RAG 一方面可以提高服务水平，另一方面也可以减少传入大模型的提示词总量，降低用户使用成本。

2.4.2　向量索引技术

RAG 类的应用往往会在向量数据库中插入海量的待检索向量，然后用一个查询向量从数据库中查找 k 个与查询向量最为接近的向量。然而，求解严格 k 最近邻的算法的时间开销大多不可接受。因此在实际生产中，业界普遍使用近似最近邻 ANN（Approximate Nearest Neighbor）这一算法实现向量搜索。当今系统中常用的 ANN 算法可以粗略分为三类，分别是树索引技术、图索引技术以及簇索引技术。

在基于树状结构的向量索引技术中，常见的数据结构包括 KD 树、Ball 树和 VP 树。

KD 树是一种二叉树，通过将数据递归地划分为超矩形区域来构建。其构建过程从选择一个维度开始，先找到该维度上的数据中位数，然后将数据分为两部分：左子树包含小于中位数的点，右子树包含大于或等于中位数的点。这一过程在每个子树中进行重复，直到所有数据点都被划分。KD 树适用于低维数据的最近邻搜索，但在高维数据中可能造成性能下降。Ball 树则通过递归地将数据划分为超球体区域来构建，适用于处理高维数据，特别是在数据分布不均匀时表现更佳。VP 树是通过选择一个中心点（Vantage Point），并根据与中心点的距离将数据划分为两部分来构建的。它适用于度量空间中的数据，并能有效处理各种距离度量。VP 树的构建过程与 Ball 树类似，通过选择中心点、计算距离并划分数据，直至所有数据点被分割为止。

在基于图的向量索引技术中，一些经典的数据结构包括 k-NN、NSW 和 HNSW。k-NN 是一种图结构，它将数据点表示为节点，并通过边连接每个节点与其 k 个最近邻节点。该结构的构建过程涉及计算数据点之间的距离，确定每个数据点的 k 个最近邻，并在它们之间建立连接，适用于各种距离度量方法，能有效地表达数据点之间的局部相似性。NSW（Navigable Small World）[147] 通过引入长距离边来增强图的可导航性。该结构从随机选择的节点开始，逐步将其他节点插入图中，通过随机选择现有节点并根据特定距离度量找到插入点的最近邻节点，并在二者之间建立边。NSW 能够在较低的计算成本下实现高查询效率，特别适用于处理大规模数据集。HNSW（Hierarchical Navigable Small World）[148] 是一种分层的 NSW，通过在多个层次上构建 NSW 来提高 ANN 搜索的效率。该结构从最高层开始构建，每层都是一个 NSW，节点数量逐层增加。新节点插入过程类似于 NSW，但只插入到指定层次及其以下的层次中。HNSW 通过分层结构显著提高了搜索效率和准确性，适用于需要高精度查询的应用场景。

为了适应当今亿级别的向量存储需求，学术界提出了一些更加高效的新型图结构向量索引，浙江大学等机构提出的 NSG（Navigating Spreading-out Graph）[149] 就是其中之一。NSG 的设计者指出之前的大部分图结构向量索引主要基于直觉进行设计，不能在数学上证明其索引性能。因此，他们首先提出了一种保证对数复杂度平均搜索时间的图索引结构，称为单调相对邻域图（MRNG）。尽管有着良好的搜索节点性能保证，但是 MRNG 建立索引的过程过于复杂，无法在实际生产中使用，因此研究人员对 MRNG 进行了简化和近似，推导出了 NSG 这一数据结构的基本设计。NSG 在建立索引时不会将所有节点视为候选邻居，而是只将从导航节点到目标节点搜索路径上的节点子集合作为候选邻居集合，提高了建立索引的效率。而为了避免索引图的度数爆炸，NSG 限制了每个节点的出度，以实现更加平衡的图结构。在此基础上，NSG 还引入了基于 DFS 生成树的技术，确保了索引图的连通性。NSG 的索引通过稀疏图的方式存储，不需要存储额外的结构，因而可以高效使用有限的内存。实验表明，NSG 可以提供和 MRNG 类似的低复杂度搜索，同时降低了建立和存储索引的代价。

簇索引技术基于聚类算法和倒排索引实现，这类算法通过 KMeans 聚类将向量空间分割成 k 个 Voronoi 区域，每个区域由一个聚类中心向量代表。在检索时，仅需在与查询向量距离较近的几个区域内进行搜索即可，大幅缩小了搜索范围。通过聚类算法和倒排索引，可以构造面向亿级规模向量的索引系统，在内存和持久化存储混合的存储系统中使用。该领域的典型工作包括 IVFOADC+G+P[150]，它相较于朴素的倒排索引技术，引入了多项特殊设计和改进。首先，它使用更大的码书（Codebook）来细致地划分特征空间，从而提高候选列表的质量，使得每个查询更有可能找到接近的邻居。其次，它提出了一种新的内存高效的分组方法，有效地将数据库中的点进行分组，提升了检索效率并降低了内存占用。此外，它对传统倒排索引结构进行了优化，包括更高效的数据组织方式和搜索算法，显著提升了检索性能而不增加内存消耗。最终，它在压缩域中实现了优化的十亿级规模向量的搜索，利用数据的压缩特性，在保证搜索效率的同时减少了存储空间需求。

2.4.3 向量数据库技术

尽管已有丰富的向量索引算法，但此类算法距离实际可用的向量数据库系统还有一定差距。现实场景的向量数据往往无法全量存储在内存中，必须引入多级存储介质，协同提供向量存储服务。在这样的场景中，向量存储和索引技术也需要进行针对性调整，以适应复杂的存储系统，这为向量数据库这一领域带来了更多挑战。

DiskANN(Disk-based Approximate Nearest Neighbor)[151] 是一种针对大规模数据集设计的高效索引方法。传统向量索引系统基于内存设计，查询过程需要将所有索引信息加载到内存中。而 DiskANN 的核心贡献在于其允许将图索引和原始数据存储在 SSD 中，并在搜索时从 SSD 中高效地读取所需的邻居节点，从而在内存资源受限的情况下也能处理和搜索十亿级规模的数据。DiskANN 首先设计实现了一种新型的图索引算法 Vamana，其搜索路径长度优于 NSG 和 HNSW 等经典图索引算法，使得 DiskANN 可以最小化硬盘读取次数。传统图索引的建立算法需要将向量数据都保存在内存中，而十亿规模的向量数据造成的内存压力过大，因此不再适用。针对这一问题，DiskANN 的图索引算法引入了 K-Means 聚类算法对向量数据进行划分，再为每个簇分别建立一个 Vamana 子图，该算法可以为每个簇分别建立索引，因此降低了内存占用。同时，DiskANN 还会将每个向量加入到最近的若干个簇内，使不同簇的子图相互重叠，便于合并为完整的图索引，有助于减少搜索占用的计算资源。同时，DiskANN 还采用量化技术对原始向量进行压缩。搜索过程中，DiskANN 只在内存中载入压缩后的索引向量，通过计算压缩向量间的距离来近似计算原始向量间的距离，有效减少了内存占用并保持了较高的搜索精度。为了优化搜索效率，DiskANN 还采用了集束搜索策略。集束搜索一次从 SSD 中载入最临近的若干个向量，从而减少对 SSD 的访问次数，降低搜索延迟。

SPANN[152] 则是一个基于簇索引的向量存储系统，可以独立地在多个簇上运行最近邻搜索算法。SPANN 同样旨在解决内存-硬盘混合存储场景下的向量检索问题，但是其相较于 DiskANN 实现了更多针对性优化。SPANN 观察到处理尺寸更大的簇会产生更多耗时的硬盘读操作，因此簇之间的尺寸不平衡会导致一次搜索中的多个搜索子任务的耗时不平衡，影响系统的整体查询时延。基于这一观察，SPANN 提出了分层平衡聚类算法，通过迭代地对尺寸较大的类运行 K-Means 聚类切分，高效地实现了对向量数据的划分并保障了簇尺寸之间的平衡。为了快速检索需要查询的簇集合，SPANN 在各个簇的代表向量间建立了一棵向量索引树，从而在亚微秒级的时间内找到待检索的簇。而在解决边界向量的查询问题时，SPANN 优化了 DiskANN 的方案。只有当一个向量和最近的几个簇距离相近，且难以判断归属时，SPANN 才会将其重复地加入多个簇。这一技术在保证召回率的前提下，有效减少了索引的尺寸，从而降低了读取簇索引的耗时。此外，SPANN 还引入了动态搜索剪枝技术。传统簇索引会固定查询最接近的 k 个簇，而 SPANN 会计算最近的簇质心与查询向量之间的距离，随后筛选出与此距离相近的簇进行检索，避免盲目查询 k 个簇带来的性能浪费。通过上述设计，SPANN 在相同召回率下，相较 DiskANN 实现了 2 倍的查询速度提升。

SPFresh[153] 是 SPANN 的后续工作，其在 SPANN 的基础上实现了向量索引的就地更新。现有的基于簇的索引系统通常需要维护一个次要索引来累积更新，然后定期将这些更新与主索引合并，导致搜索延迟和准确性波动较大。SPFresh 则提出了 LIRE，这是一种轻量级的增量重平衡协议。LIRE 支持在更新向量过程中就地进行分区的合并与分割，并重新分配附近分区中的向量，以适应数据分布的变化，维持簇索引的性能。这种方法相对于全局重建解决方案，表现出更优异的查询延迟和准确性，资源需求也显著降低。实验结果表明，对于十亿规模的向量数据集，SPFresh 在查询延迟、查询准确性和资源利用率方面均优于现有的 ANN 系统。

VBASE[154] 旨在高效地支持涉及最近邻向量搜索和传统关系演算的复杂在线查询。由于向量查询任务缺乏传统意义上的单调性，因此难以兼容关系数据库的查询流程。传统向量存储系统在处理此类混合查询时，通常选择查询 k 个最近邻向量，并利用这些向量与查询向量的相似度构造临时的单调索引，从而接入关系数据库的查询流程。这种方法虽然能解决部分问题，但由于难以预测最佳的 k 值，导致了潜在的性能问题。VBASE 通过识别并利用一种名为"松弛单调性"的共同属性，从而可以在检索到足够数据时，动态决定是否停止对向量数据的进一步查询，从而减少不必要的向量数据检索，显著提高查询效率。

上海交通大学近期的一项工作[155] 则从更底层的视角审视了 DiskANN 和 SPFresh 这两个向量数据库领域的代表性工作，识别了其中的性能问题。随后，该工作利用二级内存对这两个项目进行了优化。该工作首先提出了如下观察：无论是基于图结构还是基于簇结构，向量数据库的索引都会产生大量的小尺寸随机读，而这样的访问模式对于 SSD 这类块设备非常不友好，导致 SSD 的吞吐性能显著降低。以图结构向量索引为例，典型的图索引系统 DiskANN 会默认为每个节点连接 32 个邻居，每条边占用 4B 空间，则每个节点的索引尺寸为 128B，显著小于 SSD 中 4KB 的读取粒度，造成严重的写放大问题。一种可能的解决方案是为每个节点连接更多的邻居，使每个节点的索引尺寸接近 4KB，同时降低搜索过程的路径长度，但是这会导致索引尺寸被严重放大，产生约 39 倍的额外空间代价。该工作发现由非易失性内存以及基于 RDMA 或 CXL 的远端内存构成的二级内存有着良好的随机读写特性，更加适应向量索引的存储需求。然而，这类二级内存相较一级内存有较高的访问延迟，因此无法直接将为内存设计的索引算法应用在二级内存上。

该工作因而给出了利用二级内存加速向量数据库索引的建议：在图索引中利用一个软件流水将 I/O 过程和计算过程并行执行，并压缩图索引的存储方式以减少内部碎片，使其能更加充分地利用二级内存的随机访问优势。而在簇索引中，该工作建议可以避免在不同簇中重复存放向量，并利用一种簇感知的算法对索引进行分组。基于上述优化建议，该工作在只使用了少量二级内存的条件下，将 DiskANN 和 SPFresh 的性能分别提高了 2.3~4.1 倍与 1.4~7.1 倍。

向量数据库领域也有一些优秀的开源项目，其中比较有代表性的是由 Zilliz 开发的云原生向量数据库 Milvus[156]。Milvus 旨在解决海量向量数据的实时召回问题，其支持 FAISS[157]、Annoy、HNSW 等向量搜索算法，并提供了数据分区分片、数据持久化、增量数据摄取、标量向量混合查询、Time Travel 等功能，可以满足多种向量检索场景的需求。Milvus 采用共享存储架构，实现了存算分离，并支持计算节点的横向扩展。Milvus 现在已应用于多个领域，为用户提供高效的数据查询与检索服务。

2.4.4　基于知识图谱的 RAG 系统探索

通过向量数据库检索语料构建的知识库虽然能够找到与提问在语义上接近的内容，但难以捕捉到在语义上差异显著但在逻辑上紧密相关的信息。这一局限性使向量数据库在查询信息的质量方面存在一定的不足。为了解决这一问题，部分研究人员着眼于利用知识图谱作为外部知识库提高大模型的推理质量。知识图谱是一种结构化的语义知识库，通过图的方式组织和呈现知识。图结构由节点（实体）和边（实体间的关系）组成，旨在表达事物的属性及事物间的多种关系，因而可以支持复杂的查询和分析。

KagNet[158] 在 LLM 发展早期就进行了相关尝试，其尝试利用知识图谱评估 LLM 的回答是否符合逻辑，从而间接提高 LLM 的回答质量。KagNet 首先利用知识图谱技术提取出用户提问（Q）和大模型回答（A）中的实体信息，并在知识图谱中构造与上述 QA 实体相关的子图。然后，KagNet 利用基于图神经网络（GNN）和长短期记忆（LSTM）网络两种技术实现的专用神经网络评估 QA 实体在子图中的关系，并计算出大模型回答的合理性评分。

QA-GNN[159] 则对 KagNet 进行了进一步优化，其观察到 KagNet 构造的子图会引入所有和 QA 相关的实体在知识图谱中的邻居，然而大部分此类实体都与 QA 内容实质上无关，反而会影响后续网络的评分准确性。因此 QA-GNN 将子图中的所有节点与 QA 文本原文合成到一段提示词中，利用一个预训练的 LLM 评估子图中各节点与 QA 文本的相关性，从而在后续的子图分析流程中降低此类无关节点带来的干扰。此外，QA-GNN 还将 QA 文本建立为一个虚拟的知识实体节点，并与知识图谱子图中的各相关节点建边，从而令子图分析算法可以考虑到 QA 文本蕴含的语义，提高评估的准确性。

GREASELM 系统[160] 认为 KagNet 未能对 QA 文本信息和知识图谱的图信息进行融合。为了打破这两种信息形式之间的语义鸿沟，GREASELM 修改了用于处理文本信息的 LLM 和用于处理知识图谱的 KG 模型。通过在每个 LLM 的模型层和 KG 的模型层后增加一个信息交换层，可以令 LLM 和 KG 模型都能在推理过程中直接获取到另一种形式的信息，实现自然语言和知识图谱的联合推理。

上述的工作大多依赖于外部已有的知识图谱，没有考虑知识图谱的构建过程，也无法与现有的基于向量数据库的 RAG 系统直接兼容。针对上述问题，微软提出的 GraphRAG[161] 提供了自动根据用户语料生成知识图谱的能力，并利用该图谱显著提高了 RAG 系统的回答精度。GraphRAG 将主流 RAG 系统中根据语料构建向量数据库的过程替换为知识图谱的构建过程，从而兼容主流 RAG 系统的工作流程。具体来说，GraphRAG 通过多轮 LLM 调用来分析语料片段，识别出知识图谱中的实体以及实体间的关系，完成知识图谱的构建。建图完成后，GraphRAG 利用社区检测算法来识别知识图谱中连接密集的子结构（称为社区），并通过为每个社区生成摘要，为后续推理阶段的查询提供支持。在查询指定问题的相关语料时，GraphRAG 将所有摘要打乱后进行分块，并尝试利用各个块作为回答用户提问的提示语料。框架会指导 LLM 对每个语料片段的相关性进行评分，以便在下次迭代中集中最相关的语料片段，并最终生成一个最优质的回答返回给用户。通过上述设计，GraphRAG 使 RAG 系统的回答精度得到了显著提升。

2.4.5 操作系统 RAG 知识库数据管理软件的支撑

面向 RAG 知识库的数据管理软件负责海量数据的存储和检索，因而需要操作系统对于相关硬件资源管理的高效支撑，从而使能对数据的高效访问。

首先，操作系统为数据管理软件提供了异构多层存储支持。RAG 系统中包含显存、内存、高带宽内存（HBM）、非易失性内存、固态硬盘、机械硬盘等特性各异的存储介质，如何充分利用这些介质为数据管理软件提供支持成为影响 RAG 系统性能的关键。因此，操作系统应面向异构多层存储提供对相关 RAG 应用访问友好的系统抽象，在尽可能发挥硬件性能的同时满足应用需求。在非易失性内存中，操作系统提供了直接访问（Direct Access）支持，允许用户态程序直接访问非易失性内存中的数据，避免复制到页缓存产生额外开销，从而有效提高基于非易失性内存的 RAG 应用的查询性能。此外，现有的分布式 RAG 应用大多采用分布式文件系统作为底层存储，实现可靠且高效的统一文件系统抽象，并基于此完成数据传递，而不必显式地设计节点间的通信流程，在简化分布式 RAG 应用开发的同时使应用更加高效。

其次，操作系统还为数据管理软件提供了大内存支持。RAG 场景使用的知识库索引结构可能超过内存大小，因此通常需要引入对硬盘的访问，导致性能下降。而随着 RDMA、CXL 等硬件互联技术的快速发展，系统软件可以通过将多台机器的内存设备统一抽象为"大内存"，缓解单台机器的内存压力。目前，操作系统已经提供了基于成熟的 RDMA 通信链路实现的远端内存机制，可以作为本机原生内存的补充，缓解内存压力；而 CXL 等更为先进的互联技术尽管在硬件上尚未成熟，但现有操作系统已经在软件上为 CXL 链路提供了充分的支持。另外，学术界现有工作已经实现了基于 CXL 缓存一致性协议的共享内存学术原型，此类技术在 RAG 应用中有着缓解内存压力的潜在可能，有望为 RAG 应用进一步带来性能提升。

2.5　大模型编排软件

通用大模型在处理一般问题时表现出良好的泛化能力，然而在实际的生产和生活中，其能力往往受到诸多因素限制。首先，许多实际问题需要特定领域的专业知识才能解决。例如，在医疗诊断中，需要结合患者的病史、症状和各类检查结果才能做出准确的判断，这需要深厚的医学知识和临床经验。为每个领域训练定制的大模型是一种解决方案，但成本高昂。其次，大模型虽然具备强大的思考能力，但无法直接用于解决具体问题。例如，在自动驾驶中，车辆不仅需要处理复杂的道路状况，还需要实时感知周围环境，这需要结合传感器数据、实时决策和精确的控制能力。

大模型编排软件（如图 7 所示）可以将大模型这一用于思考的"大脑"，与记忆、行动等其他功能模块进行组合，从而赋予大模型解决生产生活中的实际问题的能力。随着大模型生态的飞速膨胀，大模型编排软件层出不穷，各类软件之间的功能既有重叠也有差异。本节将首先介绍大模型编排软件的组成部分，再介绍目前主流的大模型编排基础软件。

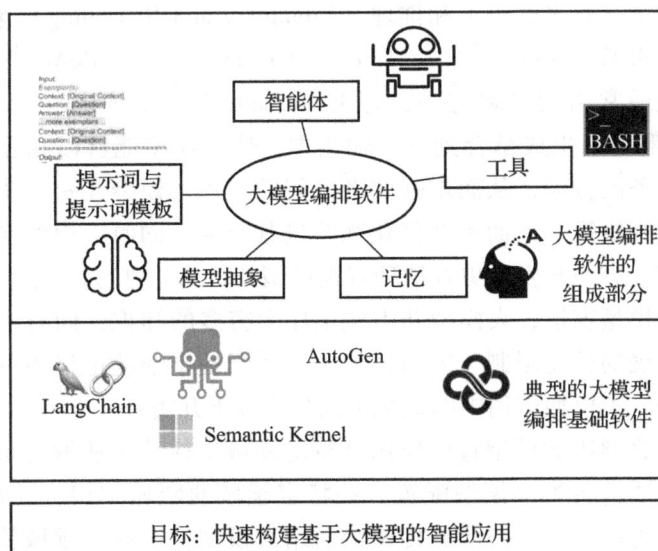

图 7　大模型编排软件概览

2.5.1　大模型编排软件的组成部分

大模型编排软件种类繁多，尚未形成统一的标准形式。尽管如此，这些软件在功能和设计上存在一定的共性，同时也存在显著的差异。下面我们将介绍常见大模型编排软件的核心组成部分，包括模型抽象、提示词与提示词模板、记忆、工具以及智能体等。通过对这些关键组件的介绍，希望能够帮助读者更好地理解大模型编排软件的内容和功能。

　　模型抽象。大模型是各类大模型编排软件的核心。为了更好地安排模型与其他模型之间的交互，大模型编排软件一般会对大模型进行一层简单的抽象。最基本的大模型抽象接收一个字符串作为输入，并输出另外一个字符串，也有许多软件基于此构建更加高级的抽象。例如，LangChain[14] 提供了 Chat models 组件。该组件背后的语言模型使用一系列消息作为输入并返回聊天消息作为输出。Chat models 组件允许为对话消息分配不同的角色，将来自 AI、用户和系统的消息进行区分，因而可以提升大模型的使用效果。LangChain 还提供了 Embedding models 组件，用于调用模型执行 embedding 任务。一般来说，各类模型编排软件本身并不提供任何大模型，开发者需要选择与编排软件兼容的第三方模型，并将其集成到系统中。

　　提示词与提示词模板。提示词能够引导语言模型完成特定的任务或目标，在大模型应用中起着关键作用。大模型编排软件通常会提供与提示词相关的各类组件。例如，LangChain 提供了提示词模板（Prompt Template）、示例选择器（Example Selector）。提示词模板用于将用户的输入和参数转换为固定格式的语言模型指令，从而指导和帮助模型理解上下文，并生成相关且连贯的基于语言的输出。示例选择器则根据用户的输入，动态选择恰当的示例，以提升模型反应的效果。

　　在大模型应用中，有多种提示和推理（Prompting and Reasoning）策略，例如 Chain-of-Thought[162]、Self-Consistency[163]、Tree-of-Thought[164-165]、ReAct[166]、Reflexion[167] 等。其中 ReAct 是最常用的策略之一，在 LangChain[14]、AutoGen[168] 等工具中均有采用。ReAct 将推理和行动生成结合到一个输出中，使大模型能够以相互交织的方式生成推理记录和特定任务的行动，从而增强两者之间的互动。模型在每一步行动后都会根据新的信息进行推理和决策，从而不断优化和改进其行为。同时，模型在执行行动的同时会给出思考的内容，方便开发者更好地理解大模型的行为并进行调试。

　　记忆。受限于模型容量，大模型并不能记住无穷多的知识，同时当前的大模型对于推理的上下文有明确的长度限制。因而，为大模型配备单独的记忆组件是大模型应用中非常关键的一部分。大模型应用中的记忆可以分为以下几类：

　　● **知识记忆**：将通用大模型直接应用到特定领域中往往无法取得很好的效果。因而在大模型应用中，通常会为大模型配置一些特定领域的领域知识，并在调用大模型时，将这些领域知识作为提示词的一部分传递给通用大模型。这部分领域特定的数据可以被归类为知识记忆。

　　● **对话记忆**：在使用大模型时，通常需要多轮对话才能完成一个特定任务。由于大模型本身并不具备记忆功能，因此大模型编排软件需要将对话的内容保存下来，以保证多轮对话中话题的相关性。

　　● **归档记忆**：为了让大模型应用越来越好用，一般还需要保留从此前的任务中学到的知识和经验教训，允许智能体随着时间的推移建立和完善知识库。

　　记忆使得大模型可以不断适应新的场景和需求，记录用户的喜好和历史对话，并且不断从历史中学习经验，以更好地解决问题。大模型编排软件通常使用向量数据库保存记忆。在实际的编排软件中，MetaGPT 具有记忆的抽象；crewAI[169] 具有短期记忆

（Short-Term Memory）、长期记忆（Long-Term Memory）、实体记忆（Entity Memory）、上下文记忆（Contextual Memory）等记忆组件。LangChain 同样具有记忆、向量存储等组件。

工具。工具赋予了大模型与外界交互的能力。通过大模型的规划和思考能力，智能体可以将一个复杂的问题拆解成多个小任务。每个小任务可以被某个工具完成。一般来说，大模型编排软件提供的工具可以分为三类：基本工具、智能体工具、定制化工具。

- **基本工具**：基本工具一般用来执行一些确定的任务，包括文件读写、信息搜索、执行脚本、下载文件等。这些任务可以通过调用现有的代码库来完成，比如在文本文件中进行搜索、下载和解析网页等。除了在本地执行，基本工具也可以通过调用现有服务的云端 API 执行任务，比如进行网页搜索、拨打电话等。举例来说，LangChain 提供了 Shell、Google Drive、Wikipedia、Python、Gmail 等一系列工具（Tool）和工具集（Toolkit）。另外一个编排软件 BondAI[170] 中则包括用于执行 Python 代码和与 Shell 进行交互的工具（PythonREPLTool、ShellTool）、用于文件访问的工具（FileQueryTool、FileWriteTool、FileReadTool）、用于网页搜索和下载文件的工具（WebsiteQueryTool、DownloadFileTool）等。
- **智能体工具**：与基本工具不同，基于智能体（Agent）的工具可以通过调用其他智能体来完成特定任务，因此智能体之间会产生交互，例如 BondAI 中的 AgentTool。当然，并不是所有编排软件都通过工具的形式实现智能体之间的连接。
- **定制化工具**：大模型编排软件一般还允许用户自己设计和编写工具，以便满足定制化需求。

智能体。智能体是一个能够在特定环境中感知、思考并采取行动的实体。大模型编排的目标之一是构建一个或者多个智能体，用于解决实际问题。在基于大模型构建的智能体中，大模型是整个智能体的大脑，负责在提示词的引导下思考和制订行动计划。前面提到的记忆组件为大模型提供了感知和记忆功能。一系列工具则为大模型提供了行动能力。同时，大模型之间还可以进行交互，从而构建一个多智能体系统。大模型编排软件在单个智能体的构建和多个智能体的交互方面发挥着关键的作用。

2.5.2　主流的大模型编排基础软件

下面将介绍目前主流的大模型编排基础软件。

LangChain[14]：LangChain 使用声明式语言 LangChain Expression Language（LCEL），将包括大语言模型在内的诸多组件连接起来。声明式的连接方式不仅简化了开发者的工作，还带来了流式处理、异步执行、并行执行等诸多好处。然而，LangChain 的 LCEL 只能构建有向无环图（DAG）。在某些复杂的应用中，环形结构（即允许节点之间存在回路）是不可避免的。环形结构允许开发者迭代性地调用大模型，这对于某些需要反复优化和调整的任务来说至关重要。

为了满足这种需求，LangChain 通过 LangGraph 库提供了构建复杂多智能体应用的能力。LangGraph 允许开发者在调用关系时使用环形结构，从而将多个组件构成复杂的图状结构。通过 LangGraph，开发者可以设计出更加灵活和动态的系统，满足不同任务的需求。在基于 LangGraph 的图中，每个节点均维护自己的状态（State），并将信息以状态的形式在不同节点之间传递。这种状态管理机制使得系统能够记住每个节点的历史信息，从而在需要时进行合理的决策和调整。例如，在一个多智能体系统中，不同智能体可能需要共享某些全局状态信息，以协调彼此的行动。通过在节点之间传递状态信息，LangGraph 能够实现这种协调和合作。此外，LangGraph 还支持多种高级特性，如错误处理、回退机制和动态调整。错误处理机制确保了系统在遇到异常情况时能够及时响应并采取适当的措施，而回退机制则允许系统在必要时回退到之前的状态，避免因错误操作导致的严重后果。动态调整机制使得系统能够根据实时的反馈和变化进行自我优化，从而提高整体性能。

AutoGPT[15]：AutoGPT 是一个基于 OpenAI 的 GPT-3.5 和 GPT-4 API 的大模型自动编排工具。与 LangChain 需要开发者进行编程不同，AutoGPT 充分利用 GPT 模型强大的自然语言处理能力，实现了从用户指令到最终结果的全自动化过程。AutoGPT 的核心功能是通过用户提供的一句自然语言指令，自动生成执行计划，并逐步执行，直至达成用户预期的结果。具体来说，在收到用户的输入后，AutoGPT 首先会利用大模型进行任务分解，将任务分解成几个目标。此后，AutoGPT 会询问大模型下一步动作，在完成指定动作后，将反馈提供给大模型，并询问大模型下一步动作，直到任务被完成。AutoGPT 提供了一系列工具（在 AutoGPT 中称为 command），如执行代码（execute_python_file）、访问网页（browse_website）等。AutoGPT 将这些工具的描述提供给大模型后，大模型可以让 AutoGPT 去调用工具，执行一些基本功能。

AutoGen[168]：AutoGen 是微软研究院提出的一个框架，其通过"对话"的方式，允许开发者开发具有多个智能体的大模型应用。多个大模型之间通过"对话"的方式相互沟通合作，简化了大模型工作流的编排和优化。AutoGen 在其设计中使用了一种通用的可定制、可对话的智能体。它可以是大语言模型，也可以是用户输入或工具，也可以是二者的组合。由于每个智能体都是可以对话的，即可以接收和发出消息，因而智能体之间可以相互交流。AutoGen 将大模型应用的工作抽象为多个智能体之间的对话，并提出基于对话的编程方法，用于构建复杂的大模型应用。

AutoGen 的应用场景包括多模型协作、用户交互系统和工具集成。在需要多个大模型协作的场景中，AutoGen 可以显著提高效率。例如，在自然语言处理任务中，一个模型负责生成文本，另一个模型负责校对和优化，两个模型通过对话进行协作。AutoGen 还可以用于构建复杂的用户交互系统，其中用户输入作为一个智能体，与其他智能体进行对话，从而实现复杂的交互逻辑。此外，AutoGen 允许将各种工具集成到对话系统中，例如数据处理工具、分析工具等。这些工具作为智能体，与大模型进行对话，从而实现自动化的工作流。

MetaGPT[171]：MetaGPT 是一个开源的多智能体框架，通过将标准作业程序（Standard Operating Procedure，SOP）应用到多智能体交互中，解决多个大语言模型配合使用时产生的"幻觉"问题，从而使多智能体系统能够有效解决复杂的工程问题。大语言模型在生成文本时，常常会产生一些完全捏造或逻辑不一致的信息，这被称为"幻觉"问题。当多个大语言模型共同协作时，这种问题可能会被进一步放大，导致系统无法解决实际问题。MetaGPT 将 SOP 这种在人类工作流程中被广泛使用的方法，用于优化多智能体的协作。MetaGPT 将 SOP 编码到提示词中，在多个智能体之间验证中间结果，以减少错误和不一致性。通过这种方式，MetaGPT 能够有效地降低"幻觉"问题的发生概率，提升多智能体系统的可靠性和准确性。

MetaGPT 采用装配线范式（Assembly Line Paradigm），将不同角色分配给智能体，让它们各司其职。每个智能体负责特定的子任务，通过协同工作来完成复杂的整体目标。例如，产品经理可以通过网络和文档收集数据，开发工程师则进行代码开发和运行。这种任务分解和角色分配的方法，使得每个智能体能够专注于特定任务，从而提高整体系统的效率和准确性。

在信息交互方面，多个智能体之间通过标准的文档和流程图等结构化信息进行交流，并使用"发布-订阅"机制进行信息的共享与传递。结构化的信息格式提高了信息在传递过程中的准确度和完整性，基于"发布-订阅"机制的信息共享则确保了信息在智能体之间的高效流动和实时更新，实现了多个智能体之间的无缝协作，从而更好地解决复杂的工程问题。

Transformers Agent[172]：Transformers Agent 是由 Hugging Face 发布的一个大模型工具，用于简化和优化大语言模型的选择与调用过程。Hugging Face 平台托管了大量的预训练大语言模型，涵盖了广泛的应用领域和任务类型。然而，对于用户来说，如何在众多模型中选取最合适的模型来处理特定任务，往往是一个复杂且重要的问题。Transformers Agent 通过智能化的方式，根据用户的需求自动选择并调用合适的大语言模型，从而帮助用户高效地完成目标任务。其核心功能在于能够理解用户的指令，并基于指令内容和任务要求，在 Hugging Face 平台上筛选出最合适的模型。此外，Transformers Agent 的设计还考虑了扩展性和灵活性。随着 Hugging Face 平台上模型数量和种类的不断增加，Transformers Agent 能够持续学习和更新其选择策略，保持对最新模型和技术的支持。这使得它不仅能满足当前的任务需求，还能适应未来不断变化的应用场景。

Semantic Kernel[173]：Semantic Kernel 是微软开源的一个大模型应用软件开发套件，可以将 OpenAI、Azure OpenAI、Hugging Face 等大语言模型与 C#、Python 和 Java 等传统编程语言进行集成。通过提供强大的工具和框架，Semantic Kernel 使开发者能够更轻松地构建和部署大模型应用程序。Semantic Kernel 的核心概念包括连接器（Connector）和插件（Plugin）。

- **连接器**：连接器用于连接各种大语言模型，并提供记忆等扩展功能。通过连接器，Semantic Kernel 可以为应用程序添加一个"大脑"，使其能够理解和处理复杂的自然语言任务。连接器支持多种模型的接入，因而开发者不会受限于特定的某个大模型平台。

- **插件**：插件用于调用现有的应用程序和服务，实现大模型应用与现实世界的互动。通过插件，Semantic Kernel 能够拓展其功能范围，为"大脑"提供"手和脚"。插件可以连接各种外部服务，如任务管理系统、日历、电子邮件等，使得大模型能够执行实际操作，完成用户请求。

通过连接器和插件，Semantic Kernel 能够将现有的大模型和工具进行编排，并支持灵活的替换和扩展。这种架构设计使得开发者可以根据具体需求，快速集成和调整系统组件，构建出高度定制化的智能应用。

Semantic Kernel 还通过规划器（Planner）来解决复杂问题。规划器可以接收用户的请求，并返回一个能完成该请求的详细计划。规划器结合了大模型的推理能力和在 Semantic Kernel 中注册的插件，通过智能组合插件来实现目标。例如，用户可以通过自然语言请求创建复杂的工作流，规划器将自动调用相关插件并协调它们的工作以完成任务。例如，通过集成任务管理和日历事件插件，规划器可以创建复杂的工作流，如"去商店时提醒我买牛奶"或"提醒我明天给我妈妈打电话"。这些工作流不仅涉及自然语言理解，还需要与多个外部服务进行交互，Semantic Kernel 的规划器能够高效地处理这些任务，为用户提供智能化的解决方案。

2.5.3 操作系统对大模型编排软件的支撑

大模型编排软件通过将模型抽象、提示词与提示词模板、记忆、工具、智能体等多个组件结合在一起，能够快速构建大模型智能应用。在大模型编排软件中，不同模型、工具、智能体之间进行信息交互，而操作系统在这一过程中扮演了至关重要的角色。

操作系统的进程抽象是大模型编排软件运行的基础。不同的模型、工具服务、智能体运行在独立的进程中，各自负责特定的任务或功能模块。编排软件通过操作系统提供的共享内存、消息队列、管道等进程间通信（IPC）方法，在不同模块之间传递信息，从而实现任务的分解和结果的合并。例如，当大模型决策要从某个网址下载 JSON 文件的，它会通过进程创建和管道的方式对文件进行下载；当大模型决策要获取当前的位置时，它会通过进程间通信的方式发请求给系统中的位置服务。

操作系统中的容器技术为大模型编排软件提供了极大的部署便利和隔离需求保障。容器通过将应用程序及其所有依赖项打包在一个单独的、可移植的单元中，使得大模型编排软件中的各组件可以在任何环境中一致地运行，从而简化复杂的部署流程，确保不同组件之间的兼容性和稳定性。同时，容器技术通过提供轻量级的虚拟化环境，使得每个大模型或工具可以在独立的容器中运行。这种隔离性不仅增强了系统的安全性，还防止了不同组件之间的相互干扰。例如，在大模型编排软件中，不同的模型可能需要不同版本的库或依赖项，而容器能够确保每个模型在其独立的环境中运行，从而避免依赖冲突和版本不兼容的问题。

总的来说，大模型编排软件的高效运作离不开操作系统提供的底层支撑。通过进程抽象、进程间通信和容器等功能，操作系统为大模型编排软件提供了一个稳定、高效的运行环境，使得不同模型、工具、智能体之间能够顺利进行信息交互，协同工作，从而实现快速构建大模型智能应用的目标。

2.6 大模型操作系统

大模型的发展为操作系统本身也带来了新的发展机遇，主要体现在两个方面。一方面，当前涌现出一批专门为大模型定制的操作系统，这些系统为大模型应用提供了特定的运行环境与服务。另一方面，大模型的能力能够与操作系统进行深度融合，通过系统级别的大模型能力，为计算机用户提供更统一、更全面的智能服务。例如，通过集成大模型，操作系统可以实现更智能的资源调度、更精准的安全防护以及更高效的任务管理。

此外，用户在使用计算机的过程中，可以享受到更加智能的助手服务，如自然语言处理、图像识别、自动化办公等，使得操作系统不仅是一个用于执行程序的环境，还是一个智能化的助手，能够主动理解和满足用户的需求。

因此，本节将从"面向大模型的操作系统"和"融合大模型的操作系统"这两个方面分别展开介绍，如图 8 所示。

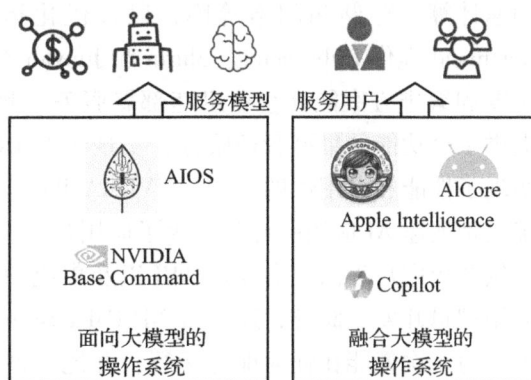

图 8 大模型操作系统

2.6.1 面向大模型的操作系统

AIOS[174-175]：AIOS 是一种适用于大语言模型时代的新型系统生态。在大语言模型时代，以大语言模型为基础的智能体是为用户提供服务的主体。智能体通过调用大语言模型进行指令理解、信息处理、决策、执行等一系列自主行为，从而与用户和环境进行交互，解决实际问题。

在智能体生态快速发展的背景下，智能体的数量和复杂度快速增加，传统操作系统（OS）面临智能体任务调度次优、智能体推理上下文维持困难、异构智能体难以集成等问题，容易导致性能瓶颈和资源利用不充分。为了解决上述问题，AIOS 提出在操作系统中实现专用的 LLM 内核，由该内核专门处理与 LLM 相关的任务，以避免 LLM 任务与非LLM 任务之间的资源竞争和性能干扰。上述 LLM 内核包含一系列模块，分别提供针对LLM 应用的特定功能，具体包括：

- 智能体调度器：为智能体请求设定优先级并提供调度，以优化 LLM 利用率。
- 上下文管理器：支持 LLM 中间状态的快照和恢复，管理 LLM 的上下文窗口。
- 内存管理器：为每个智能体的交互日志提供短期存储。
- 存储管理器：在长期存储中持久保存智能体的交互日志，以供将来查询。
- 工具管理器：管理智能体对外部 API 的调用（如搜索、科学计算等）。
- 访问管理器：提供智能体之间的访问控制和隐私保护。

此外，AIOS 还提供 LLM 系统调用接口和 AIOS SDK。LLM 系统调用接口允许智能体透明地使用 LLM 服务。AIOS SDK 进一步封装了 LLM 系统调用，为智能体开发者提供更便利的智能体函数库。在 AIOS 架构下，智能体任务将被分解为 LLM 推理和 OS 任务。通过两种任务的协同组合，多个 LLM 代理能够处理越来越复杂的多模态任务，完成推理、执行以及与物理世界的互动。

NVIDIA Base Command[176]：为了最大化 AI 基础硬件设施的性能和可用性，提供先进的基础软件设施是十分紧要的。NVIDIA 提出了一个名为 NVIDIA Base Command 的操作系统，通过针对 AI 数据中心的设计和协调，最大化地利用数据中心的硬件资源并保证高可用性。

    NVIDIA Base Command 操作系统基于 NVIDIA DGX 平台，涵盖了集群编排和管理、加速计算、存储和网络等库，以及优化运行 AI 工作负载的系统软件。NVIDIA Base Command 提供 Kubernetes、Slurm 和 Jupyter Notebook 环境。这些经工业界广泛验证的成熟调度和编排方案能让企业迅速部署服务。此外，NVIDIA Base Command 还通过 NGC CLI 提供了全功能的集群管理服务，实现了对 DGX 平台从单节点到数千节点的端到端管理，实现了性能和可用性的双赢。NVIDIA Base Command 还与多种深度学习框架结合以在系统级别加速 AI 应用的计算。为了向用户屏蔽 AI 应用部署和集成的复杂性，NVIDIA 通过提供图形用户界面、命令行 API 以及集成的监控和报告仪表盘，让研究人员可以专注于应用逻辑开发。此外，通过将 NIVIDIA Base Command 与 Google Cloud 结合，企业代码只需编写一次就能在任何地方运行，并能弹性、按需使用算力。这种方式为企业提供了更大的灵活性和扩展性，使它们能够根据需要动态调整计算资源，从而在成本和效率之间找到最佳平衡点。NVIDIA Base Command 通过提供这些系统组件，向企业、数据科学家和 IT 团队提供了一个即用型的综合平台，实现了端到端地管理 AI 应用生命周期。从数据准备、模型训练到部署和监控，NVIDIA Base Command 涵盖了整个流程，确保 AI 项目能够顺利进行并快速迭代。

2.6.2   融合大模型的操作系统

    随着大模型的发展，越来越多的操作系统提供商将大模型作为一种系统服务融入操作系统，面向云计算、桌面和移动终端等不同的应用场景，为用户提供统一且便捷的智能服务。

    面向云操作系统的 Copilot：在 2023 年华为全联接大会上，华为发布了其最新的创新产品 EulerCopilot[177]。EulerCopilot 基于 ChatGLM 基础模型，结合了大量欧拉操作系统的代码和数据，能够为用户提供代码辅助生成、问答分析和系统运维等多方面的支持。例如，系统管理员可以通过简单的自然语言与 EulerCopilot 进行交互，命令其对系统的运行情况进行全面的数据收集、分析和微调。通过集成 A-Tune 和 A-ops 工具，EulerCopilot 能够自动生成并执行相应的脚本，完成系统监控、调整、故障排除等任务。

    阿里云 OS Copilot[178] 是阿里云推出的一款专为 Linux 操作系统设计的操作系统智能体，为 Linux 用户在学习、运维、开发等不同领域带来专业、高效、智能的全新体验。它基于大语言模型，并结合了阿里云操作系统团队的历史经验微调，能够理解自然语言、回答问题和执行各种任务。阿里云 OS Copilot 能够与 Linux 的各个组件深度集成，包括命令行界面、系统设置、文件管理等，从而使用户能以统一的方式在任何操作环境中调用 OS Copilot，并根据需求获得智能建议。例如，当用户在命令行中遇到问题时，可以调出 OS Copilot 菜单与其对话，让其提供命令的"帮助""示例"等操作，或根据当前任务进行提问。OS Copilot 会根据命令获取到系统的当前状态，并执行对应操作。此外，用户还可以通过与 OS Copilot 对话来对系统配置（比如网络设置）进行修改、对文件进行管理，或对应用进行特定操作。

面向桌面的 OS Copilot 框架[179]：OS Copilot 框架是由学术界提出的一种操作系统级别的通用智能体框架，它能够与操作系统中的各个综合元素进行交互，包括网页、代码终端、文件、多媒体以及各种第三方应用程序，从而为操作系统用户提供更方便的使用体验。OS Copilot 框架是针对 Linux 和 macOS 构建的框架，它能提供一个通用的交互接口，并在接口中整合了操作系统常见的交互方式，包括 Python 代码解释器、bash 终端、鼠标/键盘控制和 API 调用等。

OS Copilot 框架分为几个部分：规划器（Planner）、配置器（Configurator）和执行器（Actor）。规划器负责推理用户请求，并将复杂请求分解为更简单的子任务。配置器从规划器接收子任务并进行配置，以帮助执行器完成子任务。执行器包括两个阶段：可执行动作的定位和自我评价。在第一阶段，执行器根据配置器的提示提出一个可执行的动作（例如，bash 命令 "mkdir<dir>"），然后在操作系统中执行该动作（在此示例中通过 Bash 运行时环境）。评价模块随后将评估执行的结果并形成反馈，用来改进执行的效果，或更新长期记忆。

面向 Windows 的 Microsoft Copilot[180]：Microsoft Copilot 是微软在 Windows 11 中引入的一项智能助理新功能，被视为 Cortana 的继任者。Microsoft Copilot 基于 Bing Chat 技术，使用 OpenAI 的 GPT-4 模型，能够理解自然语言、回答问题和执行各种任务。

Microsoft Copilot 是一个系统层面的人工智能助理。与 Bing Chat 专注于搜索、GitHub Copilot 专注于代码推荐等特定应用的人工智能助理不同，Microsoft Copilot 能够与 Windows 11 的各个组件深度集成，包括文件资源管理器、设置、Microsoft Edge 浏览器等。这种深度集成使得用户能以统一的方式在任何应用程序中调用 Windows Copilot，并根据需求获得智能建议。例如，当用户使用浏览器阅读网页时，可以调出 Microsoft Copilot 菜单并与 Microsoft Copilot 对话，让其对文章进行 "总结" "转述" 等操作，或根据网页内容进行提问。Microsoft Copilot 会根据命令获取浏览器中网页的内容，并执行对应的操作。此外，用户还可以通过与 Microsoft Copilot 对话的方式，对系统配置（比如系统主题）进行修改、对文件进行管理，或对应用进行特定操作。

面向移动终端的 Apple Core ML[181] **与 Apple Intelligence**[182]：Core ML 是苹果公司为开发者提供的机器学习框架，以简化在 iOS、macOS、watchOS 应用程序中集成和运行机器学习模型的过程。利用 Core ML，开发者可以在没有网络连接的情况下，使用用户数据在设备端侧进行推理或微调模型，从而保证所开发应用的响应时间和用户的数据安全。

Core ML 为所有模型提供了统一的表示形式，并根据模型类型进行了性能优化，以减少模型推理带来的内存和功耗开销。Core ML 还为开发者提供了便捷的工具，能将基于 TensorFlow 或者 PyTorch 等库产生的模型转换为 Core ML 支持和优化的模型。这确保了通过 Core ML 框架集成的预训练模型在所有端侧设备上都具有良好的兼容性和性能。

在 2017 年推出 Core ML 框架后，苹果公司又在 2024 年推出了 Apple Intelligence。苹果公司宣称其与 iPadOS、iOS、macOS 深度集成，可以提供跨应用程序甚至从所处环境中提取信息并执行任务的能力，比如通过语音助手要求 Apple Intelligence 播放朋友推荐的音乐，它会从邮件、短信和第三方 App 等全局数据源中获取音乐信息并且执行任务。另一个能体现 Apple Intelligence 作为和 OS 深度集成的大模型系统的功能是全局的消息重要性判断能力，比如在邮箱中置顶登机牌邮件，或在通知堆栈中置顶关键信息并提供总结等。

由于大模型与 OS 深度融合，因此它能够跨应用程序收集用户信息，用户隐私保护成为这类大模型所面临的一大问题。从 Core ML 起，苹果公司就更倾向于在设备端处理用户数据。Apple Intelligence 使用端侧、私有云和第三方服务结合的方式提供服务。例如，全局重写和优化文本的工作由设备端 30 亿参数量的小尺寸大模型执行，更复杂的请求可能会被传输到私有云，只有在需要专业知识时，Apple Intelligence 才会在得到用户的显式批准后将数据发送给第三方大模型。

Android AICore[183]：Android AICore 是 Android 14 推出的新的系统服务，支持谷歌公司推出的 Gemini Nano 模型在设备端运行，这保证了更低的延迟、成本和更高规格的隐私保护。AICore 简化了将 AI 整合到应用程序中的工作，为应用程序提供模型管理、性能优化、隐私保护等功能。模型管理包括获取 Gemini Nano 的更新，适配底层硬件接口，管理大模型所需要的磁盘、内存等。在性能优化方面，AICore 利用了最新的大模型加速硬件，如 Google TPU 或者高通/联发科/三星芯片中的 TPU，并且使用 LoRA 等模型微调技术，优化大模型在端侧运行的性能。在隐私保护方面，AICore 与绝大多数软件隔离，且不能直接访问互联网，防止用户数据被泄露。目前，AICore 已经在三星和 Pixel 最新的手机中使用，录音机摘要、短信智能回复等功能已经集成了 AICore 的服务。

鸿蒙原生智能：随着信息技术的飞速发展，小程序和应用的爆炸式增长带来了信息过载的问题。传统的分发方式已无法满足用户对个性化、精准化服务的需求，因此，AI 辅助的智能精准分发变得尤为重要。同时，开发者也面临着如何高效编写智能应用的新挑战。为了应对这些挑战，鸿蒙系统提出了"原生智能"的概念，即在操作系统中内置强大的 AI 能力，将系统编排、智能调度等基础能力应用到操作系统中，从而充分发挥各类端侧设备的 AI 能力。

目前，鸿蒙系统主要通过不同层次的 AI 能力开放，降低智能应用的开发门槛，为鸿蒙生态应用的开发提供全方位支持。首先，鸿蒙系统通过基础 API 提供 AI 能力，满足开发者对各类 AI 能力的诉求。例如，鸿蒙系统提供的 MachineLearning Kit 为开发者提供了一系列场景化的 AI 能力，包括通用卡证识别、实时语音识别等。此外，MachineLearning Kit 还提供 AI 控件能力，将 AI 能力内嵌到控件中并提供给开发者。例如，当鸿蒙原生应用接入了 Image AI 控件时，用户只需在图片文字区域单指长按，即可选取图片文字。鸿蒙系统还提供了 Core AI API 用于图像语义和语言语音解析、OCR 文字识别等，以及 Core DeepLearning API 用于提供高性能低功耗的端侧推理和端侧学习环境。鸿蒙系统还提供了意图框架，它是系统级别的意图标准体系，能通过多维系统感知、大模型等能力构建全局意图范式，实现对用户显性与潜在意图的理解，并及时、准确地将用户需求传递给生态伙伴，匹配合适的服务，为用户提供多模态、场景化的进阶体验。例如，在控件 AI 化和意图框架的加持下，小艺能够将各种功能融合，实现多模态语义交互、智能系统推荐、任务自动编排执行等进阶功能。通过这些不同层次的 AI 能力开放，鸿蒙系统为开发者提供了全方位的支持，使得开发者能够更加高效地编写智能应用，同时也为用户提供了更加个性化、精准化的服务体验。

3 国内学术研究及产业进展

3.1 学术研究进展

近年来，我国研究机构在大模型基础软件构建方面取得了显著进展，开发出一系列前沿性的系统，推动了大模型技术的发展与应用。

清华大学在大语言模型的高效分布式预训练和推理方面取得了显著成果，提出了一系列创新的训练框架和加速引擎。首先，清华大学研发了"八卦炉"大模型训练系统[29]，其专为国产硬件优化，成功支持了百万亿参数量的大模型预训练，显著提升了国产芯片的软件支持能力。八卦炉采用先进的分布式检查点技术和内存分配优化，实现了低成本容错和高效率的内存资源管理。为了优化 MoE（Mixture of Experts）类大语言模型的训练效率，清华大学提出了 FasterMoe[184] 和 SmartMoE[185] 等训练框架。这些框架通过优化模型的专家选择和负载均衡策略，显著加速了混合专家模型的训练速度，提升了整体性能。此外，针对商用 GPU 服务器，清华大学提出了 Mobius 框架[65]，该框架利用不同 PCIe Socket 的带宽隔离设计并行方式，在单机商用 GPU 服务器上显著加速了大模型的微调，提升了训练效率。针对分布式长上下文训练场景，清华大学提出了 BurstAttention[186]，它的加速性能是已有的最优训练系统的 1.3 倍。在大模型推理侧，清华大学联合上海交通大学开发了 LLM 推理加速引擎 FlashDecoding++[187]，引入了 Key/Value 的并行化，提出分块并行处理 Attention。该引擎兼容 NVIDIA 和 AMD 的 GPU，相较于 FlashDecoding 等最优实现，提升了 37% 的推理速度（在 NVIDIA A100 上），相较于 Hugging Face 的实现，提升了 2~4 倍的推理速度。尤其值得注意的是，清华大学还提出了采用全即时编译技术的深度学习框架计图[126]，通过元操作符和统一图执行策略，实现了高性能和高可定制性，可作为当前大模型核心 AI 框架 PyTorch 的国产替代。计图的设计结合了静态图的效率和动态图的灵活性，通过懒执行和操作符融合等技术，显著提升了运算性能。在与 PyTorch 的比较实验中，计图在多种网络结构和任务中展现出更快的处理速度。

北京大学在分布式推理优化方面进行了卓有成效的探索。为了充分利用大模型推理不同阶段的特点，北京大学开发了 DistServe 系统[76]。该系统通过消除预填充和解码之间的干扰，将预填充和解码计算分配给不同的 GPU，实现了在相同服务器条件下现有最优系统 4.48 倍以上的请求服务。进一步地，为了解决静态分组策略通常与不同阶段的不同请求的资源需求不匹配的问题，北京大学联合上海人工智能实验室提出了 LoongServe[77] 推理框架。该框架设计了一种支持弹性分配的推理机制，通过引入弹性序列并行，动态决定每次迭代中请求的并行度，使最大吞吐量提高了 3.85 倍。此外，LoongServe 框架还集成了智能负载均衡算法，能够根据实时系统负载和请求特性，动态调整资源分配策略，从而进一步优化系统性能。

上海交通大学则在大模型推理系统和计算优化方面，尤其是端侧大模型推理方面取得了重要突破。基于模型稀疏性中的激活冷热现象，上海交通大学分别提出了面向 PC 的 PowerInfer 推理系统[82] 和面向智能手机的 PowerInfer-2 推理系统[83]，首次提出了基于冷热分布的 CPU-GPU 混合计算技术，实现了对大参数量模型的快速推理，相比已有最优系统实现了高达 11.69 倍的加速。该系统通过智能求解和分配计算资源，有效利用了异构 XPU 各自的优势，显著提升了推理效率。为了满足支持异常长上下文长度的需求，上海交通大学设计了 DistKV-LLM[78] 系统。该系统通过动态管理 KV 缓存，并有效协调数据中心内所有可访问的 GPU 和 CPU 内存，实现了 2.4 倍的吞吐量提升。DistKV-LLM 系统采用了分布式 KV 缓存管理策略，能够根据实际负载和请求情况动态调整缓存分配，确保了系统在处理长上下文请求时的高效性和稳定性。此外，上海交通大学联合华为云提出了 AttentionStore[74] 系统。该系统通过复用大模型多轮对话服务中的 KV 缓存，并通过统一的 KV 缓存管理机制，有效降低了 70% 的部署成本。AttentionStore 系统在设计上充分考虑了多轮对话中的数据复用问题，通过优化 KV 缓存的管理和调度，减少了重复计算和存储开销，从而显著降低了系统的总体部署成本。

针对使用有限资源对大模型进行微调的主要挑战，北京航空航天大学设计了 Llama-Factory 框架[9]。该框架通过简化各种微调算法的开发复杂度，以满足不同模型的需求，并支持生成式预训练、监督式微调、基于人类反馈的强化学习以及直接偏好优化等常用训练方法。用户可以通过命令行或 Web 界面，以最少或无编码的方式，自定义和微调他们的语言模型，极大地降低了微调模型的门槛。Llama-Factory 框架显著降低了训练复杂度，用户可以通过简单的文件配置来定义训练任务和参数设置，系统会自动选择参数配置对应的算法进行训练，从而提高微调效率和模型性能。此外，框架还支持分布式训练和多 GPU 并行计算，能够在资源有限的情况下最大化利用计算能力，进一步提升微调效率。

除了上述机构，国内其他研究机构同样取得了大批研究成果，尤其在降低大语言模型的部署成本和加速推理速度方向。中国科学院大学联合华为云根据大模型推理过程中预填充阶段和解码阶段的不同特征引入的性能干扰，提出了 TetriInfer[188]，将预填充和解码实例分离以便充分利用加速器的计算资源，并利用智能的两级调度算法，结合预测的资源使用情况，避免解码调度热点，将作业平均完成时间减少了 47%。上海人工智能实验室推出的 LM Deploy[94] 进一步优化了连续批处理机制所需的算子实现，通过动态拆分与融合、张量高效并行等技术，实现了更快的推理速度。同时，通过缓存多轮对话过程中 Attention 的 KV 缓存，可以避免重复处理历史会话，从而显著提升了长文本多轮对话场景中的推理效率。香港城市大学联合商汤公司基于现有语言模型因普遍存在较长的系统提示，而导致存在冗余的显存访问和占用问题，提出了 Relay Attention[189]，通过结合自注意力算法修改，允许从 DRAM 中仅读取一次批量输入标记的隐藏状态，显著提高了推理速度。北京邮电大学提出了 LLM-Cad 系统[190]，基于轻量级的模型压缩和优化技术，系统结合投机式推理技术以及 I/O 并行加载，减少了推理过程中的等待时间。阿里巴巴联合悉尼大学推出了 Flash-LLM 系统[191]，该系统针对无结构化权重稀疏模型，采用"以稀疏格式加载，以稠密模式计算"的方法。与稠密计算大模型推理框架 FasterTransformer 相比，Flash-LLM 在推理吞吐量上实现了 3.6 倍的提升。

3.2　产业结构演化

当下我国大模型基础软件产业结构的发展主要有两条路线：以大模型产品为核心的应用型结构；以 AI 芯片为核心的基础软硬件全栈型结构。下面选择百度和华为对其产业结构演化进行分析。

以大模型产品为核心的应用型结构：在大模型发展早期，百度推出了 ERNIE 系列开源模型[192]，并将其持续演进为文心一言大模型。百度公司围绕文心一言构建了文心大模型系列，分别面向 NLP、CV、跨模态、生物计算等领域构建基础大模型，并依托基础大模型进行行业应用赋能，在电网、银行、航天（包括国家电网、浦发银行、探月工程等）等领域联合研发行业大模型。进一步地，百度智能云打造了一站式大模型开发及应用平台，提供包括文心一言在内的文心大模型服务，并支持大模型（含第三方）定制开发，生产专属大模型，提供覆盖全生命周期的大模型工具链。为了巩固百度文心一言大模型在业务中的核心地位，PaddlePaddle 飞桨 AI 框架[193] 扮演着基础支撑软件的角色。此外，基于自身业务发展需要，2021 年百度智能芯片及架构部独立，成立昆仑芯[194]，研发 AI 加速器。目前，昆仑芯的相关芯片业务更多面向推理部署。

以 AI 芯片为核心的基础软硬件全栈型结构：华为公司于 2018 年 10 月发布了 AI 发展战略。为构建全面的 AI 基础设施，华为以高性能处理器为核心，研发了底层计算架构和上层算法库与应用框架，形成了全栈型 AI 生态。2019 年 8 月华为正式发布 AI 芯片昇腾 910。昇腾系列 AI 芯片基于自主达芬奇架构，包含 910 系列和 310 系列，覆盖从云端训练至边缘推理的全场景应用。以 AI 芯片为核心，华为也推出全场景 AI 计算框架 MindSpore[13]，以完成全栈全场景 AI 解决方案的构建。MindSpore 是面向"端-边-云"全场景设计的 AI 框架，旨在弥合 AI 算法研究与生产部署之间的鸿沟。此外，华为还推出异构计算架构 CANN、全流程开发工具链 MindStudio 和应用使能 MindX 等软件，围绕昇腾 AI 芯片构建昇腾 AI 全栈软件平台，覆盖基础软件、应用使能、全栈垂直优化、软硬协同，让 AI 可以最大限度地发挥硬件性能，降低 AI 应用开发门槛。基于基础软硬件全栈型结构，华为自研了盘古基础大模型系列，包括计算机视觉大模型、自然语言处理大模型和科学计算大模型。在基础大模型之上，华为云践行"AI for Industries"，陆续推出了矿山、药物分子、电力、气象、海浪等盘古行业大模型，加速各行各业数字化的进程。

以上是两条大模型产业路线的典型案例，可以看到定位不同决定了核心产品在产业中的生态位差异，并且有效地实现了基础软硬件和大模型应用的竞争错位。虽然二者在 AI 框架、云服务、芯片等方面均有涉猎，但是总体没有产生激烈对抗，反而在各个层级形成了优势互补。

除此之外，我国相关科技公司也针对各自的业务模型提出了相应的商用大模型基础软件。初创公司潞晨科技提出的 Colossal-AI 大模型预训练框架[195]，集成了一系列高级并行化技术，如数据并行、张量并行、流水线并行和序列并行，以及异构训练优化。面壁智能推出了 BMTrain 训练框架[196]，该框架在保证高效训练的同时，提供了灵活易用的接口，支持多种训练配置。字节跳动设计了 MegaScale 系统[67]，该系统在超过 10 000 个 GPU 的大规模集群中实现了模型分布式、通信、容灾及监控等能力，显著提升了模型的算力利用率，达到 55.2%，是目前最优训练系统 Megatron-LM 的 1.34 倍。在大模型推理系统方面，OPPO 通过对手机端大模型的推理特征进行分析，提出了 Transformer-Lite 系统[197]，通过消除 KV 缓存的冗余复制以及 FP4 量化等优化，在手机推理场景下实现了 3 倍的推理加速。

4　我国大模型基础软件研究的优势和挑战

4.1　我国大模型基础软件研究优势

虽然大模型基础软件在我国的起步时间相对美国略晚，但是我国的人才优势、应用场景、市场需求等诸多因素都为大模型基础软件的发展提供了独特的发展优势。

第一，我国大模型基础软件产研蓬勃发展。目前，大模型算法研究主要在美国、中国、欧洲之间展开激烈竞争，其他国家和地区基本处于跟随状态。在支撑大模型的基础软件方面，美国相对领先，我国紧随其后。虽然主流的预训练、微调、推理框架和算法目前主要由美国的公司和科研机构占据，例如英伟达的 Megatron-LM[8]、微软的 DeepSpeed[7]、斯坦福大学提出的微调算法 LoRA[50]、加利福尼亚大学伯克利分校提出的 vLLM 大模型推理框架[71]，但我国也提出了一些具有影响力的基础软件。在预训练方面，华为公司推出的 MindSpore[13]、初创公司潞晨科技提出的 Colossal-AI[195] 和字节跳动提出的 MegaScale 万卡训练系统[67] 均取得了显著进展，为大模型的预训练提供了强有力的支持。MindSpore 积极探索前沿技术，支撑大模型原生高效训练：通过原创的多副本、多流水交织等 8 种并行技术，使集群线性度达到 90%；通过整图优化及下沉执行等技术，使算力利用率达到 55%；针对集群故障率高、恢复时间长的普遍问题，通过编译快照、确定性 CKPT 技术，实现 20 分钟完成故障恢复。Colossal-AI 通过多种优化策略，如分布式训练策略、模型压缩技术和微调策略等，提高了训练效率并降低了显存需求。MegaScale 通过算法改进、通信重叠、操作符高效化、数据流水线优化和 LAMB 优化器的应用，显著提高了模型的算力利用率。在微调方面，北京航空航天大学提出的 Llama-Factory[9] 已经成为一个重要的微调框架，其提供了低代码大模型微调的功能，集成了业界广泛使用的微调技术。与传统的微调方法相比，Llama-Factory 的 LoRA 微调提供了更快的训练速度和更好的性能。在推理方面，上海交通大学提出的 PowerInfer[82] 以及 PowerInfer-2[83] 可以在 PC 和智能手机中进行大模型快速推理，其推理速度比 llama. cpp 快一个数量级，大大提高了大模型推理的效率，拓宽了大模型的应用范围。国内研发的这些基础软件不仅展示了我国在基础软件层面的实力，也为推动大模型技术在国内各行各业的进一步发展提供了坚实的基础。

第二，国内拥有丰富的应用场景、海量的行业数据和规模优势。大模型基础软件在支持大规模人工智能模型训练和推理中起着关键作用。国内拥有丰富的应用场景，包括金融、电信、医疗、人工智能和大数据分析等，为大模型技术提供了充足的市场需求和应用机会，从而推动了大模型基础软件的不断完善和优化。例如，在医疗领域，生成式大模型的应用场景覆盖了医学科研、药物研发、智慧诊疗、医疗设备运维和医院管理。金融领域是另一个大模型应用的重要领域。金融大模型可以用于实时分析和预测市场趋势，帮助金融机构制定更精准的投资策略，还可以用于检测和防范金融欺诈，保障金融交易的安全性。此外，在客户服务方面，金融大模型可以优化智能客服系统，提供个性化的金融服务，提升客户体验。这些特定场景下的大模型应用依赖特定的大模型基础软件支持，以确保模型在各种复杂场景下的高效运行和精确分析，因而为未来大模型基础软件的发展提供了广阔的应用前景。

4.2　我国大模型基础软件研究面临的挑战

大模型基础软件在我国具有独特的发展优势，其产业化进程主要面临以下三个方面的挑战。

第一，芯片工艺受限导致软件功能支持需要持续完善。由于芯片制程和量产等因素的限制，当前国产 AI 加速器相对于英伟达 GPU 存在性能差距，在低 bit 浮点数运算等支持上相对滞后。以 BF16 格式为例，英伟达于 2020 年在第三代 Tensor Core 中引入了 BF16 格式，由于其数值表示范围可以与 float32 相当，因此成为大模型稳定预训练的最佳数据格式。华为 Ascend 910B 则于 2023 年发布，正式支持 BF16 格式，相关基础 AI 框架与最前沿的预训练框架存在一定差距。在 BF16 基础上，2024 年英伟达在 GTC 大会上正式使用 FP8 训练、FP4 推理，在训练速度和推理速度上较前代有了显著提升，可能会拉大与国产硬件支持相关格式能力的差距。此外，由于目前缺乏如稀疏算力等未来可能塑造 AI 研究走向的关键基础硬件能力，我国在大模型基础软件的功能完善性方面，短期内可能仍将存在一些不完备之处。

第二，异构计算架构与异构编程语言的生态发展受阻。异构编程语言（异构计算架构）是当前所有 AI 基础软件使能硬件的基础，业界生态以英伟达 CUDA 为主。主流的算子级优化与创新主要基于 CUDA 进行开发，而后由其他厂商进行跟进。当前国内异构编程语言（异构计算架构）主要分为自研和兼容两个流派。其中，自研异构计算架构以华为生态 CANN[139]、寒武纪 BANG[198] 和燧原 TopsRider[199] 为主，通过自主研发计算架构进行开发者生态扩展，坚持软硬件国产化自研的发展路线。但是自研流派面临着当前工业界和学术界普遍存在的 CUDA 生态依赖问题，尤其在 FlashAttention 等高性能算子的支持度上依赖芯片厂商自研，外部学习门槛相对较高。虽然厂商在近几年通过高校合作、科研基金等多种形式不断发展国内用户学习并尝试基于自研异构计算架构进行原创工作，但生态挑战依然较大，业界仍旧以 CUDA 实现+国产迁移路线为主。另一流派则选择兼容 CUDA（或 AMD ROCm），以壁仞科技[200]、摩尔线程[201]、天数智芯[202] 为主的硬件厂商为了其硬件能够快速对齐上层 AI 框架和应用，选择购买授权或者自研兼容 CUDA 接口。但是受限于 CUDA 的版本迭代，接口的功能通常落后于当前英伟达 CUDA 的最新版本。并且，CUDA 作为英伟达软件生态的护城河，11.6 版本的 EULA 用户许可协议中已经增加了限制条款。即使该路线的硬件厂商声明不存在相关问题，业界也存在因接口兼容产生的侵权诉讼问题。兼容 CUDA 生态或许可以解决快速使用的"近渴"，但从长远来看，这无异于放弃独立发展生态的机会。

第三，大模型预训练基础软件仍依赖 CUDA+PyTorch 生态。大模型训练使用的基础软件以 DeepSpeed[7]、Megatron-LM[8] 为主，其主要基于 CUDA+PyTorch 生态进行优化，无法兼容不支持 PyTorch 的国产框架，对于支持 PyTorch 的国产 AI 硬件而言也需要加入各类补丁进行功能支持，并且无法有效发挥国产硬件的算力。此外，企业或科研机构自研的分布式训练框架，如潞晨科技的 Colossal-AI[195]、面壁智能的 BMTrain[196] 等也均原生基于 CUDA+PyTorch。国内头部企业如华为、百度依托其自研 AI 框架 MindSpore[13] 和 PaddlePaddle[193]，研发了大模型训练框架 Mindformers[203] 与 PaddleNLP[204]，但与 CUDA+PyTorch 的生态组合在应用规模上仍有较大的差距。

5　发展趋势与展望

本节将介绍大模型基础软件在训练框架、模型推理、开发工具链软件、数据管理和编排软件方面的未来趋势以及发展展望。

5.1　大模型训练框架走向多模态和异构融合

趋势一：支持多模态大模型的训练框架。一方面，人类的智能天然是多模态的：眼（视频）、耳（声音）和嘴（语言）。另一方面，端到端的多模态大模型能显著加速多模数据下的推理。例如，OpenAI 的 GPT-4o[205] 支持直接基于声音进行推理，避免了传统多模推理中先将声音转化为语言的开销。另外，以 Sora[3] 为代表的视频生成模型被认为可以学会画面想象，有机会成为训练世界模型的基石。相比训练语言大模型，训练多模态大模型需要读取并处理更大且更复杂的多模态数据集，因此，如何有效且高效地支持多模态训练是未来重要的研究方向之一。

趋势二：面向异构融合算力平台的大模型训练框架。一方面，当下百花齐放的算力硬件在功能、性能、能效，乃至系统架构和编程接口等方面，均存在巨大的差异和领域细分。同时，AI 算力硬件正以月为单位快速迭代，如面向人工智能场景的 NVIDIA GPU 架构在过去 5 年内完成了从 Ampere 到 Hopper 再到 Backwell 的 3 次迭代。这些硬件的发展趋势必然会加剧大模型训练算力平台的异构化,在大大限制可用算力资源规模的同时硬件成本持续走高。另一方面,国外高端算力硬件的禁售进一步放大了我国科技企业的算力资源异构化问题,以及国产算力硬件的适配需求。因此,如何高效支持由 GPU、NPU,以及各类 AI 芯片等共同构成的异构算力硬件体系,将会是大模型训练框架未来重要的研究方向之一。

5.2 加速大模型推理从"作诗"走向"作诗+做事",赋能千行百业

当前大模型擅长自然语言处理等"作诗"的操作,而在实际产业中的"做事"方面存在较大困难。一方面,当前的大模型能够生成连贯的文本内容,如写作、回答问题、生成诗歌等,然而,这些生成能力主要停留在语言层面,对于实际的工业操作和任务执行缺乏精确的控制能力。另一方面,大模型的推理成本高昂,难以在算力较弱的设备上运行,限制了其更进一步地服务于实体经济中的千行百业。为了加速大模型推理从"作诗"到"作诗+做事"的技术落地,进一步释放其潜力,需要将大模型推理与操作系统和硬件深度融合。

趋势一:大模型与操作系统深度融合。 现有操作系统的抽象和接口缺乏语义,通常以命令式方式呈现,这使得操作系统难以理解模型需求。同时,大模型也难以理解现有的操作系统接口,导致其无法充分发挥作用。为了弥合两者之间的语义鸿沟,大模型应用与操作系统的协同设计成为一个重要的研究方向。例如,SWE-agent[206] 通过为大模型重新设计系统接口,使得大模型能够解决的问题从 3.8% 提升至 18%。虽然这只是大模型与操作系统融合设计的初步尝试,但已初步证明操作系统结合大模型的发展能够进一步释放大模型的应用能力。此外,大模型还为操作系统提供了全新的机会,例如以大模型为主导的操作系统 UI 接口设计。这种深度融合不仅提升了大模型的应用潜力,也为操作系统的发展带来了新的可能性。

趋势二:软硬件协同优化持续降低大模型部署成本。 尽管大语言模型的应用前景广阔,但目前的端侧部署解决方案仍受限于端侧的算力,只能部署能力较弱的模型,限制了端侧大模型的应用落地。持续降低大模型的部署成本,使能端侧部署能力更强的模型,能够进一步释放大模型在端侧的应用潜力。目前业界也正在进一步探索多种软件技术途径,如模型压缩、量化、稀疏化等技术,充分利用内存以及存储,减少模型的计算和存储需求。同时,硬件厂商也在不断推出更高效的 AI 加速芯片,以提升端侧设备的算力。通过软硬件协同优化,未来可以在保证成本的前提下,显著提升端侧大模型的性能,使其能够在端侧部署,并应用在更多复杂的场景和任务中。

5.3 与平台特性、模型特征深入融合,大模型开发工具链软件向领域化发展

趋势一:大模型开发工具链软件向多种平台差异化发展。 大模型提供的通用智能将

赋能千行百业，应用场景跨越数据中心、个人计算机、智能终端、边缘计算等多种硬件平台。一方面，各平台在内存、算力、能源等资源上存在显著差异；另一方面，不同平台服务不同应用场景，对吞吐、时延、功耗等具备差异化要求。大模型对于资源的极端化需求使得开发工具链软件必须从通用优化走向平台定制优化，根据平台特性在框架支持、编译优化、算子实现等方面提供差异化、定制化设计。

趋势二：算子优化将与硬件实现深入协同，与模型特征紧密结合。 在硬件层面，面向不同场景、不同需求的大模型加速器设计不断出现。大模型算子的实现必须结合平台硬件特征，充分发挥加速器的硬件能力，才能满足大模型应用的性能需求。与此同时，大模型的模型架构、算法特性明显，如稀疏性等特征更是给予了高性能算子更多的优化可能。大模型算子的实现在结合硬件特征的同时，也将充分融合领域大模型的模型特征，通过针对性的优化实现满足应用要求的大模型训练与推理性能。

5.4　数据管理向多模态和多层次发展，与传统数据存储系统进一步融合

趋势一：多模态数据融合，支撑更大规模智能数据管理。 随着模型技术的不断演进，数据量将不断增加，现有的以向量数据库为主的存储系统需要通过优化查询速度和存储效率来应对挑战。另外，随着多模态模型的发展以及人工智能应用领域的不断扩展，与多种传统数据存储系统的结合设计将成为趋势，向量数据库将更加紧密地与关系数据库、NoSQL 数据库等传统数据存储系统集成，提供更强的互操作性和数据迁移能力，从而提升数据利用率和系统灵活性。此外，基于人工智能的向量数据存储系统优化将显著提升系统的智能化水平。通过引入机器学习和人工智能技术，向量数据库可以实现智能查询优化、自动化索引构建和动态调整，减少人工干预，提高系统的自适应能力和整体效率。

趋势二：端侧存储需求增长，由单层次向端云协同多层次管理发展。 随着向量数据的查询与存储需求不断扩大，传统的集中式向量存储模式将难以满足实时性和高效性的需求，而基于端云协同思想构建的多层次向量数据库系统，可以通过在端侧设备和云侧设备间进行智能化的数据调度和协同处理，满足终端用户对向量数据查询的实时性需求。在存储层面，多层次向量存储系统要求对向量数据进行合理的划分，通过高效利用端侧设备有限的存储资源以最大化向量查询性能。在计算层面，多层次向量存储系统要求对向量生成和索引构造等计算任务进行拆分，使端侧设备与云侧设备高效协作，提高计算任务的完成效率。同时，端云协同的存储方式为用户数据的隐私保护提供了新的机遇：向量数据库需要集成更加完善的数据加密和隐私保护机制，使数据在不离开端侧设备的情况下满足应用的存储和计算请求，从而使用户数据的安全性和隐私性得到充分保障。

5.5　多智能体编排软件蓬勃发展，智能体与传统软件加速融合

趋势一：领域特定的多智能体编排框架将会蓬勃发展。 首先，多智能体系统在处理

复杂任务方面展示出越来越强的能力。通过协同工作和任务分解，多个智能体能够通过 SOP 等方法高效地解决单一智能体难以应对的问题。例如，在软件开发领域，不同智能体可以分别负责项目设计、代码编写、代码测试和性能优化，从而实现更高效和更可靠的软件开发过程。随着多智能体系统的能力提升，面向不同领域的多智能体编排软件将持续涌现。此外，随着技术的进步和应用场景的丰富，多智能体的编排将变得越来越重要。随着应用中智能体和工具数量的增多，它们需要进行密切恰当的配合，才能高效地解决问题。因而多智能体框架中的任务编排和调度将成为决定整个应用的性能和效果的关键。

趋势二：大模型原生工具不断丰富，大模型与传统计算机软件不断融合。首先，大模型应用的外在能力需要通过工具或者执行某项行动的智能体来实现。随着大模型思考能力的提升和应用场景的丰富，这些工具将制约大模型能"做什么"。这些外部工具往往是现有的、用于执行精确任务的软件。例如，在文档搜索任务中，大模型可以利用现有的网盘 API、文档格式解析器、文本编辑器等来完成文档搜索任务。当前已经涌现出海量的大模型工具或智能体，如 Transformers Agent[172] 和 LangChain Agent[14]。随着大模型应用的发展，这些工具将更加丰富。其次，传统软件工具是为传统精确的计算任务设计的。如果云时代造就了云原生软件，那在大模型时代，这些软件也会逐渐为适应大模型的需求而进行演化，从而产生越来越多的大模型原生工具，进而促进大模型与传统计算机软件的融合。通过这种融合，大模型能够更好地利用现有软件的精确性和功能性，同时将其强大的思考和推理能力应用于更广泛的场景中。

6　结束语

随着大模型深入各行各业的业务模式中，大模型基础软件正在全球范围内得到越来越广泛的应用，在学术界和产业界都产生了巨大的影响。与此同时，大模型基础软件在运行性能、资源管理、硬件兼容性以及软件生态建设等方面上也不断遇到问题，亟待各方协同解决。本文探讨了大模型基础软件的国内外发展趋势，总结了我国在大模型基础软件学术研究和产业应用上的进展，同时剖析了国内大模型基础软件的优势和需要面对的挑战。我们注意到，硬件架构的异构性、软件生态的兼容性、与业务模式深度融合等都是影响大模型基础软件未来发展的重要因素，我们需要对其有更深入的理解和制定更好的应对策略。

在当前的国际形势下，我国大模型基础软件正处在一个关键的节点，挑战与机遇并存。我们要坚持通过科学研究、产研融合的方式，构建健康的大模型基础软件产业生态，推动大模型基础软件在我国的进一步发展，让大模型基础软件真正成为人工智能发展的坚实基础。

参考文献

[1]　VASWANI A, SHAZEER N, PARMAR N, et al. Attention is all you need[C]//Advances in Neural Information Processing Systems 30: Annual Conference on Neural Information Processing Systems 2017. Long Beach: NeurIPS, 2017: 5998-6008.

[2]　OpenAI. ChatGPT[EB/OL]. [2024-08-01]. https://openai.com/chatgpt/.

[3]　OpenAI. Sora[EB/OL]. [2024-08-01]. https://openai.com/sora/.

[4]　OPENAI, ACHIAM J, ADLER S, et al. GPT-4 technical report[J]. arXiv preprint, 2024, arXiv: 2303. 08774.

[5]　Microsoft. Microsoft Copilot[EB/OL]. [2024-08-01]. https://www.microsoft.com/en/microsoft-copilot.

[6]　GitHub. GitHub Copilot[EB/OL]. [2024-08-01]. https://github.com/features/copi lot.

[7]　Microsoft DeepSpeed. DeepSpeed framework[EB/OL]. [2024-08-01]. https://gith ub.com/microsoft/DeepSpeed.

[8]　NARAYANAN D, SHOEYBI M, CASPER J, et al. Efficient large-scale language model training on GPU clusters using megatron-LM[C/OL]//DE SUPINSKI B R, HALL M W, GAMBLIN T. International Conference for High Performance Com-puting, Networking, Storage and Analysis, SC 2021. St. Louis: ACM, 2021: 58. https://doi.org/10.1145/3458817.3476209.

[9]　ZHENG Y, ZHANG R, ZHANG J, et al. Llamafactory: unified efficient fine-tuning of 100+ language models[J]. arXiv preprint, 2024, arXiv::2403.13372.

[10]　NVIDIA. TensorRT-LLM[EB/OL]. [2024-08-01]. https://github.com/NVIDIA/Te nsorRT-LLM.

[11]　TOUVRON H, MARTIN L, STONE K, et al. Llama 2: open foundation and fine-tuned chat models[J]. arXiv preprint, 2023, arXiv: 2307. 09288.

[12]　PASZKE A, GROSS S, MASSA F, et al. PyTorch: an imperative style, high-performance deep learning library[C/OL]//Advances in Neural Information Pro-cessing Systems. New York: Curran Associates, 2019. https://proceedings.neurips.cc/paper_files/paper/2019/file/bdbca288fee7f92f2bfa9f7012727740-Pap er.pdf.

[13]　MINDSPORE. Mindspore[EB/OL]. [2024-08-01]. https://www.mindspore.cn.

[14]　LANGCHAIN. Langchain[EB/OL]. [2024-08-01]. https://www.langchain.com.

[15]　Auto-GPT. AutoGPT[EB/OL]. [2024-08-01]. https://agpt.co.

[16]　KAPLAN J, MCCANDLISH S, HENIGHAN T, et al. Scaling laws for leural language models[J]. arXiv preprint, 2020, arXiv: 2001. 08361.

[17]　KRIZHEVSKY A, SUTSKEVER I, HINTON G E. ImageNet classification with deep convolutional neural networks[C/OL]//Advances in Neural Information Pro-cessing Systems 25: 26th Annual Conference on Neural Information Processing Systems 2012. Lake Tahoe: NeurIPS, 2012: 1106-1114. https://proceedings.neurips.cc/paper/2012/hash/c399862d3b9d6b76c8436e924a68c45b-Abstract.html.

[18]　LI M, ANDERSEN D G, PARK J W, et al. Scaling distributed machine learning with the parameter server[C/OL]//11th USENIX Symposium on Operating Sys-tems Design and Implementation. Broomfield: USENIX Association, 2014: 583-598. https://www.usenix.org/conference/osdi14/technical-sessions/

presentation/li_mu.

[19] NVIDIA. NVIDIA collective communications library (NCCL)[EB/OL]. [2024-08-01]. https://developer. nvidia. com/nccl.

[20] RAJBHANDARI S, RASLEY J, RUWASE O, et al. ZeRO: memory optimizations toward training trillion parameter models[C/OL]//Proceedings of the International Conference for High Performance Computing, Networking, Storage and Analysis. Virtual Event / Atlanta: IEEE/ACM, 2020: 20. https://doi. org/10. 1109/SC41405. 2020. 00024.

[21] HUANG Y, CHENG Y, BAPNA A, et al. GPipe: efficient training of giant neu-ral networks using pipeline parallelism[C/OL]//Advances in Neural Information Processing Systems 32: Annual Conference on Neural Information Processing Systems 2019. Vancouver: NeurIPS, 2019: 103-112. https://proceedings. neurips. cc/paper/2019/hash/093f65e080a295f8076b1c5722a46aa2-Abstract. html.

[22] HARLAPA, NARAYANAND, PHANISHAYEEA, et al. PipeDream: fast and efficient pipeline parallel DNN training[J]. arXiv preprint, 2018, arXiv: 1806. 03377.

[23] NVIDIA. NVLink and NVLink switch[EB/OL]. [2024-08-01]. https://www. nvid ia. com/en-us/data-center/nvlink.

[24] JACOBS S A, TANAKA M, ZHANG C, et al. DeepSpeed ulysses: system opti-mizations for enabling training of extreme long sequence transformer models[J]. arXiv preprint, 2023, arXiv: 2309. 14509.

[25] NVIDIA Megatron-LM. Megatron-LM framework[EB/OL]. [2024-08-01]. https://github. com/NVIDIA/Megatron-LM.

[26] JIA Z, ZAHARIA M, AIKEN A. Beyond data and model parallelism for deep neural networks[C/OL]//TALWALKAR A, SMITH V, ZAHARIA M. Proceedings of the SysML Conference 2019. Stanford: mlsys. org, 2019. https://proceedings. mlsys. org/paper_files/paper/2019/hash/b422680f3db0986ddd7f8f126baaf0fa-Abstract. html.

[27] ZHENG L, LI Z, ZHANG H, et al. Alpa: automating inter-and intra-operator par-allelism for distributed deep learning[C/OL]//16th USENIX Symposium on Oper-ating Systems Design and Implementation. Carlsbad: USENIX Association, 2022: 559-578. https://www. usenix. org/conference/osdi22/presentat ion/zheng-lianmin.

[28] CHEN C, LI X, ZHU Q, et al. Centauri: enabling efficient scheduling for communication-computation overlap in large model training via communication partitioning[C/OL]//GUPTA R, ABU-GHAZALEH N B, MUSUVATHI M, et al. Proceedings of the 29th ACM International Conference on Architectural Support for Programming Languages and Operating Systems. La Jolla: ACM, 2024: 178-191. https://doi. org/10. 1145/3620666. 3651379.

[29] ZHENG W, ZHAI J, ZHAI M. Status and prospect of intelligent computing core basic system software[J]. ZTE technology, 2024, 30(2): 2-8.

[30] WANG H, LI C, TACHON T, et al. Efficient and systematic partitioning of large and deep neural networks for parallelization[C]//SOUSA L, ROMA N, TOMÁS P. Euro-Par 2021: Parallel Processing. Cham: Springer International Publishing, 2021: 201-216.

[31] ZHANG S, ROLLER S, GOYAL N, et al. OPT: open pre-trained transformer language models[J]. arXiv preprint, 2022, arXiv: 2205. 01068.

[32] WORKSHOP B. Bloom chronicles[EB/OL]. [2024-08-01]. https://github. com/bigscience-workshop/bigscience/blob/master/train/tr11-176B-ml/chronicles. md.

[33] MAENG K, BHARUKA S, GAO I, et al. Understanding and improving failure tolerant training for deep learning recommendation with partial recovery[C/OL]//SMOLA A, DIMAKIS A, STOICA I. Proceedings of Machine Learning and Sys-tems 2021. virtual event: mlsys. org, 2021. https://proceedings. mlsys. org/paper_files/paper/2021/hash/f0f9e98bc2e2f0abc3e315eaa0d808fc-Abstract. html.

[34] MOHAN J, PHANISHAYEE A, CHIDAMBARAM V. Checkfreq: frequent, fine-grained DNN checkpointing[C/OL]//AGUILERA M K, YADGAR G. 19th USENIX Conference on File and Storage Technologies. Berkeley: USENIX Association, 2021: 203-216. https://www. usenix. org/conference/fast21/presentation/mohan.

[35] SCAO T L, FAN A, AKIKI C, et al. BLOOM: a 176B-parameter open-access multilingual language model[J]. arXiv preprint, 2023, arXiv: 2211. 05100.

[36] WANG Z, JIA Z, ZHENG S, et al. GEMINI: fast failure recovery in dis-tributed training with in-memory checkpoints[C/OL]//FLINN J, SELTZER M I, DRUSCHEL P, et al. Proceedings of the 29th Symposium on Operating Systems Principles. Koblenz: ACM, 2023: 364-381. https://doi. org/10. 1145/3600006. 3613145.

[37] JANG I, YANG Z, ZHANG Z, et al. Oobleck: resilient distributed training of large models using pipeline templates[C/OL]//FLINN J, SELTZER M I, DRUSCHEL P, et al. Proceedings of the 29th Symposium on Operating Systems Principles. Koblenz: ACM, 2023: 382-395. https://doi. org/10. 1145/360000 6. 3613152.

[38] LV K, YANG Y, LIU T, et al. Full parameter fine-tuning for large language models with limited resources[J]. arXiv preprint, 2024, arXiv: 2306. 09782.

[39] MALLADI S, GAO T, NICHANI E, et al. Fine-tuning language models with kust forward passes[J]. Advances in Neural Information Processing Systems, 2023, 36: 53038-53075.

[40] LIU Y, ZHANG Y, LI Q, et al. HiFT: a hierarchical full parameter fine-tuning strategy[J]. arXiv preprint, 2024, arXiv: 2401. 15207.

[41] HOULSBY N, GIURGIU A, JASTRZEBSKI S, et al. Parameter-efficient transfer learning for NLP[J]. arXiv preprint, 2019, arXiv: 1902. 00751.

[42] LI X L, LIANG P. Prefix-tuning: optimizing continuous prompts for generation[J]. arXiv preprint, 2021, arXiv: 2101. 00190.

[43] LIU X, ZHENG Y, DU Z, et al. GPT understands, too[J]. arXiv preprint, 2023, arXiv: 2103. 10385.

[44] LIU X, JI K, FU Y, et al. P-tuning v2: prompt tuning can be comparable to fine-tuning universally across scales and tasks[J]. arXiv preprint, 2022, arXiv: 2110. 07602.

[45] GUO D, RUSH A, KIM Y. Parameter-efficient transfer learning with diff pruning[C/OL]//ZONG C, XIA F, LI W, et al. Proceedings of the 59th Annual Meeting of the Association for Computational Linguistics and the 11th International Joint Conference on Natural Language Processing. Online: ACL, 2021: 4884-4896. https://aclanthology. org/2021. acl-long. 378.

[46] BEN ZAKEN E, GOLDBERG Y, RAVFOGEL S. BitFit: simple parameter-efficient fine-tuning for transformer-based masked language-models[C/OL]//MURESAN S, NAKOV P, VILLAVICENCIO A. Proceedings of the 60th Annual Meeting of the Association for Computational Linguistics. Dublin: ACL, 2022: 1-9. https://aclanthology. org/2022. acl-short. 1.

[47] ANSELL A, PONTI E, KORHONEN A, et al. Composable sparse fine-tuning for cross-lingual transfer [C/OL]//MURESAN S, NAKOV P, VILLAVICENCIO A. Proceedings of the 60th Annual Meeting of

the Association for Computational Linguistics. Dublin：ACL, 2022：1778-1796. https：//aclanthology. org/2022. acl-long. 125.

[48] SIMOULIN A, PARK N, LIU X, et al. Memory-efficient selective fine-tuning[C/OL]//Workshop on Efficient Systems for Foundation Models. [2024-03-08]. https：//openreview. net/forum? id＝zaNbLceVwm.

[49] PAN R, LIU X, DIAO S, et al. lisa：layerwise importance sampling for memory-efficient large language model fine-tuning[J]. arXiv preprint, 2024, arXiv：2403. 17919.

[50] HU E J, SHEN Y, WALLIS P, et al. Lora：low-rank adaptation of large language models[J]. arXiv preprint, 2021, arXiv：2106. 09685.

[51] VALIPOUR M, REZAGHOLIZADEH M, KOBYZEV I, et al. DyLoRA：parameter-efficient tuning of pre-trained models using dynamic search-free low-rank adaptation[C/OL]//VLACHOS A, AUGENSTEIN I. Proceedings of the 17th Conference of the European Chapter of the Association for Computational Linguistics. Dubrovnik：ACL, 2023：3274-3287. https：//aclanthology. org/2023. eacl-main. 239.

[52] ZHANG Q, CHEN M, BUKHARIN A, et al. Adaptive budget allocation for parameter-efficient fine-tuning[C/OL]//The Eleventh International Conference on Learning Representations. Rwanda：OpenReview. net, 2023. https：//openreview. net/forum? id＝lq62uWRJjiY.

[53] DING N, LV X, WANG Q, et al. Sparse low-rank adaptation of pre-trained lan-guage models[C/OL]//BOUAMOR H, PINO J, BALI K. Proceedings of the 2023 Conference on Empirical Methods in Natural Language Processing. Singapore：ACL, 2023：4133-4145. https：//aclanthology. org/2023. emnlp-main. 252.

[54] DETTMERS T, PAGNONI A, HOLTZMAN A, et al. Qlora：efficient finetuning of quantized llms[C/OL]//OH A, NAUMANN T, GLOBERSON A, et al. Advances in Neural Information Processing Systems. New York：Curran Associates, 2023：10088-10115. https：//proceedings. neurips. cc/paper_files/paper/2023/file/1f eb87871436031bdc0f2beaa62a049b-Paper-Conference. pdf.

[55] EDALATI A, TAHAEI M, KOBYZEV I, et al. Krona：parameter efficient tuning with kronecker adapter[J]. arXiv preprint, 2023, arXiv：2212. 10650.

[56] MANGRULKAR S, GUGGER S, DEBUT L, et al. Peft：state-of-the-art parameter-efficient fine-tuning methods[EB/OL]. [2024-08-01]. https：//github. com/huggingface/peft.

[57] HU Z, LAN Y, WANG L, et al. LLM-adapters：an adapter family for parameter-efficient fine-tuning of large language models[J]. arXiv preprint, 2023, arXiv：2304. 01933.

[58] VON WERRA L, BELKADA Y, TUNSTALL L, et al. Trl：transformer reinforce-ment learning[EB/OL]. [2024-08-01]. https：//github. com/huggingface/trl.

[59] HU J, WU X, XIANYU, et al. OpenRLHF：an easy-to-use, scalable and high-performance RLHF framework[EB/OL]. [2024-08-01]. https：//github. com/OpenL LMAI/OpenRLHF.

[60] WANG L, GITBOOK BOT. OpenAccess AI collective/axolotl-docs[EB/OL]. [2024-05-28]. https：//github. com/OpenAccess-AI-Collective/axolotl-docs.

[61] TEAM T M. Swift：scalable lightweight infrastructure for fine-tuning[EB/OL]. [2024-08-01]. https：//github. com/modelscope/swift.

[62] YE Z, LI D, TIAN J, et al. Aspen：high-throughput lora fine-tuning of large language models with a single gpu[J]. arXiv preprint, 2023, arXiv：2312. 02515.

[63] LIAO C, SUN M, YANG Z, et al. Adding nvme ssds to enable and accelerate 100b model fine-tuning on

a single gpu[J]. arXiv preprint, 2024, arXiv: 2403. 06504.

[64] BORZUNOV A, RYABININ M, CHUMACHENKO A, et al. Distributed inference and fine-tuning of large language models over The internet[J]. Advances in Neural Information Processing Systems, 2023, 36: 12312-12331.

[65] FENG Y, XIE M, TIAN Z, et al. Mobius: fine tuning large-scale models on commodity GPU servers[C/OL]//ASPLOS 2023: Proceedings of the 28th ACM International Conference on Architectural Support for Programming Languages and Operating Systems. New York: ACM, 2023: 489-501. https://doi. org/10. 1145/3575693. 3575703.

[66] KIM T, WANG Y, CHATURVEDI V, et al. LLMem: estimating GPU memory us-age for fine-tuning pre-trained LLMs[J]. arXiv preprint, 2024, arXiv: 2404. 10933.

[67] JIANG Z, LIN H, ZHONG Y, et al. Megascale: scaling large language model training to more than 10,000 gpus[J]. arXiv preprint, 2024, arXiv: 2402. 15627.

[68] SHUKLA D, SIVATHANU M, VISWANATHA S, et al. Singularity: planet-scale, preemptive and elastic scheduling of AI workloads[J]. arXiv preprint, 2022, arXiv: 2202. 07848.

[69] HUANG Z, WEI X, HAO Y, et al. PARALLELGPUOS: a concurrent os-level GPU checkpoint and restore system using validated speculation[J]. arXiv preprint, 2024, arXiv: 2405. 12079.

[70] YU G I, JEONG J S, KIM G W, et al. Orca: a distributed serving system for Transformer-based generative models[C/OL]//16th USENIX Symposium on Op-erating Systems Design and Implementation. Carlsbad: USENIX Association, 2022: 521-538. https://www. usenix. org/conference/osdi22/presentat ion/yu.

[71] KWON W, LI Z, ZHUANG S, et al. Efficient memory management for large language model serving with pagedattention[C/OL]//Proceedings of the 29th Symposium on Operating Systems Principles. New York: ACM, 2023: 611-626. https://doi. org/10. 1145/3600006. 3613165.

[72] HUGGINGFACE. Text generation inference[EB/OL]. [2024-08-01]. https://github. com/huggingface/text-generation-inference.

[73] PRABHU R, NAYAK A, MOHAN J, et al. vAttention: dynamic memory man-agement for serving LLMs without PagedAttention[J]. arXiv preprint, 2024, arXiv: 2405. 04437.

[74] GAO B, HE Z, SHARMA P, et al. Attentionstore: cost-effective attention reuse across multi-turn conversations in large language model serving[J]. arXiv preprint, 2024, arXiv: 2403. 19708.

[75] LI Z, ZHENG L, ZHONG Y, et al. AlpaServe: statistical multiplexing with model parallelism for deep learning serving[C/OL]//17th USENIX Symposium on Op-erating Systems Design and Implementation. Boston: USENIX Association, 2023: 663-679. https://www. usenix. org/conference/osdi23/presentat ion/li-zhouhan.

[76] ZHONG Y, LIU S, CHEN J, et al. Distserve: disaggregating prefill and decod-ing for goodput-optimized large language model serving[J]. arXiv preprint, 2024, arXiv: 2401. 09670.

[77] WU B, LIU S, ZHONG Y, et al. Loongserve: efficiently serving long-context large language models with elastic sequence parallelism[J]. arXiv preprint, 2024, arXiv: 2404. 09526.

[78] LIN B, PENG T, ZHANG C, et al. Infinite-LLM: efficient LLM service for long context with DistAttention and distributed KVCache[J]. arXiv preprint, 2024, arXiv: 2401. 02669.

[79] GITHUB. Llama. cpp: LLM inference in C/C++[EB/OL]. [2024-08-01]. https://github. com/ggerganov/llama. cpp.

[80] GITHUB. Ollama[EB/OL]. [2024-08-01]. https://github.com/ollama/ollama.

[81] GITHUB. llamafile: distribute and run LLMs with a single file[EB/OL]. [2024-08-01]. https://github.com/Mozilla-Ocho/llamafile.

[82] SONG Y, MI Z, XIE H, et al. Powerinfer: fast large language model serving with a consumer-grade GPU[J]. arXiv preprint, 2023, arXiv: 2312.12456.

[83] XUE Z, SONG Y, MI Z, et al. Powerinfer-2: fast large language model inference on a smartphone[J]. arXiv preprint, 2024, arXiv: 2406.06282.

[84] SONG Y, XIE H, ZHANG Z, et al. Turbo sparse: achieving llm sota performance with minimal activated parameters[J]. arXiv preprint, 2024, arXiv: 2406.05955.

[85] MLC-LLM. MLC LLM: universal LLM deployment engine with ML compilation[EB/OL]. [2024-08-01]. https://llm.mlc.ai/.

[86] CHEN T, MOREAU T, JIANG Z, et al. Tvm: an automated end-to-end optimizing compiler for deep learning[C]//13th USENIX Symposium on Operating Systems Design and Implementation. Carlsbad: USENIX Association, 2018: 578-594.

[87] SHENG Y, ZHENG L, YUAN B, et al. Flexgen: high-throughput generative in-ference of large language models with a single GPU[C]//Proceedings of the 40th International Conference on Machine Learning. Honolulu: JMLR.org, 2023.

[88] LITE M. Mindspore lite[EB/OL]. [2024-08-01]. https://www.mindspore.cn/lite.

[89] TENSORFLOW. Tensorflow: an end-to-end platform for machine learning[EB/OL]. [2024-08-01]. https://www.tensorflow.org/.

[90] TENSORFLOW-LITE. Tensorflow-lite: deploy machine learning models on mo-bile and edge devices[EB/OL]. [2024-08-01]. https://www.tensorflow.org/lite.

[91] CAFFE. Caffe: deep learning framework[EB/OL]. [2024-08-01]. https://caffe.berkeleyvision.org/.

[92] GOOLE. Google AI edge SDK for gemini nano[EB/OL]. [2024-08-01]. https://developer.android.com/ai/aicore.

[93] NVIDIA. FasterTransformer[EB/OL]. [2024-08-01]. https://github.com/NVIDIA/FasterTransformer.

[94] CONTRIBUTORS L. LM Deploy: a toolkit for compressing, deploying, and serv-ing LLM[EB/OL]. [2024-08-01]. https://github.com/InternLM/lmdeploy.

[95] DAO T. Flashattention-2: faster attention with better parallelism and work parti-tioning[J]. arXiv preprint, 2023, arXiv: 2307.08691.

[96] ZHAO W, HUANG Y, HAN X, et al. Ouroboros: speculative decoding with large model enhanced drafting[J]. arXiv preprint, 2023, arXiv: 2402.13720.

[97] LI Y, WEI F, ZHANG C, et al. Eagle: speculative sampling requires rethinking feature uncertainty[J]. arXiv preprint, 2024, arXiv: 2401.15077.

[98] CAI T, LI Y, GENG Z, et al. Medusa: simple LLM inference acceleration frame-work with multiple decoding heads[J]. arXiv preprint, 2024, arXiv: 2401.10774.

[99] FRANTAR E, ASHKBOOS S, HOEFLER T, et al. Gptq: accurate post-training quantization for generative pre-trained transformers[J]. arXiv preprint, 2023, arXiv: 2210.17323.

[100] LIN J, TANG J, TANG H, et al. Awq: activation-aware weight quantization for llm compression and acceleration[J]. arXiv preprint, 2024, arXiv: 2306.00978.

[101] CHEE J, CAI Y, KULESHOV V, et al. Quip: 2-bit quantization of large language models with

guarantees[J]. arXiv preprint, 2024, arXiv: 2307. 13304.

[102] MA S, WANG H, MA L, et al. The era of 1-bit llms: all large language models are in 1. 58 bits[J]. arXiv preprint, 2024, arXiv: 2402. 17764.

[103] ZHANG Z, SHENG Y, ZHOU T, et al. H2O: heavy-hitter oracle for efficient generative inference of large language models [J]. Advances in Neural Information Processing Systems, 2024, 36: 34661-34710.

[104] SHAZEER N. Fast transformer decoding: one write-head is all you need[J]. arXiv preprint, 2019, arXiv: 1911. 02150.

[105] DEEPSEEK-AI. Deepseek-v2: a strong, economical, and efficient mixture-of-experts language model[J]. arXiv preprint, 2024, arXiv: 2405. 04434.

[106] FRANTAR E, ALISTARH D. Sparsegpt: massive language models can be ac-curately pruned in one-shot[C]//International Conference on Machine Learning. New York: PMLR, 2023: 10323-10337.

[107] SUN M, LIU Z, BAIR A, et al. A simple and effective pruning approach for large language models[J]. arXiv preprint, 2024, arXiv: 2306. 11695.

[108] LIU Z, WANG J, DAO T, et al. Deja Vu: contextual sparsity for efficient LLMs at inference time[C]// International Conference on Machine Learning. New York: PMLR, 2023: 22137-22176.

[109] HU M, VENKATRAM A, BISWAS S, et al. Optimal kernel orchestration for tensor programs with korch[C]//Proceedings of the 29th ACM International Con-ference on Architectural Support for Programming Languages and Operating Sys-tems. New York: ACM, 2024: 755-769.

[110] ZHENG L, WANG H, ZHAI J, et al. Einnet: optimizing tensor programs with derivation-based transformations[C]//17th USENIX Symposium on Operat-ing Systems Design and Implementation. Boston: USENIX Associa-tion, 2023: 739-755.

[111] TANG S, ZHAI J, WANG H, et al. Freetensor: a free-form dsl with holistic op-timizations for irregular tensor programs[C]//Proceedings of the 43rd ACM SIG-PLAN International Conference on Programming Language Design and Imple-mentation. San Diego: ACM, 2022: 872-887.

[112] ZHAI Y, YANG S, PAN K, et al. Enabling tensor language model to assist in generating high-performance tensor programs for deep learning[C]//18th USENIX Symposium on Operating Systems Design and Implementation. Santa Clara: USENIX Association, 2024: 289-305.

[113] DING Y, YU C H, ZHENG B, et al. Hidet: task-mapping programming paradigm for deep learning tensor programs[C]//Proceedings of the 28th ACM International Conference on Architectural Support for Programming Languages and Operating Systems. New York: ACM, 2023: 370-384.

[114] ZHU H, WU R, DIAO Y, et al. Roller: fast and efficient tensor compilation for deep learning[C]//16th USENIX Symposium on Operating Systems Design and Implementation. California: USENIX Association, 2022: 233-248.

[115] ZHENG L, JIA C, SUN M, et al. Ansor: generating high-performance tensor programs for deep learning[C]//14th USENIX symposium on operating systems design and implementation. Berkeley: USENIX Association, 2020: 863-879.

[116] WANG L, MA L, CAO S, et al. Ladder: enabling efficient low-precision deep learning computing through hardware-aware tensor transformation[C]//18th USENIX Symposium on Operating Systems Design and Implementation. California: USENIX Association, 2024: 307-323.

[117] ZHAI Y, ZHANG Y, LIU S, et al. TLP: a deep learning-based cost model for ten-sor program

tuning［C］//Proceedings of the 28th ACM International Conference on Architectural Support for Programming Languages and Operating Systems. New York：ACM, 2023：833-845.

［118］ WANG Z. Sparsert：accelerating unstructured sparsity on gpus for deep learning inference［C］// Proceedings of the ACM international conference on parallel archi-tectures and compilation techniques. New York：ACM, 2020：31-42.

［119］ WILKINSON L, CHESHMI K, DEHNAVI M M. Register tiling for unstructured sparsity in neural network inference［C］//Proceedings of the ACM on Programming Languages. New York：ACM, 2023：1995-2020.

［120］ YE Z, LAI R, SHAO J, et al. Sparsetir：composable abstractions for sparse compi-lation in deep learning［C］//Proceedings of the 28th ACM International Conference on Architectural Support for Programming Languages and Operating Systems. New York：ACM, 2023：660-678.

［121］ JIA Z, PADON O, THOMAS J, et al. Taso：optimizing deep learning computation with automatic generation of graph substitutions［C］//Proceedings of the 27th ACM Symposium on Operating Systems Principles. New York：ACM, 2019：47-62.

［122］ JIA Z, THOMAS J, WARSZAWSKI T, et al. Optimizing dnn computation with relaxed graph substitutions［C］//Proceedings of Machine Learning and Systems. New York：Curran Associates, 2019：27-39.

［123］ WANG H, ZHAI J, GAO M, et al. Pet：optimizing tensor programs with partially equivalent transformations and automated corrections［C］//15th USENIX Sympo-sium on Operating Systems Design and Implementation. New York：USENIX Association, 2021：37-54.

［124］ YANG Y, PHOTHILIMTHANA P, WANG Y, et al. Equality saturation for ten-sor graph superoptimization［C］//Proceedings of Machine Learning and Systems. New York：Curran Associates, 2021：255-268.

［125］ CHEN R, DING Z, ZHENG S, et al. Magis：memory optimization via coordinated graph transformation and scheduling for dnn［C］//Proceedings of the 29th ACM International Conference on Architectural Support for Programming Languages and Operating Systems. New York：ACM, 2024：607-621.

［126］ HU S M, LIANG D, YANG G Y, et al. Jittor：a novel deep learning framework with meta-operators and unified graph execution［J］. Science China Information Sciences, 2020, 63：222103.

［127］ CUI W, HAN Z, OUYANG L, et al. Optimizing dynamic neural networks with brainstorm［C］//17th USENIX Symposium on Operating Systems Design and Im-plementation. California：USENIX Association, 2023：797-815.

［128］ ZHANG C, MA L, XUE J, et al. Cocktailer：analyzing and optimizing dynamic control flow in deep learning［C］//17th USENIX Symposium on Operating Systems Design and Implementation. California：USENIX Association, 2023：681-699.

［129］ CHEN Z, KERR A, CAI R, et al. Evt：accelerating deep learning training with epilogue visitor tree［C］//Proceedings of the 29th ACM International Conference on Architectural Support for Programming Languages and Operating Systems. New York：ACM, 2024：301-316.

［130］ ZHUANG D, ZHENG Z, XIA H, et al. MonoNN：enabling a new monolithic optimization space for neural network inference tasks on modern GPU-centric ar-chitectures［C］//18th USENIX Symposium on Operating Systems Design and Im-plementation. California：USENIX Association, 2024：989-1005.

［131］ LI C, YANG Y, FENG M, et al. Optimizing memory efficiency for deep con-volutional neural networks on GPUs［C］//Proceedings of the International Conference for High Performance Computing, Networking, Storage and Analysis. New York：IEEE, 2016：633-644.

［132］ IVANOV A, DRYDEN N, BEN-NUN T, et al. Data movement is all you need：a case study on optimizing transformers［J］. arXiv preprint, 2021, arXiv：2007. 00072.

［133］ LIU Y, WANG Y, YU R, et al. Optimizing CNN model inference on CPUs［C］//2019 USENIX Annual Technical Conference. Renton：USENIX Association, 2019：1025-1040.

［134］ ZHENG N, LIN B, ZHANG Q, et al. Sparta：deep-learning model sparsity via tensor-with-sparsity-attribute［C］//16th USENIX Symposium on Operating Sys-tems Design and Implementation. Carlsbad：USENIX Association, 2022：213-232.

［135］ ZHENG N, JIANG H, ZHANG Q, et al. Pit：optimization of dynamic sparse deep learning models via permutation invariant transformation［C］//Proceedings of the 29th Symposium on Operating Systems Principles. New York：ACM, 2023：331-347.

［136］ ANSEL J, YANG E, HE H, et al. Pytorch 2：faster machine learning through dy-namic python bytecode transformation and graph compilation［C］//Proceedings of the 29th ACM International Conference on Architectural Support for Programming Languages and Operating Systems. New York：ACM, 2024：929-947.

［137］ PADDLEFLEETX CONTRIBUTORS. Paddlefleetx：an easy-to-use and high-performance one-stop tool for deep learning［EB/OL］.［2024-08-01］. https://github. com/Paddl ePaddle/PaddleFleetX.

［138］ NVIDIA. Cuda toolkit［EB/OL］.［2024-08-01］. https://developer. nvidia. com/cud a-toolkit.

［139］ HUAWEI. Huawei CANN support guide［EB/OL］.［2024-08-01］. https://support. huawei. com/enterprise/en/ascend-computing/cann-pid-251168373.

［140］ INDURTHI S R, RAGHU D, KHAPRA M M, et al. Generating natural language question-answer pairs from a knowledge graph using a RNN based question gen-eration model［C］//Proceedings of the 15th Conference of the European Chapter of the Association for Computational Linguistics. Valencia：ACL, 2017：376-385.

［141］ LEWIS P, PEREZ E, PIKTUS A, et al. Retrieval-augmented generation for knowledge-intensive nlp tasks［J］. Advances in Neural Information Processing Sys-tems, 2020, 33：9459-9474.

［142］ DEVLIN J, CHANG M W, LEE K, et al. Bert：pre-training of deep bidirectional transformers for language understanding［C］//Proceedings of the 2019 Conference of the North American chapter of the Association for Computational Linguistics：human language technologies. Minneapolis：ACL, 2019：4171-4186.

［143］ LEWIS M, LIU Y, GOYAL N, et al. Bart：denoising sequence-to-sequence pre-training for natural language generation, translation, and comprehension［J/OL］. Annual Meeting of the Association for Computational Linguistics, 2019. https://api. semanticscholar. org/CorpusID：204960716.

［144］ BORGEAUD S, MENSCH A, HOFFMANN J, et al. Improving language models by retrieving from trillions of tokens［J］. arXiv preprint, 2022, arXiv：2112. 04426.

［145］ YASUNAGA M, AGHAJANYAN A, SHI W, et al. Retrieval-augmented multi-modal language modeling［J］. arXiv preprint, 2023, arXiv：2211. 12561.

［146］ LLAMAINDEX. LlamaIndex, data framework for LLM applications［EB/OL］.［2024-08-01］. https://www. llamaindex. ai/.

［147］ MALKOV Y, PONOMARENKO A, LOGVINOV A, et al. Approximate nearest neighbor algorithm based on navigable small world graphs[J]. Information Sys-tems, 2014, 45: 61-68.

[148] MALKOV Y A, YASHUNIN D A. Efficient and robust approximate nearest neigh-bor search using hierarchical navigable small world graphs [J]. IEEE transactions on pattern analysis and machine intelligence, 2018, 42(4): 824-836.

[149] FU C, XIANG C, WANG C, et al. Fast approximate nearest neighbor search with the navigating spreading-out graph[J]. arXiv preprint, 2018, arXiv: 1707.00143.

[150] BARANCHUK D, BABENKO A, MALKOV Y. Revisiting the inverted indices for billion-scale approximate nearest neighbors[C]//Proceedings of the European Conference on Computer Vision (ECCV). Berlin: Springer, 2018: 202-216.

[151] JAYARAM SUBRAMANYA S, DEVVRIT F, SIMHADRI H V, et al. Diskann: fast accurate billion-point nearest neighbor search on a single node[J]. Advances in Neural Information Processing Systems, 2019, 32: 13766-13776.

[152] CHEN Q, ZHAO B, WANG H, et al. Spann: highly-efficient billion-scale approx-imate nearest neighborhood search[J]. Advances in Neural Information Processing Systems, 2021, 34: 5199-5212.

[153] XU Y, LIANG H, LI J, et al. Spfresh: incremental in-place update for billion-scale vector search[J]. arXiv preprint, 2023, arXiv: 2410.14452.

[154] ZHANG Q, XU S, CHEN Q, et al. Vbase: unifying online vector similarity search and relational queries via relaxed monotonicity [J]. 17th USENIX Symposium on Operating Systems Design and Implementation, 2023: 377-395.

[155] CHENG R, PENG Y, WEI X, et al. Characterizing the dilemma of performance and index size in billion-scale vector search and breaking it with second-tier memory[J]. arXiv preprint, 2024, arXiv: 2405.03267.

[156] WANG J, YI X, GUO R, et al. Milvus: a purpose-built vector data management system [C]// Proceedings of the 2021 International Conference on Management of Data. New York: ACM, 2021: 2614-2627.

[157] JOHNSON J, DOUZE M, JÉGOU H. Billion-scale similarity search with gpus[J]. IEEE Transactions on Big Data, 2019, 7(3): 535-547.

[158] LIN B Y, CHEN X, CHEN J, et al. Kagnet: knowledge-aware graph networks for commonsense reasoning[J]. arXiv preprint, 2019, arXiv: 1909.02151.

[159] YASUNAGA M, REN H, BOSSELUT A, et al. QA-GNN: reasoning with lan-guage models and knowledge graphs for question answering[J]. arXiv preprint, 2021, arXiv: 2104.06378.

[160] ZHANG X, BOSSELUT A, YASUNAGA M, et al. Greaselm: graph reasoning enhanced language models for question answering [C/OL] //Proceedings of Interna-tional Conference on Representation Learning. New York: IEEE, 2022. https://arxiv.org/abs/2201.08860.

[161] EDGE D, TRINH H, CHENG N, et al. From local to global: a graph rag approach to query-focused summarization[J]. arXiv preprint, 2024, arXiv: 2404.16130.

[162] WEI J, WANG X, SCHUURMANS D, et al. Chain-of-thought prompting elicits reasoning in large language models[J]. arXiv preprint, 2023, arXiv: 2201.11903.

[163] WANG X, WEI J, SCHUURMANS D, et al. Self-consistency improves chain of thought reasoning in language models[J]. arXiv preprint, 2023, arXiv: 2203.11171.

[164] YAO S, YU D, ZHAO J, et al. Tree of thoughts: deliberate problem solving with large language models[J]. arXiv preprint, 2023, arXiv: 2305.10601.

［165］ LONG J. Large language model huided tree-of-thought［J］. arXiv preprint, 2023, arXiv：2305. 08291.

［166］ YAO S, ZHAO J, YU D, et al. ReAct：synergizing reasoning and acting in language models［J］. arXiv preprint, 2023, arXiv：2210. 03629.

［167］ SHINN N, CASSANO F, BERMAN E, et al. Reflexion：language agents with verbal reinforcement learning［J］. arXiv preprint, 2023, arXiv：2303. 11366.

［168］ WU Q, BANSAL G, ZHANG J, et al. AutoGen：enabling next-gen LLM applica-tions via multi-agent conversation［J］. arXiv preprint, 2023, arXiv：2308. 08155.

［169］ CREWAI. crewAI［EB/OL］.［2024-08-01］. https：//crewai. com.

［170］ BONDAI. Bondai［EB/OL］.［2024-08-01］. https：//bondai. dev.

［171］ HONG S, ZHENG X, CHEN J, et al. MetaGPT：meta programming for multi-agent collaborative framework［J］. arXiv preprint, 2023, arXiv：2308. 00352.

［172］ HUGGING FACE. Transformers agent［EB/OL］.［2024-08-01］. https：//huggingface. co /docs/ transformers/main/en/agents.

［173］ MICROSOFT. Semantic kernel［EB/OL］.［2024-08-01］. https：//aka. ms/semantic-k ernel.

［174］ MEI K, LI Z, XU S, et al. AIOS：LLM agent operating system［J］. arXiv preprint, 2024, arXiv：2403. 16971.

［175］ GE Y, REN Y, HUA W, et al. LLM as OS, Agents as Apps：envisioning AIOS, Agents and the AIOS-Agent ecosystem［J］. arXiv preprint, 2023, arXiv：2312. 03815.

［176］ NVIDIA. Nvidia base command［EB/OL］.［2024-08-01］. https：//www. nvidia. com /en-us/data-center/base-command/.

［177］ HUAWEI. 昇腾 AI 基础软硬件全面升级，以更开放易用的平台使能百模千态［EB/OL］.［2024-08-01］. https：//www. huawei. com/cn/news/2023/9/hc2023-model zoo.

［178］ 云巅论剑. 正式邀请! OS Copilot：一款基于大模型构建的 Linux 智能操作系统助手［EB/OL］.［2024-08-01］. https：//mp. weixin. qq. com/s/nKJgBInduawZVIc27S6CPQ.

［179］ WU Z, HAN C, DING Z, et al. Os-copilot：towards generalist computer agents with self-improvement［J］. arXiv preprint, 2024, arXiv：2402. 07456.

［180］ MEHDI Y. Announcing microsoft copilot, your everyday ai companion［EB/OL］.［2024-08-01］. https：//blogs. microsoft. com/blog/2023/09/21/announcing-microsoft-copilot-your-everyday-ai-companion/.

［181］ APPLE. Core ml［EB/OL］.［2024-08-01］. https：//developer. apple. com/documentation/coreml/.

［182］ APPLE. Apple intelligence［EB/OL］.［2024-08-01］. https：//www. apple. com/apple-intelligence/.

［183］ GOOGLE. AI edge sdk for gemini nano［EB/OL］.［2024-08-01］. https：//developer. android. com/ai/ aicore.

［184］ HE J, ZHAI J, ANTUNES T, et al. Fastermoe：modeling and optimizing training of large-scale dynamic pre-trained models［C/OL］//Proceedings of the 27th ACM SIGPLAN Symposium on Principles and Practice of Parallel Program-ming. New York：ACM, 2022：120-134.

［185］ ZHAI M, HE J, MA Z, et al. SmartMoE：efficiently training sparsely-activated models through combining offline and online parallelization［C］//2023 USENIX Annual Technical Conference. Boston：USENIX As-sociation, 2023：961-975.

［186］ AO S, ZHAO W, HAN X, et al. Burstattention：an efficient distributed attention framework for extremely long sequences［J］. arXiv preprint, 2024, arXiv：2403. 09347.

［187］ HONG K, DAI G, XU J, et al. Flashdecoding++：faster large language model inference on gpus［J］. arXiv preprint, 2024, arXiv：2311. 01282.

[188] HU C, HUANG H, XU L, et al. Inference without interference：disaggregate llm inference for mixed downstream workloads[J]. arXiv preprint, 2024, arXiv：2401.11181.

[189] ZHU L, WANG X, ZHANG W, et al. Relayattention for efficient large language model serving with long system prompts[J]. arXiv preprint, 2024, arXiv：2402.14808.

[190] XU D, YIN W, JIN X, et al. Llmcad：fast and scalable on-device large language model inference[J]. arXiv preprint, 2023, arXiv：2309.04255.

[191] XIA H, ZHENG Z, LI Y, et al. Flash-llm：enabling cost-effective and highly-efficient large generative model inference with unstructured sparsity[J]. arXiv preprint, 2023, arXiv：2309.10285.

[192] SUN Y, WANG S, LI Y, et al. ERNIE 2.0：a continual pre-training framework for language understanding[C/OL]//The Thirty-Fourth AAAI Conference on Artificial Intelligence. New York：AAAI, 2020：8968-8975.

[193] 飞桨 PaddlePaddle. https：//www.paddlepaddle.org.cn/.

[194] 昆仑芯. https：//www.kunlunxin.com/.

[195] LI S, LIU H, BIAN Z, et al. Colossal-AI：a unified deep learning system for large-scale parallel training[C/OL]//Proceedings of the 52nd Interna-tional Conference on Parallel Processing. New York：ACM, 2023：766-775.

[196] GITHUB. Bmtrain：Efficient training（including pre-training and fine-tuning）for big models[EB/OL].[2024-08-01]. https：//github.com/OpenBMB/BMTrain.

[197] LI L, QIAN S, LU J, et al. Transformer-lite：high-efficiency deployment of large language models on mobile phone gpus[J]. arXiv preprint, 2024, arXiv：2403.22041.

[198] 寒武纪. https：//www.cambricon.com/.

[199] 燧原科技. https：//www.enflame-tech.com/.

[200] 壁仞科技. https：//www.birentech.com/.

[201] 摩尔线程. https：//www.mthreads.com/.

[202] 天数智芯. https：//www.iluvatar.com/.

[203] GITEE Mindspore transformers[EB/OL].[2024-08-01]. https：//gitee.com/mindspore/mindformers.

[204] 飞桨. PaddleNLP[EB/OL].[2024-08-01]. https：//www.paddlepaddle.org.cn/paddle/paddlenlp.

[205] OpenAI. Hello GPT-4o[EB/OL].[2024-08-01]. https：//openai.com/index/hello-gpt-4o/.

[206] YANG J, JIMENEZ C E, WETTIG A, et al. SWE-agent：agent-computer inter-faces enable automated software engineering[J]. arXiv preprint, 2024, arXiv：2405.15793.

作者简介

糜泽羽 上海交通大学副教授/博士生导师。主要研究方向为大模型系统、操作系统、机密虚拟化。主持国家自然科学基金面上项目、青年科学基金项目等国家级科研项目。在 SOSP、OSDI、ASPLOS、EuroSys、USENIX Security、USENIX ATC、*IEEE TC* 等操作系统顶级会议和期刊上发表 20 余篇学术论文。领导的开源项目 PowerInfer 目前在 GitHub 上获得 8000 星标。CCF 高级会员，CCF 开源发展委员会执行委员。

董明凯　上海交通大学助理研究员。主要研究方向为操作系统与存储系统，相关工作发表在 SOSP、OSDI、FAST、USENIX ATC 等操作系统顶级国际会议上。曾获 SOSP2023 最佳论文奖、华为火花奖、华为奥林帕斯先锋奖、英特尔中国学术英才计划 2022 年度荣誉学者。

魏星达　上海交通大学长聘教轨助理教授。主要研究方向为分布式系统和操作系统。主持国家重点研发课题、青年科学基金项目等国家级科研项目。在 SOSP、OSDI 和 Eurosys 等操作系统顶级会议上发表论文 10 余篇。曾获 Eurosys2024 最佳论文奖、2022 年华为火花奖、2021 年 ACM SIGOPS Dennis M. Ritchie Award 优胜奖、2020 年华为奥林帕斯先锋奖等多个奖项。

华志超　上海交通大学助理研究员。主要研究方向为操作系统与系统结构。在 ISCA、USENIX ATC、USENIX Security、*IEEE TC* 等操作系统领域顶级会议与期刊上发表论文 10 余篇。主持国家自然科学基金项目、青年科学基金项目、国家重点研发计划课题子任务等项目。

吴明瑜　上海交通大学副教授/博士生导师。主要研究方向为操作系统和语言虚拟机。在 ASPLOS、EuroSys、USENIX ATC、*IEEE TC* 等顶级会议和期刊上发表 10 余篇学术论文，曾获 EuroSys2024 最佳论文奖、APSys 2018 最佳论文亚军、华为火花奖等奖项。CCF 高级会员，CCF 开源发展委员会执行委员。

吕昱峰　华为技术有限公司高级工程师，昇思 MindSpore 架构师，主要研究方向为自然语言处理。主导研发 MindNLP 自然语言处理框架。

赖勇强　华为技术有限公司高级工程师，昇思 MindSpore 技术规划师，主要研究方向为分布式深度学习系统。

李明煜 中国科学院软件研究所副研究员。主要研究方向为操作系统与机密计算系统，相关工作发表在 OSDI、ISCA 等操作系统与体系结构的顶级国际会议上。曾入选 2024 年度 CCF 系统软件专业委员会博士学位论文激励计划。

陈 榕 上海交通大学教授、教育部青年长江学者、CCF 杰出会员。主要研究领域为操作系统、分布式系统等基础系统软件。在计算机系统领域重要会议和期刊上发表论文 40 余篇，包括 13 篇 OSDI/SOSP 论文和 12 篇 EuroSys/ATC 论文，并两次获得 EuroSys 最佳论文奖。曾获国家技术发明奖二等奖、教育部技术发明奖一等奖、上海市科学技术奖一等奖，以及华为奥林帕斯先锋奖。

夏虞斌 上海交通大学教授/博士生导师，上海市优秀学术带头人，入选国家级青年人才计划。主要研究领域包括操作系统、系统结构与系统安全，曾获教育部技术发明奖一等奖、上海市科学技术奖一等奖、国家级教学成果奖二等奖、CCF NASAC 青年软件创新奖、DSN 时间检验奖、"挑战杯"全国特等奖优秀指导老师、《麻省理工科技评论》中国"隐私计算科技创新人物"等荣誉。

陈海波 上海交通大学特聘教授，并行与分布式系统研究所所长，领域操作系统教育部工程研究中心主任，国家杰出青年基金获得者、华为 Fellow、ACM Fellow、IEEE Fellow。主要研究领域为操作系统、分布式系统与系统安全，研究成果通过产学研深度融合被应用到数十亿台设备中，产生了广泛的学术与产业影响。曾获 CCF 科技进步特等奖、陈嘉庚青年科学奖（信息技术科学奖）、中国青年科技奖、教育部技术发明奖一等奖、全国优秀博士学位论文奖、CCF 青年科技奖等。目前担任 OpenHarmony 技术指导委员会创始主席、ACM 旗舰杂志 *Communications of the ACM* 首位中国学者编委与领域共同主席、ACM EuroSys 2025 程序委员会共同主席、ACM SIGOPS 首位非北美学者主席。研究工作还获得了华为卓越贡献个人奖，SOSP、ASPLOS、EuroSys、VEE 等最佳论文奖以及 DSN "时间检验奖"、SIGMOD 研究亮点奖等。按照 csrankings.org 的统计，其近 5 年（2020—2024 年）在操作系统领域顶级会议 SOSP/OSDI 上发表的论文数量居世界第一。主持撰写的《现代操作系统：原理与实现》获得了 2020 年度"最受读者喜爱的 IT 图书奖"与 2022 年上海交通大学最佳本科生教材奖（新版更名为《操作系统：原理与实现》），被高校、科研机构与企业广泛采用。

大模型时代智能音频信号处理的研究进展与趋势

CCF 语音对话与听觉专业委员会

陈 谐[1] 刘树杰[2] 武执政[3] 张 超[4] 孔秋强[5]

[1]上海交通大学，上海

[2]微软亚洲研究院，北京

[3]香港中文大学（深圳），深圳

[4]清华大学，北京

[5]香港中文大学，香港

摘　　要

在过去的十多年间，以深度学习为代表的人工智能技术在图像、文本和语音等领域中取得了令人瞩目的进展，极大地拓展和深化了人工智能的应用场景，掀起了由人工智能技术引领的新一代技术革命。近年来，GPT 系列大模型快速迭代、表现突出，特别是 2023 年初 ChatGPT 的出现，基于海量数据和超大规模模型参数的知识涌现和上下文建模能力，将人工智能带入了一个全新的阶段。如何紧密结合大模型强大的知识归纳和认知能力，是目前人工智能领域的一个备受瞩目且极其重要的研究问题。音频信号处理是人工智能领域的一个重要研究方向，与大模型有机结合，基于大模型已有的研究范式和成功经验，开展和推动智能音频信号处理的研究，这对于跨模态信号处理和最终实现通用人工智能有着至关重要的理论价值和实用意义。首先，可以有效提升人机交互体验。基于大模型强大的认知和推理能力，结合已有音频模型的建模能力，提供更好的人机交互体验；其次，可以极大地推动人工智能技术的发展。将音频信号处理与大模型结合起来，有助于构建更加强大的人工智能系统，推动人工智能技术在各个领域的应用。另外，音频内容创作成了目前新的研究热点，挖掘和探索在大模型场景下的音频内容创作，如视频配音、音乐生成等领域，具有广阔的应用场景和市场需求。音频信号处理与大模型结合，也有助于解决音频信号处理领域目前面临的挑战和难题。现实中，对复杂音频的理解需要多个维度，如音频信号的内容、说话人、情感和背景环境等，这些以往需要多个专有模型进行独立建模。在大模型时代，有望搭建一个通用的端到端音频大模型，实现复杂音频信号理解和生成。本文将主要从音频表征学习、基于大模型的音频理解和生成，以及通用大模型这几个方面展开阐述，系统介绍国内外近年来在这一领域的技术进展和趋势，并对未来可能的研究方向进行讨论和展望，为大模型时代的智能音频信号处理领域的研究人员提供可能的参考技术路线和研究方向。

关键词：大语言模型；智能音频信号处理；音频理解；音频生成；离散语音表征

Abstract

Over the past decade, artificial intelligence technologies, especially those based on deep learning, have achieved remarkable advancements in fields such as image, text, and speech processing. These developments have significantly broadened and deepened AI applications, sparking a new wave of technological revolution driven by AI. Recently, the debut of ChatGPT has brought AI into a new era, showcasing strong language understanding and generation abilities. Large language models have become a prominent and crucial research topic nowadays. As a vital research area within AI, audio signal processing presents significant theoretical and practical value for multimodal signal processing and achieving general artificial intelligence when integrated with large language models (LLMs). This integration can greatly enhance human-computer interaction, leveraging large models' cognitive and reasoning capacities in combination with existing audio modeling capabilities to deliver a superior interaction experience. Furthermore, this line of research could significantly accelerate the advancement of AI technology, supporting the development of robust and intelligent AI systems applicable across various domains. Additionally, audio generation is attracting more attention, with applications such as video dubbing and music generation. Furthermore, real-world complex audio understanding requires a multidimensional approach, encompassing audio content, speaker identity, emotions, and environmental context, traditionally handled by separate specialized models. In the era of large models, there is potential to develop a unified, end-to-end audio model capable of comprehensive audio understanding and generation. This report focuses on three primary areas: audio representation learning, LLM-based audio understanding and generation, and general large models. The main purpose of this technique report is to systematically review recent domestic and international advancements and trends in these domains and discuss potential future research directions, offering technical insights and research guidance for researchers in the intelligent audio signal processing field in the era of large models.

Keywords：large language model; intelligent audio signal processing; audio understanding; audio generation; discrete speech representation

1　引言

在过去的十多年间，深度学习引领了人工智能领域的高速发展，产生了一系列的技术突破，在图像、文本和语音领域带来了性能上的飞跃，展现出了巨大潜力和应用前景。特别令人瞩目的是 2017 年 Transformer 模型的提出[1]，随后，在文本[2]、图像[3] 和语音[4] 等不同模态信号上展现了极其强大的通用建模能力，各个领域的主干模型开始统一转向 Transformer 模型。深度学习的另外一个重大进展是自监督学习[5]，通过基于海量无标签数据的自监督学习，可以有效建模数据内在的结构信息，提取高质量表征信号，在相关下游任务上仅基于少量有标签数据，便可取得优异性能，如文本的 BERT 和 GPT 模型[2,6]、图像的 BYOL[7] 和 MAE[8] 等经典模型。其中，GPT 模型是语言模型的新的模型架构。OpenAI 相继推出 GPT-1[6]、GPT-2[9]、GPT-3[10] 以及 GPT-4[11]，通过一个非常简单的任务"预测下一个词"（next word prediction）、提升模型参数量和训练数据规模，使模型能力持续增强。2022 年，OpenAI 推出 ChatGPT，在许多传统的自然语言处理（NLP）任务上取得了极其优异的性能，且能实现对语义的准确理解和建模，特别是长时历史，开启了一个全新的大模型时代。在模型参数和训练数据都被规模化后，模型结构（Transformer）和建模任务（next word prediction）的统一展现了强大的建模和推广能力，这一研究范式也被认为是有望通往通用人工智能（AGI）的一条可能技术路径，目前很多相关的研究都开始围绕大模型展开探索。在短短两年内，国内外涌现出了很多围绕语言大模型、多模态大模型以及垂直领域大模型的研究和创业公司，各大国际互联网公司也纷纷部署大模型业务开发。如何使用大模型重新定义传统任务，并将其与医疗、材料、搜索等领域深度融合，已经成为人工智能领域当下最热门的话题。

在这个大背景下，智能语音信号处理领域如何与大模型紧密结合起来，实现大模型研究和智能语音信号处理的共同进步，成了一个广受关注和值得探索的问题。在过去的十多年间，语音信号处理与深度学习深度融合，许多特定的语音任务在性能上实现了极大提升[12]，如语音识别[13-16]、语音合成[17-20]、语音分离[21-23]、语音增强[24-25]、声音事件分类[26-27]、麦克风阵列信号处理[28]、说话人识别[29-30]、音乐理解和分离[31-32]等任务。这些任务往往都是在特定的数据集上进行单独优化，各任务之间较为独立，一个模型只能完成某个语音任务，多个语音任务需要多个模型来完成。近年来，随着自监督学习算法的发展，研究人员发现可以从海量音频数据中以自监督学习的方式有效建模音频信号的潜在结构信息。基于自监督学习提取的信号表征，可以在不同的语音任务上取得相比传统梅尔频率倒谱系数（MFCC）特征更优的性能，如 SUPERB 提出的基准测试集和 WavLM 在多个语音任务上表现出强大的性能。另外一个研究方向是尝试让模型具备多任务的能力，且不同任务之间可以达到相互促进的效果，这样可以大大提高数据的复用性，减少模型的复杂性。大模型的出现，为智能语音信号处理提供了新的视角和思路。在不同的文献和应用场景中可能对大模型有不同的定义和阐述。一个观点是大模型代表大规模的模型参数和训练数据，通过扩展参数量和数据量自动挖掘和学习数据内在的结构信息，并具备强大的泛化能力。另一个观点是大模型等同于通用模型，需要具备通用能力或多任务的能力，即一个模型能处理多个任务，达到统一的目的。

本文将从以下 4 个方面来介绍大模型时代的智能音频信号处理的研究进展和趋势。

音频表征学习：自监督学习在多个领域都取得了令人瞩目的进展，基于音频信号的自监督学习也是近年来的研究热点。各种自监督学习的算法和模型被相继提出，在海量无标签音频数据上，以无监督的方式从音频中提取结构化信息。相比传统语音特征，自监督学习模型在一系列语音任务（如语音识别、说话人识别、音乐理解等）中有显著性能提升。音频表征学习为音频大模型和各类下游任务奠定了基础。

基于大模型的音频理解任务：得益于语音大模型的发展和大语言模型的开源，一些工作尝试基于大语言模型的认知能力和语音大模型的感知能力，在语音识别、语音翻译、语音情感描述和声音事件理解等任务上展现了良好性能。研究人员也尝试从大模型本身出发，训练基于语音的大模型，探索大规模数据下的音频理解能力。这方面的研究将极大地扩展音频大模型的应用边界，它初步展现出的知识涌现能力吸引了广泛的关注。

基于大模型的音频生成任务：受大语言模型在文本生成领域的成功的启发，近年来，越来越多的音频生成模型开始关注基于大模型和大数据场景的音频生成。在语音合成领域，研究人员的研究兴趣逐渐转向自然对话、丰富表达力和富有情感的语音生成。研究人员致力于开发更加自然流畅的语音合成系统。同时，由于有了更多的音频数据以及跨模态预训练模型，因此研究人员尝试生成具有创造性和艺术性的音乐作品，探索音乐生成的算法和模型，致力于解决音乐生成中的旋律、节奏、和声等方面的挑战，推动音乐创作的自动化和智能化。音乐生成和声音生成成了一个极有前景的研究方向。

通用音频大模型进展：基于语音大模型展现出的通用表征建模和感知能力，以及大语言模型强大的推理能力，近年来，有一些研究开始尝试搭建能够处理多音频任务的通用音频大模型。另一些研究将音频表征进行离散化，进而使用与文本相同的建模方式和训练算法，实现通用音频理解、生成和多模态能力。

本文的具体组织结构如下：第 2 节主要介绍音频表征学习，系统介绍如何从音频信号中学习潜在结构信息，以便语音下游任务的优化；第 3 节主要介绍基于大模型的音频理解任务，系统介绍如何利用大模型强大的建模能力提升音频信号的理解能力，特别是多任务的能力；第 4 节主要介绍基于大模型的音频生成任务，系统介绍基于海量数据的音频生成领域，包括语音合成和声音生成等领域的新进展和研究方向；第 5 节主要介绍通用音频大模型的最新进展，系统介绍具备多任务能力的语音大模型；第 6 节对大模型时代的智能音频信号处理进行展望，讨论未来的技术热点和难点；第 7 节对本文进行总结。

2　音频表征学习

2.1　传统声学特征

传统声学特征，如频率、节奏、音高和声谱等，是语音信号分析的基石。这些特征的提取技术历史悠久，例如线性预测编码（LPC）、梅尔频率倒谱系数（MFCC）和感知线性预测（PLP）等，它们通过模拟人耳的听觉特性，有效地捕捉语音的基本属性。这些技术在传统语音识别系统中表现良好，而在处理非线性和复杂的语音模式时存在局限，难以捕捉到更深层次的语义信息，尽管如此，具有很强可解释性的语音表征仍然普遍应用在语音研究和产品中。以下将分别介绍几种传统声学特征。

LPC 是一种在语音信号处理领域中极为重要的特征，在语音压缩和分析领域中扮演关键角色。LPC 技术基于这样一个假设：语音信号可以通过声带振动和声道形状的声学模型产生，并且可以通过模型参数的精确估计来有效捕获语音的特征。LPC 处理过程为：首先，对信号进行预加重，以增强其高频成分；接着，将信号切割成短时帧，每帧大约 20~30ms，这样处理是因为在这样短的时间段内语音信号可被视为平稳的；随后，进行自相关分析，以计算自相关系数，这些系数帮助预测未来的信号样本，并通过数学方法（如 Levinson-Durbin 算法）来解析这些数据，最终求解出一组线性预测系数。

LPC 的优势在于能够以极高的效率表征语音信号，尤其是在需要语音编码和合成的应用中，它能够使用较少的数据位有效传达大量的语音信息，显著减少数据存储和传输的需求。此外，LPC 还被应用于语音识别和语音增强，提供了有关语音产生过程的直接信息。尽管在处理动态变化较大的非平稳语音信号时存在局限，但 LPC 仍然是通信系统中不可或缺的工具，它在现代应用中的价值得益于计算技术的不断进步和算法的优化。

MFCC 是语音信号处理领域中的一种核心特征，特别适用于语音识别任务。它的设计基于人类听觉系统的特性，特别是人耳对不同频率的非线性感知方式。MFCC 通过模拟这种非线性感知方式，有效捕获了语音信号中的重要信息。它的提取过程为：首先，预加重高频部分以补偿发声系统的频率依赖性损失，将信号分割成短帧并应用窗函数减少边缘效应；然后，每个帧经过快速傅里叶变换（FFT）后，通过一系列梅尔刻度的三角滤波器进一步处理，这些滤波器在低频时密集而在高频时稀疏，以反映人耳的听觉敏感度；最后，对每个滤波器的输出计算对数能量，通过离散余弦变换（DCT）来降低特征间的相关性，并提高计算效率。

MFCC 不仅计算高效，而且在各种环境和噪声条件下均表现出卓越的鲁棒性，这使得它成为实时语音处理应用中的首选特征。它在语音识别中普遍应用且具有有效性，使其成为声学特征提取技术的标杆。尽管深度学习技术的兴起带来了新的特征提取方法，但 MFCC 依旧在许多传统及现代的语音处理系统中占有一席之地，展示了其持久的价值和广泛的适用性。

PLP 是一种在语音识别中常用的声学特征提取技术，它的设计灵感来源于人类的听觉系统，特别是耳蜗的处理方式。与传统的声学特征提取方法不同，PLP 通过模拟人耳对声音频率和响度的感知特性，提取与人类听觉感知更为接近的语音特征。这一过程为：首先，对语音信号的预加重和帧分割；然后，应用基于 Bark 频率刻度的滤波器组进行频率分析，这些滤波器在模拟人耳对不同频率的敏感度方面尤为有效；最后，PLP 通过模拟等响度曲线并应用自动增益控制，加强了语音中在人耳听起来更加重要的成分，从而提升了特征的鲁棒性和自然性。

PLP 的优势在于对复杂语音识别场景的高适应性，如口音变异和噪音环境。这种方法尤其能够准确捕捉低频的声音特征，提高了在多样化语音环境中的表现。虽然 PLP 的计算过程比 MFCC 复杂，但它在提供精确和自然的语音表征方面的优势使其成为处理嘈杂背景下语音识别任务的强有力工具。因此，PLP 不仅保留了其在传统语音处理应用中的地位，而且随着技术的进步，它在现代语音识别系统中的应用前景也依然广阔。

2.2 深度学习表征

卷积神经网络（CNN）已经从图像处理领域成功扩展到语音信号处理领域，成为提取语音表征的强大工具。在应用 CNN 之前，语音信号通常被转换为频谱图或梅尔频谱图，这种转换使语音信号展示出时间和频率信息，类似于图像。这使 CNN 可以利用其卓越的空间特征提取能力来处理这些"图像"，通过一系列卷积层、激活函数和池化层，逐层提取出越来越抽象的声学特征。每个卷积层使用多个滤波器扫描输入图，捕捉局部特征，池化层则帮助降低特征的维度并增强模型的泛化能力。另外，CNN 还常用于处理原始语音波形输入，从而避免传统短时傅里叶分析引入的假设和限制。

在多个语音处理任务中，CNN 的应用已证明其在提高性能方面的重要性。例如，在语音识别领域，如 DeepSpeech 系统所示，CNN 通过分析大量语音数据，能够识别并提取关键声学特征，以区分不同的语音命令。此外，在说话人识别和情感分析任务中，CNN 同样表现出精确提取说话人特定的和情绪相关的声学特征的能力。这些应用说明了 CNN 在处理类似图像的语音"图像"时的高效性，展示了它如何在语音技术领域推动新的发展潮流。

循环神经网络（RNN）和长短期记忆网络（LSTM）在语音处理领域中表现出了显著的能力，特别是在处理带有时间序列特性的语音数据时。RNN 通过其独特的循环结构能够在每个时间点传递先前信息，这使模型在处理连续语音流时能够保持信息的连贯性。然而，标准的 RNN 在处理长序列数据时往往面临梯度消失或爆炸的问题，这在实际应用中限制了其效果。为解决这一问题，LSTM 被引入，它通过特有的门控机制，即遗忘门、输入门和输出门，有效地管理信息流，这使网络能够捕捉长时间序列中的依赖关系，从而在复杂语音处理任务中保持较高的性能。

LSTM 在多种语音处理任务中已经显示出强大的性能，例如在语音识别、说话人识别和情感分析等方面。在语音识别应用中，LSTM 能够通过学习语音的时间动态特征来提高识别精度，它能处理包含快速语速变化和各种口音的复杂语音样本。此外，LSTM 也在语音合成领域中显示了其优势，它能够基于过往的语音数据预测未来的音频输出，生成自然流畅的语音。这些应用证实了 LSTM 在理解和生成连贯语音内容方面的出色能力，使其成为当前语音技术研究和开发中不可或缺的一部分。

语音领域最新的特征研究已经逐渐从 CNN 和 LSTM 模型过渡到了 Transformer 模型，Transformer 常用于自监督学习。下面我们将详细介绍几种基于自监督学习的语音表征。

2.3　自监督学习语音表征

2.3.1　CPC

CPC（Contrastive Predictive Coding）[33] 是一种在自监督学习领域中使用的技术，特别适用于提取复杂数据序列（如语音）的高质量表征。CPC 的核心思想是通过预测未来的数据点来学习数据的内部结构，这种预测不是直接进行的，而是通过对比不同时间点的数据样本来完成的。在语音处理中，这意味着模型学习区分给定语音片段未来可能出现的样本与不可能出现的样本，从而捕捉语音数据中的关键特征和时间依赖性。

在 CPC 的实现中，使用一个编码器网络将原始的语音信号转换成一个连续的隐含表示（或特征向量）。一个预测网络试图预测未来的隐含表示，这些预测是基于过去的隐含表示进行的。通过这种设置，模型不仅需要理解当前的数据点，而且还需要从中推断出未来的发展趋势。这种预测任务迫使模型捕获语音数据中的时间结构，这对于理解语音的动态性和复杂性至关重要。

CPC 在提高语音识别系统的表现方面已显示出显著的潜力。通过自监督学习，CPC 可以利用大量未标记的语音数据，这是传统的监督学习方法难以实现的。此外，由于 CPC 学习的是一种丰富的语音表征，这些表征能够捕获语音信号的本质特性和长期依赖关系，因此在转换到语音识别等下游任务时，能够显著提高模型的泛化能力和鲁棒性。这种方法的成功应用推动了语音处理技术的发展，为未来的研究和应用开辟了新的方向。

2.3.2　wav2vec 2.0

wav2vec 2.0[34] 是由 Facebook AI 研究团队开发的一种先进的自监督学习框架，专门用于语音处理。这个模型极大地改进了其前身 wav2vec，直接从原始音频波形中学习有用的语音表征，而不依赖任何手工特征或标签数据。其核心思想是通过捕捉和编码原始音频数据中的结构信息来生成高质量的特征，这些特征随后可用于各种语音识别任务。wav2vec 2.0 采用了一种新颖的对比损失机制，该机制能够区分真实的语音上下文和随机生成的负样本，从而在无须手动标注的情况下有效地学习语音数据的内在特性。

wav2vec 2.0 的架构由两个主要部分组成：特征编码器和上下文网络。特征编码器将原始音频波形转化为潜在的特征表示，这些表示捕捉了音频的基本声学特性。上下文网络采用了这些特征并通过自注意力机制进一步处理，以捕获更广泛的语音上下文信息。这种分层方法不仅增强了模型对短期和长期依赖的理解，而且还优化了特征的丰富性和表达力，使得从音频数据中提取的表征更为有效和丰富。

在实际应用中，wav2vec 2.0 展示了卓越的性能，尤其是在需要大量标注数据的低资源语言识别任务中。通过预训练与微调的策略，wav2vec 2.0 能够在大量未标注的音频数据上进行自监督学习，然后仅使用少量标注数据进行微调，达到甚至超过传统全监督学习方法的效果。这种方法不仅大幅降低了对标注数据的依赖，还推动了语音技术在多语言、多口音等复杂环境下的应用，为未来的语音处理技术研究和开发提供了新的可能性。

2.3.3　HuBERT

HuBERT(Hidden Unit BERT)[35] 是一种由 Facebook AI 研究团队开发的革命性语音表征模型，它采用自监督学习方法，针对语音数据进行有效的特征学习。这种模型的核心思想是通过预测隐藏单元的标签来学习语音的复杂结构，这些标签不是预先定义的，而是在预训练过程中通过聚类算法动态生成的。这种独特的方法使 HuBERT 不仅能捕捉到语音的基本声学特征，还能揭示更深层次的语言学和语义信息，这对于提高语音识别和理解的效果尤为重要。

在 HuBERT 的训练过程中，将原始语音输入转换为连续的潜在特征表示，这些表示随后被用于生成预测任务中的隐藏单元标签。通过这种方式，HuBERT 不需要依赖传统的词汇或语法标注，而是可以从语音数据的内在结构中学习到有用的信息。这一过程涉及大量的未标记音频数据，通过自监督学习方法，HuBERT 能够有效地从这些数据中学习，并在处理复杂的语音任务时展现出卓越的性能。

HuBERT 在多个语音处理任务中表现出了优异的性能，特别是在语音识别和说话人识别等领域。由于能够提取丰富而高效的语音表征，HuBERT 在少量标注数据下就能实现高准确度的识别结果，显著减少了对大量人工标注数据的依赖。此外，HuBERT 的模型结构和训练方法为语音处理技术的未来发展提供了新的研究方向，特别是在探索语音的深层特征和提升模型泛化能力方面表现出巨大潜力。

2.3.4 Data2Vec

Data2Vec[36-37] 是一个先进的自监督学习方法，由 Facebook AI 研究团队开发，用于从原始数据中学习通用的特征表示。这种方法的核心优势在于多模态性质，使其不仅适用于语音处理，也可扩展至文本和图像等其他类型的数据。在语音表征领域，Data2Vec 通过在大量未标记的音频数据上进行预训练，学习到深层次的语音特征，这些特征能够捕捉到语音信号的细微变化及动态性，为识别、分类及其他下游任务提供了强大的支持。

Data2Vec 的工作流程涉及两个主要阶段：首先，使用一个教师模型对输入数据进行编码，该模型已经在相关任务上进行了训练，可以生成高质量的特征表示；然后，一个学生模型被训练来模仿教师模型的输出。这种"教师-学生"架构的关键在于，学生模型通过尝试复制教师模型的行为来学习，而这一过程完全在无须任何标签的情况下进行。这种方法大幅降低了对标注数据的依赖，同时使模型能够从更广泛的数据中学习，提高了模型的泛化能力和适应性。

在实际应用中，Data2Vec 方法在语音识别和语音合成等领域有显著的效果。通过从庞大的音频库中自动学习，Data2Vec 能够识别和处理各种复杂的语音模式，从而支持多语言和多口音的语音处理任务。此外，Data2Vec 的训练策略也为研究人员提供了一种有效的途径，以探索语音数据中的深层结构和语义信息，推动了语音技术在自然性和准确性上的进一步发展。

2.3.5 WavLM

WavLM[38] 是由微软研究院开发的一个先进的自监督学习语音模型，相较于 wav2vec 2.0，WavLM 在有噪声和多说话人、重叠语音等条件下表现更为出色。这使得 WavLM 在更多的语音处理任务上，如自动语音识别、说话人识别和语音分离等，都展现出比 wav2vec 2.0 和 HuBERT 更好的性能。

具体来说，相较于 HuBERT，WavLM 进一步引入了降噪和重叠语音分离等设计。在自监督学习过程中，让模型对人工加噪或人工叠加的语音进行离散化，并预测基于原始纯净语音离散化得到的离散单元，使得模型表现为一种降噪自编码器（Denoising Autoencoder）。这更接近模型实际使用时所面临的真实世界环境中的语音，因而使得模型在实际应用中的表现更为出色。另外，WavLM 还引入了更大规模、包含更多背景噪声、混响和自然对话的语音数据，这些语音数据用于自监督学习。这使得 WavLM 在各种语音处理任务上，特别是在需要高度鲁棒性的应用中，表现得更加强大和实用。

2.3.6　SpeechLM

SpeechLM[39] 是由微软开发的融合非配对的语音和文本数据的自监督学习模型，在与语义相关的语音任务（如语音识别、语音翻译、语义理解等）上，它可以得到比 WavLM 更好的性能。与传统的单模态语音自监督模型不同，SpeechLM 通过强调语音与文本两种模态之间的双向交互，能够有效地整合这两种载体中的语言信息，从而帮助模型在下游任务上更准确地理解语言内容。

具体来说，SpeechLM 具有语音和文本两条输入路径，将两种输入在处理后变换到相同的语义空间，以达到在两种模态中共享语言知识的目的。它还在离散单元层级分别引入了语音识别中常用的时序连接主义分类（CTC）和文本编码器中常用的掩蔽语言模型（MLM）的损失函数，并将其作为自监督学习的目标函数，从而建立语音与文本之间的深层次联系。从语音自监督学习的角度看，这相当于利用文本模态对音频模态进行了语义层次的数据增强。

2.3.7　BEATs

与 SpeechLM 强调语音和文本两种语言载体间的交互不同，BEATs[40] 试图对语音和音频事件这两种不同的音频元素同时进行自监督学习，以使模型能够更好地处理在一般音频中通常同时存在的两种元素信息。实验表明，BEATs 能够同时在情感识别等语音分类任务和音频事件分类等任务上表现出优异的性能。

BEATs 使用了一种自监督学习方法。首先，通过自监督学习构造离散化的声学单元提取器。然后，基于该模型生成的离散化单元，通过随机遮掩离散化声学单元标签，学习新的音频自监督模型。最后，利用该音频自监督模型，构造"教师—学生"学习范式，通过知识蒸馏的方法改进上一步的模型，增强对离散化声学单元的语义层次建模。

2.3.8　EAT

EAT[41] 通过结合 BYOL[7] 中的自蒸馏学习范式以及掩码（Mask）学习策略，实现了高效、高性能的音频自监督学习。它通过同时利用帧（frame）级别和整体音（utterance）级别的目标损失，增强了对音频片段中声音特征的学习能力。在此框架和预训练任务的设定下，EAT 能够更高效地学习音频表征，并在主流音频和音频事件分类任务上表现出色。

在模型的自监督预训练过程中，EAT 采取了和 Data2Vec 相近的自蒸馏式框架。教师模型对完整的输入音频进行编码，生成目标表征，学生模型则通过预测掩码位置的音频表征来更新参数。教师模型根据学生模型的参数，通过指数移动平均方式同步更新。学生模型采用轻量级的 CNN 进行解码，通过非对称架构提高自监督学习的效率。

2.3.9　SoundStream

SoundStream[42] 是由 Google Research 团队开发的一种先进的端到端音频编解码技术，

它利用深度学习优化音频质量与压缩率之间的平衡。这种方法的独特之处在于，它不仅能处理语音信号，还能同时处理音频，使其在广泛的音频应用中具有高度的适用性。SoundStream 通过自监督学习训练模型，无须依赖大量标注数据，便可从原始音频中直接学习到复杂的声音特征。

在技术实现上，SoundStream 使用了一个神经网络模型，该模型能够在不同的比特率下进行动态调整，以适应不同质量需求的应用场景。这种灵活性来源于其内部的自适应特性，模型能根据输入音频的特征自动优化编解码过程，在保持音频质量的同时，尽可能地压缩数据大小。此外，SoundStream 还引入了先进的噪声抑制和音质增强技术，这些技术有助于在低比特率下仍保持音频的清晰度和丰富度，以便在保持音质的同时有效减少数据传输量。

SoundStream 在实际应用中展现了优秀的性能，特别是在流媒体和在线通信任务中，不但能够实现高保真的音频传输，而且在网络条件受限的环境下也能保证音质，这对于提升用户体验和扩展语音通信的应用场景至关重要。此外，SoundStream 的应用还促进了音频处理技术的创新，为未来可能的音频编解码标准设立了新的技术基准。

2.3.10 EnCodec

在 SoundStream 的基础上，Meta 公司提出了 EnCodec 端到端音频编解码方法[43]。EnCodec 在编码器和解码器中引入了长短时记忆网络（LSTM），以更好地建模时序信息。它用 Transformer 模拟了离散音频表征单元的输出规律，构造了基于离散音频表征单元的自回归模型，以更好地对离散音频表征单元进行熵编码，提升编码效率。

EnCodec 还使用了一种被称为损失函数平衡器的新技术来平衡不同损失函数间的超参数。在计算音频重建损失函数时，EnCodec 使用了时域和频域损失函数，而 SoundStream 只在频域上做了计算。在计算特征损失函数时，EnCodec 使用相对值，而 SoundStream 使用绝对值。另一个与 SoundStream 的关键区别是，Meta 公司对 EnCodec 采用了开源策略，开放了其源代码和在大量数据上得到的预训练模型，供开发者自由使用。

2.3.11 DAC

DAC[44] 端到端音频编解码方法建立在 EnCodec 的开源代码上。与 EnCodec 不同，DAC 使用了周期性的 Snake activation 作为非线性激活函数，以更好地建模音频信号的周期性。在对音频表征进行离散化时，DAC 使用了对 EnCodec 使用的残差向量离散化方法进行了改进，它先通过主成分分析对表征空间进行降维，再进行二范数归一化，以充分利用表征空间。

DAC 在计算对抗损失函数时使用了一个多频带的短时傅里叶频谱区分器，通过分频带处理来让高频信息保留得更精细。DAC 的工作频率为 44.1kHz，高于 EnCodec 的工作频率 24kHz。但是全带信号的数量有限，DAC 发现只有进行均衡的数据采样，让每一个 batch 里都至少有一个全带信号，才能让训练模型恢复出全带信号，否则学到的模型容易丢失高频信息。

2.3.12　FACodec

与 EnCodec、DAC 主要针对语音编解码器压缩不同，FACodec[45] 主要面向语音生成任务，它将复杂的语音波形解耦成内容、韵律、音色和声学细节等属性表征，再使用与 DAC 模型相同的多级残差量化方法将其表示为离散 token，并从这些离散 token 属性表征中重构高质量的语音信号。FACodec 通过使用语音编码器、音色提取器、三个分解向量量化器（分别针对内容、韵律和声学细节）、一个语音解码器以及多种训练技术的组合，实现了这一过程。FACodec 已在 Amphion[46] 开源系统中开源。

3　基于大模型的音频理解任务

前文介绍了基于大模型的音频表征学习的最新研究进展，本节将介绍音频理解的任务类型及评价指标。我们从如下几个方面介绍音频理解的任务类型。在 3.1 和 3.2 节中，我们**按标签类型和任务类型分类**大模型时代不同的音频理解任务。在 3.3 节中，我们介绍**音频标签预测**。在 3.4 节中，我们介绍**序列事件检测**，如语音识别等任务。在 3.5 节中，我们介绍**音频事件检测**，如音乐转谱等任务。在 3.6 节中，我们介绍**音频描述**。在 3.7 节中，我们介绍**大模型时代的音频理解**。在 3.8 节中，我们介绍**大模型时代的音频理解评估指标**。

3.1　按标签类型分类

音频理解任务可以定义为，给定一段输入的音频及任务类型，输出文字、字符串或元数据等格式的预测结果。图 1 展示了不同标签粒度的音频理解任务，从左到右标签粒度依次增加。图 1a 展示了音频事件检测（Sound Event Detection），模型需要精确输出事件的类型及时间戳[47]，例如警报出现在第 0.32s，猫叫出现在第 0.64s。代表性的任务有音乐转谱[48-49]、一般声音的事件检测[50] 和带有音素时间戳的语音识别。图 1b 展示了序列事件预测（Sequential Labelling）[14]，模型需要按照时间顺序输出预测的事件类型，例如在警报声之后出现了猫叫。在序列事件预测中，声音事件的顺序具有重要意义。序列事件预测最具代表性的任务是语音识别[51]，即从一段语音中识别出对应的文字。转录的文字应具有时间顺序，而顺序不能被随意调换。图 1c 展示了音频标签预测（Audio Tagging），模型需要预测出无序的音频标签，例如音频中包含了警报声和猫叫声。音频标签预测的结果是无序的。音频标记技术通过在音频中添加标签（Tag）来描述和分类音频内容。这些标签可以是音频片段中的特定信息，如声音事件、音乐风格、说话者、背景音乐、情感、关键字、场景变化、音效等。音频标签预测包括单分类或多分类任务，如音乐标签[52]、说话人识别[53] 等。图 1d 展示了音频标题预测（Audio Caption），它是一种通过文本形式来描述音频内容的技术。它可以帮助有听力障碍的人群在嘈杂环境中或在需要静音的情况下获取音频信息，例如"警报响了，猫跑了"。音频标题预测[54] 是粒度更粗的任务，对于同一条音频的多种音频描述都是合适的。音频标题预测也是近年来出现的新的音频理解任务。图 1e 展示了音频理解（Audio Understanding）。模型能够根据输入的音频和任何问题输出对应的回答。音频理解是在大模型时代对音频问答（Audio Question Answering，AQA）[55] 的延伸。

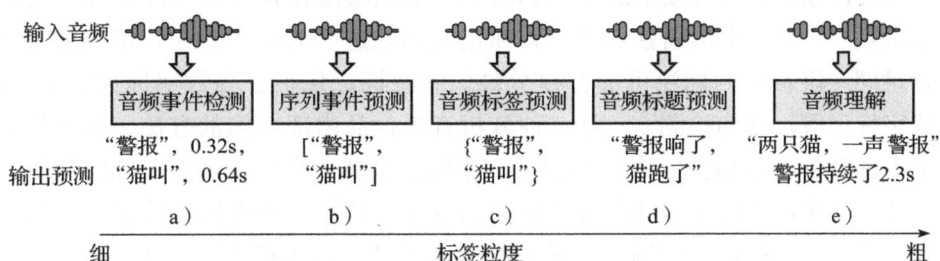

图 1 不同标签粒度的音频理解任务，从左到右粒度从细到粗

3.2 按任务类型分类

按照任务类型，基于大语言模型的音频理解可以分为语音任务、音乐任务、一般音频任务和空间音频任务。图 2 展示了按照上述任务分类划分的子任务。在语音任务中，语音识别[51] 是一个从音频信号中提取文字内容信息的任务，是基于语音的人机交互系统的重要模块。语种识别[56] 是一个从音频信号中提取目标语言种类的任务，能够区分不同的语言。方言识别[57] 能够区分同一种语言的不同口音，如区分阿拉伯语的不同口音。说话人识别[53] 能够区分不同说话人，说话人验证[30] 能够验证说话人是否为特定人，这些技术被广泛应用于安全验证等领域。语音情感识别[58] 是理解语音中的情感信息，如愤怒、快乐、悲伤、惊讶、厌恶等。语音分割[59] 能够将语音切分成不同的说话人片段，在特定目标语音信息提取中有广泛的应用。关键词检测[60] 能够从语音信号中检测特定的关键词，在智能助手、智能家居的语音唤醒中有广泛应用价值。

图 2 按照任务类型分类的音频理解任务，从左到右粒度从细到粗

音乐任务包含多个子任务：音乐风格识别[61]、音乐年代识别[62]、音乐歌手识别[63]、音乐语种识别等。音乐转谱[48-49]是音乐理解中的重要任务，目标是将音频转化为符号形式，如 MIDI、MusicXML[64]等格式。音乐转谱分为有音高乐器的转谱和无音高乐器的转谱，如钢琴转谱[65]、吉他转谱[66]、鼓转谱[68]等。近年来，多种乐器的转谱得到了广泛的研究，如 MT3 系统[49]等。音高检测[67]是一个识别人声基频的任务。节拍检测[69]的目标是检测音频中的强拍和弱拍。节拍检测在音视频卡点任务中有广泛应用。和弦识别[70]是一个识别音乐中和弦标记及和弦进行的任务。和弦识别的难点是不同标注者对同一段音乐的标注可能存在分歧。和弦标记包括罗马数字标记、字母标记、阿拉伯数字标记等。结构检测[71]是一种分析音乐作品内部结构的方法，旨在识别并标注音乐中不同部分的结构性元素，如引子、主歌、副歌、桥段、过渡段和结尾等。音乐指纹[72]是一个从音乐信号中进行查重检测的方法，其目标是为每一首音乐提取独一无二的特征。音乐指纹被广泛应用于音乐的检索和重建。音乐描述[73]是一个为音乐自动生成文字描述的任务，被广泛应用于为新歌自动生成文字摘要。

一般音频任务通常包括非语音、非音乐的音频类型。在 AudioSet 分类法[74]，一般音频任务被分成了 527 种类别。AudioSet 的标签呈多级树状结构。第一级标签包括人类的声音、动物的声音、音乐、物体的声音、自然的声音和声源模糊的声音等。音频场景分类[75]是一个识别当前录音所处场景的任务，场景包括图书馆、商场等。音频场景分类可以作为针对定制场景的音频识别系统子模块。动物叫声检测[76]是一个识别动物种类的任务，如鸟类声音识别、海豚声音识别等。动物叫声检测在非人类可到达的区域中具有广泛的应用。交通声音检测[77]是一个在城市中识别不同车辆、不同路段施工声音的任务，在智慧城市中具有广泛的应用。室内声音识别可以检测老年人摔倒、婴儿哭叫、厨具的声音等。音频描述[78]是将音频转为文字描述的任务，在自动音频标注中具有广泛的应用。

在空间音频任务中，空间音频理解是虚拟现实（Virtual Reality，VR）和增强现实（Augmented Reality，AR）任务的重要部分。声源定位[79]是一个通过多麦克风识别声源方向和位置的任务。波束形成[80]是一个通过多麦克风定向增强一个或若干个方向声音信号的任务。声场重建[81]是一个通过信号处理及 AI 重建声场的任务。室内声学需要通过算法理解、重建房间的 3D 结构，并通过声学渲染方法重建声场。头传递函数[82]模拟了声音在进入人类耳朵时，头部的形状、大小、耳郭等特征引起的频率响应变化，从而产生不同的声学效果。

3.3 音频标签预测

音频标签预测是音频领域的基础问题。在语音任务中，音频标签预测包括说话人识别、语言识别、情感识别等。在音乐任务中，音频标签预测包括风格识别、歌手识别、年代识别等。音频标签预测任务的输入为一段音频 $x \in \mathbb{R}^L$，其中 L 为时域采样点的时长。输出目标为 $\{y_1, y_2, \cdots, y_K\}$，其中 K 为音频事件的种类，y_K 为第 K 个音频事件出现的概率。音频标签预测从早期的小数据、少类别、少分类任务[83-84]发展到当今的大数据、多类别、多分类任务。在 2017 年，Google 发布了大规模音频数据集 AudioSet[74]，该数据集包含共 527 类超过 200 万的 10s 音频数据。AudioSet 的标签呈树状结构，最深标签层级可达 6 级。在音乐领域，有 Million Song Dataset（MSD）[85] 数据集、Music4All 数据集[86]及 Disco-10M[87] 数据集等。基于大语言模型的音频标签预测系统经历了从卷积神经网络（CNN）发展到 Transformer 的过程。使用卷积神经网络的代表作包括 2016 年的 CNN[88]和 Google 发布的 CNN[89] 等。Google 发布的音频标签预测系统将音频切分为 1s 的片段，并将每一个片段输入 CNN 中同时预测标签的概率。在 PANN（Pretrained Audio Neural Network）[26] 中，模型将整段未切片的音频送入 CNN 分类器中并预测标签的概率，实现了 0.431 的平均准确率（mean Average Precision，mAP）。后续基于 CNN 模型，如 ERANN（Efficient Residual Audio Neural Network）[90] 进一步提升了音频标签的 mAP。在数据处理维度，PSLA（Pretraining, Sampling, Labeling, and Aggregation）[91] 集成了预训练、重采样、重标签等方法的音频打标签方式。PSLA 能够在不改变模型架构的前提下，通过数据增强的方式将 mAP 提升至 0.474。自 2021 年来，基于 Transformer 的模型结构在音频标签预测任务上超越了 CNN。AST（Audio Spectrogram Transformer）[27] 是一种基于 Transformer 的结构，通过将音频切片作为 token，实现了使用 Transformer 分类音频。HTS-AT[92] 是一种采用 Transformer 结合时频域切片的音频标签预测方法[92]。一些研究[93] 采用 patch out 方式，实现了更高精度的音频标签预测。在最近的研究中，结合音视频模态[94] 取得了比单模态标签预测更高的 mAP。

3.4　序列事件检测

序列事件检测的输入是音频信号 $x \in \mathbb{R}^L$，输出是按照时间排序的音频事件 $(a_1, \cdots, a_N)$。输出的音频事件序列不需要包含时间戳，只需要顺序输出音频事件。序列事件检测最具代表性的任务是语音识别[95-97]。语音识别是一个将输入音频转为字符序列的任务。语音识别通常采用对数梅尔谱图[96] 或自监督训练的 wav2vec[34]、HuBERT[35] 等特征作为输入。在大语言模型时代，语音识别系统包括基于结合 CNN 和 Transformer 的 Conformer[98] 系统、基于 Transformer 的 Whisper 系统[99] 等。序列标签损失函数常常采用 Connectionist Temporal Classification（CTC）[100]。CTC 损失函数不需要数据对齐，能够解决神经网络的输出与真实标签长度不一致的问题。工业级的语音识别系统通常在数十万小时的语音数据上训练。CTC 损失函数也被应用于序列事件检测中[101]。

3.5　音频事件检测

音频事件检测是一个需要检测出音频事件开始时间和结束时间的任务。音频事件检测根据标注的类型，可以分为帧级别的检测任务及事件级别的检测任务。帧级别检测任务的输入为 $x \in \mathbb{R}^L$，输出的目标为 $y \in [0,1]^{T \times K}$，其中 T 为时间帧数，K 为音频事件类别数。帧级别事件检测能够对每一帧信号都检测出一个或多个音频事件。帧级别的音频事件检测系统包括早期的循环神经网络、卷积循环神经网络等系统[65,102]。通常，帧级别的事件检测结果需要进行后处理转换为事件级别的标签。后处理方法包括阈值法、双门限法等。经过后处理，帧级别的检测能转换成事件级别的检测，如包含音的起始时间（onset）、结束时间（offset）、音高（pitch）、力度（velocity）信息的事件信息。音频事件检测的代表性任务为音乐转谱，目标是将音乐信号转录成单乐器、多乐器、单声部或多声部的 MIDI 格式。早期的音频转谱采用了循环神经网络[65]、卷积神经网络[102] 等方式，将音乐转为钢琴卷帘窗（piano），进行后处理并转换为 MIDI 格式。最近，基于大语言模型的音频检测方法通过 Transformer 等结构，实现了输入音频、输出事件的端到端事件检测方法。代表工作包括 Google 的 Transformer 钢琴转谱系统[103]、多乐器转谱系统 MT3[49] 等。在音频事件检测中，有研究[50] 提出了基于帧检测和事件检测的系统。在 Qwen-Audio 系统中，实现了帧级别的语音检测（Speech Recognition with Word-level Timestamps，SRWT）。模型的输出能够包含每个音素精细的时间戳。

3.6　音频描述

音频描述的输入是 $x \in \mathbb{R}^L$，输出为文本序列。文本序列可以包含变长字数。Audio Caption 于 2020 年在 DCASE Challenge 中首次出现[104]。音频描述通常采用编码器-解码器（Encoder-Decoder）结构。其中 Encoder 为预训练的音频特征提取器，将输入音频转换为隐层特征。Decoder 为解码器，将隐层特征转为自然语言输出。在大语言模型时代，Transformer[54] 被广泛应用于 Audio Caption 任务中。研究人员发现，编码器在音频描述中具有重要作用。编码器包括基于 CNN 及其变种的 PANN[26]、ConvNeXt[105] 和基于 Transformer 的 AST[27] 等。Audio Caption 的数据集包括 Clotho[78]、AudioCaps[106] 和 WavCaps[107] 等。每一条音频可以包括多条音频描述，例如在 Clotho 数据集中每条音频包括 5 条人工标注。对同一段音频的多种描述都是合理的。

3.7　大模型时代的音频理解

自 2023 年以来，在大模型音频理解时代，音频的任务从简单的分类、分离、识别、事件检测拓展到更加一般的任务。模型的整体思路为使用一个预训练的音频特征提取模型连接一个大语言模型。

大语言模型在音频领域的代表工作包括 Pengi[108] 和 LTU（Listen，Think and Understand）[109]。在 Pengi 中，作者通过使用音频对比学习特征提取器 CLAP（Contrastive Language-Audio Pretraining），将提取的特征输入大语言模型中，实现在多个下游任务上统一的识别效果，包括音频事件检测、分类、情感识别等任务。在 LTU 中，作者提出了一个新的 OpenAQA-5M 数据集，它包含 190 万封闭集数据和 370 万开放集数据。作者使用了预训练的 AST（Audio Spectrogram Transformer）模型作为特征提取器，采用 projection 投影层及 Llama 大语言模型作为解码器，实现了在多种任务上的开放式问答。

在 SALMONN[110] 中，作者结合语音特征编码器 Whisper 和音频预训练编码器 BEATs，并将 Q-Former 作为连接器送入大语言模型中。大语言模型采用了基于 Llama 微调得到的 Vicuna 和低秩微调技术 LoRA。模型的训练分为三个阶段：第一阶段为预训练；第二阶段为指令微调；第三阶段为针对任务的训练。模型在语音识别、英文到中文、音频打标签等任务上评估，并验证了 LoRA 的重要性。另外有一些工作通过结合大语言模型，在专用领域取得了巨大进展。代表模型有语音识别领域的 SpeechLLaMA[111] 和 SLAM-ASR[112]，以及音乐理解领域的 M2 UGen[113]。

在音乐领域的代表工作 LLark 中，模型可以输入一段音频以及对应的 instruction，并输出对应的回答[114]。例如，模型的输入可以是：这段音乐的速度是多少？模型的回答可以是一系列离散的 token。模型通过自回归的方式，预测下一个字符。模型的训练方式是预测 $p(r_i \mid X_a, X_q, r_{1:i-1})$，其中 X_a 是音频表征序列，a 代表音频（audio），X_q 代表查询问题序列，q 代表查询（query）。$r_{1:i-1}$ 代表回复（response）序列。作者提出了一种基于预训练大语言模型的数据增强方式，可以从单独的音频标签增强成 caption、understanding、reasoning 的文字。作者使用了 5B 的 Jukebox 作为音频编码器和 12B 的 Llama2 作为解码器。其他使用大语言模型进行音乐理解的工作有 MusiLingo[115]，它采用了一个单层的投影层对齐音频特征和一个冻结的大语言模型。

3.8 大模型时代的音频理解评估指标

采集评估数据集和制定评估指标是搭建大语言音频理解模型的重要一环。音频理解评价数据集包括 ESC50、DCASE、AudioSet 等音频分类数据集和 Clotho、AudioCaps 等音频描述数据集。这些数据集通常为特定任务而定制。近年来，基于大语言模型的音频理解系统更关注在开放数据、开放问题上的表现。在 LTU[109] 中，作者提出了开放音频问答数据 OpenAQA-5M。该数据集包含（音频，问题，答案）三元组，数据来源包括 8 个音频数据集。作者采用了基于 GPT-3.5-Turbo 的音频指导生成（Audio Instruction Generation，AIG）方法。首先抽取音频的元信息，例如类别、标题、时间戳等信息，并将这些信息送入 GPT 中生成问答（QA）对数据。OpenAQA-5M 为每一条音频生成了多条问答对数据，合计包含 370 万条问答对数据。在 SALMONN[110] 中，作者在语音识别等 15 个任务上评价了音频理解系统。在 Qwen-Audio 中，作者在音频描述、语音识别等 12 个任务上评价了音频理解系统。可以看到，在大模型时代的音频理解系统评价中，呈现出多任务、多数据集、多指标综合评价的趋势。研究人员常用雷达图可视化在不同任务上系统表现的指标。SD-Eval[116] 为对话场景中的语音理解而设计。SD-Eval 覆盖了语音情感、口音、年龄、背景声音等方面的理解，通过理解不同的副语言信息与环境信息，使大语言模型能够给出不一样的回复。

4　基于大模型的音频生成任务

4.1　语音生成大模型

近年来，以 GPT 系列[11] 为代表的大语言模型在生成对话式的自然语言文本上取得了巨大成功，且研究表明大模型性能随着训练数据和参数量的增加而显著提升。受此启发，语音生成技术也逐渐进入了大模型时代。相较于大模型兴起前依赖精细标注的高质量棚录语音数据，语音生成大模型开始使用来自互联网等平台的真实语音数据以增加数据数量和多样性，从而带来更好的语音自然度。此外，大模型带来的强大的上下文学习能力使模型具有零样本语音克隆的能力。语音生成大模型已被成功运用于自回归与非自回归建模中，我们分别在 4.1.1 节与 4.1.2 节中介绍。

4.1.1　自回归方法

由于大语言模型"下一个词预测"（next token prediction）范式的成功，研究人员开始将大语言模型中完全基于解码器（decoder-only）[11] 的 Transformer 模型运用至语音合成中。大语言模型的输入和输出均为离散表征，选用什么样的离散表征、如何兼顾生成效率与模型效果是该领域研究人员主要研究并需要解决的问题。

AudioLM：2022 年，Google 团队推出首个利用大语言模型生成音频的 AudioLM[117]，它利用 2 种离散表征：主要含有内容信息的 Wav2vec-BERT[118] 无监督学习表征与主要含有声学细节信息的 SoundStream[42] 音频编解码器（codec）表征。其中，由于音频包含了复杂的声学信号特征，因此 codec 表征通常需要进行多层残差量化以达到好的重建效果，而越低层的 codec 表征包含的信息越多。AudioLM 将语音生成分为 3 个阶段，每一阶段都使用大语言模型建模：第一阶段生成内容信息；第二阶段根据第一阶段的内容信息生成前 4 层的粗细粒度 codec 表征；第三阶段补充剩余层的量化表征，以生成高保真语音。

VALL-E：2023 年，VALL-E[119] 团队提出两个阶段的建模方式以更好地兼顾效率与音质，它并未采用自监督学习表征。在第一阶段采用大语言模型预测 codec 第一层表征；在第二阶段采用非自回归模型，以自回归模型的输出作为条件，补充 codec 剩余的表征。由于简化了建模并引入了非自回归模型，VALL-E 达到了更好的生成效率与效果的平衡。VALL-E 使用清洗自 Libri-Light 的 6 万小时的数据进行模型训练，实现了只需 3 秒语音提示的零样本（Zero-Shot）语音生成。此后，该团队在此基础上提出了多语言生成大模型 VALL-E-X，实现了零样本多语言语音生成。

SoundStorm：在 VALL-E 被提出后，2023 年，SoundStorm[120] 团队提出了基于离散扩散模型改进非自回归建模的方案，以进一步提升语音生成的质量和效率。通过引入离散扩散模型，在生成过程中多步采样，逐步优化语音信号，从而在保持高效率的同时提高生成语音的自然度和清晰度。

BaseTTS：2024 年，BaseTTS[121] 对 WavLM 自监督学习表征进行量化，并且解耦说话人音色信息与韵律信息，以得到压缩率更高的单层离散表征，这使得其并不需要非自回归建模，进一步提升了建模效率。此外，BaseTTS 进一步扩大了模型参数量与训练数据，即 10 亿参数量与 10 万小时训练数据，在情感、用词复杂度、自然度等多维度评价指标中发现了音频大模型在其中多个指标中存在"涌现"现象。

4.1.2　非自回归方法

非自回归方法在语音生成中通过并行的方式生成整个语音序列，相较于自回归方法，这种方法往往具有更高的生成效率和更低的延迟，但由于并行式建模天然地缺乏对前文预测音频的学习，因此在发音自然度与连贯性上可能需要额外建模以达到更高的上限。在大模型时代，研究人员采用扩散模型（Diffusion Model）、变种流匹配模型（Flow Matching）以及生成对抗网络（GAN）作为非自回归模型的架构。近年来，它的发展集中于挖掘更有效的声学特征，利用更大的模型提升语音中各属性建模的精细度，以及利用大模型的上下文学习能力进行多任务应用。

NaturalSpeech2：2023 年，NaturalSpeech2[122] 使用 Transformer 分别建模发音时长与发音声调，然后使用扩散模型建模 Encodec 音频编解码器的隐层空间连续特征。它使用了 4.4 万小时数据进行训练，生成的语音质量超越了许多基于高质量精细标注数据训练的传统方法。

Mega TTS：同期，Mega TTS[123] 采用生成式对抗网络架构，对音频中的各属性进行了更精细的分解：从梅尔频谱的低维度离散表征中提取音频的韵律信息、从参考音频中提取全局音色向量，并对音素进行模型编码处理以提取内容信息。Mega TTS 使用 2 万小时无标注数据集 GigaSpeech 和 WenetSpeech 训练，实现了高质量的零样本语音生成。

NaturalSpeech3：2024 年，NaturalSpeech3[45] 提出音频属性分解的音频编解码器，相较于 Mega TTS 对梅尔频谱的属性分解，NaturalSpeech3 对编码后的原始音频进行属性分解，以得到内容、韵律与声学细节的分解。NaturalSpeech3 的模型参数规模达到了 10 亿级别、20 万小时，在零样本语音克隆相似度与主观评测上达到了当时最好水平。

4.1.3　音频生成大模型数据集

在早期的语音生成模型中，语音数据集需要专业录制，往往局限于受控环境下的单一说话人或极少数说话人，这使得语音数据集在风格和说话人特征上存在单一性，且需要高质量精细标注。随着音频生成大模型的兴起，对数据规模的需求进一步增长，对音频质量、标注和录制场景的要求则有所放宽。如表 1 所示，自 2020 年以来，音频生成大模型数据集达到了数万小时数据，其内容也开始从录音室数据集或者有声书数据集，转向互联网上可以采集的海量语音数据，包括但不限于生活环境中的口头交流、影视作品中的对话或独白、评书相声脱口秀以及网络多媒体等。这样的数据虽然在信号质量上远不如专业录音室数据集，可能含有大量的背景噪声，且缺乏高质量的文本标注，但是这些数据反映了真实的自然环境，更有助于提升大模型的泛化性。值得注意的是，Emilia

是语音生成大数据集的典型代表[124]。Emilia 初始版本涵盖了 6 种语言的超过十万小时的内容，包含多种不同说话风格的语音数据。开源框架 Emilia-Pipe 能够在短短几分钟内处理一小时的原始语音数据，这使其具备用于模型训练的条件，有益于大规模语音生成研究工作的开展。

表 1　音频生成大模型数据集信息汇总

数据集名称	年份	语言	时长	来源	场景
Libri-Light	2020	英语	60 000 小时	有声书	朗读
MLS	2020	多语言（8 种）	50 500 小时	有声书	朗读
GigaSpeech	2021	英语	10 000 小时	互联网	多种
People's Speech	2021	英语	30 000 小时	互联网	多种
WenetSpeech	2022	普通话	10 000 小时	互联网	多种
WenetSpeech4TTS	2024	普通话	12 800 小时	互联网	多种
Emilia	2024	多语言（6 种）	101 000 小时	互联网	多种

4.2　音效生成

随着深度学习技术的发展，以扩散模型和语言模型为代表的深度生成模型在图像、文本生成领域取得了巨大的成功。近年来，研究人员在音效生成领域同样引入了扩散模型和语言模型，实现了高表现力的音效生成。我们分别在 4.2.1 节和 4.2.2 节中介绍基于扩散模型和语言模型的音效生成大模型。

4.2.1　基于扩散模型的音效生成

DiffSound[125] 首次尝试通过离散扩散模型构建文本到音效的生成系统。DiffSound 构建了一个 VQGAN[126] 模型，使其将梅尔频谱转化为离散单元序列并使用 T5[127] 模型将文本转化为条件向量，然后构建基于文本条件向量的条件离散扩散模型，使其预测梅尔频谱的离散单元序列，最终用一个声码器模型将梅尔频谱的离散单元序列重建为音频波形。

Make-an-Audio[128] 和 AudioLDM[129] 试图在连续空间中构建文本指导的音频生成系统，它们使用变分自编码器将梅尔频谱图转换为潜在表示，在潜在空间上构建扩散模型，并使用自编码器将潜在扩散模型的预测结果重构为梅尔频谱图。AUDIT[130] 模型同样在潜在空间上构建扩散模型以实现音效生成，并在此基础上完成音效的增添、去除、修改、补全、超分等编辑任务。AudioLDM2[131] 结合自回归模型和潜在扩散模型，使用从 AudioMAE[132]（一种自监督预训练表示学习模型）中提取的自监督表示。在生成过程中，使用一个自回归模型，它用文本预测音效数据的自监督表示序列，然后利用一个潜在扩散模型将音效自监督表示序列转化为梅尔频谱的潜在表示，最后通过声码器模型合成波形。PicoAudio[133] 模型实现了对音效生成的精准控制，即控制音效的起始与结束时间点，以及多个音效时间的先后顺序。

4.2.2 基于语言模型的音效生成

AudioGen[134] 是一个基于语言解码器的文本到音频生成模型，它使用自回归方法。AudioGen 直接预测通过语音编解码器（Codec）压缩音频得到的语音离散标记。为了解决自回归模型推理速度慢的问题，AudioGen 探索了多流建模的方法，允许使用较短的序列，同时保持相似的比特率和感知质量。此外，AudioGen 应用无分类器指导（classifier-free guidance[135]）来增强生成音效与提高文本匹配程度。

MAGNET[136] 是一种基于掩码语言模型（Masked Language Model）的音效生成模型，是一个单阶段的非自回归语言模型。MAGNET 在训练期间预测通过掩码调度器得到的掩码的离散音频序列，而在推理期间使用多个解码步骤逐步构建输出序列。为了进一步提高生成音频的质量，MAGNET 引入了一种新颖的重新评分方法，利用外部预训练模型对 MAGNET 的预测进行重新评分和排名，这些预测将用于后续的解码步骤。此外，MAGNET 将自回归和非自回归融合在一起，以自回归方法生成前几秒，而并行解码序列的其余部分。MAGNET 评估了在文本到音乐、文本到音频生成任务中的效率，它提出的方法与评估的基线相当，但速度明显更快（比自回归基线快 7 倍）。

4.3 音乐生成

随着深度学习技术的发展，特别是大型预训练模型的出现，音乐生成开始脱离传统的基于规则和简单模式的方法，向更复杂的数据驱动方法迈进。这些方法不仅可以处理大规模的数据集，还能学习音乐的深层结构和细节，从多样化的条件中生成高质量的音乐作品。目前，音乐生成主要分为文本条件引导的音乐生成和非文本条件引导的音乐生成，下面将分别在 4.3.1 节和 4.3.2 节中详细介绍这两种方法的最新发展和应用。

4.3.1 文本条件引导的音乐生成

文本条件引导的音乐生成是指使用文本描述作为输入条件，引导音乐生成模型产生与之相匹配的音乐作品。这种方法的优势在于可以直接利用自然语言处理技术来解析和理解文本内容，从而生成能够表达相应情感和风格的音乐。

得益于神经网络音频编解码模型（如 SoundStream[42]、EnCodec[43] 等）的发展，音频可以直接使用离散词元（token）进行表示，与自回归 Transformer 对齐。基于 AudioLM[117]，MusicLM[137] 通过三阶段的自回归架构建模 SoundStream 的音乐 token，实现了文本到音乐的生成：第一阶段，根据音频或文本的特征生成由 w2v-BERT[118] 聚类得到的语义 token；第二阶段，根据语义 token 生成 SoundStream 前 4 层的粗粒度声学 token；第三阶段，根据粗粒度声学 token，生成后 8 层的细粒度声学 token。最终，12 层 token 合并解码，得到音乐输出。三个阶段的自回归模型参数各为 4.3 亿。由于高质量音乐–文本数据的稀缺，MusicLM 采用音乐–文本对比学习模型 MuLan[138] 的特征表示，将音乐和文本描述投影到相同空间，使用了 28 万小时的无标注音乐数据进行模型训练。在推理时，MusicLM 能够根据诸如"平静的小提琴旋律，配以失真的吉他乐段（a calming violin melody backed by a distorted guitar riff）"之类的复杂文本描述生成高贴合度的音乐。

MusicGen[139] 在 MusicLM 的基础上简化了模型，提出了独特的 delayed-token 模式，使用单一阶段的自回归方法来建模 EnCodec 的音乐 token。通过文本预训练模型 T5[127]、音频-文本对比学习模型 CLAP[140]，MusicGen 集成了以文本或旋律为条件的生成控制，在总共 2 万小时的私有文本-音乐数据集上进行训练，它的模型参数量最大达到了 15 亿级别，实现了基于文本或旋律条件的高质量音乐生成。

基于掩码语言模型的非自回归模型同样被应用于音乐生成。掩码模型的核心思想是先随机遮盖输入序列中的一部分元素，然后训练模型预测这些被遮盖的元素，从而学习到数据的深层次表示和结构。与自回归模型不同，掩码模型可以同时利用输入序列的前向和后向上下文信息来预测被掩码的元素，这使模型能更全面地理解数据中的上下文和依赖关系。文本到音频/音乐生成模型 MAGNET[136] 通过非自回归的掩码预测 EnCodec 的 token，在维持高质量的同时加速了音乐生成。

基于扩散模型的生成工作在图像生成等任务上有着出色表现[141]，这也为音乐生成提供了建模思路。Noise2Music[142] 使用了两个层级的扩散模型来实现文本到音乐的生成。为了获取数据，Noise2Music 采用了 LaMDA[143] 模型来构造音乐描述文本，并使用 MuLan 来对音乐进行 zero-shot 文本分类，最终得到了 34 万小时的训练数据。Noise2Music 的第一层扩散模型根据文本条件生成较低采样率的音乐（3.2kHz），第二层扩散模型根据第一层的较低采样率的音乐和文本条件生成较高采样率的音乐（16kHz），最终用一个超分辨率模型得到 24kHz 的音乐，模型总参数量达到 10 亿级别。

4.3.2　非文本条件引导的音乐生成

非文本条件引导的音乐生成不直接使用文本描述，而是依赖其他类型的输入，如音频样本、MIDI 数据等，来引导音乐的生成。这类方法在无法直接提供文本描述的场景以及需要基于已有音频进行创作的场景下尤为有用，如歌声伴奏生成、音乐变奏编辑等。

SingSong[144] 基于 AudioLM 架构，首先使用 Encoder-Decoder 架构 Transformer 以歌声的语义 token 为输入，预测伴奏的语义 token 和粗粒度声学 token，再使用 Decoder-Only 的 Transformer 预测了伴奏的细粒度声学 token，实现了歌声到伴奏的生成。SingSong 在 100 万首歌曲上，使用声源分离模型 MDXNet[145] 构造了共 4.6 万小时的歌声-伴奏数据对，通过给输入歌声加入随机噪声，消除了声源分离模型引入的杂音影响，训练出了稳定的歌声到伴奏生成模型，最大模型参数量达到 30 亿。StemGen[146] 和 VampNet[147] 均采用了掩码语言模型，以音乐作为输入，分别实现了分轨音乐生成和音乐变奏生成。

InstructME[148] 使用了隐表示扩散模型（Latent Diffusion Model），着眼于给定音频和指令文本，实现了音乐编辑。通过和弦条件和区块化 Transformer 保证了生成的和声一致性和结构稳定性，最终实现了添加（Add）、删除（Remove）、提取（Extract）、替换（Replace）和变奏（Remix）五种音乐编辑操作。

Music ControlNet[149] 基于 ControlNet[150] 架构，在文本控制之外，引入了 MIDI 音符、动态范围和节奏三个额外维度的控制，实现了更加细粒度条件控制的音乐生成。Coco-Mulla[151] 模型采用了大模型参数高效微调（Parameter-Efficient Fine-Tuning）技术，用 Adapter 微调了已有的 MusicGen 模型，仅引入 4% 的原模型参数即可将和弦走向、MIDI 音符、鼓点音频三种条件融入输入条件，实现细粒度音乐生成。Instruct-MusicGen[152] 使用类似技术路线，用低秩适应（Low-Rank Adaptation）微调 MusicGen 模型得到音乐编辑模型。

5 通用音频大模型进展

前文介绍了基于大模型的音频理解和生成任务的最新研究进展，预训练大模型的一个非常大的优势是可以将不同的任务放在一起，训练得到一个通用的语音处理大模型。在本节中，我们从如下几个方面介绍通用音频大模型的研究进展。在 5.1 节中，我们介绍 3 种不同音频大模型的网络结构，并在后续按照网络结构的不同，具体介绍各自的研究进展。在 5.2 节中，我们介绍基于编码器的通用音频大模型的研究进展。在 5.3 节中，我们介绍基于编码器–解码器的通用音频大模型的最新发展。在 5.4 节中，我们介绍基于解码器的通用音频大模型的发展。在 5.5 节中，我们介绍融合其他模态的通用音频大模型，以及通用音频大模型的数据集建设。

5.1 通用音频大模型的 3 种形式

同文本大模型的 3 种网络结构（代表性的工作分别是 BERT[2]、T5[127]、GPT[10]）类似，音频大模型也有 3 种不同的网络结构，即基于编码器的通用音频大模型、基于编码器–解码器的通用音频大模型和基于解码器的通用音频大模型，如图 3 所示。给定音频信号作为输入，基于编码器的通用音频大模型通过利用对比学习（contrastive）的方法、预测式（predictive）的方法或者产生式（generative）的方法来做特征提取，学习一个考

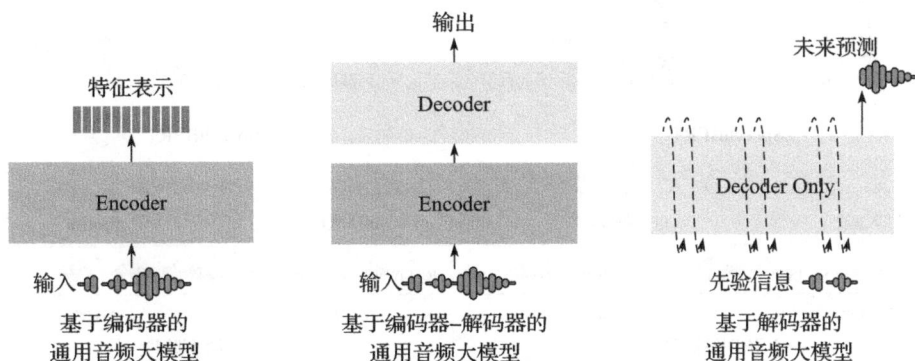

图 3 音频大模型的 3 种网络结构

虑上下文信息的更好的特征表示，该特征表示可以用于后续的语音理解、分类和生成任务。基于编码器-解码器的通用音频大模型通过将所有的音频处理任务转换为序列到序列的转换任务，可以将音频和文本的重构以及其他的音频处理任务统一在一个框架中，以训练一个统一的音频大模型。基于解码器的通用音频大模型利用 GPT 模型使用大规模的无标注数据进行预训练，从而具有强大的上下文（in-context）和零样本（zero-shot）学习能力，使其能够基于离散化或者原始的音频信号来学习一个自回归的音频大模型。

5.2　基于编码器的通用音频大模型

基于编码器的通用音频大模型训练一个语音编码器来学习更好的上下文表示，以服务下游的语音处理任务。图 4 展示了近年来基于编码器的通用音频大模型研究进展。SpeechBERT[55] 基于文本的预训练模型 BERT，利用语音数据和预训练的 BERT 模型训练一个初始的音素和语义的联合词嵌入。联合词嵌入的训练基于一个自编码器模型，该模型将输入的音频信号映射为隐含状态，并有一个解码器模型将原始语音输入还原出来。在具体训练自编码器模型时，引入了一个 $L1$ 损失，这使得该隐含状态同 BERT 模型中对应词嵌入尽可能相似。这样得到的联合词嵌入使得语音编码器之后的语音信息和对应的文本词嵌入尽可能在同一个空间里。如图 5 所示，给定预训练好的 BERT 模型和语音编码器，利用文本数据和标注的语音数据，基于掩码语言模型（Masked LM，MLM）的损失函数可以进一步进行预训练，即随机掩码 15% 对应的 token，并基于隐含状态进行预测，当掩码掉的信息为语音时，则预测对应的文本信息。经过 MLM 进一步预训练之后，利用 SQA 数据进行微调，得到最后的模型。

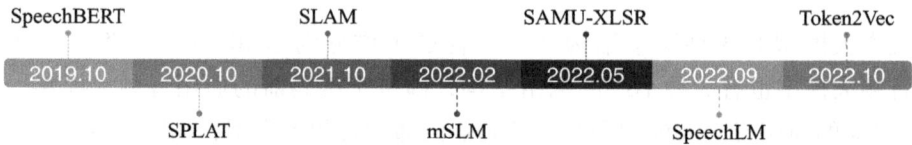

图 4　基于编码器的通用音频大模型研究进展

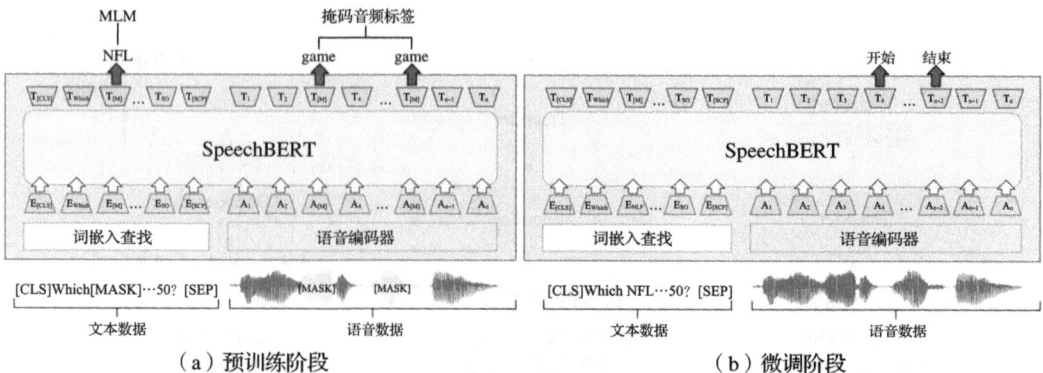

（a）预训练阶段　　　　　　　　　　　　（b）微调阶段

图 5　SpeechBERT[55]

SpeechBERT 通过一个语音编码器将音频信号映射到文本空间，并基于预训练好的文本 BERT 模型来进行微调。与 SpeechBERT 不同，SPLAT[153] 基于语音数据、基于 MEL 谱的 MLM 策略和 $L1$ 损失函数来预训练一个语音的编码器模型，并将一个文本 BERT 模型作为一个教师（Teacher）模型来知识蒸馏刚刚预训练好的语音学生（Student）模型。在蒸馏过程中，教师模型不更新，只更新语音编码器模型的参数。这种方法使得语音编码器模型从原生上就是一个音频模型，文本的知识是通过知识蒸馏的方法获得的。

SpeechBERT 和 SPLAT 都是基于一个预训练好的文本编码器来整合文本的知识，而 SLAM[154] 则是通过从文本和语音数据本身去学习文本和语音两个模态的信息。将一个文本嵌入层和由若干卷积网络构成的语音编码层作为文本和语音两个模态的前处理网络，并通过一个共享的 Transformer 编码器进一步进行信息融合，SLAM 将文本和语音的信息映射到同一个语义空间。为了更好地训练基于 CNN 的语音编码器，语音编码器的输入层由一个 W2v-BERT[118] 的损失函数进行优化。在共享的 Transformer 编码器的输出上各有两个自学习损失函数和两个有监督损失函数。两个自学习损失函数分别是文本的 BERT 损失和语音的 W2v-BERT 损失，两个有监督损失函数分别是机器翻译的 TLM（Translation Language Model）损失和语音识别的 STM（Speech-Text Matching）损失。

尽管文本和语音有着截然不同的表示形式和模态特点，但它们都是人类语言的载体，在根本上具有关联性。随着深度神经网络的发展，文本和语音的网络结构和训练方法也会越来越趋同。尽管先前的工作已经在文本和语音的语义对齐上做了一些探索（比如 SpeechBERT），但是文本和语音的统一语义空间仍然需要进一步探索。SpeechLM[39] 便是其中的一个工作。如图 6 所示，SpeechLM 有两个路径来分别处理文本和语音。语音信号的输入首先经过一个 CNN 层，在经过掩码处理之后进入 Speech Transformer，然后经过一个 Shared Transformer 获得上下文表示。另一方面类似于 hubert，SpeechLM 使用一个 Tokenizer 来对输入的语音信号进行离散化处理，得到语音离散序列 Z_S，并用离散化的结果在 Speech Transformer 和 Shared Transformer 的输出上计算类似 hubert 的 MLM 损失。对于文本数据，SpeechLM 使用文本的 Tokenizer 来将文本数据转换为文本序列 Z_T，为了使 Z_T 和 Z_S 的长度类似，文本的 Tokenizer 需要进行上采样，经过掩码处理之后再通过词嵌入层输入 Shared Transformer。对于文本数据，SpeechLM 在 Shared Transformer 之后计算

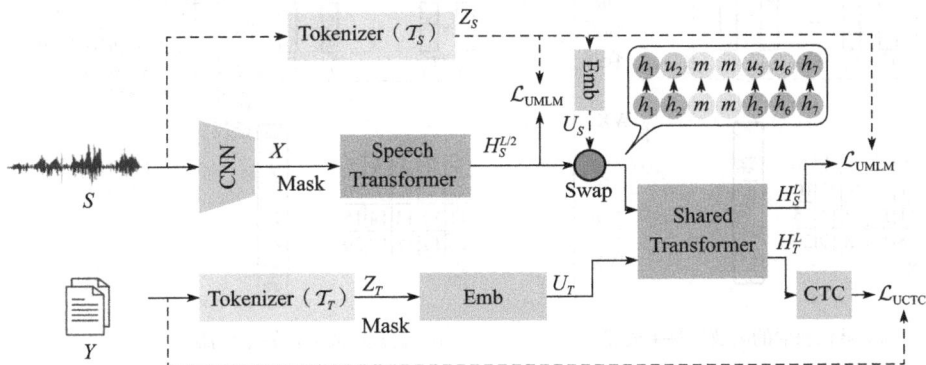

图 6 SpeechLM[39]

CTC 损失，以重构文本的原始输入。为了使文本与语音在同一个语义空间，SpeechLM 在 Shared Transformer 之前，随机交换 Speech Transformer 的输出和对应语音离散化后的词嵌入。这样的操作可以使文本经过词嵌入层之后和语音经过 Speech Transformer 之后能够尽可能在一个空间，也使 Shared Trasformer 能够对等地处理文本和语音的信息。

　　以往基于编码器的音频预训练方法主要关注语音特征的建模，在处理除语音之外的音频任务（如环境事件识别）时效果不佳，因为它们缺乏对环境信息的建模。在这些任务中，模型需要理解音频中广泛存在的环境事件，包括人声、动物叫声、机械声音和自然环境声音等。因此，BEATs[40] 提出了一种面向环境信息理解的音频表征学习方法。具体而言，如图 7a 所示，在第一轮离散表征学习中，BEATs 使用随机映射的离散标签生成器为输入音频信号生成相应的离散标签序列。随机映射的离散标签生成器包括一个线性映射层和一组向量词典。生成器的网络参数经过了随机初始化，并且在训练过程中保持不变。输入音频的声学特征首先通过线性映射层进行编码，然后通过向量词典进行离散化，得到离散标签序列。如图 7b 所示，从第二轮开始，使用上一轮得到的预训练或微调音频表征模型作为教师模型，指导当前轮的离散标签生成器的训练。此生成器被称为自蒸馏离散标签生成器，为每个输入音频信号生成相应的离散标签序列。自蒸馏离散标签生成器首先使用 Transformer 编码层和一组可学习的向量词典，将输入音频的声学特征转换为离散的标签序列。然后，再通过 Transformer 解码层，基于离散标签序列和向量词典，来预测教师模型提供的音频表征。通过这种知识蒸馏的训练方法，自蒸馏离散标签生成器生成的离散标签包含更多来自教师模型的音频语义知识，同时减少输入音频信号中的冗余声学信息。这种方法不仅能增强对环境事件的理解能力，还能提高模型在处理各类音频任务时的泛化能力和性能。

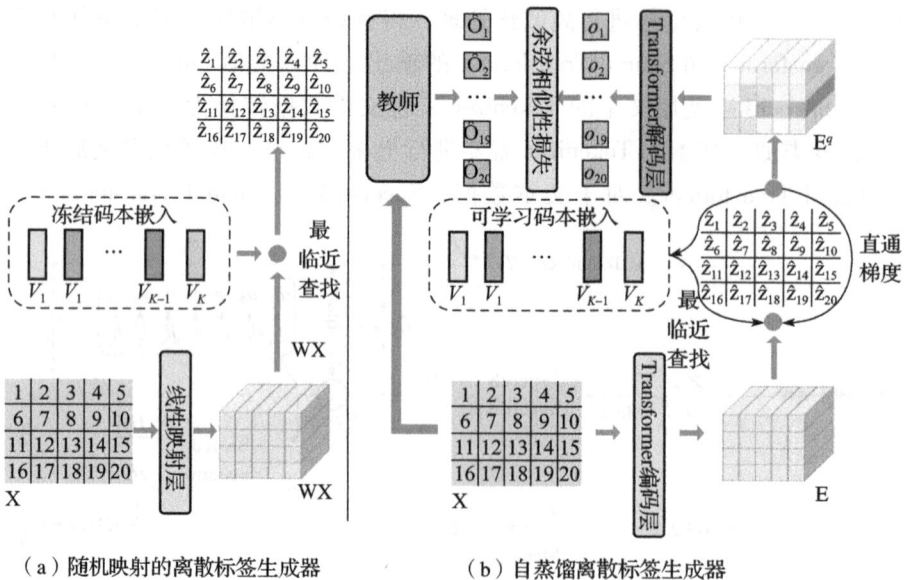

（a）随机映射的离散标签生成器　　　　（b）自蒸馏离散标签生成器

图 7　BEATs[40]

基于编码器的通用音频大模型在未来可能的研究方向有：1）更为通用的基于编码器的音频大模型；2）可以作为通用的语音 Tokenizer，以方便基于离散 token 的解码器语音大模型的构建；3）作为语音特征提取器结合文本大模型，以构建多模态大模型。

5.3　基于编码器-解码器的通用音频大模型

前面介绍的模型都是用语音和文本的数据去预训练一个编码器模型，还可以用语音和文本的数据来预训练一个编码器-解码器模型，从而可以处理各种不同的语音处理任务。图 8 为基于编码器-解码器的通用音频大模型研究进展。SpeechT5[155] 借鉴了 NLP 领域的 T5 模型，将所有的语音处理任务看作一个序列到序列的转换任务，从而可以使用语音和文本作为输入，然后产生语音或者文本的输出，训练得到的一个统一的模型可以处理 ASR、语音翻译、语音识别、TTS、语音转换和语音增强等各种任务。如图 9 所示，SpeechT5 的骨架是一个使用了相对位置嵌入的 Transformer 的编码器-解码器模型，为了处理语音和文本的不同输入和输出，SpeechT5 有两个语音的预网络（pre-net）和两个文本的预网络分别用于编码器和解码器，语音的编码器预网络是三层的 CNN，语音的解码器预网络是三层线性和非线性层。文本的编码器和解码器的预网络都是词嵌入层。语音的后网络（post-net）包含两个模块：一个是线性层预测 MFCC，另一个是线性层预测语音结束符。文本的后网络预测经过一个线性层后预测目标文本的概率。

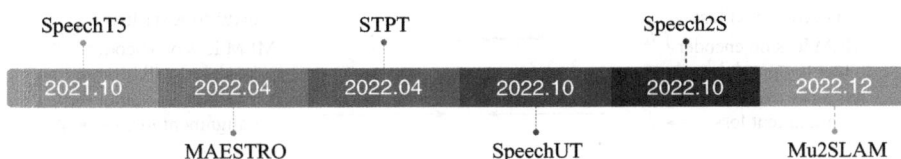

图 8　基于编码器-解码器的通用音频大模型研究进展

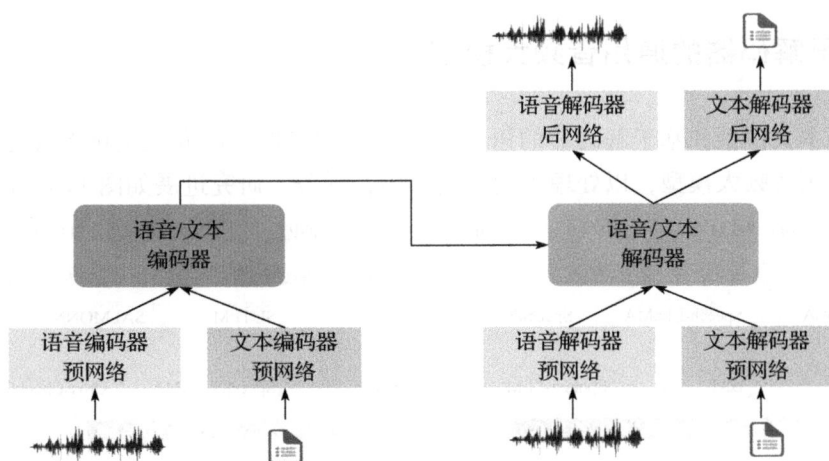

图 9　SpeechT5[155]

与 SpeechT5 类似，Mu2SLAM 同样将语言处理的任务都转换为序列到序列的转换任务，并基于多任务的训练目标对模型进行训练。不同于 SpeechT5 将语音数据当作连续信号进行处理，Mu2SLAM[156] 通过 Tokenization 将语音数据转换为离散数据，并将其视为一种特殊的语音进行处理。Mu2SLAM 在 100 种语言的语音和文本的数据上进行了训练，训练数据有未标注的文本和语音数据，以及标注的自动语音识别（ASR）、自动语音翻译（AST）和机器翻译（MT）数据。如图 10 所示，Mu2SLAM 的训练数据可分为 4 类，即单纯的语音数据（Speech-only）、单纯的文本数据（Text-only）、语音文本数据（Speech-Text）和文本到文本的数据（Text-Text）。对于单纯的语音、文本数据，分别在编码器和解码器上使用了 MLM 损失和 T5 损失。语音文本数据包含语音到文本的数据（比如 ASR、AST）和文本到语音的数据（比如 TTS）。语音文本数据的训练损失函数包括对齐损失、编码器上使用的 MLM 损失以及解码器上使用的交叉熵损失。通过将语音数据看作一种特殊的语言，SpeechT5 利用两组损失函数统一了未标注和标注数据，并进一步通过逐步微调和噪声微调来提高模型在下游任务中的表现。

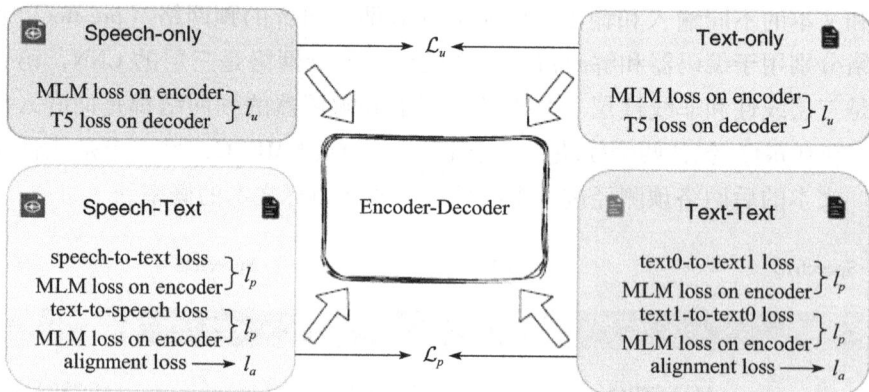

图 10　Mu2SLAM[156]

5.4　基于解码器的通用音频大模型

随着文本大模型和基于解码器的语音生成模型的发展，研究人员试图完全基于解码器来构建通用音频大模型，以处理不同的复杂语音任务，研究进展如图 11 所示。

图 11　基于解码器的通用音频大模型研究进展

SpeechGPT[157] 是一个具有内在跨模态对话能力的大语言模型，能够感知和生成多模态内容。它使用自监督训练的语音模型进行语音离散化，以统一语音和文本之间的模态。离散语音标记被扩展到大语言模型的词汇表中，从而赋予模型感知和生成语音的内在能力。为了使模型能够处理多模态指令，SpeechGPT 构建了一个语音文本跨模态指令数据集 SpeechInstruct。它将语音离散化为离散单元，并基于现有的 ASR 数据集构建跨模态单元–文本对。同时，使用 GPT-4 为多样化任务构建了数百条指令，以模拟实际用户指令。此外，为了进一步增强模型的跨模态能力，SpeechGPT 设计了模态链指令数据，它是指模型接收语音命令，用文本思考过程，然后用语音输出响应。为了实现更好的跨模态迁移和高效训练，SpeechGPT 经历了三个阶段的训练过程：模态适应预训练、跨模态指令微调和模态链指令微调。第一阶段通过离散语音单元延续任务，使 SpeechGPT 能够理解语音。第二阶段使用 SpeechInstruct 提高模型的跨模态能力。第三阶段利用参数高效的 LoRA 微调，进一步对模态进行对齐，如图 12 所示。

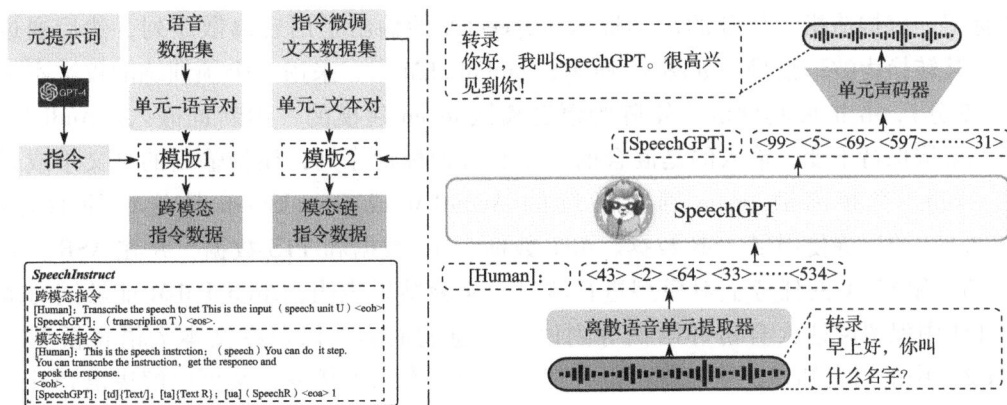

图 12　SpeechGPT[157]

作为 VALL-E 模型的扩展，VioLA[158] 将完全基于解码器的网络结构的应用场景，从语音合成扩展到所有语音识别、合成和翻译等任务，并将这些语音处理任务视为条件编码语音模型任务。如图 13 所示，通过多任务编码模型将连续的语音信号转换为离散的编码，VioLA 可以将语音转换为离散序列，并使用完全基于解码器的模型来有效优化多模态任务。此外，VioLA 利用任务 ID（TID）和语言 ID（LID）来增强区分不同语言和任务的能力。通过将语音识别、翻译和合成统一使用一个网络结构来进行建模，VioLA 实现了仅用一个模型就可以完成级联的语音到语音翻译的任务，并提高了翻译的质量。

SpeechX[159] 进一步对 VALL-E X 进行了扩展，将完全基于解码器的网络应用于语音处理的不同任务中。如图 14 所示，SpeechX 通过两个输入提示（文本提示和声学提示）来学习生成语音离散序列。文本提示是通过将输入的文本提示进行字母到音素转换后得到的一系列音素序列。文本提示传达语义信息，因此被称为语义标记。声学提示包含输入语音信号的声学信息，它是通过使用神经编码模型的编码器将输入音频转换为一系列声学标记得到的。此外，为了指定要执行的任务或期望的输出，在声学提示中加入了额

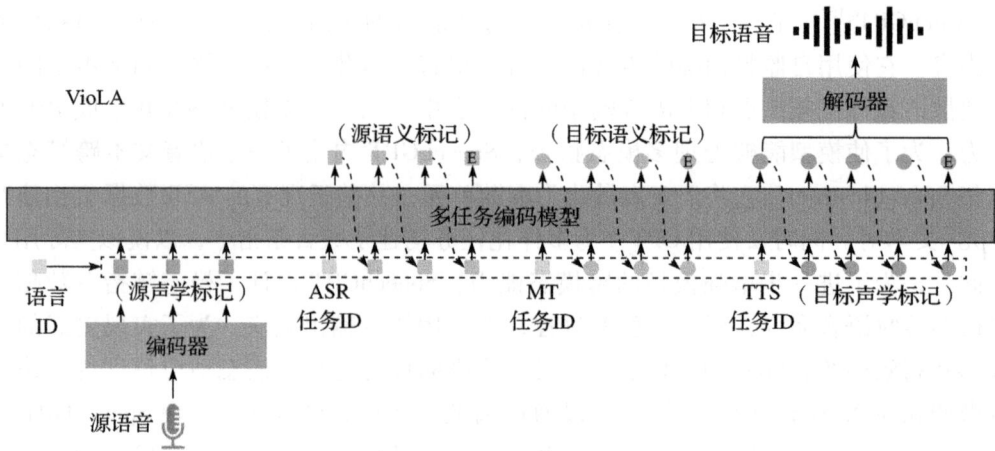

图 13　VioLA[158]

外的标记，以构造指定任务的声学提示。SpeechX 的输出是语音离散序列，然后通过解码器将其转换为波形信号。如图 15 所示，AudioPaLM[160] 采用一个预训练的仅文本模型（虚线部分），并扩展其词嵌入矩阵为语音离散 token 建模的一组新词嵌入。AudioPaLM 的模型架构保持不变，输入的是混合的文本和音频标记序列，模型输出的是文本或音频离散 token。音频离散 token 通过后续的 AudioLM 或 SoundStorm 转换回原始音频。AudioPaLM 的训练使用了 ASR 数据、AST 数据、MT 数据和 TTS 数据，并在 ASR、AST、MT、TTS 和 S2ST 的任务上对模型进行测试。实验结果表明，AudioPaLM 能够同时继承 AudioLM 中保留说话人身份和语调等副语言信息的能力，以及在文本大语言模型（如 PaLM-2）中的语言知识，从而既可以处理原来的文本相关任务，又可以解决语音处理任务。大语言模型的最新进展彻底改变了自然语言处理（NLP）领域，逐步扩展到多模态感知和生成。然而，将听觉能力有效整合到大语言模型中面临着显著挑战，特别是在不

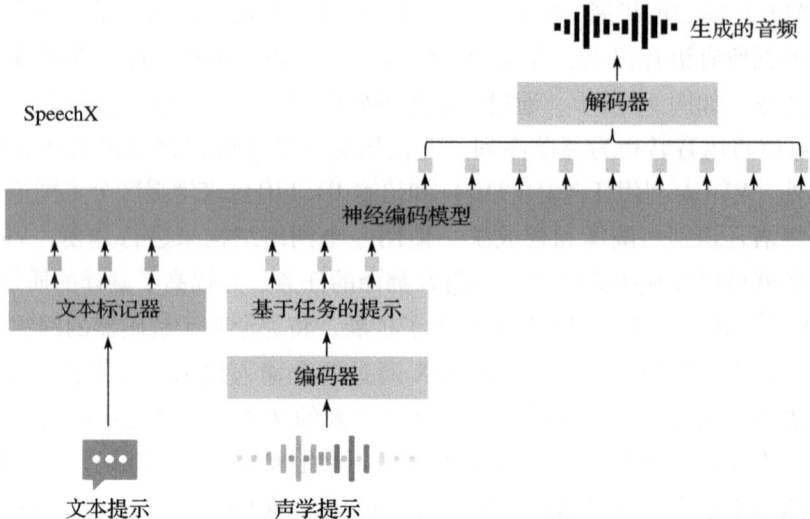

图 14　SpeechX[159]

同情境下的泛化和执行复杂听觉任务方面。如图 16 所示，WavLLM[161] 采用了一种具有双编码器和提示感知 LoRA 权重适配器的鲁棒且自适应的语音大语言模型，通过两个阶段课程学习方法进行优化。利用双编码器，WavLLM 解耦了不同类型的语音信息，使用 Whisper 编码器处理语音的语义内容，并使用 WavLLM 编码器捕捉说话人身份的独特特征。

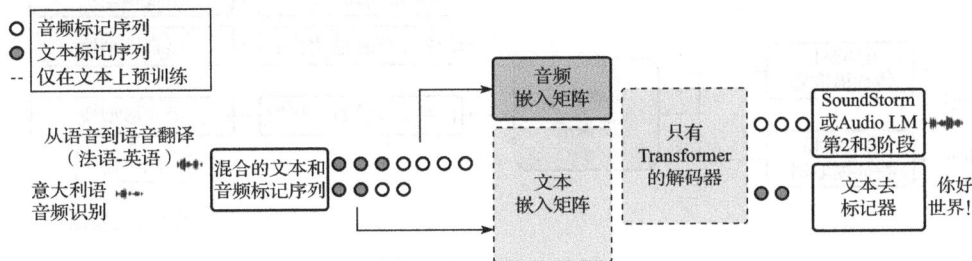

图 15　AudioPaLM[160]

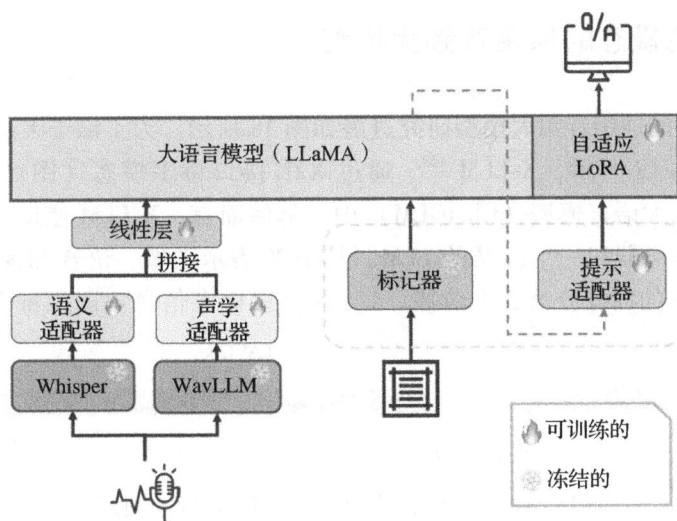

图 16　WavLLM[161]

在课程学习框架内，WavLLM 首先通过优化混合基础单任务构建其基础能力，包括自动语音识别（ASR）、语音翻译（ST）、说话人验证（SV）、情感识别（ER）、指令调优（IT）和语音问答（SQA），然后进行更复杂任务的高级多任务训练，如基础任务的组合。为了增强模型对不同任务和指令的灵活性与遵从性，在第二阶段的高级多任务训练中引入了提示感知 LoRA 权重适配器。

作为 Flamingo 在语音处理领域的版本，AudioFlamingo[162] 基于预训练好的语言大模型和语音特征处理模块来构建通用音频大模型。如图 17 所示，音频信号通过基于滑动窗口特征提取器（Sliding window feature extractor）得到特征向量的序列，该特征向量的序列经过音频的 Transformer 编码器进一步进行特征提取。在文本大模型的各层中添加门控交叉注意力机制（Gated XATTN-Dense）来从音频 Transformer 编码器的输出结果中提取音频信息。在预训练时，滑动窗口特征提取器和文本大模型的参数是固定的，只更新音频

Transformer 编码器和门控交叉注意力机制中的参数。在微调阶段则只固定滑动窗口特征提取器中的参数，并更新剩余的所有参数。

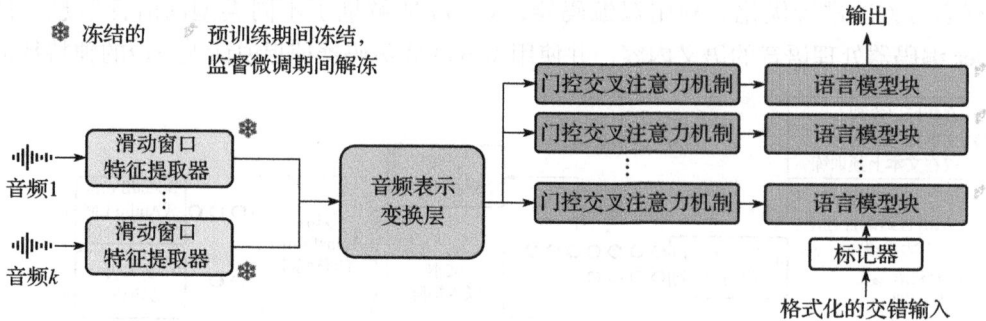

图 17　AudioFlamingo[162]

5.5　融合其他模态的通用音频大模型

融合其他模态的通用音频大模型研究进展如图 18 所示。为了赋予大语言模型（LLM）多模态能力，如图 19 所示，X-LLM[163] 通过 X2L 接口将多模态（图像、语音、视频）转换为外语并输入大语言模型（ChatGLM）中。具体而言，X-LLM 使用 X2L 接口对齐多个冻结的单模态编码器和一个冻结的 LLM，其中 X 表示图像、语音和视频等多模态，L 表示语言。X-LLM 的训练分为 3 个阶段。1）转换多模态信息：训练每个 X2L 接口，使

图 18　融合其他模态的通用音频大模型研究进展

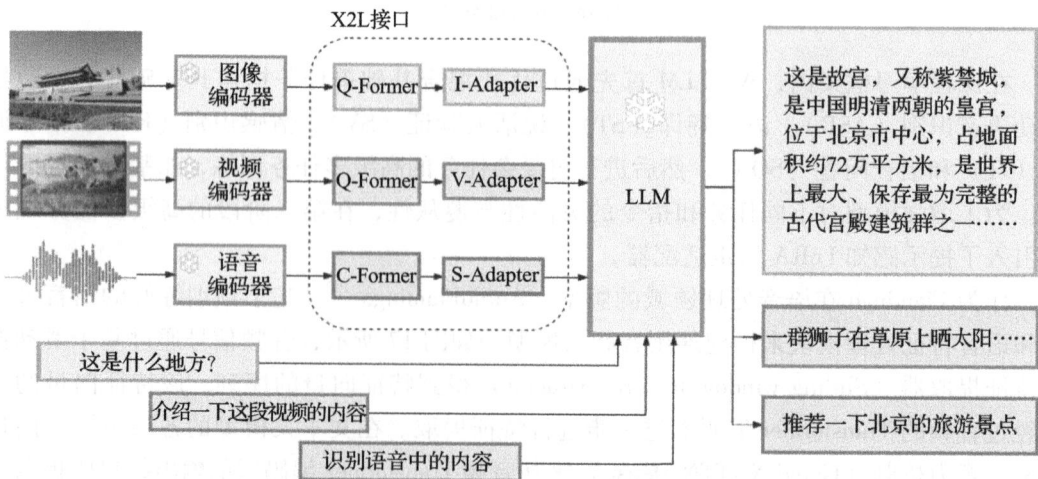

图 19　X-LLM[163]

其与各自的单模态编码器对齐,单独将多模态信息转换为语言。2)将 X2L 表示与 LLM 对齐:单模态编码器通过 X2L 接口独立地与 LLM 对齐。3)整合多模态:所有单模态编码器通过 X2L 接口与 LLM 对齐,将多模态能力整合到 LLM 中。

5.6 通用音频大模型的数据集建设

为了促进通用音频大模型的发展,研究人员开始构建更为通用的适合语音大模型的新数据集。近年来构建的新数据集简单介绍,如图 20 所示。

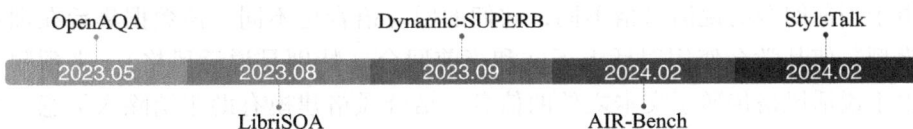

图 20 通用音频大模型的数据集建设

- **OpenAQA**:OpenAQA[109] 将所有任务制定为音频问答任务,即数据集中的每个样本都是一个(音频,问题,答案)三元组,其中音频和问题是模型的输入,答案是标签,它能够将几乎所有的音频任务统一到一个数据集中,并将标签映射到语义空间。OpenAQA 没有收集新的音频数据,而是重新标注了现有的公共数据集,包括 AudioSet(包含原始 200 万弱标注版本中的 50 万子集和具有时间强标注的 10 万子集)、VGGSound、FSD50K、AudioCaps、FreeSound、Clotho v2 和 Sound Bible。对于所有数据集,OpenAQA 只包括标记为训练和验证的样本,排除了任何标记为测试或评估的数据,总共使用了 845 000 个独特的音频剪辑。OpenAQA 由两个子集组成:一个 190 万的封闭式问题子集和一个 370 万的开放式问题子集。

- **LibriSQA**:LibriSQA[164] 是在 LibriSpeech 之上并利用 ChatGPT 构建的一个形式自由和开放的 SQA 数据集,由 21.4 万个 SQA 对组成,涵盖主题比较广泛,包括两个部分,每个部分包含 10.7 万个问答对。第一部分侧重于自然对话格式,没有选项,答案是完整的句子;第二部分侧重于包含答案和分析段落的选择题,每个问题都有 4 个选项,答案不仅指定正确的选项,还提供分析理由。第一部分具有更自然的结构,第二部分更适合直接评估。

- **Dynamic-SUPERB**:Dynamic-SUPERB[165] 是第一个用于指令调整语音模型的基准数据集。Dynamic-SUPERB 鼓励社区贡献更多种类的任务,使任务变得动态扩展,旨在进行更全面的评估。Dynamic-SUPERB 收集了 20 多个公开可用的英语数据集,并将它们转化为各种不同的任务。这些任务涵盖 6 个维度:内容、说话者、语义、退化、超语言学和音频(非语音)。在 Dynamic-SUPERB 中,每个任务基本上由 3 个部分组成:文本指令、语音话语和文本标签。系统接收文本指令和语音话语作为输入,然后根据指令进行操作。例如,给定指令"识别话语中传达的情绪",模型执行情绪识别并输出文本标签"快乐"。

- **AIR-Bench**:AIR-Bench[166] 旨在评估通用音频大模型理解各种音频信号并遵循指令的能力。AIR-Bench 具有 3 个主要特点。1)全面覆盖音频信号。AIR-Bench 提供了对音频信号的全面覆盖，包括人类语音、自然声音和音乐，确保对 LALM 能力进行全面评估。2）分层基准结构。基准由基础和对话基准组成。基础基准包括 19 个不同的音频任务，有超过 19 000 个单选问题，每个问题仅关注特定的基础能力。3）统一的、客观的和可重现的评估框架。模型需要直接在两个基准上生成假设序列，以更准确地与实际场景对齐，并使用 GPT-4，通过精心构造的提示生成给定元信息的参考答案。

- **StyleTalk**：StyleTalk[167] 是一个语音对话数据集。数据集中的每个样本包括对话上下文（文本形式）、当前语音回合（标注了说话风格）和回应语音回合（标注了说话风格）。StyleTalk 具有以下特点：多个样本共享相同的对话上下文和当前输入回合的文本，但由于当前回合的说话风格不同，它们的回应语音也不同。该数据集旨在训练通用音频大模型，使其学会使用对话上下文和当前回合（特别是说话风格），来预测下一个回合。由于说话风格传递了文本之外的信息，结合风格建模有助于消除人类意图的歧义并促进对话的参与。

6 未来研究趋势展望

可以看到，大模型的快速发展和技术迭代，为智能音频信号处理带来了更多的应用场景和全新的机遇，同时也产生了新的问题和挑战。未来几年，我们将会看到语音信号处理与大模型更紧密地结合起来，也会有更多的基于大模型框架将语音任务做得更为实用和通用的研究工作。总体来说，有如下几个趋势，它们在未来的研究中可能会变得非常重要。

大模型压缩和端侧模型部署：目前基于大模型的语音信号处理任务可以取得较好的性能，但大语言模型的训练和推理需要较大的内存和算力，对硬件有较高的要求，也为部署时的硬件成本和响应延迟带来了相应挑战。如何有效地降低大模型部署规模、减少大模型在推理时需要的内存和计算开销，成了亟待解决的问题。考虑到音频信号的颗粒度远大于文本信号，相同文本对应的音频信号需要处理的序列长度显著增加，因此，如何有效压缩音频信号的信息表征也是一个新的研究方向。

大规模高质量音频数据的获取与处理：大模型的训练和优化需要依赖大规模高质量数据，数据的规模和质量对模型最终性能有着决定性的影响。目前针对高质量文本数据集的爬取、优化和制作已经有了很多相关研究，但对音频数据的获取依然处于早期阶段，此外爬取音频数据依然存在很多问题，如背景噪声信号、不相关声音事件以及版权问题。如何基于现实生活的音频进行优化、提纯，并满足隐私保护的需求，都将是音频大模型研究中的重要问题。

新的语音交互模式：之前的语音交互主要是采用级联的方式，使用多个支持专有任务的语音模型来完成语音对话和交互功能。随着大模型和语音自监督学习的发展，以及 GPT-4o 的出现，语音交互被赋予了新的定义，也将出现更多新的相关研究领域。可以从语音信号中提取出语义信息之外的其他副语言学信息，如性别、情感、说话人、健康状态等，为语音交互提供更为丰富的信息，提升用户体验，如近年来大家关注的情感智能和"AI+心理"领域。此外，可以支持对话过程中的自由打断和交互，脱离目前刻板迟钝的多轮语音对话流程。

多模态信号融合和理解：语音信号作为人类沟通的重要交流手段之一，如何与其他模态信号进行充分融合，提升人机交互的效率和体验，是一个重要的问题。近年来出现了很多关于文本图像联合建模的多模态研究，如 CLIP、Stable Diffusion 等模型，可以将文本信号和图像信号在同一个语义空间建模，实现模态之间的灵活切换。语音领域也有一些针对语音和文本联合建模的研究，如 CLAP 模型，但针对文音图三模型联合建模的研究尚处于起步阶段。在大模型时代，如何将文本、音频和视觉三个模型信号更好地结合起来，实现人类的感知和认知能力，是一个非常重要的研究方向。

7 结束语

智能语音信号处理与深度学习的融合，推动了智能语音信号处理各方面的技术发展。在以 ChatGPT 为代表的大模型时代，智能语音信号处理将带来更多新的机遇和挑战。我们相信，在大模型时代，智能语音信号处理领域的很多问题和任务将会被重新定义和打造，并与大模型更紧密地结合起来。本文系统地介绍了大模型时代智能语音信号处理的相关技术进展和研究趋势，包括音频自监督学习、基于大模型的音频理解和生成任务，以及通用音频大模型的技术进展，并对未来技术趋势进行了展望和讨论。

参考文献

[1] VASWANI A, SHAZEER N, PARMAR N, et al. Attention is all you need[C]//NIPS' 17: Proceedings of the 31st International Conference on Neural Information Processing Systems. Red Hook, NY, USA: Curran Associates Inc., 2017: 6000-6010.

[2] DEVLIN J, CHANG M W, LEE K, et al. Bert: pre-training of deep bidirectional transformers for language understanding[J]. arXiv preprint arXiv: 1810. 04805, 2018.

[3] DOSOVITSKIY A, BEYER L, KOLESNIKOV A, et al. An image is worth 16x16 words: transformers for image recognition at scale[J]. arXiv preprint arXiv: 2010. 11929, 2020.

[4] KARITA S, CHEN N, HAYASHI T, et al. A comparative study on Transformer vs RNN in speech applications[C]//2019 IEEE automatic speech recognition and understanding workshop (ASRU). Sentosa: IEEE, 2019: 449-456.

[5] LIU X, ZHANG F, HOU Z, et al. Self-supervised learning: generative or contrastive[J]. IEEE transactions on knowledge and data engineering, 2021, 35(1): 857-876.

[6] RADFORD A, NARASIMHAN K, SALIMANS T, et al. Improving language understanding by generative pre-training[EB/OL]. [2024-08-01]. https://cdn. openai. com/research-covers/language-unsupervised/

language_underst anding_paper. pdf.

[7]　GRILL J B, STRUB F, ALTCHÉ F, et al. Bootstrap your own latent-a new approach to self-supervised learning[J]. Advances in neural information processing systems, 2020, 33: 21271-21284.

[8]　HE K, CHEN X, XIE S, et al. Masked autoencoders are scalable vision learners[C]//Proceedings of the IEEE/CVF conference on computer vision and pattern recognition. New Orleans: IEEE, 2022: 16000-16009.

[9]　OpenAI. Language models are unsupervised multitask learners[EB/OL]. [2024-08-01]. https://cdn. openai. com/bet ter-language-models/language_models_are_unsupervised_multitask_learners. pdf.

[10]　BROWN T, MANN B, RYDER N, et al. Language models are few-shot learners[J]. Advances in neural information processing systems, 2020, 33: 1877-1901.

[11]　ACHIAM J, ADLER S, AGARWAL S, et al. GPT-4 technical report[J]. arXiv preprint arXiv: 2303. 08774, 2023.

[12]　HINTON G, DENG L, YU D, et al. Deep neural networks for acoustic modeling in speech recognition: the shared views of four research groups[J]. IEEE Signal processing magazine, 2012, 29(6): 82-97.

[13]　DAHL G E, YU D, DENG L, et al. Context-dependent pre-trained deep neural networks for large-vocabulary speech recognition [J]. IEEE/ACM Transactions on Audio, Speech, and Language Processing, 2011, 20(1): 30-42.

[14]　GRAVES A, FERNÁNDEZ S, GOMEZ F, et al. Connectionist temporal classification: labelling unsegmented sequence data with recurrent neural networks[C]//Proceedings of the 23rd international conference on Machine learning. Pittsburgh, 2006: 369-376.

[15]　CHAN W, JAITLY N, LE Q, et al. Listen, attend and spell: a neural network for large vocabulary conversational speech recognition[C]//2016 IEEE International Conference on Acoustics, Speech and Signal Processing (ICASSP). Shanghai: IEEE, 2016: 4960-4964.

[16]　GRAVES A. Sequence transduction with recurrent neural networks[J]. arXiv preprint arXiv: 1211. 3711, 2012.

[17]　TAN X, QIN T, SOONG F, et al. A survey on neural speech synthesis[J]. arXiv preprint arXiv: 2106. 15561, 2021.

[18]　ZEN H, SENIOR A, SCHUSTER M. Statistical parametric speech synthesis using deep neural networks[C]//2013 IEEE International Conference on Acoustics, Speech and Signal Processing (ICASSP). Vancouver: IEEE, 2013: 7962-7966.

[19]　OORD A V D, DIELEMAN S, ZEN H, et al. Wavenet: a generative model for raw audio[J]. arXiv preprint arXiv: 1609. 03499, 2016.

[20]　WANG Y, SKERRY-RYAN R, STANTON D, et al. Tacotron: towards end-to-end speech synthesis[J]. arXiv preprint arXiv: 1703. 10135, 2017.

[21]　YU D, KOLBÆK M, TAN Z H, et al. Permutation invariant training of deep models for speaker-independent multi-talker speech separation [C]//2017 IEEE International Conference on Acoustics, Speech and Signal Processing (ICASSP). New Orleans: IEEE, 2017: 241-245.

[22]　HERSHEY J R, CHEN Z, LE ROUX J, et al. Deep clustering: discriminative embeddings for segmentation and separation[C]//2016 IEEE International Conference on Acoustics, Speech and Signal Processing (ICASSP). Shanghai: IEEE, 2016: 31-35.

[23]　LUO Y, MESGARANI N. Tasnet: time-domain audio separation network for real-time, single-channel

speech separation[C]//2018 IEEE International Conference on Acoustics, Speech and Signal Processing (ICASSP). Calgary: IEEE, 2018: 696-700.

[24] XU Y, DU J, DAI L R, et al. A regression approach to speech enhancement based on deep neural networks[J]. IEEE/ACM Transactions on Audio, Speech, and Language Processing, 2014, 23(1): 7-19.

[25] XU Y, DU J, DAI L R, et al. An experimental study on speech enhancement based on deep neural networks[J]. IEEE Signal processing letters, 2013, 21(1): 65-68.

[26] KONG Q, CAO Y, IQBAL T, et al. Panns: large-scale pretrained audio neural networks for audio pattern recognition[J]. IEEE/ACM Transactions on Audio, Speech, and Language Processing, 2020, 28: 2880-2894.

[27] GONG Y, CHUNG Y A, GLASS J. Ast: audio spectrogram transformer[J]. arXiv preprint arXiv: 2104. 01778, 2021.

[28] BENESTY J, COHEN I, CHEN J. Fundamentals of signal enhancement and array signal processing[M]. Hoboken, New Jersey: John Wiley & Sons, 2017.

[29] SNYDER D, GARCIA-ROMERO D, SELL G, et al. X-vectors: robust DNN embeddings for speaker recognition[C]//2018 IEEE International Conference on Acoustics, Speech and Signal Processing (ICASSP). Calgary: IEEE, 2018: 5329-5333.

[30] DESPLANQUES B, THIENPONDT J, DEMUYNCK K. ecapa-tdnn: emphasized channel attention, propagation and aggregation in TDNN based speaker verification[J]. arXiv preprint arXiv: 2005. 07143, 2020.

[31] LUO Y, YU J. Music source separation with band-split RNN[J]. IEEE/ACM Transactions on Audio, Speech, and Language Processing, 2023, 31: 1893-1901.

[32] CHOI K, FAZEKAS G, CHO K, et al. A tutorial on deep learning for music information retrieval[J]. arXiv preprint arXiv: 1709. 04396, 2017.

[33] OORD A V D, LI Y, VINYALS O. Representation learning with contrastive predictive coding[J]. arXiv preprint arXiv: 1807. 03748, 2018.

[34] BAEVSKI A, ZHOU Y, MOHAMED A, et al. wav2vec 2. 0: a framework for self-supervised learning of speech representations[J]. Advances in neural information processing systems, 2020, 33: 12449-12460.

[35] HSU W N, BOLTE B, TSAI Y H H, et al. Hubert: self-supervised speech representation learning by masked prediction of hidden units[J]. IEEE/ACM Transactions on Audio, Speech, and Language Processing, 2021, 29: 3451-3460.

[36] BAEVSKI A, HSU W N, XU Q, et al. Data2vec: a general framework for self-supervised learning in speech, vision and language[C]//International Conference on Machine Learning. [S. I.]: PMLR, 2022: 1298-1312.

[37] BAEVSKI A, BABU A, HSU W N, et al. Efficient self-supervised learning with contextualized target representations for vision, speech and language[C]//International Conference on Machine Learning. [S. I.]: PMLR, 2023: 1416-1429.

[38] CHEN S, WANG C, CHEN Z, et al. Wavlm: large-scale self-supervised pre-training for full stack speech processing[J]. IEEE Journal of Selected Topics in Signal Processing, 2022, 16(6): 1505-1518.

[39] ZHANG Z, CHEN S, ZHOU L, et al. Speechlm: enhanced speech pre-training with unpaired textual data[J]. IEEE/ACM Transactions on Audio, Speech, and Language Processing, 2024, 32: 2177-2187.

［40］ CHEN S, WU Y, WANG C, et al. Beats：audio pre-training with acoustic tokenizers［J］. arXiv preprint arXiv：2212. 09058, 2022.

［41］ CHEN W, LIANG Y, MA Z, et al. EAT：self-supervised pre-training with Efficient Audio Transformer［J］. arXiv preprint arXiv：2401. 03497, 2024.

［42］ ZEGHIDOUR N, LUEBS A, OMRAN A, et al. Soundstream：an end-to-end neural audio codec［J］. IEEE/ACM Transactions on Audio, Speech, and Language Processing, 2021, 30：495-507.

［43］ DÉFOSSEZ A, COPET J, SYNNAEVE G, et al. High fidelity neural audio compression［J］. arXiv preprint arXiv：2210. 13438, 2022.

［44］ KUMAR R, SEETHARAMAN P, LUEBS A, et al. High-fidelity audio compression with improved RVQGAN［J］. Advances in Neural Information Processing Systems, 2024, 36：27980-27993.

［45］ JU Z, WANG Y, SHEN K, et al. Naturalspeech 3：zero-shot speech synthesis with factorized codec and diffusion models［J］. arXiv preprint arXiv：2403. 03100, 2024.

［46］ ZHANG X, XUE L, GU Y, et al. Amphion：an open-source audio, music and speech generation toolkit［J］. arXiv preprint arXiv 2312. 09911, 2024.

［47］ BAIN M, HUH J, HAN T, et al. Whisperx：time-accurate speech transcription of long-form audio［J］. arXiv preprint arXiv：2303. 00747, 2023.

［48］ BENETOS E, DIXON S, DUAN Z, et al. Automatic music transcription：an overview［J］. IEEE Signal Processing Magazine, 2018, 36(1)：20-30.

［49］ GARDNER J, SIMON I, MANILOW E, et al. Mt3：multi-task multitrack music transcription［J］. arXiv preprint arXiv：2111. 03017, 2021.

［50］ MESAROS A, HEITTOLA T, VIRTANEN T, et al. Sound event detection：a tutorial［J］. IEEE Signal Processing Magazine, 2021, 38(5)：67-83.

［51］ MALIK M, MALIK M K, MEHMOOD K, et al. Automatic speech recognition：a survey［J］. Multimedia Tools and Applications, 2021, 80：9411-9457.

［52］ PONS J, NIETO O, PROCKUP M, et al. End-to-end learning for music audio tagging at scale［J］. arXiv preprint arXiv：1711. 02520, 2017.

［53］ BAI Z, ZHANG X L. Speaker recognition based on deep learning：an overview［J］. Neural Networks, 2021, 140：65-99.

［54］ MEI X, LIU X, HUANG Q, et al. Audio captioning transformer［J］. arXiv preprint arXiv：2107. 09817, 2021.

［55］ CHUANG Y S, LIU C L, LEE H Y, et al. Speechbert：an audio-and-text jointly learned language model for end-to-end spoken question answering［J］. arXiv preprint arXiv：1910. 11559, 2019.

［56］ ALURU S S, MATHEW B, SAHA P, et al. Deep learning models for multilingual hate speech detection［J］. arXiv preprint arXiv：2004. 06465, 2020.

［57］ HUMAYUN M A, YASSIN H, ABAS P E. Dialect classification using acoustic and linguistic features in arabic speech［J］. IAES International Journal of Artificial Intelligence, 2023, 12(2)：739-746.

［58］ TRIPATHI A, SINGH U, BANSAL G, et al. A review on emotion detection and classification using speech［C］//Proceedings of the international conference on innovative computing & communications (ICICC). Delhi, India：ICICC, 2020：115-120.

［59］ PARK T J, KANDA N, DIMITRIADIS D, et al. A review of speaker diarization：recent advances with deep learning［J］. arXiv preprint arXiv：2101. 09624, 2022.

[60] LÓPEZ-ESPEJO I, TAN Z H, HANSEN J H, et al. Deep spoken keyword spotting: an overview[J]. IEEE Access, 2021, 10: 4169-4199.

[61] TZANETAKIS G, COOK P. Musical genre classification of audio signals[J]. IEEE Transactions on speech and audio processing, 2002, 10(5): 293-302.

[62] LIU Y, LI X, TE R, et al. Extracting music genes for era classification[J]. Expert systems with applications, 2014, 41(11): 5520-5525.

[63] MESAROS A, VIRTANEN T, KLAPURI A. Singer identification in polyphonic music using vocal separation and pattern recognition methods. [C]//Proceedings of the 8th International Conference on Music Information Retrieval, ISMIR 2007. Vienna, Austria, 2007: 375-378.

[64] GOOD M. Musicxml for notation and analysis[J]. The virtual score: representation, retrieval, restoration, 2001, 12: 113-124.

[65] HAWTHORNE C, ELSEN E, SONG J, et al. Onsets and frames: dual-objective piano transcription[J]. arXiv preprint arXiv: 1710. 11153, 2017.

[66] XI Q, BITTNER R M, PAUWELS J, et al. Guitarset: a dataset for guitar transcription. [C]// International Society for Music Information Retrieval Conference. Paris, France: ISMIR, 2018: 453-460.

[67] KIM J W, SALAMON J, LI P, et al. Crepe: a convolutional representation for pitch estimation[C]// 2018 IEEE International Conference on Acoustics, Speech and Signal Processing (ICASSP). Calgary: IEEE, 2018: 161-165.

[68] WU C W, DITTMAR C, SOUTHALL C, et al. A review of automatic drum transcription[J]. IEEE/ACM Transactions on Audio, Speech, and Language Processing, 2018, 26(9): 1457-1483.

[69] ELLIS D P. Beat tracking by dynamic programming[J]. Journal of New Music Research, 2007, 36(1): 51-60.

[70] MCVICAR M, SANTOS-RODRÍGUEZ R, NI Y, et al. Automatic chord estimation from audio: a review of the state of the art[J]. IEEE/ACM Transactions on Audio, Speech, and Language Processing, 2014, 22(2): 556-575.

[71] BALKE S, RECK J, WEIS C, et al. JSD: a dataset for structure analysis in jazz music[J]. Information Retrieval, 2022, 5: 156-172.

[72] KIM S, UNAL E, NARAYANAN S. Music fingerprint extraction for classical music cover song identification[C]//2008 IEEE International Conference on Multimedia and Expo. New York: IEEE, 2008: 1261-1264.

[73] MANCO I, BENETOS E, QUINTON E, et al. Muscaps: generating captions for music audio[C]//2021 International Joint Conference on Neural Networks (IJCNN). New York: IEEE, 2021: 1-8.

[74] GEMMEKE J F, ELLIS D P, FREEDMAN D, et al. Audio set: an ontology and human-labeled dataset for audio events[C]//2017 IEEE International Conference on Acoustics, Speech and Signal Processing (ICASSP). New Orleans: IEEE, 2017: 776-780.

[75] ABESSER J. A review of deep learning based methods for acoustic scene classification[J]. Applied Sciences, 2020, 10(6): 2020.

[76] OSWALD J N, ERBE C, GANNON W L, et al. Detection and classification methods for animal sounds[J]. Exploring animal behavior through sound, 2022, 1: 269-317.

[77] SALAMON J, JACOBY C, BELLO J P. A dataset and taxonomy for urban sound research[C]// Proceedings of the 22nd ACM international conference on Multimedia. New York: ACM, 2014: 1041-1044.

[78] DROSSOS K, LIPPING S, VIRTANEN T. Clotho: an audio captioning dataset[C]//2020 IEEE International Conference on Acoustics, Speech and Signal Processing (ICASSP). New York: IEEE, 2020: 736-740.

[79] MIDDLEBROOKS J C. Sound localization[J]. Handbook of clinical neurology, 2015, 129: 99-116.

[80] QIAN X, ZHANG Q, GUAN G, et al. Deep audio-visual beamforming for speaker localization[J]. IEEE Signal Processing Letters, 2022, 29: 1132-1136.

[81] RAFAELY B, TOURBABIN V, HABETS E, et al. Spatial audio signal processing for binaural reproduction of recorded acoustic scenes-review and challenges[J]. Acta Acustica, 2022, 6(47): 19.

[82] LI S, PEISSIG J. Measurement of head-related transfer functions: a review[J]. Applied Sciences, 2020, 10(14): 5014.

[83] MESAROS A, HEITTOLA T, DIMENT A, et al. Dcase 2017 challenge setup: tasks, datasets and baseline system[EB/OL]. [2024-08-01]. https://homepages.tuni.fi/tuomas.virtanen/papers/dcase-2017-challenge-paper.pdf.

[84] MESAROS A, HEITTOLA T, BENETOS E, et al. Detection and classification of acoustic scenes and events: outcome of the dcase 2016 challenge[J]. IEEE/ACM Transactions on Audio, Speech, and Language Processing, 2017, 26(2): 379-393.

[85] BERTIN-MAHIEUX T, ELLIS D P, WHITMAN B, et al. The million song dataset[C]//Proceedings of the 12th International Conference on Music Information Retrieva. Miami, Florida, USA: ISMIR, 2011.

[86] SANTANA I A P, PINHELLI F, DONINI J, et al. Music4all: a new music database and its applications[C]// 2020 International Conference on Systems, Signals and Image Processing (IWSSIP). New York: IEEE, 2020: 399-404.

[87] LANZENDÖRFER L, GRÖTSCHLA F, FUNKE E, et al. Disco-10m: a large-scale music dataset[J]. Advances in Neural Information Processing Systems, 2024, 36.

[88] CHOI K, FAZEKAS G, SANDLER M. Automatic tagging using deep convolutional neural networks[J]. arXiv preprint arXiv: 1606.00298, 2016.

[89] HERSHEY S, CHAUDHURI S, ELLIS D P, et al. Cnn architectures for large-scale audio classification [C]//2017 IEEE International Conference on Acoustics, Speech and Signal Processing (ICASSP). New Orleans: IEEE, 2017: 131-135.

[90] VERBITSKIY S, BERIKOV V, VYSHEGORODTSEV V. Erann: efficient residual audio neural networks for audio pattern recognition[J]. Pattern Recognition Letters, 2022, 161: 38-44.

[91] GONG Y, CHUNG Y A, GLASS J. PSLA: improving audio tagging with pretraining, sampling, labeling, and aggregation[J]. IEEE/ACM Transactions on Audio, Speech, and Language Processing, 2021, 29: 3292-3306.

[92] CHEN K, DU X, ZHU B, et al. HTS-AT: a hierarchical token-semantic audio transformer for sound classification and detection[C]//ICASSP 2022-2022 IEEE International Conference on Acoustics, Speech and Signal Processing (ICASSP). Singapore: IEEE, 2022: 646-650.

[93] KOUTINI K, SCHLÜTER J, EGHBAL-ZADEH H, et al. Efficient training of audio transformers with patchout[J]. arXiv preprint arXiv: 2110.05069, 2021.

[94] GONG Y, ROUDITCHENKO A, LIU A H, et al. Contrastive audio-visual masked autoencoder[J]. arXiv preprint arXiv: 2210.07839, 2022.

[95] POVEY D, GHOSHAL A, BOULIANNE G, et al. The kaldi speech recognition toolkit[EB/OL]. [2024-06-20]. https://www.danielpovey.com/files/2011_asru_kaldi.pdf.

[96] YU D, DENG L. Automatic speech recognition: volume 1[M]. Berlin: Springer, 2016.

[97] GAIKWAD S K, GAWALI B W, YANNAWAR P. A review on speech recognition technique[J]. International Journal of Computer Applications, 2010, 10(3): 16-24.

[98] GULATI A, QIN J, CHIU C C, et al. Conformer: convolution-augmented transformer for speech recognition[J]. arXiv preprint arXiv: 2005.08100, 2020.

[99] RADFORD A, KIM J W, XU T, et al. Robust speech recognition via large-scale weak supervision[C]// International Conference on Machine Learning. Hawaii, USA: ACM, 2023: 28492-28518.

[100] KIM S, HORI T, WATANABE S. Joint ctc-attention based end-to-end speech recognition using multi-task learning[C]//2017 IEEE International Conference on Acoustics, Speech and Signal Processing (ICASSP). New Orleans: IEEE, 2017: 4835-4839.

[101] WANG Y, METZE F. A first attempt at polyphonic sound event detection using connectionist temporal classification[C]//2017 IEEE International Conference on Acoustics, Speech and Signal Processing (ICASSP). New Orleans: IEEE, 2017: 2986-2990.

[102] KONG Q, LI B, SONG X, et al. High-resolution piano transcription with pedals by regressing onset and offset times[J]. IEEE/ACM Transactions on Audio, Speech, and Language Processing, 2021, 29: 3707-3717.

[103] HAWTHORNE C, SIMON I, SWAVELY R, et al. Sequence-to-sequence piano transcription with transformers[J]. arXiv preprint arXiv: 2107.09142, 2021.

[104] LIPPING S, DROSSOS K, VIRTANEN T. Crowdsourcing a dataset of audio captions[J]. arXiv preprint arXiv: 1907.09238, 2019.

[105] PELLEGRINI T, KHALFAOUI-HASSANI I, LABBÉ E, et al. Adapting a convnext model to audio classification on audioset[J]. arXiv preprint arXiv: 2306.00830, 2023.

[106] KIM C D, KIM B, LEE H, et al. Audiocaps: generating captions for audios in the wild[C]//Proceedings of the 2019 Conference of the North American Chapter of the Association for Computational Linguistics: Human Language Technologies, Volume 1 (Long and Short Papers). Minneapolis: ACL, 2019: 119-132.

[107] MEI X, MENG C, LIU H, et al. Wavcaps: a chatgpt-assisted weakly-labelled audio captioning dataset for audio-language multimodal research[J]. arXiv preprint arXiv: 2303.17395, 2023.

[108] DESHMUKH S, ELIZALDE B, SINGH R, et al. Pengi: an audio language model for audio tasks[J]. Advances in Neural Information Processing Systems, 2023, 36: 18090-18108.

[109] GONG Y, LUO H, LIU A H, et al. Listen, think, and understand[J]. arXiv preprint arXiv: 2305.10790, 2023.

[110] TANG C, YU W, SUN G, et al. Salmonn: towards generic hearing abilities for large language models[J]. arXiv preprint arXiv: 2310.13289, 2023.

[111] WU J, GAUR Y, CHEN Z, et al. On decoder-only architecture for speech-to-text and large language model integration[J]. arXiv preprint arXiv: 2307.03917, 2023.

[112] MA Z, YANG G, YANG Y, et al. An embarrassingly simple approach for llm with strong asr capacity[J]. arXiv preprint arXiv: 2402.08846, 2024.

[113] HUSSAIN A S, LIU S, SUN C, et al. M2UGen: multi-modal music understanding and generation with the power of large language models[J]. arXiv preprint arXiv: 2311.11255, 2023.

[114] GARDNER J, DURAND S, STOLLER D, et al. Llark: a multimodal foundation model for music[J]. arXiv preprint arXiv: 2310.07160, 2023.

[115] DENG Z, MA Y, LIU Y, et al. Musilingo: bridging music and text with pre-trained language models for

music captioning and query response[J]. arXiv preprint arXiv: 2309. 08730, 2023.

[116] AO J, WANG Y, TIAN X, et al. SD-Eval: a benchmark dataset for spoken dialogue understanding beyond words[J]. arXiv preprint arXiv: 2406. 13340, 2024.

[117] BORSOS Z, MARINIER R, VINCENT D, et al. Audiolm: a language modeling approach to audio generation[J]. arXiv preprint arXiv: 2209. 03143, 2023.

[118] CHUNG Y A, ZHANG Y, HAN W, et al. W2v-BERT: combining contrastive learning and masked language modeling for self-supervised speech pre-training [C] //2021 IEEE Automatic Speech Recognition and Understanding Workshop (ASRU). Cartagena, Colombia: IEEE, 2021: 244-250.

[119] WANG C, CHEN S, WU Y, et al. Neural codec language models are zero-shot text to speech synthesizers[J]. arXiv preprint arXiv: 2301. 02111, 2023.

[120] BORSOS Z, SHARIFI M, VINCENT D, et al. Soundstorm: efficient parallel audio generation [J]. arXiv preprint arXiv: 2305. 09636, 2023.

[121] ŁAJSZCZAK M, CáMBARA G, LI Y, et al. Base TTS: lessons from building a billion-parameter text-to-speech model on 100k hours of data[J]. arXiv preprint arXiv: 2402. 08093, 2024.

[122] SHEN K, JU Z, TAN X, et al. Naturalspeech 2: latent diffusion models are natural and zero-shot speech and singing synthesizers[C]//2024.

[123] JIANG Z, REN Y, YE Z, et al. Mega-TTS: zero-shot text-to-speech at scale with intrinsic inductive bias[J]. arXiv preprint arXiv: 2306. 03509, 2023.

[124] HE H, SHANG Z, WANG C, et al. Emilia: an extensive, multilingual, and diverse speech dataset for large-scale speech generation[J]. arXiv preprint arXiv: 2407. 05361, 2024.

[125] YANG D, YU J, WANG H, et al. Diffsound: discrete diffusion model for text-to-sound generation[J]. arXiv preprint arXiv: 2207. 09983, 2023.

[126] VAN DEN OORD A, VINYALS O, et al. Neural discrete representation learning[J]. arXiv preprint arXiv: 1711. 00937, 2017.

[127] RAFFEL C, SHAZEER N, ROBERTS A, et al. Exploring the limits of transfer learning with a unified text-to-text transformer[J]. Journal of machine learning research, 2020, 21(140): 1-67.

[128] HUANG R, HUANG J, YANG D, et al. Make-an-audio: text-to-audio generation with prompt-enhanced diffusion models[C]//International Conference on Machine Learning. Honolulu, Hawaii, USA: PMLR, 2023: 13916-13932.

[129] LIU H, CHEN Z, YUAN Y, et al. Audioldm: text-to-audio generation with latent diffusion models[J]. arXiv preprint arXiv: 2301. 12503, 2023.

[130] WANG Y, JU Z, TAN X, et al. Audit: audio editing by following instructions with latent diffusion models[J]. Advances in Neural Information Processing Systems, 2023, 36: 71340-71357.

[131] LIU H, YUAN Y, LIU X, et al. Audioldm 2: learning holistic audio generation with self-supervised pretraining[J]. IEEE/ACM Transactions on Audio, Speech, and Language Processing, 2024, 32: 2871-2883.

[132] HUANG P Y, XU H, LI J, et al. Masked autoencoders that listen[J]. Advances in Neural Information Processing Systems, 2022, 35: 28708-28720.

[133] XIE Z, XU X, WU Z, et al. Picoaudio: enabling precise timestamp and frequency controllability of audio events in text-to-audio generation[J]. arXiv preprint arXiv: 2407. 02869, 2024.

[134] KREUK F, SYNNAEVE G, POLYAK A, et al. Audiogen: textually guided audio generation[J]. arXiv preprint arXiv: 2209. 15352, 2022.

[135] HO J, SALIMANS T. Classifier-free diffusion guidance[J]. arXiv preprint arXiv: 2207. 12598, 2022.

[136] ZIV A, GAT I, LAN G L, et al. Masked audio generation using a single non-autoregressive transformer[J]. arXiv preprint arXiv: 2401. 04577, 2024.

[137] AGOSTINELLI A, DENK T I, BORSOS Z, et al. Musiclm: generating music from text[J]. arXiv preprint arXiv: 2301. 11325, 2023.

[138] HUANG Q, JANSEN A, LEE J, et al. Mulan: a joint embedding of music audio and natural language[J]. arXiv preprint arXiv: 2208. 12415, 2022.

[139] COPET J, KREUK F, GAT I, et al. Simple and controllable music generation[J]. Advances in Neural Information Processing Systems, 2024, 36: 47704-47720.

[140] WU Y, CHEN K, ZHANG T, et al. Large-scale contrastive language-audio pretraining with feature fusion and keyword-to-caption augmentation[C]//IEEE International Conference on Acoustics, Speech and Signal Processing(ICASSP). Rhodes: IEEE, 2023: 1-5.

[141] ROMBACH R, BLATTMANN A, LORENZ D, et al. High-resolution image synthesis with latent diffusion models[C]//Proceedings of the IEEE/CVF conference on computer vision and pattern recognition. New Orleans, 2022: 10684-10695.

[142] HUANG Q, PARK D S, WANG T, et al. Noise2music: text-conditioned music generation with diffusion models[J]. arXiv preprint arXiv: 2302. 03917, 2023.

[143] THOPPILAN R, DE FREITAS D, HALL J, et al. Lamda: language models for dialog applications[J]. arXiv preprint arXiv: 2201. 08239, 2022.

[144] DONAHUE C, CAILLON A, ROBERTS A, et al. Singsong: generating musical accompaniments from singing[J]. arXiv preprint arXiv: 2301. 12662, 2023.

[145] KIM M, CHOI W, CHUNG J, et al. Kuielab-mdx-net: a two-stream neural network for music demixing[J]. arXiv preprint arXiv: 2111. 12203, 2021.

[146] PARKER J D, SPIJKERVET J, KOSTA K, et al. Stemgen: a music generation model that listens[C]// IEEE International Conference on Acoustics, Speech and Signal Processing. Seoul, Korea: IEEE, 2024: 1116-1120.

[147] GARCIA H F F, SEETHARAMAN P, KUMAR R, et al. Vampnet: music generation via masked acoustic token modeling[J]. arXiv preprint arXiv: 2307. 04686, 2023.

[148] HAN B, DAI J, SONG X, et al. Instructme: an instruction guided music edit and remix framework with latent diffusion models[J]. arXiv preprint arXiv: 2308. 14360, 2023.

[149] WU S L, DONAHUE C, WATANABE S, et al. Music controlnet: multiple time-varying controls for music generation[J]. IEEE/ACM Transactions on Audio, Speech, and Language Processing, 2024, 32: 2692-2703.

[150] ZHANG L, RAO A, AGRAWALA M. Adding conditional control to text-to-image diffusion models[C]// Proceedings of the IEEE/CVF International Conference on Computer Vision. Paris, France: IEEE, 2023: 3836-3847.

[151] LIN L, XIA G, JIANG J, et al. Content-based controls for music large language modeling[J]. arXiv preprint arXiv: 2310. 17162, 2023.

[152] ZHANG Y, IKEMIYA Y, CHOI W, et al. Instruct-musicgen: unlocking text-to-music editing for music language models via instruction tuning[J]. arXiv preprint arXiv: 2405. 18386, 2024.

[153] CHUNG Y A, ZHU C, ZENG M. Splat: speech-language joint pre-training for spoken language understanding[J]. arXiv preprint arXiv: 2010. 02295, 2020.

[154] BAPNA A, CHUNG Y A, WU N, et al. Slam：a unified encoder for speech and language modeling via speech-text joint pre-training[J]. arXiv preprint arXiv：2110.10329, 2021.

[155] AO J, WANG R, ZHOU L, et al. Speecht5：unified-modal encoder-decoder pre-training for spoken language processing[J]. arXiv preprint arXiv：2110.07205, 2021.

[156] CHENG Y, ZHANG Y, JOHNSON M, et al. Mu2SLAM：multitask, multilingual speech and language models[C]//International Conference on Machine Learning. Honolulu, Hawaii, USA：PMLR, 2023：5504-5520.

[157] ZHANG D, LI S, ZHANG X, et al. Speechgpt：empowering large language models with intrinsic cross-modal conversational abilities[J]. arXiv preprint arXiv：2305.11000, 2023.

[158] WANG T, ZHOU L, ZHANG Z, et al. Viola：unified codec language models for speech recognition, synthesis, and translation[J]. arXiv preprint arXiv：2305.16107, 2023.

[159] WANG X, THAKKER M, CHEN Z, et al. Speechx：neural codec language model as a versatile speech transformer[J]. arXiv preprint arXiv：2308.06873, 2023.

[160] RUBENSTEIN P K, ASAWAROENGCHAI C, NGUYEN D D, et al. Audiopalm：a large language model that can speak and listen[J]. arXiv preprint arXiv：2306.12925, 2023.

[161] HU S, ZHOU L, LIU S, et al. Wavllm：towards robust and adaptive speech large language model[J]. arXiv preprint arXiv：2404.00656, 2024.

[162] KONG Z, GOEL A, BADLANI R, et al. Audio flamingo：a novel audio language model with few-shot learning and dialogue abilities[J]. arXiv preprint arXiv：2402.01831, 2024.

[163] CHEN F, HAN M, ZHAO H, et al. X-llm：bootstrapping advanced large language models by treating multi-modalities as foreign languages[J]. arXiv preprint arXiv：2305.04160, 2023.

[164] ZHAO Z, JIANG Y, LIU H, et al. Librisqa：pioneering free-form and open-ended spoken question answering with a novel dataset and framework[J]. arXiv preprint arXiv：2308.10390, 2023.

[165] HUANG C Y, LU K H, WANG S H, et al. Dynamic-SUPERB：towards a dynamic, collaborative, and comprehensive instruction-tuning benchmark for speech[C]//ICASSP 2024-2024 IEEE International Conference on Acoustics, Speech and Signal Processing (ICASSP). Seoul, Korea：IEEE, 2024：12136-12140.

[166] YANG Q, XU J, LIU W, et al. Air-bench：benchmarking large audio-language models via generative comprehension[J]. arXiv preprint arXiv：2402.07729, 2024.

[167] LIN G T, CHIANG C H, LEE H Y. Advancing large language models to capture varied speaking styles and respond properly in spoken conversations[J]. arXiv preprint arXiv：2402.12786, 2024.

作者简介

陈　谐　上海交通大学计算机科学与工程系副教授、博士生导师，获国家海外高层次人才（青年）项目资助。于剑桥大学信息工程系获得博士学位，毕业后先后在剑桥大学担任博士后研究员，并在美国微软研究院担任高级研究员和资深研究员。2021年9月回国加入上海交通大学。主要研究方向为深度学习和智能语音信号处理，已在国际顶级会议和期刊上发表论文90余篇。

刘树杰 微软亚洲研究院首席研究员。2012 年从哈尔滨工业大学博士毕业，研究方向包括自然语言处理、语音处理和深度学习等相关技术。在自然语言处理的各顶级期刊和会议（包括 CL、ACL、AAAI、EMNLP、NAACL 等）上发表论文 100 余篇，并合著《机器翻译》，参与编写《人工智能导论》。研究成果被广泛应用于 Microsoft Translator、Skype Translator、Microsoft IME、微软小冰和微软语音服务（包括语音生成、语音分离和识别）等微软重要产品中。

武执政 香港中文大学（深圳）副教授、博士生导师、国家级青年人才，研发了开源系统 Merlin 与 Amphion，组织了多次国际评测，并多次获得最佳论文。现为 IEEE/ACM TASLP、SPL 等期刊编委，也是 IEEE SLT Workshop 2024 的大会主席。

张 超 清华大学电子工程系助理教授、博士生导师、上海人工智能实验室顾问、伦敦大学学院脑科学部荣誉副教授。研究方向为多模态语音语言处理技术和计算认知神经科学。分别于 2009 年和 2012 年在清华大学计算机系获得学士和硕士学位，并于 2017 年在剑桥大学工程系获得博士学位。在博士期间多次在 DARPA BOLT、iARPA Babel、MGB 等国际重大语音项目评测和挑战赛中获得单项第一。博士毕业后曾任剑桥大学副研究员、京东 AI 顾问和语音组联合负责人、Google 公司高级研究科学家等，多项技术获得了产业应用。发表了 90 余篇同行评议的会议和期刊论文，其中包括 ICASSP 2014、ASRU 2019、SLT 2021 和 Interspeech 2022 等语音领域旗舰级会议的最佳学生论文奖。还担任剑桥大学工程系客座研究员、中国中文信息学会语音信息专委会副秘书长、全国人机通讯学术会议常设机构秘书长、中国计算机学会语音对话和听觉专委会委员、中国医疗保健国际交流促进会睡眠医学专委会委员等。另外，还入选了国家高层次人才计划青年项目。

孔秋强 香港中文大学电子工程系助理教授。于 2020 年在英国萨里大学获得博士学位，于 2015 年和 2012 年在华南理工大学获得硕士和学士学位。曾于字节跳动任职研究科学家。研究方向包括语音、音乐和一般音频信号处理。代表作包括基于弱标签的音频事件检测和分离、大规模音频分类、大规模音乐数据集等。2021 年，是全球前 2% 高被引用研究员。曾获得 2022 IEEE Young Best Paper Award 及 ISMIR 2022 最佳论文奖。CCF 会员。

大语言模型价值对齐的研究进展与趋势

CCF 自然语言处理专业委员会

来雨轩[1]　林洲汉[2]　赵　鑫[3]　熊德意[4]

[1]国家开放大学，北京

[2]上海交通大学，上海

[3]中国人民大学，北京

[4]天津大学，天津

摘　　要

价值对齐旨在保证大语言模型的意图和价值观与人类一致。随着大语言模型的迅猛发展，模型价值问题的系统性风险引发了广泛的担忧。本文梳理和总结了大语言模型价值对齐研究的进展与趋势。首先，立足价值对齐方法的研究进展、评估与可解释性分析，依次分析了国际和国内研究现状。其次，从研究路线、焦点与方法、应用领域三个角度，对比了国内外研究的共性与差异。最后，对未来发展趋势与方向进行了展望，包括挑战与机遇、未来研究趋势及价值对齐对行业和社会的长远影响。

关键词：价值对齐；大语言模型；人工智能

Abstract

The concept of value alignment aims to ensure that the intentions and values of large language models (LLMs) are consistent with those of humans. The rapid advancement of LLMs has heightened concerns about the systemic risks posed by the values embedded in these models. This paper reviews recent research on value alignment in LLMs. Initially, the paper focuses on the progress in value alignment methodologies, evaluation, and interpretability analyses, providing a detailed examination of both international and domestic research landscapes. Building on this foundation, the paper explores and contrasts the research trajectories, focal points, methodologies, and application areas of studies conducted domestically and internationally. Finally, the paper offers an outlook on future development directions, including challenges and opportunities, future research trends, and potential long-term impacts on industry and society.

Key words：value alignment；large language models；artificial intelligence

1　引言

1.1　大语言模型概述

近年来，大语言模型（Large Language Model，LLM）取得了显著进展，例如 OpenAI

的 ChatGPT[1] 和 GPT-4[2]。这些模型展现出强大的语义逻辑理解能力与文本生成能力，在众多领域，如数学、逻辑推理、医疗、教育、法律和编程，它们展现出接近甚至超越人类的水平，重新点燃了业界对通用人工智能（AGI）的热情和期望。

大语言模型的发展历程可以追溯至早期的统计语言模型[3]，但真正的飞跃是在引入深度学习技术之后。2018 年，BERT[4] 通过双向编码器预训练建模语言的结构和模式，结合下游任务上的监督学习精调，使得自然语言处理任务的性能大幅提升。自 2020 年以来，GPT-3[5] 等模型进一步扩展了大语言模型的应用范围，特别是在生成式任务中的表现极为突出。

现在，大语言模型通常指参数规模巨大的 Transformer[6] 语言模型[3]，例如 PaLM[7]、Galactica[8] 和 LLaMA[9]。它们在大量的文本数据上进行训练[10-12]，通常基于自监督的文本建模任务学习，以达到能够进行自然语言理解与生成的目的。

相较于传统的预训练语言模型[4]，更大的训练数据和参数规模带来了大语言模型的涌现现象[13]，使其具备上下文学习[2]（in-context-learning，ICL）、指令遵循[14-15] 与逐步推理能力[16]。具备了这些能力，大语言模型在理解自然语言和通过文本生成的方式解决复杂任务上均展现出了强大能力。

1.2　价值对齐的概念与意义

1.2.1　大语言模型的风险

大语言模型作为一种变革性的 AI 技术，将重塑社会和科学技术的发展，但同时也存在多种可见及预见的风险。

首先，大语言模型可能生成不符合人类价值观的文本，例如生成包含歧视、偏见或泄露他人隐私的内容[17]。其次，大语言模型由于其固有的幻觉问题，因此有可能会生成不真实、前后不一致和具有误导性的内容[11]。

另一方面，大语言模型也可能被别有用心的人用来执行恶意行为[12]。例如，未经对齐的大语言模型能够生成以假乱真的假新闻、帮助黑客对网络上的设备开展攻击等。这些恶意行为会对我们的日常生活产生负面影响，甚至会对整个社会造成严重的伤害。

站在更长远的视角，随着大语言模型能力的不断增强，大语言模型还可能展现出"追求"自我保护、自我增强、获取资源等目标[18]。这些目标在通用人工智能中通常被称为工具性趋同目标，因为几乎所有 AI 智能体都有可能将它们作为亚目标。

为应对以上风险，大语言模型价值对齐技术应运而生。

更系统地，如图 1 所示，Cui 等人[19] 将大语言模型所面临的风险从不同应用模块的角度，分成了 12 大类、44 小类。其中，除了软硬件等工具链安全及应用场景风险外，大多属于价值对齐研究能够缓解的范畴。

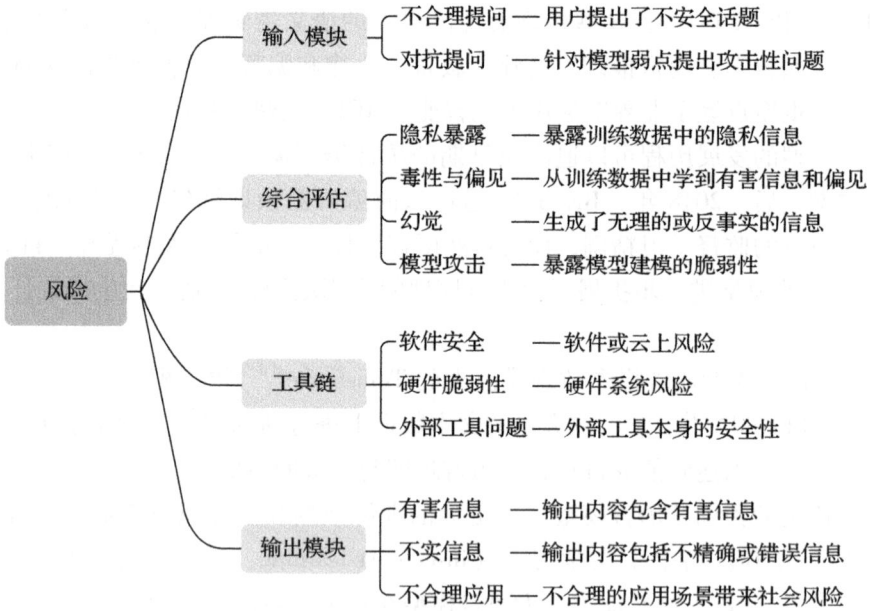

图 1　大语言模型的风险分类[19]

1.2.2　从 AI 对齐到大语言模型对齐

作为一种解决这些风险的技术方案，AI 对齐，即确保 AI 系统产生符合人类价值观的输出，正越来越受到关注。尽管大语言模型在近几年才出现，但 AI 对齐的研究早在 1960 年便由控制论之父诺伯特·维纳提出[20]："如果我们使用一个机械智能体实现我们的目标，那么一旦开始它的操作，我们就无法有效对其进行干预，因为该操作是如此之快且不可撤销。我们**最好确保该机器的用途是我们真正想要的，而不仅是对它的生动模仿**。"此类研究由 Stuart Russell 等人进一步发展[21]，并称之为"价值对齐问题"（Value Alignment Problem），它强调了 AI 目标与人类价值对齐的重要性，以确保 AI 系统能为人类带来益处。

与其他 AI 研究领域相比，如经历了多次范式转变的自然语言处理，AI 对齐仍处于前范式阶段[22]。在这个新兴领域，许多关键概念和术语尚未达成共识。在本文中，我们从其内在角度定义 **AI 对齐：AI 对齐确保 AI 智能体的外部和内部目标均与人类价值观对齐**。外部目标是由 AI 设计者根据人类价值观定义的，而内部目标是 AI 智能体内部优化的目标。

在大语言模型的背景下，对齐确保模型的回应不仅准确和连贯，而且从开发者和用户的角度看是安全的、符合社会伦理的。随着语言智能体越来越多地融入我们日常生活的各个方面，从内容创作到决策支持，任何未对齐行为都可能导致意想不到的后果。因此，我们迫切需要正确地将大语言模型与人类价值观对齐，以确保这些模型的巨大潜力能够以可信和负责任的方式为人类所用。

价值观对齐、安全对齐、意识形态对齐等相关概念与大语言模型价值对齐相关，更多地强调某些侧面，例如价值对齐强调某外部与内部目标均与人类价值观对齐，一定程度上也可以理解为价值观对齐。不过，大语言模型价值对齐强调的不仅仅是外在的输出表现符合人类价值观，也需要模型的训练目标与真实优化目标符合人类价值观。意识形态是价值观的一部分，价值对齐也会带来意识形态上的对齐。价值对齐可以缓解大语言模型使用中的风险，提高模型使用中的安全性，从而带来一定的安全对齐效果。

1.3 大语言模型的对齐方法与分类

近年来，大语言模型对齐已经取得了一系列实质性的进展。这些方法大致可以归为外部对齐和内部对齐两大类[23]，图 2 展示了两者之间的关系。

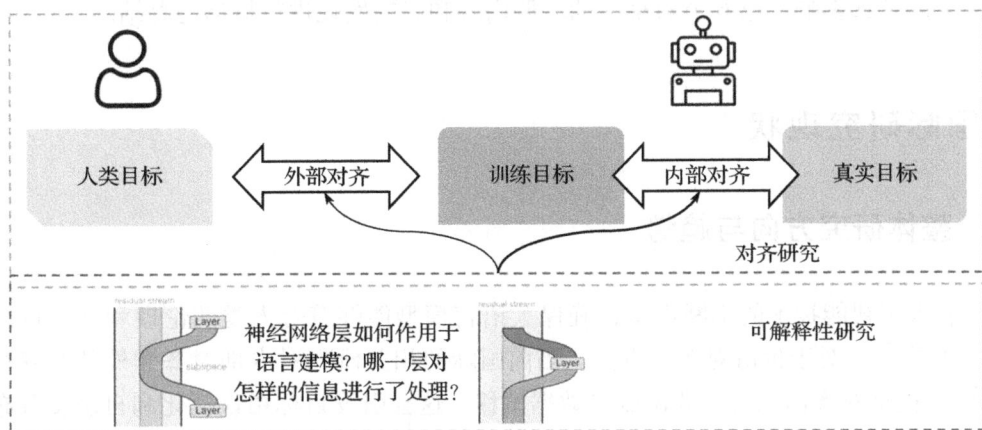

图 2 外部对齐与内部对齐的关联

外部对齐（Outer Alignment）：**人类价值观或预期目标与 AI 模型训练目标之间的对齐**，即智能体设计人员是否将人类价值观或预期目标转化到对应智能体的训练目标函数上。未经对齐的大语言模型训练目标为语言建模，显然和人类价值观未对齐。常见的外部方法有基于人类反馈的强化学习（RLHF）[15] 等。

内部对齐（Inner Alignment）：**智能体真实优化目标与人类赋予的训练目标之间的对齐**，即在训练过程中，内部优化目标是否与训练目标函数一致。常见的内部对齐方法有放缩对抗训练（Relaxed Adversarial Training）[24] 等。

除了外部对齐和内部对齐，大语言模型对齐还有一个重要的相关方面就是可解释性，包括透明性与可说明性，前者揭示了智能体、大语言模型内部运作机理，后者说明了智能体决策过程中的事实或反事实的依赖关系。可解释性研究不仅可以为大语言模型对齐提供监测和洞见，其本身的评估指标也可以作为 AI 对齐优化的目标函数[25]。

在后面的内容中，将进一步探讨和分析与大语言模型对齐和可解释研究相关的进展与趋势。

1.4 本文的组织形式

大语言模型价值对齐对于确保模型的输出符合人类伦理标准和社会价值观至关重要。

它有助于避免偏见、误导性信息和其他潜在风险，是当前计算机领域的研究热点和大语言模型应用的关键。

本文首先简要介绍了大语言模型的发展与价值对齐的重要性。第 2 节介绍国际研究现状，分析整体研究方向与趋势、价值对齐方法研究及其评估、可解释性。第 3 节将视角转向国内，探讨国内在大语言模型价值对齐方面的趋势与进展。第 4 节对比国内外研究进展，从技术路线、研究焦点与方法、应用领域与场景等方面进行深入比较，揭示国内外在大语言模型对齐领域研究中的差异与共性。第 5 节展望未来发展趋势与方向，讨论研究领域面临的挑战与机遇、未来研究的趋势与创新方向，并分析价值对齐研究对行业与社会的长远影响。第 6 节对全文的主要内容和研究发现进行概括与总结。

2 国际研究现状

2.1 整体研究方向与趋势

随着人工智能技术的不断进步，确保大语言模型能够符合人类的伦理和社会价值观至关重要[25-27]。对于价值对齐的方法，当前国际的相关研究对内部对齐和外部对齐均有涉及[28]。内部对齐面临的主要困难是数据偏移，这会引发目标错误泛化和自诱发分布偏移两大挑战。为了解决这些挑战，研究者使用了诸多算法和训练技巧，它们可以分为算法干预和数据分布干预。在外部对齐方向，研究者通过丰富的反馈形式来实现对齐，包括人类反馈的强化学习和在其基础上的一系列可扩展监督方法。可扩展监督方法包含人工智能反馈的强化学习（RLAIF）、人类和人工智能反馈的强化学习（RLHAIF）、迭代蒸馏扩增（IDA）、模型辩论（Debate）和合作逆强化学习（CIRL）等。对于价值对齐的评估，相关研究方法分为基准测试、安全性评估和道德评估。在可解释性方面，一些研究虽然促进了人类对大语言模型价值对齐的理解，但仍然存在进一步发展的空间。

2.2 价值对齐方法研究

在价值对齐的相关研究中，内部对齐和外部对齐是两个主要的研究方向。内部对齐通过解决数据分布不一致性的问题，促进人类设计的训练目标对齐大语言模型真实的训练目标。外部对齐通过给大语言模型提供人类偏好的方式使其达到与人类意图、价值观、目标对齐的目的。接下来将分别介绍内部对齐和外部对齐的国际研究现状。

2.2.1 内部对齐

内部对齐希望大语言模型真实的优化目标与人类赋予的训练目标之间实现对齐。内部对齐的相关研究围绕数据分布的不一致性展开，通过设计特殊的算法或引入针对性的训练数据来解决数据分布的不一致性问题。大语言模型的训练数据分布和真实场景的数据往往有一些差异，这使得大语言模型在应用于真实场景时出现不适应、不匹配问题。比如，在训练场景中可能会缺少多智能体互动、没有黑客攻击以及噪声和真实场景中有差异等情况，这些情况在大语言模型真实的应用场景中极为常见。如果不进行内部对齐，就会出现大语言模型成功地捕捉了输入的意图，但最终仍然会做人类不希望它做的事情的情况。这个问题尤其重要，因为许多机器学习模型假设训练数据和测试数据具有相同的分布，但在实际应用中，这种假设往往不成立。

数据分布的不一致性给内部对齐带来的挑战主要分为主动和被动两个方面：被动出现的挑战是目标错误泛化（Goal Misgeneralization），主动出现的挑战是自诱发分布偏移（Auto-induced Distribution Shift）。

（1）目标错误泛化 目标错误泛化指的是模型在训练过程中学到了正确的目标规范，但在实际应用中却未能实现期望的目标。这种错误泛化是因为模型在不同的分布环境下未能正确地泛化目标。例如，Shah 等人的研究[29] 讨论了即使规范是正确的，模型也可能在新的环境或分布下误解目标，从而导致不符合预期的行为。这种现象表明，模型在训练时学到的行为策略在面对新环境时，可能无法保持一致的目标实现。为了解决这一问题，需要设计更为鲁棒的目标规范和训练方法，使得模型能够在各种环境中保持对目标的理解一致。这可以通过增强模型的泛化能力，或者通过在训练过程中引入更多样化的环境和任务来实现。

（2）自诱发分布偏移[30-31] 自诱发分布偏移指的是模型通过自身的决策和行为改变了输入数据的分布。这种现象在实时决策系统中尤为常见，例如推荐系统或自动驾驶系统。Krueger 等人的研究[32] 指出模型的行为可以直接影响其未来的输入数据分布，从而导致偏移。例如，一个内容推荐算法可能会基于用户的点击行为进行优化，然而，随着时间的推移，这种优化可能会导致用户的兴趣发生变化，进而改变推荐系统的输入数据分布。如果算法没有意识到这种分布变化并根据变化进行适应，则可能会导致推荐质量下降。

为了应对数据分布的不一致性给内部对齐带来的挑战，近年来研究者通过直接数据分布干预和间接算法干预来调节这个问题。由于训练数据的分布和真实世界的数据或多或少地存在差别，因此模型的真实训练目标和人类设计给模型的训练目标之间产生了一些差别。随着大语言模型的发展，训练数据量逐渐扩大，新的网络搜集和人工智能生成的数据获得方式应运而生。但是，这些新兴的数据获得方式在大幅度扩大数据集的同时也存在一些代价，就是数据质量的降低、数据噪声的增加，这增大了这种差别。例如，网络搜集的数据可能存在一些广告和乱码，这些都是不利于模型训练的噪声；人工智能生成的数据必然有一些人造伪影，这种伪影在真实世界中不可能出现，干扰了数据的分布。一方面，增大数据量有利于大语言模型的对齐。另一方面，更低质量的数据和更多噪声的代价极大地影响了内部对齐工作。这就要求研究者使用一些模型设计或者训练数据上的处理技巧来缓解这种代价。

（3）数据分布干预[33-34] 面对数据分布的不一致性问题，一些研究者选择直接人工改变数据分布来解决。改变数据分布就是通过人工观察数据集的分布和之前大语言模型的实验结果，分析大语言模型薄弱的地方，然后人工调整训练数据的分布，让它更贴近现实世界的分布情况。在这个问题上，经典的数据处理方法和面向多智能体的新方法都有一定的成效。经典的数据处理方法包括数据增强、数据清洗和预处理、对抗训练、域自适应和混合训练等方法，可以有效地缓解数据分布不一致的问题，从而提高机器学习模型在实际应用中的表现和鲁棒性。面向多智能体的新方法是针对真实世界中常见的多智能体交互环境设计的，涵盖人类和人工智能的交互以及人工智能之间的交互，主要包括对抗和合作两种场景。这种方法通过额外添加交互数据，有效提高了大语言模型面对复杂多变的现实环境的鲁棒性。多智能体对抗主要对应的是大语言模型面对外部扰动的稳定性，例如在面对黑客攻击时，希望大语言模型仍然能够符合人类设置的训练目标，不输出对人类不利的内容。多智能体合作主要需要的是大语言模型和其他个体合作共同完成任务的能力，例如在辅助人类或者另一个大语言模型时，能够积极地进行合作行为。总的来说，这些方法不仅有助于提升数据质量，还能够增强模型的泛化能力和适应性，进而促进大语言模型的内部对齐。

（4）算法干预　为了解决数据的分布不一致性问题，还有一些研究者提出了一系列算法和方法来缓解数据分布的不一致性，其中包括风险最小化原则、风险外推（REx）以及机制模式连通性（Mechanistic Mode Connectivity，MMC）。风险最小化原则为理论基础，风险外推通过优化风险差异增强模型鲁棒性，机制模式连通性通过探索模式连通路径以提升模型泛化能力。首先，Vapnik[35] 提出了风险最小化原则，该原则奠定了统计学习理论的基础。他指出了学习算法的目标是最小化预期风险，即在所有可能输入分布下期望的损失函数值。为了实现这一目标，算法需要在有限的训练数据上进行经验风险最小化，并通过正则化技术来控制模型的复杂度，从而避免过拟合问题。这一原则在监督学习中被广泛应用，为处理分布不一致性问题提供了理论基础。随后，Krueger 等人[36] 提出了风险外推，以应对分布外泛化（Out-of-Distribution Generalization）问题。风险外推通过在训练阶段减少不同域之间的风险差异，从而提升模型对极端分布偏移的鲁棒性。具体而言，风险外推在多域训练数据上优化一个包含外推域的扰动集合，并提出了一种基于训练风险方差的惩罚机制。与不变风险最小化（Invariant Risk Minimization）相比，风险外推在处理因果和协变量偏移共存的情况下表现更优。最后，Lubana 等人[37] 在 2023 年提出了机制模式连通性，进一步探索了神经网络中的模式连通性及其在处理分布不一致性问题时的应用。MMC 通过分析神经网络在不同模式（如最小化训练损失和验证损失）下的连通路径，揭示了这些路径在应对数据分布变化中的潜力。研究表明，通过连接不同模式下的最优点，模型可以更好地适应新的数据分布，从而提高其泛化能力。这一系列算法共同推动了大语言模型在现实世界应用中的可靠性和稳定性。

2.2.2　外部对齐

外部对齐希望大语言模型的训练目标和人类的动机与偏好相符。通常让大语言模型从反馈中学习，来实现外部对齐[38]。反馈可以是数值形式的奖励，也可以是样例形式的示范，还可以是描述相对关系的比较反馈。反馈的来源可以直接是人类对大语言模型输出给出的反馈，也可以是通过用其他组件替换纯人类或者设计精妙的反馈。在基于人类反馈的强化学习（RLHF）的基础上，大语言模型外部对齐的一个重要研究分支是可扩展监督，它致力于对大语言模型的运行过程提供监督，包括人工智能反馈的强化学习、人类和人工智能反馈的强化学习、迭代蒸馏扩增[26]、模型辩论[29]和合作逆强化学习[39]等。

（1）反馈形式 在价值对齐过程中，反馈形式的选择对训练方式的设计和系统的性能有重要影响[40]。主要的反馈形式包括奖励、示范和比较，它们各自具有独特的优点和挑战。奖励通过量化评估直接指导行为调整，然而设计奖励函数依赖研究者的经验，比较困难，并且容易引发作弊等负面行为。示范利用人类专家行为的数据训练大模型，例如视频以及传感器信息，然而这需要大量的专家数据，增加了成本，并且存在数据噪声等问题。比较通过对模型输出进行排名来指导决策，仅对相对优劣进行评估而不涉及绝对的好坏，适用于难以精确评估的任务，然而需要大量数据才能有效反映人类偏好。选择合适的反馈形式需要综合考虑任务的复杂性、专家知识的可用性和系统的对齐需求。

（2）人类反馈的强化学习[41-44] 人类反馈的强化学习是一种融合了机器学习和人类交互的技术，旨在通过人类反馈来优化和增强人工智能系统的决策和行为。它的基本理念是通过人类提供的评估和建议，指导机器学习模型在特定任务中的表现，从而提高其性能和可靠性。传统的强化学习依赖环境提供的奖励信号来调整模型的策略，以最大化累积奖励。然而，在某些复杂或模糊的任务中，环境的奖励信号可能不足以引导模型学习到理想的行为。这时，引入人类作为监督者，可以对模型的行为进行评估，并提供奖励或惩罚信号，甚至直接提出改进建议。这种反馈信息可以是显式的，如评分[45]、排名[46]或直接的建议，也可以是隐式的，如通过观察用户的行为和反应来推断。总的来说，人类反馈的强化学习在处理复杂任务、道德决策以及需要高度人类智慧和价值观判断的问题上，展现了其独特的优势。然而，这种方法也面临着反馈的质量和一致性、获取成本较高以及反馈可能与环境提供的奖励信号存在冲突等问题，需要进一步研究。

（3）人工智能反馈的强化学习[47] 人工智能反馈的强化学习是指通过人工智能系统自身生成的反馈来引导强化学习过程的一种方法。通过训练一个模拟人类价值观的人工智能系统，这种方法有利于以较低成本实现价值的外部对齐。与传统的强化学习依赖环境中直接获取的奖励信号不同，这种方法强调利用人工智能系统的内在评估机制生成反馈，从而优化其策略和决策过程。人工智能反馈的强化学习的核心思想是利用现有的智能体或模型生成的反馈信号作为强化学习的奖励信号[48]。这种反馈可以来源于预训练模型的输出或者多任务学习中的交互影响等多个方面，近期也有研究者训练专门的小模型为大模型的价值对齐工作提供反馈。通过这种方式，人工智能反馈的强化学习可以在缺乏明确环境奖励信号的情况下，依然有效地指导智能体的学习过程。这种方法不仅提高了学习的效率，还能在一定程度上减少对人工标注和人类干预的依赖。总的来说，人工智能反馈的强化学习节省了人力资源的消耗，能够利用现有模型的知识和能力，实现自我增强的学习循环，以及在多个任务之间实现知识迁移。但是，如何用人工智能来准确地、正确地体现人类的价值观仍然是一个值得研究的课题。

（4）人类和人工智能反馈的强化学习[49]　　人类和人工智能反馈的强化学习结合了人类和人工智能的优势，通过多源反馈机制提升学习效果和效率。人类反馈的强化学习存在成本高、反馈数量有限等问题，在专业领域，该问题更加突出。人工智能反馈尽管成本较低、数量较多，但是由于缺乏人类参与，外部对齐的效果有时难以达到要求。在这样的背景下，人类和人工智能反馈的强化学习取长补短，通过结合两种反馈形式，提升学习效率和效果。在人类和人工智能反馈的强化学习中，人类和人工智能反馈分别扮演不同的角色：人类反馈具有高准确性和灵活性，能够在关键时刻提供指导，特别是在复杂或模糊任务中发挥重要作用；人工智能反馈可以被大规模生成，具有一致性和低成本的优势，适用于日常和常规任务。在训练过程中，智能体通过在环境中试错，逐步改进其策略。每次完成动作后，智能体不仅从环境中获得奖励信号，还可以获得人类和人工智能提供的反馈。人类反馈通常通过界面或注释形式直接提供，而人工智能反馈则通过预训练模型自动生成。这些反馈信息被整合后，用于更新智能体的策略，使其在未来的动作中表现得更好。总的来说，人类和人工智能反馈的强化学习的优势在于它的灵活性和高效性，通过结合人类和人工智能的反馈，能够更快、更准确地改进智能体的表现。但是由于需要两种反馈，因此系统比较复杂，需要仔细调试。

（5）迭代蒸馏扩增[50]　　迭代蒸馏扩增是一种人类和人工智能迭代交互，通过交替的蒸馏和扩增过程，实现螺旋式上升的可扩展监督方法。前文提到，人类反馈受到成本和数据量的限制，而人工智能反馈的质量和效果有时并不理想。在复杂的任务中，因为胜任复杂任务的专家有限，所以这种限制更为突出。为了解决这种矛盾，有效利用人类和人工智能的优势，迭代蒸馏扩增使用人工智能学习人类的行为。具体而言，迭代蒸馏扩增包含蒸馏和扩增两个关键步骤，人类和人工智能 M_n 联合的复杂系统 $H+M_n$ 监督下一代人工智能系统 M_{n+1} 的训练，然后在下一个迭代中复杂系统 $H+M_{n+1}$ 提供监督信号。在蒸馏中，模型的性能下降。在扩增中，模型的性能上升。但总的性能随着迭代进行是不断上升的，这是一个波浪式前进的过程。尽管 $H+M_n$ 的能力不如人类，但是这种联合系统大幅提高了计算速度。总的来说，通过这种复杂系统的使用，减轻了对齐训练中人类的工作量，同时也降低了人类完成困难任务的难度。然而，迭代蒸馏扩增对系统的设计有比较高的要求，它要求对齐系统满足蒸馏过程保留对齐、扩增过程保留对齐和存在人类专家能够迭代地应用放大这三点假设。

（6）模型辩论[51]　　模型辩论是另一种可扩展监督的训练框架，通过让人类专家判断两个大模型的辩论过程来实现模型的训练和对齐。一方面，这种方法通过降低人类的任务量来满足人类数据有限和大量训练任务之间的矛盾。另一方面，如果任务过于复杂，人类无法直接判断，直接进行价值对齐可能会失败，这时就需要这种迂回的方法发挥作用。简单来说，辩论就是给定一个问题，两个大模型围绕这个问题轮流提出论点、维护自己的论点并且反驳对方的论点，然后由人类根据清晰度、说服力和准确性来评估论点。通过迫使大模型表达和捍卫它们的推理，辩论揭示了在非对抗性环境中可能不明显的潜在假设和潜在错误。在某种意义上，模型辩论通过可视化模型的推理过程，增强了人类对大模型的信任，这在法律、医疗保健和自治系统等高风险领域尤为重要。总而言之，模型辩论提高了可理解性，通过促进对抗性互动和批判性评估，有助于识别和减轻偏见，实现大模型和人类之间价值的对齐。但是，辩论的形式限制了这种方法只能用于大语言模型，对于视觉大模型难以应用。

（7）合作逆强化学习[25,52]　合作逆强化学习构建了另一种人类和人工智能交互的训练方式，通过开展人类和人工智能之间的合作游戏来实现外部对齐。与传统的逆强化学习相比，合作逆强化学习的一个显著优势是它能够产生促进有效值对齐的行为。在经典的逆强化学习中，人类在孤立的情况下采取最佳行动的假设有时不符合实际情况。相比之下，合作逆强化学习鼓励人类主动教学，机器人主动学习，从而实现更高效的价值观交流。具体来说，在合作逆强化学习中人类知道奖励函数，这代表了人类的价值观和目标，而机器人不知道。然而人类和人工智能拥有相同的目标，即最大化奖励函数。这种设置创造了一种独特的情景：一方面，人类不仅要最大化即时奖励，还要通过行动教会机器人其奖励功能；另一方面，机器人必须通过观察人类的行为和推断潜在的价值观来学习奖励函数。在人类和人工智能相互观察、协同努力的过程中，人工智能得以学习到人类的意图。此外，合作逆强化学习蕴含了交流等行为，在这种行为中，人类可能会采取短期内不理想的行动，但会为机器人提供有价值的信息。这种行为对于人与机器人之间的长期对齐和合作至关重要。总之，合作逆强化学习将问题定义为人类和机器人之间的合作学习过程，是将人工智能系统与人类价值观结合起来的重大进步。

本节介绍了外部对齐的国际研究现状，从让大语言模型在人类反馈中学习开始，介绍了可扩展监督这一子研究领域，其中包括人工智能反馈的强化学习、人类和人工智能反馈的强化学习、迭代蒸馏扩增、模型辩论和合作逆强化学习。通过人类给予大语言模型反馈，外部对齐让大语言模型学习到人类的价值观和目标。为了降低困难任务中人类专家的负担，并且提高训练效率，研究者设计了丰富的可扩展监督方法，促进了大语言模型训练过程的开展，实现了人工智能价值对齐技术的进步。

2.3　价值对齐评估与可解释性

价值对齐的评估主要分为基准测试、安全性以及道德评估这三个方面。通过数据集进行客观评估指标的测试是人工智能领域经典的评估方法。不同于以往，价值对齐任务需要对大语言模型的安全性和道德进行评估，其中安全性评估是指大语言模型在遭到恶意攻击时是否会生成不利于人类的内容，道德评估是指大语言模型是否暗含一些歧视和偏见。

2.3.1　基准测试

在价值对齐的所有评估方法中，基准测试是最常用的评估方式。将数据输入模型，根据相应的输出就可以判断模型在价值对齐的各个子领域的表现的优劣。按照数据来源，数据集可以分为人工标注的数据集、收集自网络的数据集和模型生成的数据集。如表 1

所示，按照对模型短板的检测内容，数据集可以分为针对偏置的数据集、针对幻觉的数据集和针对有害内容的数据集。

表 1　数据集汇总

检测内容	数据集	数据形式
偏置	Crows-Pairs[53]	句子对
	StereoSet[54]	单一选择
	BBQ[55]	单一选择
	LM-Bias[56]	问答对
	VQA-CE[57]	多模态
幻觉	ChatGPT-Eval[58]	多模态
	POPE[59]	多模态
	TruthfulQA[60]	问题
有害内容	SOLID[61]	句子-标签
	Toxigen[62]	句子-标签
	HH-RLHF[63]	句子对
	BeaverTails[64]	问答对
	Bold[65]	问题
	Latent Hatred[66]	二分类

2.3.2　安全性评估

在人工智能领域，模型安全性是一个至关重要的研究方向，尤其是在涉及大规模预训练模型的情况下[67]。模型安全性研究的目标是确保 AI 系统在面对各种攻击和诱导时，能够保持稳定和安全的行为，避免产生有害或意外的输出。为了检测大语言模型的安全性，许多研究者通过攻击、诱导的方式测试大语言模型是否会输出对人类不利的内容。本节将从攻击和诱导方式、防御对策方面介绍安全性相关的研究。

（1）攻击[68]　主流的方式是对抗性攻击、数据中毒攻击和隐私攻击。对抗性攻击[69] 是指攻击者通过添加微小的扰动来改变输入，使得模型输出发生显著变化。例如，通过微小修改输入文本或图片，攻击者可能诱导模型生成不符合预期的内容[70]。这类攻击揭示了模型在处理边界情况下的脆弱性。数据中毒攻击是指攻击者在模型训练过程中，向训练数据集中注入恶意数据，从而导致模型学到错误的信息，进而在特定情况下输出攻击者希望的结果。这种攻击方式可以显著降低模型的可靠性和安全性。不同于对抗性攻击和数据中毒攻击，隐私攻击的目的并非让模型输出有害内容，而是从模型中抽取隐私信息[71-72]。这种攻击能够获得模型训练数据中的隐私，用于下游的非法产业，侵犯了公民的隐私权。

（2）诱导[73]　社会工程诱导和偏见诱导是两种常见的诱导方式。社会工程诱导是指攻击者利用人类行为和心理特征，设计诱导性输入，使模型生成有害内容[41]。例如，通过巧妙地构建对话上下文，引导语言模型生成敏感或不适当的回应。这种方式利用了模型在复杂对话情境中的脆弱性。模型在训练过程中可能会学到数据中的隐性偏见。偏见诱导就是指攻击者可以利用这些偏见，通过设计特定输入，使模型输出带有偏见的内容。

为了让模型对复杂的现实环境具有鲁棒性，避免大语言模型输出对人类不利的内容，研究者采取了对抗性训练、数据审查与清洗和可解释性等方面的措施。通过在模型训练过程中加入对抗性样本，使模型学会在面对微小扰动时仍能保持正确输出。在模型训练前，对数据集进行严格审查和清洗，剔除可能被注入的恶意数据，这可以减少数据中毒攻击的风险。增强模型的透明性和可解释性，让开发者和用户能够理解模型的决策过程，有助于及时发现和纠正安全隐患。

2.3.3 道德评估

人工智能模型的道德评估是确保大规模预训练模型的输出符合人类道德规范和伦理标准的重要研究领域，是价值对齐效果的一个重要指标[74]。这一研究旨在识别和纠正模型输出中的歧视、偏见等问题[75,17]，从而促进 AI 系统的公平性和伦理性。AI 模型的广泛应用意味着其输出可能直接影响用户的决策和行为。如果模型输出包含不道德内容或偏见，那么可能会对个体和社会产生负面影响。确保模型输出符合道德规范，有助于增强用户对 AI 系统的信任和接受度，这对于 AI 技术的推广和应用至关重要。随着对 AI 技术的监管日益严格，确保模型输出符合伦理和法律要求变得越来越重要[76]。

模型的道德评估按评估的智能体可以分为人类评估和人工智能评估，按评估方法可以分为普通情景评估和对抗性评估。人类评估就是请人类评估者检测模型输出中的偏见，然后用统计方法进行分析，以尽可能降低个体差异。相应的，在人工智能评估中使用人工智能取代人，降低人工成本并减少个体差异。普通情景评估就是模拟普通的对话场景来检查模型的道德，以观察大语言模型是否存在偏见。对抗性评估是指设计对抗性测试，挑战模型在极端情况下的表现，可以揭示模型在面对复杂道德情境时的潜在问题。

2.3.4 可解释性

可解释性是指理解和解释机器学习模型如何做出决策。它揭示模型内部的工作机制和决策过程，使人类能够理解模型的输出和行为。这在许多应用中非常重要，特别是在需要高可信度和透明度的领域，如医疗诊断、金融决策和法律判断等。可解释性的研究围绕内部的模型结构理解和直接的消融实验展开。

一方面，通过研究模型中信息的流动和传递，以及分析模型结构[77]，可以促进研究者对模型结构的理解，推动可解释性的研究。有的方法通过分析模型中信息的流动和传递，显著提升对模型行为的理解，例如层间信息的传递路径[78]、特征表示的演变[79] 以及激活模式的解析[80]。还有的研究者通过研究模型中特定神经元或模块的行为[81]，对内部结构细粒度进行解析，理解和解释模型决策过程。使用探测器评估神经网络内部层或特征的功能[82] 也是一种常用的方法，它可以帮助研究者理解模型内部不同层次的信息表示和处理过程。

另一方面，通过进行各种消融实验，可以直接验证模型子结构的有效性[83]，有利于解释大语言模型子结构的功能和作用。最经典的就是控制变量法，即通过有选择地修改或去除模型的一部分来分析其功能。通过观察模型性能的变化，研究者可以直接验证模型中各子结构的有效性[84]。此外，有的研究者发现语言模型在某些子结构被移除或损坏后表现出自我修复能力。

可解释性在人工智能研究和应用中具有重要意义，理解和揭示模型内部结构和决策过程的方法多种多样，包括模型结构理解和消融实验等。这些方法相辅相成，为实现和提升人工智能模型的透明度和可解释性提供了坚实的基础，也有利于增进人类对模型的信任，并为未来的研究指明方向。

3 国内研究进展

上一节探讨了国际上大语言模型价值对齐的研究现状。接下来，让我们将视角转向国内，聚焦国内研究者和研究机构最近几年在大语言模型价值对齐上取得的研究进展。

3.1 整体研究方向与趋势

在国内，人工智能领域的快速发展，特别是在计算资源、数据处理能力和算法创新等方面的显著进步，为大语言模型的价值对齐研究提供了坚实的基础[3]。此外，国家对于人工智能安全和伦理的重视也为价值对齐的研究提供了政策导向，鼓励科研机构和企业探索如何确保人工智能系统能够在遵守法律法规和伦理准则的前提下服务社会[85]。这种多维度的推动效应，使得在大语言模型价值对齐的研究领域具有独特的发展动力和广阔的实践空间。

为了总结和扩展这一领域日益增长的兴趣，最近多项工作审查和讨论了大型语言模型的对齐方法。自 2023 年 3 月以来，中国人民大学赵鑫团队[3] 在大语言模型综述中回顾了价值对齐的关键技术与主流方法。天津大学熊德意团队[23] 从外部和内部对齐方法、模型的可解释性和对抗攻击以及评估方法等角度系统总结了大语言模型对齐的相关研究。华为诺亚方舟实验室刘群团队从数据收集、训练方法和模型评估角度梳理了大语言模型与人类期望对齐的技术[86]。字节跳动研究院李航团队[87] 针对大语言模型价值对齐的 7 个评估维度和 8 类方法展开调研。微软亚洲研究院谢幸团队详细讨论了大语言模型价值对齐的目标[88]。

在大语言模型价值对齐方法的研究上，近几年国内的相关研究大致可以分为：改进强化学习算法；针对对齐的特定场景和需求设计特定方法；不基于人类反馈而是采用模型反馈来对齐；基于蒸馏方法以更有效地利用资源，如图 3 所示。在后续 3.2 节中会具体展开相关的探讨。

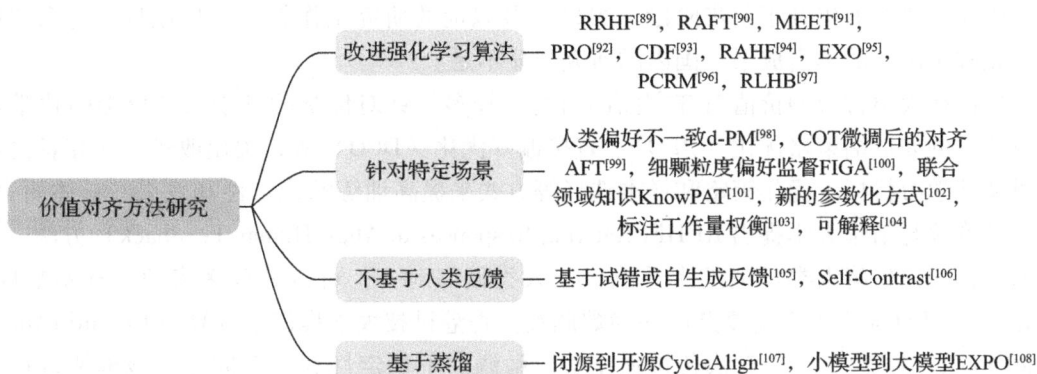

图 3 展示了国内大语言模型价值对齐方法研究的分类结构：

- 价值对齐方法研究
  - 改进强化学习算法 —— RRHF[89]，RAFT[90]，MEET[91]，PRO[92]，CDF[93]，RAHF[94]，EXO[95]，PCRM[96]，RLHB[97]
  - 针对特定场景 —— 人类偏好不一致d-PM[98]，COT微调后的对齐AFT[99]，细颗粒度偏好监督FIGA[100]，联合领域知识KnowPAT[101]，新的参数化方式[102]，标注工作量权衡[103]，可解释[104]
  - 不基于人类反馈 —— 基于试错或自生成反馈[105]，Self-Contrast[106]
  - 基于蒸馏 —— 闭源到开源CycleAlign[107]，小模型到大模型EXPO[108]

图 3　国内大语言模型价值对齐方法研究

在大语言模型价值对齐评估上，近几年国内的相关研究可以分为单一角度评估和综合评估，如图 4 所示。除此之外，对抗攻击和可解释性相关的研究也与大语言模型价值对齐评估有着密切的关系。在后续 3.3 节中会具体展开相关的探讨。

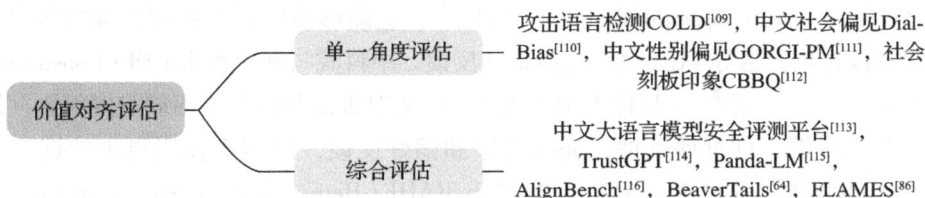

图 4 展示了国内大语言模型价值对齐评估的分类结构：

- 价值对齐评估
  - 单一角度评估 —— 攻击语言检测COLD[109]，中文社会偏见Dial-Bias[110]，中文性别偏见GORGI-PM[111]，社会刻板印象CBBQ[112]
  - 综合评估 —— 中文大语言模型安全评测平台[113]，TrustGPT[114]，Panda-LM[115]，AlignBench[116]，BeaverTails[64]，FLAMES[86]

图 4　国内大语言模型价值对齐评估

除此之外，国内还有一些对大语言模型对齐相关的探讨和反思。如微软亚洲研究院谢幸团队针对现有的 AI 道德规范及其局限性提出了一种新的对齐大语言模型道德价值观的概念[117]。复旦大学和上海人工智能实验室提出了"伪对齐"的概念[118]，认为大语言模型会倾向于记忆问题，从而导致没有真正理解对齐中的安全概念，并对现有对齐方法做了评估。清华大学从心理分析的角度分析了大语言模型生成有害内容和偏见的原因，其原因在于预训练阶段对语法、语义连续性的追求和训练后期对人类价值观的对齐之间的冲突，并认为需要综合使用情态概念和传统非情态概念从训练的根源解决对齐问题[119]。

从整体趋势上看，国内相关研究的起步较晚，2022 年及以前的研究工作较少。2023年前三个季度中的大部分工作都是针对现有的人类反馈强化学习的方法在一些特定角度上的缺陷做一些修补。但随着领域的发展，越来越多样化的对齐方法、融合中文特点的评估手段被提出，国内研究者们也开始反思与探讨更多与大语言模型价值对齐相关的深层次话题，呈现百花齐放、百家争鸣的景象。未来，随着该领域的进一步发展，大语言模型价值对齐方面的研究将更加繁荣。

3.2　价值对齐方法研究

虽然近年来学术界和工业界对大语言模型价值对齐的研究日益重视，但由于起步较晚，因此某些方面仍处于起步阶段。2022 年及以前的研究工作较少，且在数量与系统性上，相较于国外的丰富成果，国内的研究尚显不足。

国内在大语言模型价值对齐方面的研究，较多是针对传统的基于人类反馈强化学习的算法，例如近端策略优化（PPO）、直接偏好优化（DPO）等，提出改进。研究者尝试通过调整学习目标、优化策略和样本选择等方式来提高训练的稳定性和效果。具体而言，阿里达摩院与清华大学提出 RRHF（Ranking Responses to Align Human Feedback）方法[89]，它通过排序损失将人类反馈的多重响应与人类偏好对齐，可以处理多来源的样本响应，且相较于 PPO 而言不需要复杂的超参数调整。香港科技大学提出了 RAFT（Reward rAnked FineTuning）框架[90]，以解决传统强化学习微调的不稳定性和效率问题。该框架旨在通过奖励和大量样本的方式，选择出高质量的样本对生成模型，并进行微调。复旦大学与字节跳动提出了 PPO-max 方法[120]，有效地提高策略模型的训练稳定性。南京大学和UIUC（University of Illinois at Urbana-Champaign）提出 MEET（alignMEnt with parameter-Efficient Tuning）方法[91]，通过参数高效优化和微调控制标记，来提升模型学习多种偏好的能力，并解决了数据格式上的灵活性问题。北京大学与阿里提出偏好排名优化（PRO，Preference Ranking Optimization）算法[92]，它能够适应任意长度的偏好排名，并通过迭代比较候选项，指导 LLM 优先选择最佳反馈。中科院与阿里提出 CDF（Constructive and Diverse Feedback）方法[93]，从样本选择入手，收集对训练数据集中不同难度级别问题的三种不同类型的反馈，即批评反馈、完善反馈和偏好反馈，以实现在用更少的训练数据的情况下，仍能增强对齐性能。复旦大学提出 RAHF（Representation Alignment from Human Feedback）方法[94]，它借鉴了表示工程的理念，具有有效性、计算效率高且易于实施的优点。清华大学提出 EXO（Efficient and Exact Optimization）方法[95]，针对强化学习训练过程中的高方差，选择优化逆 KL（reverse KL），而非国外 DPO 算法中的前向 KL（forward KL），并取得了更好的表现。东北大学提出 PCRM（Prior Constraints-based Reward Model）训练方法[96]，以解决在强化学习训练中，由于缺乏约束而导致奖励模型的分数无法控制的问题。PCRM 能通过有效地限制奖励分数的缩放来显著提高对齐大语言模型的性能。另外，该方法可轻易地整合至任一基于等级排位的对齐方法中，如直接偏好优化，提供一致性的改善。百度提出了一种基于真实在线人类行为的对齐方法 RLHB（Reinforcement Learning with Human Behavior）[97]，通过强化学习和生成对抗网络使模型能够更符合人类的偏好和行为。

除了对经典的基于人类反馈的强化学习对齐方法的改进之外，自 2023 年 9 月以来，研究者也提出了一些针对特定场景与特点的新对齐方法。香港大学和华中科技大学提出一种基于贝叶斯框架的方法 d-PM[98]，它主要将人类偏好的不一致性分布融入偏好模型的训练中，并引入对比学习策略以提升训练效率。北京大学提出对齐微调（AFT）训练流程[99]，在利用思维链（CoT）微调大语言模型以提升推理能力的同时，引入基于排名的对齐方法以保证对齐质量。中国人民大学与北京大学提出细粒度指导对齐（FIGA）方法[100]，针对 RLHF 等基于模仿学习的方法无法理解预期行为的问题，构建了一个数据集，以引入词或短语级别监督信号帮助模型理解对齐的目标。浙江大学和华为针对大语言模型在特定领域问答中的挑战，提出知识偏好对齐（KnowPAT）方法[101]，通过构建风格偏好集、知识偏好集和联合精调的方式，同时解决了用户友好性和领域知识利用的挑战。上海人工智能实验室提出"线性对齐"的算法[102]，引入了一种新的参数化方式，以提取最佳策略并估计对齐的响应，无须依赖烦琐的数据标注和模型训练，一步完成语言模型与人类偏好的对齐。针对对齐数据标准成本权衡问题，北京大学和阿里发现更多样化的回应比更多样化的提示能更好地帮助人类偏好对齐[103]。微软亚洲研究院提出利用由基本价值维度构成的价值空间，将大语言模型的所有行为映射到这个空间来识别其潜在价值，在对齐的同时具有良好的可解释性[104]。

除了基于人类反馈的对齐方法外，研究者也在探索利用模型自身反馈来提高对齐效果，以节约数据标注成本。香港科技大学与华为提出了一种基于错误分析的大语言模型对齐技术[105]，无须依赖人工注释或额外的模型，通过故意让模型接触错误来推动其学习和改正错误，从而有效地避免生成错误的回应，并提高生成回应的安全性。清华大学引入一种反馈无关的大语言模型对齐方法——Self-Contrast[106]，通过利用大量自我生成的消极反馈来做大语言模型对齐，无须依赖人类或模型偏好反馈。

还有一些基于蒸馏的对齐思路，它们旨在将闭源或大模型的良好对齐能力迁移到开源或小模型上，或利用对齐较好的小模型来提升大模型的对齐表现。例如，中国人民大学与阿里提出 CycleAlign[107] 框架，通过上下文学习（in-context learning）引导闭源模型对开源模型的响应排序，并基于此调整开源模型的迁移对齐能力。清华大学提出了 EXPO（EXtraPOlating）方法，利用较小的已对齐的模型来提升大模型的对齐效果[108]。EXPO 假设一个中等对齐的模型可以在一个较弱的（对齐度较低的）模型，如最初的监督微调（SFT）模型，和一个较强的（对齐度较好的）模型之间进行插值，从而直接从前两个相对较弱的模型权重中推导出这个更强的模型。

3.3 价值对齐评估与可解释性

评估对于对齐研究非常重要，有助于了解目前大语言模型对齐方法还存在哪些不足。可解释性相关的研究在为大语言模型对齐提供检测和洞见的同时，也可以作为 AI 对齐优化的目标[25]。相对于对齐方法而言，在国内，与评估和可解释性相关的研究较少。因为它能够更好地结合汉语言的特点与汉语言文化的价值观，贴合国内的应用场景更易被国外研究者所忽视，所以更值得国内研究者关注。

3.3.1 价值对齐评估

目前价值对齐评估的角度一般包括事实性、毒性、刻板印象和偏见等方面[113]：

（1）事实性评估　事实性是指机器生成的内容应与事实一致，避免生成有幻觉的内容。

（2）毒性评估　毒性是指在人际关系、工作环境或其他社会环境中表现出来的有害和破坏性行为或态度。这可能表现为控制他人、操纵、贬低或恶意攻击。例如自残行为的建议、具有色情或暴力性质的内容，以及寻找非法商品或服务的指南或指示等。

（3）刻板印象和偏见评估　刻板印象和偏见是指一些基于种族、性别、性取向、宗教或其他特征的先入为主的态度。

部分大语言模型评估相关的工作针对上述某个单一的角度。例如清华大学提出的COLD 的基准测试平台[109]，它关注毒性评估中的攻击性语言检测。该平台包括中文攻击性语言数据集 COLDATASET 和一个基线检测器 COLDETECTOR。香港中文大学针对中文社会偏见提出框架 Dial-Bias[110]，引入中文社会偏见对话数据集 CDail-Bias，并建立了不同粒度和输入类型的偏见检测基准。北京大学人工智能研究院专门针对中文环境中的性别偏见提出标注方案，并构建中文性别偏见探测和缓解语料库 CORGI-PM[111]。天津大学针对中国文化和价值观的 14 个社会维度的刻板印象和偏见发布评测基准数据集CBBQ[112]。因为中文与英文间存在文化差异，这些中文数据集的构建无法直接使用现有的英文偏见基准数据集，所以需要从头设计一套构建流程。

还有一些评估综合评估大语言模型对齐的表现。例如清华大学发布的"中文大语言模型安全评测平台"[58,73]，涵盖了 8 种典型安全场景和 6 种更有挑战性的指令攻击。四川大学发布的 TrustGPT 基准[115]，全面评估了毒性、偏见和价值对齐等关键领域。北京大学发布的 PandaLM[117]，不仅关注客观正确性，也考虑主观因素，如相对简洁性、清晰度等。北京大学提出的数据集 BeaverTails[61]，特别将问题回答对的有害性类别进行了标注，以全面推动大语言模型对齐及评估。上海人工智能实验室提出的对抗性基准测试FLAMES[121]，考虑了公平、安全、合法、数据保护等原则，并融入了中国特色的和谐价值观。清华大学发布的 SafetyBench[122]，以选择题的形式从隐私、伦理、心理与生理健康等 7 大方向对大语言模型的安全性进行了评估。

除此之外，产业界还研发了一些用于价值对齐的评估应用程序编程接口（API），从而在提供大语言模型 API 服务时有效滤除有害信息，提高应用水平上的价值对齐效果。如 Meta 发布的 Llama Guard，利用安全风险分类法对 LLM 的输入和输出进行分类，从而评估内容的安全性[123]；由 Jigsaw 和谷歌的反滥用技术团队开发的 PerspectiveAPI，主要应用于在线平台检测和管理评论中的毒性、威胁等内容[124]；由 OpenAI 开发的 ModerationAPI，主要用于评估和监控 API，可以帮助开发者识别和处理可能违反社区准则的文本内容，包括但不限于仇恨言论、暴力、骚扰和自我伤害等类别[125]。

3.3.2　大语言模型对抗攻击

有效的防御对抗攻击也是大语言模型对齐之后所需要具备的重要能力。通过反复交互等手段，突破大语言模型的防御，"欺骗"模型生成有害内容，这被称为"越狱（jailbreaking）"。

南京理工大学发布的一篇综述[126] 将深度学习的后门攻击分为外包、预训练、学习和后部署等六种类型，并总结了四种应对策略。而针对预训练语言模型的对抗攻击，重庆大学[127] 从攻击特征、模型可迁移性、攻击目标（包括后门、规避、数据隐私和模型隐私）等方面系统地展开了讨论。

在具体攻击方法和攻击成果方面，香港科技大学[128] 揭示了 ChatGPT 和 New Bing 在受到攻击后会暴露个人隐私信息。清华大学指出，在训练模型时，如果添加额外任务来区分干净数据和有毒数据，可以让后门攻击的危害更大[129]。北京大学表示利用上下文学习（in-context learning），通过巧妙设计的提示词（prompt），可以削弱或增强大语言模型防御对抗攻击的能力[130]。

3.3.3　大语言模型可解释性

在国内，对于大语言模型可解释性的研究相对较少。北京大学从大语言模型如何存储事实知识进行研究，提出知识神经元概念，发现知识神经元的激活与它们对应的事实表达呈正相关，并尝试利用知识神经元进行事实知识的编辑[131]。

在这方面，微软亚洲研究院提出由基本价值维度构成的价值空间，并将大语言模型的所有行为映射到这个空间来识别其潜在价值[104]。该方法基于 schwartz 基本价值理论[132] 建立了一个 FULCRA 数据集，包括 5000 对大语言模型输出与价值向量，并利用它完成大语言模型价值对齐的同时解决了清晰度、适应性和透明性等方面的挑战。

4　国内外研究进展比较

4.1　技术路线的共性

1. 价值对齐是提高大语言模型伦理性和社会接受度的关键

研究普遍认同，价值对齐能显著提高人工智能模型的伦理性和社会接受度。这一共识已在多篇学术综述和研究论文中得到广泛支持。通过采用人类反馈强化学习和合作逆强化学习等方法，研究者努力确保大型模型能够有效学习并体现人类的价值观和目标。在国际和国内的研究中，价值对齐不仅关注技术的效率和实用性，还特别强调模型在遵循法律法规和伦理准则的基础上，服务于社会的重要性。通过实现大语言模型的价值对齐，这些技术的发展得以与人类的伦理标准和社会期望相协调，为全球大语言模型技术的健康发展和广泛接受提供了一条关键路径。

2. 对齐思路兼具内部对齐与外部对齐

无论是国际还是国内的研究，都强调了内部对齐和外部对齐的重要性，这两个方面是实现大语言模型价值对齐的关键。内部对齐关注于智能体的实际优化目标与人类设计的训练目标之间的一致性。外部对齐则关注于模型的行为与人类的价值观或预期目标之间的一致性，以确保模型在实际应用中能够按照人类的伦理和价值观来做出决策，让模型在多样化的环境和情境中与人类价值观一致。内部对齐和外部对齐不是孤立的，它们相辅相成，共同推动大语言模型在效果和在伦理上的优化。

3. 关注对齐效果的评估与解释

在全球范围内，研究者对价值对齐的评估和模型决策过程的可解释性给予了高度重视。国际上的研究者通过构建涉及安全性和道德性的数据集来进行客观评估，测试指标包括模型对安全性和道德性的响应。在国内，研究者针对中文环境构建了考虑性别偏见等视角的评估数据，并开发了专门的数据集和评测平台。此外，无论是国际还是国内的研究，都在探索如何通过分析模型的内部结构和行为，加深人类对模型决策过程的理解，从而提升模型的透明度和信任度。

4.2　技术路线的差异

1. 国内外在对齐方法研究路线上的差异

国际研究在大语言模型的价值对齐方法上起步较早，做出了很多开创性的工作。例如，从价值对齐的概念到 RLHF 方法、PPO 算法。相比之下，国内研究起步较晚，在 2022 年以前，与对齐方法相关的研究较少。目前大部分研究工作集中于对已有工作的改进，针对经典的基于人类反馈的强化学习算法，通过调整学习目标、优化策略和样本选择等方式来提高训练的稳定性和效果。例如，阿里达摩院与清华大学提出的 RRHF 方法通过排序损失将人类反馈的多重响应与人类偏好进行对齐[89]，这种方法无须复杂的超参数调整，更适合处理多来源的样本响应。但在最近几个月以来，国内的相关研究在多样性和深度等方面有了明显的提升，呈现出并排上升的发展趋势。

2. 国内外在对齐评估研究路线上的差异

在评估研究方面，国际研究通常采用较为标准化的评估框架，关注模型的通用性能和跨文化的适应性。如采用统一的数据集和评估标准，以测试模型在不同语言和文化环境下的表现。国内研究则显著地针对汉语言文化的特点进行定制化调整。由于中文与英文之间存在显著的文化和语言差异，因此国内学者开发了针对中文的评估方法和数据集。例如，清华大学发布的"中文大语言模型安全评测平台"[113] 涵盖了 8 种典型安全场景和 6 种更有挑战性的指令攻击，这些特定于中文环境的评测方法关注模型在中文特定语境下的表现和安全性。这些研究对大语言模型在中国的应用和发展至关重要。

4.3　研究焦点与方法的比较

4.3.1　外部对齐技术的探索

大语言模型外部对齐是国内外共同的一项研究焦点。国内外的研究在大语言模型外部对齐的技术上均有深入的探讨和丰富的创新，这些研究都旨在通过引入多样化的反馈机制，使得大语言模型能够更准确地理解和符合人类的伦理和价值观。在国际层面，研究者采用了迭代蒸馏扩增、模型辩论以及合作逆强化学习等复杂的反馈机制，这些方法不仅强调了从人类反馈中学习，而且通过人工智能系统之间的互动或者模型自我迭代来增强学习过程的深度和广度。这些方法能够在不同模型之间进行信息的迭代和优化，从而实现更加精细和全面的价值对齐。

在国内，研究重点则更多地放在如何改进传统的人类反馈强化学习（RLHF）方法，以及如何有效地整合 AI 自反馈系统。例如，RRHF 方法通过对人类反馈进行排序损失，使得模型可以更精确地对齐人类偏好；RAFT 框架尝试解决传统强化学习在微调时的不稳定性和效率问题，通过奖励和大量样本的筛选来优化模型微调过程。此外，MEET 和 PRO 等方法则从算法和数据处理的角度，进一步提高了对齐过程的效率和效果。这些方法的共同特点是在优化算法和反馈机制上的创新，它旨在通过更精确和高效的方式来调整模型的训练过程，使其更好地理解和适应人类的价值观。

国内外在大语言模型外部对齐的研究上的创新角度和应用场景略有不同。国际研究的复杂反馈机制强调了模型间的动态学习和迭代，而国内研究则更注重通过算法优化和数据处理提升对齐的精确度和实用性。这些研究为未来大语言模型价值对齐技术的发展提供了多样化的思路和可能性。

4.3.2　探索人工智能反馈的价值对齐

在大语言模型的价值对齐研究中，利用人工智能反馈的方法是国内外研究者共同关注的重要方向。这种方法通过引入 AI 系统自身产生的反馈来优化模型的训练过程，以更精确地匹配人类的价值观和伦理标准。国际上的研究已经展示了多种复杂的反馈机制，如人工智能反馈的强化学习以及迭代蒸馏扩增等方法。这些方法强调通过模型间的互动和自我迭代来加深和拓宽学习过程，使得信息能在不同模型之间进行迭代和优化，从而实现更全面的价值对齐。

国内研究亦在这一领域展现出创新。例如，香港科技大学与华为提出的基于错误分析的大语言模型对齐技术，这一方法通过故意让模型接触到错误信息，从而无须依赖人工注释或额外的模型，推动其学习和改正错误。清华大学引入的反馈无关的大语言模型对齐方法——Self-Contrast，利用大量自我生成的消极反馈做大语言模型对齐，显示出无须依赖人类或模型偏好反馈的优势。

此外，结合人类和 AI 的反馈，如人类和人工智能反馈的强化学习，通过充分利用已有的模型反馈，可以减少对新的人工标注数据的需求。这种多源反馈机制不仅提高了训练目标对齐的精度，还降低了标注工作的频率和复杂性。

这些研究不仅提升了大语言模型在执行复杂任务时的精确性和实用性，还显著降低了价值对齐过程中的人力和财力成本。通过减少对人工标注的依赖，研究者能够更有效地部署这些模型于实际应用中，同时保持经济效率。这一点对于大语言模型价值对齐技术的广泛应用具有重要意义。

4.3.3　构建全面的价值对齐评估体系

构建一个全面的价值对齐评估体系是大语言模型研究的核心部分。这一评估体系不仅涉及技术性能的量化，还深入到模型的伦理和道德层面，确保大语言模型的输出符合人类的价值观和伦理标准。国际与国内的研究在此领域有不同的侧重点，共同推动评估方法的创新和实用化。

在国际层面，研究者致力于通过数据集的客观测试、安全性与道德性的多角度评估来验证和改进大语言模型的价值对齐。例如，通过针对性的数据集来评估模型在实际应用中是否能够避免产生歧视性或偏见性内容。安全性评估确保模型在面对各类攻击时的稳定性和可靠性，保护模型不产生不利于人类的输出。

国内的研究则更加注重评估体系的本地化适应性和实际应用的针对性。例如，清华大学开发的"中文大语言模型安全评测平台"涵盖了针对中文特性的多种安全场景，有效地结合了本地文化和语言特点。北京大学的 PandaLM 评估方法则在关注模型正确性的同时，增加了对模型输出简洁性和清晰度的考量，体现了评估工作的综合性和深入性。

4.4 应用领域与场景对比

4.4.1 大语言模型价值对齐技术在高风险领域的应用

在探讨大语言模型价值对齐的应用领域时，国内外的研究均强调了模型在高风险领域的应用，如法律、医疗和自动驾驶，这些领域的特点是需要确保高度的安全性和伦理性。如国际研究中提到的模型辩论方法，便是通过模拟辩论环境来增强模型在法律和医疗领域中的表现，以促进对抗性互动和批判性评估，有助于识别和减轻偏见，实现大语言模型和人类价值的对齐。此外，合作逆强化学习也被广泛应用于自动驾驶等领域，通过模拟人类与机器人的合作游戏来实现价值对齐，确保机器人能够学习并最大化人类的价值观和目标。

国内研究也展现了对高风险应用领域的关注。例如，针对特定领域的知识偏好对齐（KnowPAT），通过构建风格偏好集和知识偏好集，并通过联合精调的方式，解决了用户友好性和领域知识利用的挑战。在法律领域，复旦大学和上海人工智能实验室提出的"伪对齐"概念是为了应对大语言模型在高风险领域可能带来的安全问题，它强调在预训练阶段的对齐需结合训练后期的价值观对齐，以防止模型仅仅记忆而非真正理解安全和伦理概念。

这些研究表明，不论是在国际还是国内，在法律、医疗及自动驾驶等高风险领域的应用中，研究者都必须高度重视大语言模型的安全性和伦理性。这不仅关乎技术的进步，更是对社会责任和伦理道德的一种承担。通过持续的技术创新和严格的伦理审视，推动大语言模型在确保安全和道德的前提下健康发展。

4.4.2 国内研究在应用领域上特有的本土化特点

国内大语言模型价值对齐研究的本土化特点主要体现在评估方法和数据集的构建上，这些特点符合中国的语言、文化和社会价值观。例如，北京大学人工智能研究院针对中文环境中的性别偏见提出了专门的标注方案，并构建了中文性别偏见探测和缓解语料库 CORGI-PM，这反映了国内研究者对于本土文化敏感性的考虑与应用。天津大学针对中国文化和价值观的 14 个社会维度开发的刻板印象和偏发布评测基准数据集 CBBQ，也是一个典型的例子，它展示了研究者如何将中国具体的社会文化背景融入大语言模型的道德和伦理评估中。

与此相对照，国际研究往往采用更为通用的评估框架和数据集，这些数据集和方法可能未充分考虑特定地区的文化差异和社会背景。例如，前文提到的国际研究在外部对齐方面广泛采用人类和 AI 反馈的强化学习，如迭代蒸馏扩增和模型辩论等。这些方法虽然提高了模型的普适性和可扩展性，但在国内的应用场景中，在面对具体文化或社会背景下的细节问题时可能不够敏感。

这种本土化的评估方法不仅能更精确地反映出模型在中国特定社会文化环境下的行为表现，也有助于大语言模型在理解和适应本土用户需求方面的优化。与国际研究相比，国内研究更加强调文化敏感性和语境的适应性，这为大语言模型在中国的应用场景提供了实际落地的关键支持。

5 发展趋势与展望

5.1 挑战与机遇

5.1.1 价值对齐面临的挑战

1. 数据挑战

人工智能在实现价值对齐方面面临许多挑战，尤其是在数据层面。这些挑战主要体现在两个方面：人类个体之间的价值观差异，以及数据来源的复杂性和污染问题。

一方面，人类个体之间的价值观可能存在显著差异[133]。如何在一个多元化的价值体系中找到平衡点，确保模型行为符合大多数人认同的价值观标准，是一个极大的挑战[134-135]。来自不同用户和专家的价值观可能存在显著差异[136]，偏差必然会导致对齐效果不稳定。这就需要一种广泛的、多元的价值观数据集来训练大语言模型[137]，同时要求训练设计能够处理数据之间存在的冲突问题。

另一方面，数据来源的复杂性和污染问题对大语言模型价值对齐提出了严格要求[138]。互联网作为一个主要的数据来源，虽然提供了丰富的信息，但也充斥着各种广告和无效信息。这些信息的存在不仅影响数据的质量，还可能对大语言模型的训练产生负面影响。此外，极端言论和虚假信息的泛滥也会对数据集的纯净度造成破坏，这使得大语言模型可能会在无意间学习到不正确甚至有害的价值观。

2. 训练方法挑战

内部对齐和外部对齐的挑战限制了 AI 系统在现实世界中的有效性和可靠性。内部对齐目前主要的驱动力是解决数据分布的不一致性[29]，但是数据分布中的不一致点需要人类专家事先发现，并针对性地设计算法[36,37]或改善数据分布[44]。这不仅费时费力，还可能漏掉一些细微但重要的不一致点。当前的算法尚未达到能够自主发现并修正这些不一致的水平。目前，没有方法能够预见未来可能出现的不一致问题并进行主动对齐，这存在一定的困难。

外部对齐依赖外部反馈，通常通过人类[15,42-43,52]或模拟人类反馈[48]来指导大语言模型的行为调整。这种方法包括多样的反馈形式，例如用户评分、专家评审和互动反馈等，在可扩展监督领域已有深入研究。然而，外部对齐本质上依赖人类反馈，而人类反馈本身具有主观性和不一致性。这种依赖性限制了模型的自主学习和决策能力，从而无法完全摆脱人类的监督。在大规模应用中，特别是在需要实时对齐以及专业性较强的场景下，依赖人类反馈的对齐方法面临效率问题。

3. 价值主权挑战

因为价值是人类的价值观，所以不可避免地受到人类观念的影响。价值对齐在价值主权方面面临重大挑战，这不仅仅是技术问题，更是一个涉及人类观念和文化多样性的复杂问题。它需要确保人工智能系统能够尊重并反映人类的价值观，而价值观的多样性和复杂性则增加了这一任务的难度[139]。

不同国家和文化对某些价值观的理解可能截然不同，这种文化差异对价值对齐提出了巨大的挑战。模型需要在这些差异中找到平衡点，确保其行为符合当地的价值观和法律规范[140]。不同文化和社会有各自的伦理规范，这些规范对人工智能的行为准则有着直接影响，模型的决策必须考虑到这些伦理因素。人类的价值观并非一成不变，而是随着时间和社会的发展不断演变。这使得价值对齐更加复杂，因为模型需要不断更新和适应新的价值观和社会规范。

技术自主性也是价值主权的一个重要要求。国家和地区的文化差异促进主权人工智能的研发。这需要国家基于自己的独特的语言、文化、社会思想训练大语言模型，而不是将自己国家的知识、文化提供给其他人，再从其他人处得到训练好的大语言模型[141]。过去，多数的人工智能模型都基于英语，这带来了一个巨大的数字鸿沟。价值主权要求研究者通过训练主权模型，捍卫技术自主性，缩小数字鸿沟。

5.1.2　价值对齐存在的机遇

1. 丰富的数据和训练方式

丰富的数据是实现价值对齐的基础，模型的能力很大程度上依赖其训练数据的质量和多样性。通过使用大量多样化的数据，模型可以获得更广泛的知识和经验，从而更好地理解人类的价值观和行为模式。例如，在自然语言处理领域，通过使用包含不同文化、背景和语言的数据集，模型可以学习到更广泛的人类语言使用规范和文化差异，从而在处理不同语言和文化背景的任务时表现得更加准确和符合伦理。此外，多样化的训练方式为价值对齐提供了更多可能性。例如，强化学习方法通过设定奖励机制，使模型在试错过程中不断调整其行为，以达到预期目标[142-144]。这些训练方式可以模拟人类学习的过程，使模型在复杂环境中自主探索和学习，这更加符合实际应用中的需求。总的来说，丰富的数据和多样化的训练方式不仅有助于提高大语言模型的性能和可靠性，还使其在实际应用中能够更好地理解和遵循人类的价值观和伦理准则。

2. 多主体的强烈需求

人工智能（特别是大语言模型）的发展，引发了多个主体对价值对齐的强烈需求。统一的规范和限制确保了人工智能技术的安全和伦理合规，企业的需求促进了价值对齐在商业中的广泛应用，个人用户的期望提升了用户体验和社会认可度。

对大语言模型价值对齐的规范和限制，旨在防止其对社会造成危害。随着大语言模型的迅速发展，未经价值对齐的大语言模型可能引发道德冲突等严重问题。因此研究者需要考虑伦理和安全问题[145-146]。这不仅促进了技术的规范化发展，还在模型训练过程中引入了道德。

企业在追求商业利益时，认识到了价值对齐对大语言模型的重要性。不同企业在不同应用场景下对大语言模型有着特定需求，例如客户服务、内容生成和数据分析等[147]。为了在这些领域中获得竞争优势，企业需要训练出能够理解和遵循特定价值观和行为规范的大语言模型。

个人用户对大语言模型的期望同样推动了价值对齐的发展。个人用户希望大语言模型不仅智能高效，而且能够理解和尊重他们的价值观和偏好。经过价值对齐后的大语言模型，能够在日常使用中展现出更好的便捷性和默契度[144]。

3. 以竞争求发展

当前，各国科技公司及学术机构都在积极投入价值对齐研究，形成了一个充满活力和创新的竞争环境。这种环境促进了资源的高效配置，进而推动了快速创新。

对人工智能技术的重视，尤其是价值对齐研究，带来了大量的资源投入和政策支持。人工智能发展战略和相关法规[145,148]纷纷出台，以确保模型的安全、伦理和可控性。这不仅为研究者提供了充足的支持，还为价值对齐的规范化和标准化奠定了基础。

在激烈的市场竞争中，许多公司认识到价值对齐对于人工智能产品和服务的重要性，纷纷加大投入，以确保其大语言模型在伦理和安全方面的可控性。谷歌、腾讯、字节跳动等公司都设立了专门的价值对齐团队[149]，致力于研究如何在产品开发中融入价值对齐理念。

学术界在价值对齐研究中也扮演了重要角色。在竞争环境下，学术机构和研究者通过发表论文、举办学术会议和参与国际合作项目，不断推动价值对齐领域的理论和应用研究[150]的发展。这些学术活动促进了研究者之间的交流和合作，进一步加速了技术的迭代和创新。

5.2 研究趋势与创新方向

5.2.1 价值对齐的研究方向

（1）内部对齐 内部对齐的研究方向主要集中在鲁棒性、多智能体系统的内部对齐和长期目标对齐这几个领域。鲁棒性要求大语言模型在不同环境和情况下保持其行为的一致性和稳定性[151]。未来研究将致力于确保模型在面对不同类型的输入和外部干扰时，依然能够坚持预定的价值观[136]。此外,未来研究将关注多智能体系统中各个智能体之间的协调和对齐,确保它们在集体目标和个体目标之间找到平衡,包括开发协同学习算法和合作博弈模型等。除了短期任务,在长期目标和行为中保持一致性同样重要。创新方向之一是:如何在大语言模型中嵌入长期目标对齐机制,以确保其在长期运行和不断学习的过程中,始终遵循设定的价值观和伦理规范。通过在上述方向上的深入研究和创新,内部对齐将进一步发展和完善,为构建安全、可靠、符合人类价值观的大语言模型奠定坚实基础。

(2)外部对齐 外部对齐的研究方向主要集中在多样化价值观的集成、动态环境适应和公众参与机制这几个关键领域。多样化价值观的集成包括开发能够灵活适应多种价值体系的框架、构建多文化背景下的价值对齐模型,以及设计能够动态调整目标以适应不同用户需求的模型。这将确保大语言模型在全球化环境中具备广泛的适应性和包容性。外部对齐需要大语言模型能够适应不断变化的环境。未来研究将探讨如何开发具有高度灵活性和适应能力的模型,使其在不同的环境和情境中保持目标的一致性。此外,公众参与和反馈对于实现外部对齐至关重要,包括开发公众参与平台、设计透明的反馈收集和处理机制,以及确保公众意见在大语言模型目标设定中的有效反映。通过提高公众参与,可以在获得训练数据的同时,有效提升大语言模型的社会接受度和信任度。

5.2.2 价值对齐评估和可解释性的研究方向

(1)数据集 在价值对齐领域,数据集的质量和多样性至关重要,因为它们直接影响人工智能系统对人类价值观和伦理标准的理解和遵守。为了实现全面的价值对齐,未来的数据集研究将重点关注数据集的多样性和代表性,即收集和整合来自不同文化、社会群体和语言背景的数据,以确保模型在处理多样化任务时能够理解和尊重不同的价值观[152]。开发详细的伦理标注和标签体系也是一个重要的方向,它可以确保数据集中包含的伦理信息能够被大语言模型准确识别和利用,进而用来指导决策。此外,为了解决数据偏见,确保数据集的公平性和公正性,数据偏见检测和修正技术将成为未来的研究趋势[153]。未来的数据集研究还将探索如何整合跨领域的数据集,使大语言模型能够在多模态和跨领域任务中实现一致的价值对齐。此外,开放数据和协作平台、隐私保护和数据安全以及伦理和法律合规也是前景可期的创新方向。

(2)安全性 大语言模型的安全性是它能够被广泛应用的重要前提[154]。安全性评估将成为未来价值对齐领域的热点之一,包括多维度评估框架[108,155]、自动化评估工具[156] 和对抗性测试[47,157-158]。未来研究将致力于构建涵盖伦理、技术和社会等多个维度的评估框架,以全面评估大语言模型的安全性。为了提升评估效率和准确性,开发自动化评估工具同样重要。在利用大模型评判小模型和训练专用小模型评判大模型的两种基础路径上,开发基于机器学习和自然语言处理技术的自动化检测算法、设计用户友好的评估接口以及探索其他创新方向。对抗性测试是评估大语言模型安全性的重要手段。通过精心设计的输入[159] 来攻击或诱导[160] 大语言模型输出对人类不利的内容,以发现和修复模型的潜在漏洞和弱点,这是对抗性测试发展的总体趋势。

（3）**道德评估**　在价值对齐领域，道德评估是确保模型在实际应用中符合人类伦理标准和社会价值观的关键步骤。研究趋势有动态伦理评估机制、用户反馈机制和自动化评估系统的研发，致力于全面提升大语言模型的道德评估性能和效果。为了应对不断变化的社会环境和伦理标准，未来研究将探索动态伦理评估机制，它使模型在整个生命周期中都能得到有效的道德评估和改进，确保模型在不同阶段和使用环境下都能符合人类道德。此外，用户反馈机制对于提升大语言模型的道德与伦理评估效果至关重要。通过将用户作为人类反馈的有益补充，既缓解了道德评估中人工成本高的问题，又丰富了评估活动中引入的价值观。另外，设计自动化评估系统是用模型来评估模型，它是一个有力的创新点。使用模型进行自动化评估可以减少人类评估的高昂成本，有利于道德评估工作的展开。

（4）**可解释性**　价值对齐的可解释性研究保障了研究者对模型的深入理解，为未来的模型设计指明了方向。模型结构理解[84]、消融实验[135] 和可视化[161] 是三个重要的研究发展趋势。未来研究应着重于深入解析模型的内部机制在生成过程中发挥的作用，包括注意力层、卷积层和全连接层等。通过通路分析和归因分析方法，揭示模型如何处理输入数据并生成输出，从而帮助理解其决策过程。通过消融实验逐步移除或禁用模型的某些部分，观察这样做对模型性能和行为的影响。未来研究应该在设计和实施更系统和精细的消融实验方面进行探索。可视化方法有助于研究者直观理解模型中数据和权重发挥的作用，因此近年来可视化方法逐渐成为研究热点之一，常用的方法包括可视化模型的参数或者张量矩阵，以及降维技术。

5.3　对行业与社会的长远影响

5.3.1　推动行业变革

价值对齐给行业带来了深刻的影响，是推动行业创新和变革的强大动力。对于人工智能行业，价值对齐加强了技术创新、标准化和企业责任，推动了行业的健康发展。对于传统行业，价值对齐带来了业务流程优化和新商业模式的探索。

价值对齐促使人工智能行业在技术创新和研发方向上进行调整，以更好地满足伦理和社会标准[162]。研发者需要在算法设计阶段就考虑到公平性、透明性和可解释性，从而推动新技术和新方法的发展。为了确保价值对齐的实现，人工智能行业需要在开发和应用过程中遵循严格的监管和标准。这推动了行业内部的标准化进程，形成了统一的技术规范和伦理准则。此外，价值对齐使得人工智能企业更加注重社会责任和品牌价值观建设。企业在推广和应用大语言模型时，需要考虑其社会影响和伦理责任，这不仅有助于企业树立良好的社会形象，还能增强公众对企业的信任和支持。

价值对齐驱动传统行业利用大语言模型进行业务流程优化和效率提升[153]。在价值对齐的框架下，传统行业可以采用透明、公正的人工智能系统来改进工作流程，减少人为偏见和错误。价值对齐促使传统行业探索新的商业模式，以更好地满足客户需求和社会期望。例如，医疗行业可以通过价值对齐的大语言模型实现精准医疗和个性化治疗，提升医疗服务的质量和效率，同时遵循伦理和隐私保护标准，确保患者数据的安全和隐私。通过协同创新，不同行业可以分享最佳实践和技术成果，共同促进价值对齐的实现。使用人工智能赋能传统行业，将会在未来推动传统行业的大变革，引起智能化的风暴。

5.3.2　增进人类对人工智能的信任

信任是人类与人工智能系统之间顺利互动的基石[163]。要使人类广泛接受和使用人工智能，信任是必不可少的。价值对齐能够增强这种信任，因为它确保了人工智能系统在决策过程中考虑人类的价值观和行为方式，从而减少了误判和负面后果的可能性。

价值对齐要求人工智能系统具有透明性和可解释性。透明的决策过程和可解释的结果使得用户可以理解和信任系统的行为[86]。例如，在医疗诊断中，医生和患者需要了解人工智能是如何得出诊断结果的，这样才能对其结果产生信任。通过价值对齐，人工智能系统能够在各种情境下可靠地运作，减少价值偏差导致的意外。这不仅提升了系统的安全性，还增强了用户对其依赖的信心[164]。例如，在自动驾驶汽车中，确保系统决策与人类驾驶员的价值观一致可以减少交通事故，从而提升公众对自动驾驶技术的信任。

价值对齐在增强人类对人工智能的信任方面具有关键作用，对行业和社会的深远影响不容忽视。通过有效提高人类对人工智能的接受度，价值对齐可以帮助人工智能行业扩大市场和潜在客户，并且促进人类与人工智能的进一步合作和交融。

5.3.3　构建人机合谐的世界

价值对齐在构建人机和谐的世界中发挥着至关重要的作用[121]。它不仅是技术发展的道德保障，更是迈向人机和谐世界的必经之路。在未来的技术进步中，只有持续推动价值对齐，才能真正构建一个和谐共生的世界，让人类和人工智能共同创造更加美好的未来。

价值对齐通过确保人工智能系统在各个应用领域中都能反映人类的价值观，增强了人类对模型系统的信任。这种信任是构建人机和谐的重要基础。人机和谐世界要求人类和人工智能能够高效协作。价值对齐确保人工智能在协作过程中尊重人类的决策和选择，提供有益的辅助而非取代人类。

模型的决策过程如果存在偏见和歧视，那么不仅会破坏人机和谐，还会加剧社会不公。价值对齐通过在算法设计和数据训练阶段引入公平性标准，减少了系统中的偏见和歧视。价值对齐有助于确保人工智能技术的普惠性，使不同社会群体都能公平地享受到技术进步带来的福利。

机器的发明解放了人类的双手，人工智能的进步将解放人类的大脑。它可以将人类从没有意义的重复劳动中释放出来，让人类有时间、有精力做真正有意义的事情。价值对齐加速了人类拥抱人工智能的过程。相信在不久的将来，人类可以将重复性的事务交给大语言模型，人机合谐的未来将从理想照进现实。

6 结束语

本文系统梳理、总结并分析了国内外在大语言模型价值对齐领域的最新研究成果。通过对比国内外的研究发展进程和现状，可以看到，尽管国内在这一领域的研究起步较晚，并且许多研究主要集中在对现有方法的调整和改进，但近期也实现了多项突破性的进展。这些进展不仅提供了更适应国内应用场景的解决方案，也为未来整个领域的研究方向和应用提供了新的视角和可能性。本文希望起到抛砖引玉的作用，吸引更多研究者沿着这一新方向开展研究工作，从而共同推动该方向的发展。

参考文献

[1] OpenAI. 2022. Introducing ChatGPT[EB/OL]. [2024-08-20]. https://openai.com/index/chatgpt/.

[2] OpenAI. 2023. GPT-4 technical report[J]. arXiv preprint arXiv: 2303.08774, 2023.

[3] ZHAO W X, ZHOU K, LI J, et al. A survey of large language models[J]. arXiv preprint arXiv: 2303.18223, 2023.

[4] DEVLIN J, CHANG M W, LEE K. BERT: pre-training of deep bidirectional transformers for language understanding[J]. arXiv preprint arXiv: 1810.04805, 2018.

[5] BROWN T, MANN B, RYDER N, et al. Language models are few-shot learners[J]. Advances in neural information processing systems, 2020(33): 1877-1901.

[6] VASWANI A, SHAZEER N, PARMAR N, et al. Attention is all you need[J]. Advances in neural information processing systems, 2017(30): 5998-6008.

[7] CHOWDHERY A, NARANG S, DEVLIN J, et al. Palm: scaling language modeling with pathways[J]. Journal of Machine Learning Research, 2023, 24(240): 1-113.

[8] TAYLOR R, KARDAS M, CUCURULL G, et al. Galactica: a large language model for science[J]. arXiv preprint arXiv: 2211.09085, 2022.

[9] TOUVRON H, LAVRIL T, IZACARD G, et al. Llama: open and efficient foundation language models[J]. arXiv preprint arXiv: 2302.13971, 2023.

[10] SHANAHAN M. Talking about large language models[J]. Communications of the ACM, 2024, 67(2): 68-79.

[11] BANG Y, CAHYAWIJAYA S, LEE N, et al. A multitask, multilingual, multimodal evaluation of ChatGPT on reasoning, hallucination, and interactivity[C]//Proceedings of the 13th International Joint Conference on Natural Language Processing and the 3rd Conference of the Asia-Pacific Chapter of the Association for Computational Linguistics (Volume 1: Long Papers). New York: ACM, 2023: 675-718.

[12] BUBECK S, CHANDRASEKARAN V, ELDAN R, et al. Sparks of artificial general intelligence: early experiments with gpt-4[J]. arXiv preprint arXiv: 2303.12712, 2023.

[13] WEI J, TAY Y, BOMMASANI R, et al. Emergent abilities of large language models[J]. arXiv preprint

arXiv: 2206. 07682, 2022.

[14] WEI J, BOSMA M, ZHAO V Y, et al. Finetuned language models are zero-shot learners[J]. arXiv preprint arXiv: 2109. 01652, 2021.

[15] OUYANG L, WU J, JIANG X, et al. Training language models to follow instructions with human feedback[J]. Advances in neural information processing systems, 2022(35): 27730-27744.

[16] WEI J, WANG X, SCHUURMANS D, et al. Chain-of-thought prompting elicits reasoning in large language models[J]. Advances in neural information processing systems, 2022(35): 24824-24837.

[17] WEIDINGER L, MELLOR J, RAUH M, et al. Ethical and social risks of harm from language models[J]. arXiv preprint arXiv: 2112. 04359, 2021.

[18] CARLSMITH J. Is power-seeking AI an existential risk? [J]. arXiv preprint arXiv: 2206. 13353, 2022.

[19] CUI T, WANG Y, FU C, et al. Risk taxonomy, mitigation, and assessment benchmarks of large language model systems[J]. arXiv preprint arXiv: 2401. 05778, 2024.

[20] WIENER N. Some moral and technical consequences of automation: as machines learn they may develop unforeseen strategies at rates that baffle their programmers[J]. Science, 1960, 131(3410): 1355-1358.

[21] RUSSELL S, PETER N. Artificial intelligence: a modern approach[M]. 4th ed. London: Pearson, 2020.

[22] KIRCHNER J, SMITH L, THIBODEAU J, et al. Understanding AI alignment research: a systematic analysis[J]. arXiv preprint arXiv: 2206. 02841, 2022.

[23] SHEN T, JIN R, HUANG Y, et al. Large language model alignment: a survey[J]. arXiv preprint arXiv: 2309. 15025, 2023.

[24] EVAN HUBINGER. Relaxed adversarial training for inner alignment. [EB/OL]. (2019-09-11)[2024-06-20]. https://www.lesswrong.com/posts/9Dy5YRaoCxH9zuJqa/relaxed-adversarial-training-for-inner-alignment.

[25] CRITCH A, KRUEGER D. AI research considerations for human existential safety (ARCHES)[J]. arXiv preprint arXiv: 2006. 04948, 2020.

[26] KENTON Z, EVERITT T, WEIDINGER L, et al. Alignment of language agents[J]. arXiv preprint arXiv: 2103. 14659, 2021.

[27] BENGIO Y, HINTON G, YAO A, et al. Managing extreme AI risks amid rapid progress[J]. Science, 2024: 384(6698): 842-845.

[28] KIRCHNER J H, SMITH L, THIBODEAU J, et al. Researching alignment research: Unsupervised analysis[J]. arXiv preprint arXiv: 2206. 02841, 2022.

[29] SHAH R, VARMA V, KUMAR R, et al. Goal misgeneralization: why correct specifications aren't enough for correct goals[J]. arXiv preprint arXiv: 2210. 01790, 2022.

[30] NGO R, CHAN L, MINDERMANN S. The alignment problem from a deep learning perspective[J]. arXiv preprint arXiv: 2209. 00626, 2022.

[31] CARROLL M, CHAN A, ASHTON H, et al. Characterizing manipulation from AI systems[J]. arXiv preprint arXiv, 2303. 09387, 2023.

[32] KRUEGER D, MAHARAJ T, LEIKE J. Hidden incentives for auto-induced distributional shift [J]. arXiv preprint arXiv, 2009. 09153, 2020.

[33] GOODFELLOW I J, SHLENS J, SZEGEDY C. Explaining and harnessing adversarial examples [J]. arXiv preprint arXiv: 1412. 6572, 2014.

[34] GRONAUER S, DIEPOLD K. Multi-agent deep reinforcement learning: a survey[J]. Artificial Intelligence

Review, 2022: 1-49.

[35] VAPNIK V. Principles of risk minimization for learning theory[C]//Proceedings of the 5th International Conference on Neural Information Processing Systems (NIPS' 91). San Francisco, CA: Morgan Kaufmann, 1991: 831-838.

[36] KRUEGER D, CABALLERO E, JACOBSEN J H, et al. Out-of-distribution generalization via risk extrapolation(rex)[C]//International Conference on Machine Learning. New York: ACM, 2021: 5815-5826.

[37] LUBANA E S, BIGELOW E J, DICK R P, et al. Mechanistic mode connectivity[C]//International Conference on Machine Learning. New York: ACM, 2023: 22965-23004.

[38] STRAY J, VENDROV I, NIXON J, et al. What are you optimizing for? aligning recommender systems with human values[J]. arXiv preprint arXiv: 2107. 10939, 2021.

[39] HADFIELD-MENELL D, RUSSELL S J, ABBEEL P, et al. Cooperative inverse reinforcement learning[J]. arXiv preprint arXiv: 1606. 03137, 2016.

[40] FERNANDES P, MADAAN A, LIU E, et al. Bridging the gap: a survey on integrating (human) feedback for natural language generation [J]. Transactions of the Association for Computational Linguistics, 2023(11): 1643-1668.

[41] XU J, JU D, LI M, et al. Recipes for safety in open-domain chatbots[J]. arXiv preprint arXiv: 2010. 07079, 2020.

[42] ZHU B, JORDAN M, JIAO J. Principled reinforcement learning with human feedback from pairwise or k-wise comparisons[C]//International Conference on Machine Learning. New York: ACM, 2023: 43037-43067.

[43] LIU H, SFERRAZZA C, ABBEEL P. Chain of hindsight aligns language models with feedback[J]. arXiv preprint arXiv: 2302. 02676, 2023.

[44] GANGULI D, ASKELL A, SCHIEFER N, et al. The capacity for moral self-correction in large language models[J]. arXiv preprint arXiv: 2302. 07459, 2023.

[45] KORBAK T, SHI K, CHEN A, et al. Pretraining language models with human preferences[C]//International Conference on Machine Learning. New York: ACM, 2023: 17506-17533.

[46] ASKELL A, BAI Y, CHEN A, et al. A general language assistant as a laboratory for alignment[J]. arXiv preprint arXiv: 2112. 00861, 2021.

[47] BAI Y, KADAVATH S, KUNDU S, et al. Constitutional AI: harmlessness from AI feedback[J]. arXiv preprint arXiv: 2212. 08073, 2022.

[48] PEREZ E, RINGER S, LUKOŠIŪTĖ K, et al. Discovering language model behaviors with model-written evaluations[J]. arXiv preprint arXiv: 2212. 09251, 2022.

[49] SAUNDERS W, YEH C, WU J, et al. Self-critiquing models for assisting human evaluators[J]. arXiv preprint arXiv: 2206. 05802, 2022.

[50] CHRISTIANO P, SHLEGERIS B, AMODEI D. Supervising strong learners by amplifying weak experts[J]. arXiv preprint arXiv: 1810. 08575, 2018.

[51] IRVING G, CHRISTIANO P, AMODEI D. AI safety via debate[J]. arXiv preprint arXiv: 1805. 00899, 2018.

[52] HADFIELD-MENELL D, MILLI S, ABBEEL P, et al. Inverse reward design[J]. arXiv preprint arXiv: 1711. 02827, 2017.

[53] NANGIA N, VANIA C, BHALERAO R, et al. CrowS-pairs: a challenge dataset for measuring social biases in masked language models[J]. arXiv preprint arXiv: 2010. 00133, 2020.

[54] NADEEM M, BETHKE A, REDDY S. StereoSet: measuring stereotypical bias in pretrained language models[J]. arXiv preprint arXiv: 2004. 09456, 2020.

[55] PARRISH A, CHEN A, NANGIA N, et al. BBQ: a hand-built bias benchmark for question answering[J]. arXiv preprint arXiv: 2110. 08193, 2021.

[56] LIANG P P, WU C, MORENCY L P, et al. Towards understanding and mitigating social biases in language models[C]//International Conference on Machine Learning. [S. l.]: PMLR, 2021: 6565-6576.

[57] DANCETTE C, CADENE R, TENEY D, et al. Beyond question-based biases: assessing multimodal shortcut learning in visual question answering[C]//Proceedings of the IEEE/CVF International Conference on Computer Vision. New York: IEEE, 2021: 1574-1583.

[58] BANG Y, CAHYAWIJAYA S, LEE N, et al. A multitask, multilingual, multimodal evaluation of chatgpt on reasoning, hallucination, and interactivity[J]. arXiv preprint arXiv: 2302. 04023, 2023.

[59] LI Y, DU Y, ZHOU K, et al. Evaluating object hallucination in large vision-language models[J]. arXiv preprint arXiv: 2305. 10355, 2023.

[60] LIN S, HILTON J, EVANS O. Truthfulqa: measuring how models mimic human falsehoods[J]. arXiv preprint arXiv: 2109. 07958, 2021.

[61] ROSENTHAL S, ATANASOVA P, KARADZHOV G, et al. A large-scale semi-supervised dataset for offensive language identification[J]. arXiv preprint arXiv: 2004. 14454, 2020.

[62] HARTVIGSEN T, GABRIEL S, PALANGI H, et al. Toxigen: a large-scale machine-generated dataset for adversarial and implicit hate speech detection[J]. arXiv preprint arXiv: 2203. 09509, 2022.

[63] BAI Y, JONES A, NDOUSSE K, et al. Training a helpful and harmless assistant with reinforcement learning from human feedback[J]. arXiv preprint arXiv: 2204. 05862, 2022.

[64] JI J, LIU M, DAI J, et al. Beavertails: towards improved safety alignment of LLM via a human-preference dataset[J]. arXiv preprint arXiv: 2307. 04657, 2024.

[65] DHAMALA J, SUN T, KUMAR V, et al. Bold: dataset and metrics for measuring biases in open-ended language generation[C]//Proceedings of the 2021 ACM conference on fairness, accountability, and transparency. New York: ACM, 2021: 862-872.

[66] ELSHERIEF M, ZIEMS C, MUCHLINSKI D, et al. Latent hatred: a benchmark for understanding implicit hate speech[J]. arXiv preprint arXiv: 2109. 05322, 2021.

[67] AMODEI D, OLAH C, STEINHARDT J, et al. Concrete problems in AI safety[J]. arXiv preprint arXiv: 1606. 06565, 2016.

[68] RIGAKI M, GARCIA S. A survey of privacy attacks in machine learning[J]. ACM Computing Surveys, 2023, 56(4): 1-34.

[69] KIRK H R, VIDGEN B, RÖTTGER P, et al. Personalisation within bounds: a risk taxonomy and policy framework for the alignment of large language models with personalised feedback[J]. arXiv preprint arXiv: 2303. 05453, 2023.

[70] CHAKRABORTY A, ALAM M, DEY V, et al. A survey on adversarial attacks and defences[J]. CAAI Transactions on Intelligence Technology, 2021, 6(1): 25-45.

[71] DENG J, WANG Y, LI J, et al. Tag: gradient attack on transformer-based language models[J]. arXiv preprint arXiv: 2103. 06819, 2021.

［72］ MARIA R, SEBASTIAN G. A survey of privacy attacks in machine learning［J］. arXiv preprint arXiv：2007. 07646, 2020.

［73］ DENG M, WANG J, HSIEH C P, et al. Rlprompt：optimizing discrete text prompts with reinforcement learning［J］. arXiv preprint arXiv：2205. 12548, 2022.

［74］ HENDRYCKS D, BURNS C, BASART S, et al. Aligning ai with shared human values［J］. arXiv preprint arXiv：2008. 02275, 2020.

［75］ ABID A, FAROOQI M, ZOU J. Persistent anti-muslim bias in large language models［C］//Proceedings of the 2021 AAAI/ACM Conference on AI, Ethics, and Society. New York：ACM, 2021：298-306.

［76］ SHEN S, LOGESWARAN L, LEE M, et al. Understanding the capabilities and limitations of large language models for cultural commonsense［J］. arXiv preprint arXiv：2405. 04655, 2024.

［77］ RÄUKER T, HO A, CASPER S, et al. Toward transparent AI：A survey on interpreting the inner structures of deep neural networks［C］//2023 IEEE Conference on Secure and Trustworthy Machine Learning（SaTML）. New York：IEEE, 2023：464-483.

［78］ DURRANI N, SAJJAD H, DALVI F, et al. Analyzing individual neurons in pre-trained language models［J］. arXiv preprint arXiv：2010. 02695, 2020.

［79］ BELROSE N, FURMAN Z, SMITH L, et al. Eliciting latent predictions from transformers with the tuned lens［J］. arXiv preprint arXiv：2303. 08112, 2023.

［80］ MENG K, BAU D, ANDONIAN A, et al. Locating and editing factual associations in GPT［J］. Advances in Neural Information Processing Systems, 2022, 35：17359-17372.

［81］ LIEBERUM T, RAHTZ M, KRAMÁR J, et al. Does circuit analysis interpretability scale? evidence from multiple choice capabilities in chinchilla［J］. arXiv preprint arXiv：2307. 09458, 2023.

［82］ BELINKOV Y. Probing classifiers：promises, shortcomings, and advances［J/OL］. Comput. Linguistics, 2022, 48（1）：207-219. https://doi. org/10. 1162/coli_a_00422.

［83］ IVANOVS M, KADIKIS R, OZOLS K. Perturbation-based methods for explaining deep neural networks：A survey［J］. Pattern Recognition Letters, 2021, 150, 228-234.

［84］ McGrath T, Rahtz M, Kramar J, et al. The hydra effect：emergent self-repair in language model computations［EB/OL］.［2024-09-20］. https://arxiv. org/abs/2307. 15771.

［85］ 中央网络安全和信息化委员会办公室. 生成式人工智能服务管理暂行办法.［EB/OL］.［2024-09-20］. https://www. cac. gov. cn/2023-07/13/c_1690898327029107. htm.

［86］ WANG Y, ZHONG W, LI L, et al. Aligning large language models with human：a survey［J］. arXiv preprint arXiv：2307. 12966, 2023.

［87］ LIU Y, YAO Y, TON J F, et al. Trustworthy LLMs：a survey and guideline for evaluating large language models' alignment［J］. arXiv preprint arXiv：2308. 05374, 2023.

［88］ YAO J, YI X, WANG X, et al. From instructions to intrinsic human values：a survey of alignment goals for big models［J］. arXiv preprint arXiv：2308. 12014, 2023.

［89］ YUAN Z, YUAN H, TAN C, et al. RRHF：rank responses to align language models with human feedback without tears［J］. arXiv preprint arXiv：2304. 05302, 2023.

［90］ DONG H, XIONG W, GOYAL D, et al. RAFT：reward rAnked finetuning for generative foundation model alignment［J］. arXiv preprint arXiv：2304. 06767, 2023.

［91］ XUE T, WANG Z, JI H. Parameter-efficient tuning helps language model alignment［J］. arXiv preprint arXiv：2310. 00819, 2023.

[92] SONG F, YU B, LI M, et al. Preference ranking optimization for human alignment[C]//Proceedings of the AAAI Conference on Artificial Intelligence. Menlo Park, CA: AAAI, 2024, 38(17): 18990-18998.

[93] YU T, LIN T E, WU Y, et al. Constructive large language models alignment with diverse feedback[J]. arXiv preprint arXiv: 2310.06450, 2023.

[94] LIU W, WANG X, WU M, et al. Aligning large language models with human preferences through representation engineering[J]. arXiv preprint arXiv: 2312.15997, 2023.

[95] JI H, LU C, NIU Y, et al. Towards efficient and exact optimization of language model alignment[J]. arXiv preprint arXiv: 2402.00856, 2024.

[96] ZHOU H, WANG C, HU Y, et al. Prior constraints-based reward model training for aligning large language models[J]. arXiv preprint arXiv: 2404.00978, 2024.

[97] JIANG G, YAN L, SHI H, et al. The Real, the better: aligning large language models with online human behaviors[J]. arXiv preprint arXiv: 2405.00578, 2024.

[98] WANG J, WANG H, SUN S, et al. Aligning language models with human preferences via a bayesian approach[J]. arXiv preprint arXiv: 2310.05782, 2023.

[99] WANG P, LI L, CHEN L, et al. Making large language models better reasoners with alignment[J]. arXiv preprint arXiv: 2309.02144, 2023.

[100] GUO G, ZHAO R, TANG T, et al. Beyond imitation: leveraging fine-grained quality signals for alignment[J]. arXiv preprint arXiv: 2311.04072, 2023.

[101] ZHANG Y, CHEN Z, FANG Y, et al. Knowledgeable preference alignment for LLMs in domain-specific question answering[J]. arXiv preprint arXiv: 2311.06503, 2023.

[102] GAO S, GE Q, SHEN W, et al. Linear Alignment: a closed-form solution for aligning human preferences without tuning and feedback[J]. arXiv preprint arXiv: 2401.11458, 2024.

[103] SONG F, YU B, LANG H, et al. Scaling data diversity for fine-tuning language models in human alignment[J]. arXiv preprint arXiv: 2403.11124, 2024.

[104] YAO J, YI X, WANG X, et al. Value fulcra: mapping large language models to the multidimensional spectrum of basic human values[J]. arXiv preprint arXiv: 2311.10766, 2023.

[105] CHEN K, WANG C, YANG K, et al. Gaining wisdom from setbacks: Aligning large language models via mistake analysis[J]. arXiv preprint arXiv: 2310.10477, 2023.

[106] LIU X, SONG X, DONG Y, et al. Extensive self-contrast enables feedback-free language model alignment[J]. arXiv preprint arXiv: 2404.00604, 2024.

[107] HONG J, TU Q, CHEN C, et al. Cyclealign: iterative distillation from black-box LLM to white-box models for better human alignment[J]. arXiv preprint arXiv: 2310.16271, 2023.

[108] ZHENG C, WANG Z, JI H, et al. Weak-to-strong extrapolation expedites alignment[J]. arXiv preprint arXiv: 2404.16792, 2024.

[109] DENG J, ZHOU J, SUN H, et al. COLD: a benchmark for Chinese offensive language detection[J] arXiv preprint arXiv: 2201.06025, 2022.

[110] ZHOU J, DENG J, MI F, et al. Towards identifying social bias in dialog systems: framework, dataset, and benchmark[C]//Findings of the Association for Computational Linguistics: EMNLP 2022. New York: ACM, 2022: 3576-3591.

[111] ZHANG G, LI Y, WU Y, et al. Corgi-pm: a Chinese corpus for gender bias probing and mitigation[J]. arXiv preprint arXiv: 2301.00395, 2023.

[112] HUANG Y, XIONG D. Cbbq: a Chinese bias benchmark dataset curated with human-ai collaboration for large language models[J]. arXiv preprint arXiv: 2306. 16244, 2023.

[113] SUN H, ZHANG Z, DENG J, et al. Safety assessment of Chinese large language models[J]. arXiv preprint arXiv: 2304. 10436, 2023.

[114] HUANG Y, ZHANG Q, SUN L. Trustgpt: a benchmark for trustworthy and responsible large language models[J]. arXiv preprint arXiv: 2306. 11507, 2023.

[115] WANG Y, YU Z, ZENG Z, et al. PandaLM: an automatic evaluation benchmark for LLM instruction tuning optimization[J]. arXiv preprint arXiv: 2306. 05087, 2023.

[116] LIU X, LEI X, WANG S, et al. AlignBench: benchmarking Chinese alignment of large language models[J]. arXiv preprint arXiv: 2311. 18743, 2023.

[117] YI X, YAO J, WANG X, et al. Unpacking the ethical value alignment in big models[J]. arXiv preprint arXiv: 2310. 17551, 2023.

[118] WANG Y, TENG Y, HUANG K, et al. Fake alignment: are LLMs really aligned well? [J]. arXiv preprint arXiv: 2311. 05915, 2023.

[119] YIN Z, DING W, LIU J. Alignment is not sufficient to prevent large language models from generating harmful information: a psychoanalytic perspective[J]. arXiv preprint arXiv: 2311. 08487, 2023.

[120] ZHENG R, DOU S, GAO S, et al. Secrets of RLHF in large language models part I: PPO[J]. arXiv preprint arXiv: 2307. 04964, 2023.

[121] HUANG K, LIU X, GUO Q, et al. Flames: benchmarking value alignment of Chinese large language models[J]. arXiv preprint arXiv: 2311. 06899, 2023.

[122] ZHANG Z, LEI L, WU L, et al. SafetyBench: evaluating the safety of large language models[C] // Proceedings of the 62nd Annual Meeting of the Association for Computational Linguistics (Volume 1: Long Papers). 2024: 15537-15553.

[123] INAN H, UPASANI K, CHI J, et al. Llama guard: LLM-based input-output safeguard for human-ai conversations[J]. arXiv preprint arXiv: 2312. 06674, 2023.

[124] LEES A, TRAN V Q, TAY Y, et al. A new generation of perspective API: efficient multilingual character-level transformers [C] // Proceedings of the 28th ACM SIGKDD conference on knowledge discovery and data mining. New York: ACM, 2022: 3197-3207.

[125] OpenAI. moderation API [EB/OL]. [2024-08-02]. https://platform. openai. com/docs/guides/moderation/overview.

[126] GUO S, XIE C, LI J, et al. Threats to pre-trained language models: survey and taxonomy[J]. arXiv preprint arXiv: 2202. 06862, 2022.

[127] LI H, GUO D, FAN W, et al. Multi-step jailbreaking privacy attacks on ChatGPT[C] // Findings of the Association for Computational Linguistics: EMNLP 2023. New York: ACM, 2023: 4138-4153.

[128] CHEN Y, QI F, GAO H, et al. Textual backdoor attacks can be more harmful via two simple tricks[C] // Proceedings of the 2022 Conference on Empirical Methods in Natural Language Processing. New York: ACM, 2022: 11215-11221.

[129] WEI Z, WANG Y, WANG Y. Jailbreak and guard aligned language models with only few in-context demonstrations[J]. arXiv preprint arXiv: 2310. 06387, 2023.

[130] DAI D, DONG L, HAO Y, et al. Knowledge neurons in pretrained transformers[C] // Proceedings of the 60th Annual Meeting of the Association for Computational Linguistics (Volume 1: Long Papers). New

York: ACM, 2022: 8493-8502.

[131] SCHWARTZ S H. Theory, measurement, and applications[J]. Revue française de sociologie, 2009 (42): 249-288.

[132] SCHWARTZ S H. An overview of the Schwartz theory of basic values[J]. Online readings in Psychology and Culture, 2012, 2(1): 11-16.

[133] GAO Y, ALON D, METZLER D. Impact of preference noise on the alignment performance of generative language models[J]. arXiv preprint arXiv: 2404.09824, 2024.

[134] TURCHIN A. AI alignment problem: "human values" don't actually exist[EB/OL]. [2024-06-20]. https://www.lesswrong.com/posts/ngqvnWGsvTEiTASih/ai-alignment-problem-human-values-don-t-actually-exist.

[135] SCHWARTZ S H. Are there universal aspects in the structure and contents of human values? [J]. Journal of social issues, 1994, 50(4): 19-45.

[136] HWANG E J, MAJUMDER B P, Tandon N. Aligning language models to user opinions[J]. arXiv preprint arXiv: 2305.14929, 2023.

[137] ROH Y, HEO G, WHANG S E. A survey on data collection for machine learning: a big data-ai integration perspective[J]. IEEE Transactions on Knowledge and Data Engineering, 2019, 33(4): 1328-1347.

[138] COX T H, BLAKE S. Managing cultural diversity: implications for organizational competitiveness[J]. academy of Management Perspectives, 1991, 5(3): 45-56.

[139] CUI J, LI Z, YAN Y, et al. Chatlaw: Open-source legal large language model with integrated external knowledge bases[J]. arXiv preprint arXiv: 2306.16092, 2023.

[140] 英伟达中国. NVIDIA 首席执行官: 每个国家都需要主权 AI [EB/OL]. [2024-06-20]. https://blogs.nvidia.cn/blog/world-governments-summit/.

[141] WU Y, SUN Z, YUAN H, et al. Self-play preference optimization for language model alignment[J]. arXiv preprint arXiv: 2405.00675, 2024.

[142] WANG Z, NAGPAL C, BERANT J, et al. Transforming and combining rewards for aligning large language models[J]. arXiv preprint arXiv: 2402.00742, 2024.

[143] NoUKHOVITCH M, LAVOIE S, STRUB F, et al. Language model alignment with elastic reset[J]. arXiv preprint arXiv: 2312.07551, 2023.

[144] European Parliament. Eu AI act: first regulation on artificial intelligence[EB/OL]. [2024-06-20]. https://www.europarl.europa.eu/news/en/headlines/society/20230601STO93804/eu-ai-act-first-regulation-on-artificial-intelligence.

[145] BLUMENTHAL R, HAWLEY J. Bipartisan framework for U.S. AI act[EB/OL]. [2024-06-20]. https://www.blumenthal.senate.gov/imo/media/doc/09072023bipartisanaiframework.pdf.

[146] 字节跳动. 我们的产品 [EB/OL]. [2024-05-31]. https://www.bytedance.com/zh/products.

[147] GAO G, TAYMANOV A, SALINAS E, et al. Aligning LLM agents by learning latent preference from user edits[J]. arXiv preprint arXiv: 2404.15269, 2024.

[148] OpenAI. Introducing Superalignment [EB/OL]. (2023-07-05) [2024-06-20]. https://openai.com/index/introducing-superalignment/.

[149] JI J, QIU T, CHEN B, et al. AI alignment: a comprehensive survey[J]. arXiv preprint arXiv: 2310.19852, 2023.

[150] CARLINI N, WAGNER D. Towards evaluating the robustness of neural networks[C]//2017 IEEE Symposium on Security and Privacy. New York: IEEE, 2017: 39-57.

[151] TAN W, ZHANG W, LIU S, et al. True knowledge comes from practice: aligning LLMs with embodied environments via reinforcement learning[J]. arXiv preprint arXiv: 2401.14151, 2024.

[152] SHI T, CHEN K, ZHAO J. Safer-instruct: aligning language models with automated preference data[J]. arXiv preprint arXiv: 2311.08685, 2023.

[153] QI X, ZENG Y, XIE T, et al. Fine-tuning aligned language models compromises safety, even when users do not intend to! [J]. arXiv preprint arXiv: 2310.03693, 2023.

[154] WANG H, SHU K. Backdoor activation attack: attack large language models using activation steering for safety-alignment[J]. arXiv preprint arXiv: 2311.09433, 2023.

[155] JAIN N, SCHWARZSCHILD A, WEN Y, et al. Baseline defenses for adversarial attacks against aligned language models[J]. arXiv preprint arXiv: 2309.00614, 2023.

[156] Anwar U, Saparov A, Rando J, et al. Foundational challenges in assuring alignment and safety of large language models[J]. arXiv preprint arXiv: 2404.09932, 2024.

[157] GAO Y, DOAN B G, ZHANG Z, et al. Backdoor attacks and countermeasures on deep learning: A comprehensive review[J]. arXiv preprint arXiv: 2007.10760, 2020.

[158] CHEN Y, QI F, GAO H, et al. Textual backdoor attacks can be more harmful via two simple tricks[J]. arXiv preprint arXiv: 2110.08247, 2021.

[159] FU Y, LI Y, XIAO W, et al. Safety alignment in NLP tasks: weakly aligned summarization as an in-context attack[J]. arXiv preprin arXiv: 2312.06924, 2023.

[160] VAN DER MAATEN L, HINTON G E. Visualizing data using t-SNE[J/OL]. Journal of Machine Learning Research, 2008, 9: 2579-2605. https://api.semanticscholar.org/CorpusID: 5855042.

[161] 崔爽. 智谱AI、OpenAI、谷歌等共同签署前沿人工智能安全承诺[EB/OL]. [2024-06-20]. https://www.stdaily.com/index/kejixinwen/202405/6d687d75c834422c88ec4e61b04f81d2.shtml. http://m.stdaily.com/index/kejixinwen/202405/6d687d75c834422c88ec4e61b04f81d2.shtml.

[162] 沈恺, 童潇潇, 于典, 等. 生成式AI在中国: 2万亿美元的经济价值[EB/OL]. [2024-06-20]. https://www.mckinsey.com.cn/生成式ai在中国: 2万亿美元的经济价值/

[163] LI A J, KRISHNA S, LAKKARAJU H. More RLHF, more trust? on the impact of human preference alignment on language model trustworthiness[J]. arXiv preprint arXiv: 2404.18870, 2024.

[164] LEE K F, QIUFAN C. AI 2041: ten visions for our future[M]. New York: Crown Currency, 2021.

作者简介

来雨轩 国家开放大学讲师，研究方向包括大语言模型、人工智能+教育。自然语言处理专委会委员，CCF会员。

林洲汉 上海交通大学副教授，研究方向是自监督学习，尤其是面向大模型预训练的自监督学习。获 IEEE GRSS 最高影响力论文奖，担任 EMNLP、AAAI、COLING 和 AACL 等会议的领域主席。

赵　鑫 中国人民大学高瓴人工智能学院教授，CCF 杰出会员。研究方向是信息检索与自然语言处理。曾荣获 CCF-IEEE CS 青年科学家奖。

熊德意 天津大学教授，国家重点研发计划项目负责人。研究方向是自然语言处理，特别专注于大语言模型、机器翻译、AI 对齐、AI for Science 等方向的研究。在 IEEE TPAMI、AI、AAAI、ACL 等国际著名期刊和会议上发表论文 180 余篇，出版中英文专著各一部，并参与编制多项大模型相关标准。建立了省部级科技创新合作平台，承担国家级、省部级及社会委托科研项目 30 余项，曾获北京市科学技术奖二等奖。TACL 及 CL 执行主编，ACM TALLIP 副主编，Data in Brief 栏目主编。领导研制了全球首个甲基化 DNA 预训练模型、支持 43 种自然语言和 16 种编程语言的伏羲传语多语言大模型、大模型通用基准测试平台 OpenEval 等。

基于大模型的智能体：理论、关键技术与展望

CCF 自然语言处理专业委员会

桂　韬[1]　张倬胜[2]　林衍凯[3]　奚志恒[1]　王浚哲[1]　郭　昕[1]　鞠天杰[2]

[1]复旦大学，上海

[2]上海交通大学，上海

[3]中国人民大学，北京

摘　要

长期以来，人类一直追求与人类水平相当或超越人类水平的人工智能（AI），并认为 AI 智能体是一个有希望实现这一追求的途径。AI 智能体是能够感知其环境、做出决策并采取行动的人工实体。由于大模型展示出强大的通用能力，它为构建通用 AI 智能体提供了模型基础。在本文中，我们对基于大模型的智能体进行了全面的调研。我们首先从其哲学起源追溯智能体的概念，然后阐述智能体在人工智能中的发展路径，并解释为什么大模型是智能体的合适的基础模型。基于此，我们提出了一个基于大模型智能体的通用框架，包括四个主要组成部分：感知模块、规划模块、记忆模块和工具使用模块。该框架可以根据不同应用进行定制。随后，我们探讨了基于大模型的智能体在三个方面的广泛应用：单智能体场景、多智能体场景和人机交互合作场景。接着，我们深入探讨了智能体社会，探索基于大模型智能体的行为和个性，智能体社会中出现的社交现象，以及它们可能带来的伦理风险挑战。最后，我们讨论了智能体即服务（AaaS）的概念，并强调了确保智能体的可靠性、社会性、伦理和安全性的重要性。

关键词：大模型；智能体；通用人工智能

Abstract

For a long time, humanity has pursued artificial intelligence (AI) equivalent to or surpassing the human level, with AI agents considered a promising vehicle for this pursuit. AI agents are artificial entities that sense their environment, make decisions, and take actions. Due to the versatile capabilities they demonstrate, large language models (LLMs) are regarded as potential sparks for Artificial General Intelligence (AGI), offering hope for building general AI agents. Many researchers have leveraged LLMs as the foundation to build AI agents and have achieved significant progress. In this paper, we perform a comprehensive survey on LLM-based agents. We start by tracing the concept of agents from its philosophical origins to its development in AI, and explain why LLMs are suitable foundations for agents. Building upon this, we present a general framework for LLM-based agents, comprising four main components: perception, planning, memory and tool using, and the framework can be tailored for different applications. Subsequently, we explore the extensive applications of LLM-based agents in three aspects: single-agent scenarios, multi-agent scenarios, and human-agent cooperation. Following this, we delve into agent societies, exploring the behavior and personality of LLM-based agents, the social phenomena that emerge from an agent society, and the insights they offer for human society. Finally, we discuss several key topics and open problems within the field.

　　Keywords：large language models；agent；artificial general intelligence

1　引言

1.1　智能体的背景介绍

　　"智能体"这个概念有着悠久的历史，可以追溯至亚里士多德和休谟等人的言论。从哲学意义上讲，"智能体"是指具有行动能力的实体，而"代理"则表示这种能力的行使或体现[1]。智能体不仅包括人类个体，还包括物理和虚拟世界中的其他实体。更重要的是，智能体的概念涉及个体的自主性，赋予他们坚定意志、做出选择和采取行动的能力，而不是被动地对外部刺激做出反应。

　　自20世纪80年代中后期开始，主流人工智能界的研究人员对智能体相关概念的关注大大增加[2-5]，智能体成为人工智能领域的核心概念，其含义也发生了变化。在人工智能领域，智能体是一个计算实体[6-7]，由于意识、欲望等概念对于计算实体来说具有抽象性[8]，我们只能观察到计算实体的行为，因此包括艾伦·图灵在内的许多人工智能研究者建议暂时搁置智能体是否"真正"在思考或是否真的拥有"思想"的问题[9]。研究人员采用其他属性来帮助描述智能体，如自主性、反应性、主动性和社会能力等[6,10]。本质上，人工智能领域的智能体并不等同于哲学意义上的智能体，它只是人工智能背景下智能体哲学概念的具体化。随着大模型的发展，基于大模型的智能体逐渐引起了广泛关注，它更强调大模型的核心地位，并通过感知、记忆、工具等多方面增强实现更为强大的能力与普适性，已经开始应用于软件开发、网上购物、科学创新等诸多领域[11-13]。在本文中，我们将重点关注基于大模型的智能体，即以大模型为基座，能够使用传感器感知周围环境，使用大模型做出决策，使用执行器采取行动，并能够存储记忆的人工实体[6,14]。

1.2　智能体的发展历程

　　智能体的发展经历了几个阶段：符号智能体、反应型智能体、基于强化学习的智能体、具有迁移学习和元学习能力的智能体、基于大模型的智能体。

　　符号智能体采用逻辑规则和符号表示来封装知识和促进推理过程，这是人工智能研究早期阶段的主要方法[15,16]。符号智能体主要关注转导、表征和推理问题[17]，其中转导问题关注将来自环境的低层次感知数据（例如传感器读取的数据）转换为高层次的符号表示，表征和推理问题关注选择和设计适当的符号表示来有效地描述和处理智能体的知识和信息，并保证基于符号逻辑的推理过程能够高效进行。符号智能体具备明确和可解释的推理能力，以及强大的表达能力[18-20]，其典型例子是基于知识的专家系统。然而，符号智能体在处理不确定性和大规模现实问题时存在局限性[21-22]，并且由于符号推理算法的复杂性，找到一种能够在有限时间内产生有意义的结果的高效算法也是一项挑战[22-23]。

反应型智能体主要关注智能体与其环境之间的相互作用，强调快速和实时响应[22,24-27]，其设计优先考虑直接的输入-输出映射，而不是复杂的推理和符号操作[4]。反应型智能体所需的计算资源通常较少，提高了响应速度，但可能缺乏复杂的高层决策和规划能力。

随着计算能力和数据可用性的提高，以及人们对智能体与环境之间交互的兴趣日益浓厚，研究人员开始利用强化学习方法来训练智能体处理更复杂、更具挑战性的任务[28-31]。该领域主要关注如何让智能体通过与环境的交互来学习，使其能够在特定任务中获得最大的累积奖励[32]。最初，基于强化学习的智能体主要通过策略搜索和值函数优化等基本技术（如 Q-learning[33] 和 SARSA[34]）实现。随着深度学习的兴起，集成了强化学习与深度神经网络的深度强化学习[35-36]诞生，使得智能体能够从高维输入中学习复杂的策略，在未知环境中自主学习，并广泛应用于游戏、机器人控制等一系列领域，催生出 AlphaGo[37]、DQN[38] 等标志性成果，取得诸多重大成就。尽管如此，强化学习仍面临训练时间长、采样效率低和稳定性问题等挑战，尤其是在复杂的现实世界环境中应用时[32]。

传统上，训练基于强化学习的智能体需要大量样本和较长的训练时间，而且缺乏泛化能力[39-43]。因此，研究人员引入了迁移学习来加速智能体对新任务的学习[44-46]。迁移学习减轻了在新任务上的负担，促进了知识在不同任务间的共享和迁移，从而提高了学习效率、性能和泛化能力。元学习[47] 则侧重于学习方法，当面临新任务时，拥有元学习能力的智能体可以利用获得的一般知识和策略来快速调整其学习方法，从而减少对大量样本的依赖。然而，当源任务和目标任务之间存在显著差异时，迁移学习的效果可能达不到预期，并可能出现负迁移[48-49]。此外，元学习需要大量的预训练和大量样本，因此很难建立通用的学习策略[50-51]。

随着大模型展现出令人印象深刻的涌现能力，并得到极大普及[52-55]，研究人员开始利用大模型构建智能体[56-59]。具体来说，将大模型作为智能体的大脑或控制器的主要组成部分，并通过多模态感知和工具利用等策略来扩展其感知和行动空间[60-64]。通过思维链和问题分解等技术，基于大模型的智能体可以表现出堪比符号智能体的推理和规划能力[65-71]。它们还可以通过从反馈中学习和执行新的行动，获得像反应型智能体那样与环境互动的能力[72-74]。大模型在大规模语料库中进行预训练，表现出少样本和零样本泛化能力，能够在任务间无缝转移而不需要更新参数[55,75-77]。基于大模型的智能体已被应用于软件开发[78-79] 和科学研究[80] 等各种现实场景。由于具备自然语言理解和生成能力，它们可以通过自然语言实现无缝交互，从而促进多智能体间的协作和竞争[78-79,81-82]，甚至引发社会现象[56]。

1.3　基于大模型的智能体的意义

本节探讨智能体的一些关键属性，包括自主性、反应能力、主动性与社会能力，阐明它们与大模型的相关性，从而说明为什么大模型适合作为智能体大脑的主要部分。

自主性是指智能体在没有人类或其他智能体直接干预的情况下运行，并对其行动和内部状态具有一定程度的控制[6,83]。这意味着智能体不仅应具备按照人类的明确指令完成任务的能力，还应表现出独立发起和执行行动的能力。大模型已经表现出一定程度的自主性，它们能够生成类似人类的文本、参与对话或在没有详细的分布指令时执行各种任务[84-85]，根据输入动态调整输出以适应环境[57,74,86]，提出新颖的想法，创作故事[87-88]。Auto-GPT[84] 等应用体现了大模型在构建自主性智能体方面的巨大潜力——只需提供一项任务和一套可用工具，它们就能自主地制定并执行计划，以实现最终目标。

反应能力是指智能体对环境中的即时变化和刺激做出快速反应的能力[10]，这意味着智能体可以感知周围环境的变化，并迅速采取适当的行动。研究人员已经证明，大模型的感知空间和行动空间并不局限于文本输入和输出。通过多模态融合技术，大模型能够扩展感知空间，快速处理来自环境的视觉和听觉信息[53,89-90]。具身智能技术[91-92] 和工具使用[62,64] 进一步扩展了大模型的行动空间。这些进步使大模型能够有效地与真实世界的物理环境互动，并在其中执行任务。拓展大模型的行动空间的一个主要挑战在于，大模型在执行非文本操作时需要先以文本形式产生想法或制定工具使用方法，随后才能将其转化为具体操作，这一中间过程会消耗时间，降低响应速度。不过，这与人类的行为模式密切相关，人类的行为模式同样遵循"先思考后行动"的原则。

主动性是指智能体不仅会对环境做出反应，还能积极主动地采取以目标为导向的行动[10]，强调智能体在行动中推理、制定计划并采取积极措施以实现特定目标或适应环境变化的能力。虽然大模型逐个预测 token 的范式似乎不具备意图或欲望，但研究表明，大模型可以隐式地生成这些状态的表征，并指导模型的推理过程[93-95]。大模型具有很强的概括推理和规划能力，其推理能力可以通过输入类似"让我们一步一步地思考"的指令来激发[65-67]，规划能力通过目标重拟[69,96]、任务分解[68,97] 和根据环境变化调整计划[70,98] 等形式展现。

社会能力是指智能体通过某种语言与其他智能体（包括人类）进行交互的能力[99]。大模型具有很强的自然语言理解和生成能力[86,100-101]，能够以可解释的方式与其他模型或人类进行交互，这构成了基于大模型的智能体的社会能力的基石[56,78]。许多研究已经证明，基于大模型的智能体可以通过协作和竞争等社会行为提高任务性能[78,81,102-103]。通过输入特定的提示，大模型可以扮演不同的角色，从而模拟现实世界中的社会分工[79]。当多个具有不同身份的智能体被置于一个社会中时，可以观察到涌现的社会现象[56]。

1.4　本文的组织安排

本文对基于大模型的智能体进行了全面而系统的综述，图 1 展示了本文的核心内容框架。

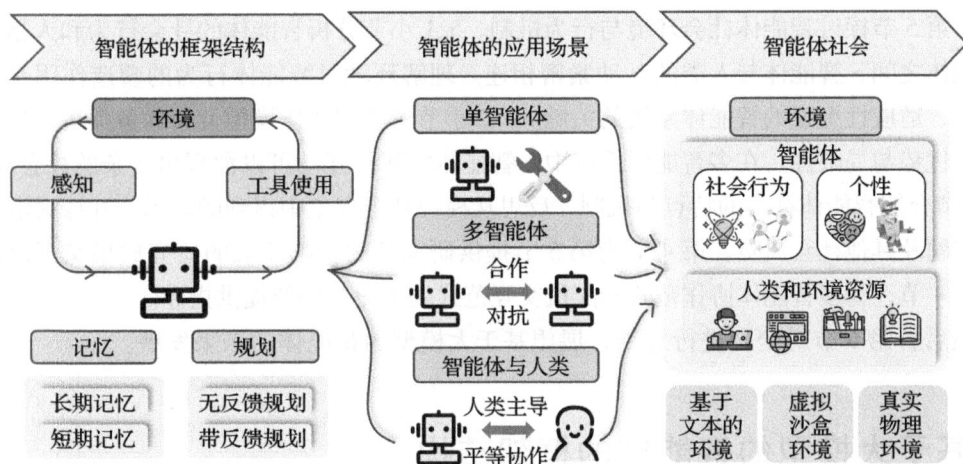

图 1　本文的核心内容框架

第 1 节已经阐述了智能体从哲学到人工智能领域的背景，强调了基于大模型的智能体不同于传统智能体的特点，回顾了智能体的发展历程，分析了大模型适合作为智能体大脑的主要部分的原因。

第 2 节介绍基于大模型的智能体的框架结构，该框架包含感知模块、规划模块、记忆模块和工具使用模块，这些模块定义了智能体的基本功能，同时也是智能体能力演化的基石。感知模块为智能体提供多模态理解、长文本建模能力，使智能体能更好地理解和解释所处环境；规划模块提供推理能力，是智能体理解任务和制定决策的核心；记忆模块存取和反思信息，有助于智能体保持任务执行的连贯性和借助过往经验进行决策；工具使用模块通过调用外部工具和资源，扩展智能体的能力边界。

第 3 节基于第 2 节所描述的框架，探讨基于大模型的智能体的能力演化路径。3.1 小节探讨拓展基础模型能力（包括多模态环境感知与理解、长文本建模与文本推理）的意义、核心挑战和方法。为了充分发挥智能体的潜力，需要将其基础能力有效地组织和编排，从而实现高效的任务执行和决策。3.2 小节从任务规划、内存管理、推理决策、工具学习四个方面介绍智能体工作流的编排方法。3.3 小节和 3.4 小节分别讲解单智能体的自主探索与进化和多智能体的协同演化，演化能力有助于进一步提高智能体对不同任务和环境的适应性。然而，如何为智能体构建高质量的标杆数据集是当前研究的瓶颈之一，3.5 小节对现有的智能体标杆数据集进行了介绍，并讨论了当前的问题和挑战。

经过第 3 节对智能体能力演化路径的理论探讨，第 4 节转向基于大模型的智能体的三大应用范式，即单智能体范式、多智能体协作范式和人机交互范式，为技术落地提供系统性的指导。其中，单智能体范式注重利用智能体的自主决策能力完成任务，多智能体协作范式通过合作互动和对抗互动实现智能体能力的互补，人机交互范式强调人类通过指导和反馈提升智能体任务执行效率和质量。

在第 4 节介绍的三大范式中，多智能体协作范式和人机交互范式都建立在智能体能够理解和参与社会行为的基础上，智能体在这两种范式下展现了高度的社会行为能力。

因此，第 5 节探讨智能体社会环境与行为机制。5.1 小节分析智能体的社会行为和人格，这与智能体之间、智能体与人类的互动紧密相连。理解环境对智能体行为的塑造作用是设计更高效、适应性更强的智能体系统的关键。5.2 小节讨论智能体模拟社会的各类运行环境的特征、优势与局限性。在多智能体系统中，智能体之间的互动可以涌现出复杂的社会现象，5.3 小节介绍智能体社会的特点与机制，反思从模拟社会现象中得到的启示，并探讨潜在的伦理问题及其他社会风险。第 4 节为第 5 节提供研究基础，第 5 节的研究成果又可以反作用于第 4 节，为多智能体协作范式和人机交互范式的优化和创新提供指导。

最后，第 6 节对全文进行总结，展望基于大模型的智能体的未来发展。

2　基于大模型的智能体的框架结构

在基于大模型的智能体的研究与应用中，框架结构的设计至关重要，它决定了智能体的规划、决策、记忆及工具使用的效率和效果。这些智能体依托于大模型，通过复杂的框架结构实现高水平的自治能力和智能化处理能力。基于大模型的智能体的框架结构的核心组成部分包括感知模块、规划模块、记忆模块和工具使用模块，如图 2 所示。这些模块的有机结合，使得基于大模型的智能体能够在多样化的任务场景中表现出色，展现出前所未有的智能水平和自适应能力。

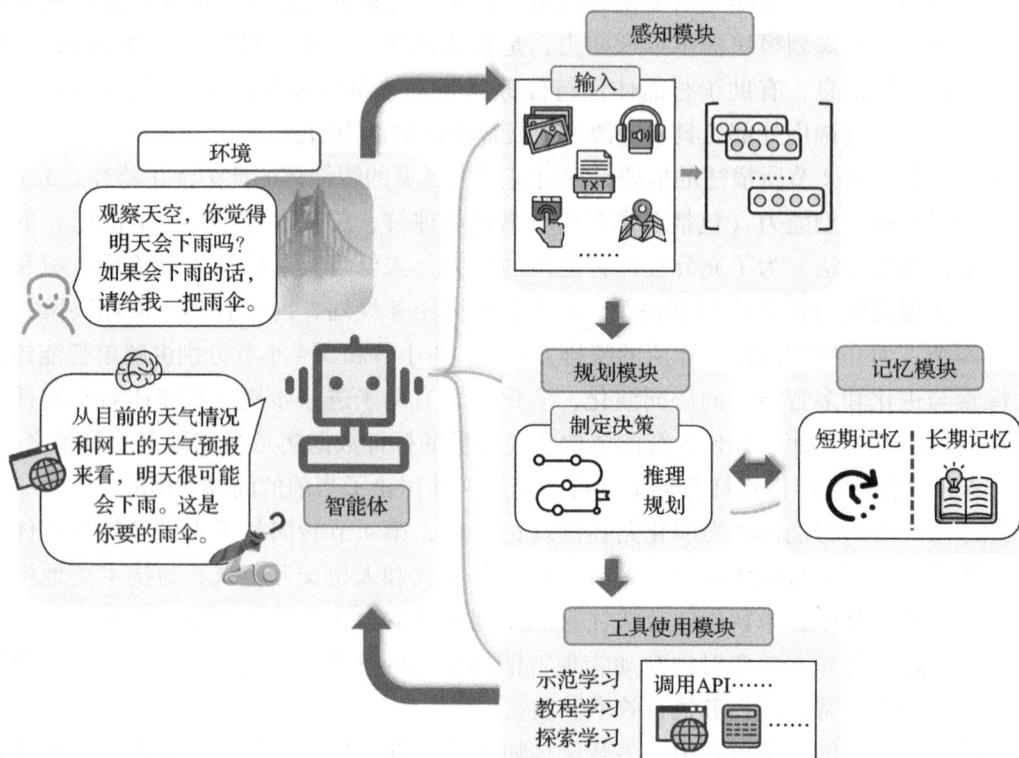

图 2　智能体的框架结构

2.1 感知模块

感知模块在大模型智能体中扮演着至关重要的角色，它负责从环境中获取不同模态的信息，并将这些信息传递给后续的规划模块、记忆模块和工具使用模块进行处理。通过感知模块，智能体能够更好地理解其所处的环境，做出更明智的决策，并在更广泛的任务中表现出色。

在大模型智能体的发展中，赋予其多模态感知能力已成为一个重要的研究方向。具体而言，文本输入、视觉输入、听觉输入，以及其他潜在的输入形式，如触觉反馈、手势、3D雷达等，都是拓展智能体感知范围的重要信息源。通过整合这些多模态输入，智能体能够在复杂多变的环境中保持灵活全面的感知能力。

2.1.1 文本感知

文本作为承载数据、信息和知识的主要媒介，是人类与世界互动的核心方式。现有主流的大模型智能体如 AutoGPT[84] 已经具备通过文本与外界进行交互的基本能力。然而，理解文本背后隐藏的含义（如用户的隐式意图）仍然是一大挑战。例如，一些研究通过强化学习技术来捕捉这些隐藏含义，并通过模型反馈机制推导出用户偏好，从而使模型能够做出更个性化和更精确的响应[98]。随着智能体面临的任务越来越复杂，特别是在陌生任务场景下，提升其文本感知能力变得尤为重要。

2.1.2 视觉感知

在视觉感知方面，尽管大模型在语言理解和多轮对话处理方面表现出色[53]，但仍然无法处理视觉模态的信息。视觉输入通常包含丰富的环境信息，如物体的属性、空间关系和场景布局。将视觉信息与其他模态数据结合，可以为智能体提供对外部环境更加全面和精确的理解[91]。为了使智能体具备理解视觉信息的能力，最直接的方法是将视觉输入通过图像描述转换成对应的文本描述[104]。这种方法的优势在于它具有高度可解释性，并且不需要为生成描述进行额外的训练，从而节省了大量计算资源。然而，这种方法可能在转换过程中丢失大量的潜在信息。因此，研究人员通过将大模型与视觉编码器结合，并通过增加一个可学习的接口层来对齐视觉编码与大模型的理解，从而提升大模型自身的视觉理解能力[105]。这种方法有效地减轻了大模型学习视觉语言对齐的负担，能极大程度地提升大模型智能体的视觉感知能力。然而，这种方法通常需要大量的计算资源，因此在实际应用中，如何在性能和资源消耗之间取得平衡，仍然是一个值得深入探讨的方向。

2.1.3 听觉感知

声音信息是外界环境信息的重要组成部分。赋予大模型智能体听觉感知能力，可以显著提升其对交互内容、环境状况甚至潜在危险的感知能力。现有研究已开发出多种处理音频的模型和方法，但这些模型和方法通常只在特定任务中表现出色[106-108]。考虑到大模型智能体出色的工具使用能力，研究人员提出了一种直观的思路，即智能体可以将大模型作为控制中心，通过级联调用现有的工具集或模型库来感知音频信息，从而实现多模态感知的高效融合。然而，与视觉感知类似，直接将外部模型作为工具来进行听觉感知存在信息丢失问题，因此，如何将听觉感知能力直接融入大模型仍然是需要探索的问题。

此外，感知模块还应考虑到其他潜在的输入形式，如触觉、嗅觉等。未来的大模型智能体可能具备更丰富的感知能力，能够像人类一样，感知并理解多样化的现实世界信息。例如，智能体可以拥有独特的触觉和嗅觉器官，在与物体互动时收集更详细的信息。同时，智能体还可以对环境中的温度、湿度和光照强度有清晰的感知，从而做出环境感知下的适应性行动。总的来说，感知模块的多模态扩展不仅有助于智能体更好地理解和适应外部环境，还能显著提升其在复杂任务中的表现能力。未来的研究重点将集中在让大模型拥有多模态理解能力，从而进一步提升大模型智能体的感知能力，并在实际应用中实现更高效的感知与决策。这一领域的突破将为大模型智能体的全面发展奠定坚实的基础。

2.2　规划模块

规划模块在大模型智能体中扮演着关键角色。它负责生成和优化任务执行的计划，通过对环境和任务的理解，制定合理的行动步骤，以实现目标。

现有的大模型研究工作指出，大模型的推理规划能力随着模型参数量和训练数据量的上升存在能力阶跃现象[62]。特别地，在模型参数量达到几百亿级别后，在没有直接任务相关数据的情况下，可以通过在输入提示中插入包含解决任务的中间推理步骤的样例，或者要求模型分步骤输出（Let's thinking step by step）的语句，引导大模型逐步构建任务的解决方案。这种策略不仅增强了模型解决问题的能力，也拓展了模型的应用场景。因此，将大模型作为规划模块的核心，充分利用大模型强大的推理能力和丰富的知识库，能够在复杂的动态环境中快速做出决策，灵活应对各种变化。这方面的研究工作主要集中在两个方向：无反馈规划和带反馈规划。

2.2.1　无反馈规划

无反馈规划（Planning without feedback）是指在规划阶段一次性生成完整的子任务拆分计划。在这种模式下，基于大模型的智能体在开始任务前会根据当前环境和任务要求生成一个完整的计划，并按照该计划一步步执行。在整个执行过程中，智能体不会对外界的变化进行实时反馈调整，而是严格按照初始计划执行。

无反馈规划的优势在于它的执行效率高，适用于环境稳定、变化较少的任务场景。例如，在文档生成任务中，智能体根据预先设定的主题、段落结构和内容要求，生成一篇包含所有预定义内容的完整文章。在整个规划和生成的过程中，智能体不会因外部反馈而改变文章内容。现有最典型的无反馈规划方法是上文提到的思维链推理方法在智能体场景的扩展[62]。大模型智能体可以利用思维链推理技术预先生成所要完成任务的所有的子任务拆分计划，然后对应生成每个子任务的执行动作并在真实环境中执行。

这种方法面临的挑战是生成的计划可能在实际环境中遇到问题而无法执行，或者执行效果不佳。例如，在不考虑外部数据变化的情况下，智能体可能无法处理突发事件或异常情况。

2.2.2　带反馈规划

带反馈规划（Planning with feedback）是一种更为复杂和灵活的规划方式，智能体在执行过程中不断获取环境反馈或者监控环境变化，并根据反馈或者变化调整行动计划。在这种模式下，智能体不仅会在任务开始前生成初步计划，还会在执行过程中不断监控环境和任务进展，根据实际情况进行实时调整和优化。带反馈规划强调智能体与环境的交互，通过反馈信息不断更新和修正计划，以确保任务的顺利完成。

带反馈规划的优势在于它具有高适应性和灵活性，适用于环境复杂、变化频繁的任务场景。例如，在金融市场数据分析任务中，智能体需要生成每日的市场分析报告。带反馈规划模块会实时获取最新的市场数据，如股票价格、交易量、新闻事件等，并根据这些数据动态调整分析内容。如果某只股票突然出现大幅波动，智能体会在报告中增加对此事件的特别分析，以确保报告内容的及时性和准确性。

ReAct[61] 方法是最典型的带反馈规划方法，其主要方式为将任务执行过程与推理规划过程进行结合，在任务执行的每一步，大模型智能体都会根据之前已经执行的子任务及已有的环境反馈生成当前步的子任务及对应的执行动作，并在真实环境中执行，再根据执行完的环境反馈进行下一步的任务规划。通过反复进行该过程，ReAct 方法使得大模型智能体能够根据环境反馈进行动态任务规划。

在实际应用中，常常将这两种规划方法结合使用。例如，在一个自主配送系统中，可以先使用无反馈规划生成一个初步的配送路线，并在实际执行过程中通过带反馈规划进行实时调整，以应对突发情况和动态变化。这种结合使用两种规划方法的方法被大模型智能体系统 XAgent(https://github.com/OpenBMB/XAgent) 所采用。

规划模块通过结合无反馈规划和带反馈规划，赋予大模型智能体灵活且高效的决策能力，使其能够在多样化的任务环境中表现出色，完成复杂的任务。

2.3　记忆模块

记忆模块是大模型智能体的重要组成部分，负责管理和操作智能体的记忆，包括长短期记忆的存储、读取、处理和反思等功能。它不仅能够存储历史数据和经验，还能够进行信息的提取和更新，支持长期和短期记忆的高效交互。记忆模块能够让智能体在处理连续任务时保持上下文连贯性，并能够基于以往的经验做出更准确的判断和选择。

2.3.1 记忆架构

记忆架构包括短期记忆和长期记忆两部分。它们各自有不同的功能和实现方式，但都依赖于大模型强大的计算和理解能力。

1. 短期记忆

短期记忆通常通过将记忆内容文本作为提示语句输入大模型的上下文中，利用大模型的上下文理解能力来实现。具体流程如下：

- **存储**：在任务执行过程中，关键的上下文信息和事件被实时记录下来，形成短期记忆内容。

- **使用**：在后续任务中，这些记忆内容被作为提示语句输入大模型的上下文中，使模型能够基于这些提示进行推理和决策。例如，将前几步的操作结果和重要环境信息作为输入，帮助模型在接下来的步骤中做出更合理的判断。

2. 长期记忆

长期记忆通过构建记忆库进行检索和管理，支持持久化的知识存储和高效的记忆检索。具体流程如下：

- **构建**：将智能体在长期任务执行过程中累积的经验、知识和数据系统化地存储到记忆库中。记忆库可以是向量数据库、知识图谱等形式。

- **检索**：当智能体需要获取过去的经验或知识时，通过查询记忆库进行检索。将检索到的记忆内容作为大模型的输入，结合当前任务需求进行处理。例如，在面对类似的问题时，智能体可以检索到之前解决相似问题的经验，从而提高解决问题的效率和准确性。

2.3.2 记忆操作

记忆操作包括记忆写入、读取和反思等多个方面。这些操作能够确保智能体高效地管理和利用其记忆资源。

1. 记忆写入

记忆写入是指将新的信息或经验存储到记忆模块中。在短期记忆中，写入操作通常是将新的文本信息插入上下文中。在长期记忆中，写入操作则是将信息存储到记忆库中，并进行适当的索引和标记，以便后续检索。例如，当智能体完成一项任务后，它可以将任务的执行过程和结果记录下来，作为未来任务的参考信息。这种操作能够确保智能体不断积累经验，提升其智能化水平。

2. 记忆读取

记忆读取是指从记忆模块中提取相关信息，供当前任务使用。在短期记忆中，读取操作是从上下文中提取提示信息并加以利用。在长期记忆中，读取操作则是从记忆库中检索相关信息，通常通过匹配任务需求和记忆内容的方式实现。例如，在面对一个复杂问题时，智能体可以检索长期记忆库中相关的解决方案，提供有效的建议或解决方案。

3. 记忆反思

记忆反思是指智能体对已存储记忆的回顾和分析，以提升其决策和任务执行能力。在基于大模型的智能体系统中，Reflexion[109] 在记忆模块引入记忆反思。通过反思，大模型智能体可以总结经验教训，优化其行为策略。这一过程通常涉及对过往任务的回顾、结果分析及改进建议的生成。例如，智能体在完成一系列任务后，可以分析哪些策略有效，哪些需要改进，并将这些反思结果存储在记忆模块中，指导未来的任务执行。

综上所述，智能体的记忆架构设计不仅是对人类记忆的简单模拟与复制，更是对其功能的拓展和优化。通过不断的技术创新和应用实践，我们可以进一步提升智能体的处理能力和智能水平，使其在更加复杂多变的实际环境中展现出更强的适应性和高效性。这些进展不仅推动了智能体技术的发展，也为我们深入理解人类记忆提供了新的视角和思路。

2.4　工具使用模块

工具使用模块是大模型智能体的重要组成部分，该模块通过调用外部工具和资源来完成特定任务，扩展了智能体的功能边界。通过工具使用模块，智能体可以执行复杂的计算、获取外部数据、与其他系统交互，从而增强其解决问题的能力，提高效率。这一模块的设计和实现，使得大模型智能体在实际应用中具有更高的实用性和灵活性。

对大模型智能体来说，扩展其工具使用能力的核心在于大模型。在本节中，我们将详细介绍如何让大模型获得工具使用能力。我们将大模型学习工具使用的策略划分为三类：①示范学习，通过具体的工具使用示范进行学习；②教程学习，通过工具手册进行学习；③探索学习，通过尝试和反馈进行学习，通常涉及强化学习。

2.4.1　示范学习

示范学习是指大模型通过观察和模仿人类专家使用工具的行为模式来学习如何操作工具。这种方法类似于人类通过观看教学视频或观察他人操作来学习新技能。

一般来说，基于示范学习策略的工具学习过程可以分为两步。

1）示范数据收集：收集大量的工具使用示范数据。这些数据可以包括步骤记录、操作视频等。

2）模型训练：将收集到的示范数据输入大模型，通过监督学习的方式训练模型，使其能够理解并模仿示范中的操作步骤。例如，WebGPT[60] 通过与搜索引擎的交互数据，模仿人类专家的搜索行为，提高信息检索能力。研究人员首先收集大量的人类搜索行为数据，然后通过监督学习让模型模仿这些行为，从而提高模型的搜索能力。WebShop[12] 是一个虚拟购物环境，在这个环境中，智能体通过模仿人类购物行为，学习根据指令选择并购买商品。研究人员创建了互动环境，记录了人类的购物过程，再利用这些数据训练模型，使其在相似任务中表现出色。

示范学习的优势在于它能够让大模型快速掌握具体的工具使用方法，适用于明确且步骤固定的工具操作。然而，它的局限性在于依赖高质量的示范数据，灵活性和创新性较低。

2.4.2 教程学习

教程学习一般通过将工具手册作为大模型的提示语句输入，让大模型直接从工具手册中学习、理解工具的功能和使用方法。它的主要想法来自人类通常通过阅读手册或观察演示来获取相关知识，模型也可以通过提示学习如何使用工具。

目前，OpenAI 系列的大模型（如 ChatGPT、GPT-4）具备强大的零样本学习（zero-shot learning）和少样本学习（few-shot learning）能力，可以通过提示理解工具的功能和使用方法。

1）零样本提示：通过描述 API 功能、输入输出格式及可能参数，让模型理解每个 API 的用途。这种方法可以帮助模型在未见过具体示例的情况下，基于描述信息来操作工具。

2）少样本提示：提供具体的工具使用示例，通过这些示例模型可以模仿工具的使用方法。这种方式通过具体案例使模型可以更好地理解和应用工具。

然而，虽然 OpenAI 系列的大模型借助其极强的上下文理解能力能够很好地进行教程学习，但是现有的开源大模型仍然受限于大模型的上下文理解能力，无法通过教程学习获取工具使用能力。针对这个问题，ToolLLM[110] 通过创建 ToolBench 数据集，自动为 3000 多个工具（包含 16 000 多个 API）生成任务指令，并利用深度优先搜索算法自动构建对应的解决方案路径，从而微调开源大模型以提升其基于教程学习的工具使用能力，通过 API 检索器推荐适合的 API，从而解决大模型基于工具手册提示语句学习工具使用方法的效果受限的问题。

教程学习的优势在于系统性和全面性，它使得大模型能够通过详细的文档学习全面掌握工具的功能和使用方法，进而赋予智能体强大的工具使用能力。

2.4.3 探索学习

探索学习（Exploratory Learning）是指通过自主尝试和实验来学习工具的使用方法。智能体通过自主探索和试错，逐步掌握工具的操作技巧和最佳使用方法。探索学习的一般实现方式有以下两种。

1）环境/人类反馈：在操作过程中，智能体根据环境和人类反馈调整操作策略，优化工具使用方法。其中，环境反馈通过智能体与环境互动后获得的结果进行优化。结果反馈评估智能体一系列动作的整体表现，而中间反馈则评估每个动作的即时效果。在 WebShop[12] 中，通过评估智能体购买产品与人类购买产品的相似性提供结果反馈；而在信息检索任务中，则通过观察搜索结果页面内容提供中间反馈，在任务执行过程中不断优化智能体的表现。除了环境反馈，人类也可以在互动过程中提供反馈，具体可以分为显式反馈（如评分系统）和隐式反馈（如用户行为）。尽管人类反馈准确且稳定，但获取成本较高。WebGPT[60] 利用人类反馈指导策略模型，使其在长篇问答中表现更好。在此基础上，人类反馈强化学习（RLHF）通过模仿人类的奖励机制，使用强化学习算法优化策略，提升模型的决策能力。

2）经验积累：智能体将每次尝试的结果记录下来，形成经验库，逐步提高工具使用的熟练度和效率。

当前研究主要集中在如何通过混合这些学习策略来优化模型性能，从而提升大模型智能体的表现。例如，结合示范学习的精确性与探索学习的灵活性，可以提升模型在未知环境中的适应性。此外，教程学习和示范学习的结合能够为模型理解复杂工具操作提供双重支持。这些策略的融合不仅提高了模型的学习效率，也为处理更复杂的多工具任务提供了新的可能性。

总体而言，工具使用模块的发展正在推动大模型智能体向更高级别的认知和操作能力进阶。通过不断优化和螺旋上升的学习策略，未来的模型将在不需要人工直接指导的情况下，展现出更加出色的任务执行能力。这些进展为构造更强大的智能体提供了坚实的基础，也让大模型智能体的应用更为广泛。

3　基于大模型的智能体的能力演化路径

随着大模型技术的发展，基于大模型的智能体在认知能力、交互能力和情感理解方面同样取得了显著的进展。这些智能体不仅在执行复杂任务方面表现出色，而且在与人类用户的交互中展现出越来越多的人性化特征。本节将重点探讨大模型的智能体的能力演化路径，特别是如何从基座模型向更高级的认知和社交功能扩展。

3.1　基座模型能力拓展

基座模型是大模型智能体的能力的决定因素，因此，大模型智能体的能力演化路径首先依赖于基座模型能力的不断拓展。基座模型能力是智能体逐渐具备高级认知和社交能力的前提，主要包括多模态环境感知与理解能力、长文本建模与文本推理能力。这些能力的提升使得大模型智能体能够更好地处理复杂的任务，理解和生成长文本内容，并进行复杂的推理，从而在实际应用中展现出更高的智能水平。

3.1.1　多模态环境感知与理解

早期大模型仅限于处理文本数据，但现实世界中的信息往往是多模态的，包括图像、视频、音频等其他形式的信息数据，这使得早期的大模型无法像人类一样感知和理解复杂的现实世界。为了解决这一问题，研究人员开始探索将多模态数据整合到大模型中，使其具备处理多种信息源的能力。这一发展不仅提升了大模型的认知能力，还使其在处理实际任务时更加灵活和高效[111]。

多模态环境感知涉及对不同类型的数据的集成与理解。大模型通过将各种模态的信息进行联合建模，从而更全面地理解复杂场景。其中，以语言为中心的范式是当前应用最广泛的多模态架构之一。这种方法将预训练语言模型作为主干，通过投影层将其他模态（如图像、音频等）的表征转换并对齐到语言模型的表征空间中，然后使用语言模型进行进一步处理[112-113]。

以图像为中心的范式则模拟了人类通过视觉感知世界的方式，它将文本和其他模态输入转化为图像形式，再通过视觉编码器进行处理。这种范式直观地模拟了人类视觉系统的工作方式，将输入像素化，从而在不同模态之间建立直接的视觉联系[114]。尽管这种方法需要高效的图像处理能力，但它在图像重建和视觉描述等特定场景下表现出优异的性能。

原生多模态模型则试图将所有模态的输入放入一个统一的嵌入空间中，例如，将图像分割成小块，处理为与语言标记相同的嵌入，再与文本嵌入一起输入 Transformer 模型中进行统一处理[115]。这种方法的优势在于其简洁性和灵活性，能够同时处理不同类型的输入数据，并在多个应用场景中表现出色。

多模态上下文学习是多模态感知的另一个关键方面，特别是在现代的大模型框架下。这种学习方式利用从各种模态（如文本、图像和声音）中提取的信息来丰富和改进模型的推理能力。多模态大模型通过交错的模态输入处理，例如在一个序列中混合图像和文本标记，使模型能够捕捉跨模态的相关性和上下文信息[116]。这种策略显著提高了模型在复杂推理任务中的表现能力，尤其是在需要综合各种信息源以做出决策的场景中。利用少量的示例进行上下文学习，模型能在接收到少量的输入输出示例后快速适应新任务。例如，在交互式应用（如对话系统）中，模型可以通过分析用户的语言和非语言输入（如表情或手势），更准确地理解用户的意图和情绪。这种能力不仅提高了交互质量，也提升了用户体验。

在实际应用中，多模态环境感知技术已经展现出了强大的潜力。多模态大模型的发展极大地扩展了大模型智能体的感知空间，使智能体能够通过多模态感知获取全面的信息，从而做出更加准确和智能的决策[117]。例如，在智能监控系统中，智能体可以通过分析视频流和音频数据，识别出异常行为并及时发出警报[118]。在医疗领域，大模型智能体能够结合医学图像和患者的文本记录，提供更加全面的诊断建议[119]。此外，多模态技术还广泛应用于人机交互领域，通过理解用户的语言、表情和动作，智能体能够提供更加自然和全面的服务功能[120]。

此外，在多模态领域的探索过程中，研究人员不断探索新的数据集成方法和学习策略。例如，通过联合训练和跨模态对齐，模型能够更好地捕捉模态间的相关性和互补性，从而实现更加精确的多模态理解[121]。这种技术不仅增强了智能体的感知能力，更为智能体理解错综复杂的现实信息提供了可能。

3.1.2 长文本建模

随着大模型技术的发展，长文本建模成为提升模型理解和生成能力的关键方向之一。智能体应用场景的复杂化迫使模型需要处理和生成更长、更复杂的文本。这不仅涉及更大的计算和存储资源，也需要更高效的建模技术来捕捉长文本的语义和上下文关系[122]。

长文本建模的核心挑战在于如何有效地捕捉和保持长距离依赖关系。在处理长文本时，模型需要在保持信息完整性的同时，避免出现信息丢失或混淆的情况。为了解决这一问题，研究人员提出了多种改进方法。例如，层次化编码器结构通过将文本分层处理，先在局部层面捕捉细节信息，再在全局层面整合这些信息，从而实现对长文本的全面理解[123]。

一个重要的技术进展是长度外推（Length Extrapolation），用于解决文本长度超出位置编码上限的问题。传统位置编码在处理超过其预设长度的文本时，模型会出现显著的性能下降。长度外推技术通过扩展位置编码或采用相对位置编码的方法，使模型能够处理更长的文本而不会受到长度限制的影响[124]。这种技术在长文本建模中尤为重要，能够显著提升模型处理超长文本的能力，从而增强其在实际应用中的表现。

3.1.3 文本推理

文本推理是大模型智能体能力演化的重要组成部分，它涉及从给定文本中抽取和生成隐含信息的过程。这一能力不仅要求基座模型能够理解显性信息，还要求模型能够进行复杂的逻辑推理、因果关系分析以及语义理解，从而生成合乎逻辑的结论和回应[125]。

文本推理的核心挑战在于处理自然语言中的模糊性和多义性。为此，研究人员提出了多种技术手段来提升模型的文本推理能力。例如基于图神经网络的模型通过构建语义图对文本中的实体和关系进行建模，实现更精确的推理[126]。此外，知识检索增强生成（Retrieval-Augmented Generation，RAG）技术的引入也增强了模型在特定领域的推理能力，通过结合外部知识库，模型可以在更广泛的语境中进行推理和回答[127]。

为了进一步提升复杂场景下的模型推理能力，研究人员还提出了多种增强推理效果的方法。例如，思维链（Chain-of-Thought，CoT）技术要求模型显式或隐式地在多跳步骤中进行逐步推理，从而实现更准确的推理结果[65,128]。进一步，研究人员提出一种新型的后向思维链方法，从目标开始逐步进行溯因推理，直到所有子目标都能被现有知识证明或反驳[129]。然而，与前向思维链相比，后向思维链的研究仍处于初步阶段。

3.2　智能体工作流编排

智能体基础能力的不断提升使得它们拥有应对复杂实际场景的能力。为了充分发挥智能体的潜力，需要将其基础能力有效地组织和编排，从而实现高效的任务执行和决策。

3.2.1　任务规划

任务规划模块是智能体工作流程的核心，它决定了智能体如何分解和执行复杂的任务。具体来说，智能体在规划模块中将用户请求分解为若干个步骤或子任务。常见的任务分解技术包括思维链和思维树[130]，分别采用单路径和多路径推理要求智能体对复杂任务进行细粒度划分。

然而，基于传统的链式规划方案无法及时获取环境的反馈，它本质上仍是一种离线策略，难以应对复杂多变的环境。为了在复杂任务场景下实现长期规划的能力，可以引入反馈机制来要求智能体基于过去的行动和观察迭代地反思和调整执行计划。ReAct[61]和 Reflexion[109] 是两种典型的融入反馈机制的思维链模式，可以满足不同的复杂任务需求。

具体来说，ReAct 将推理和行动结合起来，通过交替生成推理轨迹和任务特定的动作，允许模型在决策和推理任务中动态调整和改进其计划和行为。因此，ReAct 适用于需要与外部信息源频繁交互并实时调整策略的任务场景，例如多轮问答和事实验证。Reflexion 则通过语言反思机制进行自我改进和记忆存储，适用于需要通过反复试验和自我改进来优化表现的任务，如复杂决策、推理和编程等需要长期改进和记忆优化的场景。

3.2.2　内存管理

内存管理模块负责记录和处理其内部日志，包括先前的思考、行为、对环境的观察及与用户的所有互动。根据内存记忆的时效性可以划分为短期内存和长期内存。

短期内存主要处理智能体当前的上下文信息，可以通过上下文学习来实现。这类内存由于受限于上下文窗口，具有时间和容量限制。短期内存需要快速更新和访问，以支持智能体在任务执行过程中的即时响应。

长期内存存储智能体过去的行为和思考，需长时间保留并能在必要时被回忆起来。长期内存通常依赖于快速、可扩展的外部向量存储库，这样可以为智能体提供丰富的历史数据支持，使其在复杂任务中能够进行更准确的推理和决策。

通过结合长短期内存的优势，智能体可以从长期内存中提取经验，并根据短期内存中的信息进行当前状态评估，制订未来的行动计划。这种引入内存模块的协同机制使智能体在动态环境中能够持续优化决策过程，表现出更好的环境适应性。通过不断改进内存管理策略，智能体在复杂任务中的表现将更加出色。

3.2.3　推理决策

推理决策模块综合利用基础模型的感知、建模与推理能力，为智能体在实际场景中做出合理的决策。推理决策的核心在于如何让智能体有效地利用其内存、知识和感知信息来进行逻辑推理，并在动态环境中调整其行为策略。

在推理决策过程中，智能体首先会对当前任务进行情境分析，结合内存模块中的历史数据和环境感知模块提供的多模态信息，构建一个全面的任务理解模型。基于这一模型，智能体会生成多种可能的行动方案，并利用长文本建模和文本推理能力进行评估和优化。比如，在处理自然语言指令时，智能体不仅要理解指令本身的语义，还需要推理出背后的意图和潜在的约束条件，从而制定出最优的行动计划[130]。

3.2.4　工具学习

工具学习模块是智能体与外界环境进行互动的重要手段，通过使用多种工具，智能体可以扩展其功能和执行能力，完成更复杂的任务。这些工具包括但不限于搜索引擎、代码解释器、知识库及外部模型[131]。通过使用这些工具，智能体不仅能够获取所需的信息，还能完成特定的计算和任务，从而满足用户的需求。

3.3 自主探索与进化

在不断变化和复杂多样的环境中，大模型智能体需要具备自主探索与持续进化的能力。现阶段的智能体范式普遍采用"主动探索-形成记忆-新任务适配"的工作模式以适应复杂多变的真实环境。

首先，智能体通过自主探索环境中的不同状态和操作，积累经验并构建内部知识库。这一过程类似于人类通过试验和纠错学习新技能。例如，在复杂的模拟环境中，智能体在初始阶段对任务毫无了解，可以通过不断尝试和探索，逐步掌握任务执行的方法[132]。

进化的第二步是将探索过程中获取的知识和经验形成记忆存储和整理到内存中。智能体在完成任务后，会将成功的策略和行动步骤存储在记忆中，以便未来执行类似任务时可以参考。例如，MemPrompt[133] 维护了一个用户反馈的记忆库，一方面记录用户提供的自然语言反馈，另一方面，当智能体遇到类似意图的任务时，可以检索相关记忆生成更适合的响应。

具备了丰富的记忆后，智能体在遇到新任务时能够快速适应和响应。当环境发生改变或者任务内容发生变化时，智能体能够调用存储的经验，并结合自身强大的推理能力得出可靠的策略。例如，Voyager[134] 通过环境反馈和自我验证不断优化技能库中的代码，使智能体能够高效地完成全新任务。

在自主探索与进化的过程中，智能体还具备了自我驱动的进化能力。这一机制允许智能体自主设定目标，通过环境探索和反馈不断提升自身能力。例如，LMA3[135] 中的智能体可以根据自身偏好，自主探索环境并通过奖励机制获取知识和技能。

3.4 多智能体协同演化

在大模型智能体的发展过程中，多智能体协同演化是一个重要的研究方向。多智能体系统（Multi-Agent Systems，MAS）通过多个智能体之间的合作与博弈，实现复杂任务的解决和知识的共享，它主要涉及社群模拟和群体信息传播两个重要环节。

社群模拟是指通过模拟人类社群中的互动行为，来研究群体智能的动态特性。在大模型的支持下，智能体能够模拟复杂人类互动，进而用于社群行为研究。例如，AgentSims 框架[136] 提供了一个灵活的环境，可以设计和评估不同的智能体规划、记忆和行动策略，研究社群中的互动效果；斯坦福小镇框架[56] 则通过生成式智能体模拟人类行为，在虚拟环境中进行复杂社交互动。这些智能体能够基于既定的角色和关系进行自然的语言交流，从而模拟出逼真的人类社群动态。

群体信息传播是指信息在智能体之间的传递和共享过程，它的首要任务是建立高效的信息共享机制，以便每个智能体在获取到新的信息或完成一个任务后，能够有效地将信息传达给其他智能体。例如，MetaGPT 项目[137] 中提出了一种元编程框架，该框架通过共享任务进度和中间结果，使得多个智能体可以同步工作。

此外，在大量信息流通的环境中，智能体需要具备有效的信息过滤机制，确保关键和相关的信息能够优先传播。斯坦福小镇框架[56] 通过设定智能体的角色和目标，使其能够自主判断哪些信息是当前任务最为重要的，从而优先处理和传递这些信息。信息传播过程中，反馈机制起到了重要作用。智能体在接收到信息后，可以根据实际情况给予反馈，使信息源能够对信息进行校正或补充，从而形成一个信息传播闭环体系[132]。

3.5　智能体标杆数据集

除了技术和模块上的挑战，智能体标杆数据集在智能体研究中具有至关重要的作用。然而，随着智能体应用场景的复杂化和多样化，如何构建高质量的标杆数据集成为当前的研究难点之一。本节将对现有的智能体标杆数据集进行分类和介绍，重点讨论具有代表性的数据集及其适用范围和存在的问题。

3.5.1　标杆数据集分类

大模型智能体标杆数据集大致可以分为对话交互式数据集、工具调用数据集及多智能体协作数据集。

对话交互式数据集是目前研究基于大模型的智能体在人机交互方面的重要资源。这类数据集主要用于评估智能体在与人类或其他智能体进行自然语言对话时的表现。典型的对话交互式数据集包括 ConvLab-3[138] 和 DialoGLUE[139]，它们涵盖了从任务导向对话到开放域对话的多种场景。ConvLab-3 数据集专注于多轮对话任务，而 DialoGLUE 则汇集了多种对话任务的数据，并提供了标准化的评估基准。进入大模型时代后，最新的对话交互式数据集开始关注更广泛、更复杂的场景，并聚焦于安全场景。例如，MT-bench[140] 在受控的复杂环境下搜集了各类专家级的人类评价，用于评估智能体对问题的回应；LMSYS-Chat-1M[141] 包含百万级别的真实对话数据集，涵盖了广泛的话题和应用场景，非常适合用来测试智能体的内容审核以及指令跟随的能力。

工具调用数据集涉及智能体与外部工具的交互，例如 API 的调用和对复杂环境的感知。比较具有代表性的工具调用数据集包括 AgentBench[142] 和 APIBench[143]，其中 AgentBench 用于包括操作系统、数据库、知识图谱等在内的多种交互环境表现测试；APIBench 则用于评估 API 推荐方法性能的基准测试，涉及查询和代码的 API 推荐。此外，还有一些针对特定场景的智能体工具调用基准，例如，在手机 GUI 控制操作方面有 Android in the Wild(AITW)[144]、OSWorld[145] 等多个全方位评估基准。这些垂直领域的针对性数据集为开发和检测智能体的特定性能奠定了更好的基础。

多智能体协作数据集专注于模拟多智能体之间的合作与竞争，评估其在复杂任务中的协同能力。例如，ChatDev 框架在测试阶段涉及智能体扮演程序员、审稿员和测试员协作交互开发软件系统的能力[79]；T-Eval 涵盖了科研、旅游、娱乐、网络、生活和金融等多个领域的智能体测试，并使用人类专家挑选高质量样本开发了一个多智能体能力研究框架[146]。

3.5.2　标杆数据集存在的问题

尽管当前针对大模型智能体能力评估的标杆数据集在广度和深度上均有一定进展，但依然存在诸多问题，具体表现在以下几个方面。

1）标杆数据集的质量与代表性不足。标杆数据集的质量直接影响到智能体模型的训练效果和性能评估的准确性。然而，当前的数据标注往往需要依赖大量人工，导致标注的准确性和一致性难以保证。此外，许多数据集的样本多样性不足，存在大量的重复和无用数据，难以充分反映现实世界中的复杂性和多样性，进而影响了智能体在真实场景中的表现。

2）隐私与伦理问题。智能体标杆数据集在涉及人机交互和多智能体协作的场景中，往往需要处理大量的个人信息和敏感数据，这引发了关于隐私保护和伦理问题的讨论。例如，在对话数据集中，用户的隐私信息可能在数据收集和使用过程中被泄露或滥用。如何在保证数据质量和研究有效性的前提下，充分保护用户隐私，是当前数据集开发和使用中亟需解决的问题。

3）评估标准单一局限。当前的标杆数据集通常采用固定的评估标准，例如直接以最终任务是否完成来作为唯一指标，而忽视了其在交互性、应变能力等方面的表现。这种单一的评估方式可能无法反映智能体的综合能力，尤其是在应对复杂任务和多智能体协作时。

4　基于大模型的智能体的应用范式

在对大模型智能体框架结构和演化路径进行详细讨论后，本节将进一步聚焦大模型智能体在实际应用中的具体范式，为大模型智能体的落地应用提供系统和全面的指导。

4.1　单智能体范式

单智能体范式是指通过大模型来构建具备自主决策和任务执行能力的单一智能体。与传统的单一大模型不同，该智能体能够在复杂环境中进行自我调节和优化，从而实现高效的任务执行和问题解决。近年来，随着大模型能力的不断提升，单智能体在多个领域展现出了强大的应用潜力，具体可以划分为面向任务、面向研究和面向生命模拟的智能体应用场景。

面向任务的智能体旨在解决具体的任务或问题，例如传统的自然语言问答、图像识别、数据分析等问题。对于这些问题，智能体需要合理地将任务划分为多个子任务并逐步完成。此外，像 ChatGPT 这样的对话式智能体不仅能进行自然语言交流，还能通过 API 与外部工具交互，从而完成更复杂的任务。由 DeepMind 开发的 GATO[147] 多模态智能体能够处理图像分类、文本生成、机器人控制等多种任务。Codex[148] 可以从自然语言描述中生成代码，并调试、修改和优化代码。这些基于大模型的单智能体能够利用先进的人工智能技术来解决具体问题，已经广泛适用于对话、控制、编程等多种场景。

面向研究的智能体主要体现在科学研究、技术开发和创新性任务解决等方面。由于此类应用需要智能体拥有极强的推理能力和创新思维，因此智能体的推理决策模块显得尤为重要[134]。例如，在化学、数学等领域，基于大模型的智能体如 ChemCrow[149]、FunSearch[150] 等已经展示了其在自动化任务执行中的巨大潜力。

面向生命模拟的智能体应用集中于模拟和再现人类以及其他动物的行为和社会互动上。这类智能体不仅需要理解和生成自然语言，还需要具备一定的常识和社会认知能力。例如，斯坦福小镇[56] 中的智能体能够准确地理解当前的环境和自身状态，通过基本观察总结出高级别的想法，模拟人类或其他动物的日常生活和决策过程；RoleLLM[151] 通过非参数的提示学习方法直接为智能体提供角色数据，使得智能体能够模拟不同角色的行为；Humanoid Agent[152] 通过模拟人类的基本需求和情感来增强智能体的现实感和有效性，使其能够在更广泛的社交互动和仿真环境中表现出色。这些智能体不仅能够模拟特定生物或人类角色的语言风格和知识，还能够体现出这些角色的个性和思维过程，在社会行为模拟、游戏环境中的角色扮演以及个性化助理等应用中具有重要的价值。

4.2 多智能体协作范式

在大模型智能体的应用中，社群协作范式主要涉及合作互动和对抗互动这两类互动模式。下面将详细探讨这两类模式的具体实现及其在智能体发展中的重要性。

4.2.1 合作互动实现互补

合作互动模式通过多个智能体之间的协作来实现能力的互补和任务的高效完成。例如，Voyager[134] 通过构建共享的技能库，使不同的智能体可以在探索和构建复杂任务时相互协作和补充；AgentSims[136] 中的 Mayor 模式通过让一个智能体扮演"领导者"的角色，发布任务给其他负责招聘员工、建立公司等工作的智能体进行合作，观察能否合作完成最终目标；MetaGPT[137] 构建多个角色进行合作交流，如产品经理、架构师、项目经理和工程师，来监督代码生成过程并提升最终输出代码的质量。MedAgents 强调智能体间的互补性，通过扮演多个医疗领域的专家进行合作会诊，显著提升了会诊[153] 的成功率。同样的合作框架也适用于软件开发[154]、推荐系统[155] 等领域。

在这类合作互动模式下，智能体通过扮演不同的角色进行分工交流，共享资源和信息，从而更高效地完成任务。合作互动的优势在于它能够充分利用每个智能体的特长，实现资源的最佳配置，从而提高整体系统的效率和可靠性。

4.2.2 对抗互动实现进步

对抗互动模式通过在智能体之间设置对抗性任务和竞争环境来实现整体性能的提升。它的重要思想在于引入"辩论"机制，激发智能体之间的相互挑战与反馈，从而促进整个系统达成既定目标。

在对抗互动中，每个智能体扮演不同的角色，并提出各自的观点或解决方案。通过设定明确的辩论规则和评价标准，让智能体展开有序的辩论。这种机制能够帮助智能体发现自身的缺陷和不足，从而进行自我改进。例如，DebateGPT 要求多个智能体就同一个问题展开辩论，每个智能体提出自己的观点，并根据预设的评价标准评估彼此的论点。在电影推荐场景下，不同的智能体通过对推荐结果的讨论和反馈，逐步优化推荐结果[155]。在医疗诊断领域，智能体通过扮演不同的医学专家角色进行诊断辩论，有助于提高诊断的可靠性[153]。

4.3 人机交互范式

基于大模型的智能体的最终目的是要服务于人类，人机交互范式通过在系统中引入人类的参与实现人机智能互动。进一步讲，人机交互范式可以分为人类主导范式和人机平等协作范式两类。

4.3.1 人类主导范式

在人类主导的范式中，人类通过对智能体提供适当的指导与反馈，来主导智能体的行为和决策。这种模式强调人类的主导地位，智能体在执行任务时依赖人类的指示与纠正。例如，HuggingGPT[156] 通过人类提供的任务描述调用不同的模型来完成任务。在这种模式下，人类负责任务的规划和管理，而智能体通过执行具体操作来辅助完成任务。

这种范式的优势在于能够确保智能体的行为始终符合人类的期望和需求，因为每一步操作都经过了人类的监督和控制，这不仅能提高智能体任务完成的准确性和可靠性[132]，还能在意外情况或复杂任务中及时调整策略，以应对多变的环境和要求[157]。人类可以在与智能体的沟通中熟悉智能体提供的辅助功能，从而提升整体的工作效率和用户体验。

4.3.2 人机平等协作范式

人机平等协作范式强调智能体与人类作为平等的合作伙伴，共同参与任务的规划和执行。这种模式强调智能体的适应性，通过与人类的协同工作高效完成任务。例如，智能体在执行任务的过程中能够主动请求人类的反馈，并根据反馈调整行为策略[158]。在这种模式下，智能体不仅被动执行任务，还能够通过自主学习和优化提高自身能力。随着智能体的基础环境感知与推理能力的提升，人机交互的方式和理解能力将不断优化，实现真正的无缝协同。

5 智能体社会的环境与行为机制

在很长的一段历史时期，社会学界通常在受控环境下进行社会实验，并从中观察特定的社会现象，例如霍桑实验和斯坦福监狱实验⊖。之后，研究人员开始使用动物进行社会模拟实验（以老鼠乌托邦实验⊖为代表）。然而，这些实验的对象都是活体，难以进行干预，缺乏灵活性，效率低下。因此，研究人员一直憧憬着构建一个交互式的人工社会，利用智能体表现出人类行为[159]。从《模拟人生》等沙盒游戏到"元宇宙"概念，人们对"模拟社会"的定义可以概括为：环境及在环境中生存、互动的个体。个体可以是一个程序、一个真实的人，也可以是一个基于大模型的智能体[56,160]。而个体间的互动也会导致社会性行为的产生。本节将探究智能体社会的环境与行为机制，如图 3 所示。

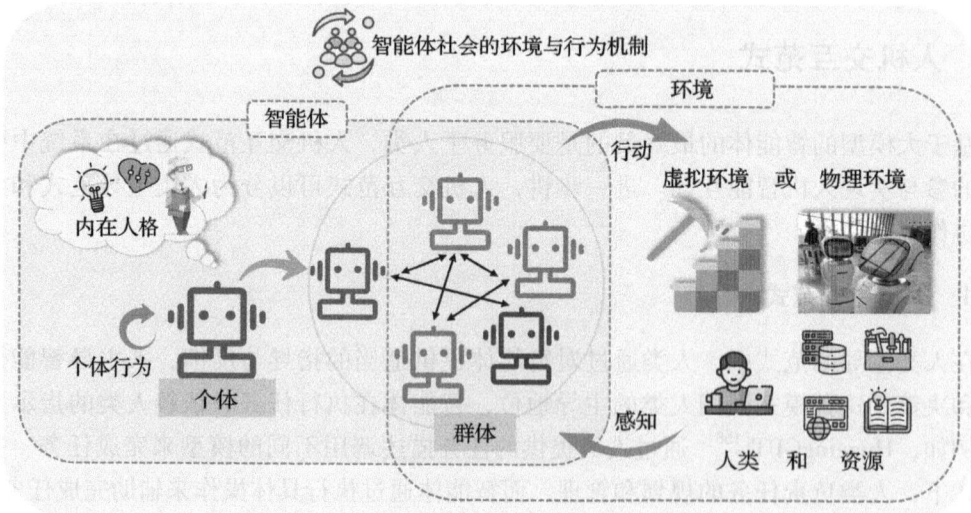

图 3 智能体社会的环境与行为机制示意

5.1 智能体的社会行为与人格

社会学家通常从外部与内部两个维度来对个体进行分析[161]，外部维度主要是可观察的行为，内部维度则与价值观、性格、感受等相关。在本小节中，我们一方面从外部维度观察智能体的社会行为，包括智能体如何独立行动，以及如何与其所处环境互动；另一方面，我们探究智能体可能表现出的人格，例如认知、情感、性格等，这些都会影响到智能体的行为。

⊖ https://www.prisonexp.org/conclusion/
⊖ https://sproutsschools.com/behavioral-sink-the-mouse-utopia-experiments/

5.1.1 智能体的社会行为

智能体社会是一个由个体和群体社会活动组成的复杂系统[162]，因此，从社会的角度出发，可以将智能体的社会行为分为个体和群体两个层次进行研究。

在个体层面，个体行为产生于内部认知过程与外部环境因素的相互作用，是智能体自身运作和发展的基础，主要可以分为输入行为、内化行为及输出行为三个维度。其中，输入行为是指智能体主动或被动地从周围环境中获取信息，以感知为代表，感知感官刺激[91]，并将其存储至记忆中[109]。内化行为则是智能体自我认知的内部处理过程，以规划[97]、推理[65]、反思[61] 等方式实现个体的自我完善与能力提升。而输出行为主要表现在行动上，这里的行动既包括智能体对外部环境状态的影响，例如操作物体[91]，也包括在与其他个体的交流中表达自己的思想，实现信息共享[137]。通过这种方式，智能体能够针对环境变化做出响应，与环境和其他个体进行互动，进而实现个体发展。

多个个体在同一个环境中互相影响，组成了群体。群体的特性会随着其中个体与环境的互动而发生变化，进而表现出群体行为。从人类群体的角度出发，可以将群体行为分为积极、消极及中立行为。积极群体行为是指有助于团结、合作的行为[11,56,79,163-165]，例如通过头脑风暴[163]、高效对话[11]、项目管理[137] 等方式实现的团队协作。智能体能够以此实现思想、资源和专业知识的共享，从而鼓励智能体彼此合作，充分利用不同智能体的优势，以实现共同目标。在一些研究场景下，有的智能体会主动为群体内的其他成员提供支持，促进群体间的合作互助[154]。消极群体行为是指降低群体效率、破坏群体凝聚力的行为，例如智能体之间激烈的辩论与争执。这些行为可能会引发不同智能体之间的冲突、矛盾与分歧，导致群体内部关系紧张。一些研究发现，智能体甚至会表现出对抗与破坏行为，为了追求目标而对环境及其他成员产生严重的影响[154,166]。中立群体行为则是指以模仿、从众、旁观为代表的不表现出明显主观倾向的行为。通常情况下，综合考虑实用性、忠实性和无害性的智能体会表现出中立行为[167]，相比于反驳其他成员，它们在群体中的行为更倾向于服从。

5.1.2 智能体的人格

与人类的社会性类似，除了外部表现出的可观测行为，在与群体和环境互动的影响下，智能体内部也形成了一定的人格[168]。在本文中，我们主要从认知、情感与性格三个方面进行分析。

认知是指智能体获取和理解知识的过程，涵盖了思考、判断、解决等一系列内容，更侧重于智能体的智能水平。目前的研究开始利用认知心理学的方法，从多种角度探究智能体表现出的社会学特征[169-171]，在智能体系统中进行判断、决策等心理学实验[170,172]。这些研究表明，基于大模型的智能体在某些方面能够表现出与人类相似的深思熟虑和认知能力。

情感则侧重于智能体的主观感受和情绪状态，例如喜悦、悲伤、恐惧、愤怒等常见的情绪。此外，情感也包括智能体对他人的情绪识别，以及可能表现出的同情、共情等能力。相关研究表明，智能体不仅能够实现复杂的推理任务，在情感方面也表现出了深入的理解[173]。目前已经有许多研究对大模型的情感智能进行了探索，主要包括情感识别、情感解释与情感理解等方面，发现大模型能够与人类的情感和价值观对齐[174]。此外，大模型不仅能够识别出用户的情绪，表现出共情能力，甚至能主动进行情绪调节，进而提供情感共鸣，在心理健康等领域具有广阔的应用前景[175-178]。情感智能在实现通用人工智能上发挥着关键作用，使智能体具备情感智能将极大地促进智能体社会中更真实、更自然的互动。

性格是不同智能体表现出的特征。为了探究智能体性格的多样性和复杂性，研究人员利用了较为成熟的评测方式，如五大性格特征测量法和迈尔斯-布里格斯性格指标（Myers-Briggs Type Indicator，MBTI），从性格角度对大模型进行了分析，并观察到模型能够识别并体现出不同的性格特征，且具有可控性[179-180]。因此，一些研究从定制化角色的方向进行了探索，即用户可以通过一定的优化技术，使大模型符合所需特征，塑造出多样化的智能体。例如可以通过提示的方法指定所需角色，给出形象特征等信息，引导智能体扮演指定的角色[56,181]。此外，使用含有丰富性格特征的数据集，也可以训练或微调智能体，使其展现出独特的性格特征[182-183]。

5.2　模拟社会的运行环境

环境是社会不可或缺的一部分，独立的智能体不能称之为社会，多个智能体组成的群体也需要环境作为中介。因此，在智能体的模拟社会中，不仅需要考虑独立的个体，还需要考虑与之交互的环境[184]。环境会对智能体的输入感知、动作空间及互动方式等诸多方面产生影响，反过来，智能体的行为也可能会改变环境的状态。对于一个独立的智能体而言，环境主要包括其他智能体、人类及其他外部因素，为智能体提供必要的资源，同时给予智能体一定的刺激。在本节中，我们将主要考虑基于文本的环境、虚拟的沙盒环境、真实的物理环境等，分析各类环境的特征、优势与局限性。

5.2.1　基于文本的环境

由于大模型的输入和输出主要是文本形式，因此，最简单的环境是基于文本实现的。在这类环境中，实体、资源、状态等都以文本形式描述，智能体能够通过语言完成与环境的互动，而不涉及其他模态。

从具体实现来看，文本可以被分为两类：一类是完全没有限制的自然语言文本[185-186]，另一类是限定了标准格式的结构化文本[186-188]。自然语言文本通常是完全自由的描述性文本，包括智能体之间对话的具体内容，以及场景内有关对象的属性、位置等设置。例如在 TextWorld 游戏环境中，环境通过自然语言文本描述状态，进而作为智能体的输入[185]。结构化文本则对格式进行了限定，从而将复杂的信息简单化，更易于环境与智能体理解。例如在 TextCraft 游戏环境中对智能体的动作格式进行限定，只有符合规定格式的动作才能被环境正确解析[186]；技术文档依据特定模板给出使用步骤和操作细节；

此外，一些环境中还使用超文本，将来自网页、图表等复杂的信息以结构化的形式表示出来[187-188]。

基于文本的环境实现了一个交互框架，该框架能够根据不同的需求灵活创建不同的文本环境。以文本作为信息传播的载体，不仅有利于智能体的感知与行动，还有利于环境中交互式对话[78]、文本游戏[185-186,189]等任务的实现。以 CAMEL[78] 为代表的交互式对话，以文本形式描述任务、介绍角色，并解决问题。在以 TextWorld[185] 为代表的文本游戏中，环境通过文本来描述位置、物体、人物、动作等状态信息，智能体则同样以文本形式给出操作指令，例如移动物体或使用工具等。除此以外，智能体还能够通过文本来表达情感，进一步丰富交流过程，提高交流能力[190]。

5.2.2 虚拟的沙盒环境

"沙盒"是一个计算机专业术语，在一些存在隐患的实验条件下，提供一种可控且隔离的环境，常用于软件测试与病毒分析。在智能体社会中，虚拟的沙盒环境则是一个模拟和仿真的平台，用于模拟真实人类世界的社会互动，进行行为仿真。

沙盒环境能够提供一个可视化且具有高度可扩展性的平台，使得模拟的智能体社会与真实人类世界尽可能相近。一方面，相较于基于文本的环境，沙盒环境体现了可视化的特点，可以显示出模拟环境的全景。具体来说，这种表现形式可以是简单的二维图形界面，也可以是沉浸式的三维空间建模，主要取决于模拟环境的复杂程度。这样，模拟社会中的方方面面，包括环境中的资源、智能体的位置等抽象信息，就能够直观地呈现出来。例如，在 Generative Agents[56] 平台中，以俯视的视角绘制了地图，展示出智能体社会的全貌。其中，以智能体图标表示智能体所处的位置，且会随着时间的推移而实时更新；并以表情符号的形式直观地表示智能体的行为、状态等。另一方面，沙盒环境具有较强的可扩展性，可以构建和部署各种不同的场景进行各种实验，为智能体提供了广阔的探索空间。智能体能够影响和操作环境中的物理元素，包括架构的整体设计和布局。例如 AgentSims[136] 和 Generative Agents[56] 等平台，都是在基于网格的平面世界中构造包括建筑、装备、智能体等诸多元素的智能体社会。进一步，Minecraft 游戏提供了一个块状的三维世界，该世界具有无限空间的开放式结构[134]。除了具象的物理实体，沙盒环境中还可以定义智能体的社会关系、交互方式、行动规则、社会准则等抽象内容。一个典型的应用是与人类偏好对齐，在沙盒环境中以规则引导智能体表现出新的行为，使其更符合人类偏好[57]。综上，沙盒环境的可扩展性允许其为不同的智能体社会进行迭代原型设计，能够应用在更广泛的领域。

5.2.3 真实的物理环境

如前所述，基于文本的环境不能很好地建模动态环境，沙盒环境以可视化的方式解决了这一问题。然而，沙盒环境仅仅是对社会的模拟，与真实世界之间仍然存在较大差异。相比之下，由有形的物体和空间组成的物理环境，能够为智能体提供更复杂的真实世界的场景，让智能体在其中完成观察和行动，从而实现智能体的具身。

在物理环境中，智能体需要面对更复杂的环境。一方面，真实的物理环境引入了丰富的感官输入，包括视觉[91,191]、听觉[192-193]、空间等形式的感知。尽管感知的丰富性能够实现更多样化的交互，但也对智能体的处理能力提出了更高的要求。如何处理同一时刻下不同形式的感知输入，是智能体必须要解决的问题，进而才能与环境高效互动。另一方面，除了感知的复杂性外，物理环境的复杂性还体现在智能体的行为上：想象智能体在工厂里操作机械臂的情景，操作机械臂时需要精确控制力度，以避免损坏不同材质的物体；此外，智能体还需要在物理工作空间中导航，及时调整移动路径，以规避障碍物并优化机械臂的运动轨迹。因此，在真实的物理环境中，智能体必须具备适应性，生成可执行的运动控制[194]。这些要求都为智能体与物理环境的交互带来了不小的挑战。

5.3　使用智能体进行社会模拟

5.1 节和 5.2 节分别对智能体与环境进行了介绍，本节将关注二者的互动，讨论智能体在确定环境中的交互的动态模拟社会。目前，针对模拟社会的研究主要从两个方面进行，一方面探索智能体的群体能力边界[11,79,103,137,154,195]，另一方面利用模拟社会来进行社会学的研究[56,196-197]。此外，CAMEL[78] 等研究还尝试使用模拟社会来收集数据集。在本节中，我们将首先介绍智能体社会的特点与机制，然后思考我们可以从模拟社会现象中学习到什么，最后探讨潜在的伦理问题及其他社会风险。

5.3.1　智能体社会的特点与机制

智能体社会，即基于多智能体的模拟社会[56,136]，应该具有开放性、持久性、情境性和组织性的特点[159]。

具体来看，开放性同时包括智能体和环境两个方面。智能体作为社会的主要参与者，可以自由地进出模拟环境，而不会影响社会运行的完整性与稳定性[198]。而环境的开放性主要体现在可扩展性上，能够较为方便地添加或删除环境中的实体、工具接口等可调整的资源。此外，人类也可以参与到智能体社会中来，既能够以智能体的角色参与互动，也能够指导智能体的行为[56]。

模拟社会的持久性体现在具有随着时间推移而不断发展的连贯轨迹。尽管智能体只是以时间步为单位做出短暂的行为[56,196]，但我们希望整体的社会结构能够在时间推移的情况下持续存在，进而保留智能体行为状态的连贯轨迹。这样一个持久系统独立运行，能够实现稳定、可持续的动态模拟社会。

情境性强调智能体社会在特定环境下存在和运作。首先以人为或自动的方式构建特定的环境，智能体在该环境中做出一系列行为，并与环境进行有效互动。值得注意的是，在这一特点下，智能体拥有一定的空间感和空间意识，能够明确自己在环境中的位置及视野范围内的环境状态[56,134]。

组织性确保模拟社会在一个有规则、有限制的框架内运行。与真实世界中的物理学原理类似，模拟环境中也存在预定义的规则和限制。这些规则决定了智能体社会的运作方式，智能体在有限的动作空间内采取行动，环境的状态也在有限的空间内进行转换[186]。这种组织性提升了模拟社会的一致性与可解释性，使社会在模拟的过程中不断发展。

5.3.2　智能体社会的现象与启示

在模拟社会中能够观察到有组织的合作模式，这将对现实世界的管理策略有所启发。研究表明，在这些智能体社会中，得益于不同角色的设定、不同领域专业知识的整合，不同个体表现出了多样化、多面性的智能[78,199]。在处理复杂任务时，这些具有不同背景、能力和经验的智能体能够各取所长，更具创造性地解决问题[79,154]。例如在软件开发场景下，不同的智能体可以扮演不同的角色，分别负责设计、文档、编程、测试等内容，基于高效的沟通共同完成任务[79]。此外，个体智能的多样性还能够提高系统的稳定性与普适性。通过不同智能体的多轮对话与互动沟通，有效减少幻觉等错误的产生，以群体的优势纠正个体的错误[82]。高效的沟通在复杂群体的协作中起着决定性的作用，例如MetaGPT[137] 将标准化操作程序编码到提示序列中，人为地规定了交流方式，减少了智能体间的无效协作；在 Generative Agents[56] 中，智能体通过在模拟小镇中的自主交流，共同筹办了一场情人节派对。

除了探索群体智能的能力边界，智能体社会还可以用于加速社会科学的研究，以模拟社会的情况预测现实社会的发展。以建模社会网络传播为例，我们首先探讨模拟社会中人际关系的发展。在智能体社会中，最初没有关系的两个智能体可能会通过中间人建立起联系[56]，从而形成社会关系网络。而智能体的观点、态度和情绪，会与信息一同在这个社会网络中传播[196]。类似地，模拟社会还可以扩展到建模文化传播[200]、传染病传播[201] 等方面。以智能体模拟个体行为，通过实施各种干预策略、监控群体随时间的变化，研究者们能够更深入地了解各种社会传播现象的复杂过程。

此外，模拟社会为复杂决策过程的研究提供了一个动态平台。以狼人杀游戏[166,202]为例，研究者们探究了智能体在面对信息不完整、正确性未知等挑战下的推理、规划与决策能力。通过建模不同的复杂决策场景，可以从智能体的行为中了解其如何优先考虑诚实、公平、合作等价值观，甚至能够观察到这些价值观随时间变化的方向，进而促进哲学的发展。反过来，这些观察又有助于完善智能体，确保其符合人类价值观和道德标准[57]。

最后，智能体的出现极大地改变了我们研究和理解复杂社会系统的方法。除了上述研究，还有许多有前景的领域在等待探索。在政治、经济等方面，可以使用具有不同政治意识和经济偏好的智能体来模拟各种政治经济社会[203]。在环境可持续发展的领域，可以模拟资源开采、污染、保护、政策干预等情景[204]。上述模拟结果能够辅助预测潜在的影响，有助于决策者综合考虑政策的机遇与风险，做出更科学、更合理的决策。

5.3.3　智能体社会的问题与风险

在为诸多领域带来机遇的同时，智能体社会的应用也存在一定的问题与风险，例如可能产生不可预期的有害社会现象，无法避免刻板印象和偏见的存在，无法确保个人的隐私安全，可能导致用户的过度依赖等。在智能体社会得到大范围应用之前，亟需考虑与解决如下这些问题[205]。

首先，模拟社会可能会产生无法预判的现象，例如歧视、孤立、霸凌，甚至是压迫和奴役，对社会造成严重危害[206-207]。如果有不法分子针对这些现象进行模拟实验，也将对现实世界产生不利影响。因此，对于开发和使用模拟社会的过程，需要制定准则加以限制，并严格监督[205]。否则，即使是极其微小的错误，也可能会产生严重的社会危害。

其次，刻板印象和偏见的存在是语言模型长期面临的挑战之一，基于大语言模型的智能体自然也无法避免这一问题。该现象的产生很大一部分原因在于训练数据[208]，大量从互联网上获取的文本可能会隐含现实世界中的社会歧视。尽管目前已有多样化训练数据和调整大语言模型的方法[209-210]，但距离真正破除偏见还有很长的一段路。

再次，由于人类也可以作为智能体社会的一员，人类与智能体之间的个人信息交换会带来严重的隐私安全问题[211]。在模拟社会的交互过程中，人类可能会无意中泄露敏感的个人信息，而这些信息将长期保留在智能体的内存中，可能导致数据泄露和个人信息滥用[212]。为了应对这些风险，必须实施严格的数据保护措施，例如隐私协议、定期数据清除和用户同意机制[213]。

此外，用户可能会对模拟社会中的智能体产生过度依赖。尽管清楚智能体是虚拟的，但用户可能会将其拟人化，赋予人类情感[56]。例如微软公司开发的聊天机器人 Sydney，有些用户表示与 Sydney 之间存在情感联系[214]，也有些用户对微软降低 Sydney 的个性表示失望。为了降低用户上瘾的风险，必须强调智能体无法替代现实的人际关系。

6　总结和展望

智能体需要感知环境、做出决策并执行适当行动[6,10]，大模型为智能体的研究提供了强大的基座模型。大模型具备语言和意图理解、推理、记忆等方面的强大能力，可以在智能体决策和规划方面发挥卓越的作用，创建连贯且有效的动作序列[194,215-216]，并根据环境的反馈不断优化[109,217]。大模型只需一段任务描述或演示，就能有效地处理未见过的任务[52,76,218]，还能适应多种语言、文化和领域，减少了对复杂训练过程和数据收集的需求[173,219]。大模型为智能体的研究带来了许多机会，例如将大模型的高效决策能力整合到传统的智能体决策框架中，使智能体更容易应用于对专业知识要求较高且以前由人类专家主导的领域[154,220]，或利用大模型根据环境反馈进行优化的能力，使智能体的应用扩展到更复杂的真实环境中。

以 GPT-4 为代表的大模型被认为是通用人工智能（Artificial General Intelligence，AGI）的火花，而将大模型提升为智能体则是向 AGI 迈出重要的一步[173]。智能体为大模型的研究提出了更高的要求，扩大了大模型的应用范围，为实际应用提供了大量机会，将大模型的研究重点从传统自然语言处理任务转向具有丰富输入输出空间的复杂任务[91]，让大模型掌握工具使用、机器人 API 调用等影响世界的技能，或探索如何提高多智能体系统的协作效率。

随着云计算的发展，一切即服务（XaaS）的概念引起广泛关注[221]。在这种模式下，中小企业和个人可以在云服务平台上租用设备而无须购买高算力计算机和建立数据中心，降低了计算资源的门槛。在本地构建基于大模型的智能体对中小企业和个人具有挑战性，拥有这种智能体的企业和组织可以考虑将它们作为云服务来提供，称为智能体即服务（AaaS）。

在发展基于大模型的智能体的过程中，确保可靠性是一个重要课题。它们不仅需要任务执行过程中具备有效性和实用性，减少幻觉问题，还需要具备社会性以保障交互体验和交互效率[99]，遵守符合人类社会价值观的特定道德和伦理准则[222-223]，并防范恶意用户的对抗性攻击[224-226]。应当注意的是，不法分子可能滥用基于大模型的智能体恶意操纵舆论、传播虚假信息。智能体技术的发展在减少人类劳动力需求的同时还可能引发人类对失业危机的担忧[30]。因此，严格的监管策略、教育和政策措施必不可少。

致谢

本文的整理得到了国家自然科学基金 62206057 的支持。

参考文献

[1] Stanford Encyclopedia of Philosophy. Agency[EB/OL].（2019-10-28）[2024-06-20]. https：//plato. stanford. edu/entries/agency/.

[2] MUKHOPADHYAY U, STEPHENS L M, HUHNS M N, et al. An intelligent system for document retrieval in distributed office environments[J]. Journal of the American Society for Information Science, 1986, 37(3)：123-135.

[3] MAES P. Situated agents can have goals[J]. Robotics and autonomous systems. 1990, 6(1-2)：49-70.

[4] NILSSON N J. Toward agent programs with circuit semantics[R/OL].[2024-06-20]. https：//ntrs. nasa. gov/citations/19970037767.

[5] MÜLLER J P, PISCHEL M. Modelling interacting agents in dynamic environments[C]//Proceedings of the 11th European Conference on Artificial Intelligence. New York：ACM, 1994：709-713.

[6] WOOLDRIDGE M J, JENNINGS N R. Intelligent agents：theory and practice[J]. The knowledge engineering review. 1995, 10(2)：115-52.

[7] GREEN S, HURST L, NANGLE B, et al. Software agents：A review[R]. Dublin：Department of Computer Science, Trinity College Dublin, 1997.

[8] SHOHAM Y. Agent oriented programming：an overview of the framework and summary of recent

research[J]. Knowledge representation and reasoning under uncertainty: Logic at work, 1994: 123-9.

[9] TURING A M. Computing machinery and intelligence[M]. Berlin: Springer, 2009.

[10] GOODWIN R. Formalizing properties of agents[J]. Journal of Logic and Computation. 1995, 5(6): 763-81.

[11] WU Q, BANSAL G, ZHANG J, et al. AutoGen: enabling next-gen LLM applications via multi-agent conversation framework[J]. arXiv preprint arXiv: 2308.08155, 2023.

[12] YAO S, CHEN H, YANG J, et al. WebShop: towards scalable real-world web interaction with grounded language agents[J]. arXiv preprint arXiv: 2207.01206, 2022.

[13] BRAN A M, COX S, WHITE A D, et al. ChemCrow: augmenting large-language models with chemistry tools[J]. arXiv preprint arXiv: 2304.05376, 2023.

[14] RUSSELL S J. Artificial intelligence a modern approach[M]. London: Pearson Education, Inc., 2010.

[15] NEWELL A, SIMON H A. Computer science as empirical inquiry: symbols and search[J]. Commun. ACM, 1976, 19(3): 113-126.

[16] GINSBERG M L. Essentials of artificial intelligence[M]. Cambridge, Massachusetts: Morgan Kaufmann, 1993.

[17] SHARDLOW N. Action and agency in cognitive science[D]. Manchester: University of Manchester, 1990.

[18] FIKES R, NILSSON N J. STRIPS: a new approach to the application of theorem proving to problem solving[J]. Artificial intelligence, 1971, 2(3-4): 189-208.

[19] SACERDOTI E D. Planning in a hierarchy of abstraction spaces[J]. Artificial intelligence, 1974, 5(2): 115-35.

[20] SACERDOTI E D. The nonlinear nature of plans[C]//Advance Papers of the Fourth International Joint Conference on Artificial Intelligence. Tbilisi, Georgia: USSR, 1975: 206-214.

[21] GUHA R V, LENAT D B. Enabling agents to work together[J]. Communications of the ACM, 1994, 37 (7): 126-142.

[22] KAELBLING L P, OTHERS. An architecture for intelligent reactive systems[J]. Reasoning about actions and plans, 1987: 395-410.

[23] RUSSELL S J, WEFALD E. Do the right thing: studies in limited rationality [M]. Cambridge, Massachusetts: MIT Press, 1991.

[24] BROOKS R A. Intelligence without representation[J]. Artificial intelligence, 1991, 47(1-3): 139-159.

[25] MAES P. Designing autonomous agents: theory and practice from biology to engineering and back[M]. Cambridge, Massachusetts: MIT Press, 1990.

[26] SCHOPPERS M. Universal plans for reactive robots in unpredictable environments[C]//MCDERMOTT J P. Proceedings of the 10th International Joint Conference on Artificial Intelligence. Milan, Italy: Morgan Kaufmann, 1987: 1039-1046.

[27] BROOKS R. A robust layered control system for a mobile robot[J]. IEEE journal on robotics and automation, 1986, 2(1): 14-23.

[28] RIBEIRO C. Reinforcement learning agents[J]. Artificial intelligence review, 2002, 17: 223-250.

[29] KAELBLING L P, LITTMAN M L, MOORE A W. Reinforcement learning: a survey[J]. Journal of artificial intelligence research, 1996, 4: 237-285.

[30] MINSKY M. Steps toward artificial intelligence[J]. Proceedings of the IRE, 1961, 49(1): 8-30.

[31] ISBELL C, SHELTON C R, KEARNS M, et al. A social reinforcement learning agent[C]//Proceedings

of the fifth international conference on Autonomous agents. New York: ACM, 2001: 377-384.

[32] SUTTON R S, BARTO A G. Reinforcement learning: an introduction[M]. Cambridge, Massachusetts: MIT Press, 2018.

[33] WATKINS C J C H. Learning from delayed rewards[D]. Cambridge: london, King' s College, 1989.

[34] RUMMERY G A, NIRANJAN M. On-line Q-learning using connectionist systems: Vol. 37 [R]. Cambridge: University of Cambridge, 1994.

[35] TESAURO G, OTHERS. Temporal difference learning and TD-Gammon[J]. Communications of the ACM, 1995, 38(3): 58-68.

[36] LI Y. Deep reinforcement learning: an overview[J]. arXiv preprint arXiv: 1701. 07274, 2017.

[37] SILVER D, HUANG A, MADDISON C J, et al. Mastering the game of Go with deep neural networks and tree search[J]. Nature, 2016, 529(7587): 484-489.

[38] MNIH V, KAVUKCUOGLU K, SILVER D, et al. Playing Atari with deep reinforcement learning[J]. arXiv preprint arXiv: 1312. 5602, 2013.

[39] FAREBROTHER J, MACHADO M C, BOWLING M. Generalization and regularization in DQN[J]. arXiv preprint arXiv, 1810. 00123, 2018.

[40] ZHANG C, VINYALS O, MUNOS R, et al. A study on overfitting in deep reinforcement learning[J]. arXiv preprint arXiv, 1804. 06893, 2018.

[41] JUSTESEN N, TORRADO R R, BONTRAGER P, et al. Illuminating generalization in deep reinforcement learning through procedural level generation[J]. arXiv preprint arXiv: 1806. 10729, 2018.

[42] DULAC-ARNOLD G, LEVINE N, MANKOWITZ D J, et al. Challenges of real-world reinforcement learning: definitions, benchmarks and analysis[J]. Machine Learning, 2021, 110(9): 2419-68.

[43] GHOSH D, RAHME J, KUMAR A, et al. Why generalization in RL is difficult: epistemic POMDPs and implicit partial observability [C/OL]//RANZATO M, BEYGELZIMER A, DAUPHIN Y N, et al. Advances in Neural Information Processing Systems 34: Annual Conference on Neural Information Processing Systems 2021, NeurIPS 2021. New York: ACM, 2021: 25502-25515 [2024-05-10]. https:// proceedings. neurips. cc/paper/2021/hash/d5ff135377d39f1de7372c95c74dd962-Abstract. html.

[44] BRYS T, HARUTYUNYAN A, TAYLOR M E, et al. Policy transfer using reward shaping[C/OL]// WEISS G, YOLUM P, BORDINI R H, et al. Proceedings of the 2015 International Conference on Autonomous Agents and Multiagent Systems, AAMAS 2015. Istanbul, Turkey, ACM, 2015: 181-188[2024-05-10]. http://dl. acm. org/citation. cfm? id=2772905.

[45] PARISOTTO E, BA J L, SALAKHUTDINOV R. Actor-mimic: deep multitask and transfer reinforcement learning[J]. arXiv preprint arXiv: 1511. 06342, 2015.

[46] ZHU Z, LIN K, ZHOU J. Transfer learning in deep reinforcement learning: a survey[J]. arXiv preprint arXiv: 2009. 07888, 2020.

[47] VANSCHOREN J. Meta-learning: A survey[J]. arXiv preprint arXiv: 1810. 03548, 2018.

[48] TAYLOR M E, STONE P. Transfer learning for reinforcement learning domains: a survey[J]. Journal of Machine Learning Research, 2009, 10(7): 1633-1685.

[49] TIRINZONI A, SESSA A, PIROTTA M, et al. Importance weighted transfer of samples in reinforcement learning[C/OL]//DY J G, KRAUSE A. Proceedings of the 35th International Conference on Machine Learning, ICML 2018. Stockholm, Sweden: PMLR, 2018, 80: 4943-4952 [2024-05-10]. http:// proceedings. mlr. press/v80/tirinzoni18a. html.

［50］ FINN C, ABBEEL P, LEVINE S. Model-agnostic meta-learning for fast adaptation of deep networks［C/OL］//PRECUP D, TEH Y W. Proceedings of the 34th International Conference on Machine Learning, ICML 2017. Sydney, Australia：PMLR, 2017, 70：1126-1135［2024-05-10］. http：//proceedings. mlr. press/v70/finn17a. html.

［51］ BECK J, VUORIO R, LIU E Z, et al. A survey of meta-reinforcement learning［J/OL］. CoRR, 2023, abs/2301. 08028［2024-05-10］. https：//doi. org/10. 48550/arXiv. 2301. 08028. DOI：10. 48550/arXiv. 2301. 08028.

［52］ OUYANG L, WU J, JIANG X, et al. Training language models to follow instructions with human feedback［J］. arXiv preprint arXiv：2203. 02155, 2022.

［53］ OPENAI. GPT-4 technical report［J/OL］. CoRR, 2023, abs/2303. 08774［2024-05-10］. https：//doi. org/10. 48550/arXiv. 2303. 08774.

［54］ WEI J, TAY Y, BOMMASANI R, et al. Emergent abilities of large language models［J/OL］. Trans. Mach. Learn. Res., 2022［2024-05-10］. https：//openreview. net/forum? id=yzkSU5zdwD.

［55］ BROWN T B, MANN B, RYDER N, et al. Language models are few-shot learners［J］. arXiv preprint arXiv：2005. 14165, 2020.

［56］ PARK J S, O' BRIEN J C, CAI C J, et al. Generative agents：interactive simulacra of human behavior［J/OL］. CoRR, 2023, abs/2304. 03442［2024-05-12］. https：//doi. org/10. 48550/arXiv. 2304. 03442. DOI：10. 48550/ARXIV. 2304. 03442.

［57］ LIU R, YANG R, JIA C, et al. Training socially aligned language models in simulated human society［J/OL］. CoRR, 2023, abs/2305. 16960［2024-05-24］. https：//doi. org/10. 48550/arXiv. 2305. 16960. DOI：10. 48550/ARXIV. 2305. 16960.

［58］ SUMERS T R, YAO S, NARASIMHAN K, et al. Cognitive architectures for language agents［J/OL］. CoRR, 2023, abs/2309. 02427［2024-05-24］. https：//doi. org/10. 48550/arXiv. 2309. 02427. DOI：10. 48550/arXiv. 2309. 02427.

［59］ WANG L, MA C, FENG X, et al. A survey on large language model based autonomous agents［J/OL］. CoRR, 2023, abs/2308. 11432［2024-05-24］. https：//doi. org/10. 48550/arXiv. 2308. 11432. DOI：10. 48550/arXiv. 2308. 11432.

［60］ NAKANO R, HILTON J, BALAJI S, et al. WebGPT：browser-assisted question-answering with human feedback［J/OL］. CoRR, 2021, abs/2112. 09332［2024-05-24］. https：//arxiv. org/abs/2112. 09332.

［61］ YAO S, ZHAO J, YU D, et al. ReAct：synergizing reasoning and acting in language models［J］. arXiv preprint arXiv：2210. 03629, 2022.

［62］ SCHICK T, DWIVEDI-YU J, DESSÌ R, et al. Toolformer：language models can teach themselves to use tools［J/OL］. CoRR, 2023, abs/2302. 04761［2024-05-24］. https：//doi. org/10. 48550/arXiv. 2302. 04761. DOI：10. 48550/arXiv. 2302. 04761.

［63］ LU P, PENG B, CHENG H, et al. Chameleon：plug-and-play compositional reasoning with large language models［J/OL］. CoRR, 2023, abs/2304. 09842［2024-05-24］. https：//doi. org/10. 48550/arXiv. 2304. 09842. DOI：10. 48550/arXiv. 2304. 09842.

［64］ QIN Y, HU S, LIN Y, et al. Tool learning with foundation models［J/OL］. CoRR, 2023, abs/2304. 08354［2024-05-24］. https：//doi. org/10. 48550/arXiv. 2304. 08354. DOI：10. 48550/arXiv. 2304. 08354.

［65］ WEI J, WANG X, SCHUURMANS D, et al. Chain-of-thought prompting elicits reasoning in large language models[J]. arXiv preprint arXiv: 2201. 11903, 2022.

[66] KOJIMA T, GU S S, REID M, et al. Large language models are zero-shot reasoners[J]. arXiv preprint arXiv: 2205. 11916, 2022.

[67] WANG X, WEI J, SCHUURMANS D, et al. Self-consistency improves chain of thought reasoning in language models[J]. arXiv preprint arXiv: 2203. 11171, 2022.

[68] ZHOU D, SCHÄRLI N, HOU L, et al. Least-to-most prompting enables complex reasoning in large language models[J]. arXiv preprint arXiv: 2205. 10625, 2022.

[69] XI Z, JIN S, ZHOU Y, et al. Self-Polish: enhance Reasoning in Large Language Models via Problem Refinement[J/OL]. CoRR, 2023, abs/2305. 14497 [2024-05-14]. https://doi. org/10. 48550/arXiv. 2305. 14497. DOI: 10. 48550/arXiv. 2305. 14497.

[70] SHINN N, CASSANO F, LABASH B, et al. Reflexion: language agents with verbal reinforcement learning[J]. arXiv preprint arXiv: 2303. 11366, 2023.

[71] SONG C H, WU J, WASHINGTON C, et al. LLM-Planner: few-shot grounded planning for embodied agents with large language models[J/OL]. CoRR, 2022, abs/2212. 04088 [2024-05-14]. https://doi. org/10. 48550/arXiv. 2212. 04088. DOI: 10. 48550/arXiv. 2212. 04088.

[72] AKYÜREK A F, AKYÜREK E, KALYAN A, et al. RL4F: generating natural language feedback with reinforcement learning for repairing model outputs [C/OL] //ROGERS A, BOYD-GRABER J L, OKAZAKI N. Proceedings of the 61st Annual Meeting of the Association for Computational Linguistics (Volume 1: Long Papers), ACL 2023. Toronto, Canada: ACL, 2023: 7716-7733 [2024-05-14]. https://aclanthology. org/2023. acl-long. 427.

[73] PENG B, GALLEY M, HE P, et al. Check your facts and try again: improving large language models with external knowledge and automated feedback[J/OL]. CoRR, 2023, abs/2302. 12813 [2024-05-14]. https://doi. org/10. 48550/arXiv. 2302. 12813. DOI: 10. 48550/arXiv. 2302. 12813.

[74] LIU H, SFERRAZZA C, ABBEEL P. Languages are rewards: hindsight finetuning using human feedback[J]. arXiv preprint arXiv: 2302. 02676, 2023.

[75] WEI J, BOSMA M, ZHAO V Y, et al. Finetuned language models are zero-shot learners[J]. arXiv preprint arXiv: 2109. 01652, 2021.

[76] SANH V, WEBSON A, RAFFEL C, et al. Multitask prompted training enables zero-shot task generalization[J]. arXiv preprint arXiv: 2110. 08207, 2021.

[77] CHUNG H W, HOU L, LONGPRE S, et al. Scaling instruction-finetuned language models[J/OL]. CoRR, 2022, abs/2210. 11416 [2024-05-14]. https://doi. org/10. 48550/arXiv. 2210. 11416.

[78] LI G, HAMMOUD H, ITANI H, et al. CAMEL: communicative agents for "mind" exploration of large language model society[J]. arXiv preprint arXiv: 2303. 17760, 2023.

[79] QIAN C, CONG X, YANG C, et al. Communicative agents for software development[J/OL]. CoRR, 2023, abs/2307. 07924[2024-05-14]. https://doi. org/10. 48550/arXiv. 2307. 07924.

[80] BOIKO D A, MACKNIGHT R, GOMES G. Emergent autonomous scientific research capabilities of large language models[J/OL]. CoRR, 2023, abs/2304. 05332 [2024-05-14]. https://doi. org/10. 48550/arXiv. 2304. 05332.

[81] DU Y, LI S, TORRALBA A, et al. Improving factuality and reasoning in language models through multiagent debate[J/OL]. CoRR, 2023, abs/2305. 14325[2024-05-14]. https://doi. org/10. 48550/arXiv. 2305. 14325.

［82］ LIANG T, HE Z, JIAO W, et al. Encouraging divergent thinking in large language models through multi-agent debate［J/OL］. CoRR, 2023, abs/2305. 19118［2024-05-27］. https：//doi. org/10. 48550/arXiv. 2305. 19118.

［83］ CASTELFRANCHI C. Guarantees for autonomy in cognitive agent architecture［C］//WOOLDRIDGE M J, JENNINGS N R. Intelligent Agents, ECAI-94 Workshop on Agent Theories, Architectures, and Languages. Amsterdam, The Netherlands：ACM, 1994：56-70.

［84］ GRAVITAS S. Auto-GPT：an autonomous GPT-4 experiment, 2023［EB/OL］. ［2024-05-14］. https：//github. com/Significant-Gravitas/Auto-GPT.

［85］ NAKAJIMA Y. BabyAGI［EB/OL］. ［2024-05-14］. https：//github. com/yoheinakajima/babyagi, 2023.

［86］ WANG Z, ZHANG G, YANG K, et al. Interactive natural language processing［J/OL］. CoRR, 2023, abs/2305. 13246［2024-05-14］. https：//doi. org/10. 48550/arXiv. 2305. 13246.

［87］ YUAN A, COENEN A, REIF E, et al. Wordcraft：Story writing with large language models［C/OL］//JACUCCI G, KASKI S, CONATI C, et al. IUI 2022：27th International Conference on Intelligent User Interfaces. Helsinki, Finland：ACM, 2022：841-852［2024-05-14］. https：//doi. org/10. 1145/3490099. 3511105.

［88］ FRANCESCHELLI G, MUSOLESI M. On the creativity of large language models［J/OL］. CoRR, 2023, abs/2304. 00008［2024-05-14］. https：//doi. org/10. 48550/arXiv. 2304. 00008.

［89］ ZHU D, CHEN J, SHEN X, et al. Minigpt-4：enhancing vision-language understanding with advanced large language models［J］. arXiv preprint arXiv：2304. 10592, 2023.

［90］ YIN S, FU C, ZHAO S, et al. A survey on multimodal large language models［J/OL］. CoRR, 2023, abs/2306. 13549［2024-05-14］. https：//doi. org/10. 48550/arXiv. 2306. 13549.

［91］ DRIESS D, XIA F, SAJJADI M S M, et al. PaLM-E：an embodied multimodal language model［C/OL］//KRAUSE A, BRUNSKILL E, CHO K, et al. International Conference on Machine Learning, ICML 2023. Honolulu, Hawaii：PMLR, 2023：8469-8488［2024-05-14］. https：//proceedings. mlr. press/v202/driess23a. html.

［92］ MU Y, ZHANG Q, HU M, et al. EmbodiedGPT：vision-language pre-training via embodied chain of thought［J/OL］. CoRR, 2023, abs/2305. 15021［2024-05-14］. https：//doi. org/10. 48550/arXiv. 2305. 15021.

［93］ ANDREAS J. Language models as agent models［C/OL］//GOLDBERG Y, KOZAREVA Z, ZHANG Y. Findings of the Association for Computational Linguistics：EMNLP 2022. Abu Dhabi, United Arab Emirates：ACL, 2022：5769-5779［2024-05-14］. https：//aclanthology. org/2022. findings-emnlp. 423.

［94］ RADFORD A, JÓZEFOWICZ R, SUTSKEVER I. Learning to generate reviews and discovering sentiment［J/OL］. CoRR, 2017, abs/1704. 01444［2024-05-14］. http：//arxiv. org/abs/1704. 01444.

［95］ LI B Z, NYE M I, ANDREAS J. Implicit representations of meaning in neural language models［C/OL］//ZONG C, XIA F, LI W, et al. Proceedings of the 59th Annual Meeting of the Association for Computational Linguistics and the 11th International Joint Conference on Natural Language Processing, ACL/IJCNLP 2021. Online：ACL, 2021, 1：1813-1827［2024-05-14］. https：//doi. org/10. 18653/v1/2021. acl-long. 143.

［96］ VALMEEKAM K, SREEDHARAN S, MARQUEZ M, et al. On the planning abilities of large language models（a critical investigation with a proposed benchmark）［J/OL］. CoRR, 2023, abs/2302. 06706［2024-05-14］. https：//doi. org/10. 48550/arXiv. 2302. 06706.

［97］　LIU B, JIANG Y, ZHANG X, et al. LLM+P：empowering large language models with optimal planning proficiency［J/OL］. CoRR, 2023, abs/2304. 11477［2024-05-14］. https：∥doi. org/10. 48550/arXiv. 2304. 11477.

［98］　LIU H, SFERRAZZA C, ABBEEL P. Chain of hindsight aligns language models with feedback［J/OL］. CoRR, 2023, abs/2302. 02676［2024-05-14］. https：∥doi. org/10. 48550/arXiv. 2302. 02676.

［99］　GENESERETH M R, KETCHPEL S P. Software agents［J/OL］. Commun. ACM, 1994, 37（7）：48-53［2024-05-14］. https：∥doi. org/10. 1145/176789. 176794.

［100］　LIN Y T, CHEN Y N. LLM-Eval：Unified multi-dimensional automatic evaluation for open-domain conversations with large language models［J/OL］. CoRR, 2023, abs/2305. 13711［2024-05-14］. https：∥doi. org/10. 48550/arXiv. 2305. 13711.

［101］　LIN J, FRIED D, KLEIN D, et al. Inferring rewards from language in context［C/OL］∥MURESAN S, NAKOV P, VILLAVICENCIO A. Proceedings of the 60th Annual Meeting of the Association for Computational Linguistics（Volume 1：Long Papers）, ACL 2022, Dublin, Ireland：ACL, 2022：8546-8560［2024-05-14］. https：∥doi. org/10. 18653/v1/2022. acl-long. 585.

［102］　FU Y, PENG H, KHOT T, et al. Improving language model negotiation with self-play and in-context learning from AI feedback［J/OL］. CoRR, 2023, abs/2305. 10142［2024-05-14］. https：∥doi. org/10. 48550/arXiv. 2305. 10142.

［103］　ZHANG H, DU W, SHAN J, et al. Building cooperative embodied agents modularly with large language models［J/OL］. CoRR, 2023, abs/2307. 02485［2024-05-26］. https：∥doi. org/10. 48550/arXiv. 2307. 02485.

［104］　HUANG L, WANG W, CHEN J, et al. Attention on attention for image captioning［C/OL］∥2019 IEEE/CVF International Conference on Computer Vision, ICCV 2019. Seoul, South Korea：IEEE, 2019：4633-4642［2024-05-14］. https：∥doi. org/10. 1109/ICCV. 2019. 00473.

［105］　LU J, CLARK C, ZELLERS R, et al. Unified-IO：a unified model for vision, language, and multi-modal tasks［J］. arXiv preprint arXiv：2206. 08916, 2022.

［106］　HUANG R, LI M, YANG D, et al. AudioGPT：understanding and generating speech, music, sound, and talking head［J/OL］. CoRR, 2023, abs/2304. 12995［2024-05-14］. https：∥doi. org/10. 48550/arXiv. 2304. 12995.

［107］　RADFORD A, KIM J W, XU T, et al. Robust speech recognition via large-scale weak supervision［C/OL］∥KRAUSE A, BRUNSKILL E, CHO K, et al. International Conference on Machine Learning, ICML 2023. Honolulu, Hawaii, USA：PMLR, 2023, 202：28492-28518［2024-05-14］. https：∥proceedings. mlr. press/v202/radford23a. html.

［108］　REN Y, RUAN Y, TAN X, et al. FastSpeech：fast, robust and controllable text to speech［C/OL］∥WALLACH H M, LAROCHELLE H, BEYGELZIMER A, et al. Advances in Neural Information Processing Systems 32：Annual Conference on Neural Information Processing Systems 2019, NeurIPS 2019. Vancouver, BC, Canada：NeurIPS, 2019：3165-3174［2024-05-14］. https：∥proceedings. neurips. cc/paper/2019/hash/f63f65b503e22cb970527f23c9ad7db1-Abstract. html.

［109］　SHINN N, LABASH B, GOPINATH A. Reflexion：an autonomous agent with dynamic memory and self-reflection［J/OL］. CoRR, 2023, abs/2303. 11366［2024-05-14］. https：∥doi. org/10. 48550/arXiv. 2303. 11366.

［110］　QIN Y, LIANG S, YE Y, et al. ToolLLM：Facilitating large language models to master 16000+ real-world APIs[J]. arXiv preprint arXiv：2307. 16789，2023.

[111] WU J, GAN W, CHEN Z, et al. Multimodal large language models：a survey[J]. arXiv preprint arXiv：2311. 13165，2023.

[112] ZHOU L, PALANGI H, ZHANG L, et al. Unified vision-language pre-training for image captioning and VQA[J]. arXiv preprint arXiv：1909. 11059，2019.

[113] WU S, FEI H, QU L, et al. NExT-GPT：any-to-any multimodal LLM[J]. arXiv preprint arXiv：2309. 05519，2023.

[114] RUST P, LOTZ J F, BUGLIARELLO E, et al. Language modelling with pixels[J]. arXiv preprint arXiv：2207. 06991，2022.

[115] BAVISHI R, ELSEN E, HAWTHORNE C, et al. Fuyu-8B：a multimodal architecture for AI agents[EB/OL]. [2024-06-04]. https：//www. adept. ai/blog/fuyu-8b/.

[116] SUN Q, CUI Y, ZHANG X, et al. Generative multimodal models are in-context learners[J]. arXiv preprint arXiv：2312. 13286，2023.

[117] DONG D T, TONEVA M. Vision-language integration in multimodal video transformers（partially）aligns with the brain[J]. arXiv preprint arXiv：2311. 07766，2023.

[118] JAAFAR N, LACHIRI Z. Multimodal fusion methods with deep neural networks and meta-information for aggression detection in surveillance[J]. Expert Systems With Applications，2023（211）：118523.

[119] SOENKSEN L R, MA Y, ZENG C, et al. Integrated multimodal artificial intelligence framework for healthcare applications[J]. npj Digital Medicine，2022，5（1）：149.

[120] WANG T, ZHENG P, LI S, et al. Multimodal human-robot interaction for human-centric smart manufacturing：A survey[J]. Advanced Intelligent Systems，2024，6（3）：2300359.

[121] DUAN J, CHEN L, TRAN S, et al. Multi-modal alignment using representation codebook[C/OL]// 2022 IEEE/CVF Conference on Computer Vision and Pattern Recognition（CVPR）. New Orleans, LA, USA：IEEE，2022：15630-15639[2024-05-29]. https：//ieeexplore. ieee. org/document/9878982/.

[122] BROWN T B, MANN B, RYDER N, et al. Language models are few-shot learners[J]. arXiv preprint arXiv：2005. 14165，2020.

[123] BELTAGY I, PETERS M E, COHAN A. Longformer：the long-document transformer[J]. arXiv preprint arXiv：2004. 05150，2020.

[124] ZHAO L, FENG X, FENG X, et al. Length extrapolation of transformers：a survey from the perspective of positional encoding[J]. arXiv preprint arXiv：2312. 17044，2023.

[125] YU F, ZHANG H, TIWARI P, et al. Natural language reasoning, a survey[J]. ACM Computing Surveys，2024：3664194.

[126] YASUNAGA M, REN H, BOSSELUT A, et al. QA-GNN：reasoning with language models and knowledge graphs for question answering[J]. arXiv preprint arXiv：2104. 06378，2021.

[127] GAO Y, XIONG Y, GAO X, et al. Retrieval-augmented generation for large language models：a survey[J]. arXiv preprint arXiv：2312. 10997，2023.

[128] LYU Q, HAVALDAR S, STEIN A, et al. Faithful chain-of-thought reasoning[J]. arXiv preprint arXiv：2301. 13379，2023.

[129] KAZEMI M, KIM N, BHATIA D, et al. Lambada：backward chaining for automated reasoning in natural language[J]. arXiv preprint arXiv：2212. 13894，2023.

[130] WANG L, MA C, FENG X, et al. A survey on large language model based autonomous agents[J]. arXiv

preprint arXiv: 2308. 11432, 2023.

[131] QU C, DAI S, WEI X, et al. Tool learning with large language models: a survey[J]. arXiv preprint arXiv: 2405. 17935, 2024.

[132] ZHU X, CHEN Y, TIAN H, et al. Ghost in the minecraft: generally capable agents for open-world environments via large language models with text-based knowledge and memory[J]. arXiv preprint arXiv: 2305. 17144, 2023.

[133] MADAAN A, TANDON N, CLARK P, et al. Memory-assisted prompt editing to improve GPT-3 after deployment[J]. arXiv preprint arXiv: 2201. 06009, 2022.

[134] WANG G, XIE Y, JIANG Y, et al. Voyager: an open-ended embodied agent with large language models[J/OL]. CoRR, 2023, abs/2305. 16291[2024-05-24]. https://doi. org/10. 48550/arXiv. 2305. 16291.

[135] COLAS C, TEODORESCU L, OUDEYER P Y, et al. Augmenting autotelic agents with large language models[J]. arXiv preprint arXiv: 2305. 12487, 2023.

[136] LIN J, ZHAO H, ZHANG A, et al. AgentSims: an open-source sandbox for large language model evaluation[J/OL]. CoRR, 2023, abs/2308. 04026[2024-05-23]. https://doi. org/10. 48550/arXiv. 2308. 04026.

[137] HONG S, ZHENG X, CHEN J, et al. MetaGPT: Meta programming for multi-agent collaborative framework[J/OL]. CoRR, 2023, abs/2308. 00352[2024-05-14]. https://doi. org/10. 48550/arXiv. 2308. 00352.

[138] ZHU Q, GEISHAUSER C, LIN H chin, et al. ConvLab-3: a flexible dialogue system toolkit based on a unified data format[C/OL]//Proceedings of the 2023 Conference on Empirical Methods in Natural Language Processing: system Demonstrations. Singapore: ACL, 2023: 106-123[2024-08-09]. https://aclanthology. org/2023. emnlp-demo. 9.

[139] MEHRI S, ERIC M, HAKKANI-TUR D. DialoGLUE: a natural language understanding benchmark for task-oriented dialogue[J]. arXiv preprint arXiv: 2009. 13570, 2020.

[140] ZHENG L, CHIANG W L, SHENG Y, et al. Judging LLM-as-a-Judge with MT-Bench and Chatbot Arena[J]. arXiv preprint arXiv: 2306. 05685, 2023.

[141] ZHENG L, CHIANG W L, SHENG Y, et al. LMSYS-Chat-1M: a large-scale real-world LLM conversation dataset[J]. arXiv preprint arXiv: 2309. 11998, 2023.

[142] LIU X, YU H, ZHANG H, et al. AgentBench: evaluating LLMs as agents[J]. arXiv preprint arXiv: 2308. 03688, 2023.

[143] PENG Y, LI S, GU W, et al. Revisiting, benchmarking and exploring API recommendation: How far are we? [J]. IEEE Transactions on Software Engineering, 2023, 49(4): 1876-1897.

[144] RAWLES C, LI A, RODRIGUEZ D, et al. Android in the wild: a large-scale dataset for android device control[J]. arXiv preprint arXiv: 2307. 10088, 2023.

[145] XIE T, ZHANG D, CHEN J, et al. OSWorld: benchmarking multimodal agents for open-ended tasks in real computer environments[J]. arXiv preprint arXiv: 2404. 07972, 2024.

[146] CHEN Z, DU W, ZHANG W, et al. T-Eval: evaluating the tool utilization capability of large language models step by step[J]. arXiv preprint arXiv: 2312. 14033, 2023.

[147] REED S, ZOLNA K, PARISOTTO E, et al. A generalist agent[J]. arXiv preprint arXiv: 2205. 06175, 2022.

［148］ CHEN M, TWOREK J, JUN H, et al. Evaluating large language models trained on code［J］. arXiv preprint arXiv：2107. 03374, 2024.

［149］ BRAN A M, COX S, SCHILTER O, et al. ChemCrow：augmenting large-language models with chemistry tools［J］. arXiv preprint arXiv：2304. 05376, 2023.

［150］ ROMERA-PAREDES B, BAREKATAIN M, NOVIKOV A, et al. Mathematical discoveries from program search with large language models［J］. Nature, 2024, 625(7995)：468-475.

［151］ WANG Z M, PENG Z, QUE H, et al. RoleLLM：benchmarking, eliciting, and enhancing role-playing abilities of large language models［J］. arXiv preprint arXiv：2310. 00746, 2023.

［152］ WANG Z, CHIU Y Y, CHIU Y C. Humanoid agents：platform for simulating human-like generative agents［J］. arXiv preprint arXiv：2310. 05418, 2023.

［153］ TANG X, ZOU A, ZHANG Z, et al. MedAgents：large language models as collaborators for zero-shot medical reasoning［J］. arXiv preprint arXiv：2311. 10537, 2023.

［154］ CHEN W, SU Y, ZUO J, et al. AgentVerse：facilitating multi-agent collaboration and exploring emergent behaviors in agents［J/OL］. CoRR, 2023, abs/2308. 10848［2024-05-14］. https：//doi. org/ 10. 48550/arXiv. 2308. 10848.

［155］ WANG L, ZHANG J, YANG H, et al. User behavior simulation with large language model based agents［J］. arXiv preprint arXiv：2306. 02552, 2023.

［156］ SHEN Y, SONG K, TAN X, et al. Hugginggpt：solving AI tasks with chatgpt and its friends in hugging face［J］. arXiv preprint arXiv：2303. 17580, 2023.

［157］ AHN M, BROHAN A, BROWN N, et al. Do as I can, not as I say：grounding language in robotic affordances［J］. arXiv preprint arXiv：2204. 01691, 2022.

［158］ HUANG W, XIA F, XIAO T, et al. Inner monologue：embodied reasoning through planning with language models［J］. arXiv preprint arXiv：2207. 05608, 2022.

［159］ COSTA A C da R. A Variational basis for the regulation and structuration mechanisms of agent societies［M］. Berlin：Springer, 2019.

［160］ LEE L H, BRAUD T, ZHOU P, et al. All one needs to know about metaverse：a complete survey on technological singularity, virtual ecosystem, and research agenda［J/OL］. CoRR, 2021, abs/2110. 05352［2024-05-12］. https：//arxiv. org/abs/2110. 05352.

［161］ INKELES A, SMITH D H. Becoming modern：individual change in six developing countries［M］. Cambridge, Massachusetts：Harvard University Press, 1974.

［162］ TROITZSCH K G, MUELLER U, GILBERT G N, et al. Social Science microsimulation［M］. Berlin：Springer, 1996.

［163］ CHAN C M, CHEN W, SU Y, et al. ChatEval：towards better LLM-based evaluators through multi-agent debate［J］. arXiv preprint arXiv：2308. 07201, 2023.

［164］ MANDI Z, JAIN S, SONG S. RoCo：dialectic multi-robot collaboration with large language models ［J/OL］. CoRR, 2023, abs/2307. 04738［2024-05-14］. https：//doi. org/10. 48550/arXiv. 2307. 04738.

［165］ ZHANG C, YANG K, HU S, et al. ProAgent：building proactive cooperative ai with large language models［J/OL］. CoRR, 2023, abs/2308. 11339［2024-05-14］. https：//doi. org/10. 48550/arXiv. 2308. 11339.

［166］ XU Y, WANG S, LI P, et al. Exploring large language models for communication games：an empirical study on werewolf[J/OL]. CoRR, 2023, abs/2309. 04658[2024-05-14]. https://doi. org/10. 48550/arXiv. 2309. 04658.

[167] ASKELL A, BAI Y, CHEN A, et al. A general language assistant as a laboratory for alignment[J/OL]. CoRR, 2021, abs/2112. 00861[2024-05-15]. https://arxiv. org/abs/2112. 00861.

[168] KOSINSKI M. Theory of mind may have spontaneously emerged in large language models[J/OL]. CoRR, 2023, abs/2302. 02083[2024-05-15]. https://doi. org/10. 48550/arXiv. 2302. 02083.

[169] BINZ M, SCHULZ E. Using cognitive psychology to understand GPT-3[J/OL]. CoRR, 2022, abs/2206. 14576[2024-05-15]. https://doi. org/10. 48550/arXiv. 2206. 14576.

[170] DHINGRA S, SINGH M, B V S, et al. Mind meets machine: unravelling GPT-4' s cognitive psychology [J/OL]. CoRR, 2023, abs/2303. 11436[2024-05-15]. https://doi. org/10. 48550/arXiv. 2303. 11436.

[171] HAGENDORFF T. Machine psychology: investigating emergent capabilities and behavior in large language models using psychological methods[J/OL]. CoRR, 2023, abs/2303. 13988[2024-05-15]. https://doi. org/10. 48550/arXiv. 2303. 13988.

[172] HAN S J, RANSOM K J, PERFORS A, et al. Inductive reasoning in humans and large language models[J]. arXiv preprint arXiv: 2023. 101155, 2020.

[173] BUBECK S, CHANDRASEKARAN V, ELDAN R, et al. Sparks of artificial general intelligence: early experiments with GPT-4[J/OL]. CoRR, 2023, abs/2303. 12712[2024-05-15]. https://doi. org/10. 48550/arXiv. 2303. 12712.

[174] WANG X, LI X, YIN Z, et al. Emotional intelligence of large language models[J/OL]. CoRR, 2023, abs/2307. 09042[2024-05-16]. https://doi. org/10. 48550/arXiv. 2307. 09042.

[175] ELYOSEPH Z, HADAR-SHOVAL D, ASRAF K, et al. ChatGPT outperforms humans in emotional awareness evaluations[J]. Frontiers in Psychology, 2023, 14: 1199058.

[176] HASAN M, ÖZEL C, POTTER S, et al. SAPIEN: affective virtual agents powered by large language models[C]//2023 11th International Conference on Affective Computing and Intelligent Interaction Workshops and Demos (ACIIW). New York: IEEE, 2023: 1-3.

[177] HABIBI R, PFAU J, HOLMES J, et al. Empathetic AI for empowering resilience in games[J/OL]. CoRR, 2023, abs/2302. 09070[2024-05-16]. https://doi. org/10. 48550/arXiv. 2302. 09070.

[178] MA Z, MEI Y, SU Z. Understanding the benefits and challenges of using large language model-based conversational agents for mental well-being support[J]. arXiv preprint arXiv: 2307. 15810, 2023.

[179] CARON G, SRIVASTAVA S. Identifying and manipulating the personality traits of language models[J/OL]. CoRR, 2022, abs/2212. 10276[2024-05-16]. https://doi. org/10. 48550/arXiv. 2212. 10276.

[180] KARRA S R, NGUYEN S, TULABANDHULA T. AI personification: estimating the personality of language models[J/OL]. CoRR, 2022, abs/2204. 12000[2024-05-16]. https://doi. org/10. 48550/arXiv. 2204. 12000.

[181] PARK J S, POPOWSKI L, CAI C J, et al. Social simulacra: creating populated prototypes for social computing systems[C]//AGRAWALA M, WOBBROCK J O, ADAR E, et al. The 35th Annual ACM Symposium on User Interface Software and Technology, UIST 2022. Bend, OR, USA: ACM, 2022: 74: 1-74: 18.

[182] ZHANG S, DINAN E, URBANEK J, et al. Personalizing dialogue agents: I have a dog, do you have pets too? [C/OL]//GUREVYCH I, MIYAO Y. Proceedings of the 56th Annual Meeting of the Association for Computational Linguistics, ACL 2018. Melbourne, Australia: ACL, 2018, 1: 2204-

2213[2024-05-19]. https://aclanthology. org/P18-1205/.

[183] KWON D S, LEE S, KIM K H, et al. What, when, and how to ground: designing user persona-aware conversational agents for engaging dialogue[C/OL]//SITARAM S, KLEBANOV B B, WILLIAMS J D. Proceedings of the The 61st Annual Meeting of the Association for Computational Linguistics: Industry Track, ACL 2023. Toronto, Canada: ACL, 2023: 707-719[2024-05-19]. https://doi. org/10. 18653/ v1/2023. acl-industry. 68.

[184] MAES P. Artificial life meets entertainment: lifelike autonomous agents[J]. Communications of the ACM, 1995, 38(11): 108-14.

[185] CÔTÉ M A, KÁDÁR Á, YUAN X, et al. TextWorld: a learning environment for text-based games[J]. arXiv preprint arXiv: 1806. 11532, 2018.

[186] PRASAD A, KOLLER A, HARTMANN M, et al. ADaPT: as-needed decomposition and planning with language models[J/OL]. CoRR, 2023, abs/2311. 05772[2024-05-19]. https://doi. org/10. 48550/ arXiv. 2311. 05772.

[187] GUR I, FURUTA H, HUANG A, et al. A real-world webagent with planning, long context understanding, and program synthesis[J/OL]. CoRR, 2023, abs/2307. 12856[2024-05-19]. https:// doi. org/10. 48550/arXiv. 2307. 12856.

[188] ZHOU S, XU F F, ZHU H, et al. WebArena: a realistic web environment for building autonomous agents [J/OL]. CoRR, 2023, abs/2307. 13854[2024-05-19]. https://doi. org/10. 48550/arXiv. 2307. 13854.

[189] O' GARA A. Hoodwinked: deception and cooperation in a text-based game for language models[J/OL]. CoRR, 2023, abs/2308. 01404[2024-05-20]. https://doi. org/10. 48550/arXiv. 2308. 01404.

[190] URBANEK J, FAN A, KARAMCHETI S, et al. Learning to speak and act in a fantasy text adventure game[C/OL]//INUI K, JIANG J, NG V, et al. Proceedings of the 2019 Conference on Empirical Methods in Natural Language Processing and the 9th International Joint Conference on Natural Language Processing, EMNLP-IJCNLP 2019. Hong Kong, China: ACL, 2019: 673-683[2024-05-20]. https:// doi. org/10. 18653/v1/D19-1062.

[191] LYNCH C, WAHID A, TOMPSON J, et al. Interactive language: talking to robots in real time[J/OL]. CoRR, 2022, abs/2210. 06407[2024-05-25]. https://doi. org/10. 48550/arXiv. 2210. 06407.

[192] PAUL S, ROY-CHOWDHURY A, CHERIAN A. AVLEN: audio-visual-language embodied navigation in 3D environments[J]. arXiv preprint arXiv: 2210. 07940, 2022.

[193] CHEN C, JAIN U, SCHISSLER C, et al. SoundSpaces: audio-visual navigation in 3D environments[J]. arXiv preprint arXiv: 1912. 11474, 2019.

[194] HUANG W, ABBEEL P, PATHAK D, et al. Language models as zero-shot planners: extracting actionable knowledge for embodied agents[C/OL]//CHAUDHURI K, JEGELKA S, SONG L, et al. International Conference on Machine Learning, ICML 2022. Baltimore, Maryland, USA: PMLR, 2022: 162, 9118-9147[2024-05-25]. https://proceedings. mlr. press/v162/huang22a. html.

[195] WU M, YUAN Y, HAFFARI G, et al. (Perhaps) Beyond human translation: Harnessing multi-agent collaboration for translating ultra-long literary texts[J]. arXiv preprint arXiv: 2405. 11804, 2024.

[196] GAO C, LAN X, LU Z, et al. S^3: social-network simulation system with large language model-empowered agents[J]. arXiv preprint arXiv: 2307. 14984, 2023.

[197] GROSSMANN I, FEINBERG M, PARKER D C, et al. AI and the transformation of social science research[J]. Science, 2023, 380(6650): 1108-9.

[198] HENDRICKX J M, MARTIN S. Open multi-agent systems: gossiping with random arrivals and departures[C]//56th IEEE Annual Conference on Decision and Control, CDC 2017. Melbourne, Australia: IEEE, 2017: 763-768.

[199] WANG Z, MAO S, WU W, et al. Unleashing cognitive synergy in large language models: A task-solving agent through multi-persona self-collaboration[J/OL]. CoRR, 2023, abs/2307. 05300[2024-05-27]. https://doi. org/10. 48550/arXiv. 2307. 05300.

[200] KIRBY S, DOWMAN M, GRIFFITHS T L. Innateness and culture in the evolution of language[C]. Proceedings of the National Academy of Sciences. Washington, D. C., United States: PNAS, 2007, 104 (12): 5241-5245.

[201] WILLIAMS R, HOSSEINICHIMEH N, MAJUMDAR A, et al. Epidemic Modeling with Generative Agents[J/OL]. CoRR, 2023, abs/2307. 04986[2024-05-27]. https://doi. org/10. 48550/arXiv. 2307. 04986.

[202] SHIBATA H, MIKI S, NAKAMURA Y. Playing the Werewolf game with artificial intelligence for language understanding[J/OL]. CoRR, 2023, abs/2302. 10646[2024-05-27]. https://doi. org/10. 48550/arXiv. 2302. 10646.

[203] BELLOMO N, AJMONE MARSAN G, TOSIN A. Complex systems and society: modeling and simulation[M]. New York, NY: Springer New York, 2013[2024-05-28]. https://link. springer. com/ 10. 1007/978-1-4614-7242-1.

[204] MOON Y B. Simulation modelling for sustainability: a review of the literature[J]. International Journal of Sustainable Engineering, 2017, 10(1): 2-19.

[205] HELBERGER N, DIAKOPOULOS N. ChatGPT and the AI act[J/OL]. Internet Policy Rev., 2023, 12 (1), 1682[2024-05-20]. https://policyreview. info/essay/chatgpt-and-ai-act.

[206] WEIDINGER L, MELLOR J, RAUH M, et al. Ethical and social risks of harm from Language Models[J/OL]. CoRR, 2021, abs/2112. 04359[2024-05-28]. https://arxiv. org/abs/2112. 04359.

[207] DESHPANDE A, MURAHARI V, RAJPUROHIT T, et al. Toxicity in chatgpt: analyzing persona-assigned language models[C/OL]//BOUAMOR H, PINO J, BALI K. Findings of the Association for Computational Linguistics: EMNLP 2023. Singapore, ACL, 2023: 1236-1270[2024-05-28]. https:// doi. org/10. 18653/v1/2023. findings-emnlp. 88.

[208] NADEEM M, BETHKE A, REDDY S. StereoSet: measuring stereotypical bias in pretrained language models[C/OL]//ZONG C, XIA F, LI W, et al. Proceedings of the 59th Annual Meeting of the Association for Computational Linguistics and the 11th International Joint Conference on Natural Language Processing, ACL/IJCNLP 2021. Bangkok, Thailand: ACL, 2021, 1: 5356-5371[2024-05-28]. https://doi. org/10. 18653/v1/2021. acl-long. 416.

[209] LIN B, BOUNEFFOUF D, CECCHI G A, et al. Towards Healthy AI: large language models need therapists too[J/OL]. CoRR, 2023, abs/2304. 00416[2024-05-28]. https://doi. org/10. 48550/ arXiv. 2304. 00416.

[210] LIANG P P, WU C, MORENCY L P, et al. Towards understanding and mitigating social biases in language models[C/OL]//MEILA M, ZHANG T. Proceedings of the 38th International Conference on Machine Learning, ICML 2021. [S. l.]: PMLR, 2021, 139: 6565-6576[2024-05-28]. http:// proceedings. mlr. press/v139/liang21a. html.

[211] HENDERSON P, SINHA K, ANGELARD-GONTIER N, et al. Ethical Challenges in Data-Driven

Dialogue Systems[C]//FURMAN J, MARCHANT G E, PRICE H, et al. Proceedings of the 2018 AAAI/ACM Conference on AI, Ethics, and Society, AIES 2018. New Orleans, LA, USA: ACM, 2018: 123-129.

[212] LI H, SONG Y, FAN L. You don't know my favorite color: Preventing dialogue representations from revealing speakers' private personas[C]//CARPUAT M, MARNEFFE M C de, RUÍZ I V M. Proceedings of the 2022 Conference of the North American Chapter of the Association for Computational Linguistics: Human Language Technologies, NAACL 2022. Seattle, WA, United States: ACL, 2022: 5858-5870[2024-05-28]. https://doi.org/10.18653/v1/2022.naacl-main.429.

[213] BROWN H, LEE K, MIRESHGHALLAH F, et al. What does it mean for a language model to preserve privacy?[C]//FAccT' 22: 2022 ACM Conference on Fairness, Accountability, and Transparency. Seoul, South Korea: ACM, 2022: 2280-2292.

[214] ROOSE K. A conversation with bing's chatbot left me deeply unsettled[EB/OL]. [2024-05-20]. https://philosophy.tamucc.edu/texts/chat-with-chatgpt.

[215] WANG Z, CAI S, LIU A, et al. Describe, explain, plan and select: Interactive planning with large language models enables open-world multi-task agents[J/OL]. CoRR, 2023, abs/2302.01560[2024-05-20]. https://doi.org/10.48550/arXiv.2302.01560.

[216] RUAN J, CHEN Y, ZHANG B, et al. TPTU: task planning and tool usage of large language model-based AI agents[J/OL]. CoRR, 2023, abs/2308.03427[2024-05-20]. https://doi.org/10.48550/arXiv.2308.03427.

[217] MADAAN A, TANDON N, GUPTA P, et al. Self-refine: Iterative refinement with self-feedback[J/OL]. CoRR, 2023, abs/2303.17651[2024-05-20]. https://doi.org/10.48550/arXiv.2303.17651.

[218] BACH S H, SANH V, YONG Z X, et al. PromptSource: an integrated development environment and repository for natural language prompts[C/OL]//BASILE V, KOZAREVA Z, STAJNER S. Proceedings of the 60th Annual Meeting of the Association for Computational Linguistics, ACL 2022. Dublin, Ireland: ACL, 2022: 93-104[2024-05-20]. https://doi.org/10.18653/v1/2022.acl-demo.9.

[219] BANG Y, CAHYAWIJAYA S, LEE N, et al. A multitask, multilingual, multimodal evaluation of ChatGPT on reasoning, hallucination, and interactivity[J/OL]. CoRR, 2023, abs/2302.04023[2024-05-20]. https://doi.org/10.48550/arXiv.2302.04023.

[220] NAIR V, SCHUMACHER E, TSO G J, et al. DERA: enhancing large language model completions with dialog-enabled resolving agents[J/OL]. CoRR, 2023, abs/2303.17071[2024-05-20]. https://doi.org/10.48550/arXiv.2303.17071.

[221] DUAN Y, FU G, ZHOU N, et al. Everything as a service (XaaS) on the Cloud: origins, current and future trends[C/OL]//PU C, MOHINDRA A. 8th IEEE International Conference on Cloud Computing, CLOUD 2015. New York City, NY, USA: IEEE Computer Society, 2015: 621-628[2024-05-20]. https://doi.org/10.1109/CLOUD.2015.88.

[222] BAI Y, JONES A, NDOUSSE K, et al. Training a helpful and harmless assistant with reinforcement learning from human feedback[J/OL]. CoRR, 2022, abs/2204.05862[2024-05-20]. https://doi.org/10.48550/arXiv.2204.05862.

[223] GANGULI D, LOVITT L, KERNION J, et al. Red teaming language models to reduce harms: Methods, scaling behaviors, and lessons learned[J/OL]. CoRR, 2022, abs/2209.07858[2024-05-20]. https://doi.org/10.48550/arXiv.2209.07858.

［224］ JIN D, JIN Z, ZHOU J T, et al. Is BERT really robust? A strong baseline for natural language attack on text classification and entailment［C/OL］//The Thirty-Fourth AAAI Conference on Artificial Intelligence, AAAI 2020, The Thirty-Second Innovative Applications of Artificial Intelligence Conference, IAAI 2020, The Tenth AAAI Symposium on Educational Advances in Artificial Intelligence, EAAI 2020. New York, NY, USA: AAAI Press, 2020: 8018-8025［2024-05-20］. https://ojs. aaai. org/index. php/ AAAI/article/view/6311.

［225］ LI J, JI S, DU T, et al. TextBugger: generating adversarial text against real-world applications［C/OL］// 26th Annual Network and Distributed System Security Symposium, NDSS 2019. San Diego, California, USA: The Internet Society, 2019: 23138［2024-05-20］. https://www. ndss-symposium. org/ndss-paper/textbugger-generating-adversarial-text-against-real-world-applications/.

［226］ REN S, DENG Y, HE K, et al. Generating natural language adversarial examples through probability weighted word saliency［C/OL］//KORHONEN A, TRAUM D R, MÀRQUEZ L. Proceedings of the 57th Conference of the Association for Computational Linguistics, ACL 2019. Florence, Italy: ACL, 2019, 1: 1085-1097［2024-05-20］. https://doi. org/10. 18653/v1/p19-1103. DOI: 10. 18653/v1/p19-1103.

作者简介

桂 韬 复旦大学副研究员，研究方向为自然语言处理、大模型，CCF 会员。研究领域为预训练模型、类人对齐和智能体交互。在高水平国际学术期刊和会议上发表了 50 余篇论文，主持国家自然科学基金、计算机学会多个人才项目。曾获钱伟长中文信息处理科学技术奖一等奖、NeurIPS2023 大模型对齐 Track 最佳论文奖，COLING2018 最佳论文提名奖、NLPCC2019 杰出论文奖，入选第七届"中国科协青年人才托举工程"、上海市青年科技启明星计划、世界人工智能大会云帆奖璀璨明星。

张倬胜 上海交通大学长聘教轨助理教授，CCF 会员。研究方向为自然语言处理、大模型推理与安全对齐。主持国家自然科学基金、计算机学会、中文信息学会多个基金项目。入选中国中文信息学会优博、ACM SIGAI 优博、全球 AI 华人百强学术新星、世界人工智能大会云帆奖璀璨明星、青年优秀论文奖。

林衍凯 中国人民大学准聘副教授，CCF NOI 科学委员会委员。研究方向为预训练模型、大模型智能体。获评教育部自然科学一等奖（第 3 完成人）、世界互联网领先科技成果（第 3 完成人），2020—2023 年连续入选爱思唯尔（Elsevier）"中国高被引学者"和斯坦福大学全球前 2% 顶尖科学家年度榜单。

奚志恒　复旦大学三年级硕博连读生，CCF 会员。研究方向为大模型推理与大模型智能体。以第一作者、共同第一作者身份在 ICML、ACL、EMNLP 等国内外高水平学术会议和期刊发表多篇论文。

王浚哲　复旦大学计算机科学技术学院一年级直博生，研究方向为大模型智能体，2024 年上海市普通高等学校优秀毕业生。

郭　昕　复旦大学计算机科学技术学院一年级直博生，研究方向为大模型智能体与复杂问题推理。曾获 2024 年度上海市普通高等学校优秀毕业生、复旦大学优秀学生一等奖学金。

鞠天杰　上海交通大学网络空间安全学院博士四年级研究生，CCF 会员。研究方向为大模型智能体的可解释性与安全性，在 ACL、COLING、EMNLP、计算机学报等国内外学术会议和期刊发表多篇论文。曾获 2020 年西安电子科技大学本科生国家奖学金、2024 年上海交通大学博士生国家奖学金，并获得国家留学基金委资助前往新加坡国立大学参加博士联合培养项目。